隐逸传

【题解】

两晋时期是中国思想史上一个重要时期。它刚刚从三国纷争、战乱频仍的时代走过来,社会重新趋于统一。但表面政治疆域的统一,不能阻止住人们心灵世界礼仪节度的淡散。司马氏用名教统治天下,广大的忧患之士却以种种形式加以抗争。文学兴起,清谈风行,给思想史注入了丰富的内容,另有一批人隐遁山林,逃避尘世,用行动表示对现实的绝望与不合作。这样就出现了本传中记载的那许许多多的高人逸士。

我们在孙登的事迹中便可以清楚看到隐士逃祸全身的心理动机。他居住在北山土窑中,夏穿草衣,冬披头发。对嵇康说:"你才气虽大但见识寡少,很难免于现实社会的灾难。"结果嵇康显然被祸杀头。临终才发感叹道:"与古人比我不如柳下惠。与今人比我不如孙登。"

汜腾也是这样。他说:"生活在乱世,经过富贵而能忍受贫穷,才可能免于灾难。"所以在柴门园中耕种,拒绝出仕,说:"门一旦关上,那里能再开开呢?"

当然,更多的隐士除了全身避祸之外,更重要的是他们以此来作为对当时社会黑暗的一种反抗。他们既不愿与统治者合作,又不敢公然对抗,就只有独善其身一条道了。从刘驎之、戴逵等人的事迹中,可以证明这一点。这也是晋代隐士从社会治政角度分析所具有的积极意义。

【原文】

若夫穹昊垂景,少微以缠其次;《文》《系》探幽,贞遯以成其象。故有避於言色,其道闻乎孔公;骄乎富贵,厥义详於孙子。是以处柔伊存,有生之恒性;在盈斯害,惟神之常道。古先智士体其若兹,介焉超俗,浩然养素,藏声江海之上,卷迹嚣氛之表,漱流而激其清,寝巢而韬其耀,良画以符其志,绝机以虚其心。玉辉冰洁,川渟岳峙,修至乐之道,固无疆之休,长往遰而不迫,安排宿而无闷,修身自保,悔吝弗生,诗人考盘之歌,抑在兹矣。至於体天作制之后,讼息刑清之时,尚乃仄席幽贞以康神化,徵聘之礼贲於岩穴,玉帛之赞委於窀衡,故《月令》曰"季春之月聘名士,礼贤者",斯之谓欤!

自典午运开,旁求隐逸,谯元彦之杜绝人事,江思悛之啸咏林薮,峻其贞白之轨,成其出尘之迹,虽不应其嘉招,亦足激其贪竞。今美其高尚之德,缀集於篇。

孙登字公和,汲郡共人也。无家属,於郡北山为土窟居之,夏则编草为裳,冬则被发自覆。好读《易》,抚一弦琴,见者皆亲乐之。性无恚怒,人或投诸水中,欲观其怒,登既出,便大笑。时时游人间,所经家或设衣食者,一无所辞,去皆舍弃。尝住宜阳山,有作炭人见之,知非常人,与语,登亦不应。

文帝闻之,使阮籍往观,既见,与语,亦不应。嵇康又从之游三年,问其所图,终不答,康每叹息。将别,谓曰:"先生竟无言乎?"登乃曰:"子识火乎?火生而有光,而不用其光,果在於用光。人生而有才,而不用其才,而果在於用才。故用光在乎得薪,所以保其耀,用才在乎识真，所以全其年。今子才多识寡，难乎免於今之世矣！子无求乎？"康不能用，果遭非命，乃作《幽愤诗》曰："昔惭柳下，今愧孙登。"或谓登以魏晋去就，易生嫌疑，故或嘿者也。竟不知所终。

董京字威辇，不知何郡人也。初与陇西计吏俱至洛阳，被发而行，逍遥吟咏，常宿白社中。时乞於市，得残碎缯絮，结以自覆，全帛佳绵则不肯受。或见推排骂辱，曾无怒色。

孙楚时为著作郎，数就社中与语，遂载与俱，归，京不肯坐。楚乃贻之书，劝以今尧舜之世，胡为怀道迷邦。京答之以诗曰："周道敦兮颂声没，夏政衰兮五常汩。便便君子，顾望而逝，洋洋乎满目，而作者七。岂不乐天地之化也？哀哉乎时之不可与，对之以独处。无娱我以为欢，清流可饮，至道可餐，何为栖栖，自使疲单？鱼悬兽槛，鄙夫知之。夫古之至人，藏器於灵，缊袍不能令暖，轩冕不能令荣；动如川之流，静如川之渟。鹦鹉能言，泗滨浮磬，众人所玩，岂合物情！玄鸟纤幕，而不被害？鸥隼远巢，咸以欲死。盻彼梁鱼，逡巡倒尾，沈吟不决，忽焉失水。嗟乎！鱼鸟相与，万世而不悟；以我观之，乃明其故。焉知不有达人，深穆其度，亦将窥我，蹙蹙而去。万物皆贱，惟人为贵，动以九州为狭，静以环堵为大。"

后数年，遁去，莫知所之，於其所寝处惟有一石竹子及诗二篇。其一曰："乾道刚简，坤体敦密，茫茫太素，是则是述。末世流奔，以文代质，悠悠世目，孰知其实！逝将去此至虚，归我自然之室。"又曰："孔子不遇，时彼感麟。麟乎麟！胡不遁世以存真？"

夏统字仲御，会稽永兴人也。幼孤贫，养亲以孝闻，睦於兄弟，每采菰求食，星行夜归，或至海边，拘蟏蟰以资养。雅善谈论。宗族劝之仕，谓之曰："卿清亮质直，可作郡纲纪，与府朝接，自当显至，如何甘辛苦於山林，毕性命於海滨也！"统悖然作色曰："诸君待我乃至此乎！使统属太平之时，当与元凯评议出处；遇浊代，念与屈生同汙共泥；若汙隆之间，自当耦耕沮溺，岂有辱身曲意於郡府之间乎！闻君之谈，不觉寒毛尽戴，白汗四匝，颜如渥丹，心热如炭，舌缩口张，两耳壁塞也。"言者大惭。统自此遂不与宗族相见。会母疾，统侍医药，宗亲因得见之。其从父敬宁祠先人，迎女巫章丹、陈珠二人，并有国色，庄服华丽，善歌舞，又能隐形匿影。甲夜之初，撞钟击鼓，间以丝竹，丹、珠乃拔刀破舌，吞刀吐火，云雾杳冥，流光电发。统诸从兄弟欲往观之，难统，於是共绐之曰："从父间疾病得瘳，大小以为喜庆，欲因其祭祀，并往贺之，可俱行乎？"统从之。入门，忽见丹、珠在中庭，轻步佪舞，灵谈鬼笑，飞触挑桦，酬酢翩翻。统惊愕而走，不由门，破藩直出。归责诸人曰："昔淫乱之俗兴，卫文公为之悲惋；蟙蛛之气见，君子尚不敢指；季桓纳齐女，仲尼载驰而退；子路见夏南，愤恚而忼忾。吾常恨不得顿叔向之头，陷华父之眼。奈何诸君迎此妖物，夜与游戏，放傲逸之情，纵奢淫之行，乱男女之礼，破贞高之节，何也？"遂隐床上，被发而卧，不复言。众亲踧踖，即退遣丹、珠，各各分散。

后其母病笃，乃诣洛市药。会三月上巳，洛中王公已下并至浮桥，士女骈填，车服烛路。统时在船中曝所市药，诸贵人车乘来者如云，统并不之顾。太尉贾充怪而问之。统初不应，重问，乃徐符合曰："会稽夏仲御也。"充使问其土地风俗，统曰："其人循循，犹有大禹之遗风，太伯之义让，严遵之抗志，黄公之高节。"又问："卿居海滨，颇能随水戏乎？"答曰："可。"统乃操柂正橹，折旋中流，初作鲻鹥跃，后作鲋鲧引，飞鹢首，掇兽尾，奋长梢而船直逝者三焉。於是风波振骇，云雾杳冥，俄而白鱼跳入船者有八九。观者皆悚遽，充心尤异之，乃更就船与语，其应如响，欲使之仕，即俛而不答。充又谓曰："昔尧亦歌，舜亦歌，子与人歌而善，必反而后和之，明先呈前哲无不尽歌。卿颇能作卿土地间曲乎？"统曰："先公惟寓稽山，朝会万国，授化鄙邦，崩殂而葬。思泽云布，呈化犹存，百姓感诵，遂作《慕歌》。又孝女曹娥，年甫十四，贞顺之德过越梁宋，其父堕江不得尸，娥仰天哀号，中流悲叹，便投水而死，父子丧尸，后乃俱出，国人哀其孝义，为歌《河女》之章。伍子胥谏吴王，言不纳用，见戮投海，国人痛其忠烈，为作《小海唱》。今欲歌之。"众人佥曰："善。统於是以足叩船，引声喉啭，清激慷慨，大风应至，含水嗽天，云雨响集，叱咤让呼，雷电昼冥，集气长啸，沙尘烟起。王公已下皆恐，止之乃已。诸人顾相谓曰："若不游洛水，安见是人！听《慕歌》之声，便仿佛见大禹之容。闻河女之音，不觉涕泪交流，即谓伯姬高行在目前也。聆《小海》之唱，谓子胥、屈平立吾左右矣。"充欲耀以文武卤簿，觊其来观，因而谢之，遂命建朱旗，举幡校，分羽骑为队，军伍肃然。须臾，鼓吹乱作，胡葭长鸣，车乘纷错，纵横驰道，又使妓女之徒服袿襡，炫金翠，绕其船三匝。统危坐如故，若无所闻。充等各散曰："此吴儿是木人石心也。"统归会稽，竟不知所终。

朱冲字巨容，南安人也。少有至行，闲静寡欲，好学而贫，常以耕艺为事。邻人失犊，认冲犊以归，后得犊於林下，大惭，以犊还冲，冲竟不受。有牛犯其禾稼，冲屡持刍送牛而无恨色。主愧之。乃不复为暴。

咸宁四年，诏补博士，冲称疾不应。寻又诏曰："东宫官属亦宜得履蹈至行；敦悦典籍者，其以冲为太子右庶子。"冲每闻征书至，辄逃入深山，时人以为梁管之流。冲居近夷俗，羌戎奉之若君，冲亦以礼让为训，邑里化之，路不拾遗，村无凶人，毒虫猛兽皆不为害。卒以寿终。

范粲字承明，陈留外黄人，汉莱芜长丹之孙也。粲高亮贞正，有丹风，而博涉强记，学皆可师，远近请益者甚众，性不矜庄，而见之皆肃如也。魏时州府交辟，皆无所就。久之。乃应命为治中，转别驾，辟太尉掾、尚书郎，出为征西司马，所历职皆有声称。

及宣帝辅政，迁武威太守。到郡，选良吏，立学校，劝农桑。是时戎夷颇侵疆场，粲明设防备，敌不敢犯，西域流通，无烽燧之警。又郡壤富实，珍玩充积，粲检制之。息其华侈。以母老罢官。郡既接近寇戎，粲以重镇辄去职，朝廷尤之，左迁乐涫令。

顷之。转太宰从事中郎，遭母忧，以至孝称。服阕，复为太宰中郎。齐王芳被废，迁于金墉城，粲素服拜送，哀恸左右。时景帝辅政，召群官会议，粲又不到，朝廷以其时望，优容之。粲又称疾，阖门不出。於是特诏为侍中，持节使於雍州。粲因阳狂不言，寝所乘车，足不履地。子孙恒侍左右，至有婚宦大事，辄密谘焉。合者则色无变，不合则眠寝不安，妻子以此知其旨。

武帝践阼，泰始中，粲同郡孙和时为太子中庶子，表荐粲，称其操行高洁，久婴疾病，可使郡县舆致京师，加以圣恩，赐其医药，若遂瘳除，必有益於政。乃诏郡县给医药，又以二千石禄养病，岁以为常，加赐帛百匹。子乔以父疾笃，辞不敢受，诏不许。以太康六年卒，时年八十四，不言三十六载，终於所寝之车。长子乔。

乔字伯孙。年二岁时，祖馨临终。抚乔首曰："恨不见汝成人！"因以所用砚与之。至五岁，祖母以告乔，乔便执砚涕泣。九岁请学，在同辈之中，言无媟辞。弱冠，受业於乐安蒋国明。济阴刘公荣有知人之鉴，见乔深相器重。友人刘彦秋凤有声誉，尝谓人曰："范伯孙体应纯和，理思周密，吾每欲错其一事而终不能。"光禄大夫李铨尝论杨雄才学优於刘向，乔以为向定一代之书，正君籍之篇，使雄当之，故非所长，遂著刘杨优劣论，文多不载。

乔好学不倦。父粲阳狂不言，乔与二弟并弃学业，绝人事，侍疾家庭，至粲没，足不出邑里。司隶校尉刘毅尝抗论於朝廷曰："使范武威疾若不笃，是为伯夷、叔齐复存於今。如其信笃，益是圣主所宜哀矜。其子久侍父疾，名德著茂，不加叙用，深为朝廷惜遗贤之讥也。"元康中，诏求廉让冲退履道寒素者，不计资，以参选叙。尚书郎王琨乃荐乔曰："乔禀德真粹，立操高洁，儒学精深，含章内奥，安贫乐道，栖志穷巷，箪瓢咏业，长而弥坚，诚当今之寒素，著厉俗之清彦。"时张华领司徒，天下所举凡十七人，於乔特发优论。又吏部郎郗隆亦思求海内幽遁之士，乔供养衡门，至於白首，於是除乐安令。辞疾不拜。乔凡一举孝廉，八荐公府，再举清白异行，又举寒素，一无所就。

初，乔邑人腊夕盗斫其树，人有告者，乔阳不闻，邑人愧而归之。乔往喻曰："卿节日取柴，欲与父母相欢娱耳，何以愧为！"其通物善道，皆此类也。外黄令高颛叹曰："诸士大夫未有不及私者，而范伯孙恂恂率道，名讳未尝经於官曹，士之贵异，於今而见。大道废而有仁义，信矣！"其行身不秽，为物所叹服如此。以元康八年卒，年七十八。

鲁胜字叔时，代郡人也。少有才操，为佐著作郎。元康初，迁建康令。到官，著《正天论》云："以冬至之后立晷测影，准度日月星。臣案日月裁径百里，无千里；星十里，不百里。"遂表上求下群公卿士考论。"若臣言合理，当得改先代之失，而正天地之纪。如无据验，甘即刑戮，以彰虚妄之罪"。事遂不报。尝岁日望气，知将来多故，便称疾去官。中书令张华遣子劝其更仕，再徵博士，举中书郎，皆不就。

其著述为世所称，遭乱遗失，惟注《墨辩》，存其叙曰：

名者所以别同异，明是非，道义之门，政化之准绳也。孔子曰："必也正名，名不正则事不成。"墨子著书，作辩经以立名本，惠施、公孙龙祖述其学，以正别名显於世。孟子非墨子，其辩言正辞则与墨同。荀卿、庄周等皆非毁名家，而不能易其论也。

名必有形，察形莫如别色，故有坚白之辩。名必有分明，分明莫如有无，故有无序之辩。是有不是，可有不可，是名两可。同而有异，异而有同，是之谓辩同异。至同无不同，至异无不异，是谓辩同辩异。同异生是非，是非生吉凶，取辩於一物而原极天下之污隆，名之至也。

自邓析至秦时名家者，世有篇籍，率颇难知，后学莫复传习，於今五百馀岁，遂亡绝。《墨辩》有上下经，经各有说，凡四篇，与其书众篇连第，故独存。今引说就经，各附其章，疑者阙之。又采诸众杂集为《刑》《名》二篇，略解指归，以俟君子。其或兴微继绝者，亦有乐乎此也！

董养字仲道，陈留浚仪人也。泰始初，到洛下，不干禄求荣。及杨后废，养因游太学，升堂叹曰："建斯堂也，将何为乎？每览国家赦书，谋反大逆皆赦，至於杀祖父母、父母不赦者，以为王法所不容也。奈何公卿处议，文饰礼典，以至此乎！天人之理既灭，大乱作矣。"因著《无化论》以非之。

永嘉中，洛城东北步广里中地陷，有二鹅出焉，其苍者飞去，白者不能飞。养闻叹曰："昔周时所盟会狄泉，即此地也。今有二鹅，苍者胡象，白者国家之象，其可尽言乎！"顾谓谢鲲、阮孚曰：《易》称知机其神乎，君等可深藏矣。"乃与妻荷担入蜀，莫知所终。

霍原字休明，燕国广阳人也。少有志力，叔父坐法当死，原入狱讼之。楚毒备中，终免叔父。年十八，观太学行礼，因留习之。贵游子弟闻而重之。欲与相见，以其名微，不欲昼往，乃夜共造焉。父友同郡刘岱将举之，未果而病笃，临终，敕其子沈曰："霍原慕道清虚，方成奇器，汝后必荐之。"后归乡里。高阳许猛素服其名，会为幽州刺史，将诣之，主簿当车谏不可出界，猛叹恨而止。

原山居积年，门徒百数，燕王月致羊酒。及刘沈为国大中正，元康中，进原为二品，司徒不过，沈乃上表理之。诏下司徒参论，中书监张华令陈准奏为上品，诏可。元康末，原与王褒等俱以贤良微，累下州郡，以礼发遣，皆不到。后王浚称制谋僭，使人问之。原不答，浚心衔之。又有辽东囚徒三百馀人，依山为贼，意欲劫原为主事，亦未行。时有谣曰："天子在何许？近在豆田中。"浚以豆为霍，收原斩之，悬其首。诸生悲哭，夜窃尸共埋殡之。远近骇愕，莫不冤痛之。

鲁褒字元道，南阳人也。好学多闻，以贫素自立。元康之后，纲纪大坏，褒伤时之贪鄙，乃隐姓名，而著《钱神论》以刺之。其略曰：

钱之为体，有乾坤之象，内则其方，外则其圆。其积如山，其流如川。动静有时，行藏有节，市井便易，不患耗折。难折象寿，不匮象道，故能长久，为世神宝。亲之如兄，字曰"孔方"，失之则贫弱，得之则富昌。无翼而飞，无足而走，解严毅之颜，开难发之口。钱多者处前，钱少者居后。处前者为君长，在后者为臣仆。君长者丰衍而有馀，臣仆者穷竭而不足，《诗》云："哿矣富人，哀此茕独。"

钱之为言泉也，无远不往，无幽不至。京邑衣冠，疲劳讲肆，厌闻清谈，对之睡寐，见我家兄，莫不惊视。钱之所祐，吉无不利，何必读书，然后富贵！昔吕公欣悦於空版，汉祖克之於嬴二，文君解布裳而被锦绣，相如乘高盖而解犊鼻，官尊名显，皆钱所致。空版至虚，而况有实；嬴二虽少，以致亲密。由此论之。谓为神物。无德而尊，无势而热，排金门而入紫闼。危可使安，死可使活，贵可使贱，生可使杀。是故忿争非钱不胜，幽滞非钱不拔，怨仇非钱不解，令问非钱不发。

洛中朱衣，当途之士，爱我家兄，皆无已已。执我之手，抱我终始，不计优劣，不论年纪，宾客辐辏，门常如市。谚曰："钱无耳，可使鬼。"凡今之人，惟钱而已。故曰军无财，士不来，军无赏，士不往。仕无中人，不如归田。虽有中人，而无家兄，不异无翼而欲飞，无足而欲行。盖疾时者共传其文。

褒不仕，莫知其所终。

任旭字次龙，临海章安人也。父访，吴南海太守。旭幼孤弱，儿童时勤於学。及长，立操清修，不染流俗，乡曲推而爱之。郡将蒋秀嘉其名，请为功曹。秀居官贪秽，每不奉法，旭正色苦谏。秀既不纳，旭谢去，闭门讲习，养志而已。久之，秀坐事被收，旭狼狈营送。秀慨然叹曰："任功曹真人也。吾违其谠言，以至於此，复何言哉！"寻察孝廉，除郎中，州郡仍举为郡中正，固辞归家。

永康初，惠帝博求清节俊异之士，太守仇馥荐旭清贞洁素，学识通博，诏下州郡以礼发遣。旭以朝廷多故，志尚隐遁，辞疾不行。寻天下大乱，陈敏作逆，江东名豪并见羁絷，惟旭与贺循守死不回。敏卒不能屈。

元帝初镇江东，闻其名，召为参军，手书与旭，欲使必到，旭固辞以疾。后帝进位镇东大将军，复召之；及为左丞相，辟为祭酒，并不就。中兴建，公车徵，会遭母忧。於时司空王导启立学校，选天下明经之士，旭与会稽虞喜俱以隐学被召。事未行，会有王敦之难，寻而帝崩，事遂寝。

明帝即位,又徵拜给事中,旭称疾笃,经年不到,尚书以稽留除名,仆射荀崧议以为不可。太宁末,明帝复下诏备礼徵旭,始下而帝崩。成和二年卒,太守冯怀上疏谓宜赠九列,值苏峻作乱,事竟不行。子琚,位至大宗正,终於家。

郭文字文举,河内轵人也。少爱山水,尚嘉遁。年十三,每游山林,弥旬忘反。父母终,服毕,不娶,辞家游名山,历华荫之崖,以观石室之石函。洛阳陷,乃步担入吴兴馀杭大辟山中穷谷无人之地,倚木於树,苦覆其上而居焉,亦无壁障。时猛兽为暴,入屋害人,而文独宿十馀年,卒无患害。恒著鹿裘葛巾,不饮酒食肉,区种菽麦,采竹叶木实,贸盐以自供。人或酬下价者,亦即与之。后人识文,不复贱酬。食有馀谷,辄恤穷匮。人有致遗,取其粗者,示不逆而已。有猛兽杀大鹿於庵侧,文以语人,人取卖之,分钱与文。文曰:"我若须此,自当卖之。所以相语,正以不须故也。"闻者皆嗟叹。尝有猛兽忽张口向文,文视其口中有横骨,乃以手探去之。猛兽明旦致一鹿於其室前。猎者时往寄宿,文夜为担水而无倦色。

馀杭令顾飏与葛洪共造之。而携与俱归。飏以文山行或须皮衣,赠以韦裤褶一具,文不纳,辞归山中。飏追遣使者置衣室中而去,文亦无言,韦衣乃至烂於户内,竟不服用。

王导闻其名,遣人迎之,文不肯就船车,荷担徒行。既至,导置之西园,园中果木成林,又有鸟兽麇鹿,因以居文焉。於是朝士咸共观之,文颓然箕踞,旁若无人。温峤尝问文曰:"人皆有六亲相娱,先生弃之何乐?"文曰:"本行学道,不谓遭世乱,欲归无路,是以来也。"又问曰:"饥而思食,壮而思室,自然之性,先生安独无情乎?"文曰:"情由忆生,不忆故无情。"又问曰:"先生独处穷山,若疾病遭命,则为鸟鸟所食,顾不酷乎?"文曰:"藏埋者亦为蝼蚁所食,复何异乎!"又问曰:"猛兽害人,人之所畏,而先生独不畏邪?"文曰:"人无害兽之心,则兽亦不害人。"又问曰:"苟世不宁,身不得安。今将用先生以济时,若何?"文曰:"山草之人,安能佐世!"导尝众宾共集,丝竹并奏,试使呼之。文瞠眸不转,跨蹑华堂如行林野。於时坐者咸有钩深味远之言,文常称不达来语。天机铿宏,莫有窥其门者。温峤尝称曰:"文有贤人之性,而无贤人之才,柳下、梁踦之亚乎!"永昌中,大疫,文病亦殆。王导遗药,文曰:"命在天,不在药也。夭寿长短,时也。"

居导园七年,未尝出入。一旦忽求还山,导不听。后逃归临安,结庐舍於山中。临安令万宠迎置县中。及苏峻反,破馀杭,而临安独全,人皆异之,以为知机。自后不复语,但举手指麾,以宣其意。病甚,求还山,欲枕石安尸,不令人殡葬,宠不听。不食二十馀日,亦不瘦。宠问曰:"先生复可得几日?"文三举手,果以十五日终。宠葬之於所居之处而祭哭之。葛洪、庾阐并为作传,赞颂其美云。

龚壮字子玮,巴西人也。洁己自守,与乡人谯秀齐名。父叔为李特所害,壮积年不除丧,力弱不能复仇。及李寿戍汉中,与李期有嫌,期,特孙也。壮欲假寿以报,乃说寿曰:"节下若能并有西土,称藩於晋,人必乐从。且舍小就大,以危易安,莫大之策也。"寿然之,遂率众讨期,果克。寿犹袭伪号,欲官之,壮誓不仕,赂遗一无所取,会天久雨,百姓饥垫,壮上书说寿以归顺,允天心,应人望,永为国藩,福流子孙。寿省书内愧,秘而不宣。乃遣使入胡,壮又谏之,寿又不纳。壮谓百行之本莫大忠孝,既假寿杀期,私仇以雪,又欲使其归朝,以明臣节。寿既不从,壮遂称聋,又云手不制物,终身不复至成都,惟研考经典,谭思文章,至李势时卒。

初,壮每叹中夏多经学,而巴蜀鄙陋,兼遭李氏难,无复学徒,乃著之《迈德论》,文多不载。

孟陋字少孤，武昌人也。吴司空宗之曾孙也。兄嘉，桓温征西长史。陋少而贞立，清操绝伦，布衣蔬食，以文籍自娱。口不及世事，未曾交游，时或弋钓，孤兴独往，虽家人亦不知其所之也。丧母，毁瘠殆於灭性，不饮酒食肉十有馀年。亲族迭谓之曰：“少孤！谁无父母？谁有父母！圣人制礼，令贤者俯就，不肖企及。若使毁性无嗣，更为不孝也。”陋感此言，然后从吉。由是名著海内。

简文帝辅政，命为参军，称疾不起。桓温躬往造焉。或谓温曰：“孟陋高行，学为儒宗，宜引在府，以和鼎味。”温叹曰：“会稽王尚不能屈，非敢拟议也。”陋闻之曰：“桓公正当以我不往故耳。亿兆之人，无官者十居其九，岂皆高士哉！我疾病不堪恭相王之命，非敢为高也。”由是名称益重。

博学多通，长於三礼。注《论语》，行於世。卒以寿终。

韩绩字兴齐，广陵人也。其先避乱，居於吴之嘉兴。父建，仕吴至大鸿胪。绩少好文学，以潜退为操，布衣蔬食，不交当世，由是东土并宗敬焉。司徒王导闻其名，辟以为掾，不就。咸康末，会稽内史孔愉上疏荐之。诏以安车束帛徵之。尚书令诸葛恢奏绩名望犹轻，未宜备礼，於是召拜博士。称老病不起，卒於家。

於时高密刘鯶字长鱼，城阳邴郁字弘文，并有高名。鯶幼不慕俗，长而希古，笃学历行，化流邦邑。郁，魏微士原之曾孙，少有原风，敕身谨洁，口不妄说，耳不妄听，端拱恂恂，举动有礼。咸康中，成帝博求异行之士，鯶、郁并被公卿荐举，於是依绩及翟汤等例，以博士徵之。郁辞以疾，鯶随使者到京师，自陈年老，不拜。各以寿终。

谯秀字元彦，巴西人也。祖周，以儒学著称，显明蜀朝。秀少而静默，不交於世，知天下将乱，预绝人事，虽内外宗亲，不与相见。郡察孝廉，州举秀才，皆不就。及李雄据蜀，略有巴西，雄叔父骧、骧子寿皆慕秀名，具束帛安车徵之，皆不应。常冠皮弁，弊衣，躬耕山薮，龚壮常叹服焉。桓温灭蜀，上疏荐之。朝廷以秀年在笃老，兼道远，故不徵，遣使敕所在四时存问。寻而范贲、萧敬相继作乱，秀避难宕渠，乡里宗族依凭之者以百数。秀年出八十，众人欲代之负担，秀曰：“各有老弱，当先营护，吾气力犹足自堪，岂以垂朽之年累诸君也！”年九十馀卒。

翟汤字道深。寻阳人。笃行纯素，仁让廉洁，不屑世事，耕而后食，人有馈赠，虽釜庾一无所受。永嘉末，寇害相继，闻汤名德，皆不敢犯，乡人赖之。

司徒王导辟，不就，隐於县界南山。始安太守干宝与汤通家，遣船饷之，敕吏云：“翟公廉让，卿致书讫，便委船还。”汤无人反致，乃货易绢物，因寄还宝。宝本以为惠，而更烦之。益愧叹焉。咸康中，征西大将军庾亮上疏荐之。成帝徵为国子博士，汤不起。建元初，安西将军庾翼北征石季龙，大发僮客以充戎役，敕有司特蠲汤所调。汤悉推仆使委之乡吏，吏奏旨一无所受，汤依所调限，放免其仆，使令编户为百姓。康帝复以散骑常侍徵汤，固辞老疾，不至。年七十三，卒於家。

子庄字祖休。少以孝友著名，遵汤之操，不交人物，耕而后食，语不及俗，惟以弋钓为事。及长，不复猎。或问：“渔猎同是害生之事，而先生止去其一，何哉？”庄曰：“猎自我，钓自物，未能顿尽，故先节其甚者。且夫贪饵吞钩，岂我哉！”时人以为知言。晚节亦不复钓，端居筚门，饮菽饮水。州府礼命，及公车徵，并不就。年五十六，卒。

子矫亦有高操，屡辞辟命。矫子法赐，孝武帝以散骑郎徵，亦不至。世有隐行云。

中华传世藏书

二十四史 精华

晋书

八八三

郭翻字长翔，武昌人也。伯父讷，广州刺史。父察，安城太守。翻少有志操，辞州郡辟及贤良之举。家於临川，不交世事，惟以渔钓射猎为娱。居贫无业，欲垦荒田，先立表题，经年无主，然后乃作。稻将熟，有认之者，悉推与之。令闻而诘之，以稻还翻，翻遂不受。尝以车猎，去家百余里，道中逢病人，以车送之，徒步而归。其渔猎所得，或从买者，便与之而不取直，亦不告姓名。由是士庶咸敬贵焉。

与翟汤俱为庾亮所荐，公车博士徵，不就。咸康末，乘小船暂归武昌省坟墓，安西将军庾翼以帝舅之重，躬往造翻，欲强起之。翻曰："人性各有所短，焉可强逼！"翼又以其船小狭，欲引就大船。翻曰："使君不以鄙贱而辱临之，此固野人之舟也。"翼俯屈入其船中，终日而去。

尝坠刀於水，路人有为取者，因与之。路人不取，固辞，翻曰："尔向不取，我岂能得！"路人曰："我若取此，将为天地鬼神所责矣。"翻知其终不受，复沈刀於水。路人怅焉，乃复沈没取之。翻於是不逆其意。乃以十倍刀价与之。其廉不受惠，皆此类也。卒於家。

辛谧字叔重，陇西狄道人也。父怡，幽州刺史，世称冠族。谧少有志尚，博学善属文，工草隶书，为时楷法。性恬静，不妄交游。召拜太子舍人、诸王文学，累徵不起。永嘉末，以谧兼散骑常侍，慰抚关中。谧以洛阳将败，故应之。及长安陷没於刘聪，聪拜太中大夫，固辞不受。又历石勒、季龙之世，并不应辟命。虽处丧乱之中，颓然高迈，视荣利蔑如也。

及冉闵僭号复备礼徵为太常，谧遗闵书曰："昔许由辞尧，以天下让之，全其清高之节。伯夷去国，子推逃赏，皆显史牒，传之无穷。此往而不反者也。然贤人君子虽居庙堂之上，无异於山林之中，斯穷理尽性之妙，岂有识之者邪！是故不婴认祸难者，非为避之，但冥心至趣而与吉会耳。谧闻物极则变，冬夏是也；致高则危，累棋是也。君王功以成矣，而久处之，非所以顾万全远危亡之祸也。宜因兹大捷，归身本朝，必有许由、伯夷之廉，享松乔之寿，永为世辅，岂不美哉！"因不食而卒。

刘驎之字子骥，南阳人，光禄大夫耽之族也。驎之少尚质素，虚退寡欲，不修仪操，人莫之知。好游山泽，志存遁逸。尝采药至衡山，深入忘反，见有一涧水，水南有二石囷，一囷闭，一囷开，水深广不得过。欲还，失道，遇伐弓人，问径，仅得还家。或说囷中皆仙灵方药诸杂物，驎之欲更寻索，终不复知处也。

车骑将军桓冲闻其名，请为长史，驎之固辞不受。冲尝到其家，驎之於树条桑，使者致命，驎之曰："使君既枉驾光临，宜先诣家君。"冲闻大愧，於是乃造其父。父命驎之，然后方还，拂短褐与冲言话。父使之於内自持浊酒蔬菜供宾，冲敕人代驎之斟酌，父辞曰："若使从者，非野人之意也。"冲慨然，至昏乃退。

驎之虽冠冕之族，从义著余群小，凡厮伍之家婚娶葬送，无不躬自造焉。居於阳岐，在官道之侧，人物来往，莫不投之。驎之躬自供给，士君子颇以劳累，更惮过焉。凡人致赠，一无所受。去驎之家百餘里，有一孤姥，病将死，叹息谓人曰："谁当埋我，惟有刘长史耳！何由令知？"驎之先闻其有患，故往候之，值其命终，乃身为营棺殡送之。其仁爱隐恻若此。卒以寿终。

索袭字伟祖，敦煌人也。虚靖好学，不应州郡之命，举孝廉、贤良方正，皆以疾辞。游思於阴阳之术，著天文地理十馀篇，多所启发。不与当世交通。或独语独笑，或长叹涕泣，或请问不言。

张茂时，敦煌太宁阴澹奇而造焉，经日忘反，出而叹曰："索先生硕德名儒，真可以谐大义。"澹欲行乡射之礼，请袭为三老，曰："今四表辑宁，将行乡射之礼，先生年耆望重，道冠一时，养老之义，宾实系儒贤。既树非梧桐，而希鸾凤降翼；器谢曹公，而冀盖公枉驾，诚非所谓也。然夫子至圣，有召赴焉；孟轲大德，无聘不至，盖欲弘阐大猷，敷明道化故也。今之相屈，遵道崇教，非有爵位，意者或可然乎！"会病卒，时年七十九。澹素服会葬，赠钱二万。澹曰："世人之所有馀者，富贵也；目之所好者，五色也；耳之所玩者，五音也。而先生弃众人之所收，收众人之所弃，味无味於慌惚之际，兼重玄於众妙之内。宅不弥亩而志忽九州，形居尘俗而栖心天外，虽黔娄之高远，庄生之不愿，蔑以过也。"乃谥曰玄居先生。

杨轲，天水人也。少好易，长而不娶，学业精微，养徒数百，常食粗饮水，衣褐缊袍，人不堪其忧，而轲悠然自得，疏宾异客，音旨未曾交也。虽受业门徒，非入室弟子，莫得亲言。欲所论授，须旁无杂人，授入室弟子，令递相宣授。

刘曜僭号，徵拜太常，轲固辞不起，曜亦敬而不逼，遂隐於陇山。后为石勒所擒，秦人东徙，轲留长安。及石季龙嗣伪位，备玄纁束帛安车徵之，轲以疾辞。迫之，乃发，既见季龙，不拜，与语，不言，命舍之於永昌乙第。其有司以轲倨傲，请从大不敬论，季龙不从，下书任轲所尚。

轲在永昌，季龙每有馈饩，辄口授弟子，使为表谢，其文甚美，览者叹有深致。季龙欲观其真趣，乃密令美女夜以动之，轲萧然不顾。又使人将其弟子尽行，遣魁壮羯士衣甲持刀，临之以兵，并窃其所赐衣服而去，轲视而不言，了无惧色。常卧土床，覆以布被，倮寝其中，下无菌褥。颍川荀铺，好奇之士也，造而谈经，轲瞑目不答。铺发轲被，露其形，大笑之。轲神体颓然，无惊怒之状。于时咸以为焦先之徒，未有能量其深浅也。

后上疏陈乡思，求还，季龙送以安车蒲轮，蠲十户供之。自归秦州，仍教授不绝。其后秦人西奔凉州，轲弟子以牛负之。为戍军追擒，并为所害。

张忠字巨和，中山人也。永嘉之乱，隐於泰山。恬静寡欲，清虚服气，餐芝饵石，修导养之法。冬则缊袍，夏则带索，端拱若尸。无琴书之适，不修经典，劝教但以至道虚无为宗。其居依崇岩幽谷，凿地为窟室。弟子亦以窟居，去忠六十馀步，五日一朝。其教以形不以言，弟子受业，观形而退。立道坛於窟上，每旦朝拜之。食用瓦器，凿石为釜。左右居人馈之衣食，一无所受。好事少年颇或问以水旱之祥，忠曰："天不言而四时行焉，万物生焉，阴阳之事非穷山野叟所能知之。"其遣诸外物，皆此类也。年在期颐，而视听无爽。

符坚遣使徵之。使者至，忠沐浴而起，谓弟子曰："吾馀年无几，不可以逆时主之意。"浴讫就车，及至长安，坚赐以冠衣，辞曰："年朽发落，不堪衣冠，请以野服入觐。"从之。及见，坚谓之曰："先生考磐山林，研精道素，独善之美有馀，兼济之功未也。故远屈先生，将任齐尚父。"忠曰："昔因丧乱，避地泰山，与鸟兽为侣，以全朝夕之命。属尧舜之世，思一奉圣颜。年壤志谢，不堪展效，尚父之况，非敢窃拟。山栖之性，情存岩岫，乞还馀齿，归死岱宗。"坚以安车送之。行达华山，叹曰："我东岳道士，没於西岳，命也，奈何！"行五十里，及关而死。使者驰驿白之，坚遣黄门郎韦华持节策吊，祀以太牢。褒赐命服，谥曰安道先生。

宋纤字令艾，敦煌效谷人也。少有远操，沈靖不与世交，隐居於酒泉南山。明究经纬，弟子受业三千馀人。不应州郡辟命，惟与阴颙、齐好友善。张祚时，太守杨宣画其象於阁上,出入视之,作颂曰:"为枕何石?为漱何流?身不可见,名不可求。"酒泉太守马岌,高尚之士也,具威仪,鸣铙鼓,造焉。纤高楼重阁,距而不见。岌叹曰:"名可闻而身不可见,德可仰而形不可观,吾而今而后知先生人中之龙也。"铭诗於石壁曰:"丹崖百丈,青壁万寻。奇木蓊郁,蔚若邓林。其人如玉,维国之琛。室迩人遐,实劳我心。"

纤注《论语》。及为诗颂数万言。年八十,笃学不倦。张祚后遣使者张兴备礼徵为太子友,兴逼喻甚切,纤喟然叹曰:"德非庄生,才非干木,何敢稽停明命!"遂随兴至姑臧。祚遣其太子太和以执友礼造之,纤称疾不见,赠遗一皆不受。寻迁太子太傅。顷之,上疏曰:"臣受生方外,心慕太古。生不喜存,死不悲没。素有遗属,属诸知识,在山投山,临水投水,处泽露形,在人亲土。声闻书疏,勿告我家,今当命终,乞如素愿。"遂不食而卒,时年八十二,谥曰玄虚先生。

郭瑀字元瑜,敦煌人也。少有超俗之操,东游张掖,师事郭荷,尽传其业。精通经义,雅辩谈论,多才艺,善属文。荷卒,瑀以为父生之,师成之,君爵之,而五服之制,师不服重,盖圣人谦也,遂服斩衰,庐墓三年。礼毕,隐於临松薤谷,凿石窟而居,服柏实以轻身,作《春秋墨说》《孝经错纬》,弟子著录千馀人。

张天锡遣使者孟公明持节,以蒲轮玄𬩽备礼徵之,遗瑀书曰:"先生潜光九皋,怀真独远,心与至境冥符,志与四时消息,岂知苍生倒悬,四海待拯者乎!孤忝承时运,负荷大业,思与贤明同赞帝道,昔傅说龙翔殷朝,尚父鹰扬周室,孔圣车不停轨,墨子驾不俟旦,皆以黔首之祸不可以不救,君不独立,道由人弘故也。况今九服分为狄场,二都尽为戎穴,天子僻陋江东,名教沦於左祍,创毒之甚,开辟未闻。先生怀济世之才,坐观而不救,其於仁智,孤窃惑焉。故遣使者虚左授绥,鹤企先生,乃眷下国。"公明至山,瑀指翔鸿以示之曰:"此鸟也,安可笼哉!"遂深逃绝迹。公明拘其门人,瑀叹曰:"吾逃禄,非避罪也,岂得隐居行义,害及门人!"乃出而就徵。及至姑臧,值天锡母卒,瑀括发入吊,三踊而出,还於南山。

及天锡灭,苻坚又以安车徵瑀定礼仪,会父丧而止,太守辛章遣书生三百人就受业焉。及苻氏之末,略阳王穆起兵酒泉,以应张大豫,遣使招瑀。瑀叹曰:"临河求溺,不卜命之短长,脉病三年,不豫绝其餐馈,鲁连在赵,义不结舌,况人将左祍而不救之!"乃与敦煌索嘏起兵五千,运粟三万石,东应王穆。穆以瑀为太府左长史、军师将军。虽居元佐,而口咏黄老,冀功成世定。追伯成之踪。

穆惑於谗间,西伐索嘏,瑀谏曰:"昔汉定天下,然后诛功臣。今事业未建而诛之,立见麋鹿游於此庭矣。"穆不从。瑀出城大哭,举手谢城曰:"吾不复见汝矣!"还而引被覆面,不与人言,不食七日,舆疾而归,旦夕祈死。夜梦乘青龙上天,至屋而止,寤而叹曰:"龙飞在天,今止於屋。屋之为字,尸下至也。龙飞至尸,吾其死也。古之君子不卒内寝,况吾正士乎!"遂还酒泉南山赤崖阁,饮气而卒。

祈嘉字孔宾,酒泉人也,少清贫,好学。年二十馀,夜忽窗中有声呼曰:"祈孔宾,祈孔宾!隐去来,隐去来!修饰人世,甚苦不可谐。所得未毛铢,所丧如山崖。"旦而逃去,西至敦煌,依学官诵书,贫无衣食,为书生都养以自给,遂博通经传,精究大义。西游海渚,教授门生百馀人。张重华徵为儒林祭酒。性和裕,教授不倦,依《孝经》作《二九神经》。在朝卿士、郡县守令彭和正等受业独拜床下者二千馀人,天锡谓为先生而不名。竟以寿终。

瞿硎先生者，不得姓名，亦不知何许人也。太和末，常居宣城郡界文脊山中，山有瞿硎，因以为名焉。大司马桓温尝往造之。既至，见先生被鹿裘，坐於石室，神无忤色，温及僚佐数十人皆莫测之，乃命伏滔为之铭赞。竟卒於山中。

戴逵字安道，谯国人也。少博学，好谈论，善属文，能鼓琴，工书画，其馀巧艺靡不毕综。总角时，以鸡卵汁溲白瓦屑作郑玄碑，又为文而自镌之，词丽器妙，时人莫不惊叹。性不乐当世，常以琴书自娱。师事术士范宣於豫章，宣异之，以兄女妻焉。太宰、武陵王晞闻其善鼓琴，使人召之，逵对使者破琴曰："戴安道不为王门伶人！"晞怒，乃更引其兄述。述闻命欣然，拥琴而往。

逵后徙居会稽之剡县。性高洁，常以礼度自处，深以放达为非道，乃著论曰：

夫亲没而采药不反者，不仁之子也；君危而屡出近关者，苟免之臣也。而古之人未始以彼害名教之体者何？达其旨故也。达其旨，故不惑其迹。若元康之人，可谓好遁迹而不求其本，故有捐本徇末之弊，舍实逐声之行，是犹美西施而学其颦眉，慕有道而折其巾角，所以为慕者，非其所以为美，徒贵貌似而已矣。夫紫之乱朱，以其似朱也。故乡原似中和，所以乱德，放孝似达，所以乱道。然竹林之为放，有疾而为颦者也，元康之为放，无德而折巾者也，可无察乎！

且儒家尚誉者，本以兴贤也，既失其本，则有色取之行。怀情丧真，以容貌相欺，其弊必至於末伪。道家去名者，欲以笃实也，苟失其本，又有越检之行。情礼俱亏，则仰咏兼忘，其弊必至於本薄。夫伪薄者，非二本之失，而为弊者必托二本以自通。夫道有常经，而弊无常情，是以《六经》有失，王政有弊，苟乖其本，固圣贤所无奈何也。

嗟夫！行道之人自非性足体备、阖蹈而当者，亦曷能不栖情古烈，拟规前修。苟迷拟之然后动，议之然后言，固当先辩其趣舍之极，求其用心之本，识其枉尺直寻之旨，采其被褐怀玉之由。若其，涂虽殊，而其归可观也；迹虽乱，而其契不乖也。不然，则流遁忘反，为风波之行，自驱以物，自诳以伪，外眩嚣华，内丧道实，以矜尚夺其真主，以尘垢翳其天正，贻笑千载，可不慎欤！

孝武帝时，以散骑常侍、国子博士累徵，辞父疾不就。郡敦逼不已，乃逃於吴。吴国内史王珣有别馆在武丘山，逵潜诣之，与珣游处积旬。会稽内史谢玄虑远遁不反，乃上疏曰："伏见谯国戴逵希心俗表，不婴世务，栖迟衡门，与琴书为友。虽策命屡加，幽操不回，超然绝迹，自求其志。且年垂耳顺，常抱羸疾，时或失适，转至委笃。今王命未回，将离风霜之患。陛下既已爱而器之。亦宜使其身名并存，请绝其召命。"疏奏，帝许之，逵复还剡。

后王珣为尚书仆射，上疏复请徵为国子祭酒，加散骑常侍，徵之，复不至。太元二十年，皇太子始出东宫，太子太傅会稽王道子、少傅王雅、詹事王珣又上疏曰："逵执操贞厉，含味独游，年在耆老，清风弥劭。东宫虚德，式延事外，宜加旌命，以参僚侍。逵既重幽居之操，必以难进为美，宜下所在备礼发遣。"会病卒。

长子勃，有父风。义熙初，以散骑侍徵郎，不起，寻卒。

龚玄之字道玄，武陵汉寿人也。父登，历长沙相、散骑常侍。玄之好学潜默，安於陋巷。州举秀才，公府辟，不就。孝武帝下诏曰："夫哲王御世，必搜扬幽隐，故空谷流絷维之咏，丘园旅束帛之观。谯国戴逵、武陵龚玄之并高尚其操，依仁游艺，洁己贞鲜，学弘儒业，朕虚怀久矣。二三君子，岂其于贤戢怀抱哉！思挹雅言，虚诚讽议，可并以为散骑常侍,领国子博士,指下所在备礼发遣,不得循常,以稽侧席之望。"郡县敦逼,苦辞疾笃,不行。寻卒,时年五十八。

弟子元寿,亦有德操,高尚不仕,举秀才及州辟召,并称疾不就。孝武帝以太学博士、散骑侍郎、给事中累徵,遂不起。卒於家。

陶淡字处静,太尉侃之孙也。父夏,以无行被废。淡幼孤,好导养之术,谓仙道可祈。年十五六,便服食绝谷,不婚娶。家累千金、僮客百数,淡终日端拱,曾不营问。颇好读《易》,善卜筮。於长沙临湘山中结庐居之,养一白鹿以自偶。亲故有候之者,辄移渡涧水,莫得近之。州举秀才,淡闻,遂转逃罗县埤山中,终身不返,莫知所终。

【译文】

苍天垂下日影,少微星借以记录年岁;《文言》《系辞》探幽索微,贞洁隐遁之人用以完善他的理论。所以即使有些人不愿说话,他们的思想仍然被孔子听说;有些蔑视富贵之人,他们的计谋主张仍详载于《孙子》一书。所以外表柔弱才能生存,是生活的常理;骄傲自满就会受到伤害,则是上天的惩罚。远古及近代的聪明人都明白这一点,他们耿介脱俗,正直有涵养,隐姓埋名在江湖之间,销声匿迹于尘世之外,濯清流以激励自己的意志,住洞穴以掩藏自己的光芒,周密安排以实现自己的志愿,杜绝机缘以安静自己的心绪。他们的品德犹如玉一样的光辉,冰一样的纯洁,碧川一样地长流不息,高山一样地巍然耸峙。他们从事于最快乐的事业,修炼自己无边无际的美德,过去的事情不再追究,将来的安排遥远而无忧愁。他们修身自保,因而后悔和吝啬都无从产生,《诗经》中《考槃》一首所颂扬的美妙之处,全都在这儿了。就是在礼貌禅让、争讼全无的太平盛世,仍然要尊重隐士贤人以扩大王政的清明教化,征聘隐士用的礼物到达山岩中的洞穴,也出现在隐士所居之处。所以《月令》说"春季三月应招聘名士,致礼贤者",说的就是这样的情况。

自从司马迁首创体例,广泛收集隐逸之人,载入《史记》,谯元彦的杜绝人事,江思悛的歌咏山林,使他们的贤贞纯洁的行为更加高尚,使他们超尘脱俗的事迹更加鲜明。他们虽然没有响应帝王的招聘,但他们的做法足以激励贪婪而有野心的人。现在赞美他们高尚的德行,把他们的事迹收集起来,写成这篇《隐逸传》。

孙登,字公和,是汲郡共县人。家里没有其他亲属,在郡里的北山上造了土窑居住,夏天把草编起来做成衣服,冬天就把自己的头发披在身上。喜欢读《周易》和弹琴,看见的人都很亲近和喜欢他。不急躁,不发怒,有人把他扔进水里,想要看看他发怒的样子,他从水里爬上来,反而大笑不止。经常在社会上游逛,所经过的人家有的给他衣服和食物,他一点儿也不推辞,离开了就都不要了。曾经住在宜阳山中,有烧炭的人看见他,知道他不是普通的人,和他说话,孙登也不回答。

文帝听说后,让阮籍去察访。阮籍见到后,和他说话,他也不搭腔。嵇康跟着他游历了三年,问他的愿望是什么,最终他也没有回答,嵇康每每为此叹息,将离开他时,对他说:"先生真是没有一句话说吗?"孙登于是说:"您知道火吗?火生来是有光焰的,然而不用它的光焰,但最终还是用它的光焰。人生下来有了才能,然而不用他的才能,结果还是用了他的才能。也就是说使用光焰在于得到柴火,因为得到柴火才能保证火的光焰;人的才能的运用应该是认识真理,认识事物的实质,只有这样才能保全人的寿命。现在您才气很大但认识不清,在当今的社会上很难免于灾难啊。您难道没有更高的追求吗?"嵇康没有听他的说,果然死于非命。临刑前作《幽愤诗》说:"和过去的柳下惠及今天的孙登相比,我都惭愧。"有人说孙登是因为对魏、对晋的态度,容易让人产生怀疑,所以遭人防范。最后竟然不知死在什么地方。

董京,字威辇,不知是什么地方的人。起初是和陇西掌管计簿的官吏一起到洛阳的,一路上披发而行,逍遥自在,边走边吟诗作诵,常常住在白社中。有时则在集市上乞讨,讨得一些残碎的绸缎丝絮,自己做一点衣服穿在身上,整匹的绸缎和很好的丝絮则不肯接受。有人看见他遭到别人的推挤和辱骂,一点也不愤怒。

孙楚当时任著作郎,多次到社中和他说话,并且和他一起坐着车子,回来,董京站着,不肯坐下。孙楚于是写信给他,劝他说当天子贤如尧舜的世代,为什么还要执迷不悟,不走正道。董京用诗来回答:"周朝灭亡了,颂声就没有了。夏朝衰落了,五常就混乱了。大腹便便的君子,一批一批地过去,而洋洋满目的人群中,只有隐士七人。他们难道不以天地万物的造化为乐吗? 只是感到身处肮脏时代的悲哀,对之以隐居独处。没有什么东西让我高兴快乐,清澈的泉水可以喝,最高的道义可以吃。为什么这样栖栖惶惶,自己使自己疲劳不堪。河鱼悬挂在野兽的门槛,再愚笨的人都知道将会发生什么。古代最高尚的人,把自己的才能隐蔽起来,绫罗绸缎不能让他们觉得温暖,高官厚禄不能使他们感到荣耀,行动象河里的流水,汩汩不停;静止象寂静的河川,默默无言。鹦鹉能说话,犹如泗水边上能做磬的大石头,被众人所玩赏,这岂符合它的本意! 燕子在罗网周围盘旋,哪能不受到伤害? 鸱隼跑到很远的地方去做窝,都是想去送死。看看那些跳到了桥上的鱼,乱蹦乱动,呻吟不绝,一下子就干涸而死。啊,鱼和鸟相处在一起,一万代都不明白这是什么道理。从我的角度来看他们,才能明白其中的原因。哪里知道不会有更精明的人,更深沉、更大度,也将窥察我的动静,皱着眉头而离开呢? 万物都很卑微,只有人是高贵的。要想有所作为,万里九州都嫌窄,要是不想干什么,立锥之地也嫌大。"

几年后,隐遁而离开,没有人知道他到哪里去了。在他的住处只发现一些竹子和两篇诗作。其一是:"天的运行刚健简洁,地的配合厚实密集,茫茫太苍,就是这样。后世仁义已去,以虚浮代替质朴,浑浑然的社会人事,谁能知道它的真实面目。我要走了,将要离开这最虚妄的境地,返归我将要去的地方。"又说:"碰不到孔子,为现在的那些优秀人才感到悲哀。优秀人士啊优秀人士,为什么不遁世隐居以保存你们真正的自我呢?"

夏统,字仲御,是会稽永兴人。幼年丧父,家里贫穷,侍奉母亲,以孝著称,兄弟关系也很和睦,经常拾柴拾谷寻求食物,披星戴月,半夜才回家,或者到海边去拾一些蚌蛤和螃蟹帮助生活。很善于言谈。同族的人劝他出去做官,对他说:"您清廉质朴正直,可以在郡里执政,如果和官府朝贵结交,一定会很显贵,为什么要心甘情愿地在山林隐居,在江湖河泽中终此一生呢?"夏统听了后勃然大怒,说:"你们各位就这样对待我吗? 假如让我处于太平盛世,我可以和天子重臣共评议同出入,如果遇到混浊的时代,一定会和屈原一样自沉江河,以死抗争;如果处于这两种时代之间,则自然会象长沮和桀溺一样隐居遁世,哪能在朝廷官府间委曲求全呢? 听见你们这样说,不觉得寒毛尽竖,汗下如雨,面红耳赤,心热如炭,目瞪口呆,两耳嗡嗡作响。"说的人非常惭愧。夏统从此后不再和本族的人见面。

正好碰上母亲生病,夏统侍奉汤药,同族的人因此又见到了他。他的叔父夏敬宁祭祀祖先,迎请女巫章丹、陈珠二人,她二人均很美丽,服饰华美,能歌善舞,并且还能隐形匿影。甲子夜一开始，她们就撞钟击鼓，中间伴以丝竹乐器，这时章丹、陈珠二人拿出刀子割破舌头，并吞下刀子吐出火焰，弄得烟雾缭绕、流光如电。夏统的堂兄弟们想去看看，想刁难夏统，于是一起骗他说："叔父得病，马上就要好了，全家大小都认为是喜庆的事，所以想趁着这个机会祭祀祖宗，一起去祝贺，您可以和我们一起去吗？"夏统跟他们一起去了。进得门进，忽然看见章丹、陈珠二人在院子中间轻柔地跳着舞，象鬼神一般地谈笑怪叫，东戳一指，西摸一下，对答应酬，不慌不忙。夏统见了后异常吃惊，掉头而走，没有从门出去，而是撞破了篱笆直奔而去。回来后责怪同去诸人说："过去淫乱的习俗兴起，卫文公为之感到悲哀；彩虹出现在东方，君子尚不敢明说；季桓子娶了齐国女子，孔子见了，驾车而回；子路见了夏南，非常愤怒，意气慷慨。我常常恨不得砸烂叔向的头，掐瞎华父的眼。没想到你们诸位迎请了这样的妖物，夜里和她们一起游戏，放纵你们骄傲不羁的情绪，纵任自己荒淫无耻的行为，乱了男女有别的礼节，破坏了贞洁高尚的节操，这样做是为什么呢？"于是躲到了床上，披头散发地睡下，不再说话。弄得各位都很不好意思，立即赶走了章丹、陈珠二人，各自回家去了。

后来夏统的母亲病重了，他到洛阳去买药。正好碰上三月上巳这天，洛阳王公以下的人都出游到浮桥上，男女并驾齐驱，华丽的车子、服装照亮了大路。当时夏统正在船上晒他买回的药，达官贵人的车骑如云般纷至沓来，夏统却连看也不看。太尉贾充觉得奇怪，就问他是什么人。夏统一开始并不回答。贾充又问了一遍，他才慢慢地说："我是会稽人夏仲御。"贾充使人问他会稽的风俗人情，夏统说："那儿的人彬彬有礼，犹有大禹时代的遗风，太伯时代的仁义和谦让，严遵所具有的高亢的志气，黄公所表现的高风亮节。"又问他："您在海边居住，很识水性，能撑船搏浪吧？"夏统回答说："是的。"夏统于是操舵正橹，在大浪中盘旋，起初做了一个鲻鲕般的跳跃，接着又来一个鲋鲜般的穿引，船头如鹢鸟般翘首挺进，船尾象兽尾一样卷伏起来密切配合。撑一下长长的船艄，船就向前越进三次。当时风大浪高，云遮雾绕，一会儿功夫就有八九条白鱼跌入船舱。看的人都感到心惊肉跳，贾充的心里尤其是这样，于是换了一只船和他说话，他答应的声音如雷鸣一般响亮。想让他出来做官，则低着头不说话。贾充又对他说："过去尧也唱歌，舜也唱歌，您和别人一起唱歌而感觉不错，您一定会返回来再和他们一起唱歌，这就能明白远古的圣贤和前代的哲人们为什么都尽情歌唱。您能唱你们当地的民歌吗？"夏统说："先公只住在稽山，进见过天子，拜见过王公大臣，传授教化在偏僻的地方，死了后安葬了。皇帝的恩泽象云雾一样洒满人间，圣明的教化仍然保存，百姓们受了感动因而歌唱，于是作了一曲《慕歌》。又有孝女曹娥，年龄才十四岁，坚贞和温顺的美德已经超过了梁、宋，她的父亲坠江死后捞不到尸体，曹娥呼天哭地，忧伤悲叹，为了寻找父亲的尸体，也投水而死。她死后，父女两人的尸体一起浮出水面。当地的人们为她的孝义深深感动，写了《河女》一诗来纪念她。伍子胥上书劝说吴王，意见没有被采纳，受到迫害投海而死，国人为他的忠贞刚烈感到万分痛惜，为他作了《小海唱》一歌。现在我就来唱唱这几首歌。"众人都很严肃，说："好。"夏统于是用脚在船板上打着拍子，引吭高歌，声音清越高昂，大风受到感应刮了起来，卷起海水喷向天空，电闪雷鸣，光影交加，雷雨大作，长风呼啸，岸上沙尘烟雾般地涌起。王公以下的人都很恐慌，夏统停止了唱歌，这种种现象才消失。众人都个个相对说："如果不来洛水边游玩，怎么能够见到这样的人。听到《慕歌》的歌声，便仿佛看见了大禹的容貌。听到《河女》的歌声，不觉眼泪潸然而下，就好象曹娥的高尚行为历历在目。听《小海唱》这首歌，就好象是伍子胥和屈原站在我们的身旁。"贾充想炫耀自己带来的文武仪仗队，让前来观看的人感到羡慕，因而就向夏统告辞了。下令竖起赤色大旗，高举各种仪仗，将骑兵排列成行，队伍肃然待立。不一会儿，军鼓号角响声大作，胡葭长鸣，车马涌越，纵横驰骋于大道上，又使歌伎舞女穿着艳丽的服装，点缀着耀眼的首饰，密密地绕船之周。夏统端坐如旧，好象是什么也没有听见，什么也没有看见。贾驻等回去后说："这个吴国的小子是木头人石头心。"夏统回到会稽，最后竟不知何年何月死于何处。

朱冲，字巨容，是南安人。年轻时即有很高的道德品行，性情安静，清心寡欲，好学然而家道贫穷，常常从事农业生产。邻居有人丢失了小牛犊，把朱冲的牛犊认作自己丢失的牛犊赶了回家。后来在林子里找到了自己的牛犊，于是非常惭愧，把朱冲的牛犊赶来还给他，朱冲竟然不再收下。有牛到他的庄稼地里吃庄稼，朱冲多次拿喂牛的食物给牛吃，而脸上一点都没有不满的神色。那牛的主人非常惭愧，于是不再把牛赶到朱冲的地里去了。

咸宁四年，皇帝征诏他为博士，朱冲借口有病没有应诏。不久皇帝又下诏说："东宫太子的随从官员也应该是具有最高的道德品质、博通典籍的人，应该用朱冲作为太子右庶子。"朱冲每次听说皇帝的诏书到了，总要逃到深山里去，当时的人认为他是梁鸿、管宁一流的人物。朱冲所居之地接近少数民族地区，少数民族人民对待他就像对待国君一样，朱冲也依据礼仪制度对他们进行教导，整个县里的风气都很好，路不拾遗，村无坏人，毒虫猛兽都没有造成灾害。后高寿而终。

范粲，字承明，是陈留郡外黄县人，汉代莱芜地方官陈丹的孙子。范粲品行高洁，为人正直，也有陈丹的风格，并且博闻强记，掌握多种学问，每个方面都可作为老师，远近的人有很多请他教授，为人不故作庄严矜持，但别人一见他，都很尊敬他。魏时州里府里都举荐他做官，但他都没有就任。很久以后，才应征做了治中一官，后又转任别驾，又被任命为太尉掾、尚书郎，又被派出为征西司马，所任官职都有良好的反应。

宣帝辅政时，升任武威太守，到任后，选拔好的官员，创办学校，鼓励发展农业生产。当时周边地带少数民族经常侵扰中原地区，范粲公开设立防范措施，敌人不敢再来进犯。开辟和西域各国的流通，使边疆地区战火停息。武威郡土地肥沃，富贵人多，珍玩异品到处都是，范粲检敛控制这些方面，抑制了奢华社会风气形成漫延。因为母亲年老辞官。武威郡和野蛮的少数民族邻近接壤，范粲因为坐守在这一重要的位子上而辞官回家，朝廷非常不满意他，把他降职为乐涫令。

事隔不久，转任他为太宰从事中郎。为母亲守孝，以最孝的人著称。守完孝后，又任太宰中郎。齐王萧芳被废黜后，被赶到了金墉城去，范粲穿了白色衣服给他送行，他的行为使左右的人都为之感动。当时景帝辅政，召集官员们开会，范粲又没有出席。朝廷因为他当时名气很大，都原谅了他。范粲又借口有病，闭门不出。于是皇帝特意下诏任他为侍中，被特派到雍州。范粲因此只有假装狂颠，不说话，睡在所乘坐的车子里，脚不落地。子孙总是侍奉在旁边，每当碰到娶嫁或做官等大事，总要悄悄地征求范粲的意见，他认为可以的就面无表情，认为不行的就坐卧不安，妻子因此而知道他的意思。

武帝登基后，泰始年间，范粲的同郡人孙和当时任太子中庶子一职，上表推荐范粲，赞扬他品行高尚，讲究节操，长期疾病缠身，应该让郡里县里用车子把他运到京城，让皇家施恩于他，赐给他医药，如果能够逐渐地好起来，一定对朝廷执政很有好处。于是皇帝下诏命令郡里县里为他提供医药，又赐给他二千石谷子的俸禄用作养病之资，每年都是这样，还赐给他一百匹布。儿子范乔因为父亲病得很重了，谢绝了，不敢收下，皇帝下诏说不许不收。太康六年去世，时年八十四岁。他不说话有三十六年，死在他所睡的车中。大儿子名范乔。

范乔，字伯孙。二岁时祖父范馨去世，临终时，摸着范乔的头说："很遗憾看不见你长大成人了。"把自己用过的砚台给了他。五岁时，祖母告诉了他这件事，他就拿着砚台哭。九岁入学，在同辈人中，说话从来不开玩笑。二十岁时，受业于乐安人蒋国明。济阴人刘公荣有识人才的经验，见了范乔后，非常器重他。朋友刘彦秋很早就有名气，曾经对人说："范伯孙这个人沉稳持重，思维缜密，我每次都想挑他一个错误而始终做不到。"光禄大夫李铨曾经论述杨雄的才学比刘向高，范乔认为刘向整理刊定那一时代绝无仅有的书籍，整理了各种图书，如果让杨雄来做这些事，也就不是他的专长，于是写了《刘杨优劣论》，很多文献都没有记载。

范乔爱好学习，不知疲倦。父亲范粲装疯不说话，范乔和他的两个弟弟都放弃了学业，杜绝了和社会上的各种人事往来，在家里服侍父亲，一直到范粲去世，脚步都没有走出过村子。司隶校尉刘毅曾在朝廷上据理直言说："假如范武威病得不是很重，就是伯夷、叔齐又活在了今天。象这样的诚实和有信念，更是圣主所应该褒奖的。他的儿子长期服侍生病的父亲，名声和德行影响都很大，如果不给予表彰和任用，就会被朝廷中爱惜隐士贤人的人所讽刺、讥笑。"元康年间，皇帝下诏征求廉洁、谦让、从事低微贫寒之业的人，不考虑他们的经历，让他们参与议政。尚书郎王琨于是推荐范乔说："范乔天性纯真，德行高尚，志向远大，风操高洁，儒家思想广博精深，深刻地挖掘了它的精神实质；生活上安贫乐道，有志于住偏僻的巷子，吃粗疏的饮食而毫无怨言，成年以后这种志愿更加坚决，确实是当今贫寒而有志气的人，身体力行地起到了纠正社会风俗的作用。"当时张华任司徒，各地所推荐的共有十七人，对范乔都特别地称赞。又吏部郎郗隆也想寻求国内的隐居之士，范乔一直隐居避世，直到老年，这时任他为乐安令，他还是借口有病没有赴任。范乔一共一次被推荐为孝廉，八次被推荐去公府做官，两次被选为清白异行，一次被任命为寒素，都没有接受。

早先，范乔的同乡人除夕晚上偷砍他家的树，有人告诉他，范乔装作没听见，同乡人很惭愧，就把树还给了他。范乔跑去对他说："您过年时缺柴火，是想和父母一起过个愉快的年，有什么惭愧的呢？"他对人的善于理解和引导，就像这样。外黄县令高顗感叹地说："士大夫没有不自私的，而范伯孙和蔼公正，他的名字虽然不曾出现在官府的名单上，但这个人的宝贵和特别，现在让人看得更加清楚。伟大正确的法则不再存在，然而还有仁义的人，确实是这样的啊。"他修身立名，毫无瑕疵污点，被同时代的人佩服得五体投地。元康八年去世，时年七十八岁。

鲁胜，字叔时，是代郡人。年轻时即有才华，风格高尚，任佐著作郎。元康初年，升任建康令。到任后，著《正天论》，说："从冬至后安置仪器，测量日影移动的速度，考察日、月、星的变化。我认为日、月直径只有一百里，不是一千里，星星的直径才十里，不是一百里。"于是上表要求诸侯王公给予讨论。"如果我说得有理，应当改正前人的失误，还天地星辰以本来面目。如果我的看法得不到验证，我甘愿受罚，以表明法律的公正无私。"事情没有回音。曾经年复一年地观察天象，知道将来变故颇多，于是借口有病辞去官职。中书令张华派儿子去劝他再出来做官，又一次征聘他为博士，推荐他为中书郎，都没有就任。

他的文章著述被社会上的人所称颂。因遭逢战乱而失传，只有《墨辩》注保存下来的序里讲：

"名"是用来区别异同、明辨是非的，它是道义的分门别类，是实行政治教化的基本依据。孔子说："一定要正名，名不正则事情就不能办成。"墨子著书，作《辩经》来阐明什么是"名"，惠施，公孙龙继承他的学说，也因辩明什么是"名"而名显当时。孟子反驳墨子，但他在辨别用语、使用适当的言辞这一点上则和墨子相同。荀子、庄子等人都责难、批驳名家，但也不能动摇它的理论。

名字所表观的事物一定有具体形状，但观察它的形状不如辨别他的颜色，所以有"坚白"的争辩。"名"之间的区别一定是很清楚的，但再清楚也不如"有"和"无"，所以有"无序"之辩。"是"中也有不是，"可"中也有不可，所以叫作"两可"，同中有异，异中有同，这就叫作"辩同异"。最同里面就没有不同，最异里面就没有不异，这统称为"辩同辩异"。因为有同异，就生出了是非；因为有是非，就生出了吉凶，以辩明一个事物的名字就可以追究到天下社会风俗的高下，这是辩明名字的最高目标。

从邓析到秦朝的名家，每一代都有文章著述著作，都很难理解。后代的人就更没有传承学习的了。到现在已经五百多年，名家著作也就亡佚了。《墨辩》分上下经两部分，每《经》都有《说》这部分，共四篇，和这部书的其他篇章相连接，于是只有它被保存下来。现在用《说》来对照、解释它所属的《经》，将各条附在对应的各章节后，有怀疑的地方就空缺出来。又从其他著作中摘出有关条款，汇集成《形》《名》二文，粗略地解释一下它们的大意，以待大家指正。希望有振兴衰微事业、拯救灭绝之物的人，也会以此为乐。

董养，字仲道，是陈留浚仪人。泰始初年到洛阳，不做官求荣。杨后被废除后，董养游历太学，在讲堂上感叹道："建造这个讲堂，为了什么呢？每次翻阅国家的赦罪文件，看到谋反、政变的人都予以宽大处理，杀祖父母、父母的人不予宽大处理，是因为王法不能容忍这样的事。为什么公卿大臣们如此议论朝政、制定法典，天人之理不讲了，大的灾祸就要来临了。"因此写了《无化论》一文批判这种现象。

永嘉年间，洛城东北步广里地面下陷，钻出两只鹅，苍青色的一只飞走了，白色的不能飞。董养听说后感叹道："周代各国统治者盟会的狄泉，就是这个地方。现在出现了两只鹅，苍青色的代表匈奴等少数民族，白色的代表我们的国家，后事就尽在不言中了。"回头对谢鲲、阮孚说："《周易》上说能够辨明事物征兆的就是神，你们可以隐姓埋名地躲藏起来了。"于是和妻子挑着担子去了蜀地，没有人知道他最后死在什么地方。

霍原，字休明，是燕国广阳人。年轻时刚强有志气，叔父因犯法将被判处死刑，霍原到狱中去申辩，备受刑罚，终于使叔父得以免罪。十八岁时，观看太学举行礼节仪式，因而就留在太学里学习。贵族子弟听说他来学习，很器重他，想见见他，因为他出身低微，名气不大，不想白天去，而是一起晚上去他那里。父亲的朋友同郡人刘岱将要举荐他，还未举荐自己就病重了，临终时对他的儿子刘沈说："霍原向往高尚正义，清虚自守，将会成为独特的人才，你以后一定要推荐他。"后来霍原回到乡里。高阳人许猛一向佩服他，正好碰上任幽州刺史，将要去拜访他。主簿拦住车子说车子不能走出幽州界，许猛只好叹息而遗憾地停了下来。

霍原在山里住了很多年，有门徒百多人。燕王每个月都要送酒肉礼品给他。元康年间，刘沈任国大中正时，上书荐霍原应升任二品官员，司徒不同意，刘沈于是上表据理力争。皇帝下诏告命令司徒参与讨论，结果中书监张华命令陈准提升议任他为上品官员，皇帝下诏说可以。元康末年，霍原和王褒等都因为贤良被征召，诏书屡次下发到郡县，郡县按礼节发送派遣，都没有赴任。后来王浚想要谋反，使人来向霍原咨询，霍原不作回答，王浚耿耿于怀。又有辽东囚犯三百多人，凭据有利的地理位置，依山为寇，想把霍原劫持去作为首领，也没有办到。当时有一首谣谚说："天子在什么地方？近在附近的豆田中。"王浚认为"豆"就是指"霍"，逮捕了霍原，把他杀了，把他的头悬挂起来。他的门徒痛哭不止，半夜时把他的尸体偷来，偷偷地埋掉了。远近的人都十分震惊，没有人不觉得他冤枉，为他感到痛惜。

鲁褒，字元道，是南阳人。博学多闻，不愿做官，甘心过贫困生活。元康之后，政府崩溃，法律典章荡然无存，鲁褒为时风的贪婪败坏感到悲哀，隐姓埋名，写了《钱神论》一文以讽刺社会的贪婪现象。大意是：

钱的形状，有乾坤之象，里面方，外面圆，把它堆积起来就像山一样，一旦流通就像水一样。它有时动有时静，有时通行，有时被人收藏，方便了买卖交易，而它自己却不怕有所损耗。长期使用，不乏来源。所以能够生命长久，被社会上的人看作宝贝。对它的感情犹如兄长，把它叫作"孔方"兄。失去它就贫穷孤弱，得到它就富硕昌盛。它没有羽翼而能飞，没有脚腿而能走，它能够让生活窘迫的人露出笑容，让处境困难的人开口说话。钱多的人处处向前，钱少的人裹足退后。向前的人成了官长，退后的人则成了奴仆。官长们越来越富，奴仆的则越来越穷。《诗经》上说："多么欢乐啊，有钱人；多么可怜啊，这些孤独者。"

钱即是泉，再远的地方也能去，再深的地方也能到。京城的衣冠人士，疲劳于讲坛上，已经讨厌再听那些清谈，听到它就昏昏欲睡。但一看见"孔方"兄，没有人不立即惊醒。在钱的保佑下，没有不吉利的事，何必一定要先读书，然后才能富贵呢？过去吕公对着空口许诺就满心欢喜，汉高祖略施小利就降服了他，文君脱去了布衣衫，披上了绫凤绸缎，相如乘上大马高车，解下了犊鼻之绳。他们官高位尊，名声显赫，这些都得力于钱的力量。空口许诺是最虚的，然而却有了实际的结果；小利虽小，却可以形成亲密的关系。从这一点来看，就可以把钱看作神物，没有德行而受到尊敬，没有势力却炙手可热，能够推开官府的大门，进入皇帝的宫殿。危险可以使之安全，死人可以使他变活，富贵的人可以使他贫贱，活着的人可以使他死去。所以官司诉讼没有钱不能赢，纷乱纠葛没有钱解不开，冤家仇人没有钱不会和解，就是有好名声，没有钱也传不开。

洛城中的公子王孙，达官贵人，喜爱"孔方"兄，没有止境。拉着"孔方"兄的手，紧紧抱着它，不计较它的磨损，也不管它使用的年限，总是有那么多人向往之，想要拥有它。谚语说："钱没有耳朵，但它能够使唤鬼神。"但凡现在的人，只是想钱而已。所以有人说军队没钱，召不来兵；打仗没有赏赐，战士不会冲锋向前。做官的人没有人推荐介绍，不如干脆回家种田；即使有推荐介绍的人，但没有钱，和没有翅膀而想飞，没有腿脚而想走没有两样，是根本行不通的。

愤世嫉俗的人一起传诵他的文章。

鲁褒没有做官,没有人知道他死在什么地方。

任旭,字次龙,是临海章安人。父亲任访,是吴南海太守。任旭幼年丧父,身体赢弱,儿童时期勤奋学习。长大成人后,志向远大,清正廉洁,不同流合污,同乡人都推重并爱护他。郡将蒋秀器重他的名声,请他出任功曹。蒋秀为官贪赃污秽,每每不守法纪,任旭严肃地劝止他。蒋秀不接受他的意见,任旭辞官而离去,在家里闭门讲学,修身养性。很久以后,蒋秀因为犯事被捕,任旭很狼狈地去给他送行,蒋秀很感慨地叹道:"任功曹是一个真正的好人,我违背了他所提的意见,所以到了今天这个地步,还有什么可说的呢?"不久后又被举为孝廉,任命为郎中,州郡提拔他为郡中正,他坚决推辞回到家里。

永康初年,惠帝广求清正廉洁的人,太守仇馥推荐任旭,说他清贞洁素,学识广博,诏书命令州郡按礼节发送派遣。任旭认为朝政变化多端,志趣趋向隐遁,所以借口有病没有应征。不久天下大乱,陈敏叛变,江东名豪都受牵连,只有任旭和贺循意志坚定,陈敏最终也未能使他们屈服。

元帝才镇守江东时,听说他的大名,就征召他任参军,亲自写信给他,想使他一定到任,任旭借口有病坚决地推辞了。后元帝升任镇东大将军,又征召他;到任左丞相时提拔他任祭酒,都没有就任。晋中兴后,官府派公车征召他出山,恰逢他母亲去世。此时司空王导创立学校,选拔天下通晓经典的人,任旭和会稽人虞喜都因为具有隐居避世的思想而被征召,事情还未办妥,恰逢王敦叛乱,不久元帝又驾崩,这件事情于是被耽搁下来。

明帝即位,又征召提拔他任给事中,任旭说自己病重,一年不到任,尚书因为他拖拉把他除名,仆射荀崧认为这样做不行。太宁末年,明帝又下诏准备礼物征召任旭,诏书才下,明帝又驾崩。任旭于咸和二年去世,太守冯怀上书认为应该追赠他为九列,碰到苏峻作乱,这件事也没有办成。任旭的儿子任琚,做官做到大宗正,最后死于家中。

郭文,字文举,是河内郡轵县人。年轻时热爱自然山水,崇尚避世隐居。十三岁时,每次游历山水,往往流连忘返,十多天不回来。父母去世,服孝完毕,不结婚,离家而去,游历名山大川,经过华荫山时,观赏考察石室中的石函。洛阳陷落后,挑着担子进入吴兴余杭大辟山中无人烟的地方,把木头斜靠在大树上,上面盖上草垫子,就住在那里面,四周也没有墙壁。当时经常有猛兽作乱,进入住宅伤害人类,然而郭文在这样的条件下一个人住了十年,竟没有遭到祸患。总是穿着鹿皮衣服,头上包着葛布巾,不喝酒不吃肉,开垦出一些土地,种点豆子和小麦。采摘竹叶和树上的果实,换些盐来供自己生活。有的人给他很低的价钱,他也就换给了他。后来人们认识了解了郭文,就不再给他很低的价钱了。他除了吃饭之外还有些剩余的谷物,总是救济那些贫穷的人。别人送东西给他,总是接受一点不太好的,以表示不拂人家的好意。有一次有一头猛兽在他的小屋旁边咬死了一只大麋鹿,郭文告诉了别人,他们把它拿去卖了,分了一些钱给郭文。郭文说:"我如果需要钱,我就会自己去卖。之所以告诉你们,正是因为我不需要钱。"听说的人心里都很感慨。曾经有猛兽向着郭文忽然张大口,郭文看到它口中有一根横着的骨头,于是伸手进去把它拿掉了。猛兽第二天早晨放了一头鹿在郭文的小屋前面,作为报答。打猎的人经常到郭文那儿寄宿,郭文夜里为他们挑水,脸上毫无厌倦之色。

余杭令顾飏与葛洪一起去拜访他,带着他一起回来。顾飏认为他走山路也许需要皮袄,赠给他熟皮制成的皮袄一件。郭文没有要,辞别了他们,回到了山中。顾飏派手下人追他,把衣服放在了他的小屋中,郭文没有说什么,这件皮衣竟烂在了小屋中,郭文最终也没有穿它。

王导听说了他的大名，派人去迎接他，郭文不肯坐车船，而是挑着担子自己走。到了以后，王导把他安置在西园内，园中果树成林，又有鸟兽麋鹿，因而让郭文住在那里。朝中的官员都跑去看他，郭文没精打采地伸腿坐着，傍若无人。温峤曾经问郭文说："人人都有亲戚朋友来往，以此为乐，先生您抛弃了他们，有什么快乐呢？"郭文说："本想学道成仙的，没有想到碰到了动荡的时代，要想回去也没办法了，所以只好这样。"又问他说："饿了就想吃饭，年纪大了就想成家，这是自然而然的，先生怎么单单没有这些欲望呢？"郭文说："欲望是由于人们老去想它而产生的，不想它就没有欲望。"又问他："先生一个人住在深山里，如果碰上生病送了命，就会被乌鸦鸟兽吃掉，难道不残酷吗？"郭文说："埋葬在地下的人也是被蚂蚁吃掉的，有什么两样。"又问他："猛兽是要伤害人类的，世上的人都很害怕，先生您偏偏不怕吗？"郭文说："人如果没有害兽的心思，兽也不会害人。"又问他："如果社会不安宁，人们也不得安身。现在将请您出仕做官以济时匡政，怎么样？"郭文说："山野草莽之人，怎么能够辅佐朝政。"王导曾经会集各位宾客，歌舞宴会，试着让人去请郭文来。郭文目不斜视，两眼直瞪瞪地向前，走在华丽的殿堂犹如穿行在山间荒野。当时在座的人都说了些试探性地意味深长的话，郭文常常表示不知道他们说的是什么意思。他的想法很深奥奇特，没有人能够探测出来。温峤曾评论说："郭文有贤人的本性，然而却没有贤人的才能，应居于柳下、梁跻之下！"永昌年间，瘟疫流行，郭文也病得很重。王导送药给他，郭文说："命在天，不在药。寿命长短，是时间管着的。"

住在王导西园中七年，没有出来过。一天早晨，忽然要回到山里去，王导没有同意。后来逃跑了，回到临安，在山里盖了房子住下。临安令万宠把他接去县里。苏峻谋反时，破了余杭，然而临安独得保全，别人认为他能知天意。从此以后不再说话，仅仅用手势表达意思。病重时，要求回到山里去，想要把尸体安放在石头上，不叫人埋葬，万宠没有同意。不吃东西二十多天，也不见瘦。万宠问："先生还能有几天？"郭文举了三次手，果然于十五号去世。万宠把他葬在他的房子旁边，祭祀祷念他。葛洪、庾阐都为他做过传，赞颂他的美德。

龚壮，字子玮，是巴西人。廉洁自守，和同乡人谯秀齐名。父亲和叔叔被李特残害，龚壮多年都没有除去丧服，势单力薄不能复仇。李寿戍守汉中，和李期有矛盾，李期即是李特的孙子。龚壮想假手李寿以报仇。于是劝说李寿说："阁下如果能吞并向西的土地，听命于晋，人民一定乐于您这样做。并且舍小利得大利，用危险换得安全，这是最上策了。"李寿同意了他的建议，于是率领军队讨伐李期，果然攻克了他。李寿仍任原职，想让龚壮做官，龚壮誓死不出仕为官，也不接受任何给他的贿赂、馈赠。恰逢久雨成涝，百姓饥饿不堪，龚壮上书劝李寿归顺朝廷，赢得朝廷欢心，满足人民的心愿，永远成为朝廷的藩国，造福后代子孙。李寿看了上书后内心很愧疚，藏在心里没有说。于是派人出使少数民族部落，龚壮知道后劝止他不要这样做，李寿又没有采纳他的意见。龚壮认为万物之本没有比忠、孝更大的，既已假手李寿杀了李期，报了私仇，于父亲、叔叔已经尽孝；又想使李寿归顺朝廷，以尽臣职，于国尽忠。李寿既然没有听从自己的建议，龚壮只好声称自己已经耳聋，又说手也拿不得东西，终身没有再去成都，只是研究考释经典，思考文章辞意，至李势执政时去世。

早先，龚壮常常叹息说中原人多通经学，而巴、蜀人粗鄙浅陋，加上碰到李氏的灾难，未收有学生,著有《迈德论》,史书大都没有记载。

孟陋,字少孤,是武昌人。吴司空孟宗的曾孙。哥哥孟嘉,是桓温的征西长史。孟陋年轻时就清白做人,品格高尚,穿的是布衣,吃的是粗食,以读书自娱。从来不谈论社会上的事,也不和官场人物结交往来。有时去钓鱼,也一个人前往,连家里人也不知道他到哪里去了。母亲去世后,他十分悲哀,身体几乎完全垮了,有十多年不喝酒不吃肉。同族亲友反复对他说:"少孤!谁没有父母?谁都有父母。圣人制定丧礼制度,是要让贤孝的人随便地守一下孝,让不孝的人努力地遵守它。如果你身体垮了,没有了后代,这样反而不孝了。"孟陋听了这番话,有些醒悟,然后慢慢地才好起来。由于这件事,孟陋名扬天下。

简文帝辅政后,任命他为参军。他借口有病,没有赴任。桓温亲自前往访问他。有人对桓温说:"孟陋品行高洁,学识上是儒学大师,应该把他召进朝廷,让他发挥良好的作用。"桓温叹息说:"会稽王尚且不能让他屈就,更不敢指望他参与议政了。"孟陋听了后说:"桓公正猜着了我不出去的原因。天下万人,十分之九不当官,他们那能都是高士呢?我是有病,不敢赴命应召,不是以高士自居。"由于这个原因,名声更大。

他博学多闻,对于很多经籍都很精通,特别长于《三礼》,为《论语》作的注通行于世。后高龄而逝。

韩绩,字兴齐,是广陵人。他的祖先因避乱迁居到吴郡的嘉兴。父亲韩建,在吴做官,位至大鸿胪。韩绩年轻时喜爱文学,奉行潜处退让哲学,穿粗衣吃蔬食,不和达官贵人结交往来。由于这个原因,东部地区的人民都很尊敬他。司徒王导听说了他的名声,提拔任命他为掾,他没有就任。咸康末年,会稽内史孔愉上书推荐他,皇帝下诏准备舒适的车子带上礼物征召他进京。尚书令诸葛恢上书说韩绩的名声还不算大,不宜如此礼遇,于是下诏任他为博士。他借口年老体弱没有应召,死于家中。

当时高密人刘鲖,字长鱼;城阳人郗郁,字弘文,都很出名。刘鲖幼年时即不羡慕社会上的东西,成年后希望能问古人看齐,刻苦学习,认真做事,良好的风范影响了当地人民。郗郁,是魏国不受皇帝征召之人郗原的曾孙,他年轻时即有其曾祖的风范,为人廉洁,行为检点,口不乱说,耳不乱听。彬彬有礼,行动大方得体。咸康年间,成帝广求有突出建树的人,刘鲖、郗郁被官员们推荐,于是依据韩绩和翟汤等人的惯例,按博士征召他们。郗郁借口有病,刘鲖随使者来到京城,亲自向皇帝陈述年纪已大,没有应征。二人均寿终正寝。

谯秀,字元彦,巴西人。祖父谯周,以通晓儒学著称,在蜀朝名声显赫。谯秀年轻时即沉默寡言,不和社会上的人来往,知道天下不久就会大乱,提前就断绝任何人事往来,即使是本家和母亲家族的人,也不见。郡里察访他为孝廉,州里举荐他为秀才,都不就任。李雄攻占了蜀国后,占有了巴西地区,李雄的叔父李骧、李骧的儿子李寿都很仰慕谯秀其人,都准备了礼物和乘坐舒适的车子征召他。他都没有应召。常常戴着皮帽子,穿着破衣服,亲自在山间草泽中耕种,龚壮常常为他感到叹息。桓温灭了蜀后,上疏推荐他,朝廷认为谯秀年纪已经大了,加上路又远,所以没有征召他,派遣使者传达所在地区每年四季去慰问他。不久范贲、萧敬相继叛乱,谯秀因避难去了宕渠,乡里同族一百多人因为要依靠他,跟他前往。谯秀八十多岁了,别人想替他挑担子,谯秀说:"各家都有年纪大的和身体差的人,你们应该首先照顾自己的家人。我的力气仍然足以生活自理,那能够让我以垂朽之年连累你们各位呢?"九十多岁去世。

翟汤,字道深,是寻阳人。为人厚道纯朴,仁慈廉洁,对社会上的事不屑一顾,亲自种田,然后吃饭,其他人如有馈赠,哪怕东西再小,也不肯接受。永嘉末年,寇贼蜂起,听说了翟汤的名声和德行,都不敢冒犯他,同乡人依赖他而得平安无事。

司徒王导提拔他做官,没有答应。隐居于县境的边界南山。始安太守干宝和翟汤为通家之好,派船送东西给他,对跟船的小官吏说:"翟公廉洁、谦让,你把信交给他后,把船留下就走。"翟汤没有人可以派来把船还给干宝,于是只有买些丝绸织物,让人带给干宝。干宝本来是想让他得些实惠,没想到反而给他添了麻烦。更加惭愧和感慨。咸康年间,征西大将军庚亮上书推荐他,成帝征召他为国子博士,翟汤没有应征。建元初年,安西将军庚翼北征石季龙,大量征调奴仆充军,告诉具体经办人员免除翟汤所应输送的奴仆。翟汤把他的奴仆全部交给乡里官员,这些官员接到上级指示一个也不接受,翟汤依据所征调的限额,解放了他的奴仆,让他们自己组织起来成为普通百姓。康帝又以散骑常侍的位置征召翟汤,翟汤以自己年老多病为借口,坚决推辞。七十三岁时死于家中。

翟汤的儿子翟庄,字祖休。年轻时就以孝悌友善著名。遵奉翟汤的风格情操,亲自耕种,然后吃饭,说话从不涉及庸俗的事,平时所做的事只是钓鱼。成年以后,不再打猎。有的人问:"钓鱼和打猎同是伤害生命的事,而先生您只去掉了其中的一样,这是为什么呢?"翟庄说:"打猎的行为由我发生,钓鱼的行为由鱼饵发出,不能够全部去掉,所以先去掉那个伤害行为厉害的。况且鱼是贪吃鱼饵而吞了钩子的,责任怎么在我呢!"当时的人认为他会说话。晚年时也不再钓鱼,端端正正坐在竹编的门旁边,吃着豆子喝着水。州府很郑重地任命他,用官车来征召他,都没有就任。五十六年时去世。

他的儿子翟矫也有高尚的情操。多次谢绝提拔任命。翟矫的儿子翟法赐,孝武帝征召他为散骑郎,也没有就任。社会上传说他也有隐者的道德品行。

郭翻,字长翔,武昌人。伯父郭讷,任广州刺史。父亲郭察,是安城太守。郭翻少年时即有高尚的志气和节操,谢绝了州郡的提拔,不愿被推选为孝廉秀才。在临川安家,不和官场上的人来往,只以钓鱼打猎为乐。生活贫困,没有正式职业,想要开垦荒地,先插标志说明,一年后没有人来认明这块土地,郭翻才开垦耕种。稻子快熟时,有一个人来说这块地是他的,郭翻把快熟的稻子全部给了他,县令听说后责问那个人,把稻子还给了郭翻,郭翻不再接收。曾经乘车出去打猎,离家百余里远,途中碰到生病的人,把车子送给了他,自己却步行回来。他钓得的鱼和打得的野兽,如果有人要买,便送给他,分文不取,也不告诉他自己的姓名。由于这些事情,老百姓都很敬重他。

和翟汤一起被庚亮推荐,官车征召为博士,没有就任。咸康末年,乘小船暂时回到武昌给父母、亲属上坟,安西将军庚翼以皇帝舅舅的身份,亲自去拜访郭翻,想勉强他出来做官。郭翻说:"人的性格各有各的不足,那里是可以强逼的!"庚翼因为他的船又小又窄,想让他坐大船。郭翻说:"您不因为它鄙陋微贱而亲临它,它本来就是山野之人的船啊。"庚翼躬着腰进到小船中,整整一天才离开。

曾经把刀掉在了水里,有一个过路的人帮他捞了起来,他因此就把刀送给了那个人。那个过路的人不要,坚决推辞,郭翻说:"假如刚才你不把它捞起来,我怎么还能得到它!"过路人说:"我如果要了这把刀,将被天地鬼神所责备。"郭翻知道他最终不肯要,又把刀沉到了水里。过路人很遗憾,又跳入水中捞起了这把刀。郭翻于是不拂他的好意,收下了这把刀,并给他十倍于刀的钱。他廉洁而不愿接受别人的恩惠就像这样。死于家中。

辛谧,字叔重,是陕西狄道人。父亲辛怡,是幽州刺史,社会上的名门望族。辛谧年轻时即有大志,博学多闻,善于作文,擅长草书、隶书,他的墨迹被认为是当时的楷模。性格恬静,不乱交际。被征召任太子舍人、诸王文学,屡征不应。永嘉末年,任命辛谧为散骑常侍,抚慰关中。辛谧因为知道洛阳将要陷落,所以应征。刘聪攻陷长安后,任命他为太中大夫,坚决推辞,没有接受。又经历了石勒、季龙统治的时代,都没有应召赴命。虽然生活在丧乱之中,但超然独立,视荣利如粪土。

冉闵篡夺皇位后,又准备了礼物征召他为太常,辛谧给他写信道:"过去许由谢绝帝尧的封官许愿,而尧把天下让给他,是帮助显示他清高的节操;伯夷离开了自己的国家,介子推逃避了帝王的赏赐,都名垂青史,万世流芳。这些都是避世隐居永不回头的人。然而贤人君子即使是位居高贵显职,也和隐居山林没有两样,这即是明白事物本性的奥妙,哪有知道这一点的人呢!所以不被祸患困扰的人,不是因为逃避了它,而是因为潜心静志、清虚自守而善于应付它。我辛谧听说事物到了极限就会发生变化,比如说冬天向夏天的转化;到了最高点也就十分危险,比如说把棋子垒得很高就会坍塌。君王的大业已经成功,还长时间地和他相处,这就不是顾全性命、远离危险的处理办法了。应该借着事业的成功,安心臣服于当朝,并且一定要有许由、伯夷的廉洁谦让、与世无争,才能够享有古代仙人王子乔和赤松子的高寿,永远作为君王的助手,这难道不是很好吗?"因为不吃东西而死亡。

刘驎之,字子骥,是南阳人,光禄大夫刘耽的本家。刘驎之年轻时即崇尚朴素,清心寡欲,退让谦虚,不修边幅,没有什么名气。喜欢游历自然山水,有志于隐居避世,曾经因为采药到了衡山,进入了大山的深处忘了返回,看见一溪泉水,水的南边有两个石头垒成的园仓,一个门开着,一个门关着,溪水很深,水面又宽,过不去。想要原路返回,迷失了道路,碰到砍伐树木做弓箭的人,问他怎么走。才得回到家里。有人说石仓里都是灵丹妙药等,驎之想再一次去看看它,最终也没有搞清它的方位。

车骑将军桓冲听说了他的名声,请他出任长史,他坚决推辞,不肯接受。桓冲曾经到了他的家里,他正在给树修剪枝叶,使者传达了桓冲的到来及问候,刘驎之说:"您既然肯委屈地到我家来,应该先去拜望家父。"桓冲听说后非常惭愧,于是就去拜望他的父亲。他父亲让驎之回来,驎之这才回到家里,掸着短袄上的尘土和桓冲说话。父亲让驎之亲自从屋里拿出浊酒和蔬菜给宾客们吃喝,桓冲让人代驎之给客人们斟酒,驎之的父亲推辞说:"让手下人斟酒,不合我这山野之人的本意。"桓冲十分感慨,到黄昏时才告辞返回。

驎之虽然出身于名门望族,但对普通老百姓也很讲义气信用,凡是和他相熟的人家里结婚送葬,他都亲自到场。住在阳岐的时候,刚好住在官道的旁边,人来人往,没有不在他那里歇脚投宿的。驎之总是亲自提供饮食,安排住宿,有自知之明的人认为他很劳累辛苦,反而害怕经过他家门口。凡是别人送给他的东西,都不接受。离驎之家一百多里的地方,有一位孤老奶奶,病得快要死了,叹息着对别人说:"谁将安葬我呢?只有刘长史了。怎么才能让他知道我就要死了呢?"驎之早先就听说她有病,所以就去探望她,恰好碰上她去世,于是就亲自置办棺材安葬了她。他就是这样地具有仁爱恻隐之心。后高龄而终。

索袭,字伟祖,敦煌人。虚心,清静好学。州郡任命,推举他为孝廉、贤良方正,他都借口有病，一一辞谢了。自己则潜心研究阴阳方术，著有十多篇天文、地理方面的文章，颇有启发。不与社会交往，常常独言自语，或长吁短叹、涕哭流泪，有时问他，也不答话。

张茂执政时，敦煌太守阴澹，感觉索袭为人奇异，特去拜访他，逗留了一整天。出来，叹息说："索先生德高望重，是有名的儒者，真可以向他请教大道理。"阴澹将举行乡射之礼，打算聘请索袭担任三老。对他说："当今四方宁静，将举行乡射礼。先生德高望重，道德为当今之冠，尊老养老，实在应是您这样的贤德儒者。不是梧桐树，而希望有鸾凤落下翅膀；谢曹公而盼望盖公驾到，实不是这样。但至圣如孔夫子，有邀请，他也去；大德如孟夫子，有聘请，他也到。都是为了弘扬大道啊！现在委屈你，是为了尊崇道义教化，不是做官。想你或者可以答应吧。"后来，索袭病逝，时年七十九岁。阴澹穿上素衣，参加了葬礼，赠送银钱二万。他说："人们有余的是富贵，眼睛想看的是五色，耳朵想听的是五音。而索先生抛弃众人所要的，要了众人所抛弃的。品味无味之事物於恍恍惚惚之时，兼有玄妙于众多奥妙之中。住宅不到一亩，却志在九州，身居尘俗之中，而心栖息在天外。就是高人逸士如黔娄、庄生，都不及他啊！"赠谥号"玄居先生"。

杨轲，天水郡人。年轻时喜欢研究《周易》，成年后没有结婚，学业精微，有学生数百人，常常吃粗疏的食物，喝冷水，穿粗布衣服和破麻絮做的袍子，别人都不能忍受这样的遭遇，而杨轲却不以为耻，悠然自得，和那些不了解及行为怪僻的人从不来往。即使是跟着他学习的学生，如果不是很有成就的入室弟子，也不可能亲口跟他说话。想要教授什么东西，一定要旁边没有其他人时，才教给他的入室弟子，让他们一个一个地递相传授。

刘曜篡皇位后，征召任命他为太常，杨轲坚决推辞，没有应从，刘曜由于对他尊敬而没有强迫他，于是杨轲隐居去了陇山。刘曜后来被石勒擒获，秦地的人向东迁徙，杨轲留在长安。石季龙登上皇位，准备了专门征召隐士的礼物和舒适的车子去召他出来做官，他借口有病，没有出山。使者强迫他出来，他才上车。看见了石季龙后，不向他行礼，石季龙跟他说话，他也不搭腔。石季龙下令让他住在永昌的官第中。分管人员因为杨轲很粗野傲慢，请求上司按"大不敬"的罪行处罚他，季龙没有同意，下令说杨轲想干什么就让他干什么。

杨轲住在永昌，石季龙每次送东西给他，他都口授感谢信，让弟子记下来作为感谢。文辞总是很美，看到的人都佩服他的水平高。石季龙想要察访他的真正兴趣所在，就偷偷命令美女半夜里去打动他，他果然不为所惑，很严肃，不予理睬。又让人把他的学生们全部带走，派强壮的羯族武十穿上盔甲拿着刀对着他，并偷走了他的衣服。杨轲看着这一切不发一言，一点也不害怕。常常躺在泥土垒成的床上，盖着布被子，赤裸着睡在中间，下面也没有垫絮。颍川人荀铺，是一位好奇的人。到了杨轲那儿和他谈经，杨轲闭着眼睛不予回答。荀铺掀开了杨轲的被子，露出了他的身体，狠狠地嘲笑了他。杨轲的神情仍很安然，没有丝毫惊奇、发怒的样子。当时的人都认为他是隐者焦先的徒弟，没有人能估量出他的肚识的深浅。

后来上书皇帝陈述自己的思乡之情，要求允见他回到老家去，石季龙用舒适的、用蒲草包着车轮的车子给他送行，免除了十户农民的租税，让他们供应杨轲的生活必需品。自从回到秦州，仍然教授学生，从未停止。后来秦人向西逃跑到了凉州，杨轲的学生们用牛车载着他逃跑，被戍守的军队追赶上，抓住了，并被他们杀害。

张忠，字巨和，中山人。永嘉政变时，去泰山隐居。性格恬静，清心寡欲，主张清虚自守,吃灵芝服丹石,修炼导养之法。冬天穿着乱麻作絮的袍子,夏天用绳子系着布衫,端然拱立如尸体,一动不动。没有弹琴读书的爱好,也不研究经书典籍,宣扬主张仅以"虚无"为根本。他的住处是依崇岩幽谷的地势,凿地为窟而成。弟子也住山洞,住处离张忠六十余步远,五天去朝拜他一次。他的教法是不用言语而用形体来说话,弟子跟着他学习,是观看过他的形体变化就退下来。他在他居住的洞顶上放了一个道坛,自己每天都要朝拜它。吃饭用瓦器,锅用石头凿成。左右邻居送给他衣服食物,他都不接受。喜欢多事的年轻人问他水涝旱灾的征兆是什么,他说:"上天不说话,而四季照样运行,万物依然生长,阴阳历象这类事情不是深山里一个贫民老头子所能知道的。"他打发外面的人,都像这个样子。年龄七、八十了,而视力和听觉一点儿也没有减退。

符坚派人去征召他。使者到的时候,张忠才洗完澡起来,对弟子说:"我没有几年活了,不能够违背当今君主的意志。"洗完澡就上了车。到了长安,符坚赐给他帽子和衣服,他推辞说:"年老体衰,头发也掉了,已不能穿朝服、戴朝冠,还是请允许我穿便服入朝觐见吧。"符坚同意了他的请求。到了觐见时,符坚对他说:"先生您在深山老林里隐居,研究探索道义思想,独善其身有余,兼济天下不足。所以老远地委屈先生您来,将象周武王尊敬吕尚一样,把您也看作可尊敬的父辈。"张忠说:"过去因为战争动乱,我隐居泰山,和鸟兽做朋友,以保全我不长久的性命。现在碰到君主贤明如尧舜的时代,心里想着一定要博取君主的欢心。然而年龄大了,意志也消沉了,不能够再尽忠效力了,'尚父'的比喻,我自己是不敢这么想的。我生性喜欢住在山里,全部的感情都倾注在悬崖和山谷之间,请求您赐还我剩下的年月,让我回去,死在泰山。"符坚用舒适的车子给他送行。车到华山时,他叹息着说:"我是东岳泰山的道士,将要死在西岳华山,这是命啊,有什么办法呢!"走了五十里路,将出关时而死。使者骑马飞驰告诉符坚,符坚派遣黄门郎韦华拿着帝王的信物予以吊唁,用丰盛的礼品祭祀他,宣扬他,赐给他官服。赠给他的谥号是"安道先生"。

宋纤,字令艾,是敦煌效谷人。年轻时即有远大的志向,沉静安详,不和社会人士交往,隐居在酒泉南山。学习研究经纬之学,有弟子三千多人跟他学习。不响应州郡的提拔任命,只和阴颧、齐好打交道。张祚当权时,太守杨宣把他的像画在家里的小门上,进出都看着他,并赞颂道:"他头枕何处的石头? 洗漱在那一条河流? 他的形体不能够看见,名声也不能够寻求。"酒泉太守马岌,是一位高尚的人,带着大队人马和仪杖,敲打着锣鼓,去拜访他。宋纤躲在高楼的顶层,远离他们,不愿和他们相见。马岌叹息地说:"他的名字可以听说,然而身体却不能够见到,高尚的品德可以景仰,然而风采却不可目睹,我从今以后知道先生是人群中的蛟龙了。"在石壁上刻诗说:"红色的山崖深百丈,青色的峭壁高万尺。奇特的树木郁郁葱葱,茂盛好象邓林。那个人的品质如白玉,是国家的宝贵人才。他的住处这么近而人却那么远,实在让我心里挂念。"

宋纤给《论语》做过注,写有数万字的诗歌颂词。八十岁了,还坚持学习,毫不怠倦。张祚后来派遣使者张兴带着礼物召他去做太子友,张兴强迫他,反复和他讲道理,要他应征。宋纤长叹地说:"道德品质比不上庄生,才能不如干木,怎么敢违抗群主的命令。"于是随着张兴一起到了姑臧。张祚派遣他的太子太和以挚友的身份去拜访他,宋纤说有病而不见他,馈赠的东西一概不收。不久升任为太子太傅。很快宋纤给皇帝上书说:"我生性不合世俗礼仪,内心羡慕向往着蛮荒远古,活着不因活着而欣喜,死了不因死去而悲伤。早就写有遗嘱,告诉诸位亲朋好友,在山就停在山里,临水就投进水中,放在沼泽地上会露出形体,在有人居位的地方就埋进土里。既不要告诉我的家人,也不要写信给他们。现在就是我要死的时候,请满足我的心愿。"于是不食而死,时年八十二岁,赠给他的谥号是"玄虚先生"。

郭瑀,字元瑜,是敦煌人。年轻时即有超尘脱俗的情操,向东游历张掖一带,拜郭荷为师,全部继承了他的事业。精通经文辞义,善于争辩谈论,多才多艺,会写文章。郭荷去世,郭瑀认为是父亲生了他,老师培养了他,君王给了他地位,然而依据五服服丧制度,为教师服丧是不够重的,这大概是圣人的谦虚,于是就穿了丧服中最重的斩衰这一种,墓旁筑庐守灵三年,丧礼完毕后,隐居于临松薤谷,凿石洞居住,吃柏树的果实以使身体变轻,著有《春秋墨说》《孝经错纬》,知道姓名的弟子有一千多人。

张天锡派使者孟公明带着帝王的信物和探望隐士的礼物,驾驶装有蒲轮的舒适的车子征召他出山,给他写信说道:"先生的光焰被深深地埋没着,却胸怀真诚,志气超远,心情与最高的境界一样良好,兴趣与四季的更迭一样变化无穷,哪里知道老百姓生活在水深火热之中,天下等待着救世主的出现。我勉强趁着时运,担负主理国家的大业,想和你们这些贤明君子一起把国家治理好。过去傅说在殷朝象龙一般翱翔,尚父在周朝象鹰一样飞扬,孔子的车不敢停下,墨子要出发等不到天明,都因为老百姓处于灾祸之中,不能不去相救。君主不能遗世独立,大业是由众人去完成的。何况现在天下被少数民族所霸占,两个都城也成为少数民族的巢穴,天子避难江东,名流也散失在少数民族人群中,灾难之深重,自开天辟地以来闻所未闻。先生怀有匡经济世的才能,坐在一边旁观而不相救,对老百姓不尽仁智,我私下里感到不太明白。所以派遣使者前来,空出重要的位子,引领盼望先生的到来,愿先生能顾惜我们的国家。"孟公明到了山里,郭瑀指着翱翔的飞鸿对他说:"这种鸟,怎么能够把它装进笼子呢?"于是远远地逃匿,灭绝了行踪。孟公明逮捕了他的门下人,郭瑀叹息说:"我是逃避俸禄官爵,不是因为有罪才逃避,那能够因为避世隐居,施行大义,反而害了门人。"于是出来应征。到姑臧时,恰逢张天锡母亲去世,郭瑀束起头发去吊唁,拜了三拜就出来了,回到了南山。

张天锡被废黜后,符坚又用舒适的车子征召郭瑀出山,帮助国家制定礼仪制度,正好碰上他父亲去世,这件事没有进行。太守辛章派了书生三百人跟着他学习。到了符坚末年,略阳王穆在酒泉起兵造反,以响应张大豫,派人去请郭瑀。郭瑀叹息说:"站在河边,拯救落水的人,也不管自己的生命有无危险;病了三年的人,也不知道哪天就不行了;鲁仲连在赵国,为了正义不惜据理力争,何况人民即将被少数民族统治者蹂躏,哪能够不拯救他们呢?"于是和敦煌人索嘏一起带领五千人起义,运粮三万石,以响应东边的王穆。王穆任命郭瑀为太府左长史和军师将军。他虽然身居要职,然而嘴里总是念念不忘黄帝和老子,希望事业成功、天下安定之后,仍然隐居,追寻伯成的遗迹。

王穆受到挑拨离间,向西讨伐索嘏,郭瑀劝阻说:"过去汉代安定了天下,然后就讨伐有功之臣。现在事业还没有成功就杀掉他们,马上就可以看见麋鹿野善在现在朝廷所在的这个地方游荡。"王穆不听他的劝阻。郭瑀出了城门大哭不止。挥手告别城门说:"我再也见不到你了。"回去后拿被子盖住脸,不和人说话,七天不吃东西,有病回到了乡里,早晚只求快死。夜里梦见自己乘着青龙飞上了天,飞到屋顶上就停住了,醒了后叹息地说:"飞龙是在天上的,现在停在了屋顶上。'屋'这个字,是'尸'下面放个'至'字,龙飞到尸体上,喻示着我将要要死了。古代君子不死在家里睡觉的屋子里,何况我是一个真正的正直的人呢!"于是到了酒泉南山赤崖阁下,吸了一口气就死了。

祈嘉,字孔宾,酒泉人。年轻时家里贫困,上进好学。二十多岁时,有一天夜里忽然窗子外面有一个声音说道:"祈孔宾,祈孔宾,隐居去吧,隐居去吧,入仕做官,在社会上钻营,是很苦的,不可能愉快。所得到的不值一文,所失去的重如泰山。"第二天一早他就逃跑了,向西去,到了敦煌,跟着老师读书,很穷困,没有吃的和穿的,任书生都养一职以自给,于是博览经传,精通大义,向西游历海边、边境,教授门生一百多人。张重华征召他为儒林祭酒。他性格温和,从容娴雅,教授学生不知疲倦。依据《孝经》体例作《二九神经》。当朝卿士、郡县守令彭和正等受业学生中等有成就的人有二千多,张天锡称他为先生而不叫他的名字。后高龄而终。

瞿硎先生,不知道他的姓名,也不知道是什么地方的人。太和末年,常常居住在宣城郡边界的文脊山里,山里有磨兵器的石头(瞿硎),所以用"瞿硎"作名字。大司马桓温曾经去拜访他。到那儿后,看见先生披着鹿皮皮衣,坐在石头垒成的房子里,脸上没有发怒的神色,桓温和几十个手下人都不知道他在想什么,于是命令伏滔写了赞美他的颂词。后来瞿硎先生死于山中。

戴逵,字安道,谯国人。年轻时即博学多闻,喜欢谈论,善于写文章,会弹琴,精通书法和绘画,其他精巧的技艺没有不精通的。少年时,用鸡蛋汁淘洗白瓦屑作《郑玄碑》,又写了文辞自己刻在上面,词采华丽,器物精妙,当时的人没有不惊异和赞叹的。自己不以入仕做官为乐,所以常以弹琴写字自我娱乐。在豫章拜术士范宣为师,范宣很赏识他,把哥哥的女儿嫁给了他。太宰、武陵王晞听说他会弹琴,派人去叫他来,戴逵当着使者的面摔破了琴,说:"戴安道不做王公贵族的唱戏人!"晞很愤怒,于是改请他的哥哥述。述听到命令后很高兴,抱着琴就去了。

戴逵后来迁居到了会稽的剡县。品性高洁,常依据礼仪制度行动处事,认为放纵、不拘小节是不合礼义之道的。于是著有这样的论说:

双亲去世,因为采药就一去不复返的人,是不仁慈的子孙;君王危险而经常出入近旁的人,是苟且偷安的臣子。古代的人没有因为这些而损害礼仪、典章,这是为什么呢? 是因为知道礼义的宗旨。知道礼义的宗旨,就不被人们的具体行为所迷惑。象元康年间的这些人,可以说是喜欢隐居而不追求隐居的宗旨,所以有弃本求末的弊病,实际上是舍弃其根本而追逐名声的做法。这样做就像是认为西施漂亮而学她皱着眉头,羡慕有道的人,所以也把头巾的角折起来。他们之所以羡慕这些人,并不认为他们的行为是美好的,只是外表上跟着他们学。紫色之所以混同于大红,是因为它象红色。所以老好人貌似公正和气,这样就混淆了有德的人和无德的人;狂放的人貌似豁达,这样就混淆了道德品质高尚的人和道德品质不高尚的人。然而竹林七贤的放纵,是有病才皱眉头这一类,元康年间那些人的放纵,是无德而折头巾角这一类,这难道能不分辨清楚吗?

儒家崇向名誉,其根本是想激励贤人的产生,既然已失掉了它本来的作用,那么就会有以貌取人的做法。情怀失去了纯真,以外貌欺骗众人,它的弊病一定是最上一等。道家不讲究名声,是想鼓励世人看重实质,如果违背了它的原意,就是没有意义的行为。本性和礼仪都受到损害,那么仰慕和吟咏都会被忘却,这样的弊病也必定是最上一等。这两种弊病,不是因为失去了它的本意,而是因为这样做的人一定是假托这两种本义作幌子的。道有规律可循，而弊病是无规律可循的，所以《六经》也有失误，王政也会有弊病。如果违背了根本宗旨，就是圣贤也没有办法。

啊，奉行公正的人当然不是十全十美、万无一失的，怎么能够不怀念远古的英烈，不向近代的贤人看齐呢？如果相信他们，想向他们看齐，然后才行动，商议以后才说话，一定要先辨明他们的追求之所在，寻求他们的用心是什么，了解他们各种行为的宗旨，明白他们外表粗朴，而内心深具美德的原因何在。如果这样，道路虽然不同，而他们的最终目标就可以看清楚了；行迹虽然纷乱复杂，而他们的意志却是并不相违背的。不这样的话，就会流逃，忘记如何返回，就像波浪一样随风而动，为物所驱使，被假象所欺骗，行为上为喧嚣华丽的东西迷惑，内心里丧失了道的实质，用流行的时尚来取代了真理的追求，用尘俗的污垢来蒙蔽自己纯真的天性，使千年以后的人们讥笑嘲讽，怎么能够不慎重呢？

孝武帝时候，戴逵多次被征为散骑常侍、国子博士，他都以父亲有病为借口不去上任。郡县的官吏不停地催逼他，他于是逃到了吴国。吴国的内史王珣有一座别馆在武丘山，戴逵偷偷地去拜访他，与他游玩相处了十多天。会稽内史谢玄担心戴逵长期在外不回来，于是上疏说："我看见谯国的戴逵一心向往脱俗之风，不愿被现实的事务所缠绕。栖息停留在简陋的房屋之下，把琴与书当作自己的朋友。虽然多次下令征他做官，他却保持幽洁的操守而不回头。超脱尘俗，断绝了人间之迹，独自追求自己的志愿。并且年龄快到六十岁的耳顺之年了，身体经常有病。如果一旦遭遇大病，就会逐渐加重而至病危。现在皇帝的委命并未撤除，他就有遭受风霜侵害的危险。陛下既然已经爱护和器重他，就应该使他的名声和身体一起存留下来，请您撤销征招他为官的任命吧。"上疏报到上面之后，皇帝批准下来，戴逵才回到了剡。

后来王珣为尚书仆射，上疏再次请求征戴逵为国子祭酒，并加散骑常侍征招他，他再一次不应命。太元二十年，皇太子刚开始继位，太子太傅会稽王道子、少傅王雅、詹事王珣又上疏说："戴逵极其坚持他的操守，独往独来，年龄已经很大，清高的风范却更加强烈。皇太子品德谦逊，其恩泽已普及到外面，应该对戴逵加以表彰和任命，使他得以参与政治。戴逵既然看重隐居的操节，必然会以不轻易出山为美德，应该让下面的人准备周全的礼节来征招他。"正在此时，戴逵因病而死去。

戴逵的长子戴勃，具有和父亲一样的风范。义熙初年，朝廷征召他为散骑侍郎，不应命，不久死去。

龚玄之，字道玄，武陵汉寿人。龚玄之的父亲龚登，历任长沙相、散骑常侍。龚玄之喜爱学习，沉默寡言，安于贫穷的生活。州里推举秀才，官府举荐当官，他都不去，孝武帝下诏书说："圣明的君主统治社会，一定要寻访宣扬有道德的隐士，所以荒山野岭传颂着君主的贤明，空谷丘园常可看到征召隐士的官车。谯国人戴逵、武陵人龚玄之均情操高尚，宽厚仁爱，学识丰厚，廉洁正直，研究并且发扬光大了儒家思想，我盼望这样的人已经很久了。这二三位君子，那能够把贤德隐藏于自己一身呢！我想要采集正确的言论，虚心等待着建议和意见，他二人都可以任命为散骑常侍，兼国子博士，命令他们所在地方的官府准备礼物发送他们来京城，不得依据常例。以表示我盼望人才的迫切愿望。"郡里县里都敦捉催逼他上路，他以病重为理由苦苦辞绝，没有去。不久就去世，时年五十八岁。

弟子元寿，也是道德品质高尚的人，不出仕做官，被选为秀才及州里征召他做官，他都借口有病没有就召。孝武帝多次征召他任太学博士、散骑侍郎、给事中，他都没有去。

最后死在家中。

陶淡，字处静，太尉陶侃的孙子。父亲陶夏，因为道德品质败坏被废黜。陶淡幼年丧父，喜欢按摩导养之术，说是成仙之道因祈求可以得到。十五、六岁时，便炼丹服药，不吃东西，不结婚。有家产千金，奴仆数百人。然而陶淡终日端坐，不问家事。很喜欢读《周易》，擅长占卜算命。在长沙临湘山中盖房子住下，养了一头白鹿和自己做伴。亲朋故旧中有人来探望他，他总渡河离开，没有人能够走近他。州里选举他为秀才，陶淡听说后，转移到罗县埤山中，从此没再回来，没有人知道他死在什么地方。

鸠摩罗什传

【题解】

鸠摩罗什（344～413），后秦僧人，译经家。七岁随母出家，后秦弘始三年，姚兴攻打后凉，迎他入长安，组织大规模译场，请人主持译经事业。共译出经论三十五部，二九四卷，在中国译经史上有划时代意义，是我国佛教史上杰出的佛学家。本传记则不仅记述了他的翻译活动与主张，对他的生平事迹也有较详细记载。

【原文】

鸠摩罗什，天竺人也。世为国相。父鸠摩罗炎，聪懿有大节，将嗣相位，乃辞避出家，东渡葱岭。龟兹王闻其名，郊迎之，请为国师。王有妹，年二十，才悟明敏，诸国交娉，并不许，及见炎，心欲当之，王乃逼以妻焉。既而罗什在胎，其母慧解倍常。及年七岁，母遂与俱出家。

罗什从师受经，日诵千偈，偈有三十二字，凡三万二千言，义亦自通。年十二，其母携到沙勒，国王甚重之，遂停沙勒一年。博览五明诸论及阴阳星算，莫不必尽，妙达吉凶，言若符契。为性率达，不拘小检，修行者颇共疑之。然罗什自得於心，未尝介意，专以大乘为化，诸学者皆共师焉。年二十，龟兹王迎之还国，广说诸母，四远学徒莫之能抗。

有顷，罗什母辞龟兹王往天竺，留罗什住，谓之曰："方等深教，不可思议，传之东土，惟尔之力。但於汝无利，其可如何？"什曰："必使大化流传，虽苦而无恨。"母至天竺，道成，进登第三果。西域诸国咸伏罗什神俊，每至讲说诸王皆长跪坐侧，令罗什践而登焉。

苻坚闻之，密有迎罗什之意。会太史奏云："有星见外国分野，当有大智入辅中国。"坚曰："朕闻西域有鸠摩罗什，将非此邪？"乃遣骁骑将军吕光等率兵七万，西伐龟兹，谓光曰："若获罗什，即驰驿送之。"光军未至，罗什谓龟兹王白纯曰："国运衰矣，当有勍敌从日下来，宜恭承之，勿抗其锋。"纯不从，出兵距战，光遂破之乃获罗什。光见其年齿尚少，以凡人戏之，强妻以龟兹王女，罗什距而不受，辞甚苦至。光曰："道士之操不逾先父，何所固辞？"乃饮以醇酒，同闭密室。罗什被逼，遂妻之。光还，中路置军於山下，将士已休，罗什曰："在此必狼狈，宜徙军陇上。"光不纳。至夜，果大雨，洪潦暴起，水深数丈，死者数千人，光密异之。

光欲留王西国，罗什谓光曰："此凶亡之地，不宜淹留，中路自有福地可居。"光还至凉州,闻苻坚已为姚苌所害,於是窃号河右。属姑臧大风,罗什曰:"不祥之风当有奸叛,然不劳自定也。"俄而有叛者,寻皆殄灭。沮渠蒙逊先推建康太守段业为主,光遣其子纂率众讨之。时论谓业等乌合,纂有威声,势必全克。光以访罗什,答曰:"此行未见其利。"既而纂败於合黎,俄又郭廆起兵,纂弃大军轻还,复为廆所败,仅以身免。

中书监张资病,光博营救疗。有外国道人罗叉,云能差资病。光喜,给赐甚重。罗什知叉诳诈,告资曰:"叉不能为益,徒烦费耳。冥运虽隐,可以事试也。"乃以五色丝作绳结之烧为灰末,投水中,灰若出水还成绳者,病不可愈。须臾,灰聚浮出,复为绳,又疗果无效,少日资亡。

顷之,光死,纂立。有猪生子,一身三头。龙出东箱井中,於殿前蟠卧,比旦失之。纂以为美瑞,号其殿为龙翔殿。俄而有黑龙升於当阳九宫门,纂改九宫门为龙兴门。罗什曰:"比日潜龙出游,豺妖表异,龙者

鸠摩罗什塑像

阴类,出入有时,而今屡见,则为灾眚,必有下人谋上之变。宜克已修德,以答天戒。"纂不纳,后果为吕超所杀。

罗什之在凉州积年,吕光父子既不弘道,故蕴其深解,无所宣化。姚兴遣姚硕德西伐,破吕隆,乃迎罗什,待以国师之礼,仍使入西明阁及逍遥园,译出众经。罗什多所暗诵,无不究其义旨,既览旧经多有纰缪,於是兴使沙门僧睿、僧肇等八百余人传受其旨,更出经论,凡三百余卷。沙门慧睿才识高明,常随罗什传写,罗什每为慧睿论西方辞体,商略同异,云:"天竺国俗甚重文制,其宫商体韵,以入管弦为善。凡觐国王,必有赞德,经中偈颂,皆其式也。"罗什雅好大乘,志在敷演,常叹曰:"吾若著笔作大乘阿毗昙,非迦旃子比也。今深识者既寡,将何所论!"惟为姚兴著《实相论》二卷,兴奉之若神。

尝讲经於草堂寺,兴及朝臣、大德沙门千有余人肃容观听,罗什忽下高坐,谓兴曰:"有二小儿登吾肩,欲鄣须妇人。"兴乃召宫女进之,一交而生二子焉。兴尝谓罗什曰:"大师聪明超悟,天下莫二,何可使法种少嗣?"遂以伎女十人,逼令受之。尔后不住僧坊,别立解舍,诸僧多效之。什乃聚针盈钵,引诸僧谓之曰:"若能见效食此者,乃可畜室耳。"因举匕进针,与常食不别,诸僧愧服乃止。

杯渡比丘在彭城,闻罗什在长安,乃叹曰:"吾与此子戏。别三百余年,相见杳然未期,迟有遇於来生耳。"罗什未终少日,觉四大不念,乃口出三番神咒,令外国弟子诵之以自救,未及致力,转觉危殆,於是力疾与众僧告别曰:"因法相遇,殊未尽心,方复后世,恻怆可言。"死於长安。姚兴於逍遥园依外国法以火焚尸,薪灭形碎,惟舌不烂。

【译文】

鸠摩罗什,天竺人。世代都当宰相。父亲鸠摩罗炎,聪明美德,有节操。将要继承相位,却推辞避开,东渡葱岭。龟兹王听说他的名声,到郊外去迎接他,请他当了国师。龟

兹王有个妹妹，年龄二十岁，才智聪慧，很多国家都来说媒，都不准许。等见了鸠摩罗炎，心里想嫁给他，龟兹王便逼他娶了她。之后怀上了鸠摩罗什，她更加聪明智慧。等到鸠摩罗什七岁，母亲与他一起出了家。

鸠摩罗什跟着师傅读经，每天口诵一千人偈语。偈语有三十二字，共三万二千个字，自己都能理解意思，年岁十二，他母亲把他带到沙勒，国王很看重他。便在沙勒逗留了一年。广泛地阅读五明等佛书和阴阳星算等书，没有不读尽的。精通吉凶之事，算得一丝不差。性格坦率通达，不拘小节，修行的人都很怀疑他。然而鸠摩罗什心中悠然自得，不曾介意，专门追求大乘教的教化，许多学者都一起以他为师。二十岁，龟兹王把他迎接回国内，广泛地讲授各种佛经，其他各地的学徒都不能与他抗衡。

过了一段时间，鸠摩罗什的母亲告别龟兹王到了天竺，把鸠摩罗什留下，对他说："这样不能想象的深湛的教义，把它传播到东方，只有靠你的力量。但是这对你并没有好处，你怎么打算呢？"鸠摩罗什说："我决心使佛教教义流传，虽然吃苦也不后悔。"母亲到了天竺，修成了道，达到第三果。两城各国都佩服鸠摩罗什的神智，每当他讲说佛法的时候，各个王侯都长跪在他座位旁边，使鸠摩罗什踩着登上去。

苻坚听说了，暗暗有把鸠摩罗什迎接来的意思。正在这时太史上奏说："天象上外国的分界处出现了星星，会有大智之人来辅佐中国。"苻坚说："我听说西域有鸠摩罗什，莫非就是这个人不成？"便派骁骑将军吕光等率领七万部队，往西征伐龟兹。对吕光说："如果抓到了鸠摩罗什，立刻用马车快送回来。"吕光军队还没有到达，鸠摩罗什对龟兹王白纯说："国运衰亡了。会有敌人从帝王之都来，应该恭敬地应承他们，不要与他们的锋芒相抗拒。"白纯不听，出兵作战，吕光打败了他们，抓到了鸠摩罗什。吕光看到他年纪很轻，把他当成普通人戏弄他，强迫把龟兹王的女儿嫁给他。鸠摩罗什拒绝不接受。话说得很坚决。吕光说："你的操行超不过你父亲，为什么一定要推辞呢？"于是让他喝烈酒，把他们关在一间密封的房里。鸠摩罗什被逼迫，便娶了她。吕光回来，半道上把军队安置在山下，将士都休息了，鸠摩罗什说："在这里停留一定很狼狈，应该把军队迁移到陇上。"吕光不接受他的意见。到了晚上，果然天下大雨，洪水暴发，水涨好几丈，死了几千人，吕光暗地里很感到惊异。

吕光想留在西方国家当王，鸠摩罗什对吕光说："这是凶恶的地方，不宜停留，路途中自然有有福之地可以居住。"吕光回到凉州，听说苻坚已被姚苌害死，于是就在黄河右岸盗用了他的名号。正遇到姑臧起大风，鸠摩罗什说："不吉祥的风会有奸人反叛，但不用费事就能平定。"不久有反叛的人，很快就被歼灭。

沮梁蒙逊先推举建康太守段业为头领，吕光派他的儿子吕纂率领部队讨伐。当时的议论说段业等是乌合之众，吕纂有威赫的名声，一定能够大获全胜。吕光将此事去询问鸠摩罗什。回答说："这一趟出行没有利。"后来吕纂在合黎战败。不久又有郭磨起兵，吕纂丢弃了大部队，轻装回来，又为郭磨打败，仅仅一人逃脱掉。

中书监张资生了病，吕光想方设法挽救治疗。有一个外国和尚罗叉，说能够治好张资的病。吕光很高兴，赏赐给他很多东西。鸠摩罗什知道罗叉欺骗，对张资说："罗叉不能起什么作用，只是白费劲罢了。冥冥之中的运气虽然很难说，也可以用一些事来试一试。"于是用五种颜色的丝线做成绳打成结，烧成灰末，投放到水中。灰如果出水还变成绳，病就不能好。一会儿，灰很快地浮出水面，又变成绳。罗叉治病果然没有见效，没几天张资就死了。

过了一段时间,吕光死了,吕纂继位。有头猪生小猪,一个身子三个脑袋。龙从东箱井中游出,伏卧在殿堂前,到了天亮就不见了。吕纂认为这是吉祥的象征,把那个殿叫作龙翔殿。不久有条黑龙在当阳九宫门升腾,吕纂把九宫门改成龙兴门。鸠摩罗什说:"近几天潜伏的龙游出来,妖猪也表现得很异常。龙是暗地里的东西,出入也有一定的时候的,而今天都多次看见,这就是灾难了,一定有下面的人阴谋篡上的政变。应该严格要求自己,增强品德用以回报天的告诫。"吕纂不接受,后来果然被吕超杀死了。

鸠摩罗什在凉州不少年头了。吕光父子既不弘扬佛道,所以他胸怀着深湛的见解,没有地方去宣传教化。姚兴派姚硕德向西征讨,击败吕隆,迎接鸠摩罗什,用国师的礼仪来接待他。仍然让他进入西明阁和逍遥园,翻译出各种佛经。鸠摩罗什大都能背诵,没有不深究佛经的义理的,他既看出旧的佛经有很多错谬,于是姚兴让僧人慧叡、僧肇等八百多个人传播他的义旨,又译出经伦,共三百多卷。僧人慧叡才分学识高明,经常随着鸠摩罗什传播抄写,鸠摩罗什常常为慧叡论说西方语言的体制,商量同与不同,说:"天竺国的习惯很讲究文采,它的宫商体制韵律,以能合管弦为好。凡是进见国王,必然有颂扬其品德的赞语,佛经中的偈和颂,都是用它一样的样式。"鸠摩罗什很喜爱大乘佛教,他的志向在传播其教义,经常感叹说:"我如果下笔写大乘阿毗,迦旃子都不能与我比。现在很精通的人既然很少,我还论个什么呢?"只为姚兴著了《实相论》二卷,姚兴把它尊奉得象神一样。

罗什曾经在草堂寺讲授佛经,姚兴和朝廷之臣、有地位的僧人一千多人严肃认真地观摩听讲,罗什忽然走下讲台,对姚兴说:"有两个小孩登上我的肩膀,欲望阻碍需要妇人。"姚兴于是喊来宫女献给他,交合一次便生了两个小孩。姚兴曾经对罗什说:"大师超常的聪明,天下没有第二个。怎么能使你佛法的根种少了后继的人呢?"于是送他十个歌舞伎女,逼迫他接受。这之后罗什不住在僧人住的地方,另外建了宿舍。其他各僧也多仿效他。罗什于是把针装满了盆子,带来各个僧人对他们说:"如果能学我吃掉这些针,才可以娶媳妇。"便举着勺子舀针吃,与平常吃其他东西没有区别,其他各僧这才很佩服,不再学他了。

杯渡比丘在彭城。听说罗什在长安,便感叹道:"我与这小子开玩笑,分别三百多年了,相见遥远无期,只有等到下辈子才再见面了。"罗什临终前几天,感觉四肢不舒适,便说出三番神咒让外国弟子念涌来救自己,还未来得及努力,觉得更加危急了。于是同僧人们告别说:"因为佛法使我们相识,却很没有尽到心意。来世再相见,凄凉感伤不可说。"在长安去世。姚兴在逍遥园按照外国的方法用火烧掉他的尸体。柴灭后形体碎了,只有舌头不烂。

列女传

【题解】

《晋书·列女传》的编著者虽然说只要有一种操行可赞扬的、有一种技艺值得记载的,都为她们立传,但仍然表现了它的两个特点。第一,跟魏晋南北朝时期清谈风气相联系,《晋书·列女传》也体现了崇尚言谈机智、料事准确的时代特点。例如,谢道韫妻一条的文字就很像《世说新语》的风格。第二,晋代的社会矛盾是非常尖锐的,社会局势也动荡不宁。不少妇女自然免不了充当牺牲品。因此,《晋书·列女传》中就有了不少誓死守节重义轻生的列女。

【原文】

夫三才分位,室家之道克隆;二族交欢,贞烈之风斯著。振高情而独秀,鲁册于是飞华,挺峻节而孤标,周篇於焉腾茂。徽烈兼劭,柔顺无愆,隔代相望,谅非一绪。然则虞兴妫汭,夏盛涂山,有娀、有娎广隆殷之业,大纻、大姒衍昌姬之化,马邓恭俭,汉朝推德,宣昭懿淑,魏代扬芬,斯皆礼极中闱,義殊月室者矣。至若恭姜誓节,孟母求仁,华率傅而经齐,樊授规而霸楚,讥文伯于奉剑,让子发于分菽,少君之从约礼,孟光之符隐志,既昭妇则,且擅母仪。子政缉之于前,元凯编之于后,具宣闺范,有裨阴训。故上从泰始,下迄恭安,一操可称,一艺可纪,咸皆撰录,为之传云。或位极后妃,或事因夫子,各随本传,今所不录。在诸伪国,暂阻王猷,天下之善,足以惩劝,亦同搜次,附於篇末。

羊耽妻辛氏,字宪英,陇西人,魏侍中毗之女也,聪朗有才鉴。初,魏文帝得立为太子,抱毗项谓之曰:"辛君知我喜不?"毗以告宪英,宪英叹曰:"太子,代君主宗庙社稷者也。代君不可以不戚,主国不可以不惧,宜戚而喜,何以能久!魏其不昌乎?"

弟敞为大将军曹爽参军,宣帝将诛爽,因其从魏帝出而闭城门,爽司马鲁芝率府兵斩关赴爽,呼敞同去。敞惧,问宪英曰:"天子在外,太傅闭城门,人云将不利国家,于事可得尔乎?"宪英曰:"事有不可知,然以吾度之,太傅殆不得不尔。明皇帝临崩,把太傅臂,属以从事,此言犹在朝士之耳。且曹爽与太傅俱受寄托之任,而独专权势,于王室不忠,于人道不直,此举不过以诛爽耳。"敞曰:"然则敞无出乎?"宪英曰:"安可以不出!职守,人之大义也。凡人在难,犹或恤之;为人执鞭而弃其事,不祥也。且为人任,为人死,亲昵之职也,汝从众而已。"敞遂出。宣帝果诛爽。事定后,敞叹曰:"吾不谋于姊,几不获于义!"

其后钟会为镇西将军,宪英谓耽从子祜曰:"钟士季何故西出?"祜曰:"将为灭蜀也。"宪英曰:"会在事纵恣,非持久处下之道,吾畏其有他志也。"及会将行,请其子琇为参军,宪英忧曰:"他日吾为国忧,今日难至吾家矣。"琇固请于文帝,帝不听。宪英谓琇曰:"行矣,戒之!古之君子入则致孝于亲,出则致节于国;在职思其所司,在义思其所立,不遗父母忧患而已。军旅之间可以济者,其惟仁恕乎!"会至蜀果反,琇竟以全归。祜尝送锦被,宪英嫌其华,反而覆之,其明鉴俭约如此。泰始五年卒,年七十九。

杜有道妻严氏,字宪,京兆人也。贞淑有识量。年十三,适于杜氏,十八而嫠居。子植、女韡并孤藐,宪虽少,誓不改节,抚育二子,教以礼度,植遂显名于时,韡亦有淑德,傅玄求为继室,宪便许之。时玄与何晏、郑扬不穆,晏等每欲害之,时人莫肯共婚。及宪许玄,内外以为忧惧。或曰:"何、邓郑执权,必为玄害,亦由排山压卵,以汤沃雪耳,奈何与之为亲?"宪曰:"尔知其一,不知其他。晏等骄侈,必当自败,司马太傅兽睡耳,吾恐卵破雪销,行自有在。"遂与玄为婚。晏等寻亦为宣帝所诛。植后为南安太守。

植从兄预为秦州刺史,被诬,征还,宪与预书戒之曰:"谚云忍辱至三公。卿今可谓辱矣,能忍之,公是卿坐。"预后果为仪同三司。玄前妻子咸年六岁,尝随其继母省宪,谓咸曰:"汝千里驹也,必当远至。"以其妹之女妻之。咸后亦有名于海内。其知人之鉴如此。年六十六卒。

王浑妻钟氏,字琰,颍川人,魏太傅繇曾孙也。父徽,黄门郎。琰数岁能属文,及长,聪慧弘雅,博览记籍。美容止,善啸咏,礼仪法度为中表所则。既嫡浑,生济。浑尝共琰坐,济趋庭而过,浑欣然曰:"生子如此,足慰人心。"琰笑曰:"若使新妇得配参军,生子故不翅如此。"参军,谓浑中弟沦也。琰女亦有才淑,为求贤夫。时有兵家子甚俊,济欲妻之,白琰,琰曰:"要令我见之。"济令此兵与群小杂处,琰自帏中察之,既而谓济曰:"绯衣者非汝所拔乎?"济曰:"是。"琰曰:"此人才足拔萃,然地寒寿促,不足展其器用,不可与婚。"遂止。其人数年果亡。琰明鉴远识,皆此类也。

浑弟湛妻郝氏亦有德行,琰虽贵门,与郝雅相亲重,郝不以贱下琰,琰不以贵陵郝,时人称钟夫人之礼,郝夫人之法云。

郑袤妻曹氏,鲁国薛人也。袤先娶孙氏,早亡,娉之为继室。事舅姑甚孝,躬纺绩之勤,以充奉养,至于叔妹群娣之间,尽其礼节,咸得欢心。及袤为司空,其子默等又显朝列,时人称其荣贵。曹氏深惧盛满,每默等升进,辄忧之形于声色。然食无重味,服浣濯之衣,袤等所获禄秩,曹氏必班散亲姻,务令周给,家无馀资。

初,孙氏瘞于黎阳,及袤薨,议者以久丧难举,欲不合葬。曹氏曰:"孙氏元妃,理当从葬,何可使孤魂无所依邪。"于是备吉凶导从之仪以迎之,具衣衾几筵,亲执雁行之礼,闻者莫不叹息,以为赵姬之下叔隗,不足称也。太康元年卒,年八十三。

愍怀太子妃王氏,太尉衍女也,字惠风,贞婉有志节。太子既废居于金墉,衍请绝婚,惠风号哭而归,行路为之流涕。及刘曜陷洛阳,以惠风赐其将乔属,属将妻之。惠风拔剑距属曰:"吾太尉公女,皇太子妃,义不为逆胡所辱。"属遂害之。

陶侃母湛氏,豫章新淦人也。初,侃父丹娉为妾,生侃,而陶氏贫贱,湛氏每纺绩资给之,使交结胜己。侃少为寻阳县吏,尝监鱼梁,以一坩鲊遗母。湛氏封鲊及书,责侃曰:"尔为吏,以官物遗我,非惟不能益吾,乃以增吾忧矣。"鄱阳孝廉范逵寓宿于侃,时大雪,湛氏乃撤所卧新荐,自锉给其马,又密截发卖与邻人,供肴馔。逵闻之,叹息曰:"非此母不生此子!"侃竟以功名显。

虞潭母孙氏,吴郡富春人,孙权族孙女也。初适潭父忠,恭顺贞和,甚有妇德。及忠亡,遗孤藐尔,孙氏虽少,誓不改节,躬自抚养,劬劳备至。性聪敏,识鉴过人。潭始自幼童,便训以忠义,故得声望允洽,为朝廷所称。

永嘉末,潭为南康太守,值杜弢构逆,率众讨之。孙氏勉潭以必死之义,俱倾其资产以馈战士,潭遂克捷。及苏峻作乱,潭时守吴兴,又假节征峻。孙氏戒之曰:"吾闻忠臣出孝子之门,汝当舍生取义,勿以吾老为累也。"仍尽发其家僮,令随潭助战,贸其所服环佩以为军资。于时会稽内史王舒遣子允之为督护,孙氏又谓潭曰:"王府君遣儿征,汝何为独不?"潭即以子楚为督护,与允之合势。其忧国之诚如此。拜武昌侯太夫人。加金章紫绶,潭立养堂于家,王导以下皆就拜谒。咸和末卒,年九十五。成帝遣使吊祭,谥曰定夫人。

周顗线李氏,字络秀,汝南人也。少时在室,顗父浚为安东将军,时尝出猎,遇雨,过止络秀之家。会其父兄不在,络秀闻浚至,与一婢于内宰猪羊,具数十人之馔,甚精办而不闻人声。浚怪使觇之，独见一女子甚美，浚因求为妾。其父兄不许，络秀曰："门户殄瘁，何惜一女！若连姻贵族，将来庶有大益矣。"父兄许之。遂生颐及嵩、谟。而颐等既长，络秀谓之曰："我屈节为汝家作妾，门户计耳。汝不与我家为亲亲者，吾亦何惜余年！"颐等从命，由此李氏遂得为方雅之族。

中兴时，颐等并列显位。尝冬至置酒，络秀举筋赐三子曰："吾本渡江，托足无所，不谓尔等并贵，列吾目前，吾复何忧！"嵩起曰："恐不如尊旨。伯仁志大而才短，名重而识暗，好乘人之弊，此非自全之道。嵩性抗直，亦不容于世。唯阿奴碌碌，当在阿母目下耳。"阿奴，谟小字也。后果如其言。

荀崧小女灌，幼有奇节。崧为襄城太守，为杜曾所围，力弱食尽，欲求救于故吏平南将军石览，计无从出。灌时年十三，乃率勇士数十人，逾城突围夜出。贼追甚急，灌督厉将士，且战且前，得入鲁阳山获免。自诣览乞师，又为崧书与南中郎将周访请援，仍结为兄弟，访即遣子抚率三千人会石览俱救崧。贼闻兵至，散走，灌之力也。

王凝之妻谢氏，字道韫，安西将军奕之女也。聪识有才辩。叔父安尝问："《毛诗》何句最佳？"道韫称："吉甫作颂，穆如清风。仲山甫永怀，以慰其心。"安谓有雅人深致。又尝内集，俄而雪骤下，安曰："何所似也？"安兄子朗曰："散盐空中差可拟。"道韫曰："未若柳絮因风起。"安大悦。

初适凝之，还，甚不乐。安曰："王郎，逸少子，不恶，汝何恨也？"答曰："一门叔父则有阿大、中郎，群从兄弟复有封、胡、羯、末，不意天壤之中乃有王郎！"封谓谢韶，胡谓谢朗，羯谓谢玄，末谓谢川，皆其小字也。又尝讥玄学植不进，曰："为尘务经心，为天分有限邪？"凝之弟献之尝与宾客谈议，词理将屈，道韫遣婢白献之曰："欲为小郎解围。"乃施青绫步鄣自蔽，申献之前议，客不能屈。

及遭孙恩之难，举厝自若，既闻夫及诸子已为贼所害，方命婢肩舆抽刃出门，乱兵稍至，手杀数人，乃被虏。其外孙刘涛时年数岁，贼又欲害之，道韫曰："事在王门，何关他族！必其如此，宁先见杀。"恩虽毒虐，为之改容，乃不害涛。自尔嫠居会稽，家中莫不严肃。太守刘柳闻其名，请与谈议。道韫素知柳名，亦不自阻，乃簪髻素褥坐于帐中，柳束修整带造于别榻。道韫风韵高迈，叙致清雅，先及家事，慷慨流涟，徐酬问旨，词理无滞。柳退而叹曰："实顷所未见，瞻察言气，使人心形俱服。"道韫亦去，亲从凋亡，始遇此士，听其所问，殊开人胸府。

初，同郡张玄妹亦有才质，适于顾氏，玄每称之。以敌道韫。有济尼者，游于二家，或问之，济尼答曰："王夫人神情散朗，故有林下风气。顾家妇清心玉映，自是闺房之秀。"道韫所著诗赋诔颂并传于世。

孟昶妻周氏，昶弟颐妻又其从妹也。二家并丰财产。初，桓玄雅重昶而刘迈毁之，昶知，深自愧失。及刘裕将建义，与昶定谋，昶欲尽散财物以供军粮，其妻非常妇人，可语以大事，乃谓之曰："刘迈毁我于桓公，便是一生沦陷，决当作贼。卿幸可早尔离绝，脱得富贵，相迎不晚也。"周氏曰："君父母在堂，欲建非常之谋，岂妇人所谏！事之不成，当于奚官中奉养大家，义无归志也。"昶怆然久之而起。周氏追昶坐，云："观君举厝，非谋及妇人者，不过欲得财物耳。"时其所生女在抱，推示之曰："此而可卖，亦当不惜，况资财乎！"遂倾资产以给之，而托以他用。及事之将举，周氏谓颐妻云："一昨梦殊不好，门内宜浣濯沐浴以除之，且不宜赤色，我当悉取作七日藏压。"颐妻信之，所有绛色者悉敛以付焉。乃

置帐中，潜自剔绵，以绛与昶，遂得数十人被服赫然，悉周氏所出，而家人不之知也。

何无忌母刘氏，征虏将军建之女也。少有志节。弟牢之为桓玄所害，刘氏每衔之，常思报复。及无忌与刘裕定谋，而刘氏察其举厝有异，喜而不言。会无忌夜于屏风里制檄文，刘氏潜以器覆烛，徐登凳于屏风上窥之，既知，泣而抚之曰："我不如东海吕母明矣！既孤其诚，常恐寿促，汝能如此，吾仇耻雪矣。"因问其同谋，知事在裕，弥喜，乃说桓玄必败、义师必成之理以劝勉之。后果如其言。

刘聪妻刘氏，名娥，字丽华，伪太保殷女也。幼而聪慧，昼营女工，夜诵书籍，傅母桓止之，娥敦习弥厉。每与诸兄论经义，理趣超远，诸兄深以叹伏。性孝友，善风仪进止。

聪既僭位，召为右贵嫔，甚宠之。俄拜为后，将起鹔仪殿以居之。其廷尉陈元达切谏，聪大怒，将斩之。娥时在后堂，私敕左右停刑，手疏启曰："伏闻将为妾营殿，今昭德足居，鹔仪非急。四海未一，祸难犹繁，动须人力资财，尤宜慎之。廷尉之言，国家大政。夫忠臣之谏，岂为身哉？帝王距之，亦非顾身也。妾仰谓陛下上寻明君纳谏之昌，下忿暗主距谏之祸，宜赏廷尉以美爵，酬廷尉以列土，如何不惟不纳，而反欲诛之？陛下此怒由妾而起，廷尉之祸由妾而招，人怨国疲，咎归于妾，距谏害忠，亦妾之由。自古败国丧家，未始不由妇人者也。妾每览古事，忿之忘食，何意今日妾自为之！后人之观妾，亦犹妾之视前人也，复何面目仰侍巾栉，请归死此堂，以塞陛下误惑之过。"聪览之色变，谓其群下曰："朕比得风疾，喜怒过常。元达，忠臣也，朕甚愧之。"以娥表示元达曰："外辅如公，内辅如此后，朕无忧矣。"及娥死，伪谥武宣皇后。

其姊英，字丽芳，亦聪敏涉学，而文词机辩，晓达政事，过于娥。初与娥同召拜左贵嫔，寻卒，伪追谥武德皇后。

韦逞母宋氏，不知何郡人也，家世以儒学称。宋氏幼丧母，其父躬自养之。及长，授以《周官》音义，谓之曰："吾家世学《周官》，传业相继，此又周公所制，经纪典诰，百官品物，备于此矣。吾今无男可传，汝可受之，勿令绝世。"属天下丧乱，宋氏讽咏诵不辍。

其后为石季龙徙之于山东，宋氏与夫在徙中，推鹿车，背负父所授书，到冀州，依胶东富人程安寿，寿养护之。逞时年小，宋氏昼则樵采，夜则教逞，然纺绩无废。寿每叹曰："学家多士大夫，得无是乎！"逞遂学成名立，仕符坚为太常。坚尝幸其太学，问博士经典，乃悯礼乐遗阙。时博士卢壶对曰："废学既久，书传零落，比年缀撰，正经粗集，唯《周官礼注》未有其师。窃见太常韦逞母宋氏世学家女，传其父业，得《周官》音义，今年八十，视听无阙，自非此母无可以传授后生。"于是就宋氏家立讲堂，置生员百二十人，隔绛纱幔而受业，号宋氏为宣文君，赐侍婢十人。《周官》学复行于世，时称韦氏宋母焉。

符坚妾张氏，不知何许人，明辩有才识。坚将入寇江左，群臣切谏不从。张氏进曰："妾闻天地之生万物，圣王之驭天下，莫不顺其性而畅之，故黄帝服牛乘马，因其性也；禹凿龙门，决洪河，因水之势也；后稷之播殖百谷，因地之气也；汤武之灭夏商，因人之欲也。是以有因成，无因败。今朝臣上下皆言不可，陛下复何所因也？《书》曰：'天聪明自我民聪明。'天犹若此，况于人主乎！妾闻人君有伐国之志者，必上观乾象，下采众祥，天道崇远，非妾所知。以人事言之，未见其可。谚言：'鸡夜鸣者不利行师，犬群嗥者宫室必空，兵动马惊，军败不归。'秋冬已来，每夜群犬大嗥，众鸡夜鸣，伏闻厩马惊逸，武库兵器有声，吉凶之理，诚非微妾所论，愿陛下详而思之。"坚曰："军旅之事非妇人所豫也。"遂兴兵。张氏请从。坚果大败于寿春，张氏乃自杀。

慕容垂妻段氏，字元妃。伪右光禄大夫仪之女也。少而婉慧，有志操，常谓妹季妃曰："我终不作凡人妻。"季妃亦曰："妹亦不为庸夫妇。"邻人闻而笑之。垂之称燕王，纳元妃为继室，遂有殊宠。伪范阳王德亦娉季妃焉。姊妹俱为垂、德之妻，卒如其志。垂既僭位，拜为皇后。

垂立其子宝为太子也，元妃谓垂曰："太子姿质雍容，柔而不断，承平则为仁明之主，处难则非济世之雄，陛下托之以大业，妾未见克昌之美。辽西、高阳二王，陛下儿之贤者，宜择一以树之。赵王麟奸诈负气，常有轻太子之心，陛下一旦不讳，必有难作。此陛下之家事，宜深图之。"垂不纳。宝及麟闻之，深以为恨。其后元妃又言之，垂曰："汝欲使我为晋献公乎？"元妃泣而退，告季妃曰："太子不令，群下所知，而主上比吾为骊戎之女，何其苦哉！主上百年之后，太子必亡社稷。范阳王有非常器度，若燕祚未终，其在王乎！"

垂死，宝嗣伪位，遣麟逼元妃曰："后常谓主上不能嗣守大统，今竟何如？宜早自裁，以全段氏。"元妃怒曰："汝兄弟尚逼杀母，安能保守社稷！吾岂惜死，念国灭不久耳。"遂自杀。宝议以元妃谋废嫡统，无母后之道，不宜成丧，群下咸以为然。伪中书令眭邃大言于朝曰："子无废母之义，汉之安思阎后亲废顺帝，犹配飨安皇，先后言虚实尚未可知，宜依阎后故事。"宝从之。其后麟果作乱，宝亦被杀，德复僭称尊号，终如元妃之言。

段丰妻慕容氏，德之女也。有才慧，善书史，能鼓琴。德既僭位，署为平原公主。年十四，适于丰。丰为人所谮，被杀，慕容氏寡妇，将改适伪寿光公馀炽。慕容氏谓侍婢曰："我闻忠臣不事二君。贞女不更二夫。段氏既遭无辜，已不能同死，岂复有心于重行哉！今主上下顾羲嫁我，若不从，则违严君之命矣。"于是克日交礼。慕容氏恣容婉丽，服饰光华，炽睹之甚喜。经再宿，慕容氏伪辞以疾，炽亦不之逼。三日还第，沐浴置酒，言笑自若，至夕，密书其裙带云："死后当埋我于段氏墓侧，若魂魄有知，当归彼矣。"遂于浴室自缢而死。及葬，男女观者数万人，莫不叹息曰："贞哉公主！"路经馀炽宅前，炽闻挽歌之声，恸绝良久。

吕纂妻杨氏，弘农人也。美艳有义烈。纂被吕超所杀，杨氏与侍婢十数人殡纂于城西。将出宫，超虑赍珍物出外，使人搜之。杨氏厉声责超曰："尔兄弟不能和睦，手刃相屠，我且夕死人，何用金宝！"超惭而退。又问杨氏玉玺所在，杨氏怒曰："尽毁之矣。"超将妻之，谓其父桓曰："后若自杀，祸及卿宗。"桓以告杨氏，杨氏曰："大人本卖女与氏以富贵，一之已甚，其可再乎！"乃自杀。

时吕绍妻张氏亦有操行，年十四，绍死，便请为尼。吕隆见而悦之，欲秽其行，张氏曰："钦乐至道，誓不受辱。"遂升楼自投于地，二胫俱折，口诵佛经，俄然而死。

凉武昭王李玄盛后尹氏，天水冀人也。幼好学，清辩有志节。初适扶风马元正，元正卒，为玄盛继室。以再醮之故，三年不言。抚前妻子逾于已生。玄盛之创业也，谟谋经略多所毗赞，故西州谚曰："李、尹王敦煌。"

及玄盛薨，子士业嗣位，尊为太后。士业将攻沮渠蒙逊，尹氏谓士业曰："汝新造之国，地狭人稀，靖以守之犹惧其失，云何轻举，窥冀非望！蒙逊骁武，善用兵，汝非其敌。吾观其数年已来有并兼之志，且天时人事似欲归之。今国虽小，足以为政。知足不辱，道家明诫也。且先王临薨，遗令殷勤，志令汝曹深慎兵战，俟时而动。言犹在耳，奈何忘之！不如勉修德政，蓄力以观之。彼若淫暴，人将归汝；汝苟德之不建，事之无日矣。汝此行也，非唯师败，国亦将亡。"士业不从，果为蒙逊所灭尹氏至姑臧,蒙逊引见劳之,对曰:"李氏为胡所灭,知复何言!"或谏之曰;"母子命悬人手,奈何倨傲!且国败子孙屠灭,何独无悲?"尹氏曰:"兴灭死生,理之大分,何为同凡人之事,起儿女之悲!吾一妇人,不能死亡,岂惮斧钺之祸,求为臣妾乎!若杀我者,吾之愿矣。"蒙逊嘉之。不诛,为子茂虔娉其女为妻。及魏氏以武威公主妻茂虔,尹氏及女迁居酒泉。既而女卒,抚之不哭,曰:"汝死晚矣!"沮渠无讳时镇酒泉。每谓尹氏曰:"后诸孙在伊吾,后能去不?"尹氏未测其言,答曰:"子孙流漂,托身丑虏,老年馀命,当死于此,不能作毡裘鬼也。"俄而潜奔伊吾,无讳遣骑追及之。尹氏谓使者曰:"沮渠酒泉许我归北,何故来追?汝可斩吾首归,终不回矣。"使者不敢逼而还。年七十五,卒于伊吾。

史臣曰:"夫繁霜降节,彰劲心于后凋;横流在辰,表贞期于上德,匪伊君子,抑亦妇人焉,自晋政陵夷,罕树风检,亏闲爽操,相趋成俗,荐之以刘石,汨以苻姚。三月歌胡,唯见争新之节;一朝辞汉,曾微恋旧之情。驰骛风埃,脱落名教,颓纵忘反,于兹为极。吾若惠风之数乔属,道韫之对孙恩,荀女释急于重围,张妻报怨于强寇,僭登之后,蹈死不回,伪篡之妃,捐生匪吝,宗辛抗情而致夭,王斩守节而就终,斯皆冥践义途,匪因教至。耸清汉之乔叶,有裕徽音;振幽谷之贞蕤,无惭雅引,比夫悬梁靡顾,齿剑如归,异日齐风,可以激扬千载矣。"

赞曰:从容阴礼,婉娩柔则。载循六行,爰昭四德。操洁风霜,誉流邦国。彤管贻训,清芬靡忒。

【译文】

天、地、人三者分出位置,关于家庭生活的学说才兴盛起来;两个家庭结成友好,贞烈的风气就显著起来。振作高尚的情谊做得非常优秀,鲁国的书籍于是鲜明夺目,挺拔崇高的节操做得非常杰出,周地的诗篇因此光辉耀眼。美好与忠烈同样得到勉励,柔和顺畅没有过失,隔代相望,确实不是只有一条线索。但是虞在妫汭兴起,夏在涂山隆盛,有娀,有娎扩大繁荣了殷商的基业,大纴、大姒进一步昌盛了姬姓的教化,马皇后、邓皇后恭敬俭朴,汉朝推广美德,宣公、昭公赞美贤淑、魏代宣扬芬芳美德,这些都把礼仪在中国发挥到了极点,道义在闺房中都很突出了。至于象恭姜发誓守节,孟母寻求仁爱,华氏做了老师的表率而治理齐国,樊传授法规而成为楚国霸主,讥笑文伯的奉行剑术,责备子发的分别庄稼,少君的遵从简约的礼节,孟光的符合隐居志趣,在使妇女的规则显著的同时,还占有母亲的表率。先是子政收集,后有元凯为之编次,都宣传了闺房的模范,对女性教育有所裨补。因此,早的从泰始起,晚到恭、安止,有一种操行可赞扬的,有一种技艺值得记载的,都撰集记录,为之立传。有的地位高到皇后妃子,有的人事迹随放在丈夫儿子的传中,现在不再记录。各个伪立的国家里的人,即使一时与王道有所不合,但天下的善事,只要可以惩恶劝善,也一起搜集编次,附在篇末。

羊耽的妻子辛氏,字宪英,陇西人,魏侍中辛毗的女儿。聪明开朗而且有才华见识。当初魏文帝能够立为太子,抱着毗的脖子说:"辛君知道我高兴吗?"毗把这事告诉了宪英,宪英叹息着说:"太子,是代替君主宗庙社稷的人。代替君主不能不担忧,主持国政不能不害怕,应该担忧却高兴,怎么能够长久!魏难道会不昌盛吗?"

她弟弟辛敞做大将军曹爽的参军,宣帝要讨伐曹爽,因为他跟随魏帝出去后关闭了城门,曹爽的司马鲁芝率领府兵破关去救曹爽,招呼辛敞一同去。辛敞害怕,问宪英说:

"天子在外边。太傅关闭了城门,人们说国家将要灭亡,这事可能会成功吗?"宪英说:"事情还不知道,但据我估计,太傅大概是不得不这样。明皇帝临终时,拉着太傅的手臂,把后事交托给他,这事朝廷里人都还记得。而且曹爽与太傅都接受了托付的任务,但只有他一个人独断权势,不忠诚于王室,在做人的道义上不正直,这举动不过是为了讨伐曹爽罢了。"辛敞说:"那么我可以不出去吗?"宪英说:"怎么可以不出去!职守,是做人的大道理。普通人有困难,还应该同情他;做别人属下却不去做事,是不吉利的。而且替人担当责任,为别人去死,这是亲密情感的分内事,你只有随大流罢了。"辛敞于是出去。宣帝果然讨伐了曹爽。事件平定后,辛敞叹息说:"我如果不跟姐姐商量,几乎得不到道义!"

后来钟会做了镇西将军,宪英对羊耽的侄子羊祜说:"钟士季为什么西出?"祜说:"准备消灭蜀国。"宪英说:"钟会做事纵横恣肆,没有长久处在下位的道理,我怕他有别的志向。"等到钟会快要往西部去时,请求他的儿子做他的参军,宪英担忧地说:"从前我为国家担忧,今天灾难降临我家了。"琇坚决地向文帝请求推辞,文帝不同意。宪英对琇说:"去吧,谨慎些!古代的君子。到家里就对亲人孝顺,出去就为国守节,在职责上就想着他的任务,道义上就想着他要树立的志向,不给父母增添担忧患难罢了。在军队里可能解救危难的,大概只有仁爱忠恕吧!"钟会到蜀地果然造反,竟然活着回到家里。羊祜曾经送她锦做的被子,宪英嫌它华丽,反过来覆盖,她是这样有预见和节俭。泰始五年死去,享年七十九岁。

杜有道的妻子严氏,字宪,京兆人。坚贞贤淑有胆有识。十三岁时,嫁给杜氏,十八岁时成为寡妇。儿子植、女儿都成了孤儿,宪虽然年轻,但发誓不改变气节,抚育两个孩子,教他们礼节气度,植于是在当时出了名,韡也有美好的品德,傅玄请求让她做自己的继室,宪就同意了他。当时傅玄跟何晏、邓飏有矛盾,何晏等人一直想害他,当时没有人肯跟他结为姻亲。到了宪同意嫁了傅玄,家里家外的人都为这事担忧害怕。有人说:"何、邓执掌大权,一定想害傅玄,也不过象大山压卵,用滚汤浇雪罢了,怎么跟他结亲呢?"宪说:"你只知其一,不知其他。何晏等人骄傲奢侈,必定会自己毁了自己,司马太傅却象睡着了的猛兽,我怕卵破雪化,这样做自然是有道理的。"于是跟傅玄结了亲。何晏等人不久也被宣帝铲除。植后来做了南安太守。

植的唐兄预做秦州刺史,被人诬陷,征召回京,宪给他写信告诫他说:"谚语说忍受屈辱能做到三公。你现在可以说是受到屈辱了,能忍受住它,你是会坐上公的位置的。"植后来果然做了仪同三司的官。傅玄前妻的儿子傅咸六岁时,曾跟随他继母看望宪,她对咸说:"你是一匹千里驹,一定会前途远大。"把她妹妹的女儿嫁给了他。傅咸后来在国内也有名气。她能这样了解别人。

王浑的妻子钟氏,字琰,颍川人,魏太傅钟繇的曾孙女。父亲名徽,做黄门侍郎的官。琰几岁时就能写文章,等到长大,聪明智慧,大度文雅,博览记录书籍。容貌举止美好,善于吹哨吟诵,好的礼仪法度都成为内外人士的榜样。嫁给王浑后,生了济。王浑曾跟琰坐在一起,济从堂前跑过,王浑高兴地说:"生了这样的儿子,足以安慰人心。"琰笑着说:"如果让媳妇能够许配给参军官,生个儿子一定不止这样。"参军,指王浑的二弟王沦。琰的女儿也有才华又美好,他们为她寻找贤明的丈夫。当时有一个军官的儿子很英俊,济想把女儿嫁给他,跟琰说,琰说:"得让我见见他。"济让这个士兵跟其他年轻人混在一起,琰从帐帏中观察他们,过后对济说:"穿红衣服的人不是你所选拔的人吗?"济说:"是。"琰说："这人凭才能可以说是出类拔萃的，但处境不好寿命又短促，没有办法施展他的才能，不可以跟他结亲。"就算了。那人几年后果然死了。琰远见明察，都象这事一样。

浑的弟弟的妻子郝氏也有好德行，琰虽然出身权贵，与郝氏一直互相敬重，郝氏不因为自己微贱在琰氏面前表示自卑，琰氏不因为自己出身高贵欺凌郝氏，当时人称颂钟夫人的礼节，郝夫人的法度。

郑袤的妻子曹氏，鲁国薛地人。郑袤先娶了孙氏，很早就死了，娉她为继室。侍候公婆非常孝顺，亲自勤劳地纺纱织布，作为赡养的费用，至于叔叔妹妹各位妹妹之间，都充分做到有礼节，使他们都很高兴。等到郑袤做了司空，他们的儿子默等人在朝廷官员中又很突出，当时人们都称赞他们的荣耀富贵。曹氏非常害怕隆盛美满，每当郑默等升官，往往担忧的心思表现在声音脸色上。但吃饭时没有几样菜，穿着浆洗的衣服，郑袤等人所得到的俸禄薪水，曹氏一定分散给亲戚，务必命令全部给到，家里没有多余的资财。

当初，孙氏埋葬在黎阳，等到郑袤死时，商议的人认为孙氏死了很久了难以迁葬，想不把他们合葬在一起。曹氏说："孙氏是原配，理当葬在一起，怎么可以使孤鬼没有依靠呢。"于是准备好吉凶引导的仪式来迎接孙氏遗骸，准备好衣服被褥案几筵席，亲自主持雁行的礼仪，听说的人没有不叹息的。认为赵姬以下到叔隗，都不值得赞扬。太康元年死去，终年八十三岁。

愍怀太子的妃子王氏。太尉王衍的女儿，字惠风。坚贞委婉有志向气节。太子被废黜后住在金墉，王衍请求取消婚姻，惠风哭喊着回到家里，路上的人都为她流泪。等到刘曜攻克洛阳，把惠风赏赐给了他手下的将军乔属，乔属准备娶她为妻，惠风拔出宝剑拒绝乔属说："我是太尉公的女儿，皇太子的妃子，按道义不被叛乱的胡人污辱。"乔属于是杀了她。

陶侃的母亲湛氏，豫章郡新淦县人。当初，陶侃的父亲陶丹娶她为妾，生下陶侃，但陶家贫穷低贱，湛氏常常靠纺织来资助他，使他结交比自己强的朋友。陶侃年轻时做寻阳县吏，曾监督鱼，拿了一瓦锅鲊鱼送给母亲。湛氏封了鲊鱼与书信，责怪陶侃说："你做官吏，拿官家东西送给我，不但不能给我好处，反而给我增添担忧啊。"鄱阳孝廉范逵住在陶侃家里，当时下了大雪，湛氏就拿下自己睡床上的新褥子，亲自铡草喂他的马，又暗中剪了头发卖给邻居，用来供给饭食。范逵听说后，叹息说："不是这个母亲不会生这个儿子！"陶侃最后因为功名成为显贵。

虞潭的母亲孙氏，吴郡富春人，是孙权家族的孙女。当初嫁给虞潭父亲虞忠，恭谨温顺坚贞祥和，很有妇德。到虞忠死去时，留下孤儿孤苦伶仃，孙氏虽然年轻，发誓不改变气节，亲自抚养，受尽劳累。她天赋聪明敏锐，见识观察能力超过常人。虞潭从幼童开始，她就教育他忠义的道理，因此得到了很好的声望，被朝廷里的人所称赞。

永嘉末年，虞潭做南康太守，遇上杜弢叛乱，率领众人攻打他。孙氏勉励虞潭应为国家不惜一死的道理，把她家的财产都拿出来馈赠给士兵，虞潭于是获得了胜利。到苏峻作乱时，虞潭正任吴兴太守，又凭着气节征讨苏峻。孙氏告诫他说："我听说忠臣出在孝子的家里，你应当舍弃性命去得到道义，不要把我年老作为累赘。"又打发她的全部男仆人，让他们跟随虞潭帮助作战，卖掉她身上佩带的环佩作为军费。这时会稽内史王舒派他儿子允之作为督护，孙氏又对虞潭说："王府君派遣儿子出征，你为什么独独不这样呢？"虞潭就让儿子楚做了督护，跟允之合在一处。她就是这样诚恳地为国分忧。封为武昌侯太夫人，加授金章紫绶。虞潭在家里设了养堂，王导以下官员都去拜见了。咸和末年去世，终年九十五岁。成帝派使者吊孝祭奠，谥"定夫人"。

周颢的母亲李氏，字络秀，汝南人。小时候在家时，周颢父亲周浚任安东将军，有一次出去打猎，遇到下雨，路过时在络秀家里停留。正碰上她父亲和哥哥不在家，络秀听说周浚来了，跟一个丫头在里屋杀猪杀羊，准备了几十人的饭食，非常周到但没有听见人说话。周浚感到奇怪，让人偷看，只见一个很漂亮的女子，周浚于是请求做她的妾。她父亲和哥哥不答应，络秀说："家族不兴旺，怎么吝惜一个女儿！如果跟贵族联姻，将来大概会有很大好处的。"父亲与哥哥就答应了周浚。后来生了周颢和周嵩、周谟。等到周颢等人长大后，络秀对他们说："我委屈气节做你们家的妾，是为了自己家庭考虑的。你们不跟我家友好，我又何必珍惜剩下的这几年呢！"周颢等从命，从此李氏才能够成为算得上有名望的家族。

中兴年间，周颢等人都官位显赫。有一次冬至日准备了酒席，络秀举杯赐给三个儿子说："我家本来从北方渡过长江南来的，没有立足之地，没想到你们都做大官了，排坐在我眼前，我还担心什么呢！"周嵩站起来说："恐怕不象说的那样。伯仁志大才短，名声很大但见识不明白，喜欢乘人之危，这不是保全自己的方法。嵩禀性耿直，也得不到世人的容忍。只有阿奴碌碌无为，应当会一直在母亲面前的。"阿奴，周谟的小名。后来果然如他所说的那样。

荀崧小女儿灌，从小就有奇特的操守。荀崧任襄城太守，被杜曾包围，力量单薄粮食也没有了，想向前任官员平南将军石览求救，没有办法可想。灌这年十三岁，就率领数十名勇士，夜间逾城突围出去。贼人追赶得很紧，灌督促勉励将士，且战且进，进到鲁阳山才摆脱了追赶。她亲自去见石览请求出兵，又把荀崧的书信给南中郎将周访请求援助，并且与他结为兄弟，周访于是派儿子抚率领三千人会同石览一起去救援荀崧。贼人听说援兵到了，逃散了，这都是灌的功劳。

王凝之的妻子谢氏，字道韫，是安西将军谢奕的女儿。聪明有见识善于言辞。她叔父谢安有一次问她："《毛诗》哪一句最好？"道韫说："吉甫作颂，象清风一样和穆。仲山甫咏怀，用来慰心绪。"谢安说她有文雅人的浓厚兴趣。又有一次家人聚会，一会儿下起大雪，谢安说："象什么呢？"谢安哥哥的儿子谢朗说："散盐空中勉强可用来比拟。"道韫说："不如柳絮因风起。"谢安听了很高兴。

刚嫁给凝之时，回到家中，很不高兴的样子。谢安说："王郎是逸少（王羲之）的儿子，人不错，你有什么遗憾的？"回答说："一家子人叔父中有阿大、中郎，一大群堂兄弟中又有封、胡、羯、末，没想到这么优秀的家族中竟有个王郎！"封指谢韶，胡指谢朗，羯指谢玄，末指谢川，都是他们的小名。又曾经嘲笑谢玄学习曹植没有长进，说："因为繁琐的事务用心太多呢，还是天分不够高呢？"凝之的弟弟献之有一次跟宾客谈论说话，言辞论据都快不行了，道韫派丫头告诉献之说："想要替你们小叔子解围。"于是用青绫步鄣把自己遮起来，申述献之刚才的议论，客人中没有人能驳得倒她。

遭逢孙恩叛乱的灾难时，她举止自如，听到丈夫和几个儿子都被贼人杀害后，才命令女仆抬着竹篼，拿了把刀子出门，乱兵开始到来时，她亲手杀了好几个人，才被俘获。她的外孙刘涛这年才几岁，贼人又想杀害他，道韫说："事情是王家的，跟别的家族有什么关系！一定要这样，不如先杀了我。"孙恩虽然狠毒暴虐，也被她说动了心，才没有杀害刘涛。从此她寡居会稽,家里人没有不严肃敛容的。太守刘柳听说她的大名,请求跟她说话。道韫向来知道刘柳的名声,也不拒绝,于是挽好发髻铺着素色的垫子坐在帐中,刘柳带着学费整理好带子坐在另一张榻上。道韫风韵高洁超越常人,言谈的风度清新儒雅,开始时说到家族的事情,慷慨流泪,接着感谢慰问的好意,言辞理据都很流畅。刘柳回去后赞叹说:"实在是没有见过这样的人,瞻视观察言语声气,都使人发自内心地佩服。"道韫也说:"亲人随从死了不少,才遇到这样的人,听他的问话,特别让人心胸开阔。"

当初,同郡张玄的妹妹也有才学品质,嫁给顾氏,谢玄常夸奖她,用来跟道韫做比较,有一个叫济尼的人,来往于两家之间,有人问他,济尼回答说:"王夫人神情疏散开朗,因此有隐士的风度气质。顾家媳妇清心玉映,自然是闺房里的优秀者。"道韫所著诗赋诔颂等类文章,都在世上流传。

孟昶的妻子周氏,孟昶的弟弟颙的妻子又是她的堂妹。两家都很富有。当初,桓玄一直敬重孟昶但刘迈却诽谤他,孟昶知道后,非常惋惜遗憾。等到刘裕要商议建立政权,跟孟昶谋划,孟昶想把所有的财物都当作军粮,他妻不是一般的女人,可以跟她商量大事,于是对她说:"刘迈向桓公说我的坏话,即使是一生都被关在牢狱中,也坚决要做反贼。你幸好可以早些与我脱离关系,如果我能够得到富贵,再去迎娶你也不迟。"周氏说:"您的父母亲都还健在,想要做这样重大的决定,难道是妻子能劝止的!事情如果不成功,只好在奴隶地位中奉养大家,没有回家的道理。"孟昶悲怆了很久才站起来。周氏追赶上孟昶的坐骑,说:"看你的举止,不是需要和妻子商量的人,不过是想得到财物罢了。"当时她抱着自己的女儿,递过去让他看看,说:"这个要是可以卖钱,也没有什么可惜的,何况资财呢!"于是拿出全部资产给了他,却假称有别的用途。到事情快要行动时,周氏对孟颙妻子说:"昨天做了一个梦,很不好,家里人应该用洗涤沐浴的方法来祛除它,而且不能用赤色的东西,我会把赤色的东西都收集起来藏压七天。"孟颙的妻子相信了她,把所有绛红色一类东西都收集起来交给她。于是放在帐中,暗地里亲自去掉棉花,把红布给了孟昶,于是有了几十个人用的醒目的被子和衣服,这些都是周氏提供的,而家里人都不知道这件事。

何无忌的母亲刘氏,是征虏将军刘建的女儿。从小就有志向气节。她弟弟牢之被桓玄害死,刘氏常常怀恨在心,一直想着报复。等到无忌与刘裕定下计谋,而刘氏看出他的举止有些不同往常,心里高兴但不说出来。碰巧有一夜无忌在屏风里边撰写讨伐文告,刘氏暗中用器具盖住灯烛,慢慢爬上凳子在屏风上边偷看他,知道后,哭着抚着他说:"现在知道我比不上东海人吕母了!已经辜负了你的忠心诚意,常常担心我寿命不长久,你能这样做,我报仇的思想能够实现了。"接着问他谁是同谋,知道事情由刘裕发起,更加高兴,就说桓玄一定失败,用正义的军队一定成功的道理来勉励他。后来的事情正如她所说的。

刘聪的妻子刘氏,名娥,字丽华,伪太保刘殷的女儿。自幼聪明伶俐,白天从事女工,晚上诵读书籍,教母常阻止她,刘娥更加认真学习。每次跟哥哥们讨论经籍的意义,理趣超越一般人而且深刻独到,各位兄长深深地叹服。她性格孝顺友好,风度仪表进退举止都很得体。

刘聪篡夺皇位后,征召她作为右贵嫔,很宠爱她。不久封为皇后,准备造鸾仪殿让她居住,他的廷尉陈元达严词劝谏,刘聪大怒,要斩了他。刘娥当时在后堂,暗地里让手下人停止用刑,写了奏疏上奏说:"在下听说准备为我营造宫殿,现在昭德殿已经足够起居了,仪殿不着急。国家还没有统一,灾祸患难还很多,动不动就需要人力资财,特别应该慎重考虑这件事。廷尉的话,是国家的大政。那忠臣的劝谏,难道是为了他自己吗?帝王拒不接受,也不是为了自己。我仰望陛下上能寻思做个明君接受劝谏以使国家昌盛,下能够气愤昏暗的君主拒绝谏言而遭灾祸,应该用好的爵位来奖赏廷尉,用分封土地去酬谢廷尉,怎么不但不接纳,反而想要杀了他?陛下这次发怒是由我引起来的,廷尉的祸害由我造成的,人们怨恨国家贫困,过错都在我,拒绝进谏迫害忠臣,也是由我造成的。自古以来败国丧家,没有不是由女人引起的。我每次阅读古代的事情,气愤得忘了吃饭,哪里想得到今天我自己正做着这样的事情!将来的人看我,也好象我看从前的人,还有什么脸面来服侍陛下,请让我回去死在这里,来为陛下被错误地迷惑的过错抵罪。"刘聪看完后脸色都变了,对他的一群属下说:"我自从得了风病,喜怒都不正常。元达是位忠臣,我对他有愧。"把刘娥的上表给元达看了,并说:"外边的辅佐象您,里边的辅佐象这位皇后,我不用担忧了。"等到刘娥死后,伪朝廷谥她为武宣皇后。

她的姐姐刘英,字丽芳,也聪明敏锐涉猎学问,而文辞机警雄辩,通晓明白政事,甚至超过了刘娥。开始时与刘娥一同被征召封左贵嫔,不久就死了,伪朝廷追谥她为武德皇后。

韦逞的母亲宋氏,不知道是哪郡人,家族世代因为儒学出名,宋氏自幼死了母亲,由她父亲自己抚养。等到长大后,教她《周官》的读音和意思,对她说:"我们家世代研究《周官》,学业不断继承传递,这书又是周公所写的,经济治理的经典文献,百官品物,在这里都有了。我现在没儿子可传授,你可以接受过去,不要让它在世上断绝了。"不久天下动乱,宋氏仍讽咏诵读从不间断。

后来被石季龙迁徙到太行山的东边,宋氏跟她丈夫都在迁徙之列,推着鹿车,背上背着她父亲交给她的书籍,到了冀州,投靠胶东富人程安寿,程氏供养保护他们。韦逞当时年纪还小,宋氏白天砍柴采摘,晚上就教韦逞读书,但并不影响纺纱织布。程安寿常常叹息说:"做学问的多是士大夫家,有不是这样的吗!"韦逞于是学业有成名声也树立了起来,在苻坚的朝廷里做太伟博士官。苻坚曾去他所在的太学,询问博士经典方面的问题,可惜礼乐经典遗失不全。当时博士卢壶回答说:"废止学业已经很久,书籍又零星散落,经过连续几年的连缀撰集,主要的经典差不多集中起来了,只有《周官礼注》没有精通的人。我曾见过太常韦逞的母亲宋氏是世代学问人家的女儿,继承了她父亲的学业,学到了《周官》的音义,今年八十岁了,眼睛和耳朵都没有毛病,当然除了这位母亲没有人可以传授学生的了。"于是,在宋氏家里设立学堂,招收了一百二十名学生,隔着红色的纱幔进行教学,封宋氏号为宣文君,赏赐给她服侍女仆十人。《周官》的学业又在世上传播起来,当时人称她"韦氏宋母"。

苻坚妾张氏,不知道哪个地方人,明辨事理有才学见识,苻坚要侵略江左(东晋),大臣们坚决劝谏他都不听从。张氏进言说:"我听说天地滋生万物,圣明的国王统治天下,没有不顺乎它们的本性而使它们顺畅,所以黄帝驾乘牛马,顺着它们的本性,禹开凿龙门,决开洪河,那是顺着水势;后稷播种了百谷,那是顺应了土地的脾气;汤、武消灭夏、商,那是顺应人的愿望。因此,有所顺应就会成功,无所顺应就会失败。现在朝廷大臣上下都说不可以,陛下您又顺应什么呢?《尚书》说:'天聪明是源自我百姓聪明。'天尚且这样,何况是国王呢?我听说国王有讨伐一个国家的志向时,必须上观天象,下采众祥。天道崇高深奥,不是我能理解的。从人事方面说,不见得可行。谚语说:'鸡夜里打鸣不利于出兵,狗成群吠噪宫室会被洗劫,兵器有动静马受惊军队会打败仗而回不来。'秋天冬天已经来临,一到夜里成群的狗大声噪叫,我听见马厩里的马受惊乱跑,武库里兵器发出声音,吉凶的规律,当然一定不是象微贱的我所说的这样,希望陛下全面地考虑一下这件事。"符坚说:"军队打仗的事情不是妇女能参加的。"于是兴兵。张氏要求一起去。符坚果然在寿春被打得大败,张氏就自杀了。

慕容垂的妻子段氏,字元妃,伪政权右光禄大夫段仪的女儿。从小温顺聪慧,有志气节操,常常对妹妹季妃说:"我一定不会做普通人的妻子。"邻居听后嘲笑她们。慕容垂称燕王后,纳元妃为继室,于是得到了特别的宠爱。伪政权范阳王德也娶了季妃。姐妹都成了垂、德的妻子,最终如愿以偿。垂篡位以后,封她为皇后。

慕容垂把她的儿子宝立为太子,元妃对慕容垂说:"太子姿色品质雍容华贵,柔和而不独断,继承太平皇位就会成为仁爱明智的君主,处在危难之际就能成为救济时世的英雄,陛下把大业托付给他,我没有见到他能够使国家昌盛的优点。辽西、高阳两位王,陛下儿子中的聪明者,应该选择一个来树立他。赵王麟奸诈负气,一直有轻视太子的思想,陛下一旦有个三长两短,一定会发生祸难。这是陛下家里的事情,应该认真地考虑。"慕容垂不采纳她的意见。宝与麟听说后,都感到很遗憾。后来,元妃又跟他说起这事,慕容垂说:"你想让我成为晋献公吗?"元妃哭着退下,跟季妃说:"太子不好,下属们都知道,而君主把我比作骊戎的女儿,真是痛苦啊!皇上死后,太子一定会使国家败亡。范阳王有不同一般的气魄风度,如果燕国的福分还没有结束,大概就靠范阳王了!"

慕容垂死后,慕容宝继承伪王位,派遣赵王麟迫使元妃说:"太后常常说皇上不能继承保住统一的国家,现在究竟怎么样?应该早一点自杀,来保全段家。"元妃愤怒地说:"你们兄弟还逼迫母亲自杀,怎么能保得住社稷!我难道是怕死,担心国家不久就要灭亡啊。"于是自杀了。慕容宝认为元妃阴谋废黜嫡亲的王位,没有母后的道理,不适合举行丧礼,属下官员们都这样认为。伪政权中书令睦邃在朝廷上大声地说:"儿子没有废黜母亲的道理,汉代的安思阎后亲自废黜了顺帝,还能配飨安皇,从前太后是否说过那些话还不知道,应该依照阎后的故事。"慕容宝听了他的建议。后来赵王麟果然作乱,慕容宝也被杀了,慕容德又篡夺了皇位,终于跟元妃说的一样。

段丰的妻子慕容氏,是慕容德的女儿。有才学且聪明,擅长于写字和历史,会弹琴。慕容德篡位后,她被命名为平原公主。十四岁时嫁给段丰。段丰为人诬陷,被杀了,慕容氏一个人回到家里,要被改嫁给伪政权的寿光公馀炽。慕容氏对女仆人说:"我听说忠臣不侍候两位君主,坚贞的女子不改嫁两个丈夫。段氏已经无辜被害,自己不能跟着一起死,难道又有心思再嫁一次吗!现在君主不顾礼仪嫁我,如果不听从,就违背父王的命令了。"于是约定日期完成婚礼。慕容氏姿色容貌温顺美丽,服饰光彩华丽,馀炽看见后很高兴。住了两夜后,慕容氏推说有病,馀炽也没有强迫她。三日后回家,洗涤后准备酒席,言谈欢笑很正常,到了晚上,暗中在她的裙带上写:"死以后应该把我埋葬在段氏坟墓的旁边,如果魂魄有知觉,应该去那里了。"于是在浴室里上吊死了。等到埋葬时,男女观看的人有好几万,没有人不叹息地说:"坚贞啊公主!"路上经过馀炽门前,馀炽听见挽歌的声音,很长时间里悲痛欲绝。

吕纂的妻子杨氏,弘农人,美貌艳丽,义气忠烈。吕纂被吕超杀害,杨氏与女仆十几人一起把他殡葬在城西。快出宫时，吕超担心她们携带珍宝出去，让人搜查她们。杨氏厉声斥责吕超说："你们兄弟不能和睦相处，拿着刀子互相屠杀，我很快就要去死的，金银财宝有什么用！"吕超惭愧地退走了。又问杨氏玉玺在哪里，杨氏愤怒地说："都已经把它们毁坏了。"吕超想娶她为妻，对她的父亲杨桓说："皇后如果自杀，祸害就要殃及你们家族。"杨桓把这话转告杨氏，杨氏说："父亲本来就是把女儿卖给氐人来得到富贵，一次已经足够了，怎么可以来第二次呢！"就自杀了。

同时吕绍的妻子张氏也有操守品行，十四岁时，吕绍死了，就请求去做尼姑。吕隆见到她就喜欢她，想要使她的品行变坏，张氏说："敬重快乐的最高道义，发誓不受污辱。"于是爬到楼上跳到地上，两条腿都断了，口中念着佛经，一会儿就死了。

凉武昭五李玄盛后尹氏，天水冀人。幼年喜欢学习，清雅善辩有志气节操。开始嫁给扶风人马元正，元正死后，做了玄盛的继室，因为再醮的缘故，三年没有说话。抚养前妻的孩子超过了亲生。玄盛的创立基业，筹措谋略大多得到她的赞助，因此西州的谚语说："李、尹王敦煌。"

玄盛死后，儿子士业继位，尊她为太后。士业准备攻打沮渠蒙逊，尹氏对士业说："你刚建立起来的国家，土地不广人口稀少，安定地守住它还怕失去，说什么轻举，作非分的希望！蒙逊骁勇强壮，善于用兵，你不是他的对手。我观察他数年以来有兼并我们的想法，并且天时人事方面好象也表明要归并给他。现在国家虽然小，足以施行政治。懂得满足能不受污辱，这是道家的明白劝诫。而且，先王临终时，遗嘱反复叮咛，要你们一定慎重考虑采用军队作战，等待时机再行动。话如同还在耳边，怎么就忘掉！不如勉力建设用道统治的政治，积蓄力量来观察形势。他们如果淫乱暴虐，人心就会归向你；你如果不树立起美德，灾祸也就不远了。你这一次行动，不但军队要失败，国家也要灭亡。"士业不听从她，真的被蒙逊消灭了。

尹氏到了姑臧，蒙逊接见并犒赏她，她回答说："李氏政权被胡人消灭，既然已经知道了，还有什么话好说！"有人劝谏她说："母子性命都捏在人家手里，怎么还这么傲慢！再说国家败亡子孙被屠杀，怎么独独没有悲伤？"尹氏说："兴亡死生，规律中的大名分，为什么把它当作凡人的事情，表现出儿女的悲伤心情来？我一个女人，不能去死，难道还怕斧钺杀身的大祸，乞求做人家的臣妾吗！如果杀了我，是我的愿望。"蒙逊夸奖她，不杀，替儿子茂虔娶了她的女儿为妻子。到了魏氏把武威公主嫁给茂虔做妻子，尹氏跟女儿迁居酒泉。不久女儿死了，她抚着女儿但没哭，说："你死得晚了！"沮渠无讳当时镇守酒泉，常对尹氏说："太后的几个孙子都在伊吾，太后能去那里居住吗？"尹氏不知他的用意何在，回答说："子孙流散漂泊，寄身丑陋的强虏境内，我年纪大了剩下没几年，只能死在这里，不能去做住毡帐著皮裘的鬼了。"不久偷偷地跑到伊吾，无讳派遣骑手追上了她。尹氏对使者说："沮渠酒泉答应我回北方去，为什么来追我？你们可以斩下我的头回去，我是坚决不回去的了。"使者不敢强迫她就回去了。七十五岁时死在伊吾。

编写史书的大臣说：天寒霜重的时候会使气节降低，使坚强的思想因为最后凋谢而更加昭明；局势动荡的日子里，用高尚的品德去表明坚贞的愿望，不一定只是男子，也有妇女啊。自从晋朝廷政治不稳定后，很少树立风教美德，娴雅操守都遭到了打击而损失，互相趋附成为风气。以刘、石为基础，以苻、姚为主流。三月唱着胡人歌曲，只见争奇斗艳的装饰，一旦脱离了汉民族，便少有恋旧的情绪。在尘世里奔走，名教传统失落不传，颓废纵情忘记了本原，到这时达到了极点。至于象惠风的数落乔属，道韫的回答孙恩，荀女子在重围中解救危急，张妻向强寇报怨，篡位的苻登之后，面对死亡不回头，伪政权的妃子，抛弃性命都不吝惜，宗、辛直抒情怀而被杀，王、靳坚守节操而死去，这些都是天然在冥冥之中循着道义的路走着的，不是因为有了教育才那样的。让高入青天的乔木的叶子耸听，使美好的声音更加富裕；使幽深山谷里坚贞的草木振奋起来，无愧于雅、引诗歌，至于悬梁自尽毫地顾虑，牙齿触剑等闲视之，将来这种完备的道德力量，可以发扬千年了。

评论说：从容不迫的女性礼仪，温顺柔和的模范。遵循着知、仁、圣、义、忠、和六种为人的行为，使妇德、妇言、妇容、妇功四种美德昭明于世。操守象风霜一样纯洁，美名在各邦国之间传播。彤管女吏赠给训导，清芬的品格是没有差错的。

王猛传

【题解】

王猛(325～375)，字景略，北海剧(今山东昌乐西，)人，少时贫贱，好读兵书，东晋桓温北伐入关，曾想带王猛南下，王猛认为东晋是门阀专政，不会重用他这种寒人，就仍留在北方。前秦苻坚久闻王猛名声，即皇帝位后重用王猛，使他一年五次升迁，三十六岁时做了宰相。王猛采取加强中央集权，抑制前秦贵族即氏族贵族势力发展的政治策略，打击豪强，整顿吏治，劝课农桑。在他执政的十五年内，前秦国富兵强，政治比较清明，先后统一了除前凉、代外的全部中原地区。针对苻坚想进攻东晋统一中国的想法，王猛临病死前曾提出过谏劝，但未被苻坚采纳。

【原文】

王猛字景略，北海剧人也，家于魏郡。少贫贱，以鬻畚为业。尝货畚于洛阳，乃有一人贵买其畚，而云无直，自言家去此无远，可随我取直。猛利其贵而从之。行不觉远，忽至深山，见一父老须发皓然，踞胡床而坐。左右十许人，有一人引猛进拜之。父老曰："王公何缘拜也！"乃十倍偿畚直，遣人送之。猛既出，顾视，乃嵩高山也。

猛瑰姿隽伟，博学好兵书。谨重严毅，气度雄远，细事不干其虑。自不参其神契，略不与交通，是以浮华之士咸轻而笑之。猛悠然自得不以屑怀。少游于邺都，时人罕能识也。惟徐统见而奇之，召为功曹。遁而不应，遂隐于华阴山。怀佐世之志，希龙颜之主，敛翼待时，候风云而后动。桓温入关，猛被褐而诣之，一面谈当世之事。扪虱而言，旁若无人。温察而异之，问曰："吾奉天子之命，率锐师十万，杖义讨逆，为百姓除残贼，而三秦豪杰未有至者，何也？"猛曰："公不、远数千里，深入寇境，长安咫尺而不渡灞水，百姓未见公心故也。所以不至。"温默然无以酬之。温之将还，赐猛车马，拜高官督护，请与俱南。猛还山谘师，师曰："卿与桓温岂并世哉！在此自可富贵，何为远乎！"猛乃止。

苻坚将有大志。闻猛名，遣吕婆楼招之，一见便若平生。语及废兴大事，异符同契，若玄德之遇孔明也。及坚僭位，以猛为中书侍郎。时始平多枋头西归之人，豪右纵横，劫盗充斥，乃转猛为始平令。猛下车，明法峻刑，澄察善恶，禁勒强豪。鞭杀一吏，百姓上书讼之。有司劾奏，槛车征下廷尉诏狱。坚亲问之曰：“为政之体，德化为先。莅任未几而杀戮无数，何其酷也！”猛曰：“臣闻宰宁国以礼，治乱邦以法。陛下不以臣不才，任臣以剧邑，谨为明君翦除凶猾。始杀一奸，余尚万数。若以臣不能穷残尽暴，肃清轨法者，敢不甘心鼎镬，以谢孤负。酷政之刑，臣实未敢受之。”坚谓群臣曰：“王景略固是夷吾、子产之俦也。”于是赦之。

迁尚书左丞、咸阳内史、京兆尹。未几，除吏部尚书、太子詹事，又迁尚书左仆射、辅国将军、司隶校尉，加骑都尉，居中宿卫。时猛年三十六。岁中五迁，权倾内外，宗戚旧臣皆害其宠。尚书仇腾、丞相长史席宝数谮毁之。坚大怒，黜腾为甘松护军、宝白衣领长史。尔后上下咸服，莫有敢言。顷之，迁尚书令、太子太傅。加散骑常侍。猛频表累让，坚竟不许。又转司徒、录尚书事，余如故。猛辞以无功，不拜。

后率诸军讨慕容晭，军禁严明，师无私犯。猛之未至邺也，劫盗公行，及猛之至，远近帖然，燕人安之。军还，以功进封清河郡侯，赐以美姬五人、上女妓十二人、中妓三十八人、马百匹、车十乘。猛上疏固辞不受。

王猛

时既留镇冀州，坚遣猛于六州之内听以便宜从事，简召英俊，以补关东守宰，授讫，言台除正。居数月，上疏曰：“臣前所以朝闻夕拜：不顾艰虞者，正以方难未夷，军机权速，庶竭命戎行，甘驱驰之役，敷宣皇威，展筋骨之效。故偈俛从事，叨据负乘，可谓恭命于济时，俟太平于今日。今圣德格于皇天，威灵被于八表，弘化已熙，六合清泰。窃敢披贡丹诚，请避贤路。设官分职，各有司存，岂应孤任愚臣，以速倾败！东夏之事，非臣区区所能康理，愿徙授亲贤，济臣颠坠。若以臣有鹰犬微勤，未忍捐弃者，乞待罪一州，效尽力命。徐方始宾，淮汝防重，六州处分，府选便宜，辄以悉停。督任弗可虚旷，深愿时降神规。”坚不许，遣其侍中梁谠诣邺喻旨。猛乃视事如前。

俄入为丞相、中书监，尚书令、太子太傅、司隶校尉、持节、常侍、将军、侯如故。稍加都督中外诸军事，猛表让久之。坚曰：“卿昔螭蟠布衣，朕龙潜弱冠。属世事纷纭，厉士之际，颠覆厥德。朕奇卿于暂见，拟卿为卧龙；卿亦异朕于一言，回《考槃》之雅志，岂不精契神交，千载之会！虽傅岩入梦、姜公悟兆，今古一时，亦不殊也。自卿辅政，几将二纪。内厘百揆，外荡群凶，天下向定，彝伦始叙。朕且欲从容于上，望卿劳心于下。弘济之务，非卿而谁！”遂不许。其后数年，复授司徒。猛复上疏曰：“臣闻乾象盈虚，惟后则之；位称以才，官非则旷。郑武翼周，仍世载咏；王叔眛宠，政替身亡。斯则成败之殷监，为臣之炯戒。窃惟鼎宰崇重，参路太阶，宜妙尽时贤，对扬休命。魏祖以文和为公，贻笑孙后；千秋一言致相，匈奴吲之。臣何庸狷，而应斯举！不但取嗤邻远，实令为虏轻秦。昔东野穷驭,颜子知其将弊。陛下不复料度臣之才力,私惧败亡是及。且上亏宪典,臣何颜处之!虽陛下私臣,其如天下何!愿回日月之鉴,矜臣后悔,使上无过授之谤,臣蒙覆焘之恩。"坚竟不从。猛乃受命。军国内外万机之务,事无巨细,莫不归之。

猛宰政公平,流放尸素。拔幽滞,显贤才,外修兵革,内崇儒学。劝课农桑,教以廉耻。无罪而不刑,无才而不任。庶绩咸熙,百揆时叙。于是兵强国富,垂及升平,猛之力也。坚尝从容谓猛曰:"卿凤夜匪懈,忧勤万机。若文王得太公,吾将优游以卒岁。"猛曰:"不图陛下知臣之过,臣何足以拟古人!"坚曰:"以吾观之,太公岂能过也。"常敕其太子宏、长乐公丕等曰:"汝事王公,如事我也。"其见重如此。

广平麻思流寄关右,因母亡归葬,请还冀州。猛谓思曰:"便可速装,是暮已符卿发遣。"及始出关,郡县已被符管摄。其令行禁整、事无留滞,皆此类也。性刚明清肃,于善恶尤分。微时一餐之惠,睚眦之忿,靡不报焉,时论颇以此少之。

其年寝疾,坚亲祈南北郊、宗庙、社稷,分遣侍臣祷河岳诸祀,靡不周备。猛疾未瘳,乃大赦其境内殊死已下。猛疾甚,因上疏谢恩,并言时政,多所弘益。坚览之流涕,悲恸左右。及疾笃,坚亲临省病,问以后事。猛曰:"晋虽僻陋吴越,乃正朔相承。亲仁善邻,国之宝也。臣没之后,愿不以晋为图、鲜卑、羌虏,我之仇也。终为人患,宜渐除之,以便社稷。"言终而死,时年五十一。坚哭之恸。比敛,三临,谓太子宏曰:"天不欲使吾平一六合邪?何夺吾景略之速也!"赠侍中,丞相余如故。给东园温明秘器,帛三千匹,谷万石。谒者仆射监护丧事,葬礼一依汉大将军霍光故事。谥曰武侯。朝野巷哭三日。

【译文】

王猛,字景略,北海郡剧县人,家在魏郡,幼年贫困微贱,以卖畚箕为生。他曾在洛阳贩货,有一人要出高价买他的畚箕,又说没钱,自称家住不远。可随他一同去取。王猛以为价高有利,便跟了去。一路并不觉远,很快到了深山,看见一位长者,须发皆白,垂脚坐在胡床上,左右十余人,有一人领王猛上前相拜。长者说:"王公为什么要拜!"随后给了他十倍于畚箕的钱,并派人送他。王猛走出深山,回头望去,才知是嵩山。

王猛仪态隽伟,博学而喜读兵书,谨慎庄重,严肃刚毅,大度有气魄,不为琐事干扰。如果不是与他十分相知十分投缘,他大多是不与交往的。为此浮华之士都轻视并嘲笑他,他却悠然自得,毫不介意。王猛年少时曾游访邺都,当时很少有人赏识他,只有徐统见到他后认为非同一般,召他为功曹。但他避不应召,随后隐居华阴山。他胸怀救世之志,期望能遇见造就帝业的君主,为此隐逸不仕,静观时变,等待时机成熟而后出山。桓温入关后,王猛身着粗麻短衫去见他,一面谈论时局,一面捉着虱子,旁若无人。桓温从旁察看,觉得惊异,问道:"我奉天子命令,率精兵十万,依仗正义讨伐叛逆,为百姓扫除残余虐贼,而三秦豪杰却没有来投奔的,这是为什么?"王猛答:"您不顾数千里之遥,深入敌境,长安城已近在咫尺,你们却不渡灞水,百姓没有见到你们的真心,所以不来投附。"桓温沉默无言以对。桓温即将班师,赐给王猛车马,并授高官督护,请他一同返回南方。王猛回到华阴山询问师父意见,师父说:"你和桓温怎么能同时相处?你在这里就可以富贵,为什么要远行?"王猛于是未走。

符坚有心成就霸业,听说王猛名声,派吕婆楼去招他。两人一见如故,谈及天下兴亡大势,各自主张竟不谋而合,尤如刘玄德遇到孔明一般。符坚僭据皇位后,任王猛为中书侍郎。当时始平一带有许多从枋头西归的人，豪门大户横行无忌，匪盗充斥，于是调王猛任始平县令。他一到任，便申明法令：严峻刑罚，明辨善恶，辖制豪强。他曾鞭杀一官吏，百姓上书告他，法司弹劾，囚车把他押到廷尉所设诏狱，苻坚亲自审他，说："为政的根本是以道德教化为先，你上任不久就杀了那么多人，何等残酷！"王猛回答："臣听说，宰相治理安宁的国家用礼，治理混乱的国家用法。陛下不嫌弃我才浅，派我管理乱难县邑，我恪尽职守，为贤明君主翦除凶残诡诈之徒。现在我刚刚杀除一个奸人，余下的尚数以万计，如果认为我未能除尽残暴恶人，肃

王猛与桓温

清违法之徒，我岂敢不甘心被处死，以谢辜负陛下重托之罪；但若说我为政残酷，我实在不敢接受。"苻坚对群臣说："王景略真是同管夷吾和子产一样的人。"于是赦免了他。

王猛升尚书左丞、咸阳内史、京兆尹。不久授为吏部尚书，太子詹事，又升尚书左仆射、辅国将军、司隶校尉，加骑都尉，在朝中宿卫。当时王猛三十六岁，一年之内五次升迁，权倾内外。宗室、国戚、旧臣都嫉妒他的宠遇，尚书仇腾、丞相长史席宝屡次进谗言诋毁他。苻坚大怒，贬仇腾为甘松护军，贬席宝为白衣领长史。此后上下都畏服，没有人再敢议论。不久迁尚书令、太子太傅、加散骑常侍，王猛多次上表推让，苻坚终于不准。又授司徒、录尚书事，其他官职依旧。王猛以无功为由推辞，没有接受。

其后王猛率各路人马征讨慕容暐，军队纪律严明，没有人骚扰民间百姓。王猛未到邺时，盗贼公行，王猛一到，远近慑服，燕人得以安居乐业。班师回朝后，他以军功进封清河郡侯，赐美妾五人、上等女妓十二人、中等女妓三十八人、马百匹、车十辆，但他上疏坚决辞谢不受纳。

其时王猛已留下镇守冀州，苻坚派他在六州依照形势自行处理各项事宜，不必请示。还令他简选人才，充任关东各级地方官，授职完毕，再上报朝廷正式任命。过了几个月，王猛上疏称："此前我之所以得到授命立即赴任，不避艰疑，是因当时祸难未平，而兵贵神速，期望竭尽全力率军旅赴命，甘愿驱驰奔走以弘扬皇威，一展筋骨，效体力之劳。所以我努力从事，辱承重托，可以说是奉命于解难之时，等待太平于今日。如今圣德达于皇天，威灵遍及八方，大化方兴，天下升平，我斗胆披献赤诚，恳请避贤让路。应设官分职，各有所司，各负其责，岂能只任用愚臣一人，以至于迅速倾败？东方地区事务，不是我区区一人能够妥善处理的，希望把我的职位转授给亲贵贤能，以救我出颠倾之境。倘若因为我还可效犬马之劳，舍不得把我抛弃，就请允许我待罪在一州任官，效尽全力。徐方刚刚归顺，淮、汝为设防要地，因此请将统领六州和自行任命地方官员的权限一并收回。督守一职不可虚旷无人，深深企盼早下圣命。"苻坚不批准，派遣他的侍中梁谠到邺传喻圣旨，王猛于是依旧履行职守。

不久王猛入朝为丞相、中书监、尚书令、太子太傅、司隶校尉、持节、常侍、将军等职侯

爵依旧。又加都督中外诸军事，他上表辞让了许久。苻坚说："卿昔日为布衣精英，联二十岁未即帝位。时逢乱世，厉王在位，殒丧道德。朕初次见你便觉惊叹，把你比做卧龙，你也只缘我一席话，便放弃了隐居的雅志，这岂不是深相契台的神交、千载难逢的相会吗？虽傅岩入梦殷高宗，姜太公兆启周文王，今古相比，也无不相同。自从卿辅政，至今已近二十年，对内日理万机，对外扫荡群凶，天下大致安定，伦常初见有序，朕正想在上从容而治，还望卿在下费心操劳。救助危难，除了卿还有谁呢！"于是没有应允。以后数年中，又授王猛司徒。王猛又上疏说："臣听说天象的盈亏，靠帝王决断，授职要看才能，任官非人就会荒废时政。郑武公辅翼周朝，世代称颂；周王叔贪图恩宠，政废身亡。这是成败的历史经验，是臣所严明戒备的。臣私下以为宰相地位尊崇，位列三公，应妙用当代贤才，弘扬天子善令。魏文帝用贾诩为三公，贻笑孙权；车千秋因一言当丞相，被匈奴耻笑。臣何等平庸无能，怎么可以当此人选。这样不但会贻笑远近，实在还会让敌虏小视秦国。往昔东野子驾马，穷尽马力，颜渊知道他就要失败。陛下不衡量一下臣的才力，臣恐怕败亡就要到了。这样对上有亏宪章成法，臣还有什么脸面自处！虽然陛下偏爱臣，但如何向天下人交代呢？希望陛下恢复日月般明亮的光鉴，怜惜臣使臣不至后悔，也使陛下免遭授官太过的非议，这样臣便是蒙受无限的恩宠了。"苻坚终于没有听从，于是王猛接受任命，军国内外一切事务，无论大小，都由他掌管。

王猛任宰相持政公平，罢黜尸位素餐者，拔擢隐士及滞于仕途者，使贤能显赫。对外整饬军备，对内崇扬儒学；鼓励百姓务农植桑，教化百姓懂得廉耻；犯罪者都受到惩罚，有才能者都得到任用，众务兴旺，百官有叙，于是兵强国富，接近升平之世，这都是王猛主持政务的结果。苻坚曾缓缓对王猛说："卿日夜不懈，思虑操持一切政务。有如周文王得姜太公之助，我可以优游度日，颐养天年了。"王猛回答："但求陛下不要苛责臣的过失，臣怎么能和古人相比呢！"苻坚说："依我看姜太公怎能超过卿呢？"苻坚常敕告太子苻宏、长乐公苻丕等人说："你们待王公，要像待我一样。"王猛受推崇到如此程度。

广平人麻思流亡寄居在关中，因母亲过世要回故乡安葬，请求返回冀州。王猛对麻思说："现在就请快快整装上路，今晚已经为你发放派遣的符文了。"及至麻思刚刚出关，郡县已按符文办事。他处理事情令行禁止，毫无延误，都像这样。王猛性情刚直明哲、清廉庄重，尤其明辨善恶。微贱时受人一餐的恩惠，遭人怒视的怨怼，他都要报偿，当时舆论因此对他颇有微词。

这一年王猛卧病，苻坚亲自到南北郊、宗庙、社稷坛为他祈祷，并分别派遣侍臣向河岳诸神祈福，无不周到详备。王猛病情仍不见好转，于是苻坚大赦境内判决斩首以下的囚犯。王猛病重，为此上疏谢恩，并谈论时政，其中不少见解非常有益，苻坚看到不禁落泪，其他人也很悲痛。到王猛病情已无可救治时，苻坚亲自前去探望，询问后事。王猛说："晋国虽然偏处吴越一隅，但却是承袭了正统。亲近仁人、善待友邻是立国之宝。我死之后，希望不要对晋国有所企图。鲜卑和羌虏是我们的仇敌，终究要成为祸患，应该逐渐剪除，以利于国家。"话说完就去世了，当时年龄五十一岁。苻坚痛哭。到入殓时，苻坚三次哭吊，对太子苻宏说："难道是上天不想让我统一天下吗？为什么这样快就夺去我的景略！"赠王猛侍中。丞相和其他职位依旧。赐给东园所造葬器、帛三千匹、谷万石。由谒者仆射督理丧事。葬礼完全依照汉朝大将军霍光丧仪的旧例举行。赠谥号武侯。朝野上下在街巷聚哭三日。

二十四史

宋书

导　读

　　《宋书》是一部纪传体断代史著，为南朝梁沈约所撰，全书共一百卷，包括本纪十卷，志三十卷，列传六十卷。晋安帝元兴二年(403年)，荆州刺史桓玄代晋称帝。明年，刘裕推翻桓玄，过了十五年，建立了宋。至宋顺帝升明三年(479年)，被南朝萧齐所灭。本书主要记载了刘宋政权六十年的历史。

　　《宋书》的志分为律、历、礼、乐、天文、符瑞、五行、州郡、百官等九目，记述刘宋一代的典章制度，同时也追述了东西晋和三国。《乐志》详细记载了古代各种乐器，保留了许多古代乐歌歌词，是《二十四史》同类志中较好的。《符瑞志》是新创的，它以满篇的白虎、丹书、甘露、嘉禾之类的怪异，与人事相附会，借以神化君权。尽管也有一些有关自然现象和自然灾害的资料，但总的说，它的史料价值远在其他各志之下。

　　《宋书》的类传大多沿袭前史，但《恩幸传》与前史不同。《史记》《汉书》中的《佞幸传》所记述的是以婉媚而贵幸的人物，《宋书》的《恩幸传》却主要记载由寒门爬上统治阶级上层的人物。东晋以后，门阀世族盘根错节，垄断了政治和经济大权，他们与皇室之间，在利益的分配上有时出现一些矛盾。刘宋时代，一度起用非高门贵族出身的文人来抵制门阀世族。沈约把这些人放在《恩幸传》，视为以恩宠幸进的人，在赞许他们的才能时，也间有贬抑。这说明沈约是门阀世族利益的维护者。

　　《宋书》列传叙事往往采用带叙的方法，这是它的一个特点。所谓带叙，就是把某些没有专传的人的简历和事迹，在他人的传记中夹带写出。如《刘道规传》讲到命刘遵为将时，插入有关刘遵历官、身世的一段记述，然后又重叙刘道规。这种叙事方法可以在不增加传目的情况下，保留更多的历史人物的事迹。但《宋书》有时带叙所占的篇幅超过了本传，这就喧宾夺主了，文章也显得不够连贯。

　　在长期的流传过程中，《宋书》残缺较多，后人杂取《高氏小史》和《南史》等书续有增补，仍保存原来的卷数。

明恭王皇后传

【题解】

王贞风(435~479 年),宋明帝刘彧的皇后。父亲王僧朗为尚书左仆射、侍中、特进。传中反映出她为人刚正,但却连其皇子(后废帝)都想毒死她。刘宋皇室的荒淫残暴由此可略见一斑。

【原文】

明恭王皇后讳贞风,琅玡临沂人也。元嘉二十五年,拜淮阳王妃。又为湘东王妃。生晋陵长公主伯姒,建安长公主伯媛。太宗即位。立为皇后。

上尝宫内大集,而裸妇人观之,以为欢笑。后为扇障面,独无所言。帝怒曰:"外舍家寒乞,今共为笑乐,何独不视?"后曰:"为乐之事,其方自多。岂有姑姊妹集聚,而裸妇人形体,以此为乐? 外舍之为欢适,实与此不同。"帝大怒,遣后令起。后兄扬州刺史景文以此事语从舅陈郡谢纬曰:"后在家为伫弱妇人,不知遂能刚正如此。"

废帝即位,尊为皇太后,宫曰弘训。废帝失德,太后每加勖譬,始者犹见顺从,后狂悖转甚,渐不悦。元徽五年五月五日,太后赐帝玉柄毛扇,帝嫌其毛柄不华,因此欲加酖害,已令太医煮药,左右人止之曰:"若行此事,官便应作孝子,岂复得出入狡狯。"帝曰:"汝语大有理。"乃止。

顺帝即位,齐王秉权,宗室刘晃、刘绰、卜伯兴等有异志,太后颇与相关。顺帝禅位,太后与帝逊于东邸,因迁居丹阳宫,拜汝阳王太妃。顺帝殂于丹阳,更立第京邑。建元元年,薨于弟,时年四十四。追加号谥,葬以宋后礼。父僧朗,事别见景文传。

【译文】

明恭王皇后名叫贞风,是琅玡郡临沂人。元嘉二十五年,拜为淮阳王妃。太宗改封,又作为湘东王妃。她生了晋陵长公主伯姒、建安长公主伯媛。太宗即位后,被立为皇后。

明帝曾经在宫中举行大集会,而让妇女们裸体,大家观看取乐。王皇后用扇子挡住脸,独自一言不发。明帝发怒说:"你的亲戚们家中也举行乞寒活动,现在我和你们一同搞乞寒的活动取乐,怎么只有你不看呢?"皇后说:"取乐的事,有很多种方法。那里有姑表姐妹们聚集在一起,却让妇女裸露身体,以此为乐的? 我们亲戚家中开心取乐的做法,与这些实在不同。"明帝大怒,命令皇后起身离开。皇后的哥哥扬州刺史王景文把这件事告诉堂舅陈郡人谢纬,说:"皇后在家是那样一个软弱的女子,想不到今天竟能如此刚强正直。"

废帝即位后,尊王皇后为皇太后,寝宫名叫弘训宫。废帝缺乏德行,太后经常加以劝谕。开始时废帝还表现出顺从来,以后就越来越变得狂妄阴险,逐渐不高兴了。元徽五年五月五日,太后赐给废帝有玉柄的羽毛扇。废帝嫌扇子的玉柄粗糙不华丽,因此想要毒害太后,已经命令太医去煮毒药了。废帝身边的近侍们劝阻他说:"如果做了这种事,您就应该当孝子了，还怎么能出入宫中到处玩闹嬉戏呢？"废帝说："你们的话很有道理。"这才停止下毒。

顺帝即位后，齐王执掌政权，宗室刘晃、刘绰、卜伯兴等人有造反的意向，太后和这件事颇有关联。顺帝禅让出帝位后，太后和顺帝退居东邸，接着迁居丹阳宫，被拜为汝阳王太妃。顺帝在丹阳去世后，又在京城给王皇后再设了府第。建元元年，她在府第中去世，当时四十四岁。追加了谥号。用宋皇后的礼仪下葬。她的父亲王僧朗，事迹另见于《景文传》。

檀道济传

【题解】

檀道济（？～436），高平金乡（今山东金乡北）人。世居京口，父母早亡，有智勇，被刘裕任为参军。东晋义熙十二年（416），参加刘裕北伐后秦，为前锋，攻下多座城市，在灭后秦中起了重要作用。宋王朝建立后，以佐命之功，被封永修县公，任丹阳尹、护军将军。后出为镇北将军、南兖州刺史。景平元年（423），北魏攻青州，檀道济率军救援，使北魏车退走。文帝即位，因平谢晦之功，进号征南大将军，任江州刺史。元嘉八年（431），北魏攻滑台，檀道济再次出击，多次打败敌军。文帝晚年多病，对檀道济有所顾忌，遂借口把他和他一家杀死。檀道济死前说："乃坏汝万里长城。"檀道济为宋王朝的建立做出了重要贡献。

【原文】

檀道济，高平金乡人，左将军韶少弟也。少孤，居丧备礼。奉姊事兄，以和谨致称。

高祖创义，道济从入京城，参高祖建武军事，转征西。讨平鲁山，禽桓振，除辅国参军、南阳太守。以建义勋，封吴兴县五等侯。卢循寇逆，群盗互起，郭寄生等聚作唐，以道济为扬武将军、天门太守讨平之。又从刘道规讨桓谦、荀林等，率厉文武，身先士卒，所向摧破。及徐道覆来逼，道规亲出拒战，道济战功居多。迁安远护军、武陵内史。复为太尉参军，拜中书侍郎，转宁朔将军，参太尉军事。以前后功封作唐县男，食邑四百户。补太尉主簿、谘议参军。豫章公世子为征虏将军镇京口，道济为司马、临淮太守。又为世子西中郎司马、梁国内史。复为世子征虏将军司马，加冠军将军。

义熙十二年。高祖北伐，以道济为前锋出淮、肥，所至诸城戍望风降服。进克许昌，获伪宁朔将军、颍川太守姚坦，及大将杨业。至成皋，伪兖州刺

檀道济

史韦华降。迳进洛阳，伪平南将军陈留公姚𪉅归顺。凡拔城破垒，俘四千余人，议者谓应悉戮以为京观。道济曰："伐罪吊民，正在今日。"皆释而遣之。于是戎夷感悦，相率归之者甚众。进据潼关，与诸军共破姚绍。长安既平，以为征虏将军、琅玡内史。世子当镇江陵，复以道济为西中郎司马、持节、南蛮校尉。又加征虏将军。迁宋国侍中，领世子中庶子，兖州大中正。

高祖受命，转护军，加散骑常侍，领石头戍事。听直入殿省。以佐命功。改封永修县公，食邑二千户。徙为丹阳尹，护军如故。高祖不豫，给班剑二十人。

出监南徐兖之江北淮南诸郡军事、镇北将军、南充州刺史。景平元年。虏围青州刺史竺夔于东阳城，夔告急。加道济使持节、监征讨诸军事，与王仲德救东阳。未及至，虏烧营，焚攻具遁走。将追之，城内无食，乃开窖取久谷，窖深数丈，出谷作米，已经再宿，虏去已远，不复可追。乃止。还镇广陵。

徐羡之将废庐陵王义真，以告道济，道济意不同，屡陈不可，不见纳。羡之等谋欲废立，讽道济入朝，既至，以谋告之。将废之夜，道济入领军府就谢晦宿。晦其夕竦动不得眠，道济就寝便熟，晦以此服之。太祖未至，道济入守朝堂。上即位，进号征北将军，加散骑常侍，给鼓吹一部。进封武陵郡公，食邑四千户，固辞进封。又增督青州、徐州之淮阳下邳琅玡东莞五郡诸军事。

及讨谢晦，道济率军继到彦之。彦之战败，退保隐圻，会道济至。晦本谓道济与羡之等同诛，忽闻来上，人情凶惧，遂不战自溃。事平，迁都督江州荆州之江夏、豫州之西阳、新蔡、晋熙四郡诸军事、征南大将军、开府仪同三司、江州刺史，持节、常侍如故。增封千户。

元嘉八年，到彦之伐索虏，已平河南，寻复失之，金墉、虎牢并没，虏逼滑台。加道济都督征讨诸军事。率众北讨。军至东平寿张县，值虏安平公乙旃眷。道济率宁朔将军王仲德、骁骑将军段宏奋击，大破之。转战至高梁亭，虏宁南将军、济州刺史寿昌公悉颊库结前后邀战，道济分遣段宏及台队主沈虏之等奇兵击之，即斩悉颊库结。道济进至济上，连战二十余日，前后数十交，虏众盛，遂陷滑台。道济于历城全军而反。进位司空、持节、常侍、都督、刺史并如故。还镇寻阳。

道济立功前朝，威名甚重。左右腹心，并经百战，诸子又有才气，朝廷疑畏之。太祖寝疾累年，屡经危殆，彭城王义康虑宫车晏驾，道济不可复制。十二年，上疾笃，会索虏为边寇，召道济入朝。既至，上间。十三年春，将遣道济还镇，已下船矣，会上疾动，召入祖道，收付廷尉。诏曰："檀道济阶缘时幸，荷恩在昔，宠灵优渥，莫与为比。曾不感佩殊遇，思答万分，乃空怀疑贰，履霜日久。元嘉以来，猜阻滋结，不义不昵之心，附下罔上之事，固已暴之民听，彰于遐迩。谢灵运志凶辞丑，不臣显著，纳受邪说，每相容隐。又潜散金货，招诱剽猾，逋逃必至，实繁弥广，日夜伺隙，希冀非望。镇军将军仲德往年入朝，屡陈此迹。朕以其位居台铉，豫班河岳，弥缝容养，庶或能革。而长恶不悛，凶慝遂遘，因朕寝疾，规肆祸心。前南蛮行参军庞延祖具悉奸状，密以启闻。夫君亲无将，刑兹罔赦。况罪衅深重，若斯之甚。便可收付廷尉，肃正刑书。事止元恶，余无所问。"于是收道济及其子给事黄门侍郎植、司徒从事中郎粲、太子舍人隰、征北主薄承伯、秘书郎遵等八人，并于廷尉伏诛。又收司空参军薛彤，付建康伏法。又遣尚书库部郎顾仲文、建武将军茅亨至寻阳，收道济子夷、邕、演及司空参军高进之诛之。薛彤、进之并道济腹心，有勇力，时以比张飞、关羽。初，道济见收，脱帻投地曰："乃复坏汝万里之长城！"邕子孺乃被宥，世祖世，为奉朝请。

【译文】

檀道济，高平金乡人，左将军檀韶的小弟。从小父母双亡，在居丧期间十分重礼。事奉兄姊以和蔼谨慎闻名。

宋武帝刘裕开始创业时，檀道济随从他进入京城建康，成为刘裕的建武将军参军事、转官征西将军参军事。后讨平鲁山，擒获桓振，授官为辅国参军、南阳太守。因为有帮助刘裕扩大势力的功勋，封为吴兴县五等侯。卢循继续造反，群盗纷纷起事，郭寄生等聚集在作唐，任命道济为扬武将军、天门太守讨伐平定了他。又随从刘道规讨伐桓谦、荀林等，率领督厉文武官员，身先士卒，所到处敌人多被打败。后徐道覆来攻，刘道规亲自出来抗拒作战，檀道济的战功居多。升迁为安远护军、武陵内史。又任太尉参军，拜为中书侍郎，转官宁朔将军，参太尉军事。因前后的功劳封爵为作唐县男，食邑四百户。补官太尉主簿、咨议参军。豫、章公刘裕长子刘义符为征虏将军镇守京口，檀道济为他们司马、临淮太守，又任他的西中郎司马、梁国内史，后又任他的征虏将军司马，加号冠军将军。

东晋安帝义熙卜二年，刘裕北伐，以檀道济为前锋从淮河、肥水出发，所到各城戍都纷纷投降。进而攻克许昌，俘获后秦宁朔将军、颍川主守姚坦，以及大将杨业。到成皋，南燕兖州刺史韦华投降。直进洛阳，南燕平南将军陈留公姚洸归顺。拔城破垒，共俘获四千余人，有人建议应该都处死后把尸体堆在一起成为京观。檀道济说："讨伐罪人，哀愍百姓，正在今日。"全部释放遣散回家。于是各少数民族十分感激和欢悦。相聚前来投奔的人很多。进而占据潼关，与其他军队一起攻破姚绍。长安平定后，檀道济被任为征虏将军、琅琊内史。刘义符将去镇守江陵，又任檀道济为他的西中郎司马、持节、南蛮校尉。又加号征虏将军。升迁为宋国侍中，兼任世子中庶子，兖州大中正。

刘裕受天命称皇帝，檀道济转官护军，加散骑常侍，兼领石头戍事。准许他直入殿省。因辅佐创业的功劳，改封永修县公，食邑二千户，徙官为丹阳尹，护军不变。刘裕患病时，给他称为班剑的仪仗队二十人。

出任为监南徐、兖之江北、淮南诸郡军事、镇北将军、南兖州刺史。宋文帝景平元年，北魏鲜卑军队在东阳城包围了青州刺史竺夔，竺夔告急。朝廷下诏加官檀道济为使持节、监征讨诸军事，与王仲德一起去救东阳。未到东阳时，鲜卑军队已烧掉营房、攻具逃走。檀道济正要去追，因城内无粮食，于是开粮窖取陈年的谷，窖深数丈，出谷作米，已经过了一夜，鲜卑兵逃去已远，不再可追，于是只得作罢。回军后仍镇守广陵。

徐羡之将废庐陵王刘义真为平民，以此先告知檀道济，檀道济不同意，多次陈说不可，但不见采纳。徐羡之等人打算废少帝刘义符，立刘义隆，托辞让檀道济入朝，到建康后，把这计谋告诉他。将实行废立的前夜，檀道济到领军府谢晦处住宿。这一夜谢晦转辗不能入睡，而檀道济则上床便睡着，谢晦十分佩服他。废刘义符后，太祖刘义隆还未到，檀道济入内守朝堂。宋文帝即位，进号征北将军、加散骑常侍，给鼓吹乐队一部。晋封为武陵郡公，食邑四千户，檀道济坚决辞去。又增加督青州、徐州的淮阳下邳琅玡东莞五郡诸军事。

在讨伐谢晦时，檀道济率领军队继到彦之部队之后，到彦之战败，退保隐圻，刚好道济来到。谢晦本来以为檀道济与徐羡之一起被杀，忽然听到他上来，人心更加动荡害怕，于是不战自溃。谢晦事平定后。升为都督江州、荆州的江夏、豫州的西阳、新蔡、晋熙四郡诸军事、征南大将军、开府仪同之司、江州刺史，持节、常侍不变。增封食邑千户。

宋文帝元嘉八年，到彦之北伐鲜卑，已平定黄河以南，不久重新失去，洛阳金墉、虎牢都被敌人占领，北魏军逼近滑台。朝廷加檀道济都督征讨诸军事，率军北讨。军队到达东平寿张县，遇到鲜卑的将领安平公乙旃眷。檀道济统率宁朔将军王仲德、骁骑将军段宏奋起进击，大败北魏军。转战到高梁亭，鲜卑宁南将军、济州刺史寿昌公悉颊痒结前后迎战，檀道济分别派遣段宏及台队主沈虔之等设奇兵出击，当即斩杀悉颊库结。檀道济进军到济水上，连战二十余日，前后数十次交战，鲜卑军队人数众多，结果滑台被北魏占领。檀道济在历城保全了军队而返回。加官为司空，持节、常侍、都督、刺史都不变。回来后镇守寻阳。

檀道济立功在前面刘裕一朝，威信名望特别高，左右及心腹，都身经百战，几个儿子有才气，因而朝廷怀疑，对他不放心。宋文帝生病多年，屡次病危，彭城王刘义康怕皇帝驾崩后，檀道济不可控制。元嘉十二年，宋文帝病得更重，刚好鲜卑在边境上进犯，就召檀道济入朝。檀道济到来时，宋文帝病已好转。元嘉十三年春，将要派檀道济回镇，已经下船了。突然宋文帝又发病，再召檀道济回到饯行的道路上，于是把他逮捕交给掌刑狱的廷尉。诏书说："檀道济遇到了时机和幸运，在过去受到了皇恩，他得到的宠幸和厚爱，没有人能与他相比。但他不对这特殊的恩遇有所感动，想报答其万分之一，反而凭空怀疑和存在反心，而且在危险的道路上越滑越远。元嘉以来，猜疑多结，不义不亲的心，附下欺上的事，已经为大家所知道，暴露无遗。谢灵运居心险凶语言丑恶，叛逆已很明显，但他却赞同他的邪说，每每为他隐瞒。还要偷偷散发财宝货币，招诱狡猾之徒。逃亡的人前来投奔的越来越多，日夜窥测方向，想要达到这非望的目的。镇军将军王仲德去年入朝，多次陈说此事。朕因为他位居台鼎高位，预先班赐他封土，希望弥补互相的缝隙，使他或许能革面洗心。可是他怙恶不悛，凶邪奸谋，终于发动，因为朕生病，就规划实现其阴谋。前南蛮行参军庞延祖了解了他的全部阴谋，向我密报。对天子和父母的叛变，刑罚不能赦免。何况罪孽之深，象他这样的严重。便可逮捕交付廷尉，按刑处斩。此事只限于首恶，其余都无所追究。"于是逮捕檀道济和他的儿子给事黄门侍郎檀植、司徒从事中郎檀粲、太子舍人檀隰、征北主簿檀承伯、秘书郎檀遵等八人，都在廷尉处斩首。又收捕司空参军薛肜到建康处死。又派遣尚书库部郎顾仲文、建武将军茅亨到寻阳，收捕檀道济的儿子檀夷、檀邕、檀演及司空参军高进之斩首。薛肜、高进之都是檀道济心腹，勇敢而有武力，当时人把他们比作张飞、关羽。起初，檀道济见人来逮捕，脱下头巾掷到地上说："这是破坏你的万里长城！"檀邕之子檀孺被宽宥，到孝武帝时，任官奉朝请。

刘义恭传

【题解】

刘义恭，宋武帝刘裕之子，幼聪明颖悟，倍受刘裕宠爱。元嘉元年（公元424）册封为江夏王，监南徐州、益州、荆州等诸州军事。元嘉嘉奖九年（公元432）镇广陵。十六年又南下至瓜步，刘义恭坐镇彭城（今江苏徐州）而不敢邀敌，使魏军得以轻骑而返，刘劭与考武帝刘骏争夺帝位，刘义恭投奔刘骏，上表功刘骏登基，进太傅，领大司马，以虚恭为事，而奢侈豪靡，迁延不恒，于政事一无建树。永先元年（公元465）八月，前废帝刘子业忌而杀之，死年五十三岁。

【原文】

江夏文献王义恭，幼而明颖，资颜美丽，高祖特所钟爱，诸子莫及也。饮食寝卧，常不离于侧。高祖为性俭约，诸子食不过五酘杯，而义恭爱宠异常，求须果食，日中无算，得未尝噉，悉以乞与旁人。庐陵诸王未尝敢求，求亦不得。景平二年，监南豫、豫、司、雍、秦、并六州诸军事、冠军将军、南豫州刺史，代庐陵王义真镇历阳，时年十二。元嘉元年，封江夏王，食邑五千户。加使持节，进号抚军将军，给鼓吹一部。三年，监南徐、兖二州、扬州之晋陵诸军事、徐州刺史，持节、将军如故。进监为都督，未之任。太宜征谢晦，义恭还镇京口。

六年，改授散骑常侍、都督荆、湘、雍、益、梁、宁、南、北秦八州诸军事、荆州刺史，持节、将军如故。义恭涉猎文义，而骄奢不节，既出镇，太祖与书诫之曰："汝以弱冠，便亲方任。天下艰难，家国事重，虽曰守成，实亦未易。隆替安危，在吾曹耳，岂可不感寻王业，大惧负荷。今既分张，言集无日，无由复得动相规诲，宜深自砥砺，思而后行。开布诚心，厝怀平当，亲礼国士，友接佳流，识别贤愚，鉴察邪正，然后能尽量君子之心，收小人之力。"

"汝神意爽悟，有日新之美，而进德修业，未有可称，吾所以恨之而不能已已者也。汝性褊急，袁太妃亦说如此。性之所滞，其欲必行，意所不在，从物回改，此最弊事。宜应慨然立志，念自裁抑。何至丈夫方欲赞世成名而无断者哉。今粗疏十数事，汝别时可省也。远大者岂可具言，细碎复非笔可尽。"

"礼贤下士，圣人垂训；骄侈矜尚，先哲所去。豁达大度，汉祖之德；猜忌褊急，魏武之累。《汉书》称卫青云：大将军遇士大无以礼，与小人有恩。西门、安于、矫性齐美；关羽、张飞，任偏同弊。行己举事，深宜鉴此。"

"若事异今，嗣于幼蒙，司徒便当周公之事，汝不可不尽祗顺之理。苟有所怀，密，自书陈。若形迹之间深宜。至于尔时安危，天下决汝二人耳，勿忘吾言。"

"今既进袁太妃供给，计足充诸用，此外一不须复有求取，近亦具白此意。唯脱应大飨致，而当时遇有所乏，汝自可少多供奉耳。汝一月日自用不可过三十万，若能省此，益美。"

"西楚殷旷，常宜早起，接对宾侣，勿使留滞。判急务讫，然后可入问讯，既睹颜色，审起居，便应即出，不须久停，以废庶事。下日及夜，自有余闲。"

"府舍住止，园池堂观，略所谙究，计当无须改作。司徒亦云尔。若脱于左右之宜，须小小回易，当以始至一治为限，不须烦纭，日求新异。"

"凡讯狱多决，当时难可逆虑，此实为难，汝复不习，殊当未有次第。讯前一二日，取讯簿密与刘湛辈共详，大不同也。至讯日，虚怀博尽，慎无以喜怒加人。能择善者而从之，美自归已。不可专意自决，以矜独断之明也。万一如此，必有大吝，非唯讯狱，君子用心，自不应尔。刑狱不可拥滞，一月可再讯。"

"凡事皆应慎密亦宜豫敕左右，人有至诚，所陈不可漏泄，以负忠信之款也。古人言君不密则失臣，臣不密则失身。或相谮构，勿轻信受，每有此事，当善察之。"

"名器深宜慎惜，不可妄以假人。昵近爵赐，尤应裁量。吾于左右虽为少恩，如闻外论，不以为非也。"

"以贵陵物物不服，以威加人人不厌，此易达事耳。"

"声乐嬉游，不宜令过，蒱酒渔猎，一切角为。供用奉身，皆有节废，奇服异器，不宜兴长。汝嫔侍左右，已有数人，既始至西，未可忽包复有所纳。"

又诫之曰："宜数引见佐史，非唯臣主自应相见，不数则彼我不亲，不亲则无因得尽人，人不尽，复何由知其众事。广引视听，既益开博，于言事者，又善有地也。"

九年，征为都督南兖、徐、兖、青、冀、幽六州、豫州之梁郡诸军事、征北将军、开府仪同三司、南兖州刺史，镇广陵。时诏内外百官举才，义恭上表曰：

"臣闻云和备乐，则繁会克谐，骅骝骋服，则致远斯效。陛下顺简黄化，文明在躬，玉衡既正，泰阶载一，而犹发虑英髦，垂情仄陋，幽谷空同，显著扬历。是以潜虬耸鳞，伫俪见之期；翔凤弭翼，应来仪之感。"

"窃见南阳宗炳，操履闲远，思业贞纯，砥节丘园，息宾盛世，贫约而居，内无改情，轩冕屡招，确尔不拔。若以蒲帛之聘，感以大伦之美，庶投竿释褐，翻然来仪，必能毗燮九官，宣赞百揆。尚书金部郎臣徐森之，臣府中直兵参军事臣王天宝，并局力充济，忠谅款诚。往年逆臣叛逸，华阳失守，森之全境宁民，绩章危棘。前者经略伊、瀍元戎表族，天宝北勤河朔，东据营丘，勋勇既昭，心事兼竭。虽蒙褒叙，未尽才宜，并可授以边藩，展其志力。交阯辽邈，累丧藩将，政刑每阙，抚莅惟艰。南中复远，风谣迥隔，蛮、獠狡窃，边氓荼炭，实须练实，以缓其难。谓森之可交州刺史，天宝可宁州刺史，庶足威怀荒表，肃清遐服。昔魏戊之贤，功存荐士；赵武之明，事彰管库。臣识愧前良，理谢先哲，率举所知，仰酬采访，退惧警言，无足甄奖。"

十六年，进位司空。明年，大将军彭成王义康有罪出藩，征义恭为侍中、都督扬、南徐、兖三州诸军事、司徒、录尚书，领太子太傅，持节如故，给班剑二十人，置佽加兵。明年，解督南兖。二十一年，进太尉，领司徒，余如故。义恭既小心恭慎，且戒义康之失，虽为总录，奉行文书而已，故太祖安之。相府年给钱二千万，它物倍此，而义恭性奢，用常不足，太祖又别给钱年千万。二十六年，领国子祭酒。时有献五百里马者，以赐义恭。

二十七年春，索虏豫州，太祖因此欲开定河、洛。其秋，以义恭总统群帅，出镇彭城。解国子祭酒。虏遂深入，径至瓜步，义恭与世祖闭彭城自守。二十八年春，虏退走，自彭城北过，义恭震惧不敢追。其日，民有告："虏驱广陵民万余口，夕应宿安王陂，去城数十里。今追之，可悉得。"诸将并请，义恭又禁不许。经宿，太祖遣驿至，使悉力急追。义恭乃遣镇军司马檀和之向萧城。虏先已闻知，乃尽杀所驱广陵民，轻骑引去。初虏深入，上虑义恭不能固彭城，备加诫勤，义恭答曰："臣未能临翰海，济居延，庶免刘仲奔逃之耻。"及虏至，义恭果欲走，赖众义得停。事在《张畅传》。降义恭号骠骑将军、开府仪同三司，余悉如故。鲁郡孔子旧庭有柏树二十四株，经历汉、晋，其大连抱。有二株先折倒，土人崇敬，莫之敢犯，义恭悉遣人伐取，父老莫不叹息。又以本官领南兖州刺史，增督南兖、豫、徐、兖、青、冀、司、雍、秦、幽并十一州诸军事，并前十三州，移镇盱眙。修治馆宇，拟制二十九年冬，还朝，上以御所乘苍鹰船上迎之。遭太妃忧，改授大将军、都督扬、南徐二州诸军事、南徐州刺史，持节、侍中、录尚书、太子傅如故，还镇东府。辞侍中未拜。值元凶肆逆，其日劭召义恭。先是，诏召太子及诸王，各有常人，虑有诈妄致害者。至是义恭求常所遣传诏，劭遣之而后入。义恭请罢兵，凡府内兵仗，并送还台。进位太保，进督会州诸军事，服侍中服，又领大宗师。

世祖入讨，劭疑义恭有异志，使入住尚书下省，分诸子并住神虎门外侍中下省。劭闻世祖已次近路，欲悉力逆之，决战中道。义恭虑世祖船乘陋小，劭冢突中流，容能为患，乃进说曰："割弃南岸，栅断石头，此先朝旧法，以逸待劳，不忧不破也。"劭从之。世祖前锋至新亭，劭挟义恭出战，恒录在左右，故不能自拔。战败，使人恭于东堂简将。义恭先使人具船于东冶渚，因单马南奔。始济淮，追骑已至北岸，仅然得免。劭大怒，遣始兴王就西省杀义恭十二子。

世祖时在新林浦，义恭既至，上表劝世祖即位，曰："臣闻治乱无兆，倚伏相因，乾灵降祸，二凶极逆，深酷巨痛，终古未有。陛下忠孝自天，赫然电发，投袂泣血，四海顺轨，是以诸侯云赴，数均八百，义奋之旅，其会如林。神祚明德，有所底止，而冲居或耀，未登天祚。非所以严重宗社，绍延七百。昔张武抗辞，代王顺请，耿纯陈款，光武正位。况今罪道无亲，恶盈衅满，阻兵安忍，戮善崇奸，履地戴天，毕命俄顷，宜早定尊号，以固社稷。景平之季，实惟乐推，王室之乱，天命有在，故抱拜兆于厌壁，赤龙表于霄征。伏惟大明无私，远存家国七庙之灵，近哀黔首荼一炭之切，时陟帝祚，永慰群心。臣负衅婴罚，偷生人壤，幸及宽政，待有司，敢以漏刻视息，披露肝胆。"世祖即祚，授使持节、侍中、都督扬、南徐二州诸军事、太尉、录尚书六条事、南徐、兖二州刺史，给鼓吹一部，班剑二十人，又假黄钺。事宁，进位太傅，领大司马，增班剑为三十人。以在藩所服玉环大绶赐之。增封二千户。

上不欲敬礼太傅，讽有司奏曰："圣旨谦光，尊师重道，欲致拜太傅，斯诚弘兹远风，敦阐盛则。然周之师保，实称三吏，晋因于魏，特加其礼。帝道严极，既有常尊，考之史载，未见兹典。故卞壶、孙楚并谓人君无降尊之义。远稽圣典，近即群心，臣等参仪谓不应有加拜之礼。"诏曰："暗薄纂统，实凭师范，思尽虚慕，以承道训。所奏稽诸住代，谓无拜礼，据文既明，便从所执"，世祖立太子，东宫文案，使先经义恭。

孝建元年，南郡王义宣、臧质、鲁爽等反，加黄钺，白直百人入六六。事平，以臧质七百里马赐义恭，又增封二千户。世祖以义宣乱逆，由于强盛，至是欲削弱王侯。义恭希旨，乃上表省录尚书，曰："臣闻天地设位，三极同序，皇王化则，九官成事。时亮之绩，昭于《虞典》；论道之风，宣于周载。台辅之设，坐调阴位，元、凯之置，起厘百揆。所以栾铖矢言，侵官是诚，陈平抗辞，匪职罔答。汉承秦后，庶僚稍改。爵因时变，任与世移，总录之制，本非旧典，列代相沿，兹仍未革。今皇家中造，事遵前文，宜宪章先代，证文古则，停省条录，以依昔典。使物竞思存，人怀勤壹，则名实靡愆，庸节必纪。臣谬国重，虚荷崇位，兴替宜知，敢不谕尽。"上从其议。

又与骠骑大将军竞陵王诞奏曰："臣闻佾悬有数，等级仪，珮笏有制，卑高殊序。斯盖上哲之洪谟，范世之明训。而时至弥流，物无不弊，僭侈由俗，轨度非古。晋代东徙，旧法沦落，侯牧典章，稍与事广，名实一差，难以卒变，章服崇滥，多历年所。今枢机更造，皇风载新，耗弊未充。百用思约，宜备品式之律，以定损厌之条。臣等地居枝昵，位居参台辅，遵正之首，请以爵先，致贬之端，宜从戚始。辄因暇日，共参愚怀，应加省易，谨陈九事。虽惧匪衷，庶竭微疑，伏愿陛下所览之余，薄垂昭纳，则上下相安，表里和穆矣。"

诏付外详。有司奏曰：

"车服以庸，《虞书》茂典；名器慎假，《春秋》明诫。是以尚方所制，汉有严律，诸侯窃服，虽亲必罪。降于顷世，下僭滋极。器服装饰，乐舞音容，通于王公，达于众庶。上下无辨，民志靡一。义恭所陈，实允礼度。九条之格，犹有未尽，谨共附益，凡二十四条。"

"所事不得南面坐，施帐并沓。藩国官，正冬不得跣登国殿，及夹侍国师傅令及油戟。公主王妃传令，不得朱服。舆不得重枫，鄣扇不得雉尾。剑不得鹿卢形。槊耗不得孔雀白氅。夹毂队不得绛袄。平乘诞马不得过二匹。胡会不得彩衣。舞伎正冬著袿衣，不得装面蔽花。正冬会不得铎舞、杯拌舞。长跻、透狭、舒丸剑、博山、缘大橦、升五案，自非正冬会奏舞曲，不得舞。诸妃主不得著绲带。信幡非台省官悉用绛。郡县内史相及封内官长，于甚封君，既非在三，罢官则不复追敬，不合称臣，宜止下官而已。诸镇常行，车前后不得过六队，白直夹毂，不在其限。刀不得过银铜为饰。诸王女封县主，诸王子孙袭封之王妃及封侯者夫人行，并不得卤簿。诸王子继体为王者，婚葬吉凶，悉依诸国公侯之礼，不得同皇弟皇子。车非轺车，不得油幢。平乘船皆下两头作露平形，不得拟象龙舟，悉不得朱油。帐钩不得作五花及竖笋形。"诏可。

是岁十一月，还镇京口。二年春进督东、南兖二州。其冬，征为扬州刺史，余如故。加入朝不趋，赞拜不名，剑履上殿，固肆殊礼。又解持节都督并侍中。

义恭撰《要记》五卷，起前汉讫晋太元，表上之，诏付秘阁。时西阳王子尚有盛宠，义恭解扬州以避之，乃进位太宰，领司徒。义恭常虑为世祖所疑，及海陵王休茂于襄阳为乱，乃上表曰：

"古先哲王，英不广植周亲，以屏帝宇，诸侯受爵，亦愿永固邦家。至有管、蔡、梁、燕，致祸周、汉，上乖显授之恩，下亡血食之业。夫善积庆深，宜享长外，而历代侯王，甚乎匹庶。岂异姓皆贤，宗室悉不贤。由生于深宫，不睹稼穑，左右近习，未值田苏，富贵骄奢，自然而至，聚毛折轴，遂乃危祸。汉之诸王，并置傅相，犹不得禁逆，七国连谋，实由强盛，晋氏列封，正足成永嘉之祸。尾大不掉，终古同疾，不有更张，则其源莫救。"

"日者庶人恃亲，殆倾王业。去岁西寇藉宠，几败皇基。不图襄、楚，复生今衅，良以地胜兵勇，奖成凶恶，前事不忘，后事之明兆。陛下大明绍祚，垂法万叶。臣年衰意塞，无所知解，忝皇族耆长，惭慨内深，思表管见，裨崇万一。窃谓诸王贵重，不应居边，至于华州优地，时可暂出。既以有州，不须置府。若位登三事，止乎长史掾属。若宜镇御，别差扞诚大将。若情乐冲虚，不宜逼以戎事。若舍文好武，尤宜禁塞。僚佐文学，足充话言，游业之徒，一概勿许。文武从镇，以时休止，妻子室累，不烦自随。百僚修诣，宜遵晋令，悉须宣令齐到，备列宾主之则。衡泌之士，亦无烦干燥贵王。器甲地私，为用产寡，自金银装刀剑战具之服，皆应输送还本。曲突徙薪，防之有素，庶善者无惧，恶者止奸。"

时世祖严暴，义恭虑不见容，乃卑辞曲意，尽礼祇奉，且便辩善附会，俯仰承接，皆有容仪。每有符瑞，辄献上赋颂，陈咏美德。大明元年，有三脊茅生石头西岸，累表劝封禅，上大悦。三年，省兵佐，加领中书监，以崇艺、昭武、永化三营合四百三十七户给府，更增吏僮千七百人，合为二千九百人。六年，解司徒府太宰府依旧辞召。又年给三千匹布。

七年，从巡，兼尚书令，解中书监。八年闰月，又领太尉。其月，世祖崩，遗诏："义恭解尚书令,加中书监;柳元景领尚书令,入住城内。事无巨细,悉关二公。大事与沈庆之参决,若有军旅,可为总统。尚书中事委颜师伯。外监所统委王玄谟。"前废帝即位,诏曰:"总录之典,著自前代,孝建始年,虽暂并省,而因革有宜,理存济务。朕茕独在躬,未涉政道,百揆庶务,允归尊德。太宰江夏王义恭新除中书监、太尉,地居宗重,受遗阿衡,实深凭倚,用康庶绩,可录尚书事,本官监、太宰、王如故。侍中、骠骑大将军、南兖州刺史、巴东郡开国公、新除尚书令元景,同禀顾誓,翼辅皇家,赞业宣风,惟公是赖。可即本号天府仪同三司,领兵置佐,一依旧准,领丹阳尹、侍中、领公如故。"又增义恭班剑四十人,更申殊礼之命。固辞殊礼。

义恭性嗜不恒,日时移变,自始至终,屡迁第宅。与人游,欲意好亦多不终。而奢侈无度,不爱财宝,左右亲幸者,一日乞与,或至一、二百万,小有忤意,趣追夺之。大明时,资供丰厚,而用常不足,赊市百姓物,无钱可还,民有通辞求钱者,辄题后作"原"字。善骑马,解音律,游行或三五百里,世祖恣其所之。东至吴郡,登虎丘山,又登无锡县乌山以望太湖。大明中撰国史,世祖自为义恭作传。及永光中,虽任宰辅,而承事近臣戴法兴等,常若不及。

前废帝狂悖无道,义恭、元景等谋欲废立。永光元年八月,废帝率羽林兵于第害之,并其四子,时年五十三。断析义恭支体,分裂肠胃,挑取眼精,以蜜渍之,以为鬼目粽。

太宗定乱,令书曰:"故中书监、太宰、领太尉、录尚书事江夏王道性渊深,睿览通远,树声列藩,宣风铉德,位隆姬辅,任属负图,勤劳国家,方熙托付之重,尽心毗导,永融雍穆之化。而凶丑忌威,奄加冤害,夷戮有暴,殡岁无闻,愤达幽明,痛贯朝野。朕蒙险在难,含哀莫申,幸赖宗佑之灵,克纂祈天之祚,仰惟勋戚,震恸于厥心。昔梁王征庸,警跸备礼;东平好善,黄屋在建。况公德猷弘懋,彝典未殊者哉。可追崇使特节、侍中、都督中外诸军事、丞相、领太尉,中书监、录尚书事、王如故。给九旒鸾略,虎贲班剑百人,前后部羽葆、鼓吹,辒辌车。"

泰始三年,又下诏曰:"皇基崇建,《屯》《剥》维难,弘启熙载,底绩忠果,故从飨世祀,勒勋崇彝。世祖宁乱定业,实资翼亮。故使持节、侍中、都督中外诸军事、丞相、领太尉中书监、尚书事江夏文献王义恭,故使持节、侍中、都督南豫、江、豫三州军事、太尉、南豫州刺史巴东郡开国忠烈公元景,故侍中、司空始兴郡开国襄公庆之,故持节、征西将军、雍州刺史洮阳县开国萧侯悫,或体道冲玄,燮化康世,或尽诚致效,庚难戡逆,宜式遵国典,陪祭庙庭。"

义恭长子朗,字元明,出继少帝,封南丰县王,食邑千户。为湘州刺史持节、侍中,领射声校尉。为元凶所杀。世祖即位,追赠前将军、江州刺史。孝建元年,以宗室祗长子歆继封。祗伏诛,歆还本。泰始三年,更以宗室辒第二子铣继封。为秘书郎,与辒俱死。顺帝升明二年,复以宗室琨子缋继封。三年,薨,会齐受禅,国除。

朗弟睿,字元秀,太子舍人。为元凶所害。追赠侍中,谥宣世子。大明二年,追封安陆王。以第四皇子子绥、字宝孙继封,食邑二千户。追谥睿曰宣王。以子绥为都督郢州诸军事、冠军将军、郢州刺史。进号后军将军,加持节。太宗泰始元年,进号征南将军,改封江夏王,食邑五千户。改睿为江夏宣王。子绥未受命,与晋安王子勋同逆,赐死。七年,太宗以第八子跻、字仲升,继义恭为孙,封江夏王,食邑五千户。后废帝即位,督会稽、东阳、新安、临海、永嘉五郡诸军事、东中郎将、会稽太守,进号左将军。齐受禅,降为沙阳县公,食邑一千五百户。谋反,赐死。

　　睿弟韶,字元和,封新吴县侯,官至步兵校尉。追赠中书侍郎,谥曰烈侯。韶弟坦,字无度,平都怀侯。坦弟元谅,江都愍侯。元谅弟无粹,兴平悼侯。坦、元谅、元粹弟元仁、元方、元旒、元淑、元胤与朗等几十二人,并为元凶所杀。

　　元胤弟伯禽,孝建三年生。义恭诸子既遇害,为朝廷所哀,至是世祖名之曰伯禽,以拟鲁公伯禽,周公旦之子也。官至辅国将军、湘州刺史。又为前废帝所杀。谥曰哀世子。又追赠江夏王,改谥曰愍。

　　伯禽弟仲容,封永修县侯。为宁朔将军、临淮、济阳二郡太守。仲容弟叔子,封永阳县侯。叔子弟叔宝,及仲容、叔子,并为前废帝所杂。谥仲容、叔子并曰殇侯。

【译文】

　　江夏文献王刘义恭,幼年时聪明颖悟,姿态容颜美丽,高祖特别钟爱,所有儿子都不及他。高祖饮食起居,经常不离左右。高祖生性省俭节约,所有儿子食不超过五杯酒食。而刘义恭受爱宠不同寻常求取水果吃,每天到了中午,所吃的水果已经不可计数。捡到他不曾吃尽的残果,都要在人乞讨时才给别的人。庐陵王等诸王不曾敢于求取,即使要求也不能得到。

　　景平二年,监任南豫州、豫州、司州、雍州、秦州、兰州六州诸军事、冠军将军、南豫州刺史,代庐陵王刘义真坐镇历阳,这时年龄十二岁。元嘉元年,册封为江夏王,食邑五千户。加使持节,进升封号抚军将军,赐给鼓吹一部。元嘉三年,监南徐州、兖州二州、扬州晋陵诸军事、徐州刺史、持节,将军封号与以前相同。进任为都督,还没到任,太宜征伐谢晦,刘义恭又还坐镇京口。元嘉六年,改授散骑常侍、都督荆州、雍州、益州、梁州、宁州、南秦州、北秦州八州诸军事、荆州刺史,持节、将军职与以前相同。

　　刘义恭涉猎文学和道义,骄奢不事节俭。临出任镇抚职时,太祖给他书告诫他说:"你年少仅及弱冠,便亲自赴就一方的职任。天下时事艰难,家与国的事情重大,虽说你是去守已有的成业,实际也不容易。朝代的兴废,国家的安危,就在我和你们这些皇子身上,难道能够没有感想,不思考谨守国家的基业吗,要像大为恐惧的样子那样小心负起政治的责任。今天,既然分别了,各在一方,再在一起说话没有确定的日子,没有机会再当面规化教诲你,你应当深刻地自行砥砺锻炼自己,遇事三思而后行。开诚布公,平心静气,亲自礼遇国内的贤人,以朋友的身份迎接豪杰俊士之辈,识别贤愚,鉴察邪正,然后才能够尽你的君子之心,集中人民的力量,治理好国家。你的精神爽快,意念敏悟,具有日新一业的美德。但是进德修业,还没有达到成熟的程度,我所以可惜,就在于不能完成你的学业。你的性情偏急,袁太妃也说是这样。人的性情要是有所偏急而有所阻滞不通,他的欲望又势在必行,这时候,思想与行动不统一,及至遇事又改变主意。这是最不好的事情。你应该坚定地确立你的志向,思考为实现你的志愿而裁省抑制自己的行为。哪里有大丈夫想要成名为世称赞而不能够自断其事的呢!今天粗粗地给你疏阵十几件事,你别离以后可用来自己省察。为时这,事情太大的不可能一一具陈,细小琐碎的事又不是一支笔可以写尽的。

　　"礼贤下士,这是圣人留下来的训典;骄纵奢侈尚,先哲们对此舍弃。心胸开阔,性情达观,处世大度,这是汉高祖刘邦的美德;猜疑别人,忌恨贤能,处世偏袒,断事急躁,这是魏武帝曹操的弊病。《汉书》称卫青说：'大将军遇士大夫时行之以礼，与下面的人相处时就加之恩'。西门、安于，矫正自己的性情使之趋美；关羽、张飞，任用偏急而趋向了弊端。当自己行动举事的时候，要深入地借鉴这些。"

"假如遇事不同于今天，继承人还很年轻。你将司徒当作是周公旦一样的贤人来对待，你不能不完全尽恭敬之理。即使有你的想法，就秘密地亲自书写陈述告诉他。在情形迹象上，你应当慎重地拥护他。至于有时产生安危，天下就看你们两个人的。不要忘记我的话。"

"今天，既然已经享有了与袁太妃一样的供给，计算起来，足以够用了。此外，都不要等待再求什么，近来电都已经说明这意思了。如果碰上大行犒赏，而且当时又碰到了财货有所不足，你自己可以少给多余的供奉。你在一个月间自己的用度不能超过三十万，倘若能比这还节省些，更好。"

"西楚地方宽广空旷，经常宜于早早地起床。接待宾客和僧侣，不要让他们长期停留滞阻。判断急的事情，要当机立断，如此，随后才可请他进屋询问，观看他的颜色，审察他的起居，有了应答就出来，不要等待和久停，以免耽误了你的政事。太阳落山到夜间，自然还有空余的时间。"

"府舍住址，园庭、池阁、堂馆及观门，略微有所讲究，计议停当了，就不要再行改造。司徒也说了这件事。倘若与手下有个不相统一的时候，必须小心周旋。应当以从开始到终了，都采用一种办法治事为限度。不惮繁难，纷纭变化，每天都要标新立异。"

"凡是审讯案件，断理狱讼，遇上多疑难决的，一时间难于追究事情原委。这也实在是难事，你又不谙习世故，世事多端没有规范。可以审讯前一二天，取审讯的记录簿秘密地与刘湛等人共同详细研究，事情就会大不一样。到审讯那天，要以虚怀为要，博爱尽至为仁，千万不要以个人的喜怒加之于人。能够择善而从，秉公断案，美自然就归你自己了。不能够专一于你个人的意见自选决断，用以显示你独断的明智。万一有这种事出现，一定会大为恨惜。不但只是审理狱案是这样，君子用心于时事，自然也是这样。刑罚狱案的事不可以塞滞，一个月可以再行讯问。"

"凡遇到事情都应该缜密思考，也适宜于提前敕示你的手下。人都有至诚的心，手不所陈述的不能够泄漏出去，因而辜负了忠信的信条。古时候的人说，'君主不守秘密，那么会失去他的臣子；臣子不守秘密，那么会丧失他自己。'有的人互相谗毁以致互相构怨，你不要轻易相信和接受一方而否定另一方。每有这类事情出现，你应当善于观察。"

"名器宜于常深深地加以爱惜，慎重地加以运用。不能够随便假借别人。亲近的人授爵赐封，尤其应该裁减数量。我对我的手下，虽然很少施恩。如果听到外边有议论，不要以为他们不对。"

以尊贵陵侵于人，那么人就不会服你；以威势强加于人，那么人就不会向你靠拢。这是容易理解的。

"声乐嬉游娱乐方面的事，不宜过分；赌博喝酒渔猎，一切都要停止不为。供给财用，限于事奉身体，都要有节度。奇特的服饰，怪异的器具，不宜于时兴滋长。你的左右嫔侍，已经有了几个人，从现在开始直至达到所镇的地方，不能够在匆忙之间再纳娶嫔侍。"

又告诫他说："应当多引见辅佐你的官吏，不只是君主与臣子自然就应该相见。而且不多见，那么彼此就不亲近，不新近，那么就不能完全了解人，不完全了解人，又凭什么将许多的事告诉他们便于他们辅佐你决断呢。广泛地引见人，既有益于你广闻博视，对于言事的人，也就有个受差遣用武之地。"

元嘉九年，征任为都督南兖州、徐州、兖州、青州、冀州、幽州六州和豫州梁郡诸军事、征北将军、开府仪同三司、南兖州刺史，坐镇广陵。这时，下诏京师内外的百官举贤荐才，刘义恭上表说：

"我听说以乐器（云和为乐器之代称）制备音乐，要杂会各种声音才会达到和谐；骅骝这样的骏马用于骖服，才能有致远之效。陛下顺成简以治世之理，努力化成天下，自身既有文明之德，正定了国家朝政的大业，皇权集中统一，尚且启用英髦之士，垂情留意于仄陋之间，发幽谷于空同，使之显著发扬光大。由此，潜藏的蛟虬得以能够耸鳞振奋，等待着奋发时期的时机；欲待飞翔的彩凤得以清理它的羽翼，因为有了响应招致来仪的感受。"

"我私自看到南阳的宗炳这个人，节操行事悠闲达观，思想与业绩都贞正面纯洁。在丘园中砥自己的节操，在盛世当前，却息而为宾，没有涉足仕途。以贫约自居，心里边没有要改变自己操行的想法。官府屡将去招请他，都坚定不移。倘若用蒲轮之国、锦帛之弊去聘请他，用天地大伦之美业去感化他，或许能让他投竿释褐，高兴地接受招聘供职朝廷，他的才能一定能够光耀九官，受到百官的称道。尚书金部郎徐森之，我府中的直兵参军事王天宝，一并都有能力允任朝廷，忠义宽厚，而且诚实不欺。往年乱臣叛逆，华阳被贼乱占领，徐森之能够保护疆土不受侵犯，安定百姓不受骚扰，他的功劳与才能在危难中得到表现。以前的经略伊、瀍，大行征伐没有成功而丧失了军旅，天宝向北，勤事河朔，在东面据守营丘，他的功勋和勇敢已经得到昭示，他为获得成功尽了心，也尽了力。虽然已经蒙受了褒扬，叙官得到任用，但是还没有尽其所能，可以一并授给边疆藩任之职，使他们施展自己抱负和才能。交阯辽阔，路途遥远，连续丧失官员和将领，政治与刑罚每每受到损害，抚理统治很艰难。南中相去京师遥远，王道风化难于到达。蛮、獠人非常狡黠，来去无踪。边境人民备受荼炭，实在等待朝廷去训他们，使那里得到充实，用以免除那里的患难。我说徐森可以任交州刺史，天宝可以任宁州刺史，幸许他们足以用威表感化那里的荒蛮，使政治严肃，民风清静，远近臣服。以前魏戊的贤达，他的功劳在于能够推荐隐士于朝廷；赵武的明智，他的勋业在于管理好府库。我的识见自愧不如以前的人好，我的思想只能谢让于先哲的明达。但是我所举荐的，是我了解的人，希望你派人去采访调查，退一步说我也害怕我是胡说八道，不值得甄别嘉许。"

十六上，进位任司空。第二年，大将军彭城王刘义康因为获罪，出任藩辅，刘义恭被征为侍中、都督扬州、南徐州、兖州三州诸军事、司徒、录尚书，领太子太傅，持节还同以前一样，赐给班剑二十人，行置仗加兵礼仪。第二年，解除都督南兖州的职责。二十一年，进任太尉，领司徒，其他任职还和以前一样。刘义恭处事小心、恭敬、慎重，而且借鉴刘义康的过失，所以虽然任职总录，但是只奉行文书而已，因此太宜很放心他。相府每年所接受的俸禄钱二千万，其他的物资加倍。但是刘义恭生性奢侈，用度常常感到不足，太宜又另外每年给钱一千万。二十六年，领国子祭酒。当时有人献给太祖皇帝刘隆一匹五百里马，太祖赐给了刘义恭。

二十七年春天，索虏骚扰豫州，太宜皇帝因为这件事，想开拓边疆以定河、洛。这年秋天，任命刘义恭统领一群将帅，出师镇守彭城。解除国子祭酒的职务。索虏兵进一步推进,直接到了瓜步。刘义恭与世祖闭守彭城不战。二十八年春,虏寇退兵逃跑,从彭城向北。刘义恭震恐害怕不敢追击索虏。这天,有老百姓来告诉刘义恭说:"虏寇劫持广陵百姓一万多人,晚上驻扎在安王坡,离城几十里。现在追击,可以全部救出他们。"所有将领也一同请求追击。刘义恭禁止他们,不许他们追击。过了一夜,太祖刘义隆派遣来的快马到了,命令他们竭尽全力迅速追击虏寇。刘义恭才派镇军司马檀和之开赴萧城。虏寇已经提前知道檀和之追杀过来,于是全部杀了被劫持的广陵百姓,轻装骑马逃之夭夭。开始,虏寇深入进军到腹地,太祖刘义隆担心刘义恭没有能力固守彭城,多方面地对刘义恭进行告诫限制,刘义恭回答说:"我没有能够身临瀚海。也没有能够镇抚居延,希望不受刘促那样逃窜的耻辱。"等到虏寇进攻彭城,刘义恭果然想临阵脱逃,依靠大家谏争,才得以阻止。把刘义恭降职为骠骑将军、开府仪同三司,其余职位都和以前一样。鲁郡孔子原来的园庭中有二十四棵柏树,经历了汉朝、晋朝几个朝代,长到个要几个人连起来才能抱围那么在,有二棵在以前折断倾倒,知书识礼的人出于对孔子的崇尚尊敬,所以没有谁敢去碰它们。刘义恭派人全部砍伐了这些树,地方上的人没有一个不为之叹息。刘义恭又以原来的官职领南兖州刺史,增加都督南兖州、豫州、徐州、兖州、青州、冀州、司州、雍州、秦州、幽州、并州十一州诸军事,加上原来的十三州,共二十四州。迁移坐镇盱眙。在盱眙兴修建造馆舍屋宇,规模和标准都比照东城。

二十九年冬天,从盱眙还朝京师,太祖用皇帝御乘的苍鹰船上水迎接刘义恭。遇上太妃病故,改授给他大将军、都督扬州、南徐州二州诸军事、南徐州刺史的职位,持节、侍中、录尚书、太子太傅职位与以前相同。返回东储镇抚。辞侍中职没有拜授。恰好刘劭发起弑君位的叛乱,这天刘劭召请刘义恭。在这以前,文帝刘义隆下诏唤太子刘劭和诸王,各自派固定的人去,以防有人诈称诏命而害他们。因此,这时刘义恭要求往常受派传诏的人传达诏命。刘劭派遣了平常传达诏命的人传诏给刘义恭。刘义恭才入宫见文帝,刘义恭请示拆掉宫殿内的卫兵,所有府内的卫兵仪仗,都一同返回了台府。刘义恭进位为太保,都督会州诸军事,穿着侍中的服装,又领任大宗师。

世祖发兵向京师讨伐,刘劭怀疑刘义恭怀有叛逆的心理,让他入富居住在尚书下省,分开他的所有儿子都居住在神虎门外侍中下省。刘劭听说世祖已经临时驻扎到靠近京师的地方,想竭尽全力抵抗,与他在半路上决战。刘义恭担心世祖的船只简陋规模小,刘劭要是在激流中突袭他,或许有可能给他造成灾祸,于是向刘劭进言说:"割弃南岸江边,造栅以遮断石头城的路,以此作为据守,这是前代固有的老办法,以逸待劳,不打他不败他。"刘劭依从了刘义恭的建议。世祖刘骏的前锋军抵达新亭,刘劭劫持刘义恭出京师迎战,对刘义恭盯得很紧,因此刘义恭没能够摆脱他们。刘劭战斗失败,命令刘义恭到东堂点将。刘义恭先派人准备船在东冶河渚,因此单兵匹马向南投奔世祖刘骏。刚过秦淮河,追兵已经到达北岸,得以逃脱没有抓住。刘劭很愤怒,就派始兴王刘睿到西省杀害了刘义恭的十二个儿子。

世祖这时在新林浦,刘义恭已经赶到,上表劝说世祖登皇帝位,说:"我听说治理与动乱,没有什么先兆,而祸与福各自相倚,乾灵降祸,二凶极逆,非常残酷,极为痛心,前所未有。你天生忠心孝顺,赫然如雷电般奋发,投袂泣血,四海顺心归正。因此诸侯会风起云涌般投奔你,数量足以挡得住八百诸侯,尚义而起的军队,他们集结起来就像山林一样多。神灵降福的祚位和明德,总要有一个界限,而你谦逊冲和,不登天子之位,这不是以宗庙社稷为重而使之永远延续,世世代代不穷尽。以前张武抗直而言,代王顺从请求而为汉文帝;耿纯陈述意旨,光武帝刘秀登上了皇位。何况现在是罪臣逆贼不视亲戚,恶贯满盈,依仗手中有军队,安于做残忍的事,杀戮善良无辜的人,宠崇奸邪的人,使顶天立地活生生的人,在顷刻间死于非命。你应当及早确定尊号,用以巩固国家朝政。现在的时事处在少帝刘义符景平那样的年代,实在是应该顺应时事高兴地进取。王室陷入了动乱,也是天意要使这样。因此,抱拜兆于压壁,龙表于霄征。伏着想您正大光明而无私心,在远可以保存宗室国家七庙之灵,在近可以哀念平民百姓遭涂炭的切肤之痛,当及时登位称帝,用以永远安慰大家的心灵。我负担焚身受绞的处罚,苟且偷生于众人之间,有幸得到你宽仁的政治,等待治罪于有司,胆敢置自身于不顾,披露肝胆,告诉你全部的想法。"世祖刘骏登皇帝位,授给刘义恭使持节、侍中、都督扬州、南徐州二州诸军事、太尉、尚书六条事、南兖州两州、徐州刺史,赐给鼓吹一部,班剑二十人,另加赐假黄钺。事情安定,进任太傅职位,领大司马,增加班剑达到三十人。用他在出镇外时所佩戴的玉环大绶带赐给他,增加封邑二千户。

世祖刘骏不想致尊敬礼貌于大傅,因此指使有司上奏议说:"圣旨谦逊光明,尊师重道,想要致礼敬拜太傅,这事情诚然是要弘扬王道,使远方都得到风化,阐释朝廷治政的基本规则。劝勉百官躬亲实践。然而,周代太师、太保,与太傅一并称之为官吏,晋朝因袭三国曹魏的办法,唯独只提高了太傅的位置。做皇帝的准则特别严明,太傅既然已有了通常的地位和尊严,又特意提高他的地位,将这件事考察于历史记载,没有这样的规定。因此,卞壶、孙楚都说人民的君主只有授职给人,没有降尊给人的义务。从长远看圣人制定的典章制度,从近看大家的心愿,我们这些臣子参与商议都说不应该再有加拜的礼节。"世祖下诏说:"昏庸而薄德的人继承大统,实在要靠师傅的指导和规范,尽心尽意虔诚恭敬,从而承受王道的训诫。你们写的奏章,考察历史上朝代,说没有君主拜见太傅的礼仪。言之有据而文意明白,我就依照你们的意见,不要拜授太傅。"世祖册立太子后,凡是进送东宫的文件案牍,一律先经过刘义恭。孝建元年,南郡王刘义宣、藏质、鲁爽等人造反。世祖加给刘义恭黄钺、白直百人进入六门。叛乱平定,将藏质原来拥有的一匹七百里马赐给刘义恭,又增加封邑二千户。世祖认为刘义宣叛乱悖逆朝廷,是由于势力强盛,因此想削弱王侯的势力。刘义恭观察到了世祖的意思,于是上表省录尚书说:"我听说天与地设定万事万物的位置,天、地、人三极都在一个系列上,皇王化则,九官都是共事朝廷。时代所崇尚的功业,昭示在《虞典》上,阐释王道风化已宣行于周代。台、辅的设置,是要与阴、阳相调和,元辅和尚书省的确立,确定百事。所以,栾钺的箭矢之言,有过失的犯官得引以为戒;陈平抗意陈辞,不是自己职守便不要回答。汉朝继续在秦朝后面,对前代的东西稍有改变。爵秩因时代的不同而有变化,任职随着世事的发展而迁徙。总录的制度,原本不是古代制度,但是历代相互沿袭,到现在也没有什么变革。今天,我朝创建,凡事都遵循以前的文献,还应该效法前代,征文于古代法典,停止简省条录,使之合乎历史的典章。使万物竞相思虑自己的生存,所有的人都想着勤于国事,那么名义与实际就不会相佐,庸人与节士会载记史册。我荒谬地典属国家大事,白白地担荷崇高的位置。应当清楚国事之兴起与停止,因此岂敢不把我所知道的全部告诉孝武帝。"世祖刘骏采纳了他的建议。

刘义恭又与骠骑大将军竟陵王刘诞上奏说:"我听说舞队数目和县磬数目各自有数,

上下尊卑的等级仪制不同。佩和笏都依制度进行,卑微与崇高秩序炯然有别。这完全是出自上哲的洪谟,规范世人的明训。而时至今天,沧海横流,万物无不挂疵积弊,僭越奢侈成为风俗,轨度不同于往古。晋代向东迁徙,原有的王法被沦落,诸侯、牧守典章,因事而更为多样。名与实一有差别,难以在短时间内加以改变。章冠与服饰穿着制度很烂,已经有了年头。现在,朝廷的枢机更新改造,君主的风范灿然一新,靡耗积弊未得充实,百用考虑从简,应当修订官品、式样的法律,确定损益的条款。臣等既为皇室宗枝,又为陛下所亲近,职官参坐在台、辅之间。遵行正道的首要任务,请以清理爵秩的封赏放在最前面。有所贬斥的,就从皇亲国戚开始。闲暇的日子,共同参研我们愚蠢的想法,还需加以审察变易。谨慎地陈述九件事。虽然还害怕有所言不由衷,但是已经竭尽尽了我们心意。恳切地希望孝武帝在聆听和阅读奏疏后的闲暇时间里,稍微垂青于我们的愚心,将我们的奏议给予公布或采纳,那么朝廷上下就会相安无事,宗室内外就会和睦共处了。"下诏将刘义恭与刘诞的奏章外放详议。

有司上奏说:"车辆、服饰的作用,是《虞书》确立的规定;名分、祭器借给别人特别慎重,是《春秋》规定的戒律。"因此,尊崇礼法,确定制度,汉代有了严格的法律、诸侯不敢不服从,虽然是皇家宗室亲戚,犯了法也一定要治罪,及至到了当代,下面的人僭越制度更加到了极点,皇帝使用物器具、衣服、装饰、音乐、舞蹈、音容,通达到了王和公卿,及至平民百姓。在下面与在下面没有区别,平民百姓都象王公贵戚一样。刘义恭所陈述的,实在合乎礼制法度。九条的内容,犹尚有没说到的,又谨慎地再作补充,共二十四条。

"听事不能够南面坐,要设账和沓。藩属国的官员,在隆冬不能够赤足登上国殿,以及带上待国太师的传命和油毼。公主、王妃派使传令的人,不得穿红色衣服。所用的车子不能有霞枫,郭扇不能使用野鸡尾。剑不能文饰鹿卢的形状,檠毦不能采用孔雀的白毛,夹毂队的人不能着绛色袄,平时乘散马不能超过二匹。少数民族的伎人不能穿彩衣,舞会在隆冬时穿褚衣,装饰面容时不能用花,隆冬时会舞,不能演武戈舞、怀桦舞、长高跻、透狭、舒丸剑、博山、缘大橦、升五案,所有不是冬至会奏的舞曲,都不能舞。所有王妃、公主不能着绳带。传命使臣使用的旗号不属于台省官的一律用绛色。郡县的内史相及所有在封内的长官,相对于他受封的君主,已经不在三列之内的,罢官以后就不再条用敬辞,不可以自称臣,宜于自称下官。所有藩镇长官平时出巡,乘车前面和后面的仪仗不能多于六队,夹车毂的白直,不包括在此限。使用的刀不能用比银或铜华贵的东西作装饰。诸王的女儿封为县主,诸王的儿子继承王位者的王妃和各个夫人出行,都不能用卤薄。诸王子继位者,他们的婚丧吉凶之事,一律按诸国公、侯的礼仪,不能与皇帝、皇子相同。车子不是辌车,不能够用油幢,平时乘船都要卸下两头使之成为敞露的平台,不能拟制象龙舟,一律不能用红色油漆。帐钩不能作成五色花和竖笋形。"下诏许可这一奏章。

这年十一月,刘义恭返回京口镇抚。二年春天,进位督东兖州、南兖州二州。这年冬天,被授任扬州刺史,其他职位与以前相同。加赐入朝不小跑,参赞、迎接不称姓名,带剑穿鞋上殿的特殊礼遇,刘义恭坚决辞让不受这种特殊礼遇。又解除了持节、都督和待中的职务。

刘义恭撰写《要记》五卷,上起自西汉,下至晋朝太元年。表奏送给考武帝,孝武帝下诏付给秘阁。这时,西阳王刘子尚受到特别宠爱,刘义恭解除扬州刺史,用以避免构怨于刘子尚。于是进位任太宰,领司徒。刘义恭经常忧虑他会受到世祖刘骏的猜忌,等到海

陵王刘休茂在襄阳作乱时,才上表孝武帝说:

"古代明哲的君王,没有谁不是广泛地任用培植周围的亲戚,用以屏蔽皇权帝基。诸侯得到了爵位,也希望永远巩固国家的宗族的统治。管叔、蔡叔为祸周朝,有梁王刘武、燕王刘旦为祸于汉朝,对上有悖于朝廷给他们显赫封赐的恩泽,对下丧失了宗庙血食之典。善行积累至于深厚,那么就能长久地享有帝王的业绩。而历代的侯王,比平民百姓要好得多。难道异姓公侯士大夫就好,皇族的人就都不行。这是由于他们生长在深宫里面,没有看到过农夫的耕种庄稼,他们的手下和近臣侍卫,没有从事过逐耕,财用富足,地位尊贵,骄奢淫逸,自然就会随之而来,聚众闹事,于是危害嫁祸于朝廷。汉代的诸王,都一并设置了太傅、丞相,犹尚不能够禁止叛逆,七国联合造反,实在都是由于诸王势力强盛造成的。晋代授封太多,恰好足够滋生永嘉之乱。尾巴大了,不好掉头左右它,自古以来都出自同一个毛病,不再有所更改变动,那么到头来就会无可救药。

前些时候,庶人刘邵依仗皇室的亲戚关系,几乎倾覆了国家的政权。去年西边的寇贼刘义宣借助于朝廷对他们的恩宠,差点毁掉了皇室的基业。没想到襄、楚之地,又出现了现在的动乱,在很大程度上是因为他们受封拥有疆土过分辽阔,军队过于勇敢,对他们的奖励反而酿成了凶恶。前事不忘,后事之师。孝武帝英明,即位称帝,设王法于万代。我年龄大,精神恍惚,没有什么知识见解,不称职地作为皇族的长辈,惭愧、感慨、内疚,非常深刻,想要上表我的一管之见。用以辅助你万一。我私下认为诸王显贵重要,不应该让他们居处边境,至于中华州郡的好地方,时或可以让他们暂时出京师到那里去镇抚。既然有个州的设置,就不必要再设置府。倘若用一职位兼有三种职责,可以由长史、掾属等官史供奉。倘若适合到那里去镇抚行使职权,可以另外派守城大将去那里充任职守。倘若他的性情乐于内向软弱,就不宜派他去从事征讨方面的事。倘若舍弃文礼,崇尚武争的事,尤其应该禁止。批属佐吏的文学之士能把活讲清楚就行。像游于梁国那样的文学之士,一律予以排斥。文官武将到方镇任职,应该按时调动。妻子、儿女等家室,不应让他们跟随一道前往镇抚的地方。朝廷命官的文件,送达朝廷,应当遵守晋朝的条令,等待宣令都到齐,都充列在君主两侧的来宾席上。隐居的人,也无须烦扰显赫的侯和尊贵的君主。私人拥有的兵器甲具,作用很小,凡是金银装饰的刀剑及作战工具和服装,都应该输送朝廷。曲突徙薪防患于未然。这样做了,大概会使行善的人没有了恐惧,凶恶的人停止了为奸犯科"。

这时,世祖严酷暴戾,刘义恭担心不被他所容纳,于是使用谦卑的语言,曲尽其意奉承,而且敏捷辨绘,善于附会,仰俯应承之间,也都十分有容貌威仪。每当有符瑞出现,总是献上自己的赋颂文章,陈述颂赞美德。大明元年,有三脊茅生长在石头城西岸,刘义恭便几次表奏孝武帝封禅,孝武帝大为高兴。三年,省去兵佐的职任,加领中书监职,以崇艺、昭武、水化三个营共四百三十七户充府用,又增加吏僮一千七百人,加上以前的共二千九百人。六年,解职司徒府、太宰府,返同以前一样应召入朝。又每上赐给他三千匹布。

七年,随孝武帝刘骏出巡,兼尚书令职,解除中书监职。八年闰月,又领太尉职。一个月,世祖去世,遗诏说:"义恭解除尚书令,加任中书监。柳元景领尚书令职,搬进城内居住。凡遇事情,不论大小,都要征询刘义恭、柳元景的意见。国家大事请沈庆之参加决定,倘若有军事行动,可以让他作最高统帅。尚书省中的事情委任颜师伯处理,对外监察军事方面的事情委任给王玄谟。"前废帝登皇帝位，下诏说："总录的典章，确立在前代。孝建元年，虽然暂时合并简省了一些，但是沿袭不变与更新革面都要适合时宜，合理的存在在于能够利于处理时务。我孤独无依，不曾涉及政治，不论大事小事，都依靠遵循德的原则来处理。太宰江夏王刘义恭刚被任命了中书监、太尉的职务，居处在宗室长辈的重要地位，受遗诏秉承朝政要职，是我深深地依靠，使天下平安，万事有功，可以任一尚书事，本宫中书监、太宰、江夏王职位如同以前。待中、骠骑大将军、南兖州刺史、巴东郡开国公、新任尚书令柳元景与刘义恭一道受遗诏安排，作为皇室的辅翼。赞助朝政的事业，宣扬王道风化，就依靠你们二公。可以就本官号开府仪同三司，所领军队、设置的佐史，都保存以前世祖准许的制度。领丹阳尹、待中、领公职位和以前一样。"又增拨给刘义恭班剑四十人，再次明确加赐给他特殊礼仪，刘义恭坚持辞让。

刘义恭生性喜欢行动不持之以恒，每天每时都有迁移变化，从开始封王到被前废帝刘子业杀害，多次迁徙居住地。与人交游时，他的兴趣爱好也有许多时候是有始无终。而生活奢侈没有限度，不珍惜爱护财物珍宝，他手下亲近信赖的人，一天向他请示赐予，有时或一次给钱一、二百万，稍有不合他的心意，动辄又将赐给人的东西追夺回来。大明年间，资财供应丰富多样，但是支用常常不足，赊账购买百姓货物，没有钱偿还，百姓中有人通过不途径捎欠条给他，动辄在欠条的后面写"原"字了之。善于骑马，理解音律，浏览行走有时竟远达三五百里。世祖任凭他为所欲为，不加责怪限制。游玩到东面的吴郡，先登上虎丘山，又登上无锡县乌山，用以观望太湖。大明年间撰写国史，世祖皇帝亲自给刘义恭作传记。到永光年中，虽然担任宰相，辅弼朝政，而巴结皇帝的贴身待臣戴法兴等人，经常象赶不上他们的样子。

前废帝狂妄不循常规，残暴无道，刘义恭、柳元景等人计划想要废除他的皇位。永光元年八月，前废帝率领羽林兵到刘义恭家中杀了他，以及他的四个儿子，刘义恭死时五十三岁。砍断分离了刘义恭的四肢和身体，剖开肠胃，挑出眼珠，用蜂蜜浸泡眼珠，用以制作鬼目粽。太宗平定动乱登皇帝位，下诏令说："原中书监、太宰、领太尉录尚书事、江夏王刘义恭的修养道德非常高深，明智判断是非的能力可以通达远方，在列藩时即已声望遍布，宣扬王化风尚建立了自己的德仁。职位显赫隆于周公旦，责任重大有如负图，为国家辛勤劳苦，当他担受辅佐朝政大任的时候，尽心辅佐领导，自始至终保持着和融雍穆的态度。但是凶恶丑陋的人害怕他的威仪，大肆冤枉谋害他，夷族杀身，残暴不忍，殡葬的墓穴都没听说建立。对此愤恨到了极点，连幽冥之界都有愤激的情绪，朝廷内外都为之痛心疾首。我遭受危害，处在险难之中，忍含恶愤，不曾申诉。有幸依赖祖先神灵护佑，能够得到向天祈祷的皇位，上对建立功勋的宗戚，震恐哀恸的心情难于言表。西汉梁王非常平庸，朝廷都加赐给了他行警跸的大礼；东汉东平王刘苍好善乐施，明帝特赐建造黄屋。何况刘义恭的德仁广博、浩大、美妙，与常典相比也没有不同。可以追尊他为使持节、待中、都督中外诸军事、丞相、领太尉、中书监、录尚书事、江夏王，同生前一样。增赐给九旒鸾辂、虎贲班剑一百人、前后部羽葆、鼓吹、辒辌车。

泰始三年，又下诏说："皇室的基业贵在创建，《屯》《剥》两卦说志在守业艰难。轰轰烈烈地开创基业，浩浩荡荡光大开国的成果，造就了大的业绩，厚实的成就。因此，要进行祭祀，世代奉祀，将功勋铭刻在宗族的典制上。世祖皇帝平定动乱，巩固皇室的基业，实在依靠忠达的羽翼和辅弼。原使特节、侍中、都督中外诸军事、丞相、领太尉、中书监、隶尚书事江夏文献王刘义恭,原使持节、侍中、都督南豫州、江州、豫州三州军事、太尉、南豫州刺史、巴东郡开国忠烈公柳元景,原侍中、司空始兴郡开国襄公沈庆之,原持节、征西将军、雍州刺史洮县开国萧侯宗悫,他们或者理喻治道达到了微妙的境地,能够籍以和他康世,有的或者竭尽忠诚,效忠朝廷,更易国难,使之趋向平定,制裁叛逆。应当让他们的享祀等同国典,陪祭在宗庙中间。"

刘义恭长子刘朗,字元明,作为少帝的继嗣,册封为中南丰县王,赐给食邑一千户。任湘州刺史、持节、侍中、领射声校尉。被刘劭杀害。世祖即位称皇帝,追赠为前将军、江州刺史封号。孝建元年,用宗室刘祗的长子刘歆继承封号。刘祗被诛杀,刘歆削职还本。泰始三年,又改用宗室刘韫第二个儿子刘铣继承封号。任职秘书郎,与刘韫一同死。顺帝升明二年,又以宗室刘琨儿子刘绩承袭封号。升明三年,去世。遇上齐朝取代宋朝,封国消除。

刘朗的弟弟刘睿,字元秀,太子舍人,被刘劭杀害。追赠为侍中,谥号称宣世子。大明二年,追封为安陆王。以第四皇子刘子绥、字宝孙继承封赐,食邑二千户。追赠刘睿号称宣王。以刘子绥任都督郢州诸军事、冠军将军、郢州刺史。进封后军将军,加持节。太宗泰始元年,进封征南将军,改封为江夏王,食邑五千户。改赠刘睿江夏宣王。刘子绥尚未受命,与晋安王刘子勋一同叛逆,赐死。七年,太宗以第八子刘跻、字仲升,作刘义恭的继嗣孙,册封为江夏王,食邑五千户。后废帝刘昱登皇帝位,任命他督会稽、东阳、新安、临海、永嘉五郡诸军事、东中郎将、会稽太守。进任左将军。齐朝受禅,刘跻被降为沙阳县公,食邑减至一千五百户。因谋反,被赐死。

刘睿的弟弟刘韶,字元和,册封为新吴县侯,任官至步兵校尉。追赠为中书侍郎,谥号烈侯。刘韶的弟弟刘担,字元度,受封为平都怀侯。刘坦的弟弟刘元谅,受封为江安愍侯。刘元谅的弟弟刘元粹,受封为兴平悼侯。刘坦、刘元谅、刘元粹一并追赠为散骑侍郎。刘元粹的弟弟刘元仁、刘元方、刘元旒、刘元淑、刘元胤与刘朗等一共二十人,一并被刘劭杀害。

刘元胤的弟弟刘伯禽,孝建三年出生。刘义恭十二个儿子被杀害。朝廷为之哀悼,因为这样,世祖皇帝刘骏给他取名叫伯禽,类比鲁公伯禽,周公旦的儿子。任官为辅国将军、湘州刺史。又被前废帝杀害。愍号称哀世子。后追赠为江夏王,改愍号叫愍。

刘伯禽的弟弟刘仲容,受封为永修县侯。任职为宁朔将军、临淮、济阳二郡太守。刘仲容弟弟刘叔子,受封为永阳县侯。刘叔子的弟弟刘叔皇,和刘仲容、刘叔子,一并被前废帝杀害。刘仲容、刘叔子谥号一并称殇侯。

羊欣传

【题解】

羊欣(公元 370~442 年),字敬元,泰山南城(今山东省费县西南)人。官至义兴太守、中散大夫。他是刘宋著名书法家,曾得王献之真传,他的隶书在王献之以后,可以独步当时,因而有这样的谚语:"买王得羊,不失所望。"

【原文】

羊欣字敬元，泰山南城人也。曾祖忱，晋徐州刺史。祖权，黄门郎。父不疑，桂阳太守。

欣少靖默，无竞于人，美言笑，善容止。泛览经籍，尤长隶书。不疑初为乌程令，欣时年十二，时王献之为吴兴太守，甚知受之。献之尝夏月入县，欣著新绢裙昼寝，献之书裙数幅而去。欣本工书。因此弥善。起家辅国参军，府解还家。隆安中，朝廷渐乱，欣优游私门，不复进仕。会稽王世子元显每使欣书，常辞不奉命元显怒，乃以为其后军府舍人。此职本用寒人，欣意貌恬然，不以高卑见色，论者称焉。欣尝诣领军将军谢混，混拂席改服，然后见之。时混族子灵运在坐，退告族兄瞻曰："望蔡见羊欣，遂易衣改席。"欣由此益知名。桓玄辅政，领平西将军，以欣为平西参军。仍转主簿，参预机要。欣欲自疏，时漏密事，玄觉其此意，愈重之，以为楚台殿中郎。谓曰："尚书政事之本，殿中礼乐所出。卿昔处股肱，方此为轻也。"欣拜职少日，称病自免屏居里巷，十余年不出。

义熙中，弟徽被遇于高祖，高祖谓谘议参军郑鲜之曰："羊徽一时美器，世论犹在兄后，恨不识之。"即拔欣补右将军刘藩司马，转长史，中军将军道邻谘议参军出为新安太守。在郡四年，简惠著称。除临川王义庆辅国长史，庐陵王义真谘议参军，并不就。太祖重之，以为新安太守，前后凡十三年，游玩山水，甚得适性。转在义兴，非其好也。顷之，又称病笃自免归。除中散大夫。

素好黄老，常手自书章，有病不服药，饮符水而已。兼善医术，撰《药方》十卷。欣以不堪拜伏，辞不朝觐，高祖、太祖并恨不识之。自非寻省近亲，不妄行诣，行必由城外，未尝入六关。元嘉十九年，卒，时年七十三。子俊，早卒。

【译文】

羊欣，字敬元，是泰山郡南城县人。他的曾祖羊忱，在晋朝官至徐州刺史。祖父羊权，官至黄门郎。父亲羊不疑，官至桂阳太守。

羊欣少年时，性格沉静，寡言少语，与人无争，谈笑时音容甜美，举止得体。他广览经史图籍，尤其擅长隶书。他的父亲羊不疑起初任乌程县令，当时羊欣才十二岁，那时王献之任吴兴太守，很喜欢羊欣。有一次王献之在大热天来到乌程县衙，这时羊欣正穿着新绢做的裙睡午觉，王献之就在他的裙幅上写了几行字，就走开了。羊欣本来擅长书法，因此事更加热爱书法艺术。他初任官为辅国参军，因将军府撤销，他就回到家乡。隆安年间，朝政日益昏乱，羊欣便在家闲居，不再出来当官。会稽王司马道子的世子司马元显，多次请羊欣写字，羊欣则推辞不答应，司马元显大为恼火，于是安插他为后军府舍人。这种职务本来只任用下层人士，羊欣对此却心情平静。不把职位的高低放在心上，为此人们对他大加称赞。羊欣曾去拜见领军谢混，谢混马上打扫座席，换了便服，然后才见羊欣。当时谢混的族侄谢灵运在坐，他退出后告诉本族哥哥谢瞻说："望蔡（谢混的字）接见羊欣，竟然更衣而且更换座席。"羊欣从此更加知名。桓玄为辅政大臣，并兼任西平将军，任羊欣为西平参军，后来转为主簿，参与机密要事的处理。羊欣想自行疏远桓玄，不断故意泄露机密，桓玄察觉了他的用意，对他却更加倚重，任他为楚台殿中郎。并对他说："尚书郎一职关于国家的政事根本，殿中郎一职主持制定政令。过去你处在辅佐地位，比起现在的职务,地位还是轻了些。"羊欣任职没有几天,就称病辞职了,他隐居在普通街巷之中,十几年不出来做官。

东晋义熙年间,羊欣的弟弟羊徽受到宋高祖刘裕的重用,刘裕对谘议参军郑鲜之说:"羊徽是一时的美才,声誉还在他哥哥之下,我因不认识羊欣感到遗憾。"当即就荐奏他补为右将军刘藩的司马,又转为长史、中军将军刘道邻的谘议参军。又外任为新安郡太守。在新安任职四年,在简政利民著称。升任他为临川王刘义庆的辅国长史、庐陵王刘义真的车骑谘议参军,他都不去就任。宋太祖刘义隆很敬重他,又任他为新安郡达守。前后在郡十三年,游山玩水,十分得意。又转任他为义兴郡太守,他并不喜欢这个职务,过了不久,就称病辞职回乡了,朝廷给他加中散大夫衔。

羊欣一向爱好黄老学说,常常亲笔书写有关章节。'他生了病不吃药,只是饮用道家的神水。他又擅长医术,著有《药方》十卷。羊欣因上朝跪拜不便,就不去朝见皇帝,宋高祖刘裕、太祖刘义隆都因不认识他而感到遗憾。羊欣在家,除非去看望知己的亲戚,不随便去拜访其他人,他出门也必绕城而行,没有走进过城关,元嘉十九年去世,终年七十三年。他的儿子羊俊,很早就死去了。

裴松之传

【题解】

裴松之(372~451年),字世期,河东闻喜(今山西闻喜)人。曾任国子博士、永嘉太守等职。他受宋文帝之命而注《三国志》,于元嘉六年(429年)写成奏进。其注引书,据清人统计达二百一十种(见沈家本《三国志注所引书目》)。他利用这些丰富的史料,对《三国志》进行了补阙、备异、惩妄、辩论等工作。《四库全书总目提要》把注文的特点归结为六项:"一曰引诸家之论以辩是非;一曰参诸书之说以核伪异;一曰传所有之事评其委曲;一曰传所无之事补其阙佚;一曰传所有之人详其生平;一曰传所无之人,附以同类。"这就使注文有了补编的性质。《三国志》注文的这一特点,对更多地保存史料、辩证史事,都是极有价值的。被后人称为"注史的新例"。但注文对各种传说,摘引甚多,虚实混淆,博则有余,恰则不足,这成为该注的主要缺点。后人将该注

裴松之

简称为《三国志》裴注,并将其注的原则奉为注释史书的基本依据,对我国史注产生了重大影响。

　　裴松之字世期，河东闻喜人也。祖昧，光禄大夫。父珪，正员外郎。松之年八岁，学通《论语》《毛诗》。博览坟籍，立身简素。年二十，拜殿中将军。此官直卫左右。晋孝武庆元中革选名家以参顾问，始用琅玡王茂之、会稽谢辅，皆南北之望。舅庾楷在江陵，欲得松之西上除新野太守，以事难不行，拜员外散骑侍郎。义熙初，为吴兴故鄣令。在县有绩，入为尚书祠部郎。

　　松之以世立私碑，有乖事实，上表陈之曰："碑铭之作，以明示后昆，自非殊功异德，无以允应兹典。大者道勋光远，世所宗推，其次节行高妙，遗烈可纪。若乃亮采登庸，绩用显著，敷化所莅，惠训融远，述咏所寄，有赖镌勒。非斯族也，则几乎僭黩矣。俗敝伪兴，华烦已久，是以孔悝之铭，行事人非；蔡邕制文，每有愧色。而自时厥后，其流弥多。预有臣吏，必为建立，勒铭寡取信之实，刊石成虚伪之常，真假相蒙，殆使合美者不贵，但论其功费，又不可称。不加禁裁，其敝无已。"以为："诸欲立碑者，宜悉令言上，为朝议所许，然后听之。庶可以防遏无征，显彰茂实，使百世之下，知其不虚，则义信于仰止，道孚于来叶。"由是并断。

　　高祖北伐，领司州刺史，以松之为州主簿，转治中从事史。既克洛阳，松之居州行事。宋国初建，毛德祖使洛阳。高祖敕之曰："裴松之廊庙之才，不宜久尸边务，今召为世子洗马，与殷景仁同，可令知之。"于时议立五庙乐，松之以妃臧氏庙乐亦宜与四庙同。除零陵内史，征为国子博士。

　　太祖元嘉三年，诛司徒徐羡之等，分遣大使，巡行天下。通直散骑常侍袁渝、司徒左西掾孔邈使扬州；尚书三公郎陆子真、起部甄法崇使荆州；员外散骑常侍范雍、司徒主簿庞遵南兖州；前尚书右丞孔默使南北二豫州；抚军参军王歆之使徐州；冗从仆射车宗使青、兖州；松之使湘州；尚书殿中郎阮长之使雍州；前竟陵太守殷道鸾使益州；员外散骑常侍李耽之使广州；郎中殷斌使梁州、南秦州；前员外散骑侍郎阮园客使交州；驸马都尉、奉朝请潘思先使宁州，并兼散骑常侍。班宣诏书曰："昔王者巡功，群后述职，不然则有存省之礼，聘颒之规。所以观民立政，命事考绩，上下偕通，遐迩咸被，故能功昭长世，道历远年。朕以寡暗，属承洪业，贪畏在位，昧于治道，夕惕惟忧，如临渊谷。惧国俗陵颓，民风凋伪，眚厉违和，水旱伤业。虽躬勤庶事，思弘攸宜，而机务惟殷，顾循多阙，政刑乖谬，未获具闻。岂诚素弗孚，使群心莫尽？纳隍之愧，在予一人。以岁时多难，王道未壹，卜征之礼，废而未修，眷彼氓庶，无忘攸恤。今使兼散骑常侍渝等申令四方，周行郡邑，亲见刺史、二千石官长，申述至诚，广询治要，观察吏政，访求民隐，旌举操行，存问所疾。礼俗得失，一依周典，每各为书，还具条奏，俾朕照然，若亲览焉。大夫君子，其各悉心敬事，无惰乃力。其有咨谋远图，谨言中诚，陈之使者，无或隐遗。方将敬纳良规，以补其阙。勉哉勗之，称朕意焉。"

　　松之反使，奏曰："臣闻天道以下济光明，君德以广运为极。古先哲后，因心溥被，是以文思在躬，则时雍自洽，礼行江汉，而美化斯远，故能垂大哉之休咏，廓造周之盛则。伏惟陛下神睿玄通，道契旷代，冕旒华堂，垂心八表，咨敬敷之未纯，虑明扬之靡畅，清问下民，哀此鳏寡，涣焉大号，周爱四达。远猷形于《雅》《诰》，惠训播乎遐陬。是故率土仰咏，重译咸说，莫不讴吟踊跃，式铭皇风；或有扶老携幼，称欢路左，诚由亭毒既流，故忘其自至，千载一时，于是乎在。臣谬蒙铨任，忝厕显列，猥以短乏，思纯八表，无以宣畅圣旨，肃明风化，黜陟无序，搜扬寡闻，惭惧屏营，不知所措。奉二十四条，谨随事为牒，伏见癸卯诏书，礼俗得失，一依周典，每各为书，还具条奏。谨依事为书以系之后。"松之甚得奉使之义，论者美之。

转中书侍郎、司冀二州大中正。上使注陈寿《三国志》。松之鸠集传记，增广异闻，既成奏上。上善之，曰："此为不朽矣。"出为永嘉太守，勤恤百姓，吏民便之。入补通直为常侍，复领二州大中正。寻出为南琅玡太守。十四年致仕，拜中散大夫，寻领国子博士，进太中大夫，博士如故。续何承天国史，未及撰述。二十八年，卒，时年八十。子骃，南中郎参军。松之所著文论及《晋纪》，骃注司马迁《史记》，并行于世。

【译文】

裴松之字世期，河东闻喜人，他的祖父裴昧，担任过光禄大夫。他的父亲裴珪，担任过正员外郎。裴松之八岁的时候，通学了《论语》和《毛诗》。他博览群书，为人清淡朴素。二十岁的时候，拜为殿中将军。殿中将军这个官是皇帝左右的近卫。晋孝武帝太元年间选拔名家参与顾问，才开始用琅玡的王茂之，会稽的谢辅，这二位一南一北享有很高的声望。裴松之的舅舅庾楷在江陵，想让裴松之西上担任新野太守，因为事情困难而没有实现，于是拜他为员外散骑侍郎。义熙（405～418年）初年，裴松之担任吴兴故鄣县令。有政绩，调入朝中任尚书祠部郎。

裴松之因为社会上个人所立的碑，文字与事实不符，于是上表说："碑铭的写作。是为了昭示后人，从本意上说不是特殊的功勋和特出的德行，不应当享有碑铭。（应当享有碑铭的）第一是思想勋绩影响很大，受到全社会的推崇的人；其次是高风亮节，有遗烈可记述的人；至于那些辅助皇帝的人，成绩显著的人，改造他所任职的地方的人，有好的教导长久流传的人，咏诗作文的人，也是需要勒铭镌刻的。不是以上几种人，（如果也立碑刻铭）就几乎是僭越和亵渎了。这种庸俗作假的风气兴起，使用华靡的辞藻由来已久，所以孔悝的铭文，正确的行为却遭到人们的非议；蔡邕写作碑文，（因不符合事实，）每有愧色。但自他们以后，流弊就更加多了。稍有职务，就必定要立碑刻铭，勒铭很少有能使人相信的事实，刊石只不过成了弄虚作假的家常便饭，真假混杂，就使得应当得到美名的不显得珍贵，只说他们的功绩，又是些不足道的。对这种风气不加禁止裁办，它的弊病就会没完没了。"裴松之认为："那些想立碑的人，应当命令他们都向上请示，经朝廷议论允许之后，才能让他们去办。这样大概就可以防止不实之词，表彰那些美好的事实，使百世以后，知道没有虚假，就会使仁义得到人们的信仰，办事的原则就会得到未来的崇敬。"于是以后立碑刻铭都依照裴松之所建议的办。

高祖北伐的时候，兼任司州刺史，让裴松之担任州主簿，后又转任治中从事史。攻克洛阳以后，裴松之担任州行事。宋建国之初，毛德祖出使洛阳。高祖下敕说："裴松之是廊庙之才，不宜老是呆在边疆，现在召他回朝担任太子洗马，和殷景仁的待遇一样，可以让他知道。"当时议论建立王朝的音乐，裴松之认为妃子臧氏庙的音乐应该与其他四庙的音乐一样。升任裴松之为零陵内史，旋即征召他为国子博士。

太祖元嘉三年（426），诛杀了司徒徐羡之等人，分遣大使，巡行天下。通直散骑常侍袁渝、司徒左西掾孔邈出使扬州；尚书三公郎陵子真、起部甄法崇出使荆州；员外散骑常侍范雍、司徒丰簿庞遵出使南兖州；前尚书右丞孔默出使南豫州和北豫州；抚军参军王歆之出使徐州；冗从仆射车宗出使青州、兖州；裴松之出使汀州；尚书殿中郎阮长之出使湘州；前竟陵太守殷遭鸾出使益州；员外散骑常侍李耽之出使广州；郎中殷斌出使梁州、南秦州；前员外散骑侍郎阮园客出使交州；驸马都尉、奉朝请潘思先出使宁州，并兼散骑常侍。（他们出使之时，在朝廷列班受诏）诏书说："从前帝王巡视天下，各诸侯述职，不然就是诸侯执行回朝觐、聘问的规定。由此看来观察民情而推行政治，任命官吏并考察他们的政绩，上上下下都一致，远远近近都一样，所以能够功业长久，（治世的）原则得以长期坚持。朕孤陋寡闻，继承了洪大的事业，只好小心谨慎，但不懂治理天下的原则，只有整天忧愁，好像面临深渊一样。朕害怕国家的风气衰颓、百姓弄虚作假，重大的过失有违国家的和睦，水旱之灾伤害了百姓的产业。虽然朕亲自过问这一类的事情，想使其得到妥当的处置，但重要的事情实在太多，朕所见昕做的有许多缺漏，政治和刑法有不恰当的地方，都没有全部清楚。这难道不是朕不够诚恳，使大家不能完全尽心尽意吗？不能救民于水火的惭愧，应由朕一人承担。因为天灾很多，还没有完全实行仁德的政治，帝王巡狩的制度被废弃了还没有恢复，（虽然如此）朕眷顾百姓，没有忘记对他们的悯恤。现在派遣兼散骑常侍袁渝等到四方视察，到各郡邑巡行，亲自与刺史、二千石长官们见面，申述朕治天下的诚挚之意，广泛征求治理国家的重要意见，观察官吏的政治，访求民众的痛苦，表彰有操行的官吏，慰问百姓的疾苦。无论官吏或民俗的得失，都依据周朝的典制加以裁断，每件事情各写成书奏，回来之后都分门别类上奏，帮助朕弄清情况，好像亲见一样。各位大夫君子，请你们全心全意以此事为重，不要怠惰。下面的人如果有良谋大计，请诚心诚意细致地讲出来，上呈使者，不要有任何保留。这样才能使朕恭敬地采纳好的意见，以补政治上的缺漏。各位努力吧，一定要满足朕的心愿。"

裴松之回来之后上奏说："臣下听说天道是给世界光明的，君王的德行是以全面治理社会为极致的。古代圣哲的君主，因为考虑到了所有的事情，所以一个人有好的想法，社会就富足和平；虽然只在江、汉推行礼制，其良好影响却很远。所以能够让后人咏颂他们宏大的功业，创造出比周朝好的典则。陛下神思玄通，思想举世无双，身居天子之位，考虑着四面八方，咨询施布教化的不足，思虑荐举贤才之路还不通畅，公正地问询下民（的痛苦），同情他们当中的鳏夫、寡妇，光辉伟大的感召，影响远及四方。（这些举动）以很早以前的《雅》《诰》为法则，英明的训示传扬到了边远的地方。所以全国民众恭敬地颂扬，很远的外国也感到喜悦，莫不歌唱吟诵欢欣鼓舞，铭记皇恩；有的扶老携幼，在路旁述说欢喜，实在是因为养育之恩流布，因此忘其所以。千载以来，只有这时候才出现这种情况。臣下谬蒙选任出使，不合格地与显要的人物同列，才能缺短，思想简单，无力宣扬圣旨，严肃倡明风化，进退人才没有章法，访求推举也孤陋寡闻，惭愧惶恐，不知所措。现在上奏二十四条，谨恭地随事写成。臣下见癸卯诏书，说官吏民风的得失，都依据周朝的典制以加裁断，每件事情各写成书奏，回来以后分门别类上奏。（现遵诏）依事为类附之于后。"裴松之很懂得出使的意义，谈论的人都赞扬他。

后来，裴松之累任中书侍郎、司州、冀州两州的大中正。皇帝选派他为陈寿的《三国志》作注。于是裴松之累集资料，增加了不同的说法，写成后奏上，皇帝认为注得很好，说："这个注是不朽的！"就调他出任永嘉太守。（他为太守，）勤政恤民，官吏和百姓都感到自如。（所以又让他）入补通直散骑常侍，后又兼任司、元冀二州的大中正。不久他又出任南琅玡太守。元嘉十四年他告第退休，被拜为中散大夫，不久又兼任国子博士。后又提升为太中大夫，仍然任博士。裴松之打算续写何承天所写的刘宋国史，没有来得及动笔。元嘉二十八年，他就去世了，当时他八十岁。他的儿子名骃，任南中郎参军。裴松之所写的论文和《晋纪》，裴骃注释的司马迁的《史记》，一并在世上流行。

刘义康传

【题解】

刘义康，宋武帝之子，文帝之弟，为武二王之人，赐爵彭城王。早年因文帝身体欠佳，刘义康既勤于政务，又能干聪明，因而权倾内外，因此也就导致了与文帝及其党属之矛盾。结果自然是刘义康遭殃。先是从属遭杀，继而辞职而出镇豫章，后因又与范晔谋反之事相牵连，结果被文帝赐药而死，年仅四十三岁。

【原文】

彭城王义康，年十二，宋台除督豫、司、雍、并四州诸军事，冠军将军、豫州刺史。时高祖自寿阳被征入辅，留义康代镇寿阳。又领司州刺史，进督徐州之钟离、荆州之义阳诸军事。永初元年，封彭城王，食邑三千户，进号右将军。二年，徙监南豫、司、雍、并五州诸军事、南豫州刺史，将军如故。三年，迁使持节、都督南徐、兖二州、扬州之晋陵诸军事、南徐州刺史，将军如故。太祖即位，增邑二千户，进号骠骑将军，加散骑常侍，难鼓吹一部。寻加开府仪同三司。元嘉三年，改授都督荆、湘、雍、溧、益、宁、南、北、秦八州诸军事、荆州刺史，给班剑三十人，持节、常侍、将军如故。义康少而陪察，及居方任，职事修理。

六年，司徒王弘表义康宜还入辅，征侍中、都督扬、南徐、兖三州诸事、司徒、录尚书事，领平北将国、南徐州刺史，持节如故。二府并置佐领兵，与王弘共辅朝政。弘既多疾，且每事推谦，自是内外众务，一断之义康。太子詹事刘湛有经国才，义康昔在豫州，湛为长史，既素经情款至是意委特隆，人物雅俗，举动事宜，莫不咨访之，故前后在藩，多有善政，为远近所称。九年，弘薨，又令扬州刺史。其年太妃薨，解侍中，辞班剑。十二年，又领太子太傅，复加侍中、班剑。

义康性好吏职，锐意文案，纠剔是非，莫不精尽。既专总朝权，事决自己，生杀大事，以录命断之。凡所陈奏，人无不可，方伯以下，并委义康授用，由是朝野辐凑，势倾天下。义康亦自强不息，无有懈倦。府门每照常有数百乘车，虽复位卑人微，皆被引接。又聪识过人，一闻必记，常所暂遇，终生不忘，稠人广席，每标所忆以示聪明，人物益以此推服之。爱惜官爵，未尝以阶级私人，凡朝士有才用者，皆引入己府，无施及忤旨，即度为召官。自下乐为竭力，不敢欺负。太祖有虚劳疾，寝顿积年。每意有所想，便觉心中痛裂，属纩者相系。义康入侍医药，尽心卫奉，汤药饮食，非口所尝不进；或连夕不寐，弥日不解衣；内外众事，皆专决施行。十六年，进位大将军，领司徒，辟召掾属。

义康素无术学，暗于在体，自谓兄弟至亲，不复存君臣形迹，牵心径行，曾无猜防。私置僮部千余人，不以言台。四方献馈，皆以上品荐义康，而以次者供御。上尝冬月噉甘，叹其形味并劣，义康在座曰："今年甘殊有佳者。"遣人还东府取甘，大供御者三寸。尚书仆射殷景仁为太祖所宠，与太子詹事刘湛素善，而意好晚衰。湛常欲因宰辅之权倾之，景仁为太祖所保持，义康屡言不见用，湛愈愤，南阳刘斌，湛之宗也，有涉俗才用，为义康所知，自司徒右长史擢为左长史。从事中郎琅玡王履、主簿沛郡刘敬文、祭酒鲁郡孔胤秀，并以倾侧自入，见太祖疾笃，皆谓宜立长君。上疾尝危殆，使义康具顾命诏。义康还省，流涕以告湛及殷景仁，湛曰："天下艰难，讵是幼主所御。"义康、景仁并不答。而胤秀等辄就尚书仪曹索晋咸康末立康帝旧事，义康不知也。及太祖疾豫，微闻之。而斌等既为义康所宠，又威权尽在宰相，常欲倾移朝廷，使神器有归。遂结为朋党，伺察省禁，若有尽忠奉国，不与己同志者，必构造愆衅、加以罪黜，每采拾景仁短长，或虚造异同以告湛。自是主相之势分，内外之难对矣。

义康欲以斌为丹阳尹，言次启太祖，陈其家贫。上觉其旨，义康言未卒，上曰："以为吴郡。"后会稽太守羊玄保求还，义康又欲以斌代之，又启太祖曰："羊玄保欲还，不审以谁为会稽？"上时未有所拟，仓卒曰："我已用王鸿。"自十六年秋，不复幸东府。上以嫌隙既成，将致大祸。十七年十月，乃收刘湛付廷尉，伏诛。又诛斌及大将军录事参军刘敬文、贼曹参军孔邵秀、丹阳丞孔文秀、司空从事中郎司马亮、乌程令盛昙泰等。徙尚书库部郎何默子、余姚令韩景之、永兴令颜遥之、湛弟黄门侍郎素、斌弟给事中温于广州，王履废于家。胤秀始以书记见任，渐预机密，文秀、邵秀皆其兄也。司马亮、孔氏中表，并由胤秀而进。怀明、昙泰为义康所遇。默子、景之、遥之，刘湛党也。

其日刺义康入宿，留止中书省，其夕分收湛等，青州刺史杜骥勒兵殿内，以备非常。遣人宣旨告以湛等罪衅，义康上表逊位曰："臣幼荷国灵，爵遇逾等。陛下推恩睦亲，以隆棠棣，爱忘其鄙，宠爱遂崇，任总内外，位兼台辅，不能正身率下，以肃庶僚，匿近失所，渐不自觉，致令毁誉违实，赏罚谬加，由臣才弱任重，以及倾挠。今虽罪人即戮，王猷载静，养衅贻垢，实由于臣。鞠躬栗悚，若堕谿壑，有何心颜，而安斯宠，辄解民职、罪私第。"改授都督江州诸军事、江州刺史，持节、侍中、将军如故，出镇豫章。停省十余日，桂阳侯义融、新喻侯义宗、秘书监徐湛之往来慰视。于省奉辞，便下渚。上唯对之恸哭，余无所言。上又遣沙门释慧琳视之，义康曰："弟子有还理不？"慧琳曰："恨公不读数百卷书。"征虏司马萧斌，昔为义康所暱，刘斌等害其宠，谗斥之。乃以斌为谘议参军，领豫章太守，事无大小，皆以委之。司徒主簿谢综，素为义康所狎，以为记宣参军，左右爱念者，并听随从至豫章。辞州，见许，增督广、交二州、湘州之始兴诸军事。资奉优厚，信赐相系，朝廷大事，皆报示之。义康未败，东府听事前井水忽涌溢，野雉江鸥并飞入所住斋前。

龙骧参军巴东扶令育诣阙上表曰：

"盖闻哲王不逆切旨之谏，以博闻为道；人臣不忌歼夷之罚，以尽言为忠。是故周昌极谏，冯唐面折，孝惠所以克固储嗣，魏尚所以复任云中。彼二臣岂好逆主干时，犯颜违色哉！又爰盎之谏孝文曰："淮南王若道遇疾死，则陛下有杀弟之名。奈何？"文帝不用，追悔无及。臣草莽微臣，窃不自揆，敢抱葵藿倾阳之心，仰慕《周易》匪躬之志，故不远六千里，愿言命侣，谨贡丹愚，希垂察纳。"

"伏惟陛下躬执大象，首出万物，王化咸通，三才理，辟天人之路，开大道之门，搜殊逸于岩穴，招奇英于侧陋，穷谷无白驹之倡，乔岳无遗宝之嗟，岂特罗飞翻于垂天，纲沉鳞于溟海。况于彭城王义康，先朝之爱子，陛下之次弟哉！一旦黜削，远送南垂，恩绝于内，形隔于远,躬离明主,身放圣世,草莱黔首,皆为陛下痛之。臣追惟景平、元嘉之衅,几于危殆,三公托以兴废之宜,密怀不臣之计,台辅伺隙于京甸,强楚窥窬于上流,或苞恶而窥国,或显逆而陵主,有生乏所恺恐,神祇之所仇忌也。赖宗社灵长,庙算流远,洒涤尘埃,殄馘丑类,氛雾时靖,四门载清。当尔之时,义康贵不预参皇谋,均此休否哉。且陛下旧楚形胜,非亲勿居,遂以骠骑之号,任以藩夏之重,抚政南郢,绥民过寇,又寄之以和味,既居三事,又牧徐、扬,所以幽显齐欢,人神同抃。莫不言陛下授之为得,义康受之为是也。今如何信疑似之嫌,阙兄弟之恩乎。若有迷谬之愆,可贵之以罪,正可教之以善恶,导之以义方。且庐陵王往事,足以知今,此乃陛下前车之殷鉴,后乘之灵龟也。夫曾子之不杀,忠臣之笃誓;二告而犹织,仁王之令范。故《诗》云:无信人之言,人实不信。又云兄弟虽阋,不废亲也。《尚书》曰:'克明俊德。以亲九族。'九族既睦,可以亲百姓。兄弟安可弃乎。

"臣伏愿陛下上寻往代黜废之祸,下惟近者谗言之衅。庐陵王既申冤魂于后土,彭城王亦弭疑愆于宋京,岂徒皇代当今计,盖乃良史万代之美也。且谄谀难辨,是非易默,福始祸先,古人所畏。故爱身之士,自为己计,莫不结舌杜口,孰肯冒忌干主哉。臣以顽昧,独献微管,所以勤勤恳恳,必诉丹诚者,实恐义康年穷命尽,奄忽于南,遂令陛下有弃弟之责。臣虽微贱,窃为陛下羞之。况书言记事,史岂能屈典谟而讳哉?脱如臣虑,陛下恨之何益。杨子云:获福之大,莫先于和穆;遘祸之深,莫过于内难。每服斯言,以为警戒。矧今睹王室大事,岂得韬笔默尔而已哉。臣将恐天下风靡,离间是惧,遂令宇内迁观,民庶革心,欲致康哉,实为难也。陛下徒云恶枝之宜伐,岂悟伐之伤树,乃往古之所悲,当今所宜改也。陛下若荡以平听,屏此猜情,垂讯菩菩之谋,曲察狂瞽之计,一发非意之诏,逮访博古之士,速召义康返于京甸,兄弟协和,君臣缉穆,息宇内之讥,绝多言之路,如是则四海之望塞,谗说之道消矣。何必司徒公、扬州牧,然后可以安彭城王哉。若臣所启违宪,于国为非,请即伏诛,以谢陛下。虽复分形赴镬,煮体烹尸,始愿所甘,岂不幸甚。"

表奏,即收付建康狱,赐死。

会稽长公主,于兄弟为长,太祖至所亲敬。义康南上后,久之,上尝就主宴集甚欢,主起再拜稽颡,悲不自胜。上不晓其意,自起扶之。主是:"车子岁暮,必不为陛下所容,今特请其生命。"因恸哭。上流涕,举手指蒋山是:"必无此虑。若违今誓,便是负初宁陵。"即封所饮酒赐义康,并书曰:"会稽姊饮宴忆弟,所余酒今封送。"车子,义康小字也。

二十二年,大子詹事范晔等谋反,事逮义康,事在《晔传》。有司上曰:"义康昔擅国权,恣心凌上,结朋树党,苞纳凶邪。重衅彰著,事合明罚。特遭陛下后爱深圣,敦惜周亲,封社不削,爵宠无贬。四海之心,朝朝之议,咸谓皇德虽厚,实桡典刑。而义康曾不思此大造之德,自出南服,诡饰情貌,外示知惧,内实不悛。穷好极欲,干请无度。圣慈含弘,每不折旧,矜释屡加,恩畴已住。而阴敦行李,方启交通之谋,潜资左右,以要死士之合。崎岖伺隙,不忘窥窬。时犹隐妨,罚止仆侍。狂瘝之性,永不惩革,凶心遂成,悖谋仍构。远投群丑,千里相结,再议宗社,重窥鼎祚。赖陛下至诚感神,宋历方永,故奸事昭露,罪人斯得。周公上圣,不辞同气之刑;汉文仁明,无隐从兄之恶。况义康衅深二叔,谋过淮南,背亲反道,自弃天地。臣等参议,请下有司削义康王爵,收付廷尉法狱治罪。"诏特宥大辟。于是免义康及子泉陵侯允、女始宁、丰城、益阳、兴平四县主为庶人,绝属籍,徙付安成郡。以宁朔将军沈邵为安成公相,领兵防守。义康在安成读书,见淮南厉王长事，废书叹曰："前代乃有此，我得罪为宜也。"

二十四年，豫章胡诞世、前吴平令袁恽等谋反，袭杀豫章太守桓隆、南昌令诸葛智之，聚众据郡，复欲奉戴义康。太尉录尚书江夏王义恭等奏曰："投畀之言，义著《雅》篇，流殛之教，事在《书》典。庶人义康负衅深重，罪不容戮。圣仁不忍，屡加迟回，宥其大辟，赐迁近甸，斯乃至爱发天，超邈终古。曾不遇怨甘引，而谗言同众，狠悖缴幸，每形辞色，内宣家人，外动民听，不逞之族，因以生心。胡诞世假窃名号，构成凶道。杜渐除微，古今所务，况祸机骤发，庸可忽乎。臣等参议，宜徙广州远郡，放之边表，庶有防绝。"奏可，仍以安成公相沈邵为广州事。未行，值邵病卒，索虏来寇瓜步，天下扰动。上虑异志者或奉义康为乱，世祖时镇彭城，累启宜为之所，太子及尚书左仆射何尚之并以为言。二十八年正月，遣中书舍人严龙赍药赐死。义康不肯服药，曰："佛教自杀不复得人身，便随宜见处分。"乃以被掩杀之，时言四十三，以侯礼葬安成。

六子：允、肱、询、昭、方、昙、辨。允初封泉陵县侯，食邑七百户。昭、方并早夭。允等留安成，元凶得志，遣杀之。

世祖大明四年，义康女玉秀等露板辞曰："父凶灭无状，孤负天明，存荷优养，没蒙加礼，明罚羽山，未足来力法。乌鸟微心，昧死上诉，乞及葬旧坟，糜骨乡壤。"诏听，并加资格。前废帝永光元年，太宰江夏王义恭表曰："臣闻忝祖远支，犹或虑亲，降霍省序，义重令戚。故严道疾终，嗣启方宇，阜陵怨屏，身迳选晚恩。窃惟故庶人刘义康首昧奸回，自贻非命，沉魂漏籍，垂诚来典。运革三朝，岁盈三纪，天地改朔，日月再升，陶形赋气，咸蒙更始。义康妻息漂没，早违盛化，众女孤弱，永沦黔首。那情原衅，本非己招，感事哀荼，俯增伤咽。敢缘陛下圣化融泰，春泽覃被，慈育群生，仁被泉草。实希洗肩，还齿帝宗，则施及陈荄，荼施朽壤。臣特凭国私，冒以诚表，尘触灵威，伏纸悲悖。"太宰表如此，公缘情追远，览以憎慨。昔淮、楚推恩，胙流支胤，抑法私亲，古今成准。使以公表付外，依旨奉行。故泉陵侯允横罹凶虐，可特为置后。"太宗泰始四年，复绝属籍，还为庶人。

【译文】

彭成王刘义康，年龄十二岁，宋尚书台除受他督豫、司、雍、并四州诸军事、冠军将军、豫州刺史。这时，高祖武帝镇抚寿阳，被起用到朝廷辅佐朝政，留刘义康代替镇抚寿阳。又领任司州刺史，进任督徐州钟离、荆州义阳诸军事。永初元年，武帝册封为彭城王，赐食邑三千户，进封号右将军。二年，调任监南豫州、豫州、司州、雍州、并州五州诸军事、南豫州刺史，右将军官职不变。三年，升任使持节、都督南徐州、兖州二州、扬州晋陵诸军事、南徐州刺史，将军官职不变。太祖登上皇帝增赐食邑二千户，进受封号骠骑将军，加受散骑常侍，赐给鼓吹一部。寻即又加赐天府仪同三司。元嘉三年，改授都督荆州、湘州、雍州、溧州、益州、宁州、南秦州、北秦州八州诸军事、荆州刺史，赐给斑剑三十人，持节、常侍、将军职不变。刘义康少年便聪明有观察能力，等到他任职一方的镇抚时，职责事务都治理得有条不紊。

元嘉六年，司徒王弘上表，认为刘义康应该还京师入朝辅佐朝政。被起用为侍中、都督扬州、南徐州、兖州三州诸军事、司徒、录尚书事，领平北将军、南徐州刺史，持节与以前相同。二府一并设置佐领兵，与王弘共同辅佐朝政。王弘原本有很多疾病，而且每次遇到事情要决断就推诿、谦让给刘义康，从此开始，朝廷内外的所有事务，都一并由刘义康决断。太子詹事刘湛有经纶国家朝政的才能。刘义康以前督抚豫州时，刘湛作他的长史。刘义康与刘湛素有交情，因此，这时刘义康将心事委任于刘湛而特别地依重他。人物不论雅俗、朝廷的事情不分大小，没有一人一事不向他咨询。由此，刘义康先后相继在寿阳、司州、豫州、荆州任职为朝廷藩臣，建立了许多好的政绩，被远近的臣民称道。元嘉九年，王弘去世，刘义康又领扬州刺史。那一年，太妃去世，刘义康解除侍中职务，辞退班剑。元嘉十二年，又领任太子太傅，恢复侍中、班剑。

刘义康生性喜欢为官任吏，专一于文书，案牍。分辨是非，纠正谬误，没有一次不精到曲尽情理。他已经专权，总揽朝廷大政。凡事都由他自己决定，生杀予夺之类的大事，只依照录命来断定。凡是百官呈送文帝刘义隆的陈辞、奏章，只要进送入宫，没有一件不准奏。凡是三公以下的奏章、陈辞，一并委托刘义康授理裁夺。从此开始，朝廷内外，百官长史，都围绕刘义康的指挥转，就像车轮的轴辋，上有爪以凑毂，下有菑以指枒，权势倾动天下。刘义康处理朝政，也自强不息，没有懈怠，不知疲倦。每天早晨，府门外常有数百乘车等待进见，即使是位职很低的小人物，都被引荐接见。而且他的聪明才识有超过常人的地方。只要听说一遍，他就能记住。经常是偶然遇到的东西，便终生不会忘记。在大庭广众中间，常显示他所记忆东西，用以表示他的聪明，大家因此而更加推崇信服他。爱惜官爵，不曾有过用官阶、爵秩徇私的行为，凡是在朝廷的人，只要有才能可以任用的人，他都将他们安排在自己的府中试用。没有忤道的行为，就引渡作台官。自此以后，在他手下的人都乐意为他竭尽全力履行职责，没有人敢于有欺瞒负心的行为。太祖患有虚痨的疾病，卧床顿顿已经有好几年，每次心中有所想法，就感觉到心里疼痛象撕裂了腑脏一样，相关的经脉都受到牵痛。刘义康入寝宫料理文帝就医吃药，尽心尽意地侍奉保护，所有汤药饮食，不经自己的口尝过，就不让文帝吃。有的时候连续几偏重不睡觉，终日不脱衣服；宫廷内外的事情，都由他一个人决定后实行。十六年，进位升任大将军领司徒职务，受任为掾属。

刘义康原本没有术数学问，不识大体。自称与文帝是最亲的兄弟，不再存在君主与臣子的关系，全按他自己的心意行事，文帝对他不曾有过猜忌和防备。刘义恭自行在府上设置了僮部六千多人，不把这件事告诉朝廷的台省。各方面贡献、馈赠给朝廷的物资，都选其中的上品给刘义康，反而用其中次一等的供文帝使用。文帝曾经在冬天吃柑子，感叹柑子的形状味道都小好，刘义康在旁边陪坐，说："今年的柑子很少有形状味道都好的。"派人回刘义康居住的东府取柑子，选取大为三寸的供文帝使用。尚书仆府殷景仁被太祖宠爱，与太子詹事刘湛历来很好，但是，他的兴趣爱好因为年龄大而衰减。刘湛经常想借用刘义康作太宰辅佐朝政的权力取代殷景仁，殷景仁受到文帝刘义隆的保护，刘义康多次进言都没有被采纳，刘湛更加愤恨他。南阳刘斌，是刘湛的宗室长辈。因为有涉世才学，被刘义康所了解，从司徒右长史提升为右长史。从事中郎琅玡人王履、主簿沛郡人刘敬文、祭酒鲁郡人也胤秀一齐因为是刘义康的左右手下而得以进入文帝寝宫，他们看到太祖刘义隆病得很厉害，都说应当确立长君。文帝曾经生命处在危险阶段时，让刘义康起草诏命。刘义康返还尚书省，流着眼泪将事情告诉了刘湛和殷景仁。刘湛说："天下的事情艰难不好办，怎能是年幼的君主统治得了？"刘义康、殷景仁都不回答。而孔胤秀等人到尚书仪曹那里去查阅东晋成帝司马衍在咸康年间不立康帝司马岳的旧事，刘义康不知道他们这件事。太祖病情好转，稍微听到了这件事的消息。而刘斌等人既然受到刘义康的宠幸,而且威势与权力都在宰相刘义康一方,常常想改变朝廷的君主,让皇帝的位置归属刘义康。于是就相互勾结,结朋成党,从旁观察台省宫禁中的人,倘若有谁尽忠文帝,报效朝廷,不与他们自己同道合志的,一定捏造罪名,使之遭受不幸,以罪名罢免。多次收集殷景仁的短处,或者虚构捏造与他们意见不统一的事实告诉刘湛。从此开始,文帝刘义隆与宰相刘义康之间的权势出现了分裂,朝廷内外的灾难已经在酝酿中。

刘义康想任命刘斌作丹阳尹。按照自己先想好的理由将这事启奏太祖,先述说刘斌家庭财用不足情况。文帝观察到了刘义康的意思,刘义康话没说完,文帝刘义隆说:"命他去吴郡任职。"后来会稽郡太守羊玄保要求还京师,刘义康又想任命刘湛去接替他。又启奏太祖说:"羊玄保想还京师,没想好任命谁去任会稽太守。"皇帝这时没有想好要拟任的人选,仓促地说:"我已想好任命王鸿。"从元嘉十六年开始,不再巡幸东府。文帝因为与刘义康的猜忌、隔阂造成了,即将降大祸于刘义康等人。元嘉十七年十月,收捕刘湛,把他交给廷尉准备治罪,服罪被杀。又杀刘斌和大将军录事参军刘敬文、贼曹参军孔邵秀、中兵参军邢怀明、主簿孔胤秀、丹阳丞孔文秀、司空从事中郎司马亮、乌程令盛昙泰等人。移居尚书库部郎何默子、余姚令韩景之、永兴令颜遥、刘湛弟弟、黄门侍郎刘素、刘斌弟弟给事中刘温于广州,王履被免职居住在家里。孔胤秀开始在书记的职位上被启用,逐渐参与了朝廷的机密要务,孔文秀、孔劭秀都是他的哥哥。司马亮、孔劭秀得到能够奏表文帝的地位,都是通过孔胤秀推荐的。邢怀明、盛昙泰由刘义康直接起用。何默子、韩景之、颜遥之,都是刘湛的党羽。

这天,为了侦伺与事件有关的人,文帝刘义隆宣命刘义康进宫住宿,暂时住在中书省。这天夜里,分别逮捕了刘湛等人。青州刺史杜骥统兵屯驻在殿里面,用以防止非常事件的出现。派人宣布,告谕人民刘湛等人因为犯罪而被诛杀。刘义康上表文帝,请求退位说:"我从小受到祖先的保护,十二岁任职为朝廷命宦,受封的爵位超过了正常的标准。当今文帝加恩泽于我,以我为宗室亲族而与我和睦相处,使我兄弟之亲而得到隆兴。爱护我,而忘记了我的鄙陋,加宠并大力抬高我。任职总领朝廷内外的大事,兼有台、辅的地位。没有能够严正自己,统率好手下,用以肃穆百官。只想到自己亲近,忘记了法度,渐渐地习以为常,及至没有觉察到过失已经出来。竟至于损毁人物和褒扬人物,名分与实际相违背,赏赐与惩罚荒谬不经,滥施于人。由于我才识浅薄,任职重大,以至于给朝廷造成困扰。现在虽然有罪的人已经被杀戮,被搅乱的王政之道得到了澄清,但是,养贻过失,纳藏污垢,责任在于我。我战战兢兢向你鞠躬请罪,就好象掉入了深渊沟壑之中,还有什么心思和脸面,再继续安守你给我的荣宠呢。就此请求解除我的所有职务,在我私有的住宅中等待治罪。"改授给刘义康都督江州诸军事、江州刺史职务,持节、侍中、将军职位同以前一样,出京师镇抚豫章。停止执行公务十多天,桂阳侯刘义融、新喻侯刘义宗、秘书监徐湛之前往慰问探视刘义康。省视文书案牍,随便处在下处。文帝刘义隆对这种结局,唯有悲哀恸哭,更没有多的话可说。文帝又派沙门释慧琳去看望他,刘义康说:"我还有没有悔过自新的可能?"释慧琳说:"可惜你没有读百卷书"。征虏司马萧斌,以前是被刘义康亲近的人,刘斌等人忌恨他受到刘义康的宠爱,谗毁他,让刘义康斥退了他。刘义康就任命萧斌为咨议参军,领豫章太守,事情不论大小,都委请他裁夺。司徒主簿谢综,原本是刘义康的亲信,任命他作记室参军。刘义康手下敬爱怀念他的人,一起随从他去了豫章。辞让江州刺史职务,得到允许,增加了督广州、兖州、湘州始兴诸军事的职务。资财俸禄优惠丰厚,赐他通过信函与朝廷保持联系,朝廷的国家大事,都书报给他知道。刘义康没有失败时,东府听事殿前的井水忽然涌出来,野雉和江鸥飞集到了他原来居住的斋前。

龙骧参军巴东扶令育抵达殿下,送上表奏给皇帝说:

"我曾经听说明哲的君主不反对有悖于圣旨的谏争,而且将谏事当作是扩大自己见识的一种途径;作为君主的臣子,不害怕自己被杀和家族受到牵连的处罚,将能够全部说出自己的心里话当作是一种忠诚。因为这一缘故,周昌敢地极力在皇帝面前谏争,冯唐当着皇帝的面陈述奏折,西汉孝惠帝刘盈所以能够巩固太子的地位,魏尚所以能够恢复职守,到云中赴任。这两位臣子难道是喜欢与君主作对,与时势相违,以至冒犯君主的尊颜,不看君主的脸色行事? 西汉爰盎进谏孝文帝说:'淮南王刘长若在路上遇上生病死了,那么皇上就担受了杀死弟弟的恶名。又怎么办呢?'孝文帝不听,后悔但是已经晚了。我出生草莽之间,属于地位卑微的下等臣子,自不置力,敢象向日葵跟着太阳一样的残民诉说我赤诚的心思,敬仰爱慕《周易》中所说的"匪躬"的志慨。因此从不远六千里的地方来京师,希望有机会得以当面述说有关任命徒侣佐率的事,谨慎地贡献丹心愚诚,请求垂青于我,对我的话须予审察,择善采纳。

当今皇上躬亲朝政,总理大事,万物滋生都要得于你首肯。王道风化,通达于四面八方,天、地、人一定顺应客观的规律,拓宽了天人相通的道路,开放了王道教化的大门。搜求有特殊才能的隐逸之士于岩穴洞之间,招募罕世少有的英杰于偏远的陋巷中。即道路不通达的山谷中没有白马驹被遗落而引颈长嘶,高不可攀的峰岳上再没有宝藏被丢弃而嗟叹。岂止是罗捕高飞的猛禽于天空,网捉沉渔于深海?何况彭城王刘义康,是先朝皇帝亲爱的儿子,是陛下的次弟呢? 一旦犯了过失,被罢黜职务,削减封赐,遣送到南方边陲的豫章。使他应受的恩泽被隔绝在朝廷内部,形体被阻塞在偏僻的远方。以至亲之尊远离圣明的君主,以万金之躯而被放逐在朝廷之外。草木无情,黎民百姓无不替他痛心疾首。我追忆景平元嘉以来的祸乱,几乎危及朝廷倾覆。徐羡之、傅亮、谢晦三位大臣受武帝的信赖,担当起了辅佐少帝事关王朝兴废的大事,暗中怀有不臣事于少帝刘义符的阴谋。朝廷台辅机关之间,伺机朝政互相攻讦于京师,势力强盛的楚国偷偷地窥视宋朝国柄。他们有的人包藏祸心,企图窃国篡夺皇位;有的人尊显自己,违反王法,欺凌君主。百姓生灵为之惶恐不安,先祖列宗的神灵为之愤恨忌恶。依靠先宗社稷的神灵,庙祭不至于绝祀,还能够流畅致远。打扫庙宇,涤除尘埃,歼灭丑恶的败类,使气氛澄清,阴霾驱净,时事得到顺延,宫殿四门得到畅通。当那个时候,刘义康难道不是远离丑恶的败类,预先骠骑将军的封号,授予他以佐辅华夏朝廷的重任,用以和顺幽远的蛮荒之地,不致产生叛乱和灾害。陛下的恩泽德润,广布九州,岂止是南国荆州的百姓得到滋润呢?于是就召请他入朝,授给他宰相辅佐朝政的大位,又在太祖皇帝刘义隆生病的时候,入宫侍医和药,已经身兼三职,还兼为南徐州、扬州刺史,凭借他的治理,上下齐欢,万民同乐,人与神都拍手称快。没有谁不说任命了应该任命的人,刘义康就是受任作了这种应该任命的人。现在,怎么能够相信猜疑的心理是真事,就生嫌隙,断绝兄弟之间的恩情呢?倘若有迷失方向,招谬致误的过失,可以责罚他的罪过。矫正他还能够矫正的错误,改恶从善,引导他走向正确的道路。而且借鉴庐陵王刘义真在以前发生的事,足以知道今天应该怎么做。这也就是文帝要借鉴的殷纣灭亡于无道的所谓前车之鉴,后事之师。那曾子倘若不要因忠而被杀害,那么忠于朝廷的臣子就会忠心耿耿地为朝廷谋划;再作陈述而犹如罗列经纬,仁德君王的命令也就有个规范。因此《诗经》说:'不是忠实可靠的人的话,实在不值得让人相信。'又说兄弟之间虽然有了隔阂,但是不废亲属。《尚书》说:'能够明智,德性美好,就能使宗室九族亲睦。'宗室九族已经和睦了,就可以使万民百姓互相亲近。万民百姓尚且要亲近,兄弟怎么可以抛弃分离呢?

我诚恳地希望陛下能向前借鉴历史上各朝代因为罢黜免废不当而造成的祸乱,就近要避免谗言构毁的灾害。庐陵王刘义真既然已经在他死后为他申明了冤屈,安慰了冤魂,彭成王刘义康也是遭受猜疑而受过在宋代朝廷,为他矫枉过正,使他重新位隆于朝,岂止是为皇朝当代考虑的大事,而且是历史上万代称誉的美事。谄媚阿谀之言难于辨别,是是非非容易混淆,往往是福禄开始在灾祸的前面,自古以来,让人感到害怕。因此,珍惜自己的人,自己为自己打算,没有谁不约束自己的舌头,闭住自己的嘴巴,有谁愿意冒犯禁忌,干扰君主而招杀身默职的祸呢?我因为顽固不化,愚昧无知,独自敬献我微不足道的一管这见。之所以勤勤恳恳,一定诉说丹心愚诚的原因,实在是担心刘义康遭受性命穷尽之不测,让他掩尸于南国,让你担受抛弃弟弟的责任。我虽然地位低下,为人卑贱,但是也会私下里替皇上羞愧这件事。何况书籍记言写事崇尚真实,历史怎么能够敢于屈辱典籍而为你的过错避讳禁忌呢?假使事情发展真的象我担心的那样,到时候陛下后悔可惜又有什么用呢?扬子云说:'得到福分最大的,没有什么能够在和穆的前面;遭受祸害最深的,没有一种能够超过内部造成的灾难。我常常叹服这话,引以为自己的警戒。何况现在看到王室中的大事,难道却限制自己的笔墨?我担心的是天下人会借机风起云涌,害怕的是相互离间为敌,于是迫使大家居无确定的地方,百姓庶人心摇动,你想再要平安无事,实在是很难了。陛下曾说树上生长不好的枝丫要砍掉,怎么会想到砍枝丫就会伤及树干。这是自古以来所以为之悲哀的,当今所以应该改变这种做法。陛下倘若要改变因平时听到什么而生产的看法,抛弃因此而滋生的猜忌情绪,垂青讯问我这村野樵夫的谋划,委屈至尊审察我这狂妄而有眼无珠的人计策,我认为只要下一道出其不意的诏书,寻访通今博古有才识的人,迅速召请刘义康返回京都,兄弟协调和睦,君与臣的关系澄清肃穆,平息宇宙之内的讥讪,绝灭议论的口实。如此,那么四海之内的各种非分之想就没有了,谗言构毁的途径也就杜绝够让刘义康心安理得呢?倘若我所启奏的有违王法,于国家不利,请你立即杀了我,用以向你谢罪。如此,我虽然受到了分解肢体,赴就镂刮,烹煮尸体的处罚,也是我一开始就心甘情愿的事,难道不是非常幸运!"

表奏上呈后,立即被逮捕,交付给建康狱关押,赐他死。

会稽长公主,年龄比刘义隆、刘义康兄弟都大,太祖对她亲近尊敬。刘义康被迁徙到南国去后,隔了很长时间,文帝在长公主那里宴饮,非常欢快,公主起身,向文帝行三次叩头拜谢礼,悲哀不能自己禁止。文帝不知道她的意思,亲自起身挽扶她。公主说:"车子到了今年底,一定不会被陛下所容纳了,今天只求你还给他性命,不让他死。"因此悲恸大哭。文帝流泪,举手指着蒋山说:"一定不能有如公主那样的忧虑,倘若违背了今天的誓言,我便因为这件事还背叛了先祖的初宁陵!"随即密封他们所饮的酒,赐给刘义康,并在封条上写道:"会稽姊在饮宴中怀念弟弟,所饮剩余的酒今天封送。"车子,是刘义康的小字。

元嘉二十二年,太子詹事范晔等人谋反,事情牵涉到刘义康。事情记录在《范晔传》。

有司奏请文帝刘义隆说："刘义康过去专擅国家朝政,恣意凌辱文帝,私结朋友,树立党羽,包庇凶恶邪险之人。重罪昭彰,著称朝廷内外,他所犯的罪恶值得明确处罚。只因他受到陛下的仁爱非常深厚,有碍于对宗室亲戚的珍惜,封给他的食邑不曾削减,赐给他的爵位和他受到的宠爱没有贬损。四海之内的黎民百姓,朝廷内外的议论,都说陛下的德仁虽然宽厚,但是屈辱了国家制度和刑法。而刘义康不曾思考过加给他的伟大的恩德。自从出京师,到南国去居住,巧妙地装扮自己的表面现象,对外表现出他已经知道恐惧王法,内心没有悔过。穷尽他自己的爱好,极尽他的思欲,耽于享受,没有限度。纯洁的慈爱达到了容忍宽宏的程度,每次封授赐予不折夺以前给予的,而且矜高他好的方面,开释他的过错,屡次加赐,用以赐恩酬赏他的过去。而他不但没受明罚,反而备受加宠,暗中加紧行动,开启了联络反叛的阴谋,暗地资助他的手下,用以要约招请愿意为他效命死难的不义之徒。在暗地里伺机反赴,没有忘记窥探偷窃国家的权柄。时常在禁不住隐忍的情况下,罚止他手下的仆从。狂妄、暴疾的天性,永远没有改变。他的凶神恶煞的天性已经形成,背叛朝廷的阴谋没有放弃。投靠相隔遥远的那群丑恶的败类,千里结盟,再次议改宗室社稷,重又窥视朝廷的权柄,企图篡夺皇位。依靠皇上的最大的诚意,感动了神灵,使宋朝的年历能够延续下去,因此作奸犯科的事情得以失败暴露,范晔等有罪之人得到了惩处。周公且属于最上乘的圣人,但是奉守法度,就是同胞兄弟犯了法,也小免除刑罚。西汉文帝仁义明达,没有隐从兄长的罪恶。何况刘义康的罪恶比管教、蔡极大,他的阴谋超过了淮南王刘长的行为。背叛皇室宗亲,反对朝政王道,自暴自弃于天地之间。我们这些臣子参议,请陛下下诏给有司,削除刘义康的王爵,将他收捕交付廷尉法狱依法治罪。"下诏特别谅解,不予大辟受死罪。于是,免除刘义康王爵和他的儿子泉陵侯刘允的侯爵、女始宁、丰城、益阳、兴平四县县主,都为庶人,削除他们的封邑属籍,将刘义康迁徙、交付给安成郡。任命宁朔将军沈邵为安成公相,领兵看守。刘义康在安成郡读书消遣,读到淮南历王刘长的往事,扔下书感叹地说:"前代已经有此先例,我获罪受罚也是适宜的。"

二十四年,豫章胡诞世、原吴平令袁恽等人谋反,袭击杀害了豫章太守桓隆、南昌令诸葛智之,聚集兵众,占领了郡县,又想要拥戴刘义康为皇帝。太尉录尚书江夏王刘义恭等人奏说:"有关投赐方面的事,意思都写在《小雅》上,流放或者殊灭的条款,事情载录在《尚书》。平民刘义康负罪深重,但是罪大还不至于要受戮杀。圣上宽仁,不忍杀戮,屡次要加罪给他却迟疑回避,原谅他不受大法而死,恩赐他,将他迁居在近京的地方。这乃是发自上天的最大的仁爱,这种仁爱超越了遥远的先代,往古不曾有过。但是刘义康不能引咎自责,改过自新,而且听信他人的谗言,戾悖缴幸。每每有形于辞色,就在家人中广为传布,对外扰动民众的视听。于宗族中不事检点,用以滋生不满的情绪。胡诞世假借了的名号,构成凶恶,实施叛逆。防微杜渐,是古往今来的不曾废弃的要务。何况祸端刚刚出现,能够容许忽视慎言慎事吗?我们这些臣子参议,适宜将刘义康迁徙到远离京师的广州郡,将他放逐到边疆,有希望防止、杜绝他再行不满,滋生事端。"许奏。仍任命安成公相沈邵领广州郡事。还没行动,恰逢沈邵病死,索虏侵扰瓜步,天下为之动荡不安。文帝担心有异志不服朝命的人抑或要拥戴刘义康作乱。世祖这时镇守在彭城,经常动心要为刘义康安排适当的处所,太子和尚书左仆射何尚之一同进言,二十八年正月,派中书舍人严龙奉命带药赐刘义康死。刘义康不愿意吃药,说:"佛教中讲,自杀的人轮回转世时不能再获得人身。除自杀外,请随便给予处治。"随即用被具击杀了刘义康,死时四十三岁,按侯爵的丧礼安葬他的安成郡。

刘义康有六个儿子:允、肱、询、昭、方、昙辩。刘允开始受封为泉陵县侯,赐食邑七百户。刘昙、刘方一并早夭。刘允等人留住安成。刘劭叛乱得志时,派人杀害了他们。

世祖大明四年,刘义康的女儿玉秀等人写成公文公开,上表说:"父亲遭凶杀,死亡没有正常的形状。他曾独自一人,担负辅佐朝政于清明的年代,身系提荷朝野优养的大任,他死后不曾承蒙君上加礼。竟落得如此下场,即使是明法度于羽山,也未必能够正定王法。我以一点点尊念父母那样的卑微心肠,冒着受死的危险上诉,乞求返葬父亲于原来拟定的坟地,让尸骨糜烂在乡土上。"下诏准奏,并增加资财俸给。前废帝永光元年,太宰、江夏王刘义恭上表说:"我听说有幸居于亲族的人,犹或思念自己的亲属;受贬抑的霍氏,虽然省简了爵秩官序,重义气而顾念令亲。因此,严道因病面死,他的后代能够被启用于方宇之间,阜陵过错很大,身遇晚恩。我私自以为平民刘义康过去因作科犯奸,自己遭受了死于非命的惩处,沉没魂灵,漏削属籍,用以垂诫未来的典籍。他经历了宋朝三代的沿革,他死后已经满了三年,天地轮回,盈朔更改,日月变化,陶冶形体,赋存气数,都要承蒙更易重新开始。刘义康妻子、儿子、女儿漂泊无踪,早已远离了盛世的王道风化,几个女儿孤苦羸弱,长期沦为黎民百姓。她们的这些遭遇,都起因于刘义康的原罪,并非是他们自己招致。感怀这些事情,哀怜他们的孤独无依,不由自主俯身增加伤感而悲咽。胆敢缘请陛下将圣人的仁德化布天下,将春天的雨露广播万物,慈爱养育广大的黎民百姓,仁义散布至于泉边的野草。内心希望皇恩沐浴他们,洗净他们的罪愆,还归于宗室,那么恩泽就施及到了陈旧的根上,荣宠深入到了腐尸变成的土壤里。我特意忩籍国家宗室的私情,冒昧将诚心表白,譬昔日尘埃触到了灵感,伏案在奏章的纸上,悲哀又害怕。"下诏说:"太宰刘义恭的表奏是这样,你缘亲情追忆得很远,我览读之后,添了感慨。过去淮、楚推恩,恩胙流布支亲,超越法律,用以表彰亲族的感情,古代与今天都有准则。让有关部门将你的表奏公布出去,依表奏的意思实行。原宗陵侯刘允横遭刘劭杀害,可以特地为地安置后嗣,继承侯爵。"明帝泰始四年,又绝灭他们的属籍,恢复了他们的草民身份。

范晔传

【题解】

范晔(398~445年),字蔚宗,顺阳(今河南淅川东)人,南朝著名的史学家。一生著作甚丰,流传至今的只有一部《后汉书》。今本《后汉书》帝、后纪十卷和列传八十卷,出于范晔之手;八志三十卷则为萧梁刘昭取司马彪《续汉书》之志所补。就他所手著的部分而论,确实贯彻了他提出的"正一代得失"的宗旨。在书中不少篇章中,范晔多能从实际出发议论东汉政治得失,颇具史家识见。但全书突出"忠义"思想,流露出了他的封建正统思想和士族意识。《后汉书》是在自东汉以来十家东汉史书的基础上著成的,取材广博,经范晔删削,做到了"简而且周,疏而不漏"(刘知几《史通·补注》),受到了历代史家的赞许，与《史记》《汉书》《三国志》合称为"前四史"。但《后汉书》中对儒学和谶纬神学大肆渲染，尤其是其中对天命神符、术士推步、神鬼怪异的宣扬，则是此书的糟粕，也是不容掩盖的。

【原文】

范晔字蔚宗，顺阳人，车骑将军泰少子也。母如厕产之，额为砖所伤，故以砖为小字。出继从伯弘之，袭封武兴县五等侯。

少好学，博涉经史，善为文章，能隶书，晓音律。年十七，州辟主簿，不就。高祖相国掾，彭城王义康冠军参军，随府转右军参军，入补尚书外兵郎，出为荆州别驾从事史。寻召为秘书丞，父忧去职。服终，为征南大将军檀道济司马，领新蔡太守。道济北征，晔惮行，辞以脚疾，上不许，使由水道统载器仗部伍。军还，为司徒从事中郎。顷之，迁尚书吏部郎。

元嘉九年冬，彭城太妃薨，将葬，祖夕，僚故并集东府。晔弟广渊，时为司徒祭酒，其日在直。晔与司徒左西属王深宿广渊许，夜中

范晔给宋文帝弹奏琵琶

酣饮，开北牖听挽歌为乐。义康大怒，左迁晔宣城大守。不得志，乃删众家后汉书为一家之作。在郡数年，迁长沙王义欣镇军长史，加宁朔将军。兄暠为宜都太守，嫡母随暠在官。十六年，母亡，报之以疾，晔不时奔赴。及行，又携妓妾自随，为御史中丞刘损所奏，太祖爱其才，不罪也。服阕，为始兴王濬后军长史，领南下邳太守。及濬为扬州，未亲政事，悉以委晔。寻迁左卫将军、太子詹事。

晔长不满七尺，肥黑，秃眉须。善弹琵琶，能为新声。上欲闻之，屡讽以微旨，晔伪若不晓，终不肯为上弹。上尝宴饮欢适，谓晔曰："我欲歌，卿可弹。"晔乃奉旨。上歌既毕，晔亦止弦。

初，鲁国孔熙先博学有纵横才志，文史星算，无不兼善。为员外散骑侍郎，不为时所知，久不得调。初熙先父默之为广州刺史，以赃货得罪下廷尉，大将军彭城王义康保持之，故得免。及义康被黜，熙先密怀报效，欲要朝廷大臣，未知谁可动者，以晔意志不满，欲引之。而熙先素不为晔所重，无因进说。晔外甥谢综，雅为晔所知，熙先尝经相识，乃倾身事综，与之结厚。熙先藉岭南遗财，家甚富足，始与综诸弟共博，故为拙行，以物输之。综等诸年少，既屡得物，遂日夕往来，情意稍款，综乃引熙先与晔为数。晔又与戏，熙先故为不敌，前后输晔物甚多。晔即利其财宝，又爱其文艺。熙先素有词辩，尽心事之，晔遂相与异常，申莫逆之好。始以微言动晔，晔不回，熙先乃极辞譬说。晔素有闺庭论议，朝野所知，故门胄虽华，而国家不与姻娶。熙先因以此激之曰："丈人婚，为是门户不得邪？人作犬豕相遇，而丈人若谓朝廷相待厚者，何故不与丈人欲为之死，不亦惑乎？"晔默然不答，其意乃定。

时晔与沈演之并为上所知待，每被见多同。晔若先至，必待演之俱入，演之先至，尝

独被引，晔又以此为怨。晔累经义康府佐，见待素厚。及宣城之授，意好乖离。综为义康大将军记室参军，随镇豫章。综还，申义康意于晔，求解晚隙，复敦往好。晔既有逆谋，欲探时旨，乃言于上曰："臣历观前史二汉故事，诸蕃王政以讠乇诅幸灾，便正大逆之罚。况义康奸心衅迹，彰著遐迩，而至今无恙，臣窃惑焉。且大梗常存，将重阶乱，骨肉之际，人所难言。臣受恩深重，故冒犯披露。"上不纳。

熙先素善天文，云："太祖必以非道晏驾，当由骨肉相残。江州应出天子。"以为义康当之。综父述亦为义康所遇，综弟约又是义康女夫，故太祖使综随从南上，既为熙先所奖说，亦有酬报之心。广州人同灵甫有家兵部曲，熙先以六十万钱与之，使于广州合兵。灵甫一去不反。大将军府史仲承祖，义康旧所信念，屡衔命下都，亦潜结腹心，规有异志。闻熙先有诚，密相结纳。丹阳尹徐湛之，素为义康所爱，虽为舅甥，恩过子弟，承祖因此结事湛之，告以密计。承祖南下，申义康意于萧思话及晔，云："本欲与萧结婚，恨始意不果。与范本情不薄，中间相失，傍人为之耳。"

有法略道人，先为义康所供养，粗被知待，又有王国寺法静尼亦出入义康家内，皆感激旧恩，规相拯拔，并与熙先往来。使法略罢道，本姓孙，改名景玄，以为臧质宁远参军。熙先善于治病，兼能诊脉。法静尼妹夫许耀，领队在台，宿卫殿省。尝有病，因法静尼就熙先乞治，为合汤一剂，耀疾即损。耀自往酬谢，因成周旋。熙先以耀胆干可施，深相待结，因告逆谋，耀许为内应。豫章胡遵世，藩之子也，与法略甚款，亦密相酬和。法静尼南上，熙先遗婢采藻随之，付以笺书，陈说图谶。法静还，义康饷熙先铜匕、铜镊、袍段、棋奁等物。熙先虑事泄，鸩采藻杀之。湛之又谓晔等："臧质见与异常，岁内当还。已报质，悉携门生义故，其亦当解人此旨，故应得健儿数百。质与萧思话款密，当仗要之，二人并受大将军眷遇，必无异同。思话三州义故众力，亦不减质。郡中文武，及合诸处侦逻，亦当不减千人。不忧兵力不足，但当勿失机耳。"乃略相署置，湛之为抚军将军、扬州刺史，晔中军将军、南徐州刺史，熙先左卫将军，其余皆有选似。凡素所不善及不附义康者，又有别簿，并入死目。

熙先使弟休先先为檄文曰：

夫休否相乘，道无恒泰，狂狡肆逆，明哲是殛。故小白有一匡之勋，重耳有翼戴之德。自景平肇始，皇室多故。大行皇帝天诞英姿，聪明睿哲，拔自藩国，嗣位统天，忧劳万机，垂心庶务，是以邦内安逸，四海同风。而比年以来，奸竖乱政，刑罚乖淫，阴阳违舛，致使衅起萧墙，危祸萃集。贼臣赵伯符积怨含毒，遂纵奸凶，肆兵犯跸，祸流储宰，崇树非类，倾坠皇基。罪百泜、獾、过十玄、莽，开辟以来，未闻斯比。率士叩心，华夷泣血，咸怀亡身之诚，同思糜躯之报。

湛之、晔与行中领军萧思话、行护军将军臧质、行左卫将军孔熙先、建威将军孔休先，忠贯白日，诚著幽显，义痛其心，事伤其目，投命奋戈，万殒莫顾，即日斩伯符首，及其党与。虽豺狼即戮，王道惟新，而普天无主，群萌莫系。彭城王体自高祖，圣明在躬，德格天地，勋溢区宇，世路威夷，勿用南服，龙潜凤栖，于兹六稔。苍生饥德，亿兆渴化，岂唯东征有《鸱鸮》之歌，陕西有勿翦之思哉。灵祇告征祥之应，谶记表帝者之符，上答天心，下惬民望，正位辰极，非王而谁。

今遣行护军将军臧质等，赍皇帝玺绶，星驰奉迎。百官备礼，骆驿继进，并命群帅，镇戍有常。若干挠义徒，有犯无贷。昔年使反，湛之奉赐手敕，逆诚祸乱，预睹斯萌，令宣示朝贤，共拯危溺。无断谋事，失于后机，遂使圣躬滥酷，大变奄集，哀恨崩裂，抚心摧哽，不知何地，可以厝身。辄督厉尪顿，死而后已。

熙先以既为大事，宜须义康意旨，晔乃作义康与湛之书，宣示同党曰：

吾凡人短才，生长富贵，任情用己，有过不闻，与物无恒，喜怒违实，致使小人多怨，士类不归，祸败已成，犹不觉悟，退加寻省，方知自招，刻肌刻骨，何所复补。然至于尽心奉上，诚实幽显，拳拳谨慎，惟恐不及，乃可恃宠骄盈，实不敢故为欺罔也。岂苞藏逆心，以招灰灭，所以推诚自信，不复防护异同，率意信心，不顾万物议论，遂致谲巧潜构，众恶归集。甲奸险好利，负吾事深；乙凶愚不齿，扇长无赖；丙、丁趋走小子，唯知谄进，伺求长短，共造虚说，致令祸陷骨肉，诛戮无辜。凡在过衅，竟有何征，而刑罚所加，同之元恶，伤和枉理，感彻天地。

吾虽幽逼日苦，命在漏刻，义慨之士，时有音信。每知天文人事，及外间物情，土崩瓦解，必在朝夕。是为衅起群贤，滥延国家，夙夜愤踊，心腹交战。朝之君子及士庶白黑怀义秉理者，宁可不识时运之会，而坐待横流邪。除君侧之恶，非唯一代，况此等狂乱罪骱，终古所无，加之翦戮，易于摧朽邪。可以吾意宣示众贤，若能同心奋发，族裂逆党，岂非功均创业，重造宋室乎？但兵凶战危，或致侵滥，若有一豪犯顺，诛及九族。处分之要，委之群贤，皆当谨奉朝廷，动止闻启。往日嫌怨，一时豁然，然后吾当谢罪北阙，就戮有司。苟安社稷，瞑目无恨。勉之勉之。

二十二年九月，征北将军衡阳王义季、右将军南平王铄出镇，上于武帐冈祖道，晔等期以其日为乱，而差互不得发。于十一月，徐湛之上表曰："臣与范晔，本无素旧，中忝门下，与之邻省，屡来见就，故渐成周旋。比年以来，意态转见，倾动险忌，富贵情深，自谓任遇未高，遂生怨望。非唯攻伐朝士，讥谤圣时，乃上议朝廷，下及藩辅，驱扇同异，恣口肆心，如此之事，已具上简。近员外散骑侍郎孔熙先忽令大将军府吏仲承祖腾晔及谢综等意，欲收合不逞，规有所建。以臣昔蒙义康接盼，又去岁群小为臣妄生风尘，谓必嫌惧，深见劝诱。兼云人情乐乱，机不可失，谶纬天文，并有征验。晔寻自来，复具陈此，并说臣论议转恶，全身为难。即以启闻，被敕使相酬引，究其情状。于是悉出檄书、选事及同恶人名、手墨翰迹，谨封上呈，凶悖之甚，古今罕比。由臣暗于交士，闻此逆谋，临启震惶，荒情无措。"诏曰："湛之表如此，良可骇惋。晔素无行检，少负瑕衅，但以才艺可施，故收其所长，频加荣爵，遂参清显。而险利之性，有过溪壑，不识恩遇，犹怀怨愤。每存容养，冀能悛革，不谓同恶相济，狂悖至此。便可收掩，依法穷诘。"

其夜，先呼晔及朝臣集华林东阁，止于客省。先已于外收综及熙先兄弟，并皆款服。于时上在延贤堂，遣使问晔曰："以卿粗有文翰，故相任擢，名爵期怀，于例非少。亦知卿意难厌满，正是无理怨望，驱扇朋党而已，云何乃有异谋。"晔仓卒怖惧，不即首款。上重遣问曰："枷与谢综、徐湛之、孔熙先谋逆，并已答款，犹尚未死，证据见存，何不依实？"晔对曰："今宗室磐石、蕃岳张跱，设使窃发侥幸，方镇便来讨伐，几何而不诛夷？且臣位任过重，一阶两级，自然必至。如何以灭族易此？古人云：'左手据天下之图，右手刿其喉，愚夫不为。'臣虽凡下，朝廷许其粗有所及，以理而察，臣不容有此。"上复遣问曰："熙先近在华林门外，宁欲面辨之乎？"晔辞穷，乃曰："熙先苟诬引臣，臣当如何？"熙先闻晔不服，笑谓殿中将军沈邵之曰："凡诸处分，符檄书疏，皆范晔所造及治定。云何于今方作如此抵蹋邪。"上示以墨迹，晔乃具陈本末，曰："久欲上闻，逆谋款著，又冀其事消弭，故推迁至今。负国罪重,分甘诛戮。"

其夜,上使尚书仆射何尚之视之,问曰:"卿事何得至此?"晔曰:"君谓是何?"尚之曰:"卿自应解。"晔曰:"外人传庾尚书见憎,计与之无恶。谋逆之事,闻孔熙先说此,轻其小儿不以经意。今忽受责,方觉为罪。君方以道佐世,使天下无冤。弟就死之后,犹望君照此心也。"明日,仗士送晔付延尉。入狱,问徐丹阳所在,然后知为湛之所发。熙先望风吐款,辞气不桡,上奇其才。遣人慰劳之曰:"以卿之才,而滞于集书省,理应有异志。此乃我负卿也。"又诘责前吏部尚书何尚之曰:"使孔熙先年将三十作散骑郎,那不作贼。"

熙先于狱中上书曰:"囚小人猖狂,识无远概,徒徇意气之小感,不料逆顺之大方。与第二弟休先首为奸谋,干犯国宪,螫脍脯醢,无补尤庆。陛下大明含弘,量苞天海,录其一介之节。猥垂优逮之诏。恩非望始,没有遗荣,终古以来,未有斯比。夫盗马绝缨之臣,怀璧投书之士,其行至贱,其过至微,由识不世之恩,以尽驱命之报,卒能立功齐、魏,致勋秦、楚。囚虽身陷祸逆,名节俱丧,然少也慷慨,窃慕烈士之遗风。但坠崖之木,事绝升跻,覆盆之水,理乖收汲。方当身膏铁钺,诒诚方来,若使魂而有灵,结草无远。然区区丹抱,不负凤心,贪及视息,少得申畅。自惟性爱群书,心解数术,智之所周,力之所至,莫不穷揽,究其幽微。考论既往,诚多审验。谨略陈所知,条牒如故别状,愿且勿遗弃,存之中书。若囚死之后,或可追存,庶九泉之下,少塞崋责。"所陈并天文占侯,谶上有骨肉相残之祸,其言深切。

晔在狱,与综及熙先异处,乃称疾求移考堂,欲近综等。见听,与综等果得隔壁。遥问综曰:"始被收时,疑谁所告?"综云:"不知"。晔曰:"乃是徐童。"童,徐湛之小名仙童也。在狱为诗曰:"祸福本无兆,性命归有极。必至定前期,谁能延一息。在生已可知,来缘尽无识。好丑共一丘,何足异枉直。凯论东陵上,宁辨首山侧。虽无嵇生琴,庶同夏侯色。寄言生存子,此路行复即。"

晔本意谓入狱便死,而上穷治其狱,遂经二旬,晔更有生望。狱吏因戏之曰:"外传詹事或当长系。"晔闻之惊喜,综、熙先笑之曰:"詹事尝共畴昔事时,无不攘袂瞋目。及在西池射堂上,跃马顾盼,自以为一世之雄。而今扰攘纷纭,畏死乃尔。设令今时赐以性命,人臣图主,何颜可以生存。"晔谓卫狱将曰:"惜哉!蕹如此人。"将曰:"不忠之人,亦何足惜。"晔曰:"大将言是也。"

将出市,晔最在前,于狱门顾谓综曰:"今日次第,当以位邪?"综曰:"贼帅为先。"在道语笑,初无暂止。至市,问综曰:"时欲至未?"综曰"势不复久。"晔既食,又苦劝综,综曰:"此岂病笃,何事强饭?"晔家人悉至市,监刑职司问:"须相见不?"晔问综曰:"家人以来,幸得相见,将不暂别。"综曰:"别与不别,亦何所存?来必当号泣,正足乱人意。"晔曰:"号泣何关人?向见道边亲故相瞻望,亦殊胜不见。吾意故欲相见。"于是呼前。晔妻先下抚其子,回骂晔曰:"君不为百岁阿家,不感天子恩遇,身死固不足塞罪,奈何枉杀子孙。"晔干笑云罪至而已。晔所生母泣曰:"主上念汝无极,汝曾不能感恩,又不念我老,今日奈何?"仍以手击晔颈及颊,晔颜色不怍。妻云:"罪人,阿家莫念。"妹及妓妾来别,晔悲涕流涟,综曰:"舅殊不同夏侯色。"晔收泪而止。综母以子弟自蹈逆乱,独不出视。晔语综曰:"姊今不来,胜人多也。"晔转醉,子蔼亦醉,取地土及果皮以掷晔,呼晔为别驾数十声。晔问曰:"汝恚我邪?"蔼曰:"今日何缘复恚,但父子同死,不能不悲耳。"晔常谓死者神灭,欲著《无鬼论》,至是与徐湛之书,云"当相讼地下"。其谬乱如此。又语人:"寄语何仆射,天下决无佛鬼。若有灵，自当相报。"收晔家，乐器服玩，并皆珍丽，妓妾亦盛饰，母住止单陋，唯有一厨盛樵薪，弟子冬无被，叔父单布衣。晔及子蔼、遥、叔蒌，孔熙先及弟休先、景先、思先、熙先子桂甫、桂甫子白民，谢综及弟约、仲承祖、许耀，诸所连及，并伏诛。晔时年四十八。晔兄弟子父已亡者及谢综弟纬，徙广州。蔼子鲁连，吴兴昭公主外孙，请全生命，亦得远徙，世祖即位得还。

晔性精微有思致，触类多善，衣裳器服，莫不增损制度，世人皆法学之。撰《和香方》，其序之曰："麝本多忌，过分必害，沉实易和，盈斤无伤。零藿虚燥，詹唐粘湿。甘松、苏合、安息、郁金、柰多、和罗之属，并被珍于外国，无取于中土。又枣膏昏钝，甲煎浅俗，非唯无助于馨烈，乃当弥增于尤疾也。"此序所言，悉以比类朝士："麝本多忌"，此庾炳之；"零藿虚燥"，比何尚之；"詹唐粘湿"，比沈演之；"枣膏昏钝"，此羊玄保；"甲煎浅俗"，此徐湛之；"甘松、苏事"，此慧琳道人；"沉实易和"，以自比也。

晔狱中与诸甥侄书以自序曰：

"吾狂衅覆灭，岂复可言，汝等皆当以罪人弃之。然平生行己任怀，犹应可寻。至于能不，意中所解，汝等或不悉知。吾少懒学问，晚成人，年三十许，政始有向耳。自尔以来，转为心化，推老将至者，亦当未已也。往往有微解，言乃不能自尽。为性不寻注书，心气恶，小苦思，便愦闷，口机又不调利，以此无谈功。至于所通解处，皆自得之于胸怀耳。文章转进，但才少思难，所以每于操笔，其所成篇，殆无全称者。常耻作文士。文患其事尽于形，情急于藻，义牵其旨，韵移其意。虽时有能者，大较多不免此累，政可累工巧图绩，竟无得也。常谓情志所托，故当以意为主，以文传意。以意为主，则其旨必见；以文传意，则其词不流。然后抽其芬芳，振其金石耳。此中情性旨趣，千条百品，屈曲有成理。自谓颇识其数，尝为人言，多不能赏，意或异故也。

性别宫商，识清浊，斯自然也。观古今文人，多不全了此处，纵有会此者，不必从根本中来。言之皆有实证，非为空谈。年少中，谢庄最有其分，手笔差易，文不拘韵故也。吾思乃无定方，特能济难适轻重，所禀之分，犹当未尽。但多公家之言，少于事外远致，以此为恨，亦由无意于文名故也。

本未关史书，政恒觉其不可解耳。既造《后汉》，转得统绪，详观古今著述及评论，殆少可意者。班氏最有高名，既任情无例，不可甲乙辨。后赞于理近无所得，唯志可推耳。博赡不可及之，整理未必愧也。吾杂传论，皆有精意深旨，既有裁味，故约其词句。至于《循吏》以下及《六夷》诸序论，笔势纵放，实天下之奇作。其中合者，往往不减《过秦》篇。尝共比方班氏所作，非但不愧之而已。欲偏作诸志，前汉所有者悉令备，虽事不必多，且使见文得尽，又欲因事就卷内发论，以正一代得失，意复未果。赞自是吾文之杰思，殆无一字空设，奇变不穷，同合异体，乃自不知所以称之。此书行，故应有赏音者。纪、传例为举其大略耳，诸细意甚多。自古体大而思精，未有此也。恐世人不能尽之，多贵古贱今，所以称情狂言耳。

吾于音乐，听工不及自挥，但所精非雅声，为可恨。然至于一绝处，亦复何异邪。其中体趣，言之不尽；弦外之意，虚响之音，不知所从而来。虽少许处，而旨态无极。亦尝以授人，士庶中未有一豪似者。此永不传矣。

吾书虽小小有意，笔势不快，余竟不成就，每愧此名。

晔自序并实，故存之。

蔼幼而整洁,衣服竟岁未尝有尘点。死时年二十。

晔少时,兄晏常云:"此儿进利,终破门户。"终如晏言。

【译文】

范晔字蔚宗,顺阳人,是车骑将军范泰的小儿子。他的母亲上厕所时生下他,他的额头被砖弄伤了,所以他以"砖"作为小字。他过继给伯父范弘之、袭封武兴县五等侯。

范晔从小好学,博览经史,善写文章,能写隶书,通晓音乐。他十七岁时,州里辟召他为主簿,他没有去。曾任高祖刘裕的相国掾彭城王义康的冠军参军,随府又转任右军参军。入朝补任尚书外兵郎,出任荆州别驾从事史,不久又召回朝任秘书丞,因父亲去世而卸职。服丧期满,他担任了征南大将军檀道济的司马,兼任新蔡太守。檀道济北征,范晔害怕随行,借口脚有疾病,皇上不允许,让他由水路统率船队装载武器北上。军队回来以后,范晔担任司徒从事中郎,旋即升任为尚书吏部郎。

元嘉九年冬天,彭城太妃逝世了。将要安葬的时候,设奠祭那天晚上,官员故旧都集中在东府。范晔的弟弟广渊,当时为司徒祭酒,那一天正好值日。范晔与司徒左西属王深在广渊的府中住宿,夜里二人畅饮,打开北面的窗户听挽歌取乐。义康大怒,贬范晔为宣城太守。范晔不得志,于是删削数家《后汉书》为一家之作。范晔在宣城待了好几年,才升任长沙王刘义欣的镇军长中,又加官为宁朔将军。范晔之兄范昌担任宜都太守,其生母跟随范昌在所任上。元嘉六年,他们的母亲去世了,但遣人报告范晔却只说母亲有病,范晔没有及时奔赴。等到范晔启程(去看望他母亲时),又携带了妓妾跟从,这件事被御史中丞刘损上奏了,太祖爱范晔的才华,没有降罪。为母服丧期满后,范晔担任了始兴王刘濬的后军长史,兼任南下邳太守。刘濬理扬州,没有亲自过问政事,都委托给范晔。不久范晔又升任左卫将军、太子詹事。

范晔高不超过七尺,又胖又黑,没有眉毛和胡须。他善于琵琶,能够作曲。皇上想听范晔的弹奏,多次委婉地表达这一要求,范晔却假装听不懂,最终也不肯为皇上弹奏。皇上曾经在一次宴会上很快活,便对范晔说:"我想唱歌,你来伴奏。"范晔才依旨(而为皇上弹奏)。皇上唱完了,范晔也停止了弹奏。

当初,鲁国的孔熙先博学有纵横的才志,文史星算的学问,没有不精通的。他担任员外散骑侍郎,不被当时的人所了解,很久得不到晋升。早些时候孔熙先的父亲孔默之担任广州刺史,因为贪污财货犯罪交廷尉审理,大将军彭城王义康担保而维护他,孔默之才得免于罪。到义康被废为王的时候,孔熙先暗怀报效之心,想联合朝廷大臣(为义康求情),但不知道可以说动谁,认为范晔有不满情绪,便想引范晔以为伍。但是孔熙先一直不被范晔看重,所以没有借口去说服范晔。范晔的外甥谢综,因文雅而为范晔看重,孔熙先曾经与谢综认识,就使出全身解数与谢综周旋,与谢综的友情日益深厚。孔熙先凭借在岭南为官和剩余财产,家境十分富足,开始与谢综的弟弟们赌博,故意表现得赌技低劣,以物品输给他们。谢综等诸位少年,既然多次得到物品,便白天黑夜地和孔熙先往来,情意渐渐融洽,谢综就领着孔熙先与范晔赌博。范晔又与孔熙先游戏(赌博),孔熙先故意装着不是范晔的敌手,前前后后输给范晔很多东西。范晔既贪图孔熙先的财宝,又爱他的文艺才华。孔熙先平时就善于文辞,尽心尽意地顺从范晔,范晔于是与他异常友好,甚至申明两个是莫逆之交。孔熙先开始用婉转的言语劝说范晔,范晔不理睬,他就多方譬喻。范晔从来有在朝廷议论的习惯,朝野闻名,所以他的门第虽然高贵,但国家不与他联姻。孔熙先因此用这件事激怒范晔说:"范先生若说朝廷待先生厚的话,为什么不与先生联姻,而使先生得不到尊贵的门户呢?别人只把(与先生相处)看作狗与猪相遇,而先生却想为此而舍生忘死,不令人感到困惑吗?"范晔沉默不答,他(帮助孔熙先)的决心已经下定了。

当时范晔与沈演之同被皇上当作知心,接见都受到同等待遇。范晔若先到,一定要等沈演之来了才一起入内。有一次沈演之先到,就独自被引见了,范晔对此事有怨气。范晔多次担任义康的府佐,义康待他一向优厚。自从范晔被贬到宣城太守之后,两人意见和喜好就有了分歧。谢综担任义康大将军记室参军,随义康镇守豫章。谢综回朝时,申述义康的意向,请求范晔消除两人之间的不和,恢复往日的友好关系。范晔既有了违背朝廷的想法,想探明皇上的旨意,就对皇上说:"臣历观前代史和两汉的故事,诸藩王为政如以妖言诅咒企图侥幸嫁祸于人,就要正以大逆之罚。何况义康的奸心叛迹,已远近彰著,但至今他没有受到任何惩罚,臣私下里感到困惑。而且大的梗涩经常存在的话,必将加重阶级次序的混乱,即使是骨肉之间,也是很难说的。臣受恩深重,所以冒犯皇上披露此事。"皇上不采纳范晔的意见。

孔熙先平时对天文有研究,他说:"太祖必定是逝世于非命,是骨肉相残造成的。江州应当出天子。"认为义康正应这句话。谢综的父亲谢述也为义康所知遇,谢综的弟弟谢约又是义康的女婿,所以太祖命谢综相随从南方来。谢综受到孔熙先的夸奖,也有酬报孔熙先的意思。广州人周灵甫有家兵,孔熙先给了他六十万钱,让他在广州集结。但周灵甫一去了就没再回来。大将军府史仲承祖,是义康原来就信任照顾的人,他多次在建业任职,也暗中勾结心腹,图谋不轨。仲承祖听说孔熙先有诚意,就秘密地联合起来。丹阳尹徐湛之,一直受到义康的钟爱,他们之间虽然是舅甥关系,但恩情超过了儿子和兄弟,仲承祖因此结识事奉徐湛之,告诉了他秘密的计划。仲承祖南下,向萧思话和范晔说明义康的意思。他说:"本来想与萧家通婚,只恨原先的打算没有实现。与范晔本来情意不薄,中途相互分离,这是别人挑拨的罢了。"

有一位法略道人,原先受义康供养,大体上被义康当作知心看待;又有王国的法静尼也在义康家里出入,他们都感激旧恩,相约互助,并与孔熙先往来。义康让法略道人还俗;法略道人本姓孙,还俗后改名景玄,任命他为臧质的宁远参军。孔熙先善于治病,兼能诊脉。法静尼的妹夫许耀,领着队伍在宫中,宿卫殿省。许耀曾经有病,因为法静尼的关系就到孔熙先那里去请求治疗,孔熙先为他开了一剂药,许耀的病就好多了。许耀自己去孔熙先那里酬谢,因此相互间就有了来往。孔熙先因为许耀的胆识才干可以利用,就与他深交,乘便告诉了谋反的事,许耀答应作为内应。豫章的胡遵世,是胡藩的儿子,他与法略道人相处甚为融洽,也秘密地相互应和。法静尼南上,孔熙先就派遣婢女跟着她,交给她文书牋牒,陈说图谶。法静回来后,义康赏赐孔熙先铜匕首、铜镜、袍段、棋奁等物。孔熙先忧虑谋反的事被泄漏,就用毒酒杀了采藻。徐湛之又对范晔等人说:"臧质发现了异常情况,年内一定回来。已经告诉臧质了,让他(回来时)把全部的门生故友带回来。他也应当理解这样做的意图,所以应该从他那儿得到数百健儿。臧质与萧思话相处融洽,一定会凭借这一关系邀请萧思话。他们两个人都受到大将军义康的眷遇,必然没有与大将军不同的意见。萧思话在三州的朋友和拥有的力量,也不会比臧质少。郡中的文武官员，和各处侦察、巡逻之人，也应当不少于一千人。不忧虑兵力不足，但应注意勿失时机罢了。"于是大体进行了官员的安排，徐湛之为抚军将军、扬州刺史，范晔为中军将军、南徐州刺史，孔熙先为左卫将军，其他人都有相应的职务考虑。凡平时不与义康交好及不附从义康的人，又有别簿登录；一并都纳入了处死的名单。

孔熙先让他弟弟孔休先提前写了篇檄文。他写道：

休美和否塞彼此战胜，天道没有永远使人安泰的，疯狂凶暴肆意横逆，明智的办法是将其诛灭。所以齐公子小白有一匡天下的功勋，晋公子重耳有尊戴辅翼周王的德行。自从景平年开始，皇室多故。（而在此之前，）宋武帝（刘裕）天生英姿，聪明睿哲，拔自藩国，承继大位统治天下，忧劳于万机，尽心于庶务，因此国内安定闲适，四海之内齐声歌唱。但从景平年以来，奸臣和宦官乱政，刑罚滥施，阴阳颠倒，致使祸起萧墙，危难萃集。贼臣赵伯符积怨含恨，遂纵奸凶，驱兵阻截皇上，祸及百官，推崇行为不正之人，顷刻之间就坠坏了帝王的基业。他的罪百倍于寒浞和他的儿子豷，过错十倍于刘玄和王莽，开天辟地以来，没有听说过有谁能与他相比的。全国民众捶胸，无论中华和国外的人都为之泣血，都怀着献身的忠诚，同思以身报国。

徐湛之、范晔与行中领军萧思话、行护军将军臧质、行左卫将军孔熙先、建威将军孔休先，忠心贯白日，诚意显幽微，出于正义而感到痛心，不忍目睹事态的恶化，舍命奋戈，不顾万死，即日就要斩掉赵伯符的首级，扫荡他的党羽。虽然豺狼就要就戮，帝王的大业即将更新，但普天之下无人主宰，民众就无所依循。彭城王是高祖的骨肉，圣明充满了他的身体，德行感通天地，功勋盈溢于宇宙，道路险阻曲直，在南方得不到发挥才干的条件，龙潜凤栖，到现在已经六年了。苍生如饥盼望德政，民众渴求变化，难道仅仅是周公东征时才有《鸱鸮》之歌，只有陕西有对召公的那种思念之情吗？神灵转告了祥瑞的征兆，谶记表示出了为帝者的事像，对上报答天心，对下满足民望，登位为帝，不是（义康）王又是谁呢！

现在派遣护军将军臧质等人，捧着皇帝的玉玺衣绶，星驰奉迎。百官完全按照礼节，络绎继进，并且命令群帅，按照原来的规矩镇戍各地。若有干扰正义之人，只要有行动就将严惩不贷。前些年徐湛之奉皇上的手命，先就告诫过防止祸乱，预先就看见了动乱的苗头，皇上令他向朝中的贤人们说明这一情况，要求他们共拯危难。但是有谋无断，失去了后发制人的机会，才使皇上受到了摧残，风云突变，哀痛悔恨天崩地裂，抚心哽咽，不知何地，可以安身。我们将即时督促激励受到挫折的队伍，（为拥戴彭城王为帝）死而后已。

孔熙先认为既然发动了这一重大事件，应该有义康的意旨，于是范晔假造了一封义康给徐湛之的信，并在同党中宣布。这封信说：

我是个凡夫俗子、缺才少能，生长在富贵之家，根据个人的好恶随意处理事情，有过错不听人规劝，对事物没有恒定的看法，喜和怒都与事实违逆，致使小人多怒，士人不归附于我。灾祸和失败已成为事实了，还不觉悟，细加检讨反省，方知是自己造成的，痛苦犹如渗肌刻骨，有什么可以再弥补我的过错？但是如果说到尽心侍奉皇上，忠诚贯注细枝大节，那么我拳拳谨慎，唯恐做不到，因此这样才能恃宠骄盈，所以我不敢故意欺骗诬蔑皇上。岂能包藏逆心，招致毁灭？所以我推诚自信，不再顾忌与皇上的旨意是否相同；全心全意根据忠心办事，不顾及众人的议论，这样一来，就导致了逸言和陷害的暗伏，多种罪恶都归附在我的身上。有人奸险好利，在一些事情上有负于我；有人凶愚不为人所齿,只擅长无赖的行径;还有些人是趋炎附势的小人,只知道谄媚以求升官,这些人都伺机寻找我的不是,共同造谣诬蔑,致使灾祸加于骨肉,诛戮殃及无辜。他们所说的罪过,究竟有什么根据?(一点也没有。)但是刑罚所加,把被陷害的人都看成元凶。这种伤害亲人和气违背事理的事,使天地都为之动容。

我虽然被幽禁逼迫每日都很痛苦,生命只在旦夕之间,但有正义感的士人,时常有音信来告。每次得知天文与人事(相应),及外面的社会状况,就相信国家土崩瓦解,必定是朝夕间的事了。于是我为群贤被祸、国家遭难的事,日夜愤怒不安,思想斗争很激烈。身在朝廷的君子及一般士人百姓中深明义理的人,宁可不识时务天运而坐待奸邪横行吗?除掉君王身边的邪恶之人,不只是哪一个朝代的事,何况如今这批狂乱罪恶之人,是自古以来都没出现过的,剪灭他们,比摧枯拉朽还容易呢。可以把我的意思告诉众位贤人,若能同心奋发,将逆党灭族,难道这不是与创业同样的功劳,重新造就了宋室吗?兵是凶事,战争危险,也许有过份的地方,但如果有哪一位豪杰违背大的方向,就要诛灭他的九族。处分的大权,就委托诸位贤人,(凡有所处分)都应恭谨地申报朝廷,一切举动都要奏明皇上,往日的嫌疑怨恨,都会因此而豁然明白,然后我当到朝廷谢罪,到府衙接受杀头的惩处。假如我的举动能安定社稷,即使死也无所怨恨。请诸位贤人努力、再努力。

元嘉二十二年九月,征北将军衡阳王义季、右将军南平王铄出就本镇,皇上到武帐冈这个地方为他们践行,范晔等人准备就在那一天发动动乱,但因安排上出现了差错没能发动。这一年的十一月,徐湛之上表说:"我和范晔,原本没有旧交,只不过都忝列朝迁,和他有事务上的联系,他屡次来我处,所以渐渐有了些来往。近一年来,他的思想和行动都有变化的表现,用心险恶,追求富贵,自己说没有受到重用和信任,于是产生了埋怨。他不仅仅是攻击朝廷官员,讥讽诽谤圣明的当世,还对上议论朝廷,对下议论各地的藩王,煽动有相同和不同看法的人,任意攻击,这一类的事情,都已经完全写在前次的材料上了。近来员外散骑侍郎孔熙先忽然命令大将军的府史仲承祖按范晔及谢综等人的意思,想集合不逞之徒,计划有所大举动。因为臣下我过去蒙受过义康的照顾,又因为去年一群小人为臣的事闹得乌烟瘴气,认为朝廷必然嫌弃我,就多次劝说诱惑我。他们顺便还说现在人们希望动乱,机不可失;谶纬和天象,都有征兆。不久,范晔亲自来找我,再次陈述了这些话,并且说对臣下我的议论变得很险恶了,为了保全自己应当参加作乱。我立即就把此事上奏了,被命令相互揭发,弄清情况。于是我将檄书、选人的事、参加人的姓名、文书手迹都拿出来,谨慎地封好上呈皇上。他们凶狠背叛的程度,古今都没有比得上的。由于臣下我对接交士人看得不清楚,所以得知了这一叛逆的阴谋。在这揭发的时候,我感到震惊和惶恐,思绪混乱,手足无措。"宋文帝下诏说:"徐湛之上表所说的一切,实在令人惊骇惋惜。范晔平素行为不检点,小有过恶,但因他才艺可用,所以收纳他的长处,频繁地给他荣耀的爵位,使他参与高洁显要的事务。但他不惜采用一切手段追求自己利益的本性,其欲望比溪谷沟壑还大,不认识已经给予他的恩惠待遇,还心怀怨愤。朕每次都怀着容忍、培养他的心意,希望他能改过自新,没想到他同恶人勾结在一起,狂妄悖乱到如此地步。现在可以将他收监,依法加以彻底审问。"

这一天夜里,先传呼范晔和朝臣们在华林东阁聚集,在客省休息。这时候,早就在外面将谢综及熙先兄弟收监,并使他们一条一条地服罪了。这时候宋文帝在延贤堂,派使者问范晔说:"因为你略有文才,所以加以任用,名声和爵位都是你期望的,按常例给予的待遇也没少给。朕也知道你的欲望难以满足，最多不过是产生些毫无道理的埋怨，在朋党中挑拨煽动而已。为什么有人说你图谋不轨？"范晔仓皇恐惧，不肯承认。皇上再次遣人问他说："你与谢综、徐湛之、孔熙先谋逆，他们都已经承认了，现在还没有处死，人证物证俱在，为什么不从实招认？"范晔回答说："如今宗室如磐石一样稳固，各藩分布跱立，就是下臣我从侥幸出发（发动叛逆），方镇立即就会来讨伐，待得了多少时候不被诛杀夷灭？而且下臣职位权力过于重大，再加一阶两级，自然是一定会实现的。为什么要用灭族之罪来取代我升官的前途呢？古人说：'左手控制着天下，右手去自刎其喉，就是傻瓜也不这样做。'下臣虽然平凡低下，但朝廷还赏识我有些长处，以理而论，下臣不会有这些（谋反的）事情。"皇上派人问他："孔熙先近在华林门外，你愿意当面对质吗？"范晔无话可说，就回答："孔熙先假如诬害臣下，臣下怎么办？"孔熙先听说范晔不服罪，笑着对殿中将军沈邵之说："（谋反的）诸事处置，瑞符、檄书等文件，都是范晔所写的或确定的。怎么现在如此抵赖呢。"皇上把墨迹给范晔看，范晔才原原本本把事情交代出来，他说："很久前就想把这事奏明圣上，但当时叛逆的阴谋还不明朗，又希望这事消解了，所以推迟到今天都没上报。我深负国恩罪恶深重，甘心接受诛戮。"

这天夜里，皇上派尚书仆射何尚之去看范晔，问他说："你怎么把事情弄到这个地步？"范晔说："先生认为是什么原因？"何尚之回答："先生自己应当分析得出。"范晔说："外面的人传说庾尚书被皇卜憎恶，我估量自己与他之间没有交恶。谋逆的事，我是听孔熙先说的，我认为他是个小孩，所以不以为意。现在突然受到责问，才知道这是罪过。先生您正在以正道佐世，使天下没有冤屈。弟接受死刑之后，还是希望先主按照此心办事。"第二天，仗士把范晔押送廷尉。被投入了监狱后，范晔问徐湛之现在哪里，然后才知道事情是徐湛之告发的。孔熙先见形势不妙才吐露出实情，但言辞气度不屈不挠，皇上惊奇他的才干，派人慰问他："以贤卿的才干，而滞留于集书省，理应有异心。这是我对不起您了。"皇上又诘问责备前吏部尚书何尚之说："让孔熙先快三十岁了还当散骑郎，哪有不做贼的！"

孔熙先在狱中上书说："囚怨小人孔熙先猖狂，没有远见，徒然凭意气感谢小恩，不估料逆顺的大义。我与二弟孔休先为这次奸谋的首犯，触犯了国法，把我们捣碎做菜、煮了晒成肉干，也不能减轻我们重大的罪恶。陛下心胸广大，量包四海，记得不值得一提的气节，就宽大地下了优待我的诏书。施恩并非是根据开始的行为，给予荣耀不遗漏该享有荣耀的人，自古以来，没有能与陛下相比拟的。盗马绝缨的臣下，怀璧投书的士人，他们的行为卑贱到极点了，但对他们的惩罚却很轻微，他们因此而认识得到了罕见的恩德，要舍身忘命加以报效，最后他们为齐、魏立了大功，为秦、楚建立了功勋。囚犯我虽然身陷祸国的叛逆，名节都丧失了，但少年时也曾慷慨激昂，私下里仰慕壮烈之士的遗风。然而悬附崖上的树木，事情到了绝境才想到长在高处，倒出盆的水，就没收回来的道理了。我马上就要血染斧钺，以我的结果告诫将来了，假若我的魂魄有灵，希望不要把我埋得太远。然而我区区尽忠的怀抱，没有辜负平素的心愿。原来我苟且偷生，很少有舒畅的时候，我天性喜爱读各种书籍，用心地去理解卜筮阴阳之类的道理，智慧所能包容的，力量所能达到的，没有不去穷尽收纳、探究它们深刻微妙的思想。考察已经过去的事情，天人相应的事实在太多了。谨略陈所知，用纸如实地另外写出来，希望姑且不要将它抛弃了，把它保存在中书。假如囚犯我死去之后，或者可以拿出来看，那么我在九泉之下，就稍微可以塞责了。"孔熙先所上陈的有天文、占候、谶纬的预言有骨肉相残之祸,其中的言语情深意切。

范晔在狱中,是与谢综、孔熙先分开囚禁的,就声称自己有病请求把自己移到离审讯室近些的地方关押,实际上是想接近谢综等人。监狱主管允许了范晔的要求,结果他得以关押在谢综等人的隔壁。他隔墙问谢综说:"开始被抓的时候,你怀疑是谁告发的?"谢综回答:"不知道。"范晔说:"就是徐童。"徐童,就是徐湛之;徐堪之的小名叫仙童。范晔在狱中写了首诗说:"祸福原本没有什么征兆,性命最终也有他的尽头。每个人都必将走向已定的死期,谁又能拖延气息一刻? 这一辈子的事已经全部知晓了,来生的缘分却暗昧迷茫昏黄明灭。美和丑都要一样埋进坟墓,哪里用得着去区分是非曲直? 难道要我去议论埋在东陵上的盗跖,我倒宁可去探究葬在首山的伯夷。我虽然不能弹出嵇康娴雅的琴声,也差不多能从容自若保持夏侯玄临刑那样的气色。现在还活着的人们呵,这一条生死之路你一起程就接近了它的终结。"

范晔原以为入狱后便会被处死,但皇上想彻底追查这一案件,于是过了二十天(还没被处死),他便产生了求生的欲望。狱吏因此和他开玩笑说:"外面传说可能把太子詹事您长期囚禁起来,(并不杀您)。"范晔听后又惊又喜。谢综、孔熙先笑他,说:"詹事和我们共同筹划过去的事的时候,没有不撺袖瞋目的。在西池的射堂上,您跃马顾盼,自以为是一世之雄。现在您思想混乱、左顾右盼,只不过是怕死罢了。假设而今皇上赐给您一条命(不杀您),为臣的应当为皇上谋划,您有什么脸面可以活下去呢。"范晔跟守卫监狱的将领说:"可惜啊! (您担任这种职务)玷污了您这个人。"这个将领说:"不忠的人,又有什么可惜。"范晔说:"大将您说得对。"

临到押出范晔等人到大街上问斩的时候,范晔走在最前面,走到监狱门口他回头看着谢综说:"今天就刑的顺序,是否该按职位高低为先后呢?"谢综回答:"反贼的头子应最先就刑。"一路上说说笑笑,没有一刻停止。到了行刑的地方,范晔问谢综:"时候到了没有?"谢综说:"看这阵势小会太久了。"范晔吃完了送行饭,又苦劝谢综吃,谢综说:"我(不想吃饭)这奇异的病太深沉了,为什么要强迫我吃饭呢?"范晔家里的人都到刑场来了,监刑官问范晔:"要与他们见见面吗?"范晔问谢综说:"家里人已经来了,有幸相见,您不打算与他们暂时告别吗?"谢综说:"告别与不告别,又有什么值得牵挂的? 他们前来告别必定要号哭,这足以把我的心弄乱。"范晔说:"号哭有什么关系? 刚才看见站在路边上的亲朋故友瞻望我们,也大大胜过不见他们。我的意思是(他们既已来了)就相见吧。"于是监刑官将他们的家里人叫到他们面前。范晔的妻子先低头抚摸着他儿子,后回头骂范晔说:"先生不为你年老的母亲考虑,不感戴天子的恩遇,你自己死了固然不足以抵罪,子孙们枉自被杀又如何对付!"范晔只是干笑,说罪已到达这个程度而已。范晔的生母哭着说:"皇上照顾你无微不至,你不能感恩,又不考虑我已经老了,今天有什么办法呢?"边说边用手打范晔的颈项和脸,范晔脸上没有惭愧之色。他的妻子又说:"你这个罪人,不要挂念你的母亲。"范晔的妹妹和妓妾来告别,范晔悲痛得泪水长流,谢综说:"舅舅太没有夏侯的气质了。"范晔停止了哭泣。谢综的母亲因为儿子和弟弟犯下叛逆大罪唯独她没有出现。范晔对谢综说:"姐姐今天不来,比别人强多了。"范晔变得沉迷,他的儿子范蔼也沉迷了,抓起地上的泥土和果皮掷向范晔,对着他一连叫了几十声"别驾"。范晔问他:"你怨恨我吗?"范蔼回答:"今天还有什么怨恨不怨恨,但是父子一起就死,不能不悲痛罢了。"范晔常常说死去的人精神也消灭了,想写《无鬼论》;到临死之前他给徐湛之写了封信,却说(要与徐湛之)"相讼地下",他就是如此地谬乱。范晔又曾跟人说:"请告诉何仆射,天下断然没有佛和鬼。如果有灵,自然当得以报复。"抄收范晔的家,乐器、衣服、玩物、都很珍贵华丽,妓妾也着力装饰,但他母亲住的地方却很简陋,只有一间厨房堆集柴火,侄儿女们冬天没被子,叔父只有布做的单衣。范晔和他的儿子范蔼、范遥、范叔蒌,孔熙先和他的弟弟休先、景先、思先、熙先,他的儿子桂甫、桂甫的儿子白民,谢综和他的弟弟谢约、仲承祖、许耀,一切被牵连的人,都受了死刑。范晔当时四十八岁,范晔的兄弟及他们的子女父亲已经逃亡了的和谢综的弟弟谢纬,被迁徙到了广州。范蔼的儿子范鲁连,是吴兴昭公主的外孙,请求保全性命,也得到了远徙他乡的结果,直到宋世祖即位后才得以回来。

范晔性情精细有思想,触类旁通,有多方面的才能,不论服装器物,没有不对原来的定式加以修改的,当时的人都效法他。他写了本《和香方》,这书的序言说:"麝本来忌讳就多,用过了量就一定有危害;沉实容易调和,就用满一斤也没伤害。零藿虚燥,詹唐粘湿。甘松、苏合、安息、郁金、棕多、和罗这类药,都是外国的好,不要使用中国的。又有枣膏这种药很昏钝,加上甲煎这种药太肤浅俗气,不但无助于增加它的馨香,而且更加重了它的缺点。"这篇序所说的,都是用药来比当时的在朝之士;"麝本多忌",是比庾炳之,"零藿虚燥",是比何尚之;"詹唐粘湿",是比沈演之;"枣膏昏钝",是比羊玄保;"甲煎浅俗",是比徐湛之;"甘松、苏合",是比慧琳道人;"沉实易合",是范晔自比。

范晔在狱中给他的甥侄们写了封信以自述经历:

我狂妄自大造成了灾祸以至于覆灭,难道还能说什么,你们都会把我当罪人看待而抛弃我。但我这一生我行我素,也有值得探寻的地方。至于我才能的长短,思想所理解的东西,你们或许不完全知晓。我小时候懒于学习,很晚才懂事,到三十多岁,才在政治上有了理想。自从那时候以来,我转向了心灵的陶冶,一直到将至老年,也没有停止。我常常有些微的心得,言语甚至都不能完全表达出来。我没有研究注释一类书籍的习惯,性情急躁,苦思一会儿,便烦乱困闷,口头表达又不顺畅,因此没有谈话的本领。至于我所彻底理解的地方,不过都是自得于胸怀的罢了。我的文章逐步有了长进,但才少思难,所以每次握笔所写成的文章,几乎没有完全称心如意的。我常常以作文士而感到羞耻。做文章的祸患在于把事情写得一览无余,迫切地在文辞中表达感情,因外加的东西影响了文章的主旨,因为囿于用韵而改变了原来想表达的意义。虽然时时有能干的人,大多数都免不了被以上的原因所拖累,这正如生硬地力求形似的绘画一样,最终表达不出自己的思想。我常常说文章是感情和志趣的寄托,所以写文章应当以意为主,以文传意。以意为主,文章的主旨就一定能得到体现;以文传意,文章的词语也会不同凡响。只有这样,文章在思想方面才能吐露芬芳,在语言方面才能达到金声玉振。这当中的情性旨趣,千条百品,委细曲直有现成的理论。我以为很理解其中的奥妙,曾经与人谈论,但多数人并不欣赏我的观点,这大约是意趣不同的缘故吧。

我懂得音调,能识别音乐的清浊,这是自然生成的。观古今文人,多数对此不完全明白,纵然有会意于此的,也不一定是天生就懂的。我说的话有事实为证,并不是凭空扯谈。在年轻人当中,谢庄最有音乐天分,(根据是他写的文章,)文气辞藻变化多端,并不拘泥于韵律。我想他写文章没有固定的方式,只是他能正确处理文章中的难点,合理摆

布轻重而已,但他所具有的天分,还是没能完全表现出来。然而他多数是为公家写文书,很少在公事之外开阔思想,他怨恨这种状况,也因为他对文名没有兴趣(所以他的天性没得到更好的发挥)。

我原本与史书无缘,只是对政治总觉得不可理解而有意于历史罢了。我写完了《后汉书》后,反过来对政治得到了把握,细看古今的著述及评论,大概很少有令人满意的。班固有名气,但他凭性情写作,没有一定的规范,不能给他什么地位。他《汉书》篇末的"赞"语几乎没有自己的思想,只有书中的"志"可以推崇。我写的《后汉书》在博赡方面赶不上《汉书》,但条理整齐未必有愧于它。我在各种传记中的议论,都有精意深旨,我有控制篇幅的意思,所以议论的词句写得简略。但自《循吏传》以下到《六夷传》各篇的序、论,笔势纵放,实在是天下的奇作。其中可以拿出来与杰作比较的,往往不逊色于贾谊的《过秦论》。曾经将全书与班固的《汉书》比,不仅仅只是不愧于它而已。我原想把所有的志都写完,《汉书》中所立的志目也让《后汉书》都具备,虽然事情不必多写,姑且使体裁得以完整也是可以的。又想因事在每卷书内发抒议论,以匡正一代的得失,这一意图也未实现。《后汉书》中的"赞"自然是我文章中所表达的杰出思想,几乎没有一个字是虚设的;它奇变无穷,相互配合,是自己都不知道该如何赞扬的绝作。《后汉书》流传开后,因为以上的优点应当赢得知音。纪和传按成例只是举其大略罢了,但《后汉书》纪、传中的细微的思想却很多。自古以来体大思精的著作,没有《后汉书》这样的。我怕世人不能完全理解它,因为他们多贵古贱今,所以尽情狂言罢了。

我对于音乐,欣赏的能力甚至抛都抛不掉,但是精通的不是严肃的音乐,这是我引以为恨的。然而(无论是通俗的还是严肃的音乐)都有同一的最高境界,又有什么不同的呢? 其中的形式趣味,言之不尽;弦外之意,虚响之音,不知道是从哪里流出来的。哪怕是一小段音乐,它的意义和表达方式也是无边无际的。我曾经把这些音乐原理教授给人,可惜士庶中没有一个特出的这种人。我的音乐造诣永远没有传授的机会了。

我的书信虽然表达了我很少很少的思想,但是因为写得不快,其余的事竟写不成了,我常常有愧于为你们叔辈的名分。

范晔写的这篇自序性质的信说的全是事实,所以将它存录在这里。

范蔼从幼小时就爱整洁,他穿的衣服穿一年也未尝有灰尘。他死的时候是二十岁。

范晔少年时,他的哥哥范晏经常说:"这小子追求利,最终要破败范家的门户。"结果真如范晏所说的一样。

颜延之传

【题解】

颜延之(384~456 年)字延年,琅琊临沂(今属山东)人,初为始安太守,永嘉太守,后宫主周子祭酒、光禄大夫等职。晋宋时期有名的诗人,与谢灵运并称为"颜谢"。

【原文】

颜延之字延年,琅玡临沂人也。曾祖含,右光禄大夫。祖约,零陵太守。父显,护军司马。

延之少孤贫,居负郭,室巷甚陋。好读书,无所不览,文章之美,冠绝当时。饮酒不护细行,年三十,犹未婚。妹适东莞刘宪之,穆之子也。穆之既与延之通家,又闻其美,将仕之,先俗相见,延之不往也。后将军、吴国内史刘柳以为行参军,因转主簿,豫章公世子中军行参军。

义熙十二年,高祖北伐,有宋公之授,府遣一庆变殊命,参起居,延之与同府王参军俱奉使至洛阳,道中作诗二首,文辞藻丽,为谢晦、傅亮所赏。宋国建,奉常郑鲜之举为博士,仍迁世子舍从。高祖受命,补太子舍人。雁门人周续之隐居庐山,儒学著称,永初中,徽诣京师,开馆以居之。高祖亲幸,朝彦毕至,延之官列犹卑,引升上席。上使问续之三义,续之雅仗辞辩,延之每折以简要,既连挫续之,上又使还自敷释,言约理畅,莫不称善。徙尚书仪曹郎,太子中舍人。

时尚书令傅亮自以文之美,一时莫及,延之负其才辞,不为之下,亮甚疾焉。庐陵王义真颇好辞义,待接甚厚,徐羡之等疑延之为同异,意甚不悦。少帝即位,以为正员郎,兼中书,寻徙员外常侍,出为始安太守。领军将军谢晦谓延之曰:"昔荀勖忌阮咸,斥为始平郡,今卿又为始安,可谓二始。"黄门郎殷景仁亦谓这曰:"所谓欲恶俊异,世疵文雅。"

延之之郡,道经汨潭,为湘州刺史张邵祭屈原文以致其意,曰:

恭承帝命,建违旧楚。访怀沙之渊,得捐佩之浦,弭节罗潭,舣舟汨渚,敬祭楚三间大夫屈君之灵。

兰薰而摧,玉贞则折。物忌坚芳,人讳明洁。曰若先生,逢辰之缺。温风迨时,飞霜急节,赢、芊遘纷,昭、怀不端,谋折仪、尚,贞蔑椒、兰。身绝郢阙,迹遍湘干。比物荃荪,连类龙鸾。声溢金石。志华日月,如彼树芬,实颖实发。望汨心欷,瞻罗思越。借用可尘,昭忠难阙。

元嘉三年,羡之等诛,徵为中书侍郎,寻转太子中庶子,顷之,领步兵校尉,赏遇甚厚。延之好酒疏诞,不能斟酌当世,见刘湛、殷景仁专当要任,意有不平,常云:"天下之务,当与天下共之,岂一人智所能独了!"辞甚激扬,每犯权要。谓湛曰:"吾名器不升,当由作卿家吏。"湛深恨焉,言于彭城王义康,出为永嘉太守。延之甚怨愤,乃作五君咏以述竹林七贤,山涛、王戎以贵显被黜,咏嵇康曰:"鸾翮有时铩,龙性谁能驯。"咏阮籍曰:"物故不可论,涂穷能无恸。"咏阮咸曰:"屡荐不入官,一麾乃出守。"咏刘伶曰:"韬精日沉饮,谁知非荒宴。"此四句,盖自序也。湛及义康以其辞旨不逊,大怒。时延之已拜,欲黜为远郡,太祖与义康诏曰:"降延之为小邦不政,有谓其在都邑,岂动物情,罪过彰著,亦士庶共悉,直欲选代,令思愆里间。犹复不悛,当驱往东土。乃志难恕,自可随事录治。殷刘意咸无异也。"乃以光禄勋车仲远代之。延之与仲远世素不协,屏居里巷,不豫人间者七载。中书令王球名公子,遗条事外,延之慕焉。球亦爱其材,情好甚款。延之居常罄匮,球辄赡之。晋甚思皇后葬,应顺百官,湛之取义,熙元年除身,以延之兼侍中,邑吏送札,延之醉于地曰:"颜延之未能事生。焉能事死!"

闲居无事，为《庭诰》之文。今删其繁辞，存其正，著于篇。曰：

庭诰者，施于闺庭之内，谓不远也。吾年居秋方，虑先草木，故遽以未闻，诰尔在庭。或立履之方，规鉴之明，已列通人之规，不复续论。今载咸其素蓄，本乎性灵，而致之心用，夫选言务一，不尚烦密，而于于备议者，盖以纲诸情非。古语曰得为者罗之一目，而一目之罗，无时得鸟矣。此其积意之方。

道者识之公，情者德之私。公通，可以使神明加响；私塞，不能令妻子移心，是以昔之善士者，必捐情反道，合公屏私。

寻尺之身，而以天地为心。数纪之寿，常以金石为量。观夫古先垂戒，长老馀论，虽用细制，每以不朽见铭；缮筑末迹，咸以可久承志。况树德立义，收族长家，而不转经远乎。

曰身行不足遗之后人。欲求子孝必先慈，将责第悌务为友。虽老不待慈，而慈固植孝；悌非期友，而友亦立悌。

夫和之不备，或应以不和；犹信不足焉，必有不信。倘知恩意相生，情理相出，可使家有参、柴，人皆由、损。

夫人居德本，外夷民誉，言高一世，处之逾默，器重一时，礼之滋冲，不以所能干众，不以所长议物，渊泰入道，与天为人者，士之上也。若不能遗声，欲人出己，知柄在虚求，不可校得，敬慕谦通，畏避矜踞，思广监择，从其远猷，文理精出，而言称未达，论问宣藏，而不居身，此其亚也。若乃闻实之为贵，以辩画所克，见声之取荣，谓争夺可护，言不出于户牖，自以为道义久立，才未信于仆妾，而曰我有以过人，于是感苟锐之志，驰倾解决之望，岂悟已持有识之裁，人修家之诚乎。记所云"千人所指，无病自死者也。行近于此者，吾不愿闻之矣"。

凡有知能，预有文论，若不练之庶士，校之群言，通才所归，前流所与，为得以成名乎。若呻吟于墙室之内，喧嚣于党辈之间，窥议以迷寡闻，姐语以敌要说，是短算所出，而非长见所上。适值尊朋临座，稠览博论，而言不入于高德，人见弃于众视，则慌若迷途失偶，厌如深夜撤烛，衔声茹气，腆默而归，岂识向之夸慢，祇足以成今之沮丧邪。此固少壮之废，尔其戒之。

夫以怨诽为心者，未有达无心救得丧，多见诮耳。此盖臧获之内，岂识量之为事哉。是以德声令气，愈上每高，忿言怼议，每下愈发。有尚于君子者，宁可不务勉邪。虽曰恒人，情不能素尽，故当以远理胜之，么算除之，岂可不条自异，而取陷庸品乎。

富厚贫薄，事之悬也，以富厚之央，亲贫薄之人，非可一时同处。然昔人有守之无怨，安之不闷者，盖有理存焉。夫既有富厚，必有贫薄，岂其证然，时乃天道。若人皆厚富，是理无贫薄。然乎？必不然也。若谓富厚在我，则宜贫薄在人。可乎？又不可矣。道在不然，义在不可，而横意去就，谬在希幸，以为未达至分。

蚕温农饱，民生之本，躬稼难就，止以仆役为资，当施其情愿，庀其衣食，定其当治，递其优剧，出之休饣羡，后之捶责，虽有劝怮之勤，而无沾暴之苦。

务前公税，以远吏让，无急傍费，以息流议，量时发敛，视岁穰俭，省赡以奉己，损散以及人，此用天之善，御生之得也。

率下多方，见情为上；立长多术，晦明为懿。虽及仆妾，情见则事通；虽在吠亩，明晦则功博。若夺其常然，役其烦务，使威烈雷霆，犹不禁其欲；虽弃其大用，穷其细瑕，或明灼日月，将不胜其邪。故曰："屡焉则差，的焉则阔。"是以礼道尚优，法意从刻。优则人自为厚，刻则物相为薄。耕收诚鄙，此用不忒，所谓野陋而不以居心也。

含生之氓，同祖一气，等级相倾，遂成差品，遂使业习移其天识，世服没其性灵。至夫愿欲情嗜，宜无间殊，或役人而养给，然是非大意，不可侮也。隅奥有灶，齐侯蒇寒，犬马有秩，管、燕轻饥。若能取温厚而知穿弊之苦，明周之德，厌滋旨而识寡嗛之仇，仁恕之功。岂与夫比股灵于草石方手足于飞走者同其意用哉。罚慎其滥，惠戒其偏。罚滥则无以为罚，惠偏则不如无惠。虽尔眇末，犹扁庸保之上，事思反己，动类念物，则其情得，而人心塞矣。

抃搏薄塞，会众之事，谐调哂谑，适坐之方，然失敬致侮，皆此之由。方其克瞻，弥丧端俨，况遭非鄙，虑将丑折，岂若拒其容而简其事，静其籥气而远其意，使言必净厌。宾友清耳，笑不倾抚，左右悦目。非鄙无因而生，侵侮何从而入，此亦持德之管签，尔其谨哉。

嫌惹疑心，诚亦难分，岂唯厚貌蔽智之明，深情怯刚之断而已哉。必使猜犯愚贤，则频笑入戾，期变犬马，则步顾成妖。况动容窥斧，束装滥金，又何足论。是以前王作典，明慎议狱，而僭滥易息；朱公论璧，光泽相如，而倍薄异价。此言虽大，可以戒小。

游道虽广，交义为长。得在可久，失在轻绝。久由相敬，绝由相狎。爱之勿劳，当扶其正性，忠而勿诲，必藏其枉情。辅以艺业，会以文辞，使亲不可亵，疏不可间，每存大德，无挟小怨，率此以往，足以相终。

酒酌之设，可乐而不可嗜，嗜而非病者希，病而遂眚者几。既眚既病，将蒇其正，其存其正性，纾其妄，发其唯善戒乎。声乐之会，可简而不可违，违而不背者鲜矣，背而非弊者反矣。既弊既背，将受其毁。必能通其碍而节其流，意可为和中矣。

善施者岂唯发自人心，乃出天则，与不待积，取无谋实，并散千金，诚不可能。赡人之急，虽乏必先，使施如王丹，受如杜林，亦可与言交矣。

浮华怪饰，还质之具；奇服丽食，弃素之方。动人劝慕，倾人顾盼，可以远识夺，难用近欲从。若亲其淫怪，知生之无心，为见奇丽，能致诸非务，则不抑自责，不禁自止。

夫数相者，必有之徵，既闻之术人，又验之吾身，理可得而谕也。人者兆气二德，禀体五常。二德有奇偶，五常有胜杀，及其为人，宁无叶珍。亦犹生有好丑，死有夭寿，人皆知其悬天；至于丁年乖遇，中身迁合者，岂可易地哉。是以君子道命愈难，识道愈坚。

古人耻以身为溪壑者，屏欲之谓也。欲者，性之烦浊，气之蒿蒸。故其为害，则熏心智，耗真情，伤人和，犯天性。虽生必有之，而生之行，犹火含烟而妨火，桂怀蠹而蠹残桂，然则火胜则烟灭，蠹壮则桂折。故性明者欲简，嗜繁者气惛，去明节惛，难以生矣。是以中外群圣，建言所黜，儒道众智，发论是除。然有之者不患误深，故药之者恒苦术浅，所以毁道多而于义寡。顿尽诚难，每指可易，能易每指，亦明之末。

廉嗜之性不同，故畏慕之情或异，从事于人者，无一人我之心，不以已之所善谋人，为有明矣。不以人之所务失我，能有守矣。已所谓然，而彼定不然，栾棋之蔽，悦彼之可，而忘我不可，学嚱之蔽，将求去敝者，念通作介而已。

流言谤议，有道所不免，况在阙薄，难用算防。接应之方，言必出己，可信不索积，嫌间所袭，或性不和物，尤怨所聚，有一于此，何处逃毁。苟能反悔在我，而无责于人，必有达鉴，昭其情远，识迹其事。日省吾躬，月料吾志，宽默以居，洁静以期，神道必在，何恤人言。

嗟曰，富则盛，贫则病矣。贫之病也，不唯形色粗厌，或亦神心沮废；岂但交友疏弃，必有家人诮让。非廉深识远者，何能不移其植。故欲蠲忧患，莫若怀古。怀古之志，当自同古人，见通则忧浅，意远则怨浮，昔有琴歌于编蓬之中者，用此道也。

夫信不逆彰，义必幽隐，交赖相尽，明有相照。一面见旨，则情固丘岳，一言中志，则意入渊泉。以此事上，水火可蹈，以此托友，金石可弊，岂待充其荣实，乃将议报，厚之筐篚，然后图终。如或与立，茂思无忽。

禄利者受之易，易则人之所荣，蚕穑者就之艰，艰则物之所鄙。艰易既有勤倦之情，荣鄙又间向背之意，此二涂所为反也。以劳定国，以功施人，则役徒属而擅丰丽，自理于民，自事其生，则督妻子而趋耕织。必使陵侮不作，悬企不萌，所谓贤鄙处宜，华野同泰。

人以有惜为质，非假严刑，有恒为德，不慕厚贵。有惜者，以埋葬；有恒者，与物终。世有位去则情尽，斯无惜矣。又有务谢则心移，斯不恒矣。又非徒若此而已，或见人休事，则勤薪结纳，及闻否论，则处彰离贰，附会以从风，隐窥以成衅，朝吐面誉，暮行背毁，昔同稽款，今犹叛庚，斯为甚矣。又非唯若此而已，或凭人惠训，藉人成立，与人余论，依人扬声，曲存、禀仰，甘赴尘轨。衰没畏远，忌闻影迹，又蒙弊其善，毁之无度，心短彼能，私树己拙，自崇恒辈，罔顾高识，有人至此，实蠹大伦。每思防避，无通闾伍。

睹惊异之事，或涉流传；遭卒迫之变，反恩安顺。若异从己发，将尸谤人，迫而又赶，愈使失度。能夷异如裴楷，处逼如裴遐，可称深士乎。

喜怒者有性所不能无，常起于褊量，而止于弘识。然喜过则不重，怒过则不威，能以恬漠为礼，宽愉为器，则为美矣。大喜荡心，微抑则定，甚怒烦性，小忍即歇。故动无衍容，举无失度，则物自悬，人将自止。

习之所变亦大矣，敢唯蒸性染身，乃将移智易虑。故曰："与善人民，如入芝兰之室，久而不知其芬。"与之化矣。"与不善人居，如鲍鱼之肆，久而不知其臭。"与之变矣，是以古人慎所与处。唯夫金真玉粹者，乃能尽而不汙尔。故曰："丹可灭而不能使无赤，石可毁而不可使无坚。"苟无丹石之性，必慎浸染之由。能以怀道为念，必存从理之习。道可怀而理可从，则不议贫，议所乐尔。或云贫何由乐？"此未求道意。道者，瞻富贵同贫贱，理固得而齐。自我丧之，未为通议，苟议不丧，夫何不久。

或曰，温饱之贵，所以荣生，饥寒在躬，空曰从道，取诸其身，将非笃论，此又通理所用。凡养生之具，岂间定实，或以膏腴夭性，有以菽藿登年。中散云，所足在内，不由于外，是以称礼而食，贫岁愈嗛；量腹而炊，丰家余餐，非粒实息耗，意有盈虚尔。况心得优劣，身获仁富，明白人素。气志如神，虽十旬九饭，不能令饥，业席三属，不能为寒。岂不信然。

且以己为度者，无以自通彼量。浑四游而斡五纬，天道弘也。振河海而载山川，地道厚也。一情纪而合流贯，人灵茂也。昔之通乎此数者，不为剖判之行，必广其风度，无挟私殊，博其交道，靡怀曲异。故望尘请友，则义士轻身，一遇拜亲，则仁人投分。此伦序通允，礼俗平一，上获其用，下得其和。

世务虽移，前休未远，人之适主，吾将反本。夫人之生，暂有心识，幼壮骤过，衰耗惊及，其间夭郁，既难胜言，假护存遂，又云无几，柔丽之身，呕委土木，刚清之才，遽为丘壤，回邅顾慕，虽数纪之中尔。以此持荣，曾不可留，以此眼道，亦何能平。进退我生，游观所达，得贵为人，将在含理。含理之贵惟神与交，幸有心灵，义无自恶，偶信天德，逝不上惭。

欲使人沉来化，志符往情哲，勿谓是赊，日凿斯密。著通此意，吾将忘老，如曰不然，其谁与归。偶怀所撰，略布众条；若备举情见，顾未书一。赡身之经，另在田家节政；奉终之纪，自著燕居毕义。

刘湛诛，起延之为始兴王㖥后军谘议参军，御史中丞。在任纵容，无所举奏，迁国子祭酒、司徒左长史，坐启买人田，不肯还直，尚书左丞荀赤松奏之曰："求田问舍，前贤所鄙。延之唯利是视，轻冒陈闻，依傍诏恩，拒捍余直，垂及周年，犹不毕了，昧利苟得，无所顾忌。延之昔坐事屏斥，复蒙抽进，而曾不悛革，怨诽无已。交游阗茸，沉迷麴糵，横兴讥谤，诋毁朝士。仰窃过荣，增愤薄之性；私恃顾盼，成强梁之心。外示寡求，内怀奔竟，士禄祈迁，不知极已，预谮班觞，肆骂上席。山海含容。每存遵养，爱兼彫虫，未忍遐弃，而矣放不节，日月弥著。臣闻声问过情，孟轲所耻，况声非外来，问由己出，虽心智薄劣，而高自比拟，客气虚张，会无愧畏，岂可复弼亮五教，增曜台阶。请以延之讼田不实，妄干天听，以强凌弱，免所居官。"诏可。

复为秘书监，光禄勋，太常。时沙门释慧琳，以才学为太祖所赏爱，每召见，常升独榻，延之甚疾焉。因醉白上曰："昔同子参乘，袁丝正色，此三台之坐，岂可使刑余居之。"上变色。延之性既偏激，兼有酒过，肆意直言，曾无遏隐。故论者多不知云，居身清约，不营财利，布衣蔬食，独酌郊野，当其为适，傍若无人。

二十九年，上表自陈曰："臣闻行百里者半于九十，言其末路之难也。愚心谓为虚，方今乃知其信。臣延之人薄宠厚，宿尘国言，而雪效无从，荣牒增广，历尽身彫，日叼官次，虽容载有涂，而防秽滋积。早欲启请余算，屏敝丑老。但时制行及，归慕无赊，是以腆冒衍非，简息干黩。耗歇难支，质用有限，自去夏侵暑，入此秋变，头齿眩疾，概括痀渐剧，手足冷痹，左胂尤甚。素不能食，倾向减半，本犹赖服食，比倦悷远晚，年疾所摧，顾景引日。臣班叼首卿，位尸封黄，肃祇朝校，尚恶匪任，而陵庙众事，有以疾怠，宫府勤慰，转阙躬亲。息㚟庸微，过宰近邑，回泽肢降，实加将监，乞解所职，随就药养。伏愿圣慈，特垂矜许。禀恩明世，负报冥暮，仰睦端闱，上恋罔极。"不及，明年致事。

元凶弑立，以为光禄大夫，先是，子竣为世祖南中郎谘议参军。及义师入讨，竣参定密谋，兼造书檄，劭召延之，示以檄文，问曰："此笔所造？"延之曰："竣之笔也。"又问："何以知之？"延之曰："竣笔体，臣不容不识。"劭又曰："言辞何至乃尔。"延之曰："竣尚不顾老父，何能为陛下。"劭意乃释，由是得免。

世祖登阼，以为金紫光禄大夫，领湘东王师。子竣既贵重，权倾一朝，凡所资供，延之一无所受，器服不改，宅宇如旧，常乘羸牛笨车，逢竣卤薄，即屏往道侧。又好骑马，遨游里巷，遇知旧辄据鞍索酒，得酒必颓然自得。常语竣曰："平生不喜见要人，今不幸见汝。"竣起宅，谓曰："善为之，无令后人笑汝拙也。"表解师职，加给亲信三十人。

孝建三年卒，时年七十三，追赠散骑常侍、特进，金紫光禄大夫如故。谥曰宪子。延之与陈郡谢灵运俱以词彩齐名，自潘岳、陆机之后，文士莫及也，江左称颜、谢焉。所著并传于世。

竣引有传，竣弟测，亦以文章见知，官于江夏王义恭大司徒录事参军，蚤卒。太宗即位，诏曰："延之昔师训朕躬，情契兼款。前记室参军、济阳太守㚟伏勤蔫朝，绸缪恩旧，可擢为中书侍郎。"㚟，延之第三子也。

颜延之字延年,琅琊临沂地方人,曾祖叫颜含,官至光禄大夫。祖父颜约,官至零陵太守。父颜显,官至护军司马。

颜延之少年时期孤苦贫困,住在城脚边上,街道居室都十分简陋,喜欢读书学习,什么书都看,所写文章的优美漂亮,超过当时所有的人。喜欢喝酒,不拘小节,到了三十岁,还没有结婚。妹妹嫁给了东莞刘宪之,即刘穆之的儿子。刘穆之既然与颜延之通婚姻之好,又听说他的美名,让他做官,想先见见颜延之,颜延之竟然不去相见。后将军、吴国内史刘柳以他为代理参军,并兼为主簿,再为豫章公世子代理参军。

义熙十二年,高祖北伐,有授予宋公的命令,官府派遣一使者庆贺这一非常的使命,并拜为起居舍人。颜延之和同府王参军都奉命出使到洛阳。路中做了两首诗,文采辞藻优美华丽,被谢晦、傅亮所称颂。宋建国后,奉常郑鲜之举荐他为博士,不久升为世子舍人。宋高祖即位,补授为太子舍人。雁门人周续之隐居庐山,以儒学著称于世。永初中,下诏征至京师,建立学馆让他居住。宋高祖亲自登府,朝廷中杰出名士都前往探视。当时颜延官位还很低,但被周续之引到尊贵的上席。高祖曾派人问周续之三事,周续之宏辞博论,颜延之每每把他的宏论化为简要之言。既然多次阻挫周续之,高祖便派人还让他自我敷衍解释,颜延之言辞简洁,理论畅达,没有一个人不称颂的。官升为尚书仪曹郎,太子中舍人。

当时尚书令傅亮自己认为文辞立意优美,一时没有谁能赶上他。颜延之恃才不服,认为不在他之下,傅亮对此十分嫉恨。庐陵王义真十分喜欢文辞义理,对侍颜延之很厚爱,徐羡之等人怀疑颜延之为异己分子,心中十分不高兴。少帝即位,任命他为正员郎,兼中书,不久迁为员外常侍,出京为始安太守。领军将军谢晦对颜延之说:"从前荀勖忌恨阮咸,把阮咸放至始平郡,现在您又做了始安太守,可称得上是二始。"黄门郎殷景仁也评说道:"这就是世俗憎恶俊才奇能,流鄙毁斥文雅之才啊!"

颜延之赴郡为官,途中经过汨潭,为湘州刺史张邵写了一篇祭屈原的文章以表达自己的心意。文章说:

兰草因幽香而受摧残,玉石因贞洁而被毁坏。物质忌讳的是坚定、芳香;人世间所嫉妒的是明节与高洁。从前的屈原先生,正赶上时辰不对,温煦的风雨迟迟不来,飞霜急切地来到。嬴姓与芊姓两国发生纠纷,秦昭公与楚怀王行尚不正,计谋为张仪、靳尚所阻挠,贞洁被子椒及子兰所污损,身体离开了楚国的国都,足迹踏遍湘江的河边。自拟比喻为荃草香荪,类同自我为龙凤鸾鸟,声名超越金石,壮志节比日月更明亮,就像那溢香的大树,不断地开花,结果。眺望着汨罗水啊!心里十分感慨,赡望着汨罗江涛,民绪翻腾。借此或许可以赶追,明白的忠心不会阙乏。元嘉三声,徐羡之等被杀掉,颜延之被征为中书侍郎,不久又转为太子中庶子,再世不久,领步兵校尉之衔、赏赐和待遇都很丰厚。颜延之喜欢喝酒,不拘小节,不能圆滑地待人处世,看到刘湛、殷景仁这些人身居要职高位,心中很是不平,常说:"天下的事情,应当和天下的人一起分享,难道是一个人的智能可以担当得起的吗?"言辞很激扬慷慨,总是触犯权贵显要。曾对刘湛说:"我的身份和制服不变化,只适合做您家的佣人。"刘湛对此十分愤恨,把这句话讲给彭城王义康,被派出当了永嘉太守,颜延之十分悲怨愤恨,于是写下了《五君咏》这首涛以表达对竹林七贤的同情。

山涛、王戎因为地位辖贵而被贬黜，诗中歌咏嵇康说："鸾鸟的翅膀有时被击落，但是飞龙的本性又有谁能驯服？"题咏阮籍是这样写的："死去并不值得理论，人走上这样的穷途末路怎能不悲叹！"题咏阮咸有这样的名句："多次推荐不为官，一次出山便当了太守。"题咏刘伶说："韬略精明却每天酣醉，谁知道不是荒唐的宴饮。"这四句，大概是自述。刘湛和彭城王义康因为他言辞不谦逊，非常愤怒。当时颜延之已经拜官，想罢黜他到边鄙之郡为官。大祖下诏书给义康说："降罪颜延之到小地方不能说是好的政务，有人推举他在大都城邑之中，难道触动人情，罪责过失彰明较著，这也是士人百姓所共同知道的，还不如选择一人代替他，让他在乡里间思过。如果仍然不顺从，那么就把他赶到东土，表示难以宽恕，这样就可以根据心意安排录用了，殷景、刘湛也没什么其他想法了。"于是就用光禄勋车仲远代替颜延之。颜延之与车仲远平素很合不来，闭门住在街道城中，不参与世间这之事达七年之久，中书令王球是一位名公子，遗弃俗事追求世外，颜延之很仰慕。王球也很爱惜他的才华，俩人情意相投。颜延之平常过日子常常很缺乏，王球经常供给他，晋恭思皇后安葬，按事须安排冥事百官，湛之根据义熙元年的授官表，授延之为兼侍中。办事的小官吏前去信送札，正赶上颜延之喝醉了，把函札扔在地上说："我颜延之不能事奉活人，怎么能去侍奉死人？"

闲居没什么事，写了一篇《庭诰》的文章，现在删掉那些繁杂的言辞，保存那些正顺之语，著录于本篇之中，文章说：

《庭诰》这篇文章，是把它用于闺门家庭之中的，讲的不是很远的意思。我的年龄虽近壮年，却优先考虑到草木，所以于是把这些琐碎的见闻，告诉你们在家中的人，至于立身行道的端正，规等鉴别的明白，已经列在通人的规则中了。不再接着论述。瑞在所记载的都是平常的积累，根据心灵性情，而致之于思考与行动。选择语言一定要一致，不讲求烦繁细密，至于周备的议论，大概是用来招致各种非难之情，古语说："捕得鸟的是罗网的一目，但一目的罗网是无法捕得鸟儿的。"这就是积累的方法。

道义是智识的公理，情感是道德的私意，公理通达，可以让神明更加尊尚，私意阻塞，就不会让妻儿子女变心。所以从前那些善于做人的人，一定抛弃私情曲意，走上正道，符合公理，去掉私心。

八尺的身材，却以天地之事挂在心中，几十年的生命，常常用金石来比量。考察从前古贤留下来的教训，先辈长老的议论，虽然体用细微，但是却是不朽之言而为人所牢记。所做的都是微言细行，但都可永远地继承，何况建立品德道义，聚集一家一族，却不思考得长远一些吗？

又说自身行动不足以留下来给后人，想让儿子孝顺一定要自己慈祥，如果责怪弟弟不敬兄那么则先要亲友。即使孝顺不需要父辈慈祥，但慈祥的长辈能培养孝悌之子，孝悌并不依靠兄长的友爱，但友爱能促成孝悌。

和睦的不完备，有时回报的也是不和睦，就像信誉不足，别人也一定不会讲信誉一样。假若知道恩爱和情意相互依存，情和理并在，那样的话，可以使家家都有曾参、高柴、人人都变成了子由，闵损了。

内心之中以德为本，对外则不要追求大众的夸誉，言论高于当时，自己处世更加沉默；为一时所器重，体味更加冲和淡泊，不要用自己所擅长的去干扰别人，更不要以自己的长处去议论别人，以深沉而又平和之姿处世，和大自然合而为一，这是士人中的上等人。假若不能遗弃声价，想让人超出自己，知道权柄靠虚求，不可以强求得到。尊敬爱慕那些谦虚通达的人，害怕回避骄傲不恭的人，考虑到广泛的选择，以便实现自己的远大谋略，文采斐然，道理明白，但是，仍然说没有表达清楚，论说对答十分如意，却不居其功，这算上是稍次一点的人，至于那种听到一点事情感到很宝贵，便用来辩论区别其他不能者，看到声誉可以带来荣耀，便说可争夺得来。所说所论流行尚没有超出里巷之中，却自以道理意义早已建立，才华不能被仆人妻妾所推信，却认为自己超乎一般的人。于是这样感到苟且愉快的志趣，却尽情发泄不愉快的意味，难道知道已经应该有识之士所裁议，并受到修持家道者的训诫？这就是前人所说的"千个人指责他没有生病也会死亡"的那种人，行为类于这种所述的人，我不愿意听说这种人了。

凡是有知识才华的人，必定会有文采理论，但是显得像不精明的普通百姓，对大众言论进行考校，通达之人便十分推崇，前贤名流也很赞赏，怎么会不成名立业？假若只有墙室之中叹息哀号，在朋党之中喧哗吵闹，私下地议论以迷惑见闻稀少的人，像姐妇一样胡说八道以抵挡警要之言，这便是那些短谋算计的产生者，而不是远见卓识的发生地。正赶上尊贵的朋友促坐在一起，便不断地讲述，杂乱地论说，但所说却没有一点厚德论，被大多数人所抛弃，那么便惶惶然像迷失道路，没有朋友，黑暗得来如同在深夜撤掉蜡烛，低头默声，忍气不语，自己不声不响地回家了，难道知道从前的夸张胡说，只成了今天自己沮丧根源吗？这本来是少壮时代所忌讳的事，你们应该都加以警戒。

那种把怨恨诽谤记在心上的人，没有可能达到也无心去计较得与失，往往被讥诮，这就是小人一类的行为；难道是有度量见识的做法吗？所以说道德声誉名声，越发展越高，怨言愤慨，越发展越多，有志向于成为一名有道德之人的，难道能不努力去做吗？即使是普通人，情感上不一家能够纯洁，所以应用大道理去教导、开发，把细小的考虑除去，怎能不追求标新立异，而自我变成一位庸俗之才？

富贵家厚，贫穷财薄，这是明明白白的事情，用富厚的身份，去亲近贫薄的人，不可能一时安然相处。但是从前有的人守持着没什么怨恨，安心也没什么不快的，大概有道理在中间了。既然世上有富贵，那么就一定会有贫穷，难道这是偶然之事，实是天理所然。假若人人都富有，那道义上讲就没有贫困，对吗？那是一定不可能的事。假若说我应该富贵，别人应该贫困，可以吗？那肯定不可以，道理和事义都不可能，却硬性地舍弃或追求这些，侥幸盼望着意外出现，认为是没有达到真正的满足。

蚕丝温暖农夫饱饱，这是民众生存的根本，亲自去养蚕种田恐很困难，只要使用仆役就可以了，对仆役者应该根据他们心中的情愿，提供足够的衣服，确定那些应予处治，变换很难处境，使其能得以休息、安享，而不从者则加以谴责、鞭打，即使有劝勉体恤的勤劳，却没有温和或暴晒的艰苦。

务必要在规定之前交纳公税，以便不去受到官吏的谴责，不要急于其他的花销，以便平息流俗的议论。根据时节发放救节，了解收成进行安排，节省丰侈用来充实自己，减少散失以真正给人以好处，这就是运用大自然的长处，驾驭民生的关键。

统治下民办法很多，以体恤情绪为最佳；建立尊长办法也很多，区分显晦最为关键。即使对侍仆人妻妾，体恤情意事情便通达，即使在田野之中，能区别善恶就有功绩。假若夺去了他的正常原则，使唤他们让其感到繁杂，即使用威风厉雨，万钧需霆，尚且禁止不了他们的欲望，即使舍弃大的效面，只用某感到繁杂，即使舍弃大的效面，只用其细枝末节，即使明照日月，也不能抵挡其邪，所以说："太注重细小的方面反而有失误，太注意正确的一面反而会失误。"所以说："谨小慎微反而容易差失，明白正确则容易昏暗。"所以礼道很讲究悠闲，法制讲求严刻，悠闲那么人们自然会宽厚，严刻则人们互相刻薄。耕种收获确实很鄙浅，但这种事情确实不可变换，这就是所谓虽居野鄙却不把他放在心上。

有生命的民众，都是来自一样的气息，等级不相同，于是产生了差异，于是使事业和习性改变了人们的天性本质，世态服饰改变了人们的性情灵气，主意愿欲望情感嗜好，应该没有什么差别，有的使唤别人并养活别人，但是是非非的轮廓，不应该不分清。住房的角落里有炉灶，齐侯就不害怕寒冷了，狗马有一定的粮食供给，管、燕就把饥饿看得很轻，假若能穿得温暖厚实而知道穿得很坏的人的苦处，则具有明圣周公一样的德行。厌恶美味而知道贫困的焦急，则具有仁义宽恕的功德。难道和那些把肌肤之痛看若草木，把手足之情视若飞禽走兽的人一样的用意吗？惩罚注意的是过滥，恩惠注意的是偏颇。惩罚太滥就无法真正起到惩罚作用，恩惠偏颇还不如不施恩惠。即使很细微枝少，尚且能遍及普通人身上；做事总是从自己的角度考虑，每每顾及大众，那么就能得到人情，而人心容易阻塞了。

赌博一类的游戏，是大家相聚娱乐的事情，讲笑话调谐，是相处为伴的事情，但是失去尊敬招致侮辱都是从这里产生的。正当克制自己的眼光，反而更加丧失了端正庄严之态，何况遭到非难鄙弃，连思虑也被丑化损坏，难道比得上一开始便拒绝那种样子并简化这样的行为，把心意静下来，从长计念地加以考虑，让自己的讲话一定正直简要，与朋友相处清廉，连笑也不至于东歪西倒，周围左右都很愉快幸福，是非责难就无从产生，侮辱侵害又何从而来呢？这也是保持高德的关键，你们应该多加注意啊！

嫌惑产生疑心，诚实也很难分别，难道只有敦厚之貌会掩蔽智识的明白，深情厚谊害怕刚劲的决断吗？一定会让人猜测怨恨；愚蠢成贤明，那样就会啼笑皆非，期望狗马相变，那么一举一动都成妖怪，更加况行动容易误会为偷斧，穿戴衣服容易被怀疑为偷了金，这也难道值得一论，因此所以前代王侯制作法典，中明注意言义决断，而反对随便改初衷，朱公论说璧玉，光泽颜色相同，但是厚与薄价值就不一样。这样的话虽然较重，但是可以用来借鉴小的方面。

交游之道虽然十分广泛，但交友之道以义气为长。得到友情在于长久坚持，失去友情在于轻薄绝情，能长久是由于相互敬重，断绝情谊则多由轻薄相狎，友爱不要太过分，应当扶持正常的秉性，忠诚但不能告诫，心中一定怀有枉情，从艺事上加以帮助，通过文辞加以交流，那样会亲近而不会邪衮，疏阔也不可远隔，总是记住好的方面，不要把小怨挂在心上，大概这样下去，是能够相为始终的。

酒宴的摆设或参加，可以高兴而不可嗜爱，一嗜爱而不生痛病的人是很少的，因生病而犯过失的人也是很多的。既易犯错又易生病，就会损害其本来之性，假若保存他的本来之态，去掉他随意发作的一面，只有加以善意的警戒！欢愉高兴的聚会，可以简化但不可失意，一旦失意而朋友不相背弃的是很少有的事，相互反目而没有弊病的事是很反常的事，既反目又有伤害，一定会遭到伤毁。一定要针对住困难而又能加以节制，心意便为和中正了。

善于施布的人难道只是发自己内心，这也是出于天意。给予的时候用不着积累，取用时无求谋划，一散就是千金，这是不可能的事情。救济别人的急难，即使贫乏也一定要优先,假使布施像王丹,接受像杜林一样,也就可以谈论交往之事了。

浮华怪异的装饰,是毁灭本质的器具,奇服异食,是抛弃朴素的方式。打动人的可以劝化别人爱慕,征服人的使人眷恋,可以让人远离识夺,但难以接近随心所欲。假若看那些淫怪之事,便知道没有放在心上,因为看到了奇丽的事,能够放在次要,那么这样不能自我贵显,也用不着禁绝而自己停止了。

术数想像,是确实存在的事情,既从术数者那儿听到过,又在我身上实验过,道理可以论说,一个人身上有阴阳二德,并秉承了金、木、水、火、土五常之性。二德有奇偶,五常则有胜有杀,等到做为人,难道就没有会合和灾异,也就像人生下来的好与丑之分,死去寿命有长有短,人都知道这种差异像天一样大。至于碰上差失不平,一生赶上机遇,难道可能变易吗?因此所以有道德的人得到真理很难,但追求真理更加坚定。

古代的人把身体看成山溪沟壑是一种耻辱,这讲的是屏欲望的做法。欲望是本性的烦杂污浊,也是气的蒸化,所以欲望的为害容易熏蚀人的心智,减耗人的真情,伤害人的和气,损坏人的天性、虽然欲望生下来就有,然而那么火胜利烟火就会熄灭,而虫壮大桂树就会折毁。所以性情明白的人欲望简单,嗜好多的人气色昏暗,去掉明智就昏暗,难以生存下去了。因此所以中外的许多圣人,阐发言沦却被罢黜,儒道各位明智者,讲布言论却遭废除。然而有的人不担心失误太深,所以治疗的人经常担心方法太小,因此所以以毁伤道义的很多而追求道义的少。突然除去确实是一件很难的事情,每次指出便能改易,能够改易便进一步指出,也是明白之人。

廉洁嗜爱的本性不相同,所以敬畏爱慕的情感有所差别,从事于人的人,没有一种别人和自己的心态,不用自己所擅长的去考虑别人,也就算得上是明智了。不用别人所从事的看作是我的损失,也算得上是能有所守持了。自己认为对的,那别人一定认为不对,这是不棋的弊端。高兴别人的成功,却忘了自己的失误,这是鹦鹉学舌的弊病,应该追求除去弊病,追求通达,自己惭愧罢了。

流俗之言,诽谤之语,有道之人所难以免除的事,更何况在朝廷乡野之中,难于加以算计防止,接应的办法,言论一定出自自我,有的信誉没有平素积累,更嫌别人加以袭击;有的本性与物不相和,更是怨恨所聚,有一件如此,到那里去逃避毁劫。假若能够自我反躬责难,却不责求于别人。一定会有超人的识鉴,昭显他的远大情致,识论他的事业,每天反省自己,每个月考虑自我志向,宽厚沉默地生活,清静安静地期待,神明之道一定存在,哪里用得着计较别人的言语。

谚语说:"富贵就兴盛,贫困就病倒。"贫困者的生病不仅仅形象颜色粗糙黑,有时也神态心情沮丧。难道只是交往的朋友疏远抛弃,也一定会朋友挖苦讽刺。不是廉洁而又识见卓远的人,又怎么能改变更换他的本来?所以想到除掉忧苦与患难,最后的办法是怀念古旧,怀念古旧的想法,应当自己同古人一样。见解通达就忧虑小,意向太远就会怨恨产生。从前有在草棚之中弹琴唱歌的人,用的就是这种办法。

信义不会违背却很隐讳,交往靠信义来支持,明白相互照管。一次见面就明白意思,那么感情像山丘一样牢固,一句话表达了志向,则意气如不断的深泉,凭这个来侍奉皇上,即是入于水火之中也可蹈践,凭这种信义服托朋友,金石也会损坏,难道有待充其荣华与藏实,于是将讨论报答,把篮子筐筐充实一些,然后才考虑到结果。如果得到确立,美好的思念不会丧失。

俸禄与财利得到容易,容易是人所引以为荣的事,养蚕种地是一件艰难的事情,艰难之事所以去做的人很鄙贱。难和易既然有勤劳和厌倦的因素,荣幸和鄙贱又有相互为背之意,这就是二条道路的相反。根据劳累来安定国家,执照功绩来施予人们,那么使役徒属却能得到丰富艳丽。自己埋头于民众中,自己养活自己,那么安排妻子并让他耕种纺织,如此这样就使欺凌与侮辱不产生,担心挂念不会萌发,这就是所说的贤明与鄙贱相处适宜,中原与野鄙平安无事。

人应该以珍惜为本质,不用借助于严酷的刑法;有恒心为有道德,不贪慕富厚与显贵。珍惜的人,按照情理安排丧事;有恒心的人,和事物相始终。世上有的人离开位置便情意丧失,这是不讲珍惜的人。又有一种职务变易心也改换,这就是不讲恒心的人。又不仅仅如此而已。有的看到别人有好事,就不断地去祈求结交收纳,等到听到不好的言论,于是就明显地与人离开,像风一样地附会,暗暗地构成矛盾,早上当面讲出来赞誉的话,晚上便背着毁谤别人。从前是一样的行止,如今却完全相背戾,这也太过分了,又不仅只是这样罢了,有的靠别的教导,依赖别人而成立,听到别人的一点论说,依靠别人而播开来,委屈地生存、恭敬地对待,甘心情愿地愿意死在车轮灰尘之下。一旦对方衰没,就害怕地远离,忌讳听到看到影子踪迹,并且还掩盖从前的好处,无休止地诋毁。心里十分看不上别人的能力,而暗暗地树立自己的拙失。在同辈中自我推崇一点也不顾及别人的高明之论。有人这样为人处世,实实是人伦中之大害,常常想加以防止回避,不要还他在乡间中通行。

看到惊奇怪异的事情,有的是涉及流俗的传播遇到突然的变化之后,反而觉得安然理顺了。假若差异从自己发生,拿空白的事情去诽谤别人,因急促而又变换,更加失去衡度。能够对待相异之见像裴楷,处于逼迫在地位像裴遐,可以称得上是有识之士了。

高兴还是发怒的人是有性情所不能免除的事,常常是从狭隘小量里产生的,但往往为广识博通所阻止。但是高兴太过分就不庄重,发怒太过分就不威严,能够以恬情淡漠为本体,宽和愉快为器量,那就很好了。特别高兴动荡人心,稍微抑制就安定了,特别愤怒烦乱性情,稍加忍受便能停止,所以能行动而没有过分的举措,做事也不会失当,那样人的行为举止都将自我端正、规范。

习俗的改变人也太大了,难道只是将身体性情改易变换而已,并且还将改变人的智慧与思想。所以说:"和好的人住一起,像进入了幽香的兰草之,过久了也就不知道兰草的香味了。是和兰草到一起去了。和不好的人生活在一起,像进入了臭鱼摊之中一样;过久了就不知道自己的臭味了,也是跟着变化了"。所以古人很注意和他在一起的人。只有那些真正的金子与纯粹的玉石,才能完全而不被污损,所以说:"红色可以不掉却不能让它没有红色,石头可以让它毁掉而不可能不让他坚硬。"假若没有红色与石头那样的品性,一定要注意不被侵害和习染。能够以求道为信念,必定会保存有求理的心,道可以追求,理可以顺从,那就不讨论贫困,而讨论快乐,有的人说:"贫困又何从快乐?"这是没有懂得追求道的本意。道这东西,看到富贵和贫贱都一样,按理说都一样应该得到我丧失了它,不能说是通达之说,假若不丧失,又为什么不快乐高兴?

有人说:"温暖饱和之所以可贵,在于可以护卫身体,饥饿寒冷在你身上,空喊着去求道,从他身上去索取,又恐怕不是实在的道理,这又是通用的道理"。凡是养生的方法,难道有什么准确的把握,有的因为膏腴腻味而灭掉了天性,有的因为吃麦子菽子而长寿。

嵇中散说:"充足的在里面,而不是从外来的。所以根据身体去吃饭,贫困之年更加注意。根据胆量而吃,充裕之家也就会有余尽,并不是一粒米有什么浪费,用意是有一个盈和虚的感觉。况且心里得到优或劣,身体获得仁义富义,明明白白地素食气志如神,即使一百天吃九顿饭,不会感到饥饿;垫上三层木板,也不会感到饥寒,难道不感到可信吗?"

况且用自己作为衡量标准的人,没有办法去度量别人,使四游浑浑然;并使五纬运转,这是天道的宏大,振动江河并负载山川,这是地道的方厚,汇一情感并汇合民众,这是人的灵智广茂,从前明白知道这个道理的人,不去做分剖判别的行为,一定会弘扬的风度,不要挟带着私人情分,广泛地去交求朋友,不要怀有什么曲异之心,所以看到车子的灰尘再请朋友,那么正义之士会轻视;一碰面便结拜成亲,那么仁义之人会减少情分。这就是人伦秩序的通达公允,礼貌习俗平衡一致,上面得以使用,下面得以和睦。

世道虽然变化,美好的前景并不很远,一般人的迎合主上之道,我则将反行其道。一个人生下来以后,慢慢有了思想和知识,幼年壮年匆匆而过,衰弱损耗突然会来临,这中间丧命失寿的,既难以说清楚,即使得以生存下来,又有几个人?柔弱美丽的身体急急地送入了土木之中,刚直清正的人才,突然变成了山丘土壤,回顾思考不过在几十年之中的事情。凭这个去保存荣幸,怎么可以保留,靠这些去追求道义,又怎么能平等?我生是进是退,游顾观望听及,得以尊贵做人,也是事理之中。事理的可贵,只有和神明相交,庆幸有一点心灵,确实不能自我厌恶,偶然相信上天之德,过去了的也不惭愧。想要让人来感化,志向符合前代哲人,不要说赊借,每天开通就变得厚密了。写下这些用来表达这个意思,我就会忘记自己年老,如果说不是这样,那将与谁一起回去?偶然写下来这些东西,略微写下了几条,假若详细注明情感与见识,恐怕不及万一。考虑到自己人微身轻,主要在农家力政,奉命归终之时,自己写下来打发清闲日子。

刘湛杀掉后,提升颜延之为始兴王溶后军谘议参军,御史中丞,在位上十分悠闲,没有什么业绩,后升国子祭酒、司徒左长史,因为犯了买了人家田,不肯付服钱的罪,尚书左丞荀赤松上奏说:"求得田地,寻找房层,是前代贤很瞧不起。颜延之唯利是图,轻率冒昧,随意胡说,依靠仗恃圣上的恩赐,强行抗拒归还多余的钱财,已经将近达一年了,仍然没有完结。贪求小利小得,不注意影响。颜延之从前因犯错误而被放弃,再次蒙恩得以提拔,却不想改正错误,反而不断地抱怨诽谤,交游一些下等之人,沉迷在喝酒之中,随意地讥刺诽谤,诋朝廷官员,实在过于荣显,增加了他愤嫉薄世的本性,私下地依靠左右,成了蛮横之士。外表显得来没什么索求,心里面却在不断的计谋,希望俸禄不断增加,已经到了不知止境的地步,参加朝宴国度,在酒席上举杯随意肆骂。山川和大海是宽容的,总照顾到那些养尊处优的人,加之以他又有雕虫小能,还不忍心把他抛弃,但是骄傲放达,不加节制,一天比一天更加明显。我听说名誉超过了实际情况,那是孟轲感到耻辱的事情,更何况声誉不是从外求得,就像问题从自己提出一样。虽然心智既薄且劣,却自以为高得不得了。故作客气其实是在虚张声势,却并没有一点点惭愧或害怕,难道还可以再对人伦五教有所帮助,为圣上朝廷带来光辉吗?请求以颜延之争讼土地不实随意打扰皇上,倚强欺弱,应该免除他现在的官职。"皇帝同意了。

又升为秘书监,光禄勋,太常。当时沙门释慧琳,因为有才学而被太祖所赏识爱惜,每次被召见,常常被赐一个人独坐,颜延之很嫉恨。因此借酒对皇上说:"从前同事三人做事,袁丝正色。这里是三台大夫的座位,怎么可以让受过刑的人去坐它。"皇上脸色都变了。颜延之性格既很褊颇过激，加上有醉酒的过失，故意随口说出来，没有半点掩盖的意思，所以论说的人大都不评说他。生活居住很清廉节约，不追求财产利益，穿着布衣服吃着粗茶淡饭，常常一个人在郊外喝酒，当他喝得痛快时，旁边像没有人一样。

二十九年，上表自陈说："我听说行百里路走到九十才走完一半，讲的是后半的艰难，我心里经常认为是虚的，到现在才知道那是真的。臣延之人虽无才，却受宠不少。过去受到了国家的重托，却没有能力去报效谱牒加虽然荣增广了，但年历已大，身体枯朽，每天的地方在这个任上，虽然道路很宽广，但一天比一天更加妨事。因此厚颜冒昧地掩盖自己的过失，不顾冒坏，消耗难以支撑，体质也十分有限，从去年夏天中暑后，到了这个秋天的变化，头疼眼花，越严重了，脚和手都很凉，左肩尤其厉害，连素食也不能吃，近来减少了一半的食量。本来还依靠吃寒食散，近来更加疲倦心跳。年龄和疾病推促，看到影子想到太阳，我白白地当了朝廷要员，白白地占位置，空受封典，严肃地对待朝廷，尚且感到惭愧，更何况陵庙之事很多，有时因疾病而荒怠，宫廷官府拜见慰问，不能亲自参加，儿子颜奂很平庸弱小，过去曾当过郊区的小官，转达的恩泽已经享受，实际上任命为将监官，请求也解除他的官，跟随我一块为我服药。诚恳地希望皇上圣明慈祥，特别地加以照顾考思。在生禀受了皇上大恩，在晚年和来世再相报答。仰望企盼着皇位，敬慕依恋没有止境。"不允许明年退休。

元凶杀了皇帝即位，任颜延之为光禄大夫。这之前他的儿子颜端提任过世祖南中郎谘议参军，等到义师进入讨伐，颜竣参加制定商量计划，并兼任起草文书告檄。到邵召颜延之，把檄义拿给他看，问道："这字是谁写的？"颜延之说："颜竣的笔迹。"又说："怎么知道的？"颜延之说："颜竣有笔迹字体，我不能不熟悉知道。"刘劭又说："语言怎么会到这程度？"颜延之说："颜竣连父母都不顾怎么能顾及陛下？"刘邵心里才宽一点，于才得以幸免。

世祖即位，以他为金柴光禄大夫，领湘东王师，儿子颜竣既然贵重，权力倾倒朝廷，凡是所有的供奉，颜延之一点也不接受，器物衣物不变改，住宅和房屋一样，经常坐着瘦牛赶的笨车，碰上颜竣的出巡的仪仗队，便停住靠现在路边。又喜欢骑马，在路上居民区里漫游，碰到朋友故旧便扶着马鞍要酒喝，得到酒以后便高兴得不得了。经常对毅竣讲："平生不喜欢见到显要的人，现在不幸遇上了你。"颜竣搬了家，说："好好做吧，不要让后耻笑你的笨拙。"上表解除湘东王师之职，受封加的亲友三十人。

孝建三年逝去，时年七十三。追憎散骑常侍，特进，金紫光禄大夫像从前一样。谥为宪子，颜延之和陈郡谢灵运都以文辞华彩著名当时，自从潘岳、陆机以后，文人学士没有一人赶得上，长江下游并称为颜、谢，所写的东西都流传于世。

颜竣别外有传记，竣的弟弟名测，也因为文章而知名当时，做官做到江夏王义恭大司马录事参军，早年死去，太宗即位，下诏说："颜延之从前是我的志师，亲自教育培养我，感情深厚，前记室参军，济阳太守奂勤恳地事奉为太子的官府，很有功德恩情，可以提拔为中书侍郎。"奂，颜延之第三儿子。

宗越传

【题解】

南朝四史均不立《酷吏传》，原因之一恐怕是新朝皇帝和修史者与前朝有密切关系，多少会"隐恶扬善"。同时，宋、齐两代，要论酷虐，最严重的还是出现在帝王而不是官吏中，"豺狼当道，安问狐狸"，相比之下，酷吏也就被忽略了。例如下面选录的《宗越传》，就多少可以反映这一方面的情况。

【原文】

宗越，南阳叶人也。本河南人，晋乱，徙南阳宛县，又土断属叶。本为南阳次门，安北将军赵伦之镇襄阳，襄阳多杂姓，伦之使长史范凯之攷次氏族，辨其高卑，凯之点越为役门。出身补郡吏。

父为蛮所杀，杀其父者尝出郡，越于市中刺杀之。太守夏侯穆嘉其意，擢为队主。蛮有为寇盗者，常使越讨伐，往辄有功。家贫无以市马，常刀楯步出，单身挺战，众莫能当。每的捷，郡将辄赏钱五千，因此得市马。后被名出州为队主。世祖镇襄阳，以为扬武将军，领台队。元嘉二十四年，启太祖复求次门，移户居冠军县，许之。二十七年，随柳元景北代，领马幢，隶柳元怙，有战功，事在《元景传》。还补后军参军督护，随王诞喜之曰："汝何人，遂得我府四字。"越答曰："佛狸未死，不忧不得谘议参军。"诞大笑。

随元景伐西阳蛮。因值建义，转南中郎长兼行参军，新亭有战功。世祖即位，以为江夏王义恭大司马行参军、济阳太守，寻加龙骧将军。臧质、鲁爽反，越率军据历阳。爽遣将军郑德玄前据大岘，德玄分遣偏师杨胡兴，刘蜀马步三千，进攻历阳。越以叔骑五百于城西十余里拒战，大破斩胡兴、蜀等。爽平，又率所领进梁山拒质。质败走，越战功居多。因追奔至江陵。时荆州刺史朱修之未至，越多所诛戮，又逼掠南郡王义宣子女，坐免官，系尚方。寻被宥，复本官，追论前官，封筑阳县子，食邑四百户。迁西阳王子尚抚军中兵参军，将军如故。

大明三年，转长水校尉。竟陵王诞据广陵反，越领马军隶沈庆之攻诞。及城陷，世祖使悉杀城内男丁，越受旨行诛，躬临其事，莫不先加捶挞，或有先鞭其面者，欣欣然若有所得，所杀几数千人。四年，改封始安县子，户邑如先。八年，迁新安王子鸾抚军中兵参军，加辅国将军。其年，督习州、豫州之汝南、新蔡、汝阳、颍川四郡诸军事，宁朔将军，司州刺史，寻领汝南、新蔡二郡太守。

前废帝景和元年，召为游击将军，直阁。顷之，领南济阴太守，晋爵为侯，增邑二百户。又加冠军将军，改领南东海太守，游击如故。帝凶暴无道，而越及谭金、童太壹并为之用命，诛戮群公及何迈等，莫不属心竭力，故帝凭其扑牙，无所忌惮。赐予越等美女金帛，充物其家。越等武人，粗强识不及远，咸一往意气，皆无复二心。帝将欲南巡，明旦便发，其夕悉听越等出外宿，太守因之定乱。明晨，越等并入，上抚接甚厚，越改领南济阴太守，本官如故。越等既为废帝尽力，虑太宗不能容之，上接待虽厚，内并怀惧。上亦不欲使其居中，从容谓之曰："卿等遭罹暴朝，勤劳日夕，苦乐宜更，应得自养之地。兵马大郡，随卿等择。"越等素已自疑，及闻此旨，皆相顾失色、因谋作难。以告沈攸之，攸之具白太宗，即日收越等下狱死。越时年五十八。

赵善立营阵，每数万人止顿，越自骑马前行，使军人随其后，马止营合，未尝参差。及沈攸之代殷孝祖为南讨前锋，时孝祖新死，众并惧。攸之叹曰："宗公可惜，故有胜人处。"而御众严酷，好行刑诛，睚眦之间，动用军法。时王玄谟御下亦少恩，将士为之语曰："宁作五年徒，不逐王玄谟。玄谟尚可，宗越杀我。"

【译文】

宗越，南阳叶县人。本来是河南人，晋朝发生动乱的时候，迁居南阳宛县，后来统一整理户籍，又归属于叶县，宗越的家族本来是南阳的次等门节，安北将军赵伦之镇之鸾阳，襄阳人中间不够列入门第氏族的杂姓很多，赵伦之委派他的长史范凯之整理排列氏族，辨别高低，范凯之把宗越贬黜成为服役的低等门户。宗越就开始出仕为郡中的小吏。

宗越的父亲被鸾人所杀死，杀死他父亲的人曾经来到郡城，宗越在集市上刺死了他。太守夏侯穆赞赏他有孝心又勇敢，提升他做了队主。蛮人发生劫掠行为，常常派宗越前去征讨，每次出兵就建立功劳。由于家里贫穷没有钱买马，宗越经常手持刀和盾牌步行而出，单身作战，许多敌兵都没有人能阻挡他。每次战胜，郡中的将领就赏赐五百钱，宗越就凭这些赏钱能购买了马匹。后来被征召，到州里当了队主。宋孝武帝刘骏没有即位以前镇守襄阳，任命宗越为扬武将军，率领都督府的禁卫部队。元嘉二十四年，宗越启奏宋文帝要求恢复次等门第，把户籍迁移属于冠军县，得到批准。元嘉二十七年，跟随柳元景北代，率领骑后，隶属于柳元怙部下，立下战功，这段事情记载在《柳元景传》中。回军南下以后出任后军参写督护，随王刘诞当时任后将军、雍州刺史，跟宗越开玩笑说："你说什么人，竟得到了我府里的四个字官衔。"宗越回答说："佛狸（托跋焘）只要不死，我不愁不能得到谘议参军。"刘诞听了大笑。

宗越随同柳元景征伐西阳蛮人。因为碰上宋孝武帝起兵讨伐杀死父亲宋文帝的太子刘劭，宝越转为南中郎长兼行考军，在新亭之战口立下战功。孝武帝即位，任命宗越为江夏王刘义恭的大司马行参军、济阳太守，不久又加封龙骧将军。臧质、鲁爽起兵反叛朝廷，宗越领兵占据历阳。鲁爽派遣将军郑德玄前进占据了大岘，郑德玄派遣部分兵力，由杨胡兴、刘蜀率领骑兵、步兵三千人，进攻历阳。宗越领骑兵、步兵三千人在历阳城西边十多里处抵御，大破杨胡兴、刘蜀的兵马，斩杀了他们。鲁爽破平定以后，又率领自己的部队开进梁山抵御臧质。臧质败逃，以宗越的战功居多。宗越乘势追赶到江陵。当时荆州刺史朱修事没有到达，宗越大肆杀戮，同时又逼迫劫取南郡王刘义室的子女，因此而获罪，关在政府的作坊里做苦工。不久被赦免，官复原职，又追计从前的功劳，官号照旧不变。

大明三年，转为长水校尉。随王刘诞改封竟陵王，据有广陵造反，宗越率领骑兵在沈庆之的指挥下攻打刘诞。等到广陵城攻陷，孝武帝命令把城内的男性成年人全部杀光，宗越奉旨具体执行，亲自办理，对被杀的人无不先加以殴打，有的还鞭打他们的脸部，高高兴兴地好像得到了什么，被他杀死的总共有几千人。大明四年，改封为始安县子，食邑的户数和以前一样。这一年，以被任命为督司州、豫州的汝南、新蔡、汝阳、颍川四郡诸军事,宁朔将军,司州刺史,不久又兼任汝南、新蔡二郡太守。

前废帝景和元年,召进京城任命为游击将军、直阁。不久,兼任南济阳太守,进升爵位为侯,增加食邑二百户。又加封为冠军将军,改兼南东海太守,游击将军的官号不变。前废帝凶暴无道,而宗越和谭金、童太壹都为他出力卖命,诛戮许多官员以及擒捉何迈等人,无不尽心竭力,所以前废帝依靠着他的这些爪牙帮凶,得以肆无忌惮。赐给宗越等人美女、金钱、绢帛,充满了他们的家里。宗越等都是武人,粗豪强悍,缺乏远见,都是凭着意气用事,顾前不顾后,没有明确念头。前废帝准备到南方荆州湘州去,第二天一早就出发,那天夜里全部听任宗越等人离开宫中到外面住宿,宋明帝因此而能发动政变杀了前废帝。第二天早晨,宗越等人一起进宫,明帝对他们厚加安抚,宗越改兼南济阴太守,原来的官职不变。宗越等人既已为前废帝卖尽力气,担心宋明帝不能够容下自己,明帝对待他们虽然很优厚,他们心里却都感到恐惧。明帝也不想让他们再在京城里做官,就很随便地跟他们说:"你们碰上了暴虐的皇帝,早晚辛苦劳累,苦乐应该对换一下,应该得到奉养自己的地方。兵马富足的大郡,可以随你们自己挑选。"宗越等人自己素来就有疑虑,一听到这一旨意,都互相看着脸上变了颜色,因此而计划造反作乱。他们把这一计划告诉沈攸之,沈攸之一一向明帝禀告,当天就拘捕了宗越等人下狱处死。当时宗越五十八岁。

宗越善于安排布置军营的位置,几万人行军宿营,宗越自己骑马在前,让军队跟在后边,边走边指挥,马停下来,军营也就安置完毕,从来没有过参差不齐。等到沈攸之代替殷孝祖为前锋将领征讨义兴一带反对宋明帝的部队。当时殷孝祖刚刚战死,部下都很恐惧。沈攸之叹息说:"宗公可惜了的,他本来就有胜过别人的地方。"但是宗越统治军队十分严酷,喜欢用刑诛杀,一点小事情,动不动就军法从事。当时王玄谟对待部下也严厉少恩,将士们为此编出几句话说:"宁可做上五年囚徒,不去跟随王玄谟。王玄谟还过得去,宗越却是要杀我。"

隐逸传

【题解】

世道乱则隐士多。南朝时代是中国历史上战乱频仍、政权交替频繁的一个时期,因而相应地出现了不少人转为著名的隐士。从这篇《隐逸传》所叙述的十数位传主中,就可以清楚地看到这一点。

正如本传史臣的话所说,"如果让他们碰上值得信赖的君主,碰到太平盛世,他们怎么会放荡于湖海之上,游于山林之间呢?他们大概也是因为不得已才这样的。"可见古人便看得很清楚,虽然《周易》中认为"避世隐居则无烦恼。"但其实避世隐居的人往往比那些混迹红尘的人烦恼更多,忧虑更深。唯其烦恼更多,忧虑更深,以致到了无法忍耐与克制的程度,所以才遁迹尘世,与松竹泉石为伍。

也就是说,这些隐居的人,并不是对世态人情无动于衷的人,恰恰相反,正是至情至性之人。这从本传传主之一的朱百年身上可以明显看出。百年家一向贫困,母亲死在冬天，死后无衣可穿，从此百年也不穿棉衣。一次宿在朋友家，天气寒冷，朋友见他穿得单薄，便用被子替他盖上。百年没有察觉。醒后掀开被子说："棉被真暖和啊。"眼泪便流下来了。

隐士一般都有一些不同常规的举动。比如王弘之生性喜欢钓鱼，有人问他钓的鱼卖不卖，他说即使钓到也不卖。傍晚时却将一天钓的鱼带到城中，在亲朋故旧家门口各放一二条而去。又如刘凝之曾被别人误认穿的木拖鞋是那人的，他笑着说这双已被他穿坏了，让家人找双新的给了那人。后来那人在田中找到了自己的那双鞋，惭愧不已，而凝之却再不要那人还回自己的鞋子。

这些举动，超凡脱俗，既使我们感到了隐者的精神魅力，又将他们的思想与行动刻画得鲜明，栩栩如生。

【原文】

《易》曰："天地闭，贤人隐。"又曰："遁世无闷。"又曰："高尚其事。"又曰："幽人贞吉。"《论语》"作者七人"，表以逸民之称。又曰："子路遇荷蓧丈人，孔子曰：隐者也。"又曰："贤者避地，其次避言"。又曰："虞仲、夷逸，隐居放言。"品目参差，称谓非一，请试言之。夫隐之为言，迹不外见，道不可知之谓也。若夫千载寂寥，圣人不出，则大贤自晦，降夷凡品，止於全身远害，非必穴处岩栖，虽藏往得二，邻亚宗极，而举世莫窥，万物不睹。若此人者，岂肯洗耳颍滨，皦皦然显出谷之志乎。遁世避世，既贤人也。夫何适非世，而有避世之因，固知义惟晦道，非曰藏身。至於巢父之名，既是见称之号，号曰裘公，由有可传之迹，此盖荷蓧之隐，而非贤人之隐也。贤人之隐，义深於自晦，荷蓧之隐，事止於违人。论迹既殊，原心亦异也。身与运闭，无可知之情，鸡黍宿宾，示高世之美。运闭故隐，为隐之迹不见，违人故隐，用致隐者之目。身隐故称隐者，道隐故曰贤人。或曰："隐者之异乎隐，既闻其说，贤者之同於贤，未知所异？"应之曰："隐身之於晦道，名同而义殊，贤人之於贤者，事穷於亚圣，以此为言，如或可辨。若乃高尚之与隐者，三避之与幽人，及逸民隐居，皆独往之称，虽复汉阴之氏不传，河上之名不显，莫不游贪厉俗，秉自异之姿，犹负揭日月，鸣建鼓而趋也。"陈郡袁淑集古来无名高士，以为《真隐传》，格以斯谈，去真远矣。贤人在世，事不可诬，今为《隐逸篇》，虚置贤隐之位，其馀夷心俗表者，盖逸而非隐云。

宗炳字少文，南阳涅阳人也。祖承，宜都太守。父繇之，湘乡令。母同郡师氏，聪辩有学义，教授诸子。

炳居丧过礼，为乡闾所称。刺史殷仲堪、桓玄并辟主簿，举秀才，不就。高祖诛刘毅，领荆州，问毅府谘议参军申永曰："今日何施而可？"永曰："除其宿衅，倍其惠泽，贯叙门次，显擢才能，如此而已。"高祖纳之，辟炳为主簿，不起。问其故，答曰："栖丘饮谷，三十馀年"。高祖善其对。妙善琴书，精於言理，每游山水，往辄忘归。征西长史王敬弘每从之，未尝不弥日也。乃下入庐山，就释慧远考寻文义。兄臧为南平太守，逼与俱还，乃於江陵三湖立宅，闲居无事。高祖召为太尉参军，不就。二兄蚤卒，孤累甚多，家贫无以相赡，颇营稼穑。高祖数至饩赉，其后子弟从禄，乃悉不复受。

高祖开府辟召，下书曰："吾忝大宠，思延贤彦，而《兔罝》潜处，《考槃》未臻，侧席丘园，良增虚伫。南阳宗炳、雁门周续之，并植操幽栖，无闷巾褐，可下辟召，以礼屈之。"於是并辟太尉掾，皆不起。宋受禅，徵为太子舍人，元嘉初，又徵通直郎；东宫建，徵为太子中舍人,庶子,并不应,妻罗氏,亦有高情,与炳协趣。罗氏没,炳哀之过甚,既而辍哭寻理,悲情顿释,谓沙门释慧坚曰:"死生之分,未易可达,三复至教,方能遣哀。"衡阳王义季在荆州,亲至炳室,与之欢宴,命为谘议参军,不起。

好山水,爱远游。西陟荆、巫,南登衡岳,因而结宇衡山,欲怀尚平之志。有疾,还江陵,叹曰:"老疾俱至,名山恐难遍睹,唯当澄怀观道,卧以游之。"凡所游履,皆图之於室,谓人曰:"抚琴动操,欲令众山皆响。"古有《金石弄》,为诸桓所重,桓氏亡,其声遂绝,唯炳传焉,太祖遣乐师杨观就炳受之。

炳外弟师觉授亦有素业,以琴书自娱。临川王义庆辟为祭酒,主簿,并不就,乃表荐之,会病卒。

元嘉二十年,炳卒,时年六十九。衡阳王义季与司徒江夏王义恭书曰:"宗居士不救所病,其清履肥素,终始可嘉,为之恻怆,不能已已。"

子朔,南谯王义宣车骑参军。次绮,江夏王义恭司空主簿。次昭,郢州治中。次说,正员郎。

周续之字道祖,雁门广武人也。其先过江居豫章建昌县。续之年八岁丧母,哀戚过於成人,奉兄如事父。豫章太守范宁於郡立学,招集生徒,远方至者甚众,续之年十二,诣宁受业,居学数年,通《五经》并《纬》《候》,名冠同门,号曰:"颜子"。既而闲居读《老》《易》,入庐山事沙门释慧远。时彭城刘遗民遁迹庐山,陶渊明亦不应徵命,谓之寻阳三隐。以为身不可遣,馀累宜绝,遂终身不娶妻,布衣蔬食。

刘毅镇姑孰,命为抚军参军,徵太学博士,并不就。江州刺史每相招请,续之不尚节峻,颇从之游。常以嵇康《高士传》得出处之美,因为之注。高祖之北讨,世子居守,迎续之馆于安乐寺,延入讲《礼》,月馀,复还山。江州刺史刘柳荐之高祖曰:

臣闻恢耀和肆,必在兼城之宝;翼亮崇本,宜纡高世之逸。是以谓滨佐周,圣德广运,商洛匡汉,英业乃昌。伏惟明公道迈振古,应天继期,游外畅於冥内,体远形于应近,虽汾阳之举,辍驾於时艰;明扬之旨,潜感於穷谷矣。

窃见处士雁门周续之,清真贞素,思学钩深,弱冠独往,心无近事,性之所遣;荣华与饥寒俱落,情之所慕,岩泽与琴书共远。加以仁心内发,义怀外亮,留爱昆卉,诚著桃李。若升之宰府,必鼎味斯和;濯缨儒官,亦王猷遐缉。臧文不知,失在降贤;言偃得人,功由升士。愿照其丹款,不以人废言。

俄而辟为太尉掾,不就。高祖北伐,还镇彭城,遣使迎之,礼赐甚厚。每称之曰:"心无偏吝,真高士也。"寻复南还。高祖践阼,复召之,乃尽室俱下。上为开馆东郭外,招集生徒。乘舆降幸,并见诸生,问续之《礼记》"傲不可长""与我九龄'射於矍圃"三义,辨析精奥,称为该通。续之素患风痹,不复堪讲。乃移病钟山。景平元年卒,时年四十七,通《毛诗》六义及《礼论》《公羊传》,皆传于世。无子。兄子景远有续之风,太宗泰始中,为晋安内史,未之郡,卒。

王弘之字方平,琅玡临沂人,宣训卫尉镇之弟也。少孤贫,为外祖徵士何准所抚育。从叔献之及太原王恭,并贵重之。晋安帝隆安中,为琅玡王中军参军,迁司徒主簿。家贫,而性好山水,求为乌程令,寻以病归。桓玄辅晋,桓谦以为卫军参军。时琅玡殷仲文还姑孰,祖送倾朝,谦要弘之同行,答曰:"凡祖离送别,必在有情,下官与殷风马不接,无缘匄从。"谦贵其言。母随兄镇之之安成郡,弘之解职同行,荆州刺史桓伟请为南蛮长史。

义熙初，何无忌又请为右军司马。高祖命为徐州治中从事史，除员外散骑常侍，并不就。家在会稽上虞。从兄敬弘为吏部尚书，奏曰："圣明司契，载德惟新，垂鉴仄微，表扬隐介，默语仰风，荒遐倾首。前员外散骑常侍琅琊王弘之，恬漠丘园，放心居逸。前卫将军参军武昌孰希林，素履纯洁，嗣徽前武。并击壤圣朝，未蒙表饰，宜加旌聘，贲于丘园，以彰止逊之美，以祛动求之累。臣愚谓弘之可太子庶子，希林可著作郎。"即徵弘之为庶子，不就。太祖即位，敬弘为左仆射，又陈："弘之高行表於初筮，苦节彰於暮年，今内外晏然，当修太平之化，宜招空谷，以敦冲退之美。"元嘉四年，徵为通直散骑常侍，又不就。敬弘尝解貂裘与之，即着以采药。

性好钓，上虞江有一处名三石头，弘之常垂纶於此。经过者不识之，或问："渔师得鱼卖不？"弘之曰："亦自不得，得亦不卖。"日夕载鱼入上虞郭，经亲故门，各以一两头置门内而去。始宁沃川有佳山水，弘之又依岩筑室。谢灵运、颜延之并相钦重，灵运与庐陵王义真笺曰："会境既丰山水，是以江左嘉遁，并多居之。但季世慕荣，幽栖者寡，或复才为时求，弗获从志。至若王弘之拂衣归耕，逾历三纪；孙淳之隐约穷岫，自始迄今；阮万龄辞事就闲，纂成先业；浙河之外，栖迟山泽，如斯而已。既远同羲、唐，亦激贪厉竞。殿下爱素好古，常若布衣，每意昔闻，虚想岩穴，若遣一介，有以相存，真可谓千载盛美也。"

弘之四年卒，时年六十三。颜延之欲为作诔，书与弘之子昙生曰："君家高世之节，有识归重，豫染豪翰，所应载述。况仆托慕末风，窃以叙德为事，但恨短笔不足书美。"诔竟不就。

昙生好文义，以谦和见称。历显位，吏部尚书，太常卿。大明末，为吴兴太守。太宗初，四方同逆，战败奔会稽，归降被宥，终於中散大夫。

孔淳之字彦深，鲁郡鲁人也。祖愉，尚书祠部郎。父粲，秘书监徵，不就。淳之少有高尚，爱好坟籍，为太原王恭所称。居会稽剡县，性好山水，每有所游，必穷其幽峻，或旬日忘归。尝游山，遇沙门释法崇，因留共止，遂停三载。法崇叹曰："缅想人外，三十年矣，今乃倾盖于兹，不觉老之将至也。"及淳之还反，不告以姓。除著作佐郎，太尉参军，并不就。

居丧至孝，庐于墓侧。服阕，与徵士戴颙、王私之及王敬弘等共为人外之游。敬弘以女适淳之子尚。会稽太守谢方明苦要入郡，终不肯往。茅室蓬户，庭草芜径，唯床上有数卷书。元嘉初，复徵为散骑侍郎，乃逃于上虞县界，家人莫知所之。弟默之为广州刺史，出都与别。司徒王弘要淳之集冶城，即日命驾东归，遂不顾也。元嘉七年，卒，时年五十九。默之儒学，注《谷梁春秋》。

刘凝之字志安，小名长年，南郡枝江人也。父期公，衡阳太守，兄盛公，高尚不仕。凝之慕老莱、严子陵为人，推家财与弟及兄子，立屋於野外，非其力不食，州里重其德行。州三礼辟西曹主簿，与秀才，不就。妻梁州刺史郭铨女也，遣送丰丽，凝之悉散之亲属。妻亦能不慕荣华，与凝之共安俭苦。夫妻共乘薄笨车，出市买易，周用之外，辄以施人。为村里所诬，一年三输公调，求辄与之。有人尝认其所著屐，笑曰："仆著之已败，令家中觅新者备君也。"此人后田中得所失屐，送还之，不肯复取。

元嘉初，徵为秘书郎，不就。临川王义庆、衡阳王义季镇江陵，并遣使存问，凝之答书顿首称仆，不修民礼，人或讥焉。凝之曰："昔老莱向楚王称仆，严陵亦抗礼光武，未闻巢许称臣尧、舜。"时戴颙与衡阳王义季书，亦称仆。

荆州年饥,义季虑凝之馁毙,饷钱十万。凝之大喜,将钱至市门,观有饥色者,悉分与之,俄顷立尽。性好山水,一旦携妻子泛江湖,隐居衡山之阳。登高岭,绝人迹,为小屋居之,采药服食,妻子皆从其志。元嘉二十五年,卒,时年五十九。

翟法赐,寻阳柴桑人也。曾祖汤,汤子庄,庄子矫,并高尚不仕,逃避征辟。矫生法赐。少守家业,立屋於庐山顶,丧亲后,便不复还家。不食五谷,以兽皮结草为衣,虽乡亲中表,莫得见也。州辟主簿,举秀才,右参军,著作佐郎,员外散骑侍郎,并不就。后家人至石室寻求,因复远徙,违避征聘,遁迹幽深。寻阳太守邓文子表曰:"奉诏书徵郡民新除著作佐郎南阳翟法赐,补员外散骑侍郎。法赐隐迹庐山,于今四世,栖身幽岩,人罕见者。如当逼以王宪,束以严科,驰山猎草,以期禽获,虑至颠殒,有伤盛化。"乃止。后卒於岩石之间,不知年月。

沈道虔,吴兴武康人也。少仁爱,好《老》《易》,居县北石山下。孙恩乱后饥荒,县令庾肃之迎出县南废头里,为立小宅,临溪,有山水之玩。时复还石山精庐,与诸孤兄子共釜庾之资,困不改节。受琴於戴逵,王敬弘深敬之。郡州府凡十二命,皆不就。

有人窃其园菜者,还见之,乃自逃隐,待窃者取足去后乃出。人拔其屋后笋,令人止之,曰:"惜此笋欲令成林,更有佳者相与。"乃令人买大笋送与之,盗者惭,不取。道虔使置其门内而还。常以捃拾自资同捃者争穟,道虔谏之,不止,悉以其所得与之,争者愧恶,后每争,辄云:"勿令居士知。"冬月无复衣,戴颙闻而迎之,为作衣服,并与钱一万。既还,分身上衣及钱,悉供诸兄弟子无衣者。乡里年少,相率受学。道虔常无食,无以立学徒,武康令孔欣之厚相资给,受业者咸得有成。太祖闻之,遣使存问,赐钱三万,米二百斛,悉以嫁娶孤兄子。徵员外散骑侍郎,不就。累世事佛,推父祖旧宅为寺。至四月八日,每请像。请像之日,辄举家感恸焉。道虔年老,菜食,恒无经日之资,而琴书为乐,孜孜不倦。太祖敕郡县令随时资给。元嘉二十六年,卒,时年八十二。

子慧锋,修父业,辟从事,皆不就。

雷次宗字仲伦,豫章南昌人也。少入庐山,事沙门释慧远,笃志好学,尤明《三礼》《毛诗》,隐退不交世务。本州辟从事,员外散骑侍郎,征,并不就。与子侄书以言所守,曰:

夫生之修短,咸有定分,定分之外,不可以智力求,但当於所禀之中,顺而勿率耳。吾少婴羸患,事钟养疾,为性好闲,志栖物表,故虽在童稚之年,已怀远迹之意。暨于弱冠,遂托业庐山,逮事释和尚。于时师友渊源,务务训弘道,外慕等夷,内怀徘发,于是洗气神明,玩心坟典,勉志勤躬,夜以继日。爰有山水之好,悟言之欢,实足以通理辅性,成夫亹亹之业,乐以忘忧,不知朝日之晏矣。自游道餐风,二十馀载,渊匠既倾,良朋凋索,续以衅逆违天,备尝荼蓼,畴昔诚愿,顿尽一朝,心虑荒散,情意衰损,故遂与汝曹归耕垄畔,山居谷饮,人理久绝。

日月不处,忽复十年,犬马之齿,已逾知命。崦嵫将迫,前涂几何,实远想尚子五岳之举,近谢居室琐琐之勤。及今毫未至惛,衰不及顿,尚可厉志於所期,纵心於所托,栖诚来生之津梁,专气莫年之摄养,玩岁日於良辰,偷馀乐於将除,在心所期,尽於此矣。汝等年各成长,冠娶已毕,修惜衡泌,吾复何忧。但愿守全所志,以保令终耳。自今以往,家事大小,一勿见关,子平之言,可以为法。

元嘉十五年,徵次宗至京师,开馆於鸡笼山,聚徒教授,置生百馀人。会稽朱膺之、颍川庾蔚之并以儒学,监总诸生。时国子学未立,上留心艺术,使丹阳尹何尚之立玄学,太子率更令何承天立史学，司徒参军谢元立文学，凡四学并建。车驾数幸次宗学馆，资给甚厚。又除给事中，不就。久之，还庐山，公卿以下，并设祖道。二十五年，诏曰："前新除给事中雷次宗，笃尚希古，经行明修，自绝招命，守志隐约。宜加升引，以旌退素。可散骑侍郎。"后又徵诣京邑，为筑室於钟山西岩下，谓之招隐馆，使为皇太子诸王讲《丧服》经。次宗不入公门，乃使自华林东门入延贤堂就业。二十五年，卒於钟山，时年六十三。太祖与江夏王义恭书道次宗亡，义恭答曰："雷次宗不救所疾，甚可痛念。其幽栖穷薮，自宾圣朝，克己复礼，始终若一。伏惟天慈弘被，亦重矜愍。"

子肃之，颇传其业，官至豫章郡丞。

朱百年，会稽山阴人也。祖恺之，晋右卫将军。父涛，扬州主簿。百年少有高情，亲亡服阕，携妻孔氏入会稽南山，以伐樵采箬为业。每以樵箬置道头，辄为行人所取，明旦亦复如此，人稍怪之，积久方知是朱隐士所卖，须者随其所堪多少，留钱取樵箬而去。或遇寒雪，樵箬不售，无以自资，辄自揜船送妻还孔氏，天晴复迎之。有时出山阴为妻买缯彩三五尺，好饮酒，遇醉或失之。颇能言理，时为诗咏，往往有高胜之言。郡命功曹，州辟从事，举秀才，并不就。隐迹避人，唯与同县孔觊友善。觊亦嗜酒，相得辄酣，对饮尽欢。百年家素贫，母以冬月亡，衣并无絮，自此不衣绵帛。尝寒时就觊宿，衣悉夹布，饮酒醉眠，觊以卧具覆之，百年不觉也。既觉，引卧具去体，谓觊曰："绵定奇温。"因流涕悲恸，觊亦为之伤感。

除太子舍人，不就。颜竣为东扬州，发教饷百年谷五百斛，不受。时山阴又有寒人姚吟，亦有高趣，为衣冠所重。义阳王昶临州，辟为文学从事，不起。竣饷吟米二百斛，吟亦辞之。

百年孝建元年卒山中，时年八十七。蔡兴宗为会稽太守，饷百年妻米百斛，百年妻遣婢诣郡门奉辞固让，时人美之，以比梁鸿妻。

王素字休业，琅玡临沂人也。高祖翘之，晋光禄大夫。素少有志行，家贫母老。初为庐陵国侍郎，母忧去职。服阕，庐陵王绍为江州，亲旧劝素修完旧居，素不答，乃轻身往东阳，隐居不仕，颇营田园乏资，得以自立。爱好文义，不以人俗累怀。世祖即位，欲搜扬隐退下，下诏曰："济世成务，咸达隐微，轨俗兴让，必表清节。朕昧旦求善，思惇薄风，琅玡王素、会稽朱百年，并廉约贞远，与物无竞，自足皋亩，志在不移。宜加褒引，以光难进。并可太子舍人"，大明中，太宰江夏王义恭开府辟召，辟素为仓曹属，太宗泰始六年，又召为太子中舍人。并不就。素即屡被徵辟，声誉甚高。山中有蛁虫，声清长，听之使人不厌，而其形甚丑，素乃为《蛁赋》以自况。七年，卒，时年五十四。

时又有宋平刘睦之、汝南州韶、吴郡褚伯玉，亦隐身求志。睦之居交州，除武平太守，不拜。韶字伯和，黄门侍郎文孙也。筑室湖熟之方山，徵员外散骑侍郎，征北行参军，不起。伯玉居剡县瀑布山三十余载，扬州辟议曹从事，不就。

关康之字伯愉，河东杨人。世居京口，寓属南平昌，少而笃学，姿状丰伟。下邳赵绎以文义见称，康之与之友善。特进颜延之见而知之。晋陵顾悦之难王弼易义四十余条，康之申王难顾，远有情理。又为《毛诗义》，经籍疑滞，多所论释。尝就沙门支僧纳学算，妙尽其能。竟陵王义宣自京口迁镇江陵，要康之同行，距不应命。元嘉中，太祖闻康之有学义，除武昌国中军将军，蠲除租税。江夏王义恭、广陵王诞临南徐州，辟为从事、西曹，并不就。弃绝人事，守志闲居。弟双之为臧质车骑参军，与质俱下，至赭圻病卒，瘞於水滨。康之其春得疾困笃，小差，牵以迎丧，因得虚劳病，寝顿二十餘年。时有间日，辄卧论文义。世祖即位，遣大使陆子真巡行天下，使反，荐康之"业履恒贞，操勤清固，行信闾党，誉延邦邑，栖志希古，操不可渝，宜加徵聘，以洁风轨"。不见省。太宗泰始初，与平原明僧绍俱徵为通直郎，又辞以疾。顺帝升明元年，卒，时年六十三。

史臣曰："夫独往之人，皆禀偏介之性，不能摧志屈道，借誉期通，若使值见信之主。逢时来之运，岂其放情江海，取逸丘樊，盖不得已而然故也。且岩壑闲远，水石清华，虽复崇门八袭，高城万雉，莫不蓄壤开泉，仿佛林泽。故知松山桂渚，非止素玩，碧润清潭，翻成丽瞩。挂冠东都，夫何难之有哉。"

【译文】

《周易》说："天地闭合，贤人隐去。"又说："避世隐居则无烦恼。"又说："应该把隐居看作高尚的事情。"又说："隐士是很纯真圣洁的。"《论语》说："隐士有七人。"用"作者"来称隐士。又说："子路碰到荷蓧丈人，孔子说：'这是一位隐士。'"又说："圣贤之人首先是选择地方居住，其次是避免说一些不该说的话。"又说："虞仲、夷逸，隐居而敢说话。"这些人的具体情况各有不同，称呼也不一致，请允许我们来阐述。"隐"这个词的意义，是指行迹不露于外，思想主张不被外人得知。至于千年以来没有什么新闻，不出一个圣人，则是大贤大德的人自己隐藏起来，把自己降到和凡人同等的地位，行为仅限于保全身心，远离灾祸罢了，不必一定要住山洞睡岩石，虽然隐藏了以往的品行，表现出另一副模样，接近了最高尚最伟大的人物，也是全世界都看不见，全人类都不曾听说的。像这些人，怎么肯在颍水边上洗耳朵，明明白白地做出这样俗气的事情。逃避社会，避开尘世，就是贤人。针砭时弊，有一定的避世的原因，仅仅知道义就是隐蔽自己的主张，这不叫做藏身。至于巢父的名声，就像用来称呼他的大号，就是"裘公"，因为有可以传颂的事迹，他的隐居就像《论语》中荷蓧丈人一类的隐居，而非贤人的隐居。贤人的隐居，是把自己隐藏得更深一些，荷蓧丈人的隐居，则仅仅是避开社会上的人。他们的行为不同，心中的想法也不一致。自己的运气不好，知道不可能飞黄腾达，隐居种田，反而可以显示出超尘脱俗的高姿态。没有运气，所以隐居，隐居的行迹不明显，用避开人的方式来隐居，使人一下就看出了隐士的面目。形体上的隐居被称为隐者，道德思想上的隐居被称为贤人。有人说："'隐者'和'隐'的不同，已经听说了；'贤者'和'贤'不同，不知它们的区别在什么地方？"回答说："形体隐居和隐藏思想、主张，说起来相同但是实际上不同，贤人和贤者相比，可以拿亚圣来说明问题，以此作比，它

《论语》书影

们的区别也许可以分辨。至于高尚的人和隐者，避时、避地、避言的人和独居之人，以及隐姓埋名而隐居的人，都有独往独来的叫法，虽然汉阴之姓不流传，河上之名不显扬，也不会不激励贪婪和庸俗的人奋发自强，身负重任，一往无前。"陈郡人袁淑汇集古来无名高士的事迹，写成《真隐传》一书，受传闻的影响，和真实的情况相距甚远。贤人仍然活

着,事迹不可不真实。现在著录《隐逸》这篇列传,把"贤隐"的位子空着。其他一般的人,大都是"逸"而不是"隐"的。

宗炳,字少文。是南阳涅阳人。祖父宗承,曾任宜都太守。父亲宗繇之,任湘乡令。母亲是同郡人师氏,为人聪慧正义,学识丰富,亲自教授子女。

宗炳为父母服丧时十分哀恸,受到乡里人们的称赞。刺史殷仲堪、桓玄都提拔他担任主簿一官,又推荐他出任秀才,他都推辞了,没有就任。高祖杀了刘毅,统领了荆州,问刘毅的谘议参军申永道:"现在施政可以采取些什么措施?"申永说:"清除你和仇敌之间的宿怨,加倍地给他们恩惠,同地方上各阶层人物搞好关系,提拔有才能的人,像这样就行了。"高祖采纳了他的意见,任命宗炳为主簿,宗炳没有应征。问他为什么,他回答说:"住山林喝泉水,已经三十多年了。"高祖认为他说得不错。宗炳擅长琴棋书画,精通学问道理,每每游历山水,都乐而忘返。征西长史王敬弘每次跟他出去,都日落而返。后来到了庐山,跟着和尚慧远学习如何考释、寻究文章辞意。哥哥宗臧是南平太守,逼着宗炳和他一道回来,于是就在江陵之湖盖房居住,宗炳闲居在家,无所事事。高祖召他为太尉参军,他也没有就任。二哥很早就去世了,留下的孩子较多,家累很大,宗炳自己又很穷,无法帮助他们,于是开始耕田种地。高祖多次接济他们,后来家族中有人做官了,就不再接受救济了。

高祖打开官府大门公开招聘,下诏书说:"我身为天子,想要延聘贤明的人士,然而《兔罝》一诗所描述的贤士还隐姓埋名地生活着,《考槃》一诗提到的隐者也还没有出仕做官,我把高位让给这些人,现在它们却空着。南阳人宗炳、雁门人周续之,都是以幽居独处来培养自己的情操,不厌烦耕田种地的农家生活。可下令征召他们,以礼让他们出来做官。"于是一起征召他们为太尉掾,他二人都没有应诏。宋朝替代晋掌权后,征召宗炳为太子舍人;元嘉初年,又征他为通直郎;东宫太子得势后,又征召他为太子中舍人和庶子,都没有应征。妻子罗氏,也有高尚的情怀,和宗炳趣味相投。罗氏死后,宗炳十分悲痛,不久停止了哭泣,用佛理自遣,悲哀的情绪立即减轻了许多。对和尚慧坚说:"生与死的区别,不容易明白,再三地思考,才能排遣心中的悲哀。"衡阳王刘义季在荆州时,亲自到宗炳的家里,和他一起喝酒,任命他为谘议参军,仍然没有接受。

宗炳爱好山水,喜欢远游,向西到过荆巫地区,向南登过衡山,在衡山上盖屋居住,也怀有前人向子长隐居之志。后有病回到了江陵,叹息道:"年纪大了,病也来了,名山大川恐怕难以全部看完了,只有沉静自己的心境,提高自己的修养,睡在床上游历它们吧。"凡是他所游历过的地方,都画成图,贴在室内墙壁上,对人说:"我弹琴奏乐,要让众山都发出回响。"古有《金石弄》一曲,为桓氏家族所器重,桓氏衰亡后,这支曲子就失传了,只宗炳还能弹奏。太祖派乐师杨观跟宗炳学这支曲子。

宗炳的表弟师觉授也有超脱清素的品性,用琴书来自我娱悦。临川王刘义庆让他担任祭酒和主簿二职,他都不去上任,于是刘义庆上表向皇帝推荐他。就在这时,他生病而死。

元嘉二十年,宗炳去世,时年六十九岁。衡阳王刘义季给司徒、江夏王刘义恭写信说:"宗居士不去改变他所不满的东西,他行迹超凡脱俗,一生品行值得褒扬。我为他的逝世感到悲哀,不能控制自己啊。"

宗炳的长子宗朔,南谯王刘义宣的车骑参军。次子宗绮,江夏王刘义恭的司空主簿。

三儿子宗昭,郢州治中。小儿子宗说,正员郎。

周续之,字道祖,是雁门广武人。其祖先南渡长江迁居到南昌建昌县。续之八岁时母亲去世,他的哀痛比成年人还厉害,敬奉哥哥如同对待父亲一样。豫章太守范宁在家乡兴办学校,招收学生,从远方来的人很多,续之当时十二岁,也到范宁这儿来学习,在学校学了几年后,精通《五经》和与经书相对的各种《纬》书以及记录历时天象的《候》书,成绩在同学中名列前茅,被称为"颜回"。接着闲居在家,读《老子》《周易》,去庐山跟和尚慧远学佛,当时彭城人刘遗民在庐山隐居,陶渊明也不听从皇帝的征号,这三个人被称为"寻阳之隐"。并且认为自己不可能入仕被使唤,其他的拖累应该断绝,所以终身没有娶妻,穿布做的衣服,吃粗蔬的食物。

刘毅统治姑孰地区,任命他为抚军参军,皇帝又征召他为太学博士,都没有就任。江州刺史每次邀请,续之不认为自己很了不起,跟着他游玩。常认为嵇康的《高士传》材料来源很有意思,因此为它做了注。高祖往北讨伐时,他的儿子在京城留守,接续之去安乐寺中设馆教学,讲授《礼》经,一个多月后,又回到山里。江州刺史刘柳向高祖推荐续之,说:

我听说弘扬卞和的技能,一定是得到价值连城的玉石;基础雄厚羽翼亮泽,适合远续太平盛世的美德。所以渭水边的姜太公辅助周朝,使得天子的贤德广为传播;商山四皓匡辅汉朝,帝王的业绩于是才昌盛。我个人认为陛下您比古人更有思想、更正确,顺应天命接管朝政,注重内心修养以使自己豪爽与丰富,应付各种琐事而使自己超远、高迈,汾阳侯的举止,是在时世艰难之中礼贤下士,器重隐士贤人的洪恩,深深地感动了深山穹谷里的人。

我认为隐士雁门人周续之纯真素雅,善于思考,学识渊博,二十来岁即避世隐居,心里不为世间琐事所困扰,出于本性,他不追求荣华富贵,也不以饥寒交迫为耻,心里所追求的只是隐居山林的淡泊生活和琴棋书画上有所造诣。加上他的仁爱发自内心,正义表现于行动,热爱昆虫、花卉,善待桃树、李枝。如果任命他一官半职,一定会使官员之间关系和睦,政绩显著;这样的清廉儒者,也是王道昌盛所需要的。臧文有所不足,失误在没有认识到贤人的作用;言偃颇得人心,功劳在于提拔任用了优秀人士。愿您洞察他们的内心和真正的道德品质,不要因人废言。

不久皇帝提拔他为太尉椽,没有就任。高祖北伐,返回时驻扎在彭城,派遣使者请他出来,对他很尊敬并赐给他很多礼物,常常称赞他:"心术很正,也不吝啬,是一个真正高尚的人。"不久就回到南边去了。高祖即位后,又一次征召他,于是带领全家前来应征。高祖为他在东郊建了一个学馆,招收学生传授经典,自己常常坐着车子去到他的学馆,接见各位学生,问周续之"懦不可长""与我九龄""射于矍圃"三个典故的意义是什么,周续之的回答分析精确、理解深透全面。续之一向患有风痹症,不再能够承受教学后,移居钟山养病。景平元年去世,时年四十七岁。精通《毛诗》六义和《礼论》《公羊传》,所著文章皆传于世,身后无子。哥哥的儿子景远有续之的风范,太宗泰始年间,任命为晋安内史,没有到任即死去。

王弘之,字方平,是琅玡临沂人,宣训卫尉王镇之的弟弟。弘之少时即成为孤儿,家里贫穷,被外祖父——一个不受朝廷征聘的人——何准所收养,叔父王献之和太原人王恭都很器重他。晋安帝隆安年间,任琅玡王中军参军,后升任司徒主簿。家里很穷,但生性爱好自然山水，要求调任乌程令，不久因为有病而回到家乡。桓玄辅佐晋朝，桓谦任他为卫军参军，当时琅玡人殷仲文将去姑孰，全朝廷的人都给他送行，桓谦邀请弘之和他一起去送行，弘之回答说："凡是给离别的人饯行送别，一定是因为有感情或有交情，我和殷仲文没有任何往来，没有理由跟您一同前往。"桓谦认为他说得很对。母亲随着哥哥王镇之到了安成郡，弘之辞了官职和他们一起同去。荆州刺史桓伟请他出任南蛮长史；义熙年初，何无忌又请他出任右军司马；高祖任命他为徐州治中从事使兼员外散骑常侍，他都没有就任。家居会稽郡上虞县。堂兄敬弘是吏部尚书，上书皇帝说："圣上明鉴，官各有职，治好国家只有革新。您应该了解隐居遁世之士，表彰宣扬正直耿介之人，不用说话就能引导社会风尚，蛮荒远野之人没有不佩服您的。前员外散骑常侍王弘之，恬然生活在山林，纵情逸志于隐居。前卫将军参军郭希林，一向纯洁正直，是前代伟人的后裔。他二人一并隐居当世，没有受到任何表彰，应该给予旌奖和礼聘，弘扬隐居的意义，表彰、宣扬退处和谦逊的美德，以去除动辄就要有所贪求的弊病。我认为弘之可任太子庶子一职，希林可以担任著作郎。"皇帝于是征召弘之为太子庶子，没有就任。太祖即位后，敬弘任左仆射，又陈述说："弘之年轻时即品行高洁，晚年后仍然艰苦勤恳，当今内外安定，天下太平，应该做些使天下太平的工作，应该征召、褒奖深山空谷中的隐居之士，以敦促淡泊、谦退风气的形成。"元嘉四年，皇上征召他为通直散骑常侍，又没有就任。敬弘曾脱下自己的貂裘皮袄给他，他即穿着去山里采药。

　　弘之生性喜欢垂钓，上虞江有一个地方叫作三石头，弘之常在这儿钓鱼。从这儿路过的人不认识他，有人问："钓鱼的，钓了鱼卖不卖？"弘之说："还没有钓到；就是钓到了，也不卖。"傍晚时带着鱼到了上虞城里，经过亲朋故旧的门口，各放一两条鱼而离去。始宁县沃川附近有很好的自然风景，弘之在那儿依据山势建造房屋。谢灵运、颜延之都很钦佩器重他，灵运曾写信给庐陵王义真说："会稽境内山清水秀，所以江南高层次的隐士，很多都隐居在会稽境内。然而近代人爱慕荣华富贵，深处隐居的人很少，或者是因为有才而被朝廷征召，不能够依据自己的意志行事。至于王弘之，则能掸去身上的灰尘，归耕田亩，从事农桑，已经很多年了；孔淳之能隐居在穷乡僻壤，从年轻时起直到现在；阮万龄辞去官职，闲居在家，完成了父辈著书立说的事业；浙河之外，隐居避世的人，也就这几位罢了。他们的行为和远古的伏羲、唐尧一样，也能够激励贪婪的人锐意进取。殿下您素爱淡泊，思念古人，常常像平民一样，每次回想过去听说的名人，都想到深处岩穴之士，如果派人去慰问、鼓励他们，真可以称为千载称誉的盛事了。"

　　去世时年龄六十三岁。颜延之想为他写一篇悼念文章，写信给他的儿子昙生说："你父亲高风亮节，思想清楚，认识正确，文章著述也很丰富，历史应该有所记述。何况我很仰慕他的风范，并以著书立说，传播道德为职业。只是才气不足，不一定能够写好。"这篇悼念文章终究没有写成。

　　昙生喜欢钻研文章辞意，以谦和著称。曾担任过显赫的职务：吏部尚书、太常卿。大明末年，任吴兴太守。太宗初年，东西南北四方都有叛乱，昙生战败后逃到会稽，归降后被判无罪，最后的官职是中散大夫。

　　孔淳之，字彦深，是鲁郡鲁县人。祖父孔恢，曾任尚书祠部郎。父亲孔粲，被征为秘书监，没有就任。淳之从小情趣高尚，爱好经书典籍，受到太原人王恭的称赞。家住会稽剡县，生性喜爱幽峻，每次游玩，都要踏遍那儿的山水，有时十多天还记不得返回。有一次游历名山,碰到和尚法崇,法崇让他留下,于是他在那儿住了三年。法崇叹息到:"我想像世外的生活,已经三十年了,现在我们在这儿一见如故,一点也不知道老之将至。"一直等到淳之返家,也没有告诉自己的姓氏。后任命淳之为著作佐郎、太尉参军,都没有就任。

为父母服丧时竭尽孝道,在墓边盖房居住。守完孝后,和不受朝廷征聘的人戴颙、王弘之及王敬弘等一起游历山水。敬弘把女儿嫁给淳之的儿子孔尚。会稽太守谢方明苦苦邀请他们去他的郡里,最终他们还是不肯去。他们的住处是茅草盖的房子,蓬草搭的窗户,庭园杂草丛生,小路都被淹没了,只有床上有几本书。元嘉初年,皇帝又征召淳之为散骑侍郎,于是他逃离了上虞县境,家里的人都不知道他到哪里去了。弟弟孔默之任广州刺史,临行时和他告别。司徒王弘邀请淳之在冶城与他会合,想要带他回家,他没有理睬。元嘉七年去世,时年五十九岁。默之是儒家学者,给《春秋谷梁传》做过注。

刘凝之,字志安,小名长年,是南郡枝江人。父亲刘期公,任衡阳太守;哥哥盛公,性情高傲,没有做官。凝之倾慕老莱子、严子陵的为人,把家里的财产赠送给弟弟和侄子,在荒郊野外盖房子,不是自己劳动得来的食物不吃,州里的人都很推重他的德行。州里多次尊敬地推举他任西曹主簿,推荐他出任秀才,他都没有就任。妻子是梁州刺史郭铨的女儿,陪嫁很丰厚,凝之全部分散给了亲友。妻子也能不羡慕荣华富贵,与凝之一起安于勤俭艰苦的生活,夫妻二人一起坐着竹子做的粗陋的车子,到集市上去购物和卖掉多余的产品,所得钱财除了应付日用以外,全部施舍给别人。受村里人的陷害,一年要交三次公粮,只要让他交他就交。有人误认他所穿的木拖鞋是自己的,他笑着说:"这双我穿坏了,现在让家里的人找一双新的给你。"后来这个人在田里找到了遗失的那双木拖鞋,把凝之的那双送去还给他,他不肯再要了。

元嘉初年,皇帝征他为秘书郎,没有就任。临川王刘义庆、衡阳王刘义季镇守江陵,一起派遣使者去慰问他,凝之回信署名时自称仆人,以臣子的身份行事,有人讽刺这一点。凝之说:"过去老莱子对楚王自称仆人,严陵也和光武帝分庭抗礼,没有听说巢父、许由对尧、舜称臣。"当时戴瑀颙信,也称仆。

荆州有一年粮食歉收,刘义季想到凝之可能会饿死,赠给他十万钱。凝之非常高兴,把钱拿到集市的入口处,看见面有饥色者,都分送给他们,一会儿功夫钱就用完了。生性爱好山水,一天早晨带妻子开始泛游江湖,隐居在衡山南面。登上崇山峻岭,在荒无人迹的地方盖了小房子,住在里面,采药炼丹,修身养性,妻子依从他的志愿行事。元嘉二十五年去世,时年五十九岁。

翟法赐,寻阳柴桑人。曾祖名翟汤,翟汤的儿子名翟庄,翟庄的儿子名翟矫,这几个人都行为高尚,不入仕做官。逃避皇帝的征召和王公大臣们的推荐提拔。翟矫生了儿子法赐。

法赐年轻时经管家业,在庐山顶上盖了房子,父母去世后,便不再回家。不吃五谷粮食,拿兽皮用草联结作为衣服,即便是乡亲邻里或自己的姑表至亲,也没有人能看见他。州里提拔他任主簿,推举他任秀才、右参军、著作佐郎、员外散骑侍郎,都没有就任。后来家人到他所住的石室去找他,他逃到了更远的地方,因为要回避征召,所以必须遁迹山林。寻阳太守邓文子上表说:"奉皇帝之命征召郡民新提拔的著作佐郎南阳人翟法赐,补员外散骑侍郎一官。法赐隐居庐山,到现在已经更替四朝了,栖身于幽深的岩石中,很少有人能见到他。如果用王法来逼迫他，用礼义制度来约束他，带着军队上山去逮捕他，恐怕会伤害他的性命，这样做对国家的形象也有所伤害。"于是作罢。后来他不知何年何月死于岩石中。

沈道虔是吴兴武康人。年轻时即有仁爱之心，喜欢《老子》《周易》，住在县城北面石山脚下。孙恩暴动后粮食紧缺，县令庚肃之把他接去县城南面废头里，为他盖了小房子。房屋临水，可以欣赏自然山水。他还是经常回到石山的旧宅，和已死兄长的几个儿子一起过着贫困的生活，然而他虽贫穷，却不改变自己高尚的节操，跟着戴逵学习弹琴，王敬弘非常敬佩他。郡里州里十二次要任命他出来做官，他都没有同意。

有人到他的园子里偷菜，他回去后刚好碰见，赶紧自己躲起来，等小偷把菜拿走了才出来。有人要拔他房屋后面的笋子，他让人劝阻他们，说："可惜这些笋子了，我想让它们长成竹林。另外有些好的笋子送给你们。"于是让人去买大笋送给那些人。小偷感到很惭愧，没有要。道虔派人把笋子送到他们家里。常有到田里去拾麦穗来补贴生活的人发生争抢的事，道虔劝他们不要抢，他们不听，这时他就把自己拾得的稻麦穗全给他们。这些争抢的人感到很不好意思。后来每有争抢总是说："别让居士知道。"冬天没有厚衣服，戴颙听说后把他接去，为他制作了衣服，并且给他一万钱，回来后，把身的衣服和钱都分给了没有衣服的侄子们。乡里的小孩子都跟着他学习。道虔常常没有粮食，无法使他的学生完成学业。武康令孔欣之给了他很大资助，使他的学生都能学有所成。太祖听说后，派人来慰问他，赏给他三万钱，二百斛米，帮助他哥哥的子女们完成婚事。征召他为员外散骑侍郎，没有就任。几代人都相信佛教，把祖上的旧宅改建为佛寺，每到四月八号，都要请佛像，那一天总是全家人都诚心诚意。道虔年纪大了后，总是吃素，还经常连日常生活也维持不了。然而他仍以读书、弹琴为乐，勤恳认真，孜孜不倦。太祖下令让郡里县里随时都要给他资助。元嘉二十六年去世，时年八十二岁。

儿子慧锋，继承了父亲的业绩，任命他为从事，也不就任。

雷次宗，字仲伦，是豫章南昌人。年轻时即上庐山，事奉和尚慧远，志向远大，喜爱学习，对于《周礼》《仪礼》《礼记》和《毛诗》特别了解。隐居避世，断绝和社会上人事的来往，本州任命他为员外散骑侍郎和从事，他都没有接受。给子侄写信表明他的操守：

人生长短，都是有定数的。定数以外的事，不能够凭智力去强求。但应当在上天所规定的人生旅途中顺顺当当，而不要轻率行事。我从小就生病，主要做的事情就是养病，生性喜欢清闲，有志于生活在尘世之外，所以还在年纪很小的时候，便已有了遁世隐居的意思。到了二十来岁，把自己托付给佛祖，到庐山事奉和尚。那个时候我的师友和一切有关系的人教导我要弘扬正道，对外要仰慕同辈人的积极进取，对自己要严格要求，有不懂的地方，就要让别人来启发。于是我振奋精神，潜心学习研究经书典籍。勉励自己要勤劳诚恳，夜以继日地工作不停。素来爱好自然山水，又常体会到领悟会意的快乐，这两种爱好实在能够帮助我明白道理，对我的性格形成也有帮助。并使人成就了勤勉不倦的大业，以此为乐，忘记了忧愁，不知道一天即将过去，太阳就要下山了。自从游历山中，风餐露宿已有二十多年，名人既已离开，好朋友又逐渐减少，加以祭礼祷告，送往迎来又不合礼法，倍感冷落与艰辛。过去的诚心诚愿，一个早晨就荡涤殆尽。心意荒芜散漫，情绪衰落，受到伤害。所以和你们一起在田间种地，住深山喝泉水，久已断绝了社会上的各种人事关系。

日月如梭,十来年功夫眨眼间就过去了。和狗马一样不值钱的生命已经过了四十岁。

暮年即将来临,前途而能怎样,实在向往向子平暮年攀登五岳的壮举,也想和他一样摆脱家务琐事的牵累。到现在年纪虽大了,但还没有昏颠;身体衰弱了,但还没有垮掉,还可以在自己所希望的事情上增强信心,随心所欲地做自己想做的事情,保持诚实是通往来生的桥梁,心情舒畅是暮年生活的营养。在美好的时光中玩味岁月的意义,在即将逝去的日子里仔细体会美好的人生。我心里所希望的,全部都在这儿。你们都已成人,也都已嫁夫娶妇,立志于隐居,我还有什么顾虑呢?只愿能够实现自己的志愿,平平安安,终此一生罢了。从今以后,家里的大小事情,都与我无关,向子平说的话,可以作为我的准则。

元嘉十五年,皇帝征召雷次宗去京城,在鸡笼山设立学馆,招集学生讲授经典,招有学生百十来人。会稽人朱膺之、颍川人庚蔚之也因为通晓儒学,在那儿监督学生学习。当时全国的最高学府太学还未建立,皇帝留心艺术事业,命令丹阳尹何尚之创立玄学、太子率更令何承天创立史学、司徒参军谢元创立文学,四门学科一并建立。皇帝多次亲临次宗学馆,俸禄和供给都很丰厚。又提升他为给事中,他没有就任。很久以后,要回庐山。公卿以下的官员,都设宴饯行。元嘉二十五年,皇帝下诏书说:"前新提拔的给事中雷次宗,特别崇尚古人,通晓经籍,行为高尚,自己拒绝了征召,坚持隐居。应该加以提拔,以奖励退让与淡泊。可以任他为散骑侍郎。"后来又征诏他到京城去,为他在钟山西边岩下造了房屋,叫作"招隐馆",让他给皇太子和其他皇子讲授《丧服》经。次宗没有从正门中进去,乃使自己从华林东门直接进入延贤堂讲授,元嘉二十五年,死于钟山,时年六十三岁。太祖给江夏王刘义恭的信中说到次宗已死,义恭回信说,"雷次宗死于他所患的疾病,很是可惜。他幽居深山老林,自以为是世外之人,勉励自己恢复古代的礼义制度,始终如一。我认为皇帝应该施恩于他,对他应表示同情。"

儿子雷肃之,继承了他的事业,做官做到豫章郡丞。

朱百年是会稽山阴人。祖父朱恺之,是晋朝的右卫将军,父亲朱涛,任扬州主簿。

百年年轻时就有清高的情怀,父母死后他服完了应尽的孝,就带着妻子孔氏到了会稽南山,以砍柴和采集箬叶为职业,每每把柴火和箬叶放在路边,总是被别人拿走。第二天仍然这样。人们有点奇怪。很久才知道这是朱隐士在卖柴。需要的人能拿多少拿多少,取了柴火、箬叶把钱留下就离开了。有时碰上严寒或大雪,柴火和箬叶卖不出去,无法生活,总是自己撑着船把妻子送回娘家,天晴后再把她接回来。有时还跑出山阴县境为他的妻子买几尺丝绸,喜欢喝酒,喝醉了有时就遗失了丝绸。很能讲道理,时常写诗,往往有高超的语句。郡里任命他为功曹,州里提拔他为从事,乡里推举他为秀才,都没有就任。避人隐居,只和同县人孔觊来往。孔觊也喜欢喝酒,两人一起喝酒,总要喝个够。百年家一向贫困,母亲死在冬季,死了后都没有棉衣穿,从此他自己也不再穿棉衣。曾在很冷的时候到孔觊家去住宿,所穿衣服仍然只有双层布的,喝醉了酒睡着了,孔觊用被子给他盖上,百年没有感觉到。醒来后把被子掀开,对孔觊说:"棉被真是暖和啊。"因而泪流满面,十分悲痛。孔觊也为他感到难过。

提升他为太子舍人,没有就任。颜竣治理东扬州时,下令发给朱百年俸禄稻谷五百斛,他没有接受。当时山阴还有一个贫寒之士姚吟,也有高雅的兴趣爱好,被当时的各级官员所器重。义阳王刘昶亲临东扬州时，举荐他为文学从事，没有就任。颜竣发给姚吟俸禄二百斛米，他也没有接受。

朱百年于孝建元年死于山中，时年八十七岁。蔡兴宗任会稽太守时，赠给朱百年的妻子一百斛米，百年妻子派使女到郡里去说明她坚决不要。当时的人很赞扬她的做法，把她比作梁鸿的妻子孟光。

王素，字休业，是琅玡临沂人，高祖父王翘之，是晋代的光禄大夫。

王素年轻时即有远大的志向，家里贫穷，母亲年纪也大了。起初任庐陵国的侍郎，后因为为母亲守孝，辞去了职务。服完孝时，庐陵王刘绍治理江州，亲朋旧友劝王素把老家旧房子修茸整理一下，王素没有同意。而是只身一人到东阳郡去了，去那儿隐居，没有做官。从事一些农业生产，以此作为生活来源。喜欢欣赏古人文章的意义，不为当时社会上的风俗舆论所左右。世祖即位后，想要搜罗、宣扬隐居退让之人，下诏书说，"治理社会，成就经国大业，都要使隐居避世的人名声显扬；规范社会风俗，形成谦让的风气，一定要表彰清高正直有节操的人，我时时刻刻都在寻求这样的人，总想着使民风淳朴。琅玡人王素、会稽人朱百年，都廉洁、简约、纯洁、超远，与世人无争，满足于农耕生活，坚定不移，应该加以褒奖，以勉励后进之人。两个都可以任命为太子中舍人。"大明年间，太宰江夏王刘义恭公开招聘。任命王素为仓曹属，太宗于泰始六年，又征召他为太子舍人，都没有就任。王素因为多次受到征召，名声大振。山里有百足虫，叫声清脆悠长，听了后不让人讨厌，但它的外貌却很丑，王素于是写了《蚿赋》一文，用百足虫来比喻自己。泰始七年去世，时年五十四岁。

当时还有宋平人刘睦之、汝南人州韶，吴郡人褚伯王，都隐居以求实现自己的志向。睦之住在交州，提升为武平太守，没有就任。州韶字伯和，黄门侍郎州文的孙子，在湖熟的方山中盖房居住，皇帝下诏任命他为员外散骑侍郎，兼北行从事，没有就任。伯玉住在剡县瀑布山三十多年。扬州郡提拔他为议曹参军，他没有就任。

关康之，字伯愉，是河东郡杨县人。世代居住在京口，老屋在南平昌。年轻时即有志于努力学习，姿态外表潇洒伟岸。下邳人赵绎当时以文章著称，康之和他关系很好。他特别把康之推荐给颜延之。晋陵人顾悦之挑出王弼注《周易》四十条，说是有问题，康之为王弼申辩，反驳顾悦之，很有道理。又著有《毛诗义》，对经籍中的可疑点和讲不通的地方，都做了辨析和解释。曾经跟和尚支僧纳学习数学，很能掌握其中的奥妙。竟陵王刘义宣从京口迁到江陵，治理该郡，邀请关康之和他一起去，关康之没有从命。元嘉年间，太祖听说康之有学问有思想，任命他为武昌国的中军将军，并免除他的租税。江夏王刘义恭、广陵王刘诞视察南徐州时，任命他为从事、西曹，都没有就任。他断绝任何人事往来，立志隐居。弟弟双之是臧质的车骑参军，和臧质一起南下，到赭圻时病故，埋在河流的边上。康之就在那年春天也生了重病，稍好一点，就带人去把弟弟的灵柩迎回家乡，因为这件事而得了虚劳病，在床上睡了二十多年。一有空闲，总是在床上咀嚼文义，发表议论。世祖即位，派遣特使陆子真巡视全国，回京后，推荐关康之，说他："坚持隐居，质朴纯正，廉洁执着，风格高尚，道德品行在邻里乡间受到称赞，名声还传到了其他地方，立志向古人学习，他的高风亮节没有人能比得上，应该加以征召聘用，以引导社会风俗走向纯朴。"没有被聘任。太宗泰始初年，和平原人明僧绍一起被征召为通直郎，又借口有病推辞了。顺帝升明元年去世，时年六十三岁。

史臣说:那些独来独往的人,禀性都有点偏执、耿直,不能剥夺他们的理想,使他们屈服于自己的意志。要借招贤纳士来树立自己的威信,一定要有使他们信服的手段。如果让他们碰上值得信赖的君主,碰到太平盛世,他们怎么会放荡于湖海之上,游于山林之间呢? 他们大概也是因为不得已才这样的。并且山林寂静旷远、水清石华,住在那儿的隐士贤人,都志趣高雅、学识渊博,即使高楼大厦中人及八品之官,也没有不积蓄土地,引来泉水,设法和隐居挂上勾的,或以隐士自居,或以和他们结交而骄傲自豪。所以我们明白松山桂水,不只是向来游玩的地方,处在深山老林中的人,也许反而成为世人瞩目的对象。所以辞官远离京城,又有什么困难呢?

慧琳传

【题解】

慧琳,本姓刘,生卒年不详,秦郡秦县人,宋文帝时僧人,名僧道渊的弟子,所撰《白黑论》曾得宋文帝赏识,但受到佛教徒的攻击。他因此参与朝政,权倾天下,有"黑衣宰相"之称。

【原文】

佛道自后汉明帝,法始东流,自此以后,其教稍广,自帝王至于民庶,莫不归心,经诰充积,训义深远,别为一家之学焉。元嘉十二年,丹阳尹萧摹之奏曰:"佛化被于中国,已历四代,形像塔寺,所在千数,进可以系心,退足以招劝。而自顷以来,情敬浮末,不以精诚为至,更以奢竞为重,旧宇颓弛,曾莫之修,而各务造新,以相姱尚。甲第显宅,于兹殆尽,材竹铜绘,糜损无极,无关神祇,有累人事,建中越制,宜加裁检,不为之防,流遁未息。请自今以后,有欲铸铜像者,悉诣台自闻,兴造塔寺精舍,皆先诣在所二千石通辞,郡依事列言本州;须许报,然后就功,其有辄造寺舍者,皆依不承用诏书律,铜宅林苑,悉没入官。"诏可。又沙汰沙门,罢道者数百人。

世祖大明二年,有昙标道人与羌人高阇谋反,上因是下诏曰:"佛法替,沙门混难,未足扶济鸿教,而专成逋薮。加奸心频发,凶状屡闻,败乱风俗,人神交怨。可付所在,精加沙汰,后有违怨,严加诛坐。"于是设诸条禁,自非戒行精苦,并使还俗。而诸寺尼出入宫掖,交关妃后,此制竟不能行。

先是晋世庾冰始创议,欲使沙门敬王者,后桓玄复述其义,并不果行。大明六年,世祖使有司奏曰:"臣闻邃宇崇居,非期宏峻,拳跪曫伏,非止敬恭,将以施张四维,缔制入宇。故虽儒法枝派,名墨条分,至于崇亲严上,厥由靡爽。唯浮图为教,易自龙堆,反经提传,训遐事远,练生莹识,恒俗称难,宗旨缅谢,微言沦隔,拘文蔽道,在末弥扇。遂乃陵越典度,偃倨尊戚,失随方之眇迹,迷制化之渊义,夫佛法以谦俭自牧,忠虔为道,不轻比丘,遭人斯拜,目连柔门,遇长则祀,宁有屈膝四辈,而简礼二亲,稽颡耆腊,而直体万乘者哉。故咸康创议,无兴载述,而事屈偏尝,道挫余分。今鸿源遥洗,君流仰镜,九仙羹实,百神耸职,而畿辇之内,舍弗臣之氓,陛席之间,延抗礼之客惧非所以澄一风范,详示景则者也。臣等参议,以为沙门接见,比当尽虔敬之容,依其本俗,则朝徽有序,乘方兼遂矣。"诏可。前废帝初,复旧。

世祖宠姬殷贵妃薨,为之立寺,贵妃子子鸾封新安王,故以新安为寺号。前废帝杀子鸾,乃毁废新安寺,驱斥僧徒,寻又毁中兴、天宝诸寺。太宗定乱,下令曰:"先帝建中兴及新安诸寺,所以长世垂节,弘宣盛化。顷遇昏虐,法像残毁,师徒奔进,甚以矜怀。妙训渊谟,有扶名教。可招集旧僧,普各还本,并使材官。随宜修复。

宋世名僧有道生。道生,彭城人也。父为广戚令。生出家为沙门法大弟子。幼而聪悟,年十年,便能讲经。及长有异解,立顿悟义,时人推服之。元嘉十一年,卒于庐山,沙门慧琳为之诔。

慧琳者,秦郡秦县人,姓刘氏。少出家,住冶城寺,有才章兼外内之学,为庐陵王义真所知,尝著均善论,其词曰:

"有白学先生,以为中国圣人,经伦百世,其德弘矣,智周万变,天人之理尽矣,道无隐旨,教罔遗筌,聪睿迪哲,何负于殊论哉。有黑学道士陋之,谓不照幽冥之途,弗及来生之化虽尚虚心,未能虚事,不逮西域之深也。于是白学访其所以不逮云尔。

白曰:"释氏所论之空,与老氏所言之空,无同异乎?"黑曰:"异。释氏即物为空,空物为一。老氏有无两行,空有为异。安得同乎。"白曰:"释氏空物,物信空邪?"黑曰:"然。空又空,不翅于空矣。"白曰:"三仪灵长于宇宙,万品盈生于天地,孰是空哉?"黑曰:"空其自性之有,不害因假之体也。今构郡材以成在大厦,罔专寝之宝,积一豪以致合抱,无檀木之体,有生莫俄顷之留,泰山蔑累息之固,兴灭无常,因缘无主,所空在于性理,所难据于事用,吾以为娱矣。"白曰:"所言实相,空者其如是乎?"黑曰:"然。"白曰:"浮变之理,交于目前,视听者之所同了邪?"解之以登道场,重又以轻异学,诚未见其渊深。"黑曰:"斯理若近,求之实远。夫情之所重者虚,事之可重者实。今虚其真实,离其浮伪,爱欲之惑,不得不去。爱去而道场不登者,吾不知所以相晓也。"白曰:"今析豪空树,无口垂荫之茂,离材虚室,不损轮奂之美,明无常增其愒荫之,陈若偏笃其竞辰之虑。贝锦以繁采发辉,和羹以盐梅致旨,齐侯追爽鸠之乐,燕王无延年之术,恐和合之辩,危脆之教,正足恋其嗜好之欲,无以倾其爱竞之惑也。"黑曰:"斯固理绝于诸华,坟素莫之及也。"白曰:"山高累卑之辞,川树积小之咏,舟壑火传之谈,坚白唐肆之论,盖盈于中国矣,非理之奥,故不举以为教本耳。子固以遗情遗累,虚心为道,而据事剖析者,更由指掌之间乎。"黑曰:"周、礼为教,正及一世,不见来生无穷之缘,积善不过子孙子度,累恶不过余殃之罚,报效止于荣禄,诛责极于穷贱。视听之外,冥然不知,良可悲矣。释迦关无穷之业,拔重关之险,陶方寸之虑,宇宙不足盈其明,设一兹之救,君生不足胜其化,叙地狱则民惧其罪,敷天堂则物观其福,指泥洹以长归,乘法身以遐览,神变无不周,灵泽靡不覃,先觉翻翔于上世,后悟腾骞而不绍,坎井之局,何以识大方之家乎。"白曰:"固能大其言矣,今效神光罔径寸之明,验灵变罔纤介之异,勤诚者不睹善救之貌,笃学者弗克陵虚之实,徒称无量之夺,熟见期颐之叟,咨嗟金刚之固,安觌不朽之质。苟于事不符,宜寻立言之指,遗其所寄之说也。且要天堂以就善,曷若服义而蹈道,惧地狱以敕身,孰与从理以端心。礼拜以求免罪,不由祇肃之意,施一以徼百倍,弗乘无吝之情。美泥洹之乐,生耽逸之虑,赞法身之妙,肇好奇之心,近欲未弭,远利又兴,虽言菩萨无欲,群生固以有欲矣。甫救交敝之氓,永开利竞之俗,澄神反道,其可得乎。"黑曰:"不然。或不示以来生之俗,何以权其当生之滞。物情不能顿至，故积渐以诱之。夺此俄顷。要彼无穷，若弗劝春稼，秋穑何期。端坐井底，而息意庶虑者，长渝于九泉之下矣。"白曰："异哉！何所务之乖也。道在无欲，而以有欲要之，北行求郢，西征索越，方长迷于幽都，永谬滞于昧谷。辽辽闽、楚，其可见乎。所谓积渐者，日损之谓也。当先遗其所轻，然后忘其所重，使利欲日去，淳白自生耳。岂得以少要多，以粗易妙，俯仰之间，非利不动，利之所荡，其有极哉。乃丹青眩媚綵之目，土木夸好壮之心，兴糜费之道，单九服之财，树无用之事，割群生之急，致营造之计，成私树之权，务劝化之业，结师党之势，若节以要厉精之誉，护法以展陵竟之情，悲矣。夫道其安寄乎。是以周、孔敦俗，弗关视听之外，老、庄陶风，谨守性分而已。"黑曰："三游本于仁义，盗跖资于五善，圣迹之敝，岂有内外，且黄、老之家，符章之伪，水祝之诬，不可胜论。于安于彼，骇于此，玩于浊水，违于清渊耳。"白曰："有迹不能不敝，有术不能无伪，此乃对人所以桎梏也。今所惜在作法于贪，遂以成俗，不正其敝，反以为高耳。至若淫妄之徒，世自近鄙，源流蔑然，固不足论。"黑曰："释氏之教，专救夷俗，便无取于诸华邪？"白曰："曷为其然。为则开端，宜怀属绪，爱物去杀，尚施周人，息心遗荣华之怨，大士布兼济之念，仁义玄一者，何以尚之。惜乎幽旨不亮，末流为累耳。"黑曰："子之论善殆同矣，便事尽于生乎？"白曰："幽冥之理，固不极于人事矣。周、孔疑而不辨，释迦辨而不实，将宜废其显晦之迹，存其所要之旨。请尝言之。夫道之以仁义者，服理以从化，帅之以劝戒者，循利而迁善。故甘辞兴于有欲，而灭于悟理，淡说行于天解，而息于贪伪。是以示来生者，蔽亏于道、释不得已，杜幽暗者，冥符于姬、孔闭其兑。由斯论之，言之者未必远，知之者未必得，不知者未必失，但知六度与五教并行，信顺与慈悲齐立耳。殊涂而同归者，不得守其废轮之辙也。"

论行于世。旧僧谓其贬黜释氏，欲加摈斥。太祖见论赏之，元嘉中，遂参权要，朝廷大事，皆与议焉。宾客辐湊，门车常有数十辆，四方赠赂相系，势倾一时。注《孝经》及《庄子·逍遥篇》，文论，传于世。

【译文】

佛教自从后汉明帝开始，法术才开始向东方流传，从此以后，佛教逐渐流传广泛，从帝王至民众百姓，没有不归化信仰的。经文训诂积累很多，教训意义既深渊又广远，单独成为一门学问了。元嘉二十年，丹阳尹萧摹之上奏说："佛教教化流传到中国，已经经历了四个朝代，佛像佛塔，现存的以千计算。进可以维系心灵，退能够招劝民众。但最近以来，感情上敬重那些轻浮枝末的东西，不把精心至诚当作最好的选择，反而把奢侈竞尚看得更重。旧的庙宇荒废了，不曾去修理他们，却各自只顾制造新的庙宇，以竞相夸耀。高院显宅，在这里差不多没有了，木材竹料、铜钉铁料，消耗花费没有止境，对神明没什么关系，却对人间带来烦累，建造的超过规定的，应该加以裁减检束，不对此加以防止，流传放失不会停止。请求从今以后，打算铸造铜像的，都应该向宫廷中报告，兴建佛塔佛寺精舍，都要先到所在的太守处说明，郡里按规定应该报告所在的州，经得同意，然后才能动工兴造。如果有擅自建造佛寺佛塔精舍的，都按违反不接受诏书的律条办理，铜制门宅林木寺院，都没收归官。"皇帝同意，还挑选了沙门并罢免和尚数百人。

世祖大明二年，有一个叫昙标道人和羌人高阇合谋造反，皇上因此下诏书说："佛法讹误，沙门混杂，不能够扶持救济大教，反而专门成了逃犯的藏身之地。加之以奸心不断发生，凶恶之状多次听说，败坏扰乱风俗习惯，人和神之间产生了怨恨，可以交给当地官僚，精心加以挑选淘汰。以后有违犯的，严格加以诛杀论罪。"于是设立了许多条令禁款，假若不是守戒习法精心勤苦的，都让他还俗，但因各个寺里的僧尼进入宫廷，和后妃往来相通，这种制度最后没有实行。

以前晋代的庾冰开始建议，想让和尚尊敬皇帝，后来桓玄再次重述这个意思，都没有真正实行。大明六年，世祖让主管的官吏上奏说："我听说深院高楼大宅，并不是期待有多宏伟壮丽，抱拳下跪匍匐，并不就是恭敬，将是用来施用天下，管理世界，统治民众，所以虽然儒家法家分枝异派，名学墨家各自相异，至于看重亲属、尊敬长辈，这一点是没有什么差异的。独有浮图作为宗教，来自遥远的西域沙漠，不合中土常规，遵从传承的旧事，生命意识精诚超脱，普通民众难以称说，思想学说不断衰微、限隔，加以文字限制掩盖了其道义，在其末流尤难流传。于是就超越常规法度，把亲戚尊辈看得较轻，丧失了从众的明道，迷失了教化的深义。佛法靠谦虚节俭自我管理，以忠厚虔诚为本分，不轻视比丘，碰到人就礼拜。目连是一个桑门和尚，看到长辈便讲礼，那里有因事而屈从于所有的人，因守道而不顾其他？现在大道源长流广，人们都仰视相观，九仙送宝，百神尽职，便是京城内外，舍弃不臣服的人们，在朝廷官府之间，延揽抗礼的人，恐怕不是所以用来纯化风俗世态，榜样规则。我们建议：认为沙门互相接见，当有虔诚礼敬的态度，应当按照他原来的本来习俗，那样则朝廷制度有序，驾驭有方了。"皇帝同意了，前废帝初年，又恢复旧态。

世祖宠爱的妃子殷贵妃死了，为她立了一座寺庙，贵妃的儿子子鸾封为新安王，所以用新安作为寺号。前废帝杀掉子鸾，于是毁掉新安寺，驱赶僧徒，不久又毁了中兴、天宝几个寺庙。太宗平定动乱，下令说："先帝建造中兴及新安几座佛寺，是用来长久地垂范佛义，宣传教义的作用。不久碰上了昏乱的虐臣，法象被残毁，师徒走散流失，非常的可怜。精妙的训教深沉的教义，非常有助于扶植教义。可以招集从前的旧僧，让他们都回到原来的位上，并且派上材料官，根据需要加以修复。"

宋代著名的僧人有道生。道生、彭城地方人。父亲是广戚令。道生出家为沙门，是法大的弟子，小时候聪明颖悟，年仅十五，就能讲诵经典，等到长大了有不同的见解，并且马上悟到新义，当时人很推崇他。元嘉十一年，死在庐山，沙门慧琳为他写了一篇悼文。

慧琳，秦郡秦县人，俗姓刘氏，从小出家，住在冶城寺，有文章才学，兼通儒学与佛典，被庐陵王义真所赏识，曾写下《均善论》，那篇文章的内容是：

有一位白学先生，自己认为是中国的圣人，治理整治天下有百世，他的道德很高大了，智识能应服所有变化，天和人的道理都通了，道义也没什么隐含的意义，教旨也没有什么遗忘的地方，聪明睿智圣哲，那里有负于特异之论。有一位黑学道士认为他很浅陋，认为不能照及幽冥的道路，更不能化及来生，虽然追尚虚心，但不能使事归虚化，没有得到西域佛教的精深之旨。所以白学先生请教他不能达到的地方。

白学先生说："释氏所论的'空'和老氏所说的'空'没有什么差别吗？"黑学道士说："有差别，释氏把万物看作是空的，空就是物合而为一。老氏把有和无看作是两途，空和有互不相同，怎么能说两学相同？"白学先生说："释氏以物为空，万物真的是空的吗？"黑学道士说："确实是空的，空空归无，不仅是全空了。"白学先生说："天、地、人生长在宇宙之中，万事万物充满了天地之间，怎么能说是空的？"黑学道士说："空指的是它本性的空无,不因为他所假借的外体而相害,现在买许多材料用来构成大厦,不在乎它占住的事实。积累一丝一毫而成合抱之大,并没有檀木的本体。生命不计较一会儿的停留,泰山看不上一点点的稳固,兴起与不亡没有固定,因缘没有所主,所谓空是性理之空,所谓难是事理之难,我认为没有什么错误了。"白学先生说:"所说的实相,空是讲的这个吗?"黑学道士说:"对的。"白说:"浮变之理,交错出现在眼前,这是看到听到的人所都了解的。解说的人靠此来登上道场,看重者凭此轻弃异学,确实是没有看到它的渊深之理。"黑说:"这个道理很浅,探求起来确实很遥远。感情所看重的东西是虚的,事实中所看重的是实在的。现在把真实的东西看得很虚,把浮伪的东西离去。爱心和欲望的迷惑,不得不除去。爱心丧失就会不登道场,我不知道了用什么来相明白。"白说:"现在把树离析为毫丝,无法体现茂树的垂阴之功,把树木离析,房室空掉,不会损害车轮的美。明无经常增加他爱惜光阴的情怀,陈若偏偏笃信时间竞争的顾虑,贝锦因为繁美有光彩而产生光辉,和羹因为盐梅而产生美味,齐侯追求爽鸠的快乐,燕王没有延年的办法,害怕和合的分辩,危险害怕的教,正好能够爱恋他的嗜好与欲望,没有办法让他倾尽爱竟之心的迷惑。"黑说:"这固然从理论上看与华人不相同,文献典籍没有能够赶上。"白说:"山高不辞让卑小之地,大川不弃小河之流,有关舟和河川的谈话,坚白唐肆的议论,大概充满中国了。并不是理论的深奥,所以不举例作为教本。您本来用遗情弃累,虚心向道,但是按事进行剖析的人,犹如在指掌之间。"黑说:"周、孔作为一教,只关心一世,看不到来生那无穷无尽的缘分,积累的善行也不超过子孙的福庆,积累的过失也不超过剩下的殃害的惩罚,报答功效只限于荣禄,谴责最严重的就是让他贫困低贱,在看到见到以外的世界,其他一点也不知道,真是太可悲了。释迦关系到无穷无尽的事业,拨开重重险关,考虑及点点滴滴,宇宙之内不足以充斥他的光明,设立一个慈悲的救济主,万世群生不足以受尽他的教化,讲到地狱就民众害怕他们自己的罪恶,叙及天堂那么人民高兴喜欢得到幸福,指泥洹为长归之地,乘借法身用来远览博观,神变没有不周到的,灵验恩泽没有不及遍的,先觉者飞翔在上世,后来醒悟的飞腾而紧跟。坎井之中的人,用什么去理解大方之家的人?"白说:"确实能夸大他的话了,现在检效神光没有一寸一尺的光明,验实灵异变化没有一丝一毫的奇异,勤奋诚实的人见不到好报的样子,踏实学习的抵不上做虚弄假的人,只知道称无量之寿,又有谁见到八九十岁的老人?感叹金刚的坚固,只有谁见到过不朽的形体?假如和事情不相符,应该寻求立言的意旨,遗落他所依托的学说。况且拿天堂用来激发人们行善。哪里比得上信服道义而追求秉从义理?顶礼膜拜去求得免除罪责,不用真正地端正肃严施舍一点好事去求得百倍的好处,没有不加吝啬的情怀。爱慕泥洹的快乐,产生着沉醉逸乐之心,赞叹法身的奇妙,也产生了好奇之心。新近的欲望没有满足,获得长远的利益之心又产生了。虽然说菩萨没有欲望,普通民众本来就充满了欲望了。刚开始救助受苦的民众,却永远打开了竞利逐益的习俗。清澄求道,难道可以得到吗?"黑说:"不是这样的。假若不用来生的愿望去显示,怎么可以权衡今生的滞耗,人情不能突然获得满足,所以积渐去诱导他们,夺去这短暂人生,去达到无穷的生命。假若不辛勤地去春播,秋天收获又有何期?正坐在井底之下,不考虑普通之利,那将永远丧沦在九泉之下了。"白说:"真奇怪啊!为什么所追求的竟这样不同,道本来处在无欲之上,却要用有欲之道去探究他,往北去要想找达南方之郢,往西行却在期待抵越,正会永远地迷困在幽都,停滞于昧谷了。那辽远的闽、楚之地,又怎么可以见得到?所说的渐积,是在一天天地减损。应该首先丢掉那些轻的,然后才去丢掉重的,让利益和欲望之心一天天地减;真淳洁白之心自然产生了,怎么能用小的去求得多的,用粗的去换取精妙的,在俯仰之间,无利不动,利益所带来的变化那里还有止境啊?于是用丹青来满足媚俗世俗的心态,大兴土木来夸世喜欢强壮的心态,大行浪费之道,花掉了亲属的财产,干些没有用的事情,搜割民众的营生所急,以达到建成刹宇的目的,借助手中的权力,来达到劝化的功业,结聚师徒党羽的力量,苦守节操用来达到厉精的名誉,借护法来展示斗竟之情,真是太可悲了啊!道又怎么去寄托?因此周公、孔子敦劝世俗,不关系到视听之外的事情,老、庄虽然风尚,也谨慎地属守性分吧了。"黑说:"连游侠、游说、游行者都秉乎仁义、盗跖虽坏,也借用仁、义、礼、忠、信五善,圣迹的开放。岂有什么内、外之分。况且黄老之家,符咒章醮的伪枉,水祝的诬,不可以说尽了,你对他们没有什么奇怪,却对此深感惊异,是在浊水之中游玩,却不习惯见到清水吧了。"白说:"有影迹就不能不有过失,有道术就不能没有伪行,这就是圣人所以有所限制,现在的叹息是作法而有失于贪,并因此而成为习俗、不端正这种失弊,反而认为很高深了。至于荒淫荒诞之徒,世间本来就很鄙视,源流也很轻蔑,本来就不值得去说他。"黑说:"释氏之教,专门救助夷人习俗,难道就对华众没有什么作用?"白说:"怎么是这样的?要做的话就要注重开端,就应该有所属意,爱护民众不事杀伐,追求布施与周济,把荣华之心去掉,广布兼济之心,仁义玄一之人,又靠的是什么。可惜啊!真正的创意不明白,末流反而造成累赘了。"黑说:"你的论述好的方面大概相同,适当的事情难道只限于人生吗?"白说:"幽冥之理,固然不只是限于人事一途了。周公、孔子怀疑而不加辩论。释迦辩论却不实在,应当废除那些明白或者晦涩的事情,保存那些精要之论,请让我让说一番,那些以仁义为训导的,会服从理念以教化民众。用劝诚去统帅民众的,因利而为善。所以说美好的言辞关生于欲望,而消灭在理悟之中,游说言说流行在天解,而熄灭在贪伪之中,因此所以显亦来生的,掩蔽在道,释不得已,绝幽冥的,暗地里符合姬发,孔子而改变其开始,从这方面来说,说的人未必很远,知道的也未必能得到,不知道的不一定失去,只要知道六度和五教一起大行天下,信顺和慈悲一起立身,不同的道路而走向同一目标,不应该守住始发的迹象了。"

论说流行当世,旧的僧人认为他贬低了释氏,想加以排弃。太祖看见了很赞赏它,元嘉年中,于是参加权要机关,朝廷中大事,都得以一块讨论,来往宾客车辆很多,门口的车经常有数十辆,四面八方赠送交通相联系,权力势位倾倒一时,注释过《孝经》以及《庄子·逍遥游篇》文论,流传于世。

陶潜传

【题解】

陶潜(365~427),晋宋时期诗人、辞赋家、散文家。一名渊明,字元亮,私谥靖节,浔阳柴桑(今江西九江)人。曾任江州祭酒,后去职归隐,晚年完全过着躬耕的隐逸生活。

陶潜的作品,现存有诗歌一百二十多首,散文六篇,辞赋两篇。成就最高的是其描写自然景色和农村生活的"田园诗",这些诗作反映了他高远的志趣和守志不阿的品格,隐寓着他对污浊现实的憎恶和对农村淳朴生活的热爱。他还有些诗作歌咏了历史上和神话传说中的英雄，颇多慷慨悲凉之音。他的诗风格平淡自然，语言简洁含蓄，浑厚而富有意境，在我国诗歌史上独具特色。陶潜的赋和文篇数不多，影响极大，《归去来兮辞》《五柳先生传》《桃花源记》等都是传世名篇。

陶渊明的诗文在当时未受重视，唐以后受到广泛的推重。他的人品气节、诗歌艺术都成为后人学习的楷模。梁萧统辑其作品，编为《陶渊明集》八卷。

【原文】

陶潜字渊明，或云渊明字元亮，浔阳柴桑人也。曾祖侃，晋大司马。

潜少有高趣，尝著《五柳先生传》以自况，曰：

先生不知何许人，不详姓字，宅边有五柳树，因以为号焉。娴静少言，不慕荣利。好读书，不求甚解，每有会意，欣然忘食。性嗜酒，而家贫不能恒得。亲旧知其如此，或置酒招之。造饮辄尽，期在必醉，既醉而退，曾不吝情去留。环堵萧然，不蔽风日，短褐穿结，箪瓢屡空，晏如也。当著文章自娱，颇示己志，忘怀得失，以此自终。

其自序如此，时人谓之实录。

亲老家贫，起为州祭酒，不堪吏职，少日，自解归。州召主簿，不就。躬耕自资，遂抱羸疾，复为镇军、建威参军，谓亲朋曰："聊欲弦歌，以为三迳之资，可乎？"执事者闻之，以为彭泽令。公田悉令吏种秫稻，妻子固请种秔乃使二顷五十亩种秫，五十亩种秔。"郡遣督邮至，县吏白应束带见之，潜叹曰："我不能为五斗米折腰向乡里小人。"即日解印绶去职。赋《归去来》，其词曰：

陶渊明

归去来兮，园田荒芜，胡不归。既自以心为形役，奚惆怅而独悲。悟已往之不谏，知来者之可追。实迷涂其未还，觉今是而昨非。舟超遥以轻飏，风飘飘而吹衣。问征夫以前路，恨晨光之希微。

乃瞻衡宇，载欣载奔。僮仆欢迎，稚子候门。三径就荒，松菊独存。携幼入室，有酒停尊。引壶觞而自酌，眄庭柯以怡颜。倚南窗而寄傲，审容膝之易安。园日涉而成趣，门虽设而常关。策扶老以流憩，时矫首而遐观。云无心以出岫，鸟卷飞而知还。景翳翳其将入，抚孤松以盘桓。

归去来兮，请息交而绝游。世与我以相遗，复驾言兮焉求。说亲戚之情话，乐琴书以消夏。农人告余以上春，将有事于西畴。或命巾车，或棹扁舟。既窈窈以穷壑，亦崎岖而经丘。木欣欣以向荣，泉涓涓而始流。善万物之得时，感吾生之行休。

已矣乎。寓形宇内复几时，奚不委心任去留，胡为遑遑欲何之。富贵非吾愿，帝乡不可期。怀良辰以孤往，或植杖而耘籽。登东皋以舒啸，临清流而赋诗。聊乘化以归尽，乐夫天命复奚疑。

义熙末，徵著作佐郎，不就。江州刺史王弘欲识之，不能致也。潜尝往庐山，弘令潜故人庞通之赍酒具于半道栗里要之,潜有脚疾,使一门生二儿舆蓝舆,既至,欣然便共饮酌,俄顷弘至,亦无忤也。先是,颜延之为刘柳后军功曹,在寻阳,与潜情款。后为始安郡,经过,日日造潜,每往必酣饮致醉。临去,留二万钱与潜,潜悉送酒家,稍就取酒,尝九月九日无酒,出宅边菊丛中坐久,值弘送酒至,即便就酌,醉而后归。潜不解音声,而畜素琴一张,无弦,每有酒适,辄抚弄以寄其意。贵贱造之者,有酒辄设,潜若先醉,便语客:"我醉欲眠,卿可去。"其真率如此。郡将候潜,值其酒熟,取头下葛巾漉酒,毕,还复著之。

潜弱年薄宦,不洁去就之迹,自以曾祖晋世宰辅,耻复屈身后代,自高祖王业渐隆,不复肯仕。所著文章,皆题其年月,义熙以前,则书晋氏年号,自永初以来唯云甲子而已。与子书以言其志,并为训戒曰:

天地赋命,有往必终,自古贤圣,谁能独免。子夏言曰:"死生有命,富贵在天。"四友之人,亲受音旨,发斯谈者,岂非穷达不可妄求,寿夭永无外请故邪。吾年过五十,而穷苦荼毒,以家贫弊,东西游走。性刚才拙,与物多忤,自量为已,必贻俗患,僶俛辞世,使汝幼而饥寒耳。常感孺仲贤妻之言,败絮自拥,何惭儿子。此既一事矣。但恨邻靡二仲,室无莱妇,抱兹苦心,良独罔罔。

少年来好书,偶爱闲静,开卷有得,便欣然忘食。见树木交阴,时鸟变声,亦复欢尔有喜。尝言五六月北窗下卧,遇凉风暂至,自谓是羲皇上人。意浅识陋,日月遂往,缅求在昔,眇然如何。

疾患以来,渐就衰损,亲旧不遗,每以药石见救,自恐大分将有限也。恨汝辈稚小,家贫无役,柴水之劳,何时可免,念之在心,若何可言,然虽不同生,当思四海皆弟兄之义。鲍叔、敬仲,分财无猜,归生、伍举,班荆道旧,遂能以败为成,因丧立功,他人尚尔,况共父之人哉,八十而终,兄弟同居,至于没齿,济北氾稚春,晋时操行人也,七世同财,家人无怨色。诗云:"高山仰止,景行行止。"汝其慎哉!吾复何言。

又为命子诗以贻之曰:

悠悠我祖,爱自陶唐。邈为虞宾,历世垂光。御龙勤夏,豕韦翼商。穆穆司徒,厥族以昌。纷纷战国,漠漠衰周。凤隐于林,幽人在丘。逸虬挠云,奔鲸骇流。天集有汉,眷予愍侯。于赫愍侯,运当攀龙。抚剑夙迈,显兹武功。参誓山河,启土开封。亹亹丞相,允迪前踪。浑浑长源,蔚蔚洪柯。群川载导,众条载罗。时有默语,运固隆汙。在我中晋,业融长沙。桓桓长沙,伊勋伊德。天子畴我,专征南国。功遂辞归,临宠不惑。孰谓斯心,而可近得。肃矣我祖,慎终如始。直方二台,惠和千里。于皇仁考,淡焉虚止。寄迹夙运,冥兹愠喜。嗟余寡陋,瞻望靡及。顾惭华鬓,负景只立。三千之罪,无后其急。我诚念哉,呱闻尔泣。卜云嘉日,占尔良时。名尔曰俨,字尔求思。温恭朝夕,念兹在兹。尚想孔伋,庶其企而。厉夜生子,遽而求火。凡百有心,奚待于我。既见其生,实欲其可。人亦有言,斯情无假。日居月诸,渐免于孩。福不虚至,祸亦易来。夙兴夜寐,愿尔斯才。尔之不才,亦已焉哉。

【译文】

陶潜,字渊明,有的说渊明字元亮,浔阳柴桑(今江西九江西南)人。曾祖父陶侃,任晋朝大司马。

陶潜少年时就有很高的志趣,曾撰写《五柳先生传》,以"五柳先生"比拟自己,说:

先生不知道是什么地方人，也不知道他的姓名，在他住宅的旁边有五株柳树，因此就把"五柳"作为他的号。他沉静寡言，不羡慕功名利禄。喜欢读书，但不过分穿凿字句，每当心中有所领悟，便高兴得忘记了吃饭。他性情嗜好酒，然而由于家境贫困，不能经常有酒喝。亲戚朋友知道他的这种情况，有的就备酒招呼他，他去饮酒，总要把酒喝光，希望能够喝到醉。喝醉了就回家，从不舍不得走。他的住屋四壁空荡，不能遮风蔽日；他穿的粗毛短衣，破烂缝补；他的竹篮瓜瓢常常空着，如此清苦，却安然自在。他曾经撰写文章自寻乐趣，文章很能表达自己的志趣。他忘却世俗的得失，而愿意终生过着这种生活。

陶潜自己是这样叙述的，当时的人说这是实际的记录。

陶潜的双亲年老，家境又贫穷，起初他任江州（今江西九江）祭酒，因不能忍受官职的拘束，不久，自己便辞职回乡。州府又召他做主簿，他不接受。他亲自耕耘种作，以自供自给，他的身体瘦弱疲病。后来在镇军将军刘裕幕府中任镇军参军，又在建威将军刘敬宣的幕下任建威参军，他向亲朋好友说："我姑且以出任官职来作为归隐田园的本钱，行吗？"当官的听到这句话，便任命陶潜为彭泽（今江西湖口东部）令。公家的田地全都指使差役种粘稻，他的妻子坚持请求种粳稻，于是，他就用五十亩地来种粘稻，用五十亩来种粳稻。郡守派了督邮到彭泽，县官告诉陶潜应该整饰衣冠，束紧衣带去拜见督邮，陶潜愤慨地说："我不能为了五斗米而向乡间小人弯腰。"当天，陶潜就解下官印，辞掉了县令的官职。陶潜写了《归去来》赋，赋中写道：

回去啊！田园将要荒芜了，为什么还不回去？既然自己的心志被形体所驱使而做了官，又为什么要惆怅而独自悲愁呢？认识到过去已经不可挽回，知道未来尚可以弥补。确实迷失了道途，好在还不远，领悟到今天的正确、昨天的错误。回归时，水路中，船摇晃着是那样轻快飘扬，风轻飘飘地吹拂着衣裳；陆路上，向行人询问前面的路程，可恨的是星光微弱，辨认不清。

看见了简陋的家屋，高兴得奔跑过去。家僮仆人高兴地出来迎接，幼子等候在家门口。屋前的小路已经荒芜，但松树、菊花还在哩！拉着幼子进入屋内，酒器里盛满了酒，拿来了酒壶酒杯，自斟自酌。悠闲地观望着庭院里的树木，脸上露出了愉快的神情。靠着南边的窗子，寄托着傲世的情怀，深知狭小的屋室仅能容纳足膝，却也适宜于安身。每日在园子里散步倒也自成乐趣，屋子虽然设了门，门却经常关着。挂着手杖优游歇息，时常抬起头远处眺望，云朵无意地飘出山头，鸟儿飞倦了也知道归巢。日光暗淡，太阳将要落山，我抚摩着松树，独自流连徘徊。

回去啊！愿与世间息绝交游。世俗与我相违背，再驾车出游还能有何要求？喜欢与亲戚谈心，乐于弹琴读书以消除心中的忧愁。农夫们告诉我春天到了，将要在田地上耕作。有的驾着篷车，有的划着小船，顺着山路蜿蜒曲直地进入幽深的山谷，沿着崎岖不平的山路，经过了小山岗。树木欣欣向荣，泉水缓缓流动。羡慕万物适时地生长，感叹我的生命可将要结束。

算了吧，托身于天地间还能有多久？为什么不随着心意决定自己的行止？为什么要心神不定而想到哪儿去了呢？富贵不是我的愿望，仙境也不可能期待。有时乘着美好的时光独自去游赏，有时放下拐杖去除草培土。登上东面的田边高地放声长啸，面对清澈的流水吟诗。姑且顺应自然的变化而终归死去，乐天知命，还有什么疑虑？

义熙末年，征召陶潜为著作佐郎，陶潜不接受。江州刺史王弘要与陶潜认识，但未能

归去来兮图之"问征夫以前路",明马轼等绘。

达到目的。陶潜曾经到过庐山,王弘让陶潜的朋友庞通之带着酒具在半路上的栗里邀请陶潜。陶潜患有脚病,便差派一个差役和二个小孩抬着竹轿去请陶潜。陶潜来到后,便高兴地一块喝酒。不多时,王弘来了,陶潜也没与他过意不去。在此以前,颜延之任刘柳后军功曹,在浔阳与陶潜款叙情怀。后来颜延之任始安郡守时,经过浔阳,天天去造访陶潜,每次前往,必然痛饮一直到醉,临离开时,留下二万钱给陶潜,陶潜全都存入酒店,逐渐去取酒来喝。曾经在九月九日重阳节时没有酒,他走出门在屋子旁边的菊花丛中坐了很久,正逢王弘送酒来到,他马上就地喝了起来,到喝醉了才进家门。陶潜不懂音乐,却存有一张素琴,琴没有弦,每当他酒喝够了,总是抚弄着素琴,以此来寄托自己的心志。不分贵贱,只要来造访他的,凡是有酒,他总要摆出来,如果陶潜先喝醉,他便会对客人说:"我喝醉了,要睡了,你可以走了。"陶潜就是如此的纯真、直率。郡守去探望陶潜,正逢陶潜的酒酿好,便拿下头上的葛布巾来过滤酒,滤完酒,又将葛布巾戴在头上。

陶潜幼年官微,他不修身,并考虑放弃或接受某种官职,自以为曾祖父陶侃是东晋皇帝的辅政大臣,而感到羞耻的是生为后代的他,却身份低微,屈居人下。从曾祖以后,帝王的基业虽然逐渐兴隆,陶潜却不肯再做官了。他所撰写的文章,都写上写作的年、月,义熙以前,则写晋朝年号;自永初以后,只写明甲子而已。给他儿子的信中,谈了自己的志趣,并且拿它作为对儿子的教导和告诫。信中说:

天地赋予人以生命,人有生也必有死,自古以来的圣人贤士,有谁能够独免呢? 孔子的学生子夏说过:"生死由命运决定,富贵则在于天意。"子夏也是与孔子四个得意门生一样的人,他亲身受过孔子的亲口教诲,他发表这种议论,难道不是因为命运的好坏而不可妄意追求、寿命的长短永远无法从分外求得的缘故吗? 我的年纪已经过了五十岁了,还为穷苦所困扰,因为家境贫穷破败,只好到处漂泊。我的本性刚直、才质倔强,因而与世人多所不和,自己估计这样做下去,必定留下来自世俗的祸患。勉强辞官归隐,辞别世俗,却使你们幼小时便遭受饥寒之苦。常常被东汉孺仲的贤妻的话所感动,自己盖着破棉絮,对儿子又有什么可惭愧的呢? 这是一件事。只恨邻居没有羊仲、求仲那样的高士,而家中又没有像老莱子的妻子那样的贤妻,抱着这样的苦心,确实独自感到怅然失意。

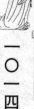

少年时喜欢读书，偶然也爱闲适恬神，打开书卷阅读，心有所得时，便高兴得忘记了吃饭。看见树林枝叶交错成荫，听见鸟婉转鸣叫，便又高兴得很。我曾说过，五、六月在北边窗下闲卧时，恰逢凉风突然吹来，便自称是伏羲时代以前的人了。意志浅薄，学识寡陋，岁月瞬息流逝，远远地回顾过去，一切是那么的渺茫！

自从患疟疾以来，身体就逐渐衰弱了。亲戚、老朋友不遗弃我，经常拿来药物相救助，不过，恐怕自己的寿命已经有限了。可恨的是你们还幼小，家境贫困，没有仆人，劈柴打水等劳动，什么时候可以免啊！只在嘴里叨念着，怎能用言语表达呢？你们虽然不是同一个母亲生的，但你们应该想到四海之内都是兄弟的这种情谊。鲍叔和管仲在分钱财时，管仲多分，鲍叔并不猜疑；归生和伍举各事其主，路上相遇仍能坐在荆条上款叙以往的友情。鲍叔能帮助管仲转失败为成功；伍举因在国丧时，在郑国维护了公子纠的地位而立了功。他们这些人尚且如此，更何况同一个父亲生的人呢？颍川的韩元长是汉末的名士，身处辅助国君的执政大臣地位，八十岁时才辞世，兄弟却住在一起，一直到年老。济北的氾稚春是西晋时节操品行高洁的人，他七代人拥有共同的财产，家里所有的人都没有埋怨的神色。《诗经》中写道："在高山上能高瞻远瞩，在大路上能通行无阻。"你们要谨慎啊！我还有什么话可说呢？

陶潜又写了《命子诗》留给他的儿子，诗中写道：

我的祖先是多么悠远，可以追溯到陶唐氏帝尧。久远时，尧的儿子丹朱作了舜的虞宾，此后，历代留下了功德的光辉。陶唐氏的后裔御龙曾任职夏朝、豕韦又辅佐商朝。周朝司徒陶叔，端庄盛美，他的宗族因他而昌盛。纷乱的战国时代以及寂寞无闻的周朝衰落时期，陶氏人才有的隐居林间，有的则隐居于山中。周末群雄战乱，犹如奔窜的虹龙蟠绕云上，飞驰的鲸鱼惊起了浪涛，由于上天成全而建立了汉朝，愍侯陶舍也就得到了眷顾。显赫的愍侯，运气当是依附帝王以建功立业。手执宝剑清晨起舞，他的战功是那样的显著。面对山河立下誓言，开辟疆土拓展地域。汉景帝时的丞相陶青是那样的勤勉，他精诚地追随帝王辅佐朝政。长河浩瀚渺茫，大树郁郁苍苍。众多的支流疏导长河，繁多的枝条罗盖大树。君子有时沉默独处，有时发愤入世，命运本来就有高贵，也有低贱。直到东晋，祖辈功业显赫于长沙（今湖南），威武的长沙公曾祖上封地，独揽荆、湘、江等州军事大

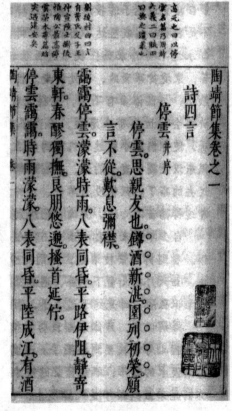

《陶靖节集》书影

权。功成后便辞官返乡，面临荣耀而心不迷乱，谁说此种心志，中近民可以有的呢？我的祖父武昌太守陶茂很严肃，始终谨慎小心。他正直执法，是荆、江二州刺史属官的模范，

他的恩惠,使全郡人民和悦。父亲是多么仁慈啊!他淡泊虚疏,托身于仕途,对官职的得失,喜怒都不形于色。慨叹我自己孤陋寡闻,远望前辈,自己都不及他们。感到惭愧的是头发已经花白,而只能背负日光单身孤立,应受五种惩罚的罪过,莫过于没有后代。真正值得我思念的是听到你呱呱落地的哭泣声。在吉日良时为你占卜,给你起名叫俨,取字为求思,你要朝夕保持温和恭敬,我所盼望的就在于此。我还想到孔丘的孙子孔鲤,希望你能跟上他成为肖孙。长疮的人夜半生子,便拿来火光察看,生怕儿子像自己。君子有自己的志趣,为什么要等待我呢?既然看着他出生,确实希望他能令人满意。人们也说,这种感情是真切的。岁月流逝,你将逐渐长大。福不会无缘无故地来到,祸害也容易降临。早起晚睡,时刻盼望你能成才,如果你不才,也就算了。

陶潜于元嘉四年(427)逝世,当年他六十三岁。

二十四史

南齐书

导　读

　　《南齐书》是一部记载南齐封建割据政权历史的书,原名《齐书》,宋代始称《南齐书》,以便与李百药的《北齐书》相区别。原书六十卷,现存五十九卷,包括本纪八卷,志十一卷,列传四十卷。宋顺帝升明三年(479年),萧道成推翻了宋,建立南齐,传至和帝中兴二年(502年),被萧衍建立的梁所取代。本书主要记载了南齐二十三年的历史。

　　作者萧子显,字景阳,南兰陵郡南兰陵县(今江苏常州)人,是萧道成的孙子。生于齐武帝永明七年(489年),卒于梁武帝大同三年(537年)。南齐初年,萧道成命檀超、江淹等编写"国史",在此之前,沈约和吴均分别撰有《齐纪》《齐春秋》。萧子显的《南齐书》主要取材于檀超、江淹的书稿,也参酌了沈约和吴均的史著。

　　萧子显是南齐的宗室,所以《南齐书》中对他的先世极尽回护夸饰之能事。《高帝纪》百般溢扬萧道成,为他夺取宋政权制造历史根据。豫章王萧嶷[yí 移]本应编次在《高祖十二王传》中,由于他是萧子显的父亲,所以书中另立一传,放在武帝萧赜[zé 责]的长子文惠太子传之后,表示尊崇。萧嶷传铺张增饰长达九千余字。后人曾对此提出了批评。

　　萧子显以当代人记当代事,使他在掌握和选择史料上有便利的条件,能够记录许多原始材料。如《祖冲之传》,是现存有关祖冲之的最早记载,内容详细可靠,不失为一篇珍贵的文献。

宣孝陈皇后传

【题解】

陈皇后，名道止，生卒年不详。南齐高皇帝萧道成的母亲。父亲陈肇之，郡孝廉。她出身贫寒，勤劳俭朴的本质在传中有所反映。

【原文】

宣孝陈皇后讳道止，临淮东阳人，魏司徒陈矫后。父肇之，郡孝廉。

后少家贫，勤织作，家人矜其劳，或止之，后终不改。嫁于宣帝，庶生衡阳元王道度、始安贞王道生，后生太祖。太祖年二岁，乳人乏乳，后梦人以两瓯麻粥与之，觉而乳大出，异而说之。宣帝从任在外，后常留家治事教子孙。有相者谓后曰："夫人有贵子而不见也。"后叹曰："我三儿谁当应之。"呼太祖小字曰："正应是汝耳。"宣帝殂后，后亲自执勤，婢使有过误，恕不问也。太祖虽从官，而家业本贫，为建康令时，高宗等冬月犹无缣纩，而奉膳甚厚，后每撤去兼肉，曰："于我过足矣。"殂于县舍，年七十三。升明三年，追赠竟陵公国太夫人，蜜印，画青绶，祠以太牢。建元元年，追尊孝皇后。赠外祖父肇之金紫光禄大夫，谥曰敬侯。后母胡氏为永昌县靖君。

【译文】

宣孝陈皇后，名道止，临淮东阳人氏，魏司徒陈矫的后代。她的父亲陈肇之，为郡孝廉。

陈皇后年幼时家中贫穷，她勤恳地织布劳作，家里人怜悯她过于辛苦，常常阻止她干活，而皇后始终坚持不改。后来她嫁给了宣帝，生下衡阳元王道度、始安贞王道生，后来又生了太祖。太祖两岁时，他的乳母缺少奶水，后来梦见有人给了她两碗麻粥喝，梦醒后奶水大出，既感到奇怪又高兴。宣帝在外地任职，皇后常留在家里掌管家务教导子孙。有相面人对皇后说："夫人生有贵子而没有察觉啊。"皇后叹息道："我的三个儿子，谁能是这贵子呢？"她叫着太祖的小名说："这贵子应该说的是你啊。"宣帝死后，皇后亲自掌管家务，婢女侍从有了过失，也宽恕而不予追究。太祖虽然做官，但家中贫穷。太祖任建康令的时候，高宗等孩子们在冬天还没有棉衣穿，但供奉母亲的食品十分丰厚，皇后常常撤去第二种肉菜，说："给我的过多了。"皇后死于县舍，享年七十三岁。升明三年，被追赠为竟陵公国太夫人，同时赠蜡印、佩青色印带，用太牢祭祀。建元元年，被追尊为孝皇后，追赠外祖父肇之为金紫光禄大夫，谥号称敬侯。追赠皇后的母亲胡氏为永昌县靖君。

高昭刘皇后传

【题解】

刘皇后,名智容(422～472),南齐高皇帝萧道成的妻子。父亲刘寿之,宋员外郎。刘氏在南齐建元元年(479)被追尊为昭皇后。

【原文】

高昭刘皇后讳智容,广陵人也。祖玄之,父寿之,并员外郎。

后母桓氏梦吞玉胜生后,时有紫光满室,以告寿之,寿之曰:"恨非是男。"桓曰:"虽女,亦足兴家矣。"后每寝卧,家人常见上如有云气焉。年十余岁,归太祖,严正有礼法,家庭肃然。宋泰豫元年殂,年五十。归葬宣帝墓侧,今泰安陵也。门生王清与墓工始下锸,有白兔跳起,寻之不得,及坟成,兔还栖其上。升明二年,赠竟陵公国夫人。三年,赠齐国妃,印绶如太妃。建元元年,尊谥昭皇后。三年,赠后父金紫光禄大夫,母桓氏上虞都乡君;寿之子兴道司徒属,文蔚豫章内史,义徽光禄大夫,义伦通直郎。

【译文】

高昭刘皇后,名智容,广陵人。她的祖父刘玄之,父亲刘寿之,均为员外郎。

皇后的母亲桓氏曾梦见自己吞食玉质头饰,而后生了皇后。生产时有紫光照耀全室。桓氏把这一情况告诉寿之,寿之说:"可惜不是男孩。"桓氏说:"虽然是女孩,也足以使我家兴盛了。"每逢皇后睡卧的时候,家人常常看见她的上方像有云气笼罩。皇后十余岁时,嫁给了太祖,她作风严谨端正而遵循礼法,家庭中秩序井然。宋泰豫元年逝世,时年五十岁。死后归葬在宣帝墓旁,即今天的泰安陵,门生王清与墓工最初下锸挖掘墓穴时,有白兔跳了出来,再挖就见不到了;等到陵墓修成,白兔又归栖在皇后的坟上。升明二年,被赠为竟陵公国夫人。三年,被赠为齐国妃。其印绶与太妃相同。建元元年,尊谥号为昭皇后。建元三年,追赠皇后的父亲为金紫光禄大夫。母亲桓氏为上虞都乡君;寿之的儿子兴道官做到司徒,文蔚、豫章官任内史,义徽任光禄大夫,义伦为通直郎。

王僧虔传

【题解】

王僧虔(公元426～485),临沂(今山东属县)人。他生活在南朝宋、齐之间,在宋朝官至侍中、吏部尚书、尚书令;在齐朝仍为侍中、湘州刺史。他是王羲之的四世族孙,因受家族的熏陶,他喜爱文史,懂得音律,他有关雅乐与俗乐的论述,反映了随着时代的变化,雅乐与俗乐的消长,道出了音乐发展史上规律性的东西。他尤其以善书著名,他的字能继

承古法，书风丰厚古朴，为当时所推崇，对唐、宋的书法也有影响。存世书迹有《王琰帖》等。著有《论书》等文。

【原文】

王僧虔，琅珩临沂人也。祖珣，晋司徒。伯父太保弘，宋元嘉世为宰辅。宾客疑所讳，弘曰："身家讳与苏子高同。"父昙首，右光禄大夫。昙首兄弟集会诸子孙，弘子僧达下地跳戏，僧虔年数岁，独正坐采蜡珠为凤凰。弘曰："此儿终当为长者。"

僧虔弱冠，弘厚，善隶书。宋文帝见其书素扇，叹曰："非唯迹逾子敬，方当器雅过之。"除秘书郎，太子舍人，退默少交接，与袁淑、谢庄善。转义阳王文学，太子洗马，任司徒左西属。

兄僧绰，为太初所害，亲宾咸劝僧虔逃。僧虔涕泣曰："吾兄奉国以忠贞，抚我以慈爱，今日之事，若不见及耳。若同归九泉，犹羽化也。"孝武初，出为武陵太守。兄子俭于中途得病，僧虔为废寝食。同行客慰喻之。僧虔曰："昔马援处儿侄之间一情不异，邓攸于弟子更逾所生，吾实怀其心，诚未异古。亡兄之胤，不宜忽诸。若此儿不救，便当回舟谢职，无复游宦之兴矣。"还为中书郎，转黄门郎，太子中庶子。

孝武欲擅书名，僧虔不敢显迹。大明世，常用掘笔书，以此见客。出为豫章王子尚抚军长史，迁散骑常侍，复为新安王子鸾北部郎长史、南东海太守、行南徐州事，二蕃皆帝爱子也。

寻迁豫章内史。入为侍中，迁御史中丞，领骁骑将军。甲族向来多不居宪台，王氏以分枝居乌衣者，位官微浅，僧虔为此官，乃曰："此是乌衣诸郎坐处，我亦可试为耳。"复为侍中，领屯骑校尉。泰始中，出为辅国将军、吴兴太守、秩中二千石。王献之善书，为吴兴郡，及僧虔工书，又为郡，论者称之。

徙为会稽太守，秩中二千石，将军如故。中书舍人阮佃夫家在会稽，请假东归。客劝僧虔以佃夫要倖，宜加礼接。僧度曰："我立身有素，岂能曲意此辈。彼若见恶，当拂衣去。"佃夫言于宋明帝，使御史中丞孙复奏："僧虔前莅吴兴，多有谬命，检到郡至迁，凡用功曹五官主簿至二礼吏署三传及度与弟子，合四百四十八人。又听民何系先等一百十家为旧门。委州检削。"坐免官。

寻以白衣兼侍中，出监吴郡太守，迁使持节、都督湘州诸军事、建武将军、行湘州事，仍转辅国将军、湘州刺史。所在以宽惠著称。巴峡流民多在湘土，僧度表割益阳、罗、湘西三县缘江民立湘阴县，从之。

元徽中，迁吏部尚书。高平檀珪罢沅南令，僧虔以为征北板行参军。诉僧度求禄不得，与僧虔书曰："五常之始，文武为先，文则经纬天地，武则拨乱定国。仆一门虽谢文通，乃忝武达。群从姑叔，三媾帝室。祖兄二世，糜躯奉国，而致于子侄饿死草壤。去冬今春，频荷二敕，既无中人，屡见蹉夺。经涉五朔，逾历四晦书牍十二，接觐六七，遂不荷润，反更曝鳃。九流绳平，自不宜独苦一物，蝉腹龟肠，为日已久，饥虎能吓，人遽与肉；饿麟不噬，谁为落毛。去冬乞豫章丞，为马超所争；今年蒙敕南昌县，为史偃所夺。二子勋荫人才，有何见胜？若以贫富相夺，则分受不如。身虽孤微，百世国土，姻媾位宦，亦不后物。尚书同堂姊为江夏王妃，檀珪同堂姑为南谯王妃；尚书妇是江夏王女，檀珪祖姑嫔长沙景王，尚书伯为江州，檀珪祖亦为江州；尚书从兄出身为后军参军，檀珪父释褐亦中军参军。仆于尚书,人地本悬,至于姻宦,不肯殊绝。今通塞虽异,犹忝气类,尚书何事乃尔见苦? 泰始之初,人表同逆,一门二世,粉骨卫主,殊勋异绩,已不能甄,常阶旧途,复见侵抑。"僧虔报书曰:"征北板比岁处遇小优,殷主簿从此府入崇礼,何仪曹即代殷,亦不见诉为苦。足下积屈,一朝超升,政自小难。泰始初勤苦十年,自未见其赏,而顿就求称,亦何可遂? 吾与足下素无怨憾,何以相侵苦,直是意有佐佑耳。"珪又书曰:"昔荀公达汉之功臣,晋武帝方爵其玄孙。夏侯惇魏氏勋佐,全德初融,亦始就甄显,方赏其孙,封树近族。羊叔子以晋泰始中建策伐吴,至咸宁末,方加褒宠,封其兄子。卞望之以咸和初殒身国难,至兴宁末,方崇礼秩,官其子孙。蜀郡主簿田混,黄初未死故君之难,咸康中方擢其子孙。似不以世代远而被弃,年世疏而见遗。檀惇百罹六极,造化罕比,五丧停露,百口转命,存亡披迫,本希小禄,无意阶荣。自古以来有沐食侯,近代有王官。府佐非沐食之职,参军非王官之谓。质非匏瓜,实羞空悬。殷、何二生,或是府主情昧,或是朝廷意旨,岂与悠悠之人同口而语? 使仆就此职,尚书能以郎见转不? 若使日得五升禄,则不耻执鞭。"僧虔乃用为安城郡丞。珪,宋安南将军韶孙也。

僧虔寻加散骑常侍,转右仆射。升明元年,迁尚书仆射,寻转中书令、左仆射。二年,为尚书令。僧虔好文史,解音律,以朝廷礼乐多违正典,民间竞造新声杂曲,时太祖辅政,僧虔上表曰:"夫悬钟之器,以雅为用;凯容之礼,八佾为仪。今总章羽佾,音服舛异。又歌钟一肆,克谐女乐,以歌为务,非雅器也。太明中,即以宫悬合《鞞》《拂》,节数虽会,虑乖雅体。将来知音,或讥圣世。若谓钟舞已谐,重违成宪,更立歌钟,不参旧例。四县所奏,谨依雅条,即义沿理,如或可附。又今之《清商》,实由铜爵,三祖风流,遗音盈耳,京、洛相高,江左弥贵。谅以金石干羽,事绝私室,桑、濮、郑、卫,训隔绅冕,中庸和雅,莫复于斯。而情变听移,稍复销落,十数年间,亡者将半。自顷家竞新哇,人尚谣俗,务在嘄杀,不顾音纪,流宕无崖,未知所报,排斥正曲,崇长烦淫。士有等差,无故不可去乐;礼有攸序,长幼不可共闻。故喧丑之制,日盛于廛里;风味之响,独尽于衣冠。宜命有司,务勤功课,缉理遗逸,选相开晓,所经漏忘,悉加补缀。曲全者禄厚,艺妙者位优,利以动之,则人思刻厉。反本还源,庶可跂踵。"事见纳。

建元元年,转侍中、抚军将军、丹阳尹。二年,进号左卫将军,固让不拜。改授左光禄大夫,侍中、尹如故。郡县狱相承有上汤杀囚,僧虔上疏言之曰:"汤本以救疾,而实行冤暴,或以肆忿。若罪必入重,自有正刑;或去恶宜疾,则应先启。岂有死生大命,而潜制下邑。愚谓治下囚病,必先刺郡,求职司与医对共诊验;远县,家人省视,然后处理。可使死者不恨,生者无怨。"上纳其言。

僧虔留意雅乐,升明中所奏,虽微有厘改,尚多遗失。是时上始欲通使,僧虔与兄子俭书曰:"古语云'中国失礼,问之四夷',计乐亦如。苻坚败后,东晋始备金石乐,故知不可全诬也。北国或有遗乐,诚未可便以补中夏之缺,且得知其存亡,亦一理也。但《鼓吹》旧有二十一曲,今所能者十一而已,意谓北使会有散役,得今乐署一人粗别同异者,充此使限。虽复延州难追,其得所知,亦当不同。若谓有此理者,可得申吾意上闻否? 试为思之。"事竟不行。

太祖善书,及即位,笃好不已。与僧虔赌书毕,谓僧虔曰:"谁为第一?"僧虔曰:"臣书第一,陛下亦第一。"上笑曰:"卿可谓善自为谋矣。"示僧虔古迹十一帙,就求能书人名。僧虔得民间所有,帙中所无者,吴大宣帝、景帝、归命侯书,桓玄书,及王丞相导、领军洽、中书令珉、张芝、索靖、卫伯儒、张翼十二卷奏之。又上羊欣所撰《能书人名》一卷。

其年冬，迁持节、都督湘州诸军事、征南将军、湘州刺史，侍中如故。清简无所欲，不营财产，百姓安之。世祖即位，僧虔以风疾俗陈解，会迁侍中、左光禄大夫、开府仪同三司。僧虔少时群从宗族并会，客有相之者云："僧虔年位最高，仁当至公，余人莫及也。"及授，僧虔谓兄子俭曰："汝任重于朝，行当有八命之礼，我若复此授，则一门有二台司，实可畏惧。"乃固辞不拜，上优而许之。改授侍中、特进、左光禄大夫。客问僧虔固让之意，僧虔曰："君子所忧无德，不忧无宠。吾衣食周身，荣位已过，所惭庸薄无以报国，岂容更受高爵，方贻官谤邪！"兄子俭为朝宰，起长梁斋，制度小过，僧虔视之不悦，竟不入户，俭即毁之。

永明三年，薨。僧虔颇解星文，夜坐见豫章分野当有事故。时僧虔子慈为豫章内史，虑其有公事。少时，僧虔薨，慈弃郡奔赴。僧虔时年六十。追赠司空，侍中如故。谥简穆。

其论书曰："宋文帝书，自云可比王子敬，时议者云'天然胜羊欣，功夫少于欣'。王平南广，右军叔，过江之前以为最。亡曾祖领军书，右军云'弟书遂不减吾'。变古制，今唯右军、领军；不尔，至今犹法钟、张，亡从祖中令书，子敬云'弟书如骑骡，骎骎恒欲度骅骝前'。庾征西翼书，少时与右军齐名，右军后进，庾犹不分，在荆州与都下人书云：'小儿辈贱家鸡，皆学逸少书，须吾下，当比之。'张翼，王右军自书表，晋穆帝令翼写题后答，右军当时不别。久后方悟，云'小人几欲乱真'。张芝、索靖、韦诞、钟会、二卫并得名前代，无以辨其优劣，唯见其笔力惊异耳。张澄当时亦呼有意，郗愔章草亚于右军，郗嘉宾草亚于二王，紧媚过其父。桓玄自谓右军之流，论者以比孔琳之。谢安亦入能书录，亦自重，为子敬书嵇康诗。羊欣书见重一时，亲受子敬，行书尤善，正乃不称名。孔琳之书天然放纵，极有笔力，规矩恐在羊欣后。丘道护与羊欣俱面受子敬，故当在欣后。范晔与萧思话同师羊欣，后小叛，既失故步，为复小有意耳。萧思话书，羊欣之影，风流趣好，殆当不减，笔力恨弱。谢综书，其舅云紧生起，是得赏也，恨少媚好。谢灵运乃不伦，遇其合时，亦得入流。贺道力书亚丘道护。庾昕学右军，亦俗乱真矣。"又著《书赋》传于世。

第九子寂，字子玄，性迅动，好文章，读《范滂传》，未常不叹挹。王融败后，宾客多归之。建武初，欲献《中兴颂》，兄志谓之曰："汝膏梁年少，何患不达，不镇之以静，将恐贻讥。"寂乃止。初为秘书郎，卒，年二十一。

僧虔宋世尝有书诫子曰：

知汝恨吾不许汝学，欲自悔厉，或以盖棺自欺，或更择美业，且得有慨，亦慰穷生。但恧闻斯唱，未睹其实。请从先师听言观行，冀此不复虚身。吾未信汝，非徒然也。往年有意于史，取《三国志》聚置床头，百日许，复徙业就玄，自当小差于史，犹未近彷佛。曼倩有云：'谈何容易。'见诸玄，志为之逸，肠为之抽，专一书，转诵数十家注，自少至老，手不释卷，尚未敢轻言。汝《老子》卷头五尺许，未知辅嗣何所道，平叔何所说，马、郑何所异，《指例》何所明，而便盛于麈尾，自呼谈士，此最险事。设令袁令命汝言《易》，谢中书挑汝言《庄》，张吴兴叩汝言《老》，端可复言未尝看邪？谈故如射，前人得破，后人应解，不解即输赌矣。且论注百氏，荆州《八帙》，又《才性四本》《声无哀乐》，皆言家口实，如客至之有设也。汝皆未经拂耳瞥目。岂有庖厨不修，而欲延大宾者哉？就如张衡思侔造化，郭象言类悬河，不自劳苦，何由至此？汝曾未窥其题目，未辨其指归；六十四卦，未知何名；《庄子》众篇，何者内外；《八帙》所载，凡有几家；《四本》之称，以何为长。而终日欺人。人亦不受汝欺也。由吾不学，无以为训。然重华无严父，放勋无令子，亦由己耳。汝辈窃议亦当云：'何日不学，在天地间可嬉戏，何忽自课摘？幸有盛时逐岁暮，何必有所减？'汝见其一耳，不全尔也。设令吾学如马、郑，亦必甚胜；复倍不如今，亦必大减。致之有由，从身上来也。汝今壮年，自勤数倍许胜，劣及吾耳。世中比例举眼是，汝足知此，不复具言。

　　吾在世，虽乏德素，要复推排人间数十许年，故是一旧物，人或以比数汝等耳。即化之后，若自无调度，谁复知汝事者？舍中亦有少负令誉弱冠超清级者，于是王家门中，优者则龙凤，劣者犹虎豹，失荫之后，岂龙虎之议？况吾不能为汝荫，政应各自努力耳。或有身经三分，蔑尔无闻，布衣寒素，卿相屈体。或父子贵贱殊，兄弟声名异。何也？体尽读数百卷书耳。吾今悔无所及，欲以前车诫尔后乘也。汝年入立境，方应从官，兼有室累，牵役情性，何处复得下帷如王郎时邪？为可作世中学，取过一生耳。试复三思，勿讳吾言。犹捶挞志辈，冀脱万一，未死之间，望有成就者，不知当有益否？各在尔身已切，岂复关吾邪！鬼唯知受深松茂柏，宁知子弟毁誉事！因汝有感，故略叙胸怀矣。

　　【译文】

　　王僧虔，是琅玡临沂人。他的祖父王珣，在晋朝官至司徒。伯父王弘，在晋朝官至太保，在宋朝元嘉年间为宰相。王弘的门客问及他的家讳，王弘回答说："我的家讳与苏子高（峻）相同。"王僧虔的父亲王昙首，官至右光禄大夫。王昙首兄弟把他们的子孙召集在一起，王弘的儿子王僧达在地上蹦跳游戏，当时王僧虔才几岁，一个人端坐用蜡油捏凤凰。王弘说："这孩子将来会成忠厚的长者。"

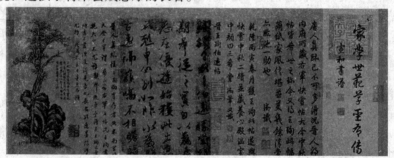

王珣《伯远帖》（局部）

　　王僧虔二十岁左右时，为人宽厚，擅长楷书。宋文帝看到他写的扇面，赞叹说："不仅书法超过了王献之，方正的器量也超过了他。"他被任为秘书郎、太子舍人。王僧虔性格谦逊，少言寡语，很少和人交往，与袁淑、谢庄是好朋友。后来转任义阳王文学、太子洗马，又迁为司徒左西属。

　　他的哥哥王僧绰，被刘劭所杀害，亲朋都劝王僧虔逃命。他泪流满面地说："我的哥哥用忠贞来敬奉国家，用慈爱抚育我现在的事情，如果（我）不被牵连就算了。倘若一同命归黄泉，就像飞天成仙一样。"孝武帝初年，外任他为武陵郡太守。他的侄子王俭，在随他赴任的中途生病，王僧虔为此不吃不睡照顾侄儿，同行的门客劝慰他，他说："过去马援对待儿子和侄子一点也没有分别，邓攸看待侄儿胜过亲生儿。我就是这样想的，和古人没有什么两样。他是我亡兄的后代，不应忽视。如果这孩子救不活的话，我就掉转舟头回朝辞职,再也不会有做官的兴致了。"后来回京任中书郎,转任黄门郎、太子中庶子。

宋孝武帝刘骏企图专享书法名家的声誉,因此王僧虔不敢显露出自己的书法水平。在大明年间,他常用秃笔写字,因此才能存身。外任他为豫章王刘子尚的抚军长史,又升为散骑常侍,又任他为新安王刘子鸾的北中郎长史、南东海郡太守,行使南徐州刺史的职权,这两位亲王都是孝武帝的爱子。

不久任他为豫章内史。又入朝为侍中,升御史中丞,兼骁骑将军。贵族人士向来都不任监察官,王氏家族的分支在平民区居住的,才任这官位较低的职务,王僧虔担任这种职务,他说:"这是在平民区居住的那些人的官位,我也可以试着干干。"后来又任他为侍中,兼屯骑校尉。泰始年间,外任为辅国将军、吴兴郡太守,官品与二千石相当。王献之擅长书法,曾任吴兴郡太守,王僧虔也擅长书法,也任为吴兴郡太守,被人们传为美谈。

他后来又改任会稽郡太守,官品与二千石相当,仍为辅国将军。中书舍人阮钿夫老家在会稽,请假东归。王僧虔的门客劝他通过阮钿夫结好朝廷,对阮钿夫要以礼接待。王僧虔说:"我立身处世有自己的准则,哪能曲意奉承这种人。他如果讨厌我,我就甩袖而去。"阮钿夫把这话告诉给宋明帝,并指使御史中丞孙复弹劾他,说道:"王僧虔任吴兴太守时,胡作非为,检点他从到任到迁官,共任用功曹、五官、主簿,以至二礼吏署三传,以及收弟子,计四百四十八人。他又批准百姓何系先等一百一十家为士族。应派州郡官员去检查。"王僧虔因此被免官。

不久,以平民的身份兼任侍中,外任为监吴郡太守,又升为使持节、都督湘州诸军事、建武将军、行使湘州刺史职权,又为辅国将军、湘州刺史。他在各种职位上,都以行政宽和利民著称。巴峡的流民很多人住在湘州境内,王僧虔上奏朝廷,分割出益阳、罗、湘西三县沿江流民另立湘阴县,他的建议得到批准。

元徽年间,升任他为吏部尚书。高平人檀珪原为沅南县令,后被罢职,王僧虔任他为征北板行参军。檀珪向王僧虔诉说求官不得的委屈,他给王僧虔写信说:"国家的创建,文韬武略最为重要,文能治理天下,武能拨乱定国。我家族的人虽没有以文治而身居显要,但曾身为显赫的武将。我的堂姑有三位和皇家结亲,我的祖父、兄长两代人,为国捐躯,但是他们的子侄落得饿死草野的下场。去冬今春,连遭二次斥责,因我在朝中无人说话,于是屡遭贬降。在四、五个月的时间内,我给你写了十二封信,你接见我却只有六、七次,不但没有得到你的照顾,反而更受冷遇。三教九流的人你都能公平对待,不应该单独苦了我一人,害得我饥肠辘辘,为时已久。因饥饿的老虎能咬人,人马上投给他肉食;饿坏了的麒麟不会咬人,谁肯给他一口食呢?去年冬天我请求任豫章丞,这个职务被马超夺走了;今年春天任命我为南昌县令,又被史偃夺走了。这两个人他们父祖的功劳和他们本人的才能,哪一点比我强?如果是由于贫富不同的原因,我当然不如他们。我虽然位微势孤,但我的家庭是百年的士族,前辈的联姻之家和父祖的地位,也不在别人之下。尚书您的堂姊是江夏王妃,我的堂姑是南醮王妃;尚书您的妻子是江夏王之女,我的祖姑是长沙景王的嫔妃;尚书您的伯父曾做江州刺史,我的祖父也曾是江州刺史;尚书您的堂兄初仕为后军参军,我的父亲初仕也为中军参军。我和尚书您相比,人才和地位相差悬殊,但是在前辈联姻和官位方面,却相差不多。现在虽然你位居显官,我地位卑下,相差甚远,但同属官宦世家,尚书您为什么这样苦苦相逼?泰始初年之时,八方反叛,我檀家一门两代人,为了保卫君主,粉身碎骨,对国家有这样大的功勋,却得不到提拔,我只不过按常规任官,却又遭到排挤贬降。"王僧虔回信说:"征北板行参军这一职务,近年来处境很不错,殷主簿就从这一职务步入高官之列,何仪曹接代殷主簿,也没听到他诉苦。足下你一向官位较低,一旦想越级提拔,确有困难。泰始初年你辛辛苦苦干了十年,却怎么没有看到你受过苦苦逼迫呢? 只不过我对你的看法和你不同罢了。"檀珪又回信说:"过去荀公达是汉朝的功臣,晋武帝还给他的玄孙以爵位。夏侯惇是曹魏的功臣,刘宋初年,也受到重视,他的孙子得到赏赐,近族子孙得到封爵。羊叔子因在晋朝泰始年间提议伐吴,到咸宁末年,也加以褒奖,他的侄儿也得到封爵。卞望之因咸和初年为国献身,到兴宁末年,才受到尊崇,他的子孙都委任为官。蜀郡主簿田混,黄初末年死于旧主之难,咸康年间才提拔他的子孙。以上这些事例,似乎不因年代久远他们的子孙被遗弃,不因时代不同而被排挤。我檀珪遭遇的种种厄运,世间少有,五代人没有安葬,百口之家流离失所,在这生死存亡的关头,本来只希望得到微薄的薪俸,无心获取更高的荣耀。自古以来就有只享受俸禄而无职事的沐食侯,近世又有所谓王官。府佐并非沐食侯的职务,参军也不是王官的职称。我自知自己不是葫芦,以空悬为耻。殷、何二位,或者是出于上官的情面,或者是朝廷的旨意,哪能和我这个平常的人同日而语。假使我就任此职,尚书您是否能转升为我郎官? 如果我能得到每天五升米的俸禄,就是给您牵马坠蹬我也不感到羞耻。"王僧虔才任他为安城郡丞。檀珪,是朱朝安南将军檀韶的孙子。

王僧虔不久又加散骑常侍衔,又转为左仆射。升明元年,升尚书仆射,不久又转为中书令、左仆射,二年又为尚书令。王僧虔爱好文史,对乐律也有研究。他鉴于朝廷上现行的礼乐制度大都违背了传统规定,民间又竞相制作新调杂曲,当时太祖萧道成为辅政大臣,王僧虔上书说:"悬锤之类的乐器,应用于高雅场合;奏凯的舞蹈,以八队为准。现在乐官跳的羽舞,乐曲和服饰都违背礼数。再者,一套编钟,为歌伎伴奏,以歌唱为主,这也不是雅乐。大明年间,用宫中的编钟演奏《鞞》《拂》乐曲,节拍虽然相合,恐怕也有违于雅乐,将来有懂音乐的人发现这种情况,恐怕会对我们这个时代的礼乐提出批评。如果说现在的乐器和舞蹈已经形成一个整体,很难改变,那么可以另造编钟。不按原来的形制。宫中的四面悬钟,仍严格按照雅乐的规定演奏,这样既保护了雅乐的体统,又考虑到实际情况,这样或许是可行的。再者,现在的《清商》乐曲,实际是从曹魏时流传下来的,它是曹操、曹丕、曹睿时代的流风余韵,这种乐曲仍随处可以听到,京洛人士视此为高雅,江左地区更是以此为高贵。确实做到了庙堂雅乐,绝迹于私家宴会、象桑间、濮上,郑卫之声等庸俗的歌乐,遭到上层人士的摒弃,雅俗各得其宜,也没有比这种局面再好的了。但是随着社会风气的变化,人们的欣赏习惯随之变化,这些《清商》乐曲,日渐衰落,十几年的时间,乐曲失传了将近一半。从此,家家竞相创制新曲,人们崇尚通俗音乐,一味追求急促的旋律,不顾及音乐的本身的规律,这种风气无节制地发展流传开去,不知要发展到何种地步。这种社会风气,排斥雅乐正音,崇尚淫乱的歌曲。士人有等级,无故不能撤去音乐,礼仪有分别,有的乐曲不可老少都去欣赏。因此,那些喧嚣叫号的歌曲,日盛一日地在民间发展;雅乐正音,只在士大夫阶层流传。应该下令有关方面,务必要下功夫,整理失传韵雅乐、逐渐推广,乐曲有遗忘的地方,全部补配齐全。如果能整理出完整的乐曲,要给予高薪,演奏水平高的,任以高官。这样用物质利益去激励,那么人人会去下苦功。这样正本清源,拨乱反正,或指日可待。"他的意见被采纳实行。

建元元年,王僧虔转为侍中、抚军将军、丹阳尹。二年,进他为左卫将军,王僧虔坚持推让,不受封拜。改任他为左光禄大夫,侍中、丹阳尹仍旧。郡县里对待囚犯一向有这样的做法:借囚犯生病之机,用汤药毒死囚犯。王僧虔为此上书说:"汤药本来是治病用的,而用这种残忍的手段,或者是为了泄私恨。如果罪行严重,必须重判,自有刑法规定;如果是为了从快惩治罪犯,应该先行上报。哪能把生死大权让郡县随意掌握?我认为,给罪犯治病,必须首先向郡里报,要求有关吏员和医生当面进行诊断,如果罪犯家属远离县衙,必须等家人来看望,然后再治疗。这样罪犯即使死了也没有遗憾,家人也不会有怨言。"他的意见被皇帝采纳了。

王僧虔很留意收集雅乐曲谱,升明年间所进呈的曲谱,不仅稍有修改,而且还有不少遗漏。这时皇帝想向外国派遣使者,收集乐曲,王僧虔给他侄子王俭写信说:"古语说得好'中原礼仪失传,求之于四周少数部族。'估计乐曲也是这种情况。符坚失败以后,东晋才备齐了雅乐乐曲,因此不能对符坚一概否定。北边国家或许保存了中原失传的乐曲,当然不能用来弥补中原的缺失,但了解了存失的情况,也算一次清理。但是《鼓吹曲》原有二十一支曲子,现在能演奏的只有十一支,我想这次北使,会带随身的隶役,应从乐官中选一个大致能辨别乐曲同异的人,充当使团的一员。虽然难以和延陵季子问乐一事相比,但就他所知能了解到的一些情况,与原来的局面相比,自当有所不同。如果你认为我这话有道理,是否能把我的意思上报给皇帝?请你考虑一下。"但这件事并没有能施行。

齐太祖萧道成擅长书法,他即位当皇帝以后,对书法艺术的爱好,热情不减。他曾和王僧虔比赛书法,他写完后问王僧虔:"谁是第一?"王僧虔回答说:"我的书法是第一,陛下您的书法也是第一。"皇帝笑着说:"您真可说是善于为自己打算啊!"同时向王僧虔展示十一卷古人墨迹,并让他举出历代书法家的名字。王僧虔得到民间收藏的古人墨迹,皇帝给他看的墨迹中不载的,有吴国大皇帝孙权、景帝孙休、归命侯孙皓的墨迹,桓玄的墨迹,以及丞相王导、领军王洽、中书令王珉、张芝、索靖、卫伯儒、张翼等人的墨迹,共十二卷,进呈给皇帝。又进上羊欣所撰《能书人名》一卷。

这一年冬天,升任持节、都督湘州诸军事、征南将军、湘州刺史,仍为侍中。王僧虔为政清静简约,没有贪欲,也不经营私产,因而百姓得以安居乐业。齐世祖萧赜即位,王僧虔因患中风想陈奏退休,这时升他为侍中、左光禄大夫、开府仪同三司。王僧虔少年时曾参加本族同辈人的聚会,有位宾客给他看相,说道:"僧虔的年龄和官位将来最高,当官至公卿,其他人赶不上他。"这时被任命,王僧虔对侄子王俭说:"你在朝肩负重任,不久将位至公卿,如我再被任此官,那么我们一家就有二位公卿,真让人胆战心惊。"于是他坚辞委任,皇帝体谅他的苦心,答应了他。改任他为侍中、特进、左光禄大夫。有宾客问他为什么推让,王僧虔说:"君子所担心的是没有品德,不担心得不到荣誉。我吃得饱穿得暖,官位荣耀,已经过分,惭愧的是才能菲薄,无力报效国家,哪能再接受更高的爵位,招致讥责呢!"他的侄子王俭在朝任宰相,在家盖了一栋长梁房屋,比规定的规格稍稍超标,王僧虔看了很不高兴,竟然为此不登王俭的家门,王俭马上拆毁了。

永明三年,王僧虔去世。王僧虔善观天象,有一天夜里在外闲坐,他看到与豫章郡相应的星座有变异,断定豫章郡将发生什么事件,当时他的儿子王慈任豫章内史,担心他公事上出纰漏。过了不大一会儿,王僧虔就去世了,王慈丢弃职务奔丧。王僧虔当时六十岁。朝廷追赠他为司空,侍中衔仍旧,赠谥号为"简穆"。

王僧虔论述书法艺术时说:"宋文帝的书法,自称可以和王献之相比,当时人们的评论是:'他的天赋胜过羊欣,他书法功底不如羊欣'。平南将军王广,是王羲之的叔父,在南渡以前书法水平最高。我去世的曾祖王洽的书法,王羲之评论说:'我弟弟的书法不下于我。'能变化古代书体的,现在只有王羲之、王洽;不然的话,我们至今仍然会以钟繇、张芝的书法为标准书体。我去世的堂祖中书令王坦之的书法,王献之说:'我弟弟的书法像匹骡子,跑得飞快,常想超过骏马。'征西将军庾翼的书法,年轻时和王羲之齐名,王羲之是他的后辈,庾翼不服气,他在荆州任职时给京城的朋友写信说:'后生小辈像穷人家的鸡一样,都去学习王羲之的书法,等我去到京城,将和他平分秋色。'张翼的书法,王羲之曾亲自书写表章。晋穆帝让张翼题后批语,王羲之本人当时也分不清楚,过了很久才醒悟,说道:'这小子的字几乎和我的字相混,以假乱真。'张芝、索清、韦诞、钟会、卫瓘、卫夫人,都在前代著名,没法判断他们的优劣,只看到他们的笔力惊人罢了。张澄当时也有心侧身其间,郗愔的章草稍次于王羲之,郗嘉宾的草书稍次于王羲之、王献之,但结构紧凑妩媚,超过了他父亲。桓玄自认为他的书法和王羲之同属一流,人们认为他只能和孔琳之相比。谢安也名列书法家行列,也很自负,曾为王献之书写嵇康的诗作。羊欣的书法名重一时,曾亲受王献之的传授,行书尤其见长,楷书和他的名声不相应。孔琳之的书法,自然放纵,很有笔力,但不如羊欣的字规范。丘道护和羊欣都曾受王献之指点,所以他应在羊欣之下。范晔和萧思话同拜羊欣为师,后来范晔少变师传,既失去原来的规矩,只不过少具羊欣的是笔意罢了。萧思话的书法,简直是羊欣的影子,笔风墨趣,不在羊欣之下,遗憾的是笔力较弱。谢综的书法,他的舅父认为紧凑有生气,得到赏识,但遗憾的是缺少妩媚之趣。谢灵运的书法不入流,若各方面的条件合适,也能写出好字。贺道力的书法稍次于丘道护。庾昕学习王羲之,也能达到乱真的程度。"王僧虔又著有《书赋》,流传于世。

他的第九个儿子王寂,字子玄,生性好动,又长于写文章,他读《范滂传》时,已然有澄清天下之志。王融败亡以后,门客大都去投奔他。建武初年,他想进献《中兴颂》,他的哥哥王志对他说:"你现存正青春年少,何愁不发迹?如果不能镇静行事,将来恐怕受人讥笑。"王寂才作罢。初仕为秘书郎,终年二十一岁。

王僧虔在宋朝时曾有书信教训自己的儿子,说道:

我知道你恨我不赞成你的学问,你表示要发奋图强。或者立志为学问献身,或者另选别的好职业,即使有所遗憾,也可以告慰平生。但我只听你这么说,并没有看到你的实际行动。按照先师孔子所说的听其言观其行的圣训去做,希望不虚度此生。我之所以不相信你说的话,并不是无根据的。往年你有意学史,把《三国志》放在床头,不过百十来天,又转而去从事玄学,玄学当然比史学稍差,但你也没能得其大概,正如东方朔所说:"谈何容易。"你看那些玄学家,其他想法全抛开,为玄学披肝沥胆,专攻一书,又读几十家的注解,这样从小学到老,手不释卷。尚且不敢轻易开口谈玄。可你呢,打开《老子》一书的卷轴还不足五尺长,还不知道王弼的注释说了些什么,何晏又说了些什么,马融、郑玄的说法有什么不同,《凡例》说明了些什么,便摇动拂尘,自称为玄学人士,这是很危险的!假设衰令要和你谈论《易经》,谢中书与你谈《庄子》张吴兴向你提问《老子》中的问题,你能回答说没有读过吗?谈玄就像射策一样,前人点出了某一问题,后人应详加解释,如果解释不了,就算输了。再说诸子百家的论注,有荆州《八襄》,又有《才性四本》《声无哀乐》等,这都是谈玄家的资料,像来了客人则有所准备一样。这些书你都没有读过。哪有厨房里没有任何东西而要大宴宾客的道理？就像张衡造浑天仪巧夺天工，郭象注《庄子》口若悬河，不经过艰苦努力，怎么能达到这种境地！你连题目也没有看懂，大致内容是什么也不知道；《易经》的六十四卦，你也不知道各卦的卦名；《庄子》各篇，哪些是内篇，哪些属于外篇，你也不了解；《八帙》所载，共有几家，你也不清楚；《才性四本》，哪一家优长，你也不知。却整天在那里欺人，人家不会受你的蒙蔽的。因我没有什么学问，没去教训你。但是虞舜并没有严父教育，唐尧却有不成器的儿子，关键在个人。你们兄弟们在私下会这样议论："父亲也没有刻苦学问，一样在人间自由自在的生活，我们为什么要自讨苦吃？趁着极盛的时期尽情游乐，何必为此而自减其福呢？"你只看到一面，并不全是这样。如果我的学问像马融、郑玄那样，情况就会比现在好得多；如果我没有现在的学问，情况就会大不如现。取得现在的生活，是有原因的，就是本身努力的结果。你现在正是壮年，自应加倍学习，也许能赶上我。世上的例子俯首皆是，我想你很了解这一点，不再多说。

　　我生在世上，虽然缺乏道德修养，总是在人世间生活了几十年，因此算上一个名人了，人家或许把你们看作我一样。我死之后，你们若不严格要求自己，谁再来管你们的事；我们家族中也有少年时代即有美名、二十来岁时就能出人头地的人。到那时，王家的后代，优秀者则成龙成凤，恶劣的则成狼头虎豹，你们失去庇护之后，难道被人讥为狼头虎豹吗？况且我也不能给你们带来恩荫，这就更加应该各自努力啊。有的人做到三公的大官，但却默默无闻，有的人虽身为平常百姓，但王公大臣却向他屈身敬礼。有的虽是父子，但贵贱相差甚远，即使同胞兄弟，名声也很不相同。这是为什么呢？之所以得到好的结果，是本身读通了几百卷书的缘故。我现在后悔也来不及了，我想用我的前车之鉴告诫后来的车辆啊。你的年龄快要三十岁了，正是做官的好时候，又有家属有拖累，耗费精神，哪有时间坐下来专门读书像小时候那样呢？只能在职学习，来度过一生了。你再三想一想，不要回避我提出的问题。希望督促你哥哥王志等人，或许他们能摆脱这种命运。我在死之前，说这些话是希望你们有所成就，不知对你们有启发收益没有？这关系到你们每人的切身利益，和我有什么关系呢？死鬼只知道留恋茂盛的松树柏林，哪知身后子弟的好坏！因为你着想，引起了我的感慨，因此才粗略地谈出我的想法。

谢朓传

【题解】

　　谢朓（464～499），南朝齐诗人。字玄晖，陈郡阳夏（今河南太康）人。南朝世家豪门子弟，年少即有文名，曾任宣城太守等职，世称"谢宣城"。在统治阶级的内部斗争中受诬陷而被杀。

　　谢朓是永明诗人的代表，在当时享有盛誉。他发展了谢灵运以来产生的山水诗，彻底摆脱了玄风的影响。他的诗风格清俊，警句时出，对唐代诗人产生了较大影响。此外，他的赋写景抒情，声律协调，体现了南朝辞赋向骈赋过渡的特点，也颇值得称道。有《谢宣城集》。

【原文】

谢朓字玄晖，陈郡阳夏人也。祖述，吴兴太守。父纬，散骑侍郎。

朓少好学，有美名，文章清丽。解褐豫章王太尉行参军，度随王束中郎府，转王俭卫军东阁祭酒，太子舍人、随王镇西功曹，转文学。

子隆在荆州，好辞赋，数集僚友，朓以文才，尤被赏爱，流连晤对，不舍日夕。长史王秀之以朓年少相动，密以启闻。世祖敕曰："侍读虞云自宜恒应侍接。朓可还都。"朓道中为诗寄西府曰："常恐鹰隼击，秋菊委严霜。寄言尉罗者，寥廓已高翔。"迁新安王中军记室。朓笺辞子隆曰："朓闻潢汙之水，思朝宗而每竭；驽蹇之乘，希沃若而中疲。何则？拜坏摇落，对之惆怅；岐路东西，或以鸣悒。况乃服义徒拥，归志莫从，邈若坠雨，飘似秋带，汙实庸流，行能无算，属天地休明，山川受纳，褒采一介，搜扬小善，舍末阳圃，奉笔苑园。东乱三江，西浮七泽，契阔戎旃，从容燕语。长裾日曳，后乘载脂，荣立府廷，思加颜色。沐发晞阳，未测涯涘，抚臆论报，早誓肌骨。不悟沧溟未运，波臣自荡；渤澥方春，旅翮先谢。清切藩房，寂寥旧华。轻舟反诉，吊影独留，白云在天，龙门不见。去德滋永，恩德滋深。唯待青江可望，候归舻于春渚；朱邸方开，效蓬心于秋实。如其簪履或存，衽席无改，虽复身填沟壑，犹望妻子知归。揽涕告辞，悲来横集。"

寻以本官兼尚书殿中郎。隆昌初，敕朓接北使，朓自以口讷，启让不当，不见许。高宗辅政，以朓为骠骑谘议，领记室，掌霸府文笔。又掌中书诏诰，除秘书丞，未拜，仍转中书郎。出为宣城太守，以选复为中书郎。

建武四年，出为晋安镇北谘议、南东海太守，行南徐州事。启王敬则反谋，上甚善嘉赏之。迁尚书吏部郎。朓上表三让，中书疑朓未及让，以问祭酒沈约。约曰："宋元嘉中，范晔让吏部，朱修之让黄门，蔡兴宗让中书，并三表诏答，具事宛然。近世小官不让，遂成恒俗，恐此有乖让意。王蓝田、刘安西并贵重，初自不让，今岂或慕此不让邪？孙兴公、孔颛并让记室，今岂可三署皆让邪？谢吏部分授超阶，让别有意，岂关官之大小？拚让之美，本出人情。若大官必让，便与诣阙章表不异。例既如此，谓都自非疑。"拚又启让，上优答不许。

朓善草隶，长五言诗，沈约常云"二百年来无此诗也。"敬皇后迁祔山陵，朓撰哀策文，齐世莫有及者。欲立江夏王宝玄，末更回惑，与弟祀密谓祐曰："江夏年少轻脱，不堪负荷神器，不可复行废立。始安年长入纂，不乖物望。非以此要富贵，政是求安国家耳。"遥光又遣亲人刘沨致意于朓，俗以为肺腑。朓自以受恩高宗，非祐所言，不肯答。少日，遥光以朓兼知卫尉事，朓惧见引，即以祐等谋告左兴盛，兴盛不敢发言。祐闻，以告遥光，遥光大怒，乃称敕召朓，仍回车廷尉，与徐孝嗣、祐、暄等连名启诛朓曰："谢朓资性险薄，大彰远近。王敬则往构凶逆，微有诚效，自尔升擢，超越伦伍。而沟壑无厌，著于触事。比遂扇动内外，处处奸说，妄贬乘舆，窃论宫禁，间谤亲贤，轻议朝宰，丑言异计，非可具闻。无君之心既著，共弃之诛宜及。臣等参议，宜下北里，肃正刑书。"诏："公等启事如此，朓资性轻险，久彰物议。直以雕虫薄伎，见齿衣冠。昔在渚宫，构扇蕃邸，日夜纵诔，仰窥府画。及还京师，反自宣露，江、汉无波，以为己功。素论于兹而尽，缙绅所以侧目。去夏之事，颇有微诚，赏擢曲加，逾迈伦序，感悦未闻，陵竞弥著。遂复矫构风尘，妄惑朱紫，诋贬朝政，疑闲无贤。巧言利口，见丑前志，涓流谇蘖，作戒远图。宜有少正之刑，以申去害之義。便如收付廷尉，肅明国典。"又使御史中丞范岫奏收朓，下狱死。时年三十六。

朓初告王敬则，敬则女为朓妻，常怀刀欲报朓，朓不敢相见。乃为吏部郎，沈昭略谓朓曰："卿人地之美，无朓此职。但恨今日刑于寡妻。"朓临败叹曰："我不杀王公，王公由我而死。"

【译文】

谢朓，字玄晖，陈郡阳夏人。祖父谢述曾任吴兴太守。父亲谢纬任过散骑侍郎。

谢朓少年时代就十分好学，享有美名，文章写得清雅流丽。初入仕时，任豫章王太尉行参军，后入随王东中郎府，又转为王俭卫军东阁祭酒、太子舍人以及随王镇西功曹，再转为太子文学。

随王萧子隆镇守荆州，爱好辞赋，多次与幕僚文友聚会，谢朓凭着出色的文学才华，特别受到随王的赏识、宠爱，对面唱和，流连忘返，从早到晚，吟哦不停。长史王秀之借口谢朓年轻，与人合谋相率行动，秘密奏知皇帝。齐世祖下诏命说："侍读虞云自可以经常应付侍奉，谢朓可以返回京都。"谢朓在途中写诗寄赠西府同僚，诗中说："时常担心鹰隼来袭击，秋菊在严霜中萎谢。寄语给设置罗网的人，向着空旷的天空，我已经高高地飞翔。"他改任新安王中军记室。谢朓写信辞别萧子隆说："我听说，池塘死水想流向大海反而干涸，低劣的马乘希望马匹驯顺，却又中途疲惫，为什么呢？面对沼池凋敝，忧愁惆怅；面对东西岔道，郁闷哀鸣。况且我空自坚守奉行仁义，回归的志向已无从实现，渺茫如坠落的雨点，凋残如秋天的瓜蒂。我实属平庸之辈，品低才疏，是天地的光明美善，是山川的接受容纳，才赞扬我一人，推崇我的小善行。放下场圃里的农具，菀园里侍奉笔墨。东渡三江，西游七泽，要约主帅，安逸闲谈。每日摇曳着长袖，追随前面的车乘，命驾而行。荣耀地置身于王府，得到恩典，倍受赏识。头发淋浴着旭日，您的恩德无边无际，扪心图报，早将誓言铭刻肌骨。没想到，沧海未渡，反作江海水族之臣空自游荡；渤海正值春天，群鸟的羽翼却已衰落。杂草丛生的房屋凄清冷落，陈旧的筚门寂寞空旷，轻舟遭遇逆流，孤独地吊影自怜，只见空中白云，不见龙门何处。离开恩德之主愈久，思念之情愈深。只待江景清澈可辨，等候归来的大船抵达春江绿洲。红色的府邸一旦启开，我要把浅陋的心献给品德、成就高贵的人。只要头簪足履犹存，床席不改，即使身填沟壑也还希望妻子、儿女能思念我回来。挥泪告辞，悲不自胜。"

不久，以中军记室兼任尚书殿中郎，郁林王隆昌初年(494)，命令谢朓接待北朝来使，谢朓以口齿不伶俐为由，想避开不承担，但未获许可。高宗辅政期间，任命谢朓为骠骑谘议，统领记室令史，掌管诸侯王府邸的章表文书，又掌管中书省中的帝王命令、任命或赠封的文书，授予秘书丞，但没有拜受，仍转为中书郎。后出任宣城(今属安徽)太守，又因选拔而任中书郎。

齐明帝建武四年(497)，出任晋安王镇北谘议、南东海太守，处理管南徐州事务。他告发了王敬则造反的阴谋，皇帝十分赞赏，升他为尚书吏部郎。谢朓还来不及推让官职，中书省已起了疑心，便询问祭酒沈约，沈约说："宋元嘉年间，范晔推让吏部官职，朱修之推让黄门官职，蔡兴宗推让中书官职，皇帝下诏书一起答复三分推让呈文，委婉地陈述事情。近代任小官不推让，就已成为通常的习惯，这恐怕有违背推让的本意。王蓝田、刘安西都任重要职务，起初并不推让，如今，岂能羡慕他而不推让呢？孙兴公、孔顗一起推让记室令史,如今怎能三者都推让呢? 谢吏部现在是越级升迁,推让另有意思,哪里是关系官阶的大小? 谦让的美德,本来出于人的性情。如果任大的官职就推让,这就与送至皇帝殿庭的表章没有什么不同了。惯例是这样,可说自当不必多疑了。"谢朓又启奏推让,皇上下诏赞赏,但不应允。

谢朓善写草书、隶书,又擅长五言诗,沈约常说:"二百年来没见过这样的诗歌。"敬皇后迁移陵墓,谢朓撰写哀悼祭文,整个齐朝没比得上它的。

东昏侯失去政德,江祏要立江夏王宝玄,心里迷乱,到最后又改变了主意,和他弟弟江祀秘密对谢朓说:"江夏王年少轻佻,不堪承担国家重任,不能立为国君。始安王年纪较大,适合入朝继承王位,他一定不违众望。我们并非以此享富贵,只是希望求得国家安定而已。"萧遥光又派亲信刘沨秘密向谢朓示意,要把他引为心腹。谢朓因自己受恩于高宗,不听刘沨的话,不肯答应。不久,萧遥光命谢朓兼任卫尉事,谢朓怕被荐举,便将江祏等人的谋算告知左兴盛,左兴盛不敢作声。江祏听到这事,告诉了萧遥光,萧遥光非常愤怒,便说要诏见谢朓,自己回车托付廷尉,与徐孝嗣、江祏、暄等人联名启奏皇帝,请求诛杀谢朓,奏折中说:"谢朓生性阴险轻薄,远近昭著,王敬则过去谋图反叛,他也稍有诚意效法,自从擢升官职已超出同辈,但他的欲望贪得无厌,如同沟壑难以填满一样。他着力于触惹事端,近来又煽动内外,处处传播妖言,狂妄地贬低皇上,私下议论宫中之事,间离诽谤亲人贤能,轻率地非议朝廷官员,丑恶的言论和不正当的谋算,不胜详说。心目中没有君主,这已经很明显,宜当共同唾弃、及早诛杀他。臣等相议认为,应到北面里巷捕捉逆贼,以严肃刑典。"皇帝下诏道:"你等王公所启奏的事属实,谢朓天性轻薄险恶,众人的议论久已明显,他只凭那些雕虫小技,已为官绅所耻笑。过去在渚宫时,就煽动藩王之间的矛盾,日夜怂恿诌媚,对上观言察色,对下密谋筹划。及至返回京城,反而更加暴露,江、汉地区平静,没有风波,以为是他自己的功劳。现在的议论尽是这些,大臣缙绅无不为之侧目怒视。去年夏天王敬则造反的事,他颇有一点诚意,奖赏擢升不正当,跨越了官阶顺序,竟没听到感激、喜悦话,而戒惧之心却更为明显。又借助制造流言蜚语,妄图迷惑众臣,诋毁贬低朝政,猜疑间离亲友贤能。花言巧语,口快舌利,比过去的心志更加丑恶,他细小的罪孽如同涓涓细流汇成了河。做事防备,计谋长远。理当用少正之刑,伸张除害的正义,可将他收交廷尉审讯,以严肃明正国家的刑典。"又派御史中丞范岫启奏收审谢朓,谢朓被投入监狱而死,时年三十六岁。谢朓告发王敬则,敬则的女儿是谢朓的妻子,常常怀里藏刀要找谢朓报仇。谢朓不敢与她相见。到他当了吏部郎时,沈昭略对谢朓说:"你这个人才品和门第都好,真正不负这个职务,只恨今天要对你嫡妻施行法制了。"谢朓临到失败时,才叹息道:"我无意杀王公,王公却因我而死。"

祖冲之传

【题解】

　　祖冲之(429～500),字文远,范阳遒人(今河北涞水县北部)。南北朝时南朝著名科学家,生活于宋、齐统治时代,他的曾祖台之在东晋,祖父昌、父朔之在宋做官。祖冲之年轻时曾在华林园工作，不久又到南徐州（治所在今江苏镇江市）做官，担任过娄县令（治所在今江苏省昆山东北）。后来调回建康（今江苏省南京市）担任接待宾客、引见臣下、传达使命的政府官员谒者仆射。晚年开屯田，广农殖，又要兴造大业，但都未实行。齐永元二年（500）去世，终年 72 岁。

祖冲之的一生，除做官外在算学研究方面也不遗余力，在天文历法、数学和机械制造等学科都取得了重要的成就。他于 463 年制成有名的《大明历》，其中有不少改进和创见，如把岁差引进历法，发现交点月等。

祖冲之还是一位卓越的机械制造家，他制造过指南车、水碓磨、千里船和其他运输工具。

祖冲之又是一位博弈游戏的能手，当时没人能和他相比。对古代的《易经》《老子》《庄子》《论语》《孝经》等也都进行过研究。

祖冲之是一位博学多才的杰出科学家，他在数学领域的重大成就早已得到国内外的公认。

【原文】

祖冲之字文元，范阳蓟人也。祖昌，宋大匠卿，父朔之，奉朝请。

冲之少稽古，有巧思。宋孝武使直华林学省，赐宅宇车服。解褐南徐州迎从事，公府参军。

宋元嘉中，用何承天所制历，比古十一家为密，冲之以为尚疏，乃更造新法。上表曰：

臣博访前坟，远稽昔典，五帝躔次，三王效分，《春秋》朔气，《纪竹》薄食，谈、迁载述，彪、固列志，魏世注历，晋代《起居》，探异今古，观要华戎。书契以降，二千余稔，日月离会之徵，星度疏密之验。专功耽思，咸可得而言也。加以亲量圭尺，躬察仪漏，目尽毫厘，心究筹第，考课推移，又曲备其详矣。

祖冲之

然而古历疏舛，类不精密，群氏纠纷，莫审其会。寻何承天所上，意存改革，而置法简略，今已乖远。以臣校之，三睹厥谬，日月所在，差觉三度，二至晷影，几失一日，五星见伏，至差四旬，留逆进退，或移两宿。分至失实，则节闰非正；宿度违天，则伺察无准。臣生属圣辰，询逮在运，敢率愚瞽，更创新历。

谨立改易之意有二，设法之情有三。改易者一：以旧法一章，十九岁有七闰，闰数为多，经二百年辄差一日。节闰既移，则应改法，历纪屡迁，实由此条。今改章法三百九十一年有一百四十四闰，令却合周、汉，则将来永用，无复差动。其二：以《尧典》云"日短星昴，以正仲冬"。以此推之，唐尧世冬至日，在今宿之左五十许度。汉代之初，即用秦历，冬至日在牵牛六度。汉武改立《太初历》，冬至日在牛初。后汉四分法，冬至日在斗二十二。晋世姜岌以月蚀检日，知冬至在斗十七。今参以中星，课以食望，冬至之日，在斗十一。通而计之，未盈百载，所差二度。旧法并令冬至日有定处，天数既差，则七曜宿度，渐与舛讹。乖谬既著，辄应改易。仅合一时，莫能通远。迁革不已，又由此条。今令冬至所在岁岁微差，却检汉注，并皆审密，将来久用，无烦屡改。又设法者，其一：以子为辰首，位在正北，爻应初九升气之端，虚为北方列宿之中。元气肇初，宜在此次。前儒虞喜，备论其义。今历上元日度，发自虚一。其二：以日辰之号，甲子为先，历法设元，应在此岁。而黄帝以来，世代所用，凡十一历，上元之岁，莫值此名。今历上元岁在甲子。其三：以上元之岁，历中众条，并应以此为始。而《景初历》交会迟疾，元首有差。又承天法，日月五星，各自有元，交会迟疾，亦并置差，裁得朔气合而已，条序纷错，不及古意，今设法日月五纬交会迟疾，悉以上元岁首为始，群流共源，庶无乖误。

若夫测以定形，据以实效。悬象著明，尺表之验可推；动气幽微，寸管之候不忒。今臣所立，易以取信。但综核始终，大存缓密，革新变旧，有约有繁。用约之条，理不自惧，用繁之意，顾非谬然。何者？夫纪闰参差，数各有分，分之为体，非常细密，臣是用深惜毫厘，以求全妙之准，不辞积累，以成永定制，非为思而莫知，悟而弗改也。若所上万一可采，伏愿颁宣群司，赐垂详究。

事奏。孝武令朝士善历者难之，不能屈。会帝崩，不施行。出为娄县令，谒者仆射。

初，宋孝武平关中，得姚兴指南车，有外形，而无机巧，每行，使人于内转之。升明中太祖辅政，使冲之追修古法。冲之改造铜机，圆转不究，而司方如一，马钧以来有也。时有北人索驭麟者，亦云能造指南车，太祖使与冲之各造，使于乐游苑对共校试，而颇有差僻，乃焚毁之。永明中，竟陵王子郎好古，冲之造欹器献之。

文惠太子在东宫，见冲之历法，启世祖施行，文惠寻薨，事又寝。转长水校尉，领本职。冲之造《安边论》，欲开屯田，广农殖。建武中，明帝使冲之巡行四方，兴造大业，可以利百姓者，会连有军事，事竟不行。

冲之解钟律，博塞当时独绝，莫能对者。以诸葛亮有木牛流马，乃造一器，不因风水，施机自运，不劳人力。又造千里船，于新亭江试之，日行百余里。于乐游苑造水碓磨，世祖亲自临视，又特善算。永元二年，冲之卒。年七十二。著《易》《老》《庄》义，释《论语》《孝经》，注《九章》，造《缀述》数十篇。

【译文】

祖冲之字文远，范阳郡遒县人。祖父名昌，在刘宋时担任过大匠卿。父亲名朔之，做一散官奉朝请。

冲之少年时代就研习古事，思想机敏。刘宗孝武帝把他安排在华林园省察工作，赐给他住宅、车马和衣物。又派他到南徐州任从事史，走上仕途，后来被调回中央任公府参军。

刘宋元嘉时，所使用的历法为何承天所制《元嘉历》，比古代十一家历法为精密，可祖冲之认为还是粗疏，于是更造新的历法。给皇帝上奏说：

我广泛搜访前人书籍，深入研究石代经曲，五帝时的躔次，三王时的交分，《春秋》中的气朔，《竹书纪年》中的薄食，司马谈、司马迁的载述，班彪、班固的列志，曹魏时的注历，晋代的《起居注》，以寻求古今的不同，考察总结了华族和少数民族的历法。有文字以来，二千多年，日、月相离相会的迹象，五星行度疏密之验证。我是专门下功夫入迷似的思考，都是能够得到而可讲述的。特别是自己测量圭尺，亲自观察仪器和计时器漏，眼睛完全看到毫厘小数，心中进行计算，考查变迁，这就深入掌握了它历法的详情了。

　　然而古代历法粗疏错误，大都不够精密，各家互相矛盾，他们未能研究出对它的理解。得到何承天所献上的历法，他愿望是要改革，可是设置的法则简略，现在已经差远了。根据我的校验，看到它的三个错误：日月所在位置，发觉其差误有三度；冬至、夏至暑影长度几乎失误一天；五星见伏的日期，误差达到四十天，留逆进退，有的推移了两个星宿。春秋分夏至失去真实，则节气置闰就不正确；宿度不与天象实际相符，则等候观察就无准。我生逢圣明的时候，都赶上好运气，敢于直率愚盲，再次创造的历法。

　　谨慎建立改变的思想有二，设置法则的情况有三。改变的第一点：按旧法一章，为十九年设有七闰，闰数多了，经过二百年就一天。节气置闰既然变动，则相应改变闰法，日月运行轨道的分纪就屡次迁改，是由于这一条。现在改章法为三百九十一年设有一百四十四闰，令其往前符合周代、汉代，那么将来就能永远使用，不会再出现差误变动。第二点：根据《尚书·尧典》所说"日短星昴，以正仲冬"。以此推之唐尧之世的冬至日，在现在星宿之左边差不多五十度。汉代初期，仍用秦代历法，冬至日在牵牛六度。汉武帝改革建立《历初历》，冬至日在牵牛初度。后汉的四分历，冬至日在斗宿二十二二度。晋代的姜岌用月食检验日之所在，知道冬至日在斗宿十七之日，在斗宿十一度。通而计之，不满一百年，就差了二度。旧法都令冬至日有固定位置，天文数据既然差错，则日月五星的宿度，就逐渐出现错误。乖谬既然显著就相应改变。这样做止能符合一时，而不能通行长久。改来改去不停，又是由于这条。现在使冬至所在位置岁岁微差，回过头检验汉代历注，都很审密，将来永久施用，不必烦劳屡次修改。还有设置法则，其一"以子时为时辰之首，（从方向来说）子位在正北，卦爻应在初九为升气的开始，虚的北方七宿之中宿。元气的发端，应当在这个"次"。前代学者虞喜，详细讨论了其意义。我的历法上元度日，发端于虚宿。其二，用日辰之号子，甲子日为前导，历法设起算年（上元），应当在此年。但是黄帝以来，世代所用，总共有十一种历法，"上元"之年，没有相当于这个名称的。我的历法上元那年在甲子。其三，以上元之年，历法中的众多条款，都应以此为（计算的）起点。可是《景初历》的交会迟疾，历元的开始参差不齐。又如何承天的历法，日月五星，各自有各自的历元，交会迟疾，也都设置不同起点，剪裁使得朔气相合而已，条件次序纷繁错误，未达到古代的意境。现在设法使日月五星交会迟疾，都是以上元岁首为起点，众多支流有共同的源泉，大多没有错误。

　　如果对定形进行测量，就得到真实效果。悬挂的星象显著明亮，用天表等仪器测验可推算，变动的气虽不明显而微弱，可用径寸的竹管候测不会有差错。现在我所建立的，容易使人取信。但是综合研究始终，大多存在不精密，革新变旧，有简有繁。用简的条款，道理上不必自我恐惧；用较繁的意思，不过不是谬误。为什么？就是记闰不整齐，数据各有分数，把分数作为主体，并非不细密，我这样做是特别珍惜毫厘之类的小数，以完成求解出美妙之则，不去掉累积，以成就永久固定的著述，不是经思考而不知道，也不是明白了还不改。如果所献上的历法万一可以采用，我愿意由皇帝向各部门宣传，给予详细考究。上报到皇帝。孝武帝令朝廷的官员们懂得历法的提出质难，不能使他屈服。赶上孝武帝死后未能施行。派祖冲之出去担任娄县令，又调回任谒者仆射。缴获后秦姚兴时制作的指南车，有外部开状而没有机巧，每当行走，使人在车内旋转指向。到宋升明时,齐太祖肖道成辅佐朝政,使祖冲之按古法修造指南车。祖冲之改用铜制机械,圆转不穷,而指示方向保持不变,是三国时马钧以来所没有的。当时有一位北方人索驭麟,也说能制造指南车,肖道成就让他与祖冲之各造一辆,让他们在京城的乐游苑相对同时进行校对试验,结果索驭麟的颇有偏差,于是折毁烧掉了。齐永明(483～493)中,竟陵王肖子良爱好古物,祖冲之制造了一件欹器献给他。

文惠太子肖长懋在东宫,看到了祖冲之宾历法,启奏给齐武帝施行,文惠太子不久死去,事情又被搁置。祖冲之转任长水校尉,领本职。他写作《安边论》奏章,建议开屯田,发展农殖。齐建武(494～498)中,明帝肖鸾派祖冲之巡行四方,兴造大业,可以有利于百姓的恰好连年有战争,事情终于没有实行。

祖冲之懂得乐律学,博塞游戏当时独绝,没有能和他匹敌的。他认为诸葛亮有木牛流马,于是制造一件器械,不依靠风、水,施用机关能自己运行,不靠人力。又造千里船,在长江的新亭江段试验,一日能走一百多里。在乐游苑造水碓磨,齐世祖即武帝亲自到场观看。又特别精通数学。永元二年,祖冲之去世,终年七十二岁。著《易经》《老子》《庄子》义,注释《论语》《孝经》,注解《九章算术》,著《缀术》数十篇。

高逸传

【题解】

《南齐书》所记载的这十位隐者,与此前诸史所记载的隐士大略相同,但有两点似乎更为明显,那就是这些隐士们明确向往自由自在的山林安逸生活,如宗测说:"我的本性和鱼鸟一样,只热爱山林泉,眷恋松柏草木。"同时他们的另一面又有极强的出仕思想,似乎有些即是以隐作为出的一种曲直途径,仔细揣摩,不难见出。另外,当权者对隐士普遍推重,真心地希望他们来辅助国政,这看来不完全是史书对帝王的美化。从这十人传中,可以较为清楚地表明这一点。

【原文】

《易》有君子之道四焉,语默之谓也。故有入庙堂而不出,徇江湖而永归。隐避纷纭,情迹万品。若道义内足,希微两亡,藏景穷岩,蔽名愚谷。解桎梏于仁义,永形神于天壤。则名教之外,别有风猷。故尧封有非圣之人,孔门谬鸡黍之客。次则揭独往之高节,重去就之虚名,激竞违贪,与世为异。或虑全后悔,事归知殆;或道有不申,行吟山泽。咸皆用宇宙而成心,借风云以为戒。果志达道,未或非然,含贞养素,文以艺业。不然,与樵者之在山,何殊别哉?故樊英就微,不称李固之望;冯恢下节,见陋张华之语。期之尘外,庶以弘多。若今十余子者,仕不求闻,退不讥俗,全身幽履,服道儒门,斯逸民之轨操,故缀为《高逸篇》云尔。

褚伯玉字元璩,吴郡钱唐人也。高祖舍,始平太守。父逷,征房参军。

伯玉少有隐操,寡嗜欲。年十八,父为之婚,妇入前门,伯玉从后门出。遂往剡,居瀑布山。性耐寒暑,时人比之王仲都。在山三十余年,隔绝人物。王僧达为吴郡,苦礼致之，伯玉不得已，停郡信宿，裁交数言而退。宁朔将军丘珍孙与僧达书曰："闻褚先生出居贵馆，此子灭景云楼，不事王侯，抗高木食，有年载矣。自非折节好贤，何以致之。昔文举栖冶城，安道入昌门，于兹而三焉。夫却粒之士，餐霞之人，乃可暂致，不宜久羁。君当思遂其高步，成其羽化。望其还策之日，斩纡清尘，亦愿助为譬说。"僧达答曰："褚先生从白云游归矣。古之逸民，或留虑儿女，或使华阴成市，而此子索然，唯朋松石。介于孤峰绝岭者，积数十载。近故要其来此，冀慰日夜。比谈讨芝桂，借访荔萝，若已窥烟液，临沧洲矣。知君欲见之，辄当中譬。"

宋孝建二年，散骑常侍乐询行风俗，表荐伯玉，加徵聘本州议曹从事，不就。太祖即位，手诏吴、会二郡，以礼迎遣，又辞疾。上不欲违其志，敕于剡白石山立太平馆居之。建元元年，卒。年八十六。常居一楼上，仍葬楼所。孔稚珪从其受道法，为于馆侧立碑。

明僧绍字承烈，平原鬲人也。祖玩，州治中。父略，给事中。

僧绍宋元嘉中再举秀才，明经有儒术。永光中，镇北府辟功曹，并不就。隐长广郡崂山，聚徒立学。淮北没虏，乃南渡江。明帝泰始六年，徵通直郎，不就。

升明中，太祖为太傅，教辟僧绍及顾欢、臧荣绪以旌币之礼，徵为记室参军，不至。僧绍弟庆符，为青州，僧绍乏粮食，随庆符之郁洲，住弈榆山，栖云精舍，欣玩水石，竟不一入州城。建元元年冬，诏曰："朕侧席思士，载怀尘外，齐郡明僧绍标志高栖，耽情坟素，幽贞之操，宜加贲饰。"徵为正员外郎，称疾不就。其后与崔思祖书："明居士标意可重，吾前旨竟未达邪？小凉欲有讲事，卿可至彼，具述吾意，令与庆符俱归。"又曰："不食周粟而食周薇，古犹发议。在今宁得息谈邪？聊以为笑。"

庆符罢任，僧绍随归，住江乘摄山。太祖谓庆符曰："卿兄高尚其事，亦尧之外臣。朕虽不相接，有时通梦。"遗僧绍竹根如意，笋箨冠。僧绍闻沙门释僧远风德，往候定林寺，太祖欲出寺见之。僧远问僧绍曰："天子若来，居士若为相对？"僧绍曰："山薮之人。政当凿坏以遁，若辞不获命，便当依戴公故事耳。"永明元年，世祖敕召僧绍，称疾不肯见。诏徵国子博士，不就，卒。子元琳，字仲璋。亦传家业。

僧绍长兄僧胤，能玄言。宋世为冀州刺史。弟僧廙，亦好学，宋孝武见之，迎颂其名，时人以为荣。泰始初，为青州刺史。庆符，建元初，为黄门。

僧胤子惠照，元徽中，为太祖平南主簿，从拒桂阳，累至骠骑中兵，与荀伯玉对领直。建元元年，为巴州刺史，绥怀蛮蜒，上许为益州，未迁，卒。

顾欢字景怡，吴郡盐官人也。祖赳，晋隆安末，避乱徙居。欢年六七岁书甲子，有简三篇，欢析计，遂知六甲。家贫，父使驱田中雀，欢作《黄雀赋》而归，雀食过半，父怒，欲挞之，见赋乃止。乡中有学舍，欢贫无以受业，于舍壁后倚听，无遗忘者。八岁，诵《孝经》《诗》《论》。及长，笃志好学。母年老，躬耕诵书，夜则燃糠自照。同郡顾恺之临县，见而异之，遣诸子与游，及孙宪之，并受经句。欢年二十余，更从豫章雷次宗谘玄儒诸义。母亡，水浆不入口六七日，庐于墓次，遂隐遁不仕。于剡天台山开馆聚徒，受业者常近百人。欢早孤，每读《诗》至'哀哀父母'。辄执书恸泣，学者由是废《蓼莪篇》不复讲。

太祖辅政，悦欢风教，徵为扬州主簿，遣中使迎欢。及践阼，乃至。欢称山谷臣顾欢上表曰："臣闻举网提纲，振裘持领，纲领既理，毛目自张。然则道德，纲也；物势，目也。上理其纲，则万机时序；下张其目，则庶官不旷。是以汤、武得势师道则祚延，秦、项忽道任势则身戮。夫天门开阖，自古有之，四气相新，绨裘代进。今火泽易位，三灵改宪。天树明德，对时育物，搜扬仄陋，野无伏言。是以穷谷愚走，敢露偏管，谨删撰老氏，献《治纲》一卷。伏愿稽古百王，斟酌时用，不以刍荛弃言，不以人微废道，则率土之赐也，微臣之幸也。幸赐一疏，则上下交泰，虽不求民而民悦，不祈天而天应，应天悦民，则皇基固矣。臣志尽幽深，无与荣势，自足云霞，不须禄养。陛下既远见寻求，敢不尽言。言既尽矣，请从此退。"

是时员外郎，刘思效表陈说言曰："宋自大明以来，渐见凋敝，徵赋有增于往，天府尤贫于昔。兼军警屡兴，伤夷不复，戍役残丁，储无半菽，小民嗷嗷，无乐生之色。贵势之流，货室之族，车服伎乐，争相奢丽，亭池第宅，竞趣高华，至于山泽之人，不敢采饮其水草。贫富相辉，捐源尚末。陛下宜发明诏，吐德音，布惠泽，禁邪伪，薄赋敛，省徭役，绝奇丽之赂，塞郑、卫之倡，变历运之化，应质文之用，不亦大哉！又彭、汴有鸥枭之巢，青丘为狐兔之窟，虐害逾纪，残暴日滋。鬼泣旧泉，人悲故壤，童孺视编发而惭生，耆老看左衽而耻没。陛下宜仰答天人引领之望，下吊氓黎倾首之勤，授钺卫、霍之将，遗策萧、张之师，万道俱前，穷山荡谷。此即恒山不足指而倾，渤海不足饮而竭，岂徒残寇尘灭而已哉！"

上诏曰："朕凤旦惟寅，思弘治道，伫梦岩滨，垂精管库，旰食荣怀，其勤至矣。吴郡顾欢、散骑郎刘思效，或至自丘园，或越在冗位，并能献书金门，荐辞凤阙，辨章治体，有协朕心。今出其表，外可详择所宜，以时敷奏。欢近已加旌贲，思效可付选铨序，以显说言。"欢东归，上赐麈尾、素琴。

永明元年，诏徵欢为太学博士，同郡顾黯为散骑郎。黯字长孺，有隐操，与欢俱不就徵。

欢晚节服食，不与人通，每旦出户，山鸟集其掌取食。事黄老道，解阴阳书，为数术多效验。初元嘉末，出都寄住东府，忽题柱云："三十年二月二十一日。"因东归。后太初弑逆，果是此年月，自知将终，赋诗言志云："精气因天行，游魂随物化。"克死日，卒于剡山，身体柔软，时年六十四，还葬旧墓，木连理出墓侧，县令江山图表状。世祖诏欢诸子，撰欢《文议》三十卷。

臧荣绪，东莞莒人也。祖奉先，建陵令，父庸民，国子助教。荣绪幼孤，躬自灌园，以供祭祀。母丧后，乃著《嫡寝论》，扫洒堂宇，置筵席，朔望辄拜荐，甘珍未尝先食。

纯笃好学，括东西晋为一书，纪、录、志、传百一十卷。隐居京口教授。南徐州辟西曹，举秀才，不就。太祖为扬州，徵荣绪为主簿，不到。司徒褚渊少时尝命驾寻之。建元中，启太祖曰："荣绪，东方隐者，昔臧质在宋，以国戚出牧彭岱，引为行佐，非其所好，谢疾求免。蓬庐守志，漏湿是安，灌蔬终老。与友关康之沈深典素，追古著书，撰《晋史》十帙，赞论虽无逸才，亦足弥纶一代。臣岁时往京口，早与之遇，近报其取书，始方送出，庶得备录渠阁，采异甄善。"上答曰："公所道臧荣绪者，吾甚志之。其有史翰，欲令入天禄，甚佳。"

荣绪惇爱五经，谓人曰："昔吕尚奉丹书，武王致斋降位，李、释教诫，并有礼敬之仪。"因甄明至道，乃著拜《五经序论》。常以宣尼生庚子日，陈《五经》拜之。自号"被褐先生"。又以饮酒乱德，言常为诫。永明六年，卒。年七十四。

初，荣绪与关康之俱隐在京口，世号为"二隐"。康之字伯愉，河东人。世居丹徒，以坟籍为务。四十年不出门。不应州府辟。宋太始中，徵通直郎，不就。晚以母老家贫，求为岭南小县。性清约，独处一室，稀与妻子相见。不通宾客。弟子以业传授。尤善《左氏春秋》。太祖为领军，素好此学，送《春秋》《五经》，康之手自点定，并得论《礼记》十余条。上甚悦，宝爱之。遗诏以经本入玄宫。宋末卒。

刘虬字灵预，南阳涅阳人也。旧族，徙居江陵。虬少而抗节好学，须得禄便隐。宋泰始中，仕至晋平王骠骑记室，当阳令。罢官归家，静处断谷，饵术及胡麻。

建元初，豫章王为荆州，教辟虬为别驾，与同郡宗测、新野庾易并遣书礼请，虬等各修笺答，而不应辟命。永明三年，刺史庐陵王子卿表虬及同郡宗测、宗尚之、庾易、刘昭五人，请加蒲车束帛之命。诏徵为通直郎，不就。

竟陵王子良致书通意。虬答曰："虬四节卧病，三时营灌，畅馀阴于山泽，托暮情于鱼鸟，宁非唐、虞重恩，周、邵宏施？虬进不研机入玄，无洙泗稷馆之辩；退不凝心出累，非冢间树下之节。远泽既洒，仁规先著。谨收樵牧之嫌，敬加轼蛙之义。

虬精信释氏，衣粗布衣，礼佛长斋。注《法华经》，自讲佛义。以江陵西沙洲去人远，乃徙居之。建武二年，诏徵国子博士，不就。其冬虬病，正昼有白云徘徊檐户之内，又有香气及磬声，其日卒。年五十八。刘昭与虬同宗。州辟祭酒从事，不就。隐居山中。

庾易字幼简，新野人也。徙居属江陵。祖玫，巴郡太守，父道骥，安西参军。

易志性恬隐，不交外物。建元元年，刺史豫章王辟为骠骑参军，不就。临川王映临州，独重易，上表荐之，饷麦百斛。易谓使人曰："民樵采麋鹿之伍，终其解毛之衣，驰骋日月之车，得保自耕之禄，于大王之恩，亦已深矣。"辞不受。永明三年，诏徵太子舍人，不就。以文义自乐。安西长史袁彖钦其风，通书致遗。易以连理机竹翘书格报之。建武二年，诏复徵为司徒主簿，不就。卒。

宗测字敬微，南阳人，宋徵士炳孙也。世居江陵。测少静退，不乐人间。叹曰："家贫亲老，不择官而仕，先哲以为美谈，余窃有惑。诚不能潜感地金，冥致江鲤，但当用天道，分地利。孰能食人厚禄，忧人重事乎？"

州举秀才，主簿，不就。骠骑豫章王徵为参军，测答府召云："何为谬伤海鸟，横斤山木？"母丧，身负土植松柏。豫章王复遣书请之，辟为参军。测答曰："性同鳞羽，爱止山壑，眷恋松筠，轻迷人路。纵宕岩流，有若狂者，忽不知老至，而今鬓已白，岂容课虚责有，限鱼慕鸟哉！"永明三年，诏徵太子舍人，不就。

欲游名山，乃写祖炳所画《尚子平图》于壁上。测长子宧在京师，知父此旨，便求禄还为南郡丞，付以家事。刺史安陆王子敬、长史刘寅以下皆赠送之，测无所受。赍《老子》《庄子》二书自随。子孙拜辞悲泣，测长啸不视，遂往庐山，止祖炳旧宅。

鱼复侯子响为江州，厚遣赠遗。测曰："少有狂疾，寻山采药，远来于此。量腹而进松术，度形而衣薜萝，淡然已足，岂容当此横施！"子响命驾造之，测避不见。后子响不告而来，奄至所住，测不得已，巾褐对之，竟不交言，子响不悦而退。尚书令王俭饷测蒲褥。

顷之，测送弟丧还西，仍留旧宅永业寺，绝宾友，唯与同志庾易、刘虬、宗人尚之等往来讲说。刺史随王子隆至镇，遣别驾宗哲致劳问，测笑曰："贵贱理隔，何以及此。"竟不答。建武二年，徵为司徒主簿，不就，卒。

测善画，自图阮籍遇苏门于行障上，坐卧对之。又画永业佛影台，皆为妙作。颇好音律，善《易》《老》，续皇甫谧《高士传》三卷。又尝游衡山七岭，著《衡山》《庐山》记。

尚之字敬文，亦好山泽，与刘虬俱以骠骑记室不仕。宋末，刺史武陵王辟赞府，豫章王辟别驾，并不就。永明中，与刘虬同徵为通直郎，和帝中兴初，又徵为谘议，并不就。寿杜京产字景齐,吴郡钱唐人。杜子恭玄孙也。祖运,为刘毅卫军参军,父道鞠,州从事,善弹棋,世传五斗米道,至京产及子栖。

京产少恬静,闭意荣宦。颇涉文义,专修黄老。会稽孔觊,清刚有峻节,一见而为款交。郡召主簿,州辟从事,称疾去。除奉朝请,不就。与同郡顾欢同契,始宁中东山开舍授学。建元中,武陵王晔为会稽,太祖遣儒士刘瓛入东为晔讲说,京产请瓛至山舍讲书,倾资供持,子栖躬自屝履,为瓛生徒下食,其礼贤如此。孔稚珪、周颙、谢瀹、并至书以通殷勤。

永明十年,稚珪及光禄大夫陆澄、祠部尚书虞悰、太子右率沈约、司徒右长史张融表荐京产曰:"窃见吴郡杜京产,洁静为心,谦虚成性,通和发于天挺,敏达表于自然。学遍玄、儒,博通史、子,流连文艺,沈吟道奥。泰始之朝,挂冠辞世,遁舍家业,隐于太平。葺宇穷严,采芝幽涧,耦耕自足,薪歌有余。确尔不群,淡然寡欲,麻衣藿食,二十余载。虽古之志士,何以加之。谓宜释巾幽谷,结组登朝,则岩谷含欢,薜萝起抃矣。"不报。建武初,徵员外散骑侍郎,京产曰:"庄生持钓,岂为白璧所回。"辞疾不就。年六十四,永元元年,卒。

会稽孔道徽,守志业不仕,京产与之友善。

永明中,会稽钟山有人姓蔡,不知名。山中养鼠数十头,呼来即来,遣去便去。言语狂易,时谓之"谪仙"。不知所终。

沈骥士字云祯,吴兴武康人也。祖膺期,晋太中大夫。

骥士少好学,家贫,织帘诵书,口手不息。宋元嘉末,文帝令尚书仆射何尚之抄撰《五经》,访举学士,县以骥士应选。尚之谓子偃曰:"山东故有奇士也。"少时,骥士称疾归乡,更不与人物通。养孤兄子,义著乡曲。

或劝骥士仕,答曰:"鱼县兽槛,天下一契,圣人玄悟,所以每履吉先。吾诚未能景行坐忘,何为不希企日损。"乃作《玄散赋》以绝士。太守孔山士辟,不应。宗人徐州刺史昙庆、侍中怀文、左率勃来候之,骥士未尝答也。隐居余不吴差山,讲经教授,从学者数十百人,各营屋宇,依止其侧,骥士重陆机《连珠》,每为诸生讲之。

征北张永为吴兴,请骥士入郡。骥士闻郡后堂有好山水,乃往停数月。永欲请为功曹,使人致意。骥士曰:"明府德履冲素,留心山谷,民是以被褐负杖,忘其疲病。必欲饰浑沌以蛾眉,冠越客于文冕,走虽不敏,请附高节,有蹈东海而死尔。"永乃止。

升明末,太子王俭上表荐之,诏徵为奉朝请,不就。永明六年,吏部郎沈渊、中书郎沈约又表荐骥士义行,曰:"吴兴沈骥士,英风凤挺,峻节早树,贞粹禀于天然,综博生乎笃习。家世孤贫,藜藿不给,怀书而耕,白首无倦,挟琴采薪,行歌不辍。长兄早卒,孤侄数四,摄衽鞠稚,吞苦推甘。年逾七十,业行无改。元嘉以来,聘召仍迭,玉质逾洁,霜操日严。若使闻政王庭,服道槐掖,必能孚朝规于边鄙,播圣泽于荒垂。"诏又徵为太学博士,建武二年,徵著作郎,永元二年,徵太子舍人,并不就。

骥士负薪汲水,并日而食,守操终老。笃学不倦,遭火,烧书数千卷,骥士年过八十,耳目犹聪明,手以反故抄写,火下细书,复成二三千卷,满数十箧,时人以为养身静嘿之所致也。著《周易》《两系》《庄子》《内篇训》,注《易经》《礼记》《春秋》《尚书》《论语》《孝经》《丧服》《老子》《要略》数十卷。以杨王孙、皇甫谧深达生死,而终礼矫伪,乃自作终制。年八十六,卒。同郡沈俨之,字士恭,徐州刺史昙庆子,亦不仕,徵太子洗马,永明元年,徵中书郎。三年,又诏徵前南郡国常侍沈颙为著作郎,建武二年,徵太子舍人,永元二年,徵通直郎。颙字处默,宋领军寅之兄孙也。

吴苞字天盖,濮阳鄄城人也。儒学、善《三礼》及《老》《庄》。宋泰始中,过江聚徒教学。冠黄葛巾,竹麈尾,蔬食二十余年。隆昌元年,诏曰:"处士濮阳吴苞,栖志穷谷,秉操贞固,沉情味古,自首弥厉。徵太学博士。不就。始安王遥光、右卫江祏于蒋山南为立馆,自刘瓛卒后,学者咸归之。以寿终。

鲁国孔嗣之。字敬伯。宋世与太祖俱为中书舍人,并非所好,自庐陵郡去官,隐居钟山,朝廷以为太中大夫。建武三年,卒。

徐伯珍,东阳太末人也。祖父并郡掾史。

伯珍少孤贫,书竹叶及地学书。山水暴出,漂溺宅舍,村邻皆奔走,伯珍累床而止,读书不辍。叔父璠之与颜延之友善、还祛蒙山立精舍讲授,伯珍往从学,积十年,究寻经史,游学者多依之。太守琅邪王昙生、吴郡张淹并加礼辟,伯珍应召便退,如此者凡十二焉。徵士沈俨造膝谈论,申以素交。吴郡顾欢擿出尚书滞义,伯珍训答甚有条理,儒者宗之。

好释氏、老庄,兼明道术,岁常旱,伯珍筮之,如期雨澍。举动有礼,过曲木之下,趋而避之。早丧妻,晚不复重娶,自比曾参。宅南九里有高山,班固谓之九岩山,后汉龙丘苌隐处也。山多龙须柏,望之五采,世呼为妇人岩。二年,伯珍移居之。门前生梓树,一年便合抱。馆东石壁夜忽有赤光洞照,俄尔而减。白雀一双栖其户牗,谕者以为隐德之感焉。永明二年,刺史豫章王辟议曹众事,不就。家甚贫窭,兄弟四人,皆白首相对,时人呼为"四皓"。建武四年,卒。年八十四,受业生凡千余人。

同郡楼幼瑜,亦儒学。著《礼捃遗》三十卷。官至给事中。

又同郡楼惠明,有道术。居金华山,禽兽毒螫者皆避之。宋明帝闻之,敕出住华林园,除奉朝请,固乞不受,求东归。永明三年,忽乘轻舟向临安县,众不知所以。寻而唐属之贼破郡。文惠太子呼出住蒋山,又求归,见许。世祖敕为立馆。

史臣曰:"顾欢论夷夏,优老而劣释。佛法者,理寂乎万古,迹兆乎中世,渊源浩博,无始无边,宇宙之所不知,数量之所不尽,盛乎哉!真大士之立言也。探机扣寂,有感必应,以大苞小,无细不容。若乃儒家之教,仁义礼乐,仁爱义宜,礼从乐和而已;今则慈悲为本,常乐为宗,施舍惟机,低举成敬。儒家之教,宪章祖述,引古证今,于学易悟;今树以前因,报以后果,业行交酬,连琐相袭。阴阳之教,占气步景,授民以时,知其利害;今则耳眼洞达,心智他通,身为奎井,岂俟甘石。法家之教,出自刑理,禁奸止邪,明用赏罚;今则十恶所坠,五及无间,刀树剑山,焦汤猛火,造受自贻,罔或差贰。墨家之教,遵上俭薄,磨踵灭顶,且犹非吝;今则肤同断瓠,目如井星,授子捐妻,在鹰庇鸽。纵横之教,所贵权谋,天口连环,归乎适变;今则一音万解,无待户说,四辩三会,咸得吾师。杂家之教,兼有儒墨;今则五时所宜,于何不尽。农家之教,播植耕耘,善相五事,以艺九谷。今则郁单粳稻,已异阎浮,生天果报,自然饮食。道家之教,执一虚无,得性亡情,凝神勿扰;今则波若无照,万法皆空,岂有道之可名,宁余一之可得。道俗对校,真假将仇,释理奥藏,无往而不有也。能善用之,即真是俗。九流之设,用藉世教,刑名道墨,乖心异旨,儒者不学,无伤为儒;佛理玄旷,实智妙有,一物不知,不成圆圣。若夫神道应现之力,感会变化之奇,不可思议,难用言象,而诸张米道,符水先验,相传师法,祖自伯阳,世情去就,有此二学,僧尼道士,矛盾相非。非唯重道,兼亦殉利。详寻两教,理归一极。但迹有左右,故教成先后。广略为言,自生优劣。道本虚无,非由学至,绝圣弃智,已成有为。有为之无,终非道本。若使本末同无,曾何等级。佛则不然,具缚为种,转暗成明,梯愚入圣。途虽远而可践,业虽旷而有期。劝慕之道,物我无隔。而局情浅智,鲜能胜受。世途揆度,因果二门。鸡鸣为善,未必馀庆;脍肉东陵,会无厄祸,身才高妙,郁滞而靡达;器思庸卤,富厚以终生。忠反见遗,诡乃获用。观此而论,近无罪福,而业有不定,著自经文,三报开宗,斯疑顿晓。史臣服膺释氏,深信冥缘,谓斯道之莫贵也。”

赞曰:含贞抱朴,履道敦学。惟兹潜隐,弃鳞养角。

【译文】

《周易》有所谓四种成为君子的途径,说的就是寡言少语。所以有人入了宗庙祠堂就不再出来,有人浪迹江湖,一去不返。隐居避世多种多样,人们的行为各有不同。至于内心持有足够的道义的人,对任何名利不要去追求,躲进深山,隐姓埋名在狭谷,解脱了套在自己身上的尽仁义的枷锁,让自己的精神灵魂遨游在隐居避世的极乐世界。那么在名教之外,另有一种品格。所以尧的封臣也有反对他的人,孔门也错杂有山野之人。其次则高举着独来独往的大旗,重视或出世或做官这样的不同名声,反对竞争,阻止贪婪与社会风气迥然不同。有的思前想后,反而后悔,把事情归咎于自己的糊涂;有的因为正义不能伸张,而行吟山泽、浪迹江湖。都想利用大自然来成就自己的心愿,借用自然界的风云变幻来使自己有所警惕。但是对于心愿的完成、目的的达

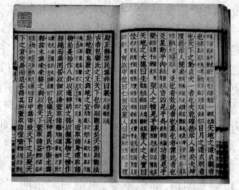

《周易》书影

到,有人能做到,有人却做不到。他们都正直而有修养,用艺术来文饰自己。不然的话,和山里的打柴人,有什么区别呢?所以樊英应征,不能满足李固的愿望;冯恢唱和,因张华的评说反而显出粗陋。尘世之外,这样的人很多。象现在的这十几位先生,做官不求出名,退处不讽刺时俗,保全自己,隐蔽行踪,从事儒学研究,这才是隐士处世的模范行为。所以将他们的事迹连缀成这篇《高逸篇》。

褚伯玉,字元璩,吴郡钱唐人。高祖褚含。任始平太守。父亲褚逷,任征虏将军。

褚伯玉年轻时即有隐士的操守,清心寡欲。十八岁时,父亲为他娶媳妇。媳妇从前门进去,他从后门逃出。于是逃到了剡县,住进瀑布山。生性耐寒耐暑,当时的人把他比作王仲都。在山里住了三十多年,和社会上的人物相隔绝。王僧达统领吴郡,用厚礼坚请他出来。褚伯玉没有办法,在郡里住了两个晚上,和王僧达才说了几句话就回去了。宁朔将军丘珍孙给王僧达写信说:“听说褚先生出山住在您府上。这个人是从来不到高楼贵宅来的,也不侍奉王侯贵族。他行为高尚,农耕而食,已经有很多年了。如果不是您礼节完备,好士重贤,怎么能够请他出来。过去文举隐居在冶城,安道避世在昌门,现在连上他,也就有三个人了。然而对这些不拿官府俸禄、餐霞饮露之人,只能让他们短暂地停留一下,不应该让他长久地住下。您应该帮助他们完成高尚的行为,促成他们的得道

成仙。希望您让他回去的时候，请他到我这儿来一下，我也想听他谈。"王僧达回信说："褚先生早已回去了。古代的逸民隐士，有的留恋子女，有的想招收门徒，扩大自己的影响。然而这位先生什么都不想，只和松柏、山石做朋友。住在孤峰绝岭上，已经九十年了。最近之所以邀请他来这里，是想满足我对他日夜的思念。此番讨论灵芝、丹桂一类事物，借以谈论荔萝，使我仿佛已经窥见了事物的真谛，象自己亲自隐居了一般。知道您想要见他。一定会替您转达。"

刘宋孝建二年，散骑常侍乐询作民间调查，上表推荐褚伯玉，并征聘他为本州议曹从事，他没有就任。太祖即位，亲自下诏书给吴郡、会稽郡二郡官员，要他们按礼节迎接和护送褚伯玉来京，褚伯玉又借口有病推辞了。高祖不想违背他的意愿，下令在剡县白石山建造太平馆给他住。建元元年去世，时年八十六岁。常常住在一座高楼上，死后就葬在楼旁边。孔稚珪跟着他学习道法，为他在太平馆旁立了一块纪念碑。

明僧绍，字承烈，是平原郡鬲县人。祖父明玩，曾任州治中。父亲明略，任给事中。

僧绍于刘宋元嘉年间两次被推选为秀才，通晓经籍，掌握儒家思想。永光年间，上级官员又提拔他任功曹，他都没有就任。隐居在长广郡的崂山中，聚徒讲学。淮北被少数民族侵占，于是他到了江南。明帝泰治六年，被征为通直郎，没有就任。

升明年间，太祖任太傅，教人按礼节推荐僧绍、顾欢和臧荣绪，征召他们为记室参军，他们没有来。僧绍的弟弟庆符治理青州，僧绍缺乏粮食，随着庆符到了郁洲，住在弇榆山，住在专门为修身养性而盖的精舍里，欣赏游玩山川林石，一座城池州府都不曾去过。建元元年冬，皇帝下诏说："我空着高位盼望着人才到来，心里怀念着隐居避世之人。齐郡人明僧绍立志隐居，沉浸于典籍和远大的志向中，他具有幽远贞静的操守，应该加以表彰。"征召他任正员外郎，他借口有病没有就任。后来在给崔思祖的信中又说："明居士的意愿值得尊重，我前面的指示难道没有告诉他吗？天凉以后想要举行讲习研讨活动，你可以到他那儿去，告诉他我的意思，命令他和庆符一起回来。"又说："不吃周朝的小米而吃周朝的野菜，古人已经有看法了。现在那会没有说闲话呢？姑且算作笑话。"

庆符离任，僧绍跟随他回来，住在江乘的摄山。太祖对庆符说："你哥哥做事很高尚，也是尧无法统治的臣子，我虽然和他没有接触，但有时睡梦中和他见面。"赠给僧绍一支竹根雕的如意，一顶笋壳做的帽子。僧绍听说了和尚释僧远的道德情操，去探望定林寺，太祖想出寺去见他，僧远问僧绍："天子如果来了，居士您怎么办？"僧绍说："山野之人，只能凿墙逃跑。如果辞官不被允许，只有依照过去的戴公的做法了。"永明元年，世祖下令召见僧绍，他借口有病不去拜见。世祖下诏书征他任国子博士，也没有就任，就去世了。儿子元琳，字仲璋，继承了家业。

僧绍的大哥僧胤，懂玄理，能清谈。刘宋时为冀州刺史。弟弟僧暠，也好学，宋孝武看见他，迎上前去并叫着他的名字，当时的人都认为这很荣耀，泰始初年，任青州刺史。

庆符建元初年，任黄门郎。

僧胤的儿子惠照，元徽年间为太祖平南主簿，跟着太祖拒守桂阳，最后官至骠骑中兵，与荀伯玉轮流任领直。建元元年，任巴州刺史，对蛮、蜓等少数民族采取怀柔和绥靖政策，皇帝许诺他说要让他治理益州，还未升官就去世了。

顾欢，字景怡，吴郡盐官人。祖父顾赳，晋朝隆安末年，因避乱而迁居。顾欢六七岁时，记录甲子，有三篇书简，顾欢分析计算，于是知道有六甲等知识。家里穷，父亲让他驱赶田里的麻雀,顾欢作了《黄雀赋》回来了,麻雀吃掉了一半多粮食。父亲生气,想要揍他,看见《黄雀赋》,于是没有揍他。乡里有学校,顾欢很穷,无法上学,在校舍的墙壁后面站听讲,没有一处遗忘的。八岁时读《孝经》《诗经》《论语》。长大后更加有志于读书学习。母亲年纪大了,他亲自种田,夜里读书时则烧一些糠米作照明。同郡人顾恺之到了他们县里,见了他很惊异,让几个儿子跟着他学习,孙子宪之也跟着他读经书。顾欢二十多岁时,改从豫章人雷次宗学习玄学儒学,向他请教玄学儒学的义理。母亲去世时,滴水不进有六七天。在墓旁盖了茅屋住下,于是隐居,不再出来做官。在剡县天台山开馆讲学,常常有近百人跟着他学习。顾欢很早就失去父亲,每次读《诗经》读到"哀哀父母"一句,总是拿着书痛哭,跟着学习的人于是废掉《蓼莪篇》,不要他讲解。

太祖辅政,很高兴顾欢的言行、风格,征召他为扬州主簿,派中使去迎接顾欢。到他即位时,顾欢才到。他自称是"山谷之臣顾欢",上表说:"臣听说举起网就要提起纲,抖皮衣要拎着领,纲、领理顺了,底下的细节问题自然就会解决了。如果确是这样的话,那么道德就是纲,形势趋势就是细节问题。天子理顺那个纲,万物都会按照时间和秩序去进行;细节问题处理起来有原则,底下的官员也就不会无所事事了。所以商汤和周武王提倡道德修养,把握住了时势,所以殷、周就兴旺就长久,秦始皇和项羽忽视道德修养,把握不了时势,所以就会遭到祸害。天气的变化,自古有之;四季更迭,所以细葛布衫和皮袄交替着穿。现今水火易位,天、地、人都有改变,上天树立的道德风尚,对应季节养育万物,搜罗、暴露隐藏着的不足,民间老百姓都无话不说。所以我这个深山穷谷中的笨人,才敢暴露自己的窥管之见,谨献上删节撰写的《老氏》和《治纲》一卷,我个人的愿望是想稽考、依据古代各位帝王的做法,斟酌删节以备时用,您如果不因为村野之人说的话就废置不用,不因为人的出身低贱就贬低他的思想,那就是普天之下的恩典,是我这个小臣子的幸运了。希望您对于这两本书能给予一阅,这样上下都会平安,即使不仰求人民,人民也会高兴,不祈求天的保佑,天也会保佑,老天保佑,人民高兴,那么帝王的根基就巩固了。臣的志向是在隐居,无意于荣华富贵。在山里种田,自给自足,不需要朝廷供给的俸禄。陛下既然老远地来找我,我哪敢不把话说完呢?话既然已经说完了,请允许我从此离开。"

这时员外郎刘思效上表陈述的忠直的意见:"刘宋自从大明以来,渐渐地出现凋敝的景况,征调赋税比以往有所增加,国库还比过去穷困。加上战争多次暴发,创伤不能恢复,戍士成了残废,储备不足平时的一半。人民嗷嗷待哺,脸上都没有因为活着而欢乐的神色。王公贵族和大商人对于车马服装歌伎音乐,竞相争奇斗艳,对于亭池住宅,也攀比着看谁高贵华丽。至于平民百姓,都不敢采他们的草来充饥,取他们的水来解渴。贫富形成鲜明对照。这是抛弃了根本,走上了末路。陛下应该下一道明确的诏告,发出提高道德思想的号召,对老百姓施恩加典,禁止奸邪伪劣的做法,减轻赋税征收,减少劳役征调,杜绝贿赂,禁止歌舞宴乐,改变目前的风俗教化,使它能够适应各方面的朴实的做法,这不也是很伟大的吗!又彭、汴两地有猫头鹰的老巢,青丘是狐狸野兔的老窝,那里的少数民族残害百姓已经很多年了,现在越来越厉害。鬼对着旧泉而哭泣,人为故土的失去而悲哀。小孩看到梳辫子的人都惭愧,老人看到穿胡服的人而为自己被他们俘虏感到羞耻。陛下应该对上满足老天的愿望,对下安抚老百姓殷切盼望的心情,授权给如同汉代卫青、霍去病这样的将领,把政策方案交给同汉代萧何、张良一样的军师,这样就会万众一心,清除一切祸乱灾害。这就是平时所说的恒山还没有指一下就倾斜了,渤海还没有喝一口就干枯了,那里仅仅是把残寇消灭掉呢!"

皇帝下诏说:"我日日夜夜都很小心谨慎,想着要发扬光大良好的道德风尚,做梦都想着高山和水边的隐士贤人,经常精心管库,不能按时吃饭,思想上老是在考虑,这样的勤劳也就到了极限了。吴郡人顾欢、散骑郎刘思效,或来自田园山丘,或越过自己的级别,都能够献书上表给朝廷,向皇帝发表见解、看法,有思想有主张,很合我的心意。现在发布他们的奏章,外面的人可以详细地选择适合自己的条款,按时想出对策,启奏上来。顾欢近来已予表彰,思效可交给有关部门考核,按资历政绩确定等级,等候升官,以表彰他的正直和敢说真话。"顾欢回到东边,皇帝赐给他麈尾和素琴。

永明元年,皇帝下诏征召顾欢为太学博士,同郡人顾黯为散骑郎。顾黯,字长孺,有隐者的内操和顾欢一起都没有就任。

顾欢晚年炼丹服食,不和人来往。每天早晨出门,山里的小鸟都停在他的掌心里找东西吃。信奉黄帝、老子的学说,通晓阴阳历数,占卜算命很多都灵验。早在元嘉末年,出了都城寄住在东府,忽然在柱子上写道:"三十年二月二十一日。"接着就回到东边去了。后来太初年间刘宋刘劭杀了父亲刘义隆自立,果然是在这一年的这一月。自己知道将要辞世,作诗表明自己的志向,说:"精气顺着天时的变化而运行,魂魄随着物质的消失而消失。"确切地算出了去世的日子,死在剡山。死后身体柔软,时年六十四岁。归葬原已修好的旧墓,墓旁边长出了木连理树,县令江山图上表表明他的事迹。世祖下诏给顾欢的几个儿子,让他们撰写顾欢《文议》三十卷。

臧荣绪,东莞郡莒县人。祖父臧奉先,做过建陵令,父亲臧庸民,任国子助教。

荣绪早年丧父,亲自从事农业劳动,以供奉祖先,得以进行祭祀祖先的活动。母亲去世后,著有《嫡寝论》,打扫收拾祭堂,摆好筵市,每逢十五总要拜祭供奉,珍奇味美之物没有自己先吃的,总是首先进贡母亲。

他纯朴好学,总括东西两晋的史料,写成一书,有纪、录、志、传,共一百一十卷。隐居在京口,聚众讲学。南徐州官员提拔他任西曹,选举他为秀才,他都没有就任。太祖治理扬州时,征召他为主簿,他不到任。司徒褚渊年轻时曾命令人驾车寻访他。建元年间,启禀太祖说:"荣绪,是东方的隐士。过去臧质在宋,以皇帝亲戚的身份出任彭岱令,请他作为助手。因为这不是他的爱好所在,所以以自己有病为借口请求罢免。他住在茅屋蓬庐中,坚守着自己远大、清高的志向,屋漏地湿也不在意,种田浇菜以终其身。和朋友关康之一起沉浸在典籍中,追求古人的思想,著书立说,撰写《晋史》十函套,赞和论虽然没有非凡的才华,也完全理顺了晋朝这一代的历史。我往年常去京口,早和他有来往。现在让他送书来,刚刚才送出,希望能够收藏于石渠、秘书阁,采录其中独特之处,使官府藏书日臻完备。"皇帝答复说:"您所说的臧荣绪,我很看重他,他有史书,想把它收入朝廷藏书,很好。"

荣绪特别喜爱五经,对人说:"过去吕尚奉上丹书,周武王都要斋戒沐浴,从天子的宝座上下来迎接,李耳、释迦牟尼创道、佛二教,都受到人们的尊敬、供奉。"为了甄别辨明什么是最高的道义,创作了《拜五经序论》。常常在孔子诞辰的日子,陈列《五经》祭拜它。自称"穿着粗布衣的先生"。又因为喝酒会败坏道德,常常说要引以为戒。永明六年去世,时年七十四岁。

早先，荣绪和关康之都隐居在京口，世人称他们为"二隐"。关康之，字伯愉，河东人。世代居住在丹徒。以攻读研究典籍为事业。四十年没出门，没有应征官府的提拔举荐。刘宋太始年间，征召他为通直郎，没有就任。晚年时因为母亲年老家里贫困，要求出任岭南一个小县的县令。性情清正简约，独居一室，很少和妻子见面。不和客人们来往。对于弟子，则把自己的学业传授给他们。特别擅长《左氏春秋》。太祖任领军时，特别喜欢左氏之学，送《春秋五经》给他，他亲手标点整理，并因此而论证了《礼记》中的十多处。高祖很高兴，很宝贝爱惜这部书。遗诏要以本书入棺陪葬。康之宋末去世。

刘虬，字灵予，南阳涅阳人。祖上迁居到了江陵。刘虬年轻时即志向远大，喜爱学习，一定要做了官后才隐居。刘宗泰始年间，做官做到晋平王的骠骑记室和当阳令。后辞官回家，一个人静处，断了粮食，只吃白术和胡麻。

建元初年，豫章王统治荆州，教人提拔刘虬别驾一职，派人送信札请他的同郡人宗测、新野人庾易，刘虬等各人写信答复，都没有应命。永明三年，刺史庐陵王子卿上表推荐刘虬及同郡人宗测、宗尚之、庾易、刘昭五人，请求皇帝命令用装有蒲轮的车子和礼品聘请他们。皇帝下诏任刘虬为通直郎，他没有就任。

竟陵王子良写信给他表示要让他出仕。刘虬回信说："我刘虬四季都在生病，夏、春、秋三季都要种田，在山泽中舒畅地过完我剩下的年岁，将我暮年的情怀寄托于鱼、鸟等自然景物身上。那里是皇帝恩典不重、大臣宏图不展呢？我刘虬做官不研究玄机沉浸于玄理，没有孔子及稷下诸学士的才辩；退处不能够专心致志，摆脱尘世的俗务，也没有去坟墓间大树下隐居。皇帝隆恩普施、仁慈的风范早已表明。谨以我山野之人的身份，向他表示敬意。"

刘虬精通信奉佛教，穿着粗布衣服，拜佛吃长素。给《法华经》做过注，自己讲解佛教教义。因为江陵西边的沙洲远离人烟，所以迁到那儿去住。建武年，皇帝下诏征聘他为国子博士，没有就任。那年冬天刘虬病了，太白天有白云徘徊在屋檐下和大门里面，又有香气飘出和音乐之声。一天他去世了，时年五十六岁。

刘昭和刘虬同族。州里提拔他任祭酒从事，他没有就任，在山里隐居。

庾易，字幼简，新野郡新野县人。迁居江陵。祖父庾玫，曾为巴郡太守，父亲庾道骥，任安西参军。

庾易性格恬静稳重，不和外面的世界交往。建元元年，刺史豫章王提拔任命他为骠骑参军，没有就任。临川王映亲临地方，只看重庾易，上表推荐他，奖赏他一百斛麦子。庾易对来人说："我小民能够打柴采桑和麋鹿为伍，能够穿着熟制过的皮衣，以日、月为车，可以自由驰骋，能够自己耕种得到粮食，大王对于我的恩典，已经很深了。"推辞了，没有接受馈赠。永明三年，皇帝下诏征聘他为太子舍人，他没有就任。以读书探讨文义自乐。安西长史袁象钦佩他的做法，和他通信，送给他礼物。庾易拿连理机、竹翘书格还报他。建武二年，皇帝下诏再次征聘他为司徒主簿，没有就任就去世了。

宗测，字敬微，南阳人，刘宋征士宗炳的孙子。世代定居在江陵。宗测年轻时即稳重谦让，不喜欢追求功名利禄。他曾感叹地说："家里贫穷，父母已走，不选择就做官，前代的贤人认为这是美德，而我内心中有点不明白。如果不能够无形地感化地下的黄金，不知不觉地使江中的鲤鱼跳出来，就应该顺应大自然运行的规律，分得大地丰富的物产。怎么能够吃别人丰厚的俸禄，为别人的大事担忧呢？"

州里选举他为秀才,提拔他任主簿,都没有就任。骠骑豫章王征召他为参军,宗测回答说:"为什么要误伤海鸟,加害山木?"母亲去世,亲自背土去墓边种上松树柏树。豫章王又写信给他请他出山,提拔他为参军。宗测回答说:"我的本性和鱼鸟一样,只热爱山中林泉,眷恋松柏草木,看不起出仕做官这条人人都走的路。我纵情于岩石溪水之间,就和疯子一样,一点儿也不知道就要走了。如今鬓发已经白了,那里还能够担负责任,督促别人,憎恨鱼而羡慕鸟呢?"永明三年,皇帝下诏征聘他为太子舍人,他没有就任。

他想遨游名山,于是,把祖父宗炳画的《尚子平图》画在墙壁上。宗测的长子在京城做官,知道父亲要隐居,便求调任为南郡丞,以便经营家产、管理家事。刺史安陆王子敬、长史刘寅以下都曾赠送东西给宗测,但他均不接受。随身携带着《老子》《庄子》二书离家隐居。子孙辞别他时悲痛地哭泣,宗测长呼一口气,看也不看,到庐山去了。住在他的祖父宗炳住过的房子里。

鱼复侯子响统治江州,赠送给他很多东西。宗测说:"年轻时有疯病,沿山采药,老远地来到这里。估量着肚子的大小吃点松子白术,按着自己的形体用花草做些衣服,这样恬然自处,已很满足。那里能够接受这样意外的施舍。"子响命令驾车拜访他,宗测回避了,不见他。后来子响没有告诉他就擅自来了,忽然到了他所住的地方,宗测没有办法,只好穿着粗布衣、戴着头巾和他见面,却始终不和他说话,子响不高兴地走了。尚书令王俭赠给他草编的褥子。

不久,宗测护送弟弟的灵柩回西边去,仍然住在旧宅永业寺,不和客人朋友来往,只和有共同隐逸志愿的人庾易、刘虬、同族人宗尚之等来往交谈。刺史随王子隆到了镇上,派遣别驾宗哲去慰问他,他笑着说:"贵贱理应有距离,为什么要这样做。"最终也没有搭理他。建武二年,征聘他为司徒主簿,没有就任就去世了。

宗测善于绘画,自己把阮籍遇到苏门的情形画在屏风上,无论坐着睡着都面对着它。又画了永业寺的佛影台,都是绝妙之作。很喜爱音乐,精通《周易》《老子》,续作皇甫谧《高士传》三卷。又曾经游历衡山七岭,著有《衡山记》和《庐山记》。

宗尚之字敬文,也爱好自然山水。和刘虬都不出任骠骑记室一职。刘宋末年,刺史武陵王提拔他任赞府,豫章王提拔他任别驾,他都没有就任。永明中期,和刘虬一起被聘为通直郎,和帝中兴之初,又被征聘为谘议,都没有就任。后高龄而终。

杜京产,字景齐,吴郡钱塘人,杜子恭的玄孙。祖父杜运,是刘毅的卫军参军,父亲杜道鞠,任州从事,擅长弹棋这种游戏,社会上传说五斗米道曾传到京产和他的儿子杜栖。

京产年轻时性格恬静,无意于出仕做官和荣华富贵。广泛地涉猎文章典籍,专门研究黄帝、老子。会稽人孔觊,清正刚直,为人严肃,和他一见面便成为至交。郡里召任他为主簿,州里提拔他为从事,都借口有病没有出任。朝廷任他为奉朝请,也不接受。和同郡人顾欢志趣相投,始宁中期在东山开馆教学。建元年间,武陵王晔统治会稽,太祖派儒士刘瓛往东去为晔讲解儒家思想,杜京产请刘瓛到东山教馆讲学,拿出全部的钱财供奉招待他,儿子杜栖亲自给他拾鞋子,作为刘瓛的门生亲自给准备食物,他对于别人礼貌的就像这样。孔稚珪、周颙、谢瀹都写信给他,以表示友好。

永明十年,孔稚珪和光禄大夫陆澄、祠部尚书虞惊、太子右率沈约、司徒右长史张融上表推荐杜京产,说:"我觉得,吴郡人杜京产廉洁贞静,为人谦虚,性格通达和蔼出于天性,才思敏锐捷速是由于天资。学问遍及玄学、儒学、广泛地精通史书、子书,流连往返于文学艺术，思考咀嚼其中的真理。泰始年间，脱掉官服辞别尘世，隐居避世，舍弃家业。隐居于太平的自然山水之间。在深山里盖房子，在溪水边采灵芝，耕耘播种，自给自足，一边砍柴一边唱歌，生活得雍容娴雅。他确实是不同一般，他淡然自处，没有什么欲望，穿麻衣吃粗食，有二十多年了。即使是古代有大志的人，也不比他强。我们认为应该让他脱去布衣，走出深山幽谷，挂上绶带，登上朝廷。如果这样，那么山崖都会欢笑，草木都会鼓掌了。"没有回音。建武初年，征聘员外散骑侍郎，京产说："庄子拿着鱼竿去钓鱼，那能够因为一块白玉就回头呢！"借口有病没有就任。永元元年去世。时年六十四岁。

会稽人孔道徽，保守着志操，不出仕做官，京产和他关系很好。

永明中期，会稽中山有一个人姓蔡，不知道他的名字。在山里养了几十只老鼠，呼来即来，让去便去。谈吐狂妄奇怪，当时的人叫他"谪仙"，不知死在什么地方。

沈骥士，字去祯，吴兴武康人。祖父沈膺期，曾任晋朝的太中大夫。

骥士年轻时勤奋好学，家里很穷，一边编织帘子一边背书，口和手都不休息。刘宋元嘉末年，文帝命令尚书仆射何尚之抄撰《五经》，查访推举饱学之士，县里推举骥士应选。何尚之对他的儿子何偃说："山东本来就有奇人啊。"没有多少时候，骥士便借口有病回到家乡，变得不和人们来往，抚养死去兄长的儿子，名振乡里。

有人劝说骥士做官，他回答说："鱼悬挂在野兽的门槛上，走遍天下结果都是一样。圣人大彻大悟，所以要追寻祖宗的足迹。我确实不能把这些大道理给忘了。为什么不实现避世隐居呢！"于是作了《玄散赋》，和社会上的人断了交往。太守孔山士提拔他，没有就任。同族人徐州刺史昙庆、侍中怀文、左率勃来探望他，骥士也没有搭理他们。隐居在余不吴境内的差山，讲授经籍，教授学生，跟着他学习的有几百人。每个人盖了小屋，依次住在他的旁边。骥士推重陆机的《连珠文》，经常为学生讲解它。

征北将军张永统治吴兴，请沈骥士入郡。沈骥士听说郡政府的后面自然风景很好，就到那儿去住了几个月。张永要请他出任功曹，让别人向他表示了这个意思。沈骥士说："贤明的郡守品德真诚素雅，留心山谷之人，所以小民能够穿粗布衣拄着拐杖、忘了自己的疲劳和疾病，老远地来到这儿。一定要把我这生活在大自然中的人装扮成横眉怒目的官戴，戴长发披肩的人戴上有装饰的帽子，我这种身份低贱的人虽然没有什么才能，也请允许攀附高尚的节操，让我跳进东海淹死了吧！"张永于是作罢。

升明末年，太守王奂上表推荐他，皇帝下诏征召他为奉朝请，他没有就任。永明六年，吏部郎沈渊、中书郎沈约上表推荐沈骥士的义举，说："吴兴人沈骥士，英烈的风范早已树立，高尚的节操也已形成，真诚纯粹出于天性，综合博大源于学习。家庭孤弱贫困，野菜都常常吃不饱。手里捧着书耕田，头发白了读书也不厌倦。腋下夹着琴去砍柴，一边走一边不停地唱歌。长兄很早就去世了，留有四个侄子，自己拖着瘦弱的身体亲自抚养，苦处自己承担，把幸福全让给他们。七十多了，也一如既往。元嘉以来，皇帝、官府多次征聘。他的如玉的本质更加纯洁，冰霜般的情操更加高尚。如能够使政府朝廷得知他的事迹，让他能够得补三公九卿之位，一定能够使朝廷的规章制度传播到边远地区，让边远地区的人民感受到浩荡的皇恩。"皇帝下诏再次征聘他为太学博士。建武二年，征聘他为著作郎，永元二年，征聘他为太子舍人，他都没有就任。

沈骥士自己背柴，到河里去汲水，两天吃一天的粮食，保护着高尚的情操，直到老死。坚持学习，从不厌倦，碰到发生火灾，书烧掉了数千卷，这时骥士已经年过八十，耳不聋，眼不花，亲手用用过的旧纸抄写，就着火光细细地书写，又写成了两三千卷，装满了几十书筐，当时的人认为这是由于平时的修身养性才做到的。他著有《周易》《两系》《庄子内篇训》，给《易经》《礼记》《春秋》《尚书》，《论语》《孝经》《丧服》《老子要略》做过注，共几十卷。认为杨王孙、皇甫谧深深懂得生与死的关系，然而死后的葬祀却很做作、很虚假。于是自己设计了自己的葬礼。年八十六岁时去世。

同郡人沈俨之，字士恭，徐州刺史沈昙庆的儿子，也不出仕做官。曾被征召为太子洗马，永明元年，又被征召为中书郎。

永明三年，又下诏征聘前南郡国常侍沈颙为著作郎，建武二年，征聘他为太子舍人，永元二年，征为通直郎。沈颙字处默，刘宋领军沈寅之哥哥的孙子。

吴苞，字天盖，濮阳鄄城人。学的是儒学思想，精于《三礼》和《老子》《庄子》。刘宋泰始年间，渡长江南下聚徒讲学。载着黄葛巾，拿着竹麈尾，粗茶淡饭过了二十多年，隆昌元年，皇帝下诏说："隐士濮阳人吴苞，有志于隐居独处，保持着纯真坚定的情操，追寻、探索古人的思想，年纪大了，意志却更加坚定。征聘他为太学博士。"他没有就任。始安王遥光、右卫江祐在蒋山的南面建了学馆、自从刘瓛死了以后，学习的人都归附于他。后高龄而终。

鲁国人孔嗣之，字敬伯。刘宋时和太祖一起任中书舍人，但是，做官并非他的爱好，任庐陵郡守时辞去官职，隐居在钟山，朝廷任他为太中大夫。建武三年去世。

徐伯珍，东阳太末人。祖父和父亲都担任过郡掾史。

伯珍幼年丧父，家境贫穷，在竹叶或地上学写字。山洪暴发，淹了住房，村里人都逃走了，伯珍把床架起来，坐在上面，仍然读书不止。叔父瑶之和颜延之关系好，回到祛蒙山盖了精舍讲授经籍，伯珍到那儿去跟着他学，一共学了十多年，探讨历史经籍，到那儿学习的人很多都采纳他的说法。太守琅玡王昙生、吴郡人张淹都给予提拔，伯珍应召后便退处，象这样有十二次。隐士沈俨，和他促膝谈论，表达他长期的仰慕之情。吴郡人顾欢摘出《尚书》讲不通的地方，伯珍对它们一一做出训释回答，很有条理，儒者都采取他的说法。

他喜爱佛教和《老庄》，兼通仙道方术，那一年天旱，伯珍占卜算卦，果然如期天下大雨。他行为举止符合礼节，经过弯曲的树木下面，加快脚步避开它。早年丧妻，后来没有再娶，自比曾参。他的住宅往南九里有高山，班固叫它做九岩山，是后汉人龙丘苌的隐居地。山上很多龙须柏，远望五彩缤纷，社会上把它叫作妇人岩。二年，伯珍移居那儿。住宅门前长有梓树，一年便有合抱那么粗。永明二年，刺史豫章王提拔他任议曹从事，他没有就任。家境很贫穷，兄弟四人，都白首相对，相依为命，当时的人把他们叫作"四皓"。建武四年，伯珍去世，时年八十四。跟他学习的人有一千多。

同郡人楼幼瑜，也学习儒家思想。著有《礼捃遗》三十卷。做官做到给事中。

又同郡人楼惠明，有仙道方术。住在金华山，禽兽毒虫都避开他。宋明帝听说后，下令让他出山住进华林园，任命他为奉朝请，他坚决推辞不肯接受。要求皇帝同意他回到东边去。永明三年，忽然坐着小船漂向临安县，众人都不知怎么回事。不久唐寓之叛乱，攻破了郡治。文惠太子叫他出来住在蒋山，他又要求回去，太子同意了。世祖下令为他建个学馆。

史臣说："顾欢评论少数民族和汉族，赞美《老庄》而贬低佛教。佛法的原理，在远古社会就存在，它的产生在中古，它源远流长，无始无边，宇宙不知其大，数量计算不完，多么兴盛啊！它的理论是天下伟大之士所建立的。它叩击寂静无声的世界，探索事物的机缘，有感必应，以大包小，无所不容。至于儒家的主张，是仁、义、礼、乐、仁爱、义、宜，礼制从古，礼乐和美而已。现在佛教则讲究慈悲为本，常乐为宗，施舍全凭机缘，生活清苦以让世人产生敬意。儒家玄言，遵守过去的典章制度，转述古人所说的话，引古证今，对于学习的人来说容易领悟；现在佛教则认为有前因后果，现世的行为和将来的报应互相影响，因果必报，以至无穷。阴阳这种学说，占卜算卦，告诉老百姓做事的时辰，让他们知道自己行为的得失、利害。现在佛教出家人眼明耳聪，智慧广大无边，自己本人就是奎宿井星，那里还须等待甘公和石申来研究以阐呀？法家的主张，出自刑理，禁止奸邪之事和奸邪之人，明确谁该赏谁该罚；现在佛教认为十恶不赦，五恶必有报应，上刀山下火海，自作自受，不会有什么差错。墨家的主张是遵守前法，勤俭节约，赤脚光头，艰苦劳作；现在佛教号召人们视肌肤如同砍断的葫芦，对任何事不要抱希望，眼睛如同早已干枯的水井，抛弃妻子儿女，多作善事。纵横家的做法是看重权谋，主张连横，归旨于适应变化多端的形势；现在佛教则宣扬上帝的声音天下万民都理解，无须一家一户地劝说，佛教形成史上的四次辩论三次盟会，都能成为老师。杂家立言，兼有儒家、墨家的思想；现在佛祖释迦牟尼随时宣教，还有什么不能包容的呢？农家倡导播种耕耘，认为外貌要恭敬对上级要言听计从，眼睛要看得清，耳朵要听得明，思维要敏锐，这样才能搞好农业生产。现在随佛教传入郁单的秧稻，已和阎浮的不同。这是大自然的因果报应，种什么吃什么。道家的主张是抱一守虚，得性忘情，精神专注，不被打扰；现在佛教认为智慧无形，万物皆空，那有什么东西可以叫作'道'，那有什么'一'可以得到？道家和俗人相比较，真伪分明，佛教理论深奥，没有什么不能包容。只要善于运用它，那么俗人即是真人了。设立九流，是因为要借它来教育社会，法家、名家、道家、墨家，都违背人的本性和意愿，而儒者不刻意追求，也可以成为儒者，佛理则深奥、广博，实在是富有智慧和奥秘，有一物不能得知，就不会成佛成正果。至于神秘的因果报应的力量，感应、变化的奇妙，让人不可思议，难以说清。道教人物张道陵创立的五斗米道，占卜画符，每每灵验，师傅传授的方法，是由伯阳首创。社会上的人各有去就，有道教、佛教这二种宗教，僧尼和道士，因为矛盾而互相攻击。这不仅仅是重道，也是为了各自的利益。详细地探讨这两种宗教，其理论实际是同出一辙。但因为具体的做法有不同，所以成教的时间有先后。一个详细，一个简略，所以有优劣之分。'道'本来是虚无的，所以不是通过学就可以'得道'，弃绝聪明、抛弃智慧，这已经是'有为'。做不到'有为'，终究不是'道'的根本。假如本与末都不存在，哪里有什么等之分呢？佛教则不是这样。穿上袈裟，即成为佛徒。从此弃暗投明，由愚人境界进入了圣人境界。路途虽远但仍可以到达，事业虽大但成功有期。从事这种勤勉而让人羡慕的事业，万物和我融为一体。然而受到各人智慧深浅的限制，并不是每个人都能接受这样的道路。世上的途径仔细思量，只有因、果二门。鸡一叫就起来做好事，未必就有福分；在皇帝面前要肉吃，却并没有灾祸。才智高妙，却无法飞黄腾达；才思平庸，却荣华富贵一辈子。忠诚的人反而被遗弃；狡诈的人反而被重用。从这些事情上看，好象没有罪福之别，然而业缘变化不定，都写明在佛经经文上，开宗明义地写明了三业果报，这些疑惑顿时就明白了。史臣信仰佛教，深信冥冥之中的机缘，认为没有什么主张能比得上佛教。"

赞曰：饱含着真诚和朴实，履行道义努力学习。只有这些隐居避世的人，掩藏了自己的锋芒。

二十四史

梁书·陈书

导　读

　　《梁书》是记述南朝萧梁一代历史的纪传体史书，全书共五十六卷，包括本纪六卷，列传五十卷。《陈书》是南朝陈的纪传体断代史著作，全书共三十六卷，包括本纪六卷，列传三十卷。齐和帝中兴二年（502 年），萧衍推翻齐政权，建立了梁。至梁敬帝太平二年（557 年），陈霸先取代了梁，建立陈政权。传至陈后主祯明三年（589 年），灭于隋。《梁书》和《陈书》分别记载了梁、陈两朝的历史。

　　两部史书都是姚思廉所作。姚思廉本名简，以字行，历官陈、隋、唐三朝，死于唐太宗贞观十一年（637 年）。他的父亲姚察做过梁、陈两代的史官，于隋文帝开皇九年（589 年）受命编写梁、陈两朝史，他没有写完就死了。姚思廉在隋、唐先后两次受命继承他父亲的事业，直到他死的前一年，两史才全部定稿。姚思廉编修梁、陈史书，利用了他父亲的成果。《梁书》篇后题有"陈吏部尚书姚察曰"的有二十六卷，可能都是姚察的旧稿，题为"史臣曰"的，即是他自己的著述。据《陈书·姚察传》记载，《陈书》本纪也多是姚察旧稿。姚思廉奉命修史时，魏征任监修官，所以两书本纪部分和《陈书·皇后传》有魏征的论赞。

　　梁武帝萧衍在位四十八年，梁朝其他三帝在位时间加起来只有八年，所以《梁书》六卷本纪，《武帝纪》占了一半。梁武帝的孙子萧誉［同察］，与元帝发生矛盾，逃往北方投降了魏。魏扶植他在江陵建立后梁政权，传袭了三世。这段史实，《梁书》却漏而未载，只好从《周书》《北史》中去查检。

　　《梁书》列传部分，新创了《止足》这篇类传，记述顾宪之等三人。所谓"止足"，就是官成身退的意思，其实是盗名欺世，抬高身价。值得一提的是，《儒林传》记载了杰出的唯物主义者范缜。东晋以来，佛教风靡于世。范缜却"盛称无佛"，否定因果报应，大胆提出了"神灭论"的主张，显示了战斗的唯物主义者的思想光芒。对这样一个有胆有识的唯物主义者，《梁书》多所称颂，可见姚思廉是一个颇有见地的史学家。

　　陈朝封建政权只存在了三十三年，在政治、经济、文化方面没有特别的建树。可能与此有关，《陈书》内容比不上《梁书》那样充实，本纪和列传都过于简略。有关封爵、册立、谱系的罗列，繁冗芜杂，而忽视了对当时经济、文化状况的记述。当然，《陈书》仍不失为研究陈朝历史的重要材料。

　　姚氏父子相继编写梁、陈史，花了数十年的心血，对材料的去取和编次下了一番功夫。《梁书》的文笔，在宋、齐、梁、陈四史中是比较好的。它文字精练，叙事简洁。六朝和初唐文人，叙事论议喜欢用骈体文，姚氏父子却用简明的散文记述史事，不蹈六朝以来的恶劣文风，后人交口称誉《梁书》，是有道理的。

太祖张皇后传

中
华
传
世
藏
书

【题解】

张皇后,名尚柔(? ~471年),梁文帝萧顺之的妻子,生了梁武帝萧衍等人。梁朝建立后被尊为皇后。

【原文】

太祖献皇后张氏讳尚柔,范阳方城人也。祖次惠,宋濮阳太守。后母萧氏,既文帝从姑。后,宋元嘉中嫔於文帝,生长沙宣武王懿、永阳昭王敷,次生高祖。

初,后尝于室内,忽见庭前昌蒲生花,光彩照灼,非世中所有。后惊视,谓侍者曰:"汝见不?"对曰:"不见。"后曰:"尝闻见者当富贵。"因遽取吞之。是月产高祖。将产之夜,后见庭内若有衣冠陪列焉。次生衡阳宣王畅、义兴昭长公主令意。宋泰始七年,殂于秣陵县同夏里舍,葬武进县东城里山。天监元年五月甲辰,追上尊号为皇后,谥曰献。

【译文】

梁太祖献皇后姓张名尚柔,范阳方城人。她的祖父名叫次惠,宋时任濮阳太守。献皇后的母亲萧氏,就是梁文帝萧顺之的堂姑母。献皇后在宋元嘉年间嫁给梁文帝,生了长沙宣武王萧懿、永阳昭王萧敷,后来生了梁高祖萧衍。

当初,献皇后曾在室内,忽然看见庭院前的昌蒲开花,光彩照耀,不是人世间所能有的。献皇后惊奇地看着,对侍者说:"你看见没有?"侍者答道;"没有看见。"献皇后说:"我曾听说看到这种现象的人会得到富贵。"于是急速摘取花朵吞食了。当月生下了高祖。即将分娩的那天夜晚,献皇后看到庭院中好象有官员排列陪伴。以后又生下衡阳宣王萧畅、义兴昭长公主萧令意。宋泰始七年,她死于秣陵县同夏里的住所,葬于武进县东城里山。天监元年五月甲辰,追加尊号为皇后,谥号为"献"。

太宗王皇后传

二
十
四
史
精
华
梁
书
·
陈
书

【题解】

王皇后,名灵宾(504~549年),生性温柔聪慧,被纳为皇太子妃,即梁简文帝萧纲的妃子。去世后被追封为皇后。

【原文】

太宗简皇后王氏讳灵宾,琅琊临沂人也。祖俭,太尉,南昌文宪公。

后幼而柔明淑德,叔父暕见之曰:"吾家女师也。"天监十一年,拜晋安王妃。生哀太子大器，南郡王大连，长山公主妙碧。中大通三年十月，拜皇太子妃。太清三年三月，薨于永福省，时年四十五。其年，太宗即位，追崇为皇后，谥曰简。大宝元年九月，葬庄陵。先是诏曰："简皇后窀穸有期。昔西京霸陵，因山为藏；东汉寿陵，流水而已。朕属值时艰，岁饥民弊，方欲以身率下，永示敦朴。今所营庄陵，务存约俭。"又诏金紫光禄大夫萧子范为哀策文。

【译文】

梁太宗简皇后姓王名灵宾，琅玡临沂人。她的祖父名俭，曾任太尉、南昌文宪公。

简皇后年幼时温柔、聪慧、贤淑有德性。她的叔父王暕看见她后称赞道："这是我家女孩子的榜样啊！"天监十一年（513年）拜为晋安王的妃子。生有哀太子萧大器、南郡王萧大连、长山公主萧妙碧。中大通三年十月，拜为皇太子妃。太清三年三月，在永福省逝世，终年四十五岁。同年，太宗即位，追封她为皇后，谥号称作"简"。大宝元年（550年）九月，葬在庄陵。在此之前太宗曾下诏说："简皇后的陵墓即将修建。过去的西京霸陵，依着山挖出陵穴，而东汉的寿陵，只是在水边罢了。此时朕正遇上时世艰难的时候，年逢灾荒，百姓穷困。朕正要以身作则，率领下属，永远倡导淳朴之风。如今营建庄陵，务必要节约俭省。"又下诏命令金紫光禄大夫萧子范为简皇后作哀策文。

肖统传

【题解】

肖统（公元501～531年）昭明太子，南朝梁武帝长子，字德施。著名文学家，曾邀集当代著名文人学士刘孝威、庾肩吾等人纂集《文选》共六十卷（原作三十卷），也称《昭明文选》，是我国现存最早的诗文总集。

【原文】

昭明太子统字德施，高祖长子也。母曰丁贵嫔。初，高祖未有男，义师起，太子以齐中兴元年九月生于襄阳。高祖既受禅，有司奏立储副，高祖以天下始定，百度多阙，未之许也。群臣固请，天监元年十一月，立为皇太子。时太子年幼，依旧居于内，拜东宫官属，文武皆入直永福省。

太子生而聪叡，三岁受《孝经》《论语》，五岁遍读《五经》，悉能讽诵。五年六月庚戌，始出居东宫。太子性仁孝，自出宫，恒思恋不乐。高祖知之，每五日一朝，多便留永福省，或五日三日乃还宫。八年九月，于寿安殿讲《孝经》，尽通大义。讲毕，亲临释奠于国学。

十四年正月朔旦，高祖临轩，冠太子于太极殿。旧制，太子著远游冠，金蝉翠绫缨；至是，诏加金博山。

太子美姿貌，善举止。读书数行并下，过目皆忆。每游宴祖道，赋诗至十数韵。或命作剧韵赋之，皆属思便成，无所点易。高祖大弘佛教，亲自讲说；太子亦崇信三宝，遍览众经。乃于宫内别立慧义殿，专为法集之所。招引名僧，谈论不绝。太子自立二谛、法身义，并有新意。普通元年四月，甘露降于慧义殿，咸以为至德所感焉。

三年十一月，始兴王憺薨。旧事，以东宫礼绝傍亲，书翰并依常仪。太子意以为疑，命仆刘孝绰议其事。孝绰议曰："案张镜撰《东宫仪记》，称'三朝发哀者，逾月不举乐；鼓吹寝奏，服限亦然'。寻傍绝之义，义在去服，服虽可夺，情岂无悲，铙歌辍奏，良亦为此。既有悲情，宜称兼慕，卒哭之后，依常举乐，称悲竟，此理例相符。谓犹应称兼慕，至卒哭。"仆射徐勉、左率周舍、家令陆襄并同孝绰议。太子令曰："张镜《仪记》云'依《士礼》，终服月称慕悼'。又云'凡三朝发哀者，逾月不举乐'。刘仆议，云'傍绝之义，义在去服，服虽可夺，情岂无悲，卒哭之后，依常举乐，称悲竟，此理例相符'。寻情悲之说，非止卒哭之后，缘情为论，此自难一也。用张镜之举乐，弃张镜之称悲，一镜之言，取舍有异，此自难二也。陆家令止云'多历年所'，恐非事证；虽复累稔所闻，意常未安。近亦常经以此问外，由来立意，谓犹应有慕悼之言。张岂不知举乐为大，称悲事小；所以用小而忽大，良亦有以。至如元正六佾，事为国章；虽情或未安，而礼不可废。铙吹军乐，比之亦然，书疏方之，事则成小，差可缘心。声乐自外，书疏自内，乐自他，书自己。刘仆之议，即情未安。可令诸贤更其详哀。"司农卿明山宾、步兵校尉朱异议，称"慕悼之解，宜终服月"。于是令付典书遵用，以为永准。

七年十一月，贵嫔有疾，太子还永福省，朝夕侍疾，衣不解带。及薨，步从丧还宫，至殡，水浆不入口，每哭辄恸绝。高祖遣中书舍人顾协宣旨曰："毁不灭性，圣人之制。《礼》，不胜丧比于不孝。有我在，那得自毁如此！可即强进饮食。"太子奉敕，乃进数合。自是至葬，日进麦粥一升。高祖又敕曰："闻汝所进过少，转就羸瘵。我比更无余病，正为汝如此，胸中亦坨塞成疾。故应强加馔粥，不使我恒尔悬心。"虽屡奉敕劝逼，日止一溢，不尝菜果之味。体素壮，腰带十围，至是减削过半。每入朝，士庶见者莫不下泣。

太子自加元服，高祖便使省万机，内外百司奏事者填塞于前。太子明于庶事，纤毫必晓，每所奏有谬误及巧妄，皆即就辩析，示其可否，徐令改正，未尝弹纠一人。平断法狱，多所全宥，天下皆称仁。

性宽和容众，喜愠不形于色。引纳才学之士，赏爱无倦。恒自讨论篇籍，或与学士商榷古今；闲则继以文章著述，率以为常。于时东宫有书几三万卷，名才并集，文学之盛，晋、宋以来未之有也。

性爱山水，于玄圃穿筑，更立亭馆，与朝士名素者游其中。尝泛舟后池，番禺侯轨盛称"此中宜奏女乐"。太子不答，咏左思《招隐诗》曰："何必丝与竹，山水有清音。"侯惭而止。出宫二十余年，不畜声乐。少时，敕赐太乐女妓一部，略非所好。

普通中，大军北讨，京师谷贵，太子因命菲衣减膳，改常馔为小食。每霖雨积雪，遣腹心左右，周行闾巷，视贫困家，有流离道路，密加振赐。又出主衣绵帛，多作襦裤，冬月以施贫冻。若死亡无可以敛者，为备棺槽。每闻远近百姓赋役勤苦，辄敛容色。常以户口未实，重于劳扰。

吴兴郡屡以水灾失收，有上言当漕大渎以泻浙江。中大通二年春，诏遣前交州刺史王弁假节，发吴郡、吴兴、义兴三郡民丁就役。太子上疏曰："伏闻当发王弁等上东三郡民丁，开漕沟渠，导泄震泽，使吴兴一境，无复水灾，诚矜恤之至仁，经略之远旨。暂劳永逸，必获后利。未萌难睹，窃有愚怀，所闻吴兴累年失收，民颇流移。吴郡十城，亦不全熟。唯义兴去秋有稔，复非常役之民。即日东境谷稼犹贵，劫盗屡起，在所有司，不皆闻奏。

今征戍未归，强丁疏少，此虽小举，窃恐难合，吏一呼门，动为民蠹。又出丁之处，远近不一，比得齐集，已妨蚕农。去年称为丰岁，公私未能足食；如复今兹失业，虑恐为弊更深。且草窃多伺候民间虚实，若善人从役，则抄盗弥增，吴兴未受其益，内地已罹其弊。不审可得权停此功，待优实以不？圣心垂矜黎庶，神量久已有在。臣意见庸浅，不识事宜，苟有愚心，愿得上启。"高祖优诏以喻焉。

太子孝谨天至，每入朝，未五鼓便守城门开。东宫虽燕居内殿，一坐一起，恒向西南面台。宿被召当入，危坐达旦。

三年三月，寝疾。恐贻高祖忧，敕参问，辄自力手书启。及稍笃，左右欲启闻，犹不许，曰"云何令至尊知我如此恶"，因便呜咽。四月乙巳薨，时年三十一。高祖幸东宫，临哭尽哀。诏敛以衮冕。谥曰昭明。五月庚寅，葬安宁陵。诏司徒左长史王筠为哀册，文曰：（略）

太子仁德素著，乃薨，朝野忧愕。京师男女，奔走宫门，号汪满路。四方氓庶，及疆缴之民，闻丧皆恸哭。所著文集二十卷；又撰古今典诰文言，为《正序》十卷；五言诗之善者，为《文章英华》二十卷，《文选》三十卷。

【译文】

昭明太子萧统，字德施，梁高祖萧衍的长子。母亲是丁贵嫔。当初，高祖没有儿子。等起兵之后，太子于齐中兴元年九月出生于襄阳。高祖受禅即帝位后，有关部门奏请立皇太子，高祖以天下刚刚平定，各种制度多有缺失，没有允许。群臣反复请求，天监元年十一月，立萧统为皇太子。当时，太子年纪幼小，依旧居住在宫内，拜东宫官属，文武官员都到永福省入直。

太子天性非常聪明敏捷，三岁时开始学习《孝经》《论语》，五岁时便读遍《五经》，都能背诵。天监五年六月庚戌日，才出居东宫。太子天性仁义孝顺，自出宫之后，总是思恋旧宫而不高兴。高祖知道后，让他每天入宫朝见一次，大多顺便留在永福省，或过了三五天才回东宫。天监八年九月，在寿安殿讲解《孝经》，能将文中大义都讲通。讲完之后，亲自到国学去举行祭祀。

天监十四年正月朔旦，高祖临轩，在太极殿为太子加行冠礼。依照旧制，太子戴远游冠，金蝉翠绿缨；到此时，诏令加上金博山。

太子容貌俊美，举止有仪。读书时数行并下，过目不忘。每次游宴饯别，赋诗可达十几韵。有时命一些较难的韵让他赋诗，他都立时便成，无所改易。高祖萧衍大力弘扬佛教，亲自讲说，太子也崇信三宝，遍读佛教经典。还在宫内别修慧义殿，专门作为讲习佛教法令的场所。招引当时著名僧人，和他们讲论不绝。太子自己还创立二谛、法身意，都很有新意。普通元年四月，甘露降于慧义殿，人们都认为这是太子至德所感。

普通三年十一月，始兴王萧憺去世。按照旧规矩，东宫太子和傍系亲属所享礼节不同，书信来往都依常仪。太子认为不妥，命仆刘孝绰议论这件事。刘孝绰议论说："案张镜撰写《东宫仪记》一书，称'三朝发哀者，超过一月不奏乐；鼓吹乐不奏，服丧之限制也是如此。'按东宫傍绝之义，义在去除丧服。丧服虽然可去，情感难道能没有悲伤？铙歌中止不奏，确实为此之故。既有悲情，应该称为谦慕，哭完之后，依常举乐，悲伤已完结，此理例相符。这是说还应称兼慕之义，到哭完为止。"仆射徐勉、左率周颙、家令陆襄都和刘孝绰的意见相同。太子下令说："张镜《仪记》中说'依照士礼，终丧服之月称为慕悼。'又说'凡三朝发哀者，逾月不举乐'。刘孝绰的议论，认为'傍绝之义，义在去除丧服，丧服虽然可去，情感难道能没有悲伤？哭完之后，依常举乐，悲伤已完结，此理例相符。'按情感悲伤之说，不仅止于哭完之后，缘情为论，这是一难。用张镜举乐之说，弃张镜称悲之言，同样是张镜的话，取舍不同，这是第二难。陆家令只说'多历年所'，恐怕没有事证。虽然是累年所用，意常未安。近年也常有此问之外，从来立意，说还应该有爱慕悲悼之言。张镜难道不知道举乐为大，称悲事小吗？所以用小事而忽略大事，已是不应该了。至于说元正六佾，事为国家典章；于情虽然或有不安，而礼不可废。铙吹为军乐，与之相比，道理也是如此。以书疏论之，事则成小，仅可缘心自慰而已。声乐发自外，书疏发自内，乐自他人、书疏由己。刘孝绰之议，于情未为安妥。可令各位贤士再在一起详加议论。"司农卿明山宾、步兵校尉朱异议论此事，认为"慕悼之解除，应终丧服之月。"于是，太子令将此议付典书遵用，以为长远的标准。

普通七年十一月，丁贵嫔生了病，太子还永福省，从早到晚侍候母亲，连衣带都不解。等丁贵嫔去世，太子步行随丧枢还宫。到装敛之日，一直茶饭不食，常常哭得昏绝过去。高祖派中书舍人顾协宣布旨意说："哀毁不丧失本性是圣人之制。《礼》，经不起丧事等于不孝。有我在，你怎能自毁如此！起快强进饮食。"太子奉勅之后，才勉强吃了点东西。从这天起到下葬之日，每天吃一升麦粥。高祖又下勅说："听说你吃得太少，越来越瘦。我本来没什么病，正因为你这样，胸中也圯塞成疾。所以，你要强加饮食，不要让我为你担心。"太子显然屡次奉勅劝逼，但每天只吃一溢（即一镒），没有尝过疏菜水果的味道。太子本来身体十分强壮胖大，腰带有十围，而到这时减削过半。每次入朝，士庶百姓见到他的莫不掉下眼泪。

太子自加元服之后，高祖便让他处理国家政事，内外百司向太子奏事的人堵塞宫门。太子对治理民众之事十分通晓，连纤毫小事也必然知道。每次臣下所奏有谬误和使巧妄为之事，都立即辨析，示其可否，令其慢慢改正，未曾为此而纠弹一个人。平断法狱，多所保全，天下人都称道太子仁德。

太子天性宽和容众，喜怒不形于色。引纳才学之士，欣赏珍爱他们而不知倦。总是亲自讨论篇籍，或者和学士们商榷古今之事；有空便写文章著述，习以为常。当时，东宫有书近三万卷，当世有名的才子尽集于此，文学之盛，是晋代、宋代以来所不曾有的。

太子性爱山水，在玄圃挖沟修筑，重新修建亭馆，和朝士声名素著之人在里边游乐。一次在后池泛舟，番禺侯萧轨盛称"这里应奏女乐"。太子不回答，咏左思《招隐诗》说："何必丝与竹，山水有清音"。萧轨惭愧而止。出宫二十多年，没有蓄养过声乐艺人。少年时，高祖赐给太子太乐女伎一部，却不是太子所好。

普通年间，梁朝大军北伐，京师粮价变贵，太子因此下令穿菲薄的衣服，减少膳食，改常馔为小食。每次遇到连绵阴雨或下大雪的天气，总要派遣心腹之人到闾巷之中去巡察，见到贫困的百姓有流离于道路的，便暗中加以赈济。又拿出绵布锦帛，做了许多襦袴，冬天送给贫饿冻馁之人。如果人死了没有东西收敛，便为之准备棺材。每次听说远近的百姓赋役勤苦，总是敛容改色。常常以百姓户口未实而为之忧劳不已。

吴兴郡屡次因遭水灾而粮食歉收，有人上言应当开挖大渠以泄浙江的水。中大通二年春天，高祖诏派前交州刺史王弁代行其事节，发吴郡、吴兴、义兴三郡民丁服役。太子上疏说:"听说让王弇等发东三郡民丁,开漕沟渠,导泄震泽,使吴兴郡境内不再有水灾,诚然是矜恤之至仁,经略上的远者。暂时劳苦而得永逸,必然获得后利。未萌之事难以预见,臣私地有一种想法。听说吴兴郡累年歉收,百姓颇为流移。吴郡的十个城邑也不全熟,唯义兴郡去年丰收,却又不是常役之民。如今东境州郡粮价仍很贵,盗贼屡起,有关地方官府没有全部上奏。如今征戍未归,强丁很少,此事虽然是小的举动,但私下地担心难以合于民之所需。官吏一叫门,使动辄为百姓的蠹害。另外,出壮丁的地方,远近不一,等到集合在一起,已经妨害了农功。去年可以说是丰收年,公家和私门粮食还不够食用;如果加上现在失于劳作,恐怕为害更深。而且,草窃盗贼大多伺候民间虚实,如果好人都去从役,则抄盗劫略之事必然增加,吴兴郡还未受益,内地已受其弊。不知道能不能暂时停止这个功役,以待以后条件许可乎? 圣心垂矜黎庶百姓,神量久已有在。臣意见庸浅,不识事宜,苟有愚心,但愿对上启迪。"高祖萧衍专门下诏说明了此事。

太子仁孝恭谨是天性,每次入朝,不到五鼓便等着城门开启。在东宫之中虽然燕居内殿,一起一坐,总是面向西南台宫。晚上得到诏令要入宫,便危坐达旦,不敢稍歇怠慢。

中大通三年三月,太子病重。害怕高祖为自己担忧,每次诏勅参问,总要打起精神亲自写书信回报。等病情加重,左右的人想报告高祖,还不允许,说:"为什么要至尊知道我病成这样?"说着便呜咽感伤。四月乙巳日,太子病逝,时年三十一岁。高祖临幸东宫,哭得非常悲痛。下诏以衮冕敛尸,谥号曰昭明。五月庚寅日,埋葬于安宁陵。诏令司徒左长史王筠作哀册,文中说:(略)

昭明太子仁德平素著于内外,等他去世,朝野无不惊愕惋惜。京城中的男女百姓,都奔走于宫门前,满路都是号哭的人。四方百姓以及边疆吏民,听说太子去世,无不恸哭。昭明太子著有文集二十卷;又撰集古今典诰文言,为《正序》十卷;集五言诗中的佳作,为《文章英华》二十卷;《文选》三十卷。

沈约传

【题解】

沈约(441~513 年),字休文,刘宋吴兴郡武康县(今浙江德清)人,南朝著名的史学家和文学家。他的史学著作有《晋书》《宋书》《齐纪》《高祖(梁武帝)纪》等数种,大部分已散佚,今存者仅《宋书》一百卷。其书包括本纪十卷,志三十卷,列传六十卷,起自晋义熙元年(405 年),终于宋升明三年(479 年),是一部记述刘宋兴亡的纪传体断代史。一般认为,《宋书》主要以徐爰所修宋史旧本为依据,自撰部分不多;叙事多所忌讳,时有曲笔,晋宋之间为宋讳,宋齐之间为萧道成讳,无所不至。但其纪、传记事颇富,尤其是志,分量几与纪、传部分相等,不仅叙述了刘宋一代制度,还上溯至曹魏,中间包括晋代,无论质、量,都颇为贵重。

【原文】

沈约字休文,吴兴武庸人也。祖林子,宋征虏将军。父璞,淮南太守。璞元嘉末被诛,约幼潜窜,会赦免。既而流寓孤贫,笃志好学,昼夜不倦。母恐其以劳生疾,常遣减油灭火。而昼之所读,夜辄诵之,遂博通群籍,能属文。

起家奉朝请。济阳蔡兴宗闻其才而善之;兴宗为郢州刺史,引为安西外兵参军,兼记室。兴宗尝谓其诸子曰:"沈记室人伦师表,宜善事之。"及为荆州,又为征西记室参军,带厥西令。兴宗卒,始为安西晋安王法曹参军,转外兵,并兼记室。入为尚书度支郎。

沈约

齐初为征虏记室,带襄阳令,所奉之王,齐文惠太子也。太子入居东宫,为步兵校尉,管书记,直永寿省,校四部图书。时东宫多士,约特被亲遇,每直入见,影斜方出。当时王侯到宫,或不得进,约每以为言。太子曰:"吾生平懒起,是卿所悉,得卿谈论,然后忘寝。卿欲我夙兴,可恒早入。"迁太子家令,后以本官兼著作郎,迁中书郎,本邑中正,司徒右长史,黄门侍郎。时竟陵王亦招士,约与兰陵萧琛、琅玡王融、陈郡谢朓、南乡范云、乐安任昉等皆游焉,当世号为得人。俄兼尚书左丞,寻为御史中丞,转车骑长史。隆昌元年,除吏部郎,出为宁朔将军、东阳太守。明帝即位,进号辅国将军,征为五兵尚书,迁国子祭酒。明帝崩,政归冢宰,尚书令徐孝嗣使约撰定遗诏。迁左卫将军,寻加通直散骑常侍。永元二年,以母老表求解职,改授冠军将军、司徒左长史,征虏将军、南清河太守。

高祖在西邸,与约游旧,健康城平,引为骠骑司马,将军如故。时高祖勋业既就,天人允属,约尝扣其端,高祖默而不应。它日又进曰:"今与古异,不可以淳风期万物。士大夫攀龙附凤者,皆望有尺寸之功,以保其福禄。今童儿牧竖,悉知齐祚已终,莫不云明公其人也。天文人事,表革运之征,永元以来,尤为彰著。谶云'行中水,作天子',此又历然在记。天心不可违,人情不可失,苟是历数所至,虽欲谦光,亦不可得已。"高祖曰吾:"方思之。"对曰:"公初杖兵樊、沔,此时应思,今王业已就,何所复思,昔武王伐纣,始入,民便曰吾君,武王不违民意,亦无所思。公自至京邑,已移气序,比于周武,迟速不同。若不早定大业,穆天人之望,脱有一人立异,便损威德。且人非金石,时事难保。岂可以建安之封,遗之子孙? 若天子还都,公卿在位,则君臣分定,无复异心。君明于上,臣忠于下,岂复有人方更同公作贼。"高祖然之。约出,高祖召范云告之,云对略同约旨。高祖曰:"智者乃尔暗同,卿明早将休文更来。"云出语约,约曰:"卿必待我。"云许诺,而约先期入,高祖命草其事。约乃出怀中诏书并诸选置,高祖初无所改。俄而云自外来,至殿门不得入,俳徊寿光阁外,但云"咄咄"。约出,问曰:"何以见处?"约举手向左,云笑曰:"不乘所望。"有倾,高祖召范云谓曰:"生平与沈休文群居,不觉有异人处;今日才智纵横,可谓明识。"云曰:"公今知约,不异约今知公。"高祖曰:"我起兵于今三年矣,功臣诸将,实有其劳;然成帝业者,乃卿二人也。"

梁台建,为散骑常侍、吏部尚书,兼右仆射。高祖受禅,为尚书仆射,封建昌县侯,邑千户,常侍如故。又拜约母谢为建昌国太夫人。奉策之日,右仆射范云等二十余人咸来致拜,朝野以为荣。俄迁尚书左仆射,常侍如故。寻兼领军,加侍中。天监二年,遭母忧,舆驾亲出临吊,以约年衰,不宜到毁,遣中书舍人断客节哭。起为镇军将军、丹阳尹,置佐史。服阕,迁侍中、右光禄大夫,领太子詹事,扬州大中正,关尚书八条事,迁尚书令,侍中、詹事、中正如故。累表陈让,改授尚书左仆射、领中书令、前将军,置佐史,侍中如故。寻迁尚书令,领太子少傅。九年,转左光禄大夫,侍中、少傅如故,给鼓吹一部。

初,约久处端揆,有志台司,论者咸谓为宜,而帝终不用,乃求外出,又不见许。与徐勉素善,遂以书陈情于勉曰:"吾弱年孤苦,傍无期属,往者将坠于地,契阔屯回,困于朝夕,崎岖薄宦,事非为已,望得小禄,傍此东归。岁逾十稔,方忝襄阳县,公私情计,非所了具,以身资物,不得不任人事。永明末,出守东阳,意在止足;而建武肇运,人世胶加,一去不返,行之未易。及昏猜之始,王政多门,因此谋退,庶几可果,托卿布怀于徐令,想记未忘。圣道聿兴,谬逢嘉运,往志宿心,复成乖爽。今岁开元,礼年云至,悬车之请,事由恩夺,诚不能弘宣风政,光阐朝猷,尚欲讨寻文簿,时议同异。而开年以来,病增虑切,当由生寻有限,劳役过差,总此凋竭,归之暮年,牵策行止,努力祗事。外观傍览,尚似全人,而形骸力用,不相综摄。常须过自束持,方可俛偻。解衣一卧,支沐不复相关。上热下冷,月增日笃,取暖则烦,加寒必利,后差不及前差,后剧必甚前剧。百日数旬,革带常应移孔;以手握臂,率计月小半分。以此推算,岂能支久?若此不休,日复一日,将贻圣主不追之恨。冒欲表闻,乞归老之秩。若天假其年,还得平健,才力所堪,惟恩是策。"勉为言于高祖,请三司之仪,弗许,但加鼓吹而已。

约性不饮酒,少嗜欲,虽时遇隆重,而居处俭素。立宅东田,瞩望效皋。尝为《郊居赋》,其辞曰:(略)

寻加特进,光禄、侍中、少傅如故。十二年,卒官,时年七十三。诏赠本官,赙钱五万、布百匹,谥曰隐。

约左目重瞳子,腰有紫志,聪明过人。好坟籍,聚书至二万卷,京师莫比,少时孤贫,丐于宗党,得米数百斛,为宗人所侮,覆米而去。及贵,不以为憾,用为郡部传。尝侍宴,有妓师是齐文惠宫人。帝问识座中客不?曰:"惟识沈家令。"约伏座流涕,帝亦悲焉,为之罢酒。约历仕三代,该悉旧章,博物洽闻,当世取则。谢玄晖善为诗,任彦升工于文章,约兼而有之,然不能过也。自负高才,昧于荣利,乘时藉势,颇累清谈。及居端揆,稍弘止足,每进一官,辄殷勤请退,而终不能去,论者方之山涛。用事十余年,未尝有所荐达,政之得失,唯唯而已。

初,高祖有憾于张稷,及稷卒,因与约言之。约曰:"尚书左仆射出作边州刺史,已往之事,何足复论。"帝以为婚家相为,大怒曰:"卿言如此,是忠臣邪?"乃辇归内殿。约惧,不觉高祖起,犹坐如初。及还,未至床,而凭空顿于户下,因病,梦齐和帝以剑断其舌。召巫视之,巫言如梦。乃呼道士奏赤章于天,称禅代之事,不由己出。高祖遣上省医徐奘视约疾,还具以状闻。先此,约尝侍宴,值豫州献栗,径寸半,帝奇之,问曰:"栗事多少?"与约各疏所忆,少帝三事。出谓人曰:"此公护前,不让即羞死。"帝以其言不逊,欲抵其罪,徐勉固谏乃止。及闻赤章事,大怒,中使谴责者数焉,约惧遂卒。有司谥曰文,帝曰:"怀情不尽曰隐。"故改为隐云。所著《晋书》百一十卷,《宋书》百卷,《齐纪》二十卷,《高祖纪》十四卷,《迩言》十卷,《谥例》十卷,《宋文章志》三十卷,文集一百卷,皆行于世。又撰《四声谱》，以为在昔词人，累千载而不寤，而独得胸衿，穷其妙旨，自谓入神之作，高祖雅不好焉。帝问周舍曰："何谓四声？"舍曰："天子圣哲是也。"然帝竟不遵用。

子旋，及约时已历中书侍郎，永嘉太守，司徒从事中郎，司徒右长史。免约丧，为太子仆，复以母忧去官，而蔬食辟谷。服除，犹绝粳梁。为给事黄门侍郎、中抚军长史。出为招远将军、南康内史，在部以清治称。卒官，谥曰恭侯。子实嗣。

陈吏部尚书姚察曰：昔木德将谢。昏嗣流虐艺术堞堞黔黎，命悬晷漏。高祖义拯横溃，志宁区夏，谋谟帷幄，实寄良、平。至于范云、沈约，参预缔构，赞成帝业；加云以机警明胆，济务益时；约高才博洽，名亚迁、董，俱属兴运，盖一代之英伟焉。

【译文】

沈约，字休文，吴兴武康人。他的祖父沈林子，是刘宋朝的征虏将军。他的父亲沈璞，是梁朝的淮海太守。沈璞在元嘉末年被诛杀了，沈约就四处逃窜潜藏，后来遇上了赦免。这以后沈约在孤独的流浪、贫穷的生活中，笃志好学，昼夜不倦。他的母亲担心他太劳苦而生病，常常减少给他点灯的油或灭掉他的灯。但是沈约把白天所诵读的文章，在夜间进行背诵，于是他博通群书，善于写文章。

（后来，）沈约带上家眷去担任奉朝请的职务。济阳的蔡兴宗听说沈约的文才而与他交好。当时蔡兴宗是郢州刺史，推荐沈约做了安西将军府的外兵参军，兼任记室。蔡兴宗曾经对他的孩子们说："沈记室是道德高尚的老师，你们应当很好地对待他。"（此后，蔡兴宗为荆州刺史、征西将军）沈约跟随到了荆州，又让他担任了征西记室参军，在名义上兼任厥西县令。蔡兴宗去世后，沈约起初担任安西晋安王的法曹参军，后转为外兵参军，并兼任记室。后来，他由此入朝担任了尚书度支郎。

萧齐初年，沈约担任征虏将军府记室，名义上兼任襄阳县令。他所服务的王，是萧齐的文惠太子萧长懋。太子入居东宫时，沈约为太子步兵校尉，管书记，兼管永寿省，校理四部图书。当时东宫士人很多，沈约特别受到文惠太子的宠信，每次他上班时去见太子，到太阳西下了才出来。当时王侯到东宫，有的得不到允许进去，沈约每每把这事提出来向文惠太子进言。太子说："我生平懒得起床，这是您知道的，有您和我谈论，然后我才忘记了睡觉。您想让我早早地起床，可以早些进来。"沈约升职为太子家令，后来又以太子家令的本职兼任著作郎，又升为中书郎、本邑的中正、司徒右长史、黄门侍郎等职。那时竟陵王萧子良也招纳贤士，沈约与兰陵的萧琛、琅琊的王融、陈郡的谢朓、南乡的范云、乐安的任昉等人都在竟陵王门下出入，当时社会上都说竟陵王得到了人才。不久沈约兼任了尚书左丞，旋即担任了御史中丞，又改任车骑长史。隆昌元年，授予沈约吏部郎的职务，出任宁朔将军、东阳太守。齐明帝即位，沈约进号为辅国将军，征招为五兵尚书，升迁为国子祭酒。明帝驾崩，政事归丞相掌管，尚书令徐孝嗣指定沈约撰写遗诏。沈约升为左卫将军，不久又加官通直散骑常侍。永元二年，因母亲年老沈约上表请求解除职务，于是改授他为冠军将军、司徒左长史，后又授为征虏将军、南清河太守。

梁高祖在西邸的时候，与沈约有老交情，所以推举他为骠骑司马，保留了原有的将军封号。那时高祖的勋业已就，天和人都觉得允当，沈约曾试讨高祖（是否有称帝的）心思，高祖默然不应。另一天沈约又进言说："当今与古代不同，不能用淳朴之风期待万物。士大夫当中攀龙附凤的人，都希望有大大小小的功劳，以保全他们的福分与禄位。现在小到儿童贱如牧人，都知道萧齐的气数已尽，没有不说明您是（取代萧齐的）最恰当的人。天文和人事，表现出改朝换代的征候，自从永元年间以来，尤其明显。谶语说'行中水，作天子'，这件事还清楚地记得。天心不可违抗，人情不可失却，假如是朝代更替的时间已经到来了，虽然想谦让，也是不可能的。"高祖说："我全面考虑一下。"沈约说："大人您当初在樊、沔统兵，这时候就应该考虑，现在您已成就了王业，有什么要再考虑的？过去武王伐纣，一进入商都，民众就称他为'我们的君主'，武王不违背民意，也没有什么考虑（就接受了民众的称呼）。大人您自从到了京城，已经改变了气运，比起周武王来，只有时间上迟早的不同。若不早些确定称帝的大业，体察天愿人望，倘或有一个人有不同主张（而立他人为帝），便有损您的威德。而且人非金石（不是没有变化的），现在有利的局面也很难长久保持。您岂可仅把封于建安这一封号，传留给您的子孙？若已经即位于江陵的和帝回到首都，公卿各就其位，君臣的名分就定下来，就没有异心了。在上的君王圣明，在下的臣子尽忠，哪里还有人与您一起作反贼呢？"高祖同意沈约的说法。沈约出宫后，高祖召见范云告诉了他沈约所说的话，范云回答高祖的与沈约所说的大体相同。高祖说："聪明人的看法如此不约而同！您明天早上与沈约再来见我吧。"范云出宫后把这话告诉了沈约，沈约说："您一定要等我。"范云答应了，但（第二天早上）沈约比约定的时间提前了进宫。高祖命令他起草有关的文件，沈约就从怀中掏出了（称帝的）诏书和各种委任名单，起初高祖都没有加什么改动。不久范云从外面进来，到了殿门就不能再往里进了，他在寿光阁外徘徊，只是不停地叹气。等沈约走出殿门，范云问他说："怎么安排我？"沈约举手向左，范云笑着说："和我的希望没有不同。"过了一会儿，高祖召见范云对他说："这辈子与沈休文打交道，没有觉察他有什么与一般人不同的地方；今天他才智纵横，可以说见识高明。"范云说："大人您今天了解了沈约，不异于沈约今天了解了您。"高祖说："我起兵到现在已经三年了，功臣和诸位将军，确实有他们的功劳；但成就我帝业的，就是您和沈约两个人。"

（萧衍被封为梁王），梁国建立统治机构的时候，沈约为散骑常侍、吏部尚书，兼右仆射。高祖接受禅让后，沈约任尚书仆射，封为建昌县侯，食邑千户，照旧担任散骑常侍。又拜沈约的母亲谢夫人为建昌国太夫人。捧着册命文书的那一天，右仆射范云等二十余人都来拜贺，朝野都认为是荣耀的事。不久沈约升任尚书左仆射，仍担行散骑常侍。不久又让沈约兼任领军，加官侍中。天监二年，沈约母亲去世，皇上乘车驾亲自出来吊唁。皇上认为沈约年老，不宜于过于哀伤，就派遣中书舍人去帮他回绝客人节制哭泣。丧事办完后沈约任镇军将军、丹阳尹，设置了佐史。守丧期满，沈约升任为侍中、右光禄大夫，兼任太子詹事，扬州大中正，关尚书八条事，又升任为尚书令，原任的侍中、太子詹事、中正职务照旧。沈约多次上表谦让，就改授他为尚书左仆射、兼中书令、前将军，设置了佐史，仍任侍中之职。不久又升任为尚书令，兼任太子少傅。天监九年，沈约改任为左光禄大夫，侍中、少傅之职照旧，皇上赐给他鼓吹乐队一部。

当初，沈约较久地担任尚书省长官，有心到朝廷其他枢要机构任职。议论的人都说这样做恰当，但皇上最终没有同意。沈约请求到外地任职，又得不到皇上允许。沈约与徐勉一直很好，于是写信给徐勉陈述说："我小时候孤苦伶仃，没有亲属可以依靠，很久以来就几乎沦落，流离困苦，朝夕纠缠，逐渐走上这崎岖的为官之路，当一个小官并非为了自己，只是希望得到微小的俸禄，依靠它东归家园。经过了十年，才忝为襄阳县令，公私之事，不是我完全了解的，只是用自己的身子换取财物，不得不处理这类的事罢了。永明末年，我出任东阳太守，意思是到此为止了。但是建武皇帝机运刚刚开始，人世的事情如胶一样粘连着我，到他那里之后我就没有脱身，要离开是不容易的。到了东昏侯即位之初，王政多门，因此我计划隐退，几乎达到了目的，这事曾托您向徐令解释过，想来您还记得没有忘记。神圣的梁朝兴起后，我谬逢嘉运，以往的志向和潜藏的（归隐）之心，再一次成为不顺当而难以实现的事了。今年是建立年号的头年，说大礼之年到了，请求告老，事情由皇上裁决。（我想，）我就是不能弘扬德道宣布教化，使朝廷焕发光辉，还想讨寻文簿，时常发表些意见。但是年初以来，我的病有所加重忧虑也迫切了，这原因当是生命有限，劳苦过度，一直这样积累衰耗，到晚年叠加在一起了；拉着车受着鞭子的驱赶行走，努力恭敬地做事。从外表上看，旁人观察我，我好像还是个完整的人，但是我的躯体和精力，已经不能配合了，常常必须过分地勉强自己坚持，才可打起精神。等脱掉衣服躺下，四肢和身体就像不再相连了。我上热下冷，每月都有所加重，每天都在加深，取暖就使我感到烦躁，降低温度就必定使病情更加厉害，降低温度之后体温的差别比取暖时的小，但降温后的痛苦却比取暖时大。过一百天或几旬，我常常要移动皮带的孔眼；用手去握臂，大概每月都要小半分。以此推算，怎么能长期支持？假若我的病势不停止地发展，日复一日，必将给圣明的皇上留下无法追悔的怨恨。我想冒昧地上表奏闻，乞求给予告老的品秩。假若天假其年，我还可以得到平安、健康，在才力能承受的限度内，也会为皇上考虑策略的。"徐勉将沈约的意思转告了高祖，请求给予沈约三公的仪仗，没得到允许，只是增加了鼓吹乐队而已。

沈约生性不饮酒，少有嗜好，虽然当时给他的待遇优厚，但是他居家仍节俭朴素。他在东田盖的住宅，可以瞭望郊外。他曾写了篇《郊居赋》(略)。

不久加封沈约为特进官，原有的光禄、侍中、少傅诸官不变。天监十二年，沈约在任上去世，享年七十二岁。皇上下诏赠给他原有的官职，赐钱五万、布百匹办丧事，赐谥号称"隐"。

沈约的左眼是双眼仁，腰上有颗紫色的痣，聪明过人。他喜爱古书，藏书达两万卷，京城里没能与他相比的。小时候他孤单贫穷，曾求助于宗族人，得到了数百斛米，被宗族人侮辱，就将米打翻离去了。等到他富贵了，并不把此事放在心上，用这个宗族人做了郡部的传。沈约有一次陪皇上宴饮，参加的人中有一个妓女的师傅是齐文惠太子的宫人。皇上问沈约认不认得来客，沈约回答："只认识沈家令。"沈约说完伏在桌子上流下了眼泪，皇上也感到悲哀，甚至不得不停止了宴会。沈约历仕三代，对原来的典章制度很熟悉，见闻广博，当时都把他当作榜样。谢玄晖善于写诗，任彦升写文章严谨，沈约兼有他俩的长处，但是都超不过他们。沈约自负才高，对荣华富贵不感兴趣，借助时势，为清谈所累。到他居三公之位时，稍稍有所建树就停止追求，每加一官，就恳切地请求引退，但是始终不能离去，议论的人都把他比作山涛。他主持政务十多年，没有推荐什么人，政治上的得失，只是唯唯诺诺而已。

当初，高祖对张稷的事有些内疚，张稷去世后，高祖就把这个心思告诉了沈约。沈约回答说："尚书左仆射外出作边州刺史，这已经是过去的事情了，哪里值得再谈论呢？"皇上认为他们是联姻的关系所以这样说，就大怒道："先生这样说，是忠臣应该说的话吗？"就乘辇回内殿去了。沈约感到恐惧，仿佛失去了知觉，高祖起身时，他还是像原来一样坐着。沈约回家，还没有走到床边，就凭空倒在了窗下，因此而病，梦见了齐和帝用剑割断了他的舌头。沈约叫一个巫人来看病，巫人说的话跟他的梦相合。沈约就叫来了道士向天表奏赤章，说（齐）禅让（梁）的事，不是自己策划的。高祖派御医徐奘给沈约看病，徐奘回去后详细奏明了沈约的情状。在这件事之前，沈约曾陪皇上宴会，遇到豫州进献栗子，直径有一寸半，皇上感到奇怪，问道："关于献栗子的事有多少件？"皇上与沈约各自疏理记忆，沈约（说出的）比皇上说出的少三件。沈约出宫后对人说："这个人爱面子，我不让他的话他就会羞死。"皇上认为沈约出言不逊，想治他的罪，经徐勉坚决地进谏才没治罪。这一次皇上听说了沈约向天奏赤章的事，大怒，让宦官去谴责了他好多次，沈约畏惧就去世了。主管部门拟了给沈约的谥号，称为"文"，皇上说："心中的感情没完全表达叫作隐。"因此改变了给沈约的谥号称为"隐"。沈约所著《晋书》一百一十卷，《宋书》一百卷，《齐纪》二十卷，《高祖纪》十四卷，《迩言》十卷，《谥例》十卷，《宋文章志》三十卷，他的《文集》一百卷，都在世上流传。沈约又撰写了《四声谱》，认为过去的词人，千年以来都没有领会，而他独得于心，穷尽了其中的妙旨，自称这是入神之作，高祖认为这书高雅但并不喜欢。皇上问周舍说："什么叫四声？"周舍说："天子圣哲，这就是四声。"但是皇上最终没遵用。

沈约的儿子名叫旋，到沈约去世时已经历任过中书侍郎、永嘉太守、司徒从事中郎、司徒右长史。居沈约丧期满后，沈旋为太子仆，又因为母丧而离职，只吃蔬菜不吃谷物。丧服除去以后，还是拒绝吃粳米高粱，担任给事黄门侍郎、中抚军长史。后沈旋出任招远将军、南康内史，所在之处他都以清廉著称。他死于任上，谥号叫恭侯。他的儿子实为继嗣。

陈朝的吏部尚书姚察说：过去木德将要凋谢，东昏侯即位后虐政横流，民众恐惧，时时刻刻都悬命水火。梁高祖仗义拯救颓溃，立志安宁中国，运筹帷幄，把希望寄托在张良、陈平一样有才干的人身上。遇上了范云和沈约，他们参与计谋，助成了帝业。赞扬范云的机警明达，参加机务对当时做了好事；沈约才高博学，其名仅在司马迁和董狐之下，他们都是兴梁的功臣，是一代英雄、伟人。

萧子显传

【题解】

萧子显（489～537年），字景阳，南兰陵（今江苏武进区）人，南朝史学家。他著作甚丰，有《后汉书》一百卷，《南齐书》六十卷，《普通北伐记》《贵俭传》三十卷，《晋史草》三十卷，《文集》二十卷等数种，但多数亡佚，现存而著名的仅《南齐书》一部。《南齐书》原为六十卷，今本五十九卷，计本纪八卷，志十一卷，列传四十卷，佚亡的一卷可能是《序录》。萧子显是齐高帝萧道成之孙，因此《南齐书》叙述其先祖之事多扬长避短，美恩泄怨，成为后人诟病的主要缺点。但是，此书记载了南齐二十四年间的大事，当代人写当代史，保留了一些可贵的资料，为后来《南史》的修撰准备了大量材料；在叙述方法上以类为序，文字简洁，仍有其可取之处。

【原文】

子显字景阳，子恪第八弟也。幼聪慧，文献王异之，爱过诸子。七岁，封宁都县侯。永元末，以王子例拜给事中。天监初，降爵为子。累迁安西外兵，仁威记室参军，司徒主簿，太尉录事。

子显伟容貌，身长八尺。好学，工属文。尝著《鸿序赋》，尚书令沈约见而称曰："可谓得明道之高致，盖《幽通》之流也。"又采众家《后汉》，考正同异，为一家之书。又启撰《齐史》，书成，表奏之，诏付秘阁。累迁太子中舍人，建康令，邵陵王友，丹阳尹丞，中书郎，守宗正卿。出为临川内史，还除黄门郎。中大通二年，迁长兼侍中。高祖雅爱子显才，又嘉其容止吐纳，每御宴侍坐，偏顾访焉。尝从容谓子显曰："我造《通史》，此书若成，众史可废。"子显对曰："仲尼赞《易》道，黜《八索》，述职方，除《九丘》，圣制符同，复在兹日。"时以为名对。三年，以本官领国子博士。高祖所制经义，未列学官，子显在职，表置助教一人，生十人。又启撰高祖集，并《普通北伐记》。其年迁国子祭酒，又加侍中，于学递述高祖《五经义》。五年，选吏部尚书，侍中如故。

子显性凝简，颇负其才气。及掌选，见九流宾客，不与交言，但举扇一拂而已，衣冠窃恨之。然太宗素重其为人，在东宫时，每引与促宴。子显尝起更衣，太宗谓坐客曰："尝闻异人间出，今日始知是萧尚书。"其见重如此。大同三年，出为仁威将军、吴兴太守，至郡未几，卒，时年四十九。诏曰："仁威将军、吴兴太守子显。神韵峻举，宗中佳器。分竹未久，奄到丧殒，恻怆于怀。可赠侍中、中书令。今便举哀。"及葬请谥，手诏"恃才傲物，宜谥曰骄。"

子显尝为《自序》，其略云："余为邵陵王友，幸还京师，远思前比，即楚之唐、宋，梁之严、邹。追寻平生，颇好辞藻，虽在名无成，求心已足。若乃登高目极，临水送归，风动春朝，月明秋夜，早雁初莺，开花落叶，有来斯应，每不能已也。前世贾、傅、崔、马、邯郸、缪、路之徒，并以文章显，所以屡上歌颂，自比古人。天监十六年，始预九日朝宴，稠人广坐，独受旨云：'今云榜甚美，卿得不斐然赋诗。'诗既成，又降帝旨曰：'可谓才子。'余退谓人曰：'一顾之恩，非望而至。遂方贾谊何如哉？未易当也。'每有制作，特寡思功，须其自来，不以力构。少来所为诗赋，则《鸿序》一作，体兼众制，文备多方，颇为好事所传，故虚声易远。"

子显所著《后汉书》一百卷，《齐书》六十卷，《普通北伐记》五卷，《贵俭传》三十卷，文集二十卷。

【译文】

萧子显，字景阳，是萧子恪的第八个弟弟。萧子显自幼聪慧，使文献王深感诧异，对他的喜爱超过了其他几个儿子。萧子显七岁时，被封为宁都县侯。永元末年，按照王子例，萧子显被授以给事中的官职。天监初年，他的爵位被降为子爵。他担任过安西外兵，仁威记事参军，司徒主簿，太尉录事等官职。

萧子显容貌伟岸，身高八尺，他勤奋好学，擅长写文章。曾创作了《鸿序赋》，尚书令沈约见到后称赞说："这篇赋可以说在申明道理上达到了最高境界，是对《幽通赋》的继承。"萧子显又采集众家《后汉书》，考正同异，著成了独具特色的《后汉书》。他又着手撰写《齐史》，写成之后，上表奏予皇上，梁武帝下诏交付秘阁收藏。萧子显因而累迁太子中舍人，建康令、邵陵王友、丹阳尹丞、中书郎、守宗正卿等官职。又出京城为临川内史，不久又回到京城，被任命为黄门郎。中大通二年，升为黄门长官，并兼任侍中。高祖非常欣赏萧子显的才干，又赞赏他的仪表言谈，每次他在皇帝的宴席上就座时，皇上都总要去看他，并询问他。高祖曾信心十足地对萧子显说："我编纂的《通史》，如果完成了，所有史籍都可以废弃。"萧子显回答道："孔仲尼赞扬《易经》的大道，《八索》便废黜了，讲述职方氏掌管的档案材料，《九丘》便被清除了。今天皇上创作通史，正与这个意义符合，孔子时代的光景，就要在今天重现了。"当时这一问一答被认为是名对。中大通三年，萧子显以侍中领国子博士。当时，高祖创制的五经义理，没有列入学官，派专人讲解，萧子显成为国子博士后，就上表请求设置助教一人，生徒十人，（专门讲习高祖所创五经义理）。萧子显又得到高祖的允许，编撰《高祖集》，以及《普通北伐记》。这一年，他被提升为国子祭酒，兼领侍中，在学官中顺次讲述高祖的《五经义》。中大通五年，萧子显选为吏部尚书，仍为侍中。

萧子显性情庄重自大，很为自己的才气而自负。他掌握了选任官吏的大权之后，每次会见各种经九品中正制选上来的宾客，都不和人家交谈，仅仅举扇做出谦让的表示而已，因此士大夫们私下都很恨他。但是太宗一直很看重他的为人，当太宗还是太子时，常常把他叫来与自己促膝饮酒。在饮酒过程中，萧子显曾起身如厕，太宗就对周围的坐客讲，"我曾听说特殊的人物总是隔世才出，今日才知道（我们这一世出现了特殊人物）就是萧尚书。"太宗对他的器重由此可见。大同三年，萧子显被调出去为仁威将军、吴兴太守，到吴兴郡任所不久，即去世了，时年四十九岁。朝廷下诏书说："仁威将军、吴兴太守子显，神韵飞扬，英俊伟岸，是我们宗族中的优秀人才。刚授大任不久，就不幸陨落了，皇上心中凄恻悲怆。可追赠为侍中、中书令。今天便开始哀悼。"等到安葬萧子显时，家人为他请赐谥号，高祖亲写诏令说："恃才傲物，应该谥为'骄'。"

萧子显曾写过《自序》，大概意思是说："我作为邵陵王府中官属，幸能回到京城，遥想前人，与之相比，就是楚国的唐勒、宋玉，汉朝梁国的严忌、邹阳。追忆平生，很爱好文章辞藻，虽然没有功名成就，但我的内心已经得到满足了。诸如登上高山，极目眺望，驻足河岸，看水流逝，春朝丽日，晓风拂动，秋夜郎朗，明月清清，早晨的小雁，初次啼莺，花开娇艳，落叶无声，遇此情景我就有所反应，每每不能自已。前世的贾逵、傅毅、崔寔、马融、邯郸淳、缪袭、路粹之流，都以文章显名，所以屡次上书歌功颂德，把自己比作古人。天监十六年，我开始参加朝廷的重阳节宴会，在大庭广众之间，只有我接到皇上的圣旨说：'今天天气晴和，风景很美，你何不乘兴赋诗。'诗写成之后，皇上又降旨说：'可以说是才子。'我后来对别人说：'皇上的这次恩顾，是我从来想都没想到的，将此次受宠比一比贾谊如何？他很难比得上我的。'每次要写作时，很少有思考的功夫，必须是文思自然而来，不是竭尽心力才能写就。自少年以来所作的诗赋，《鸿序》一篇，体裁兼具很多种特点，文辞具备多种流派的优点，很受好事者的传播，所以徒有的虚名容易远扬。"

萧子显著述的《后汉书》有一百卷，《齐书》有六十卷，《普通北伐记》五卷，《贵俭传》三十卷，文集共二十卷。

羊侃传

【题解】

羊侃（495～548），字祖忻，泰山梁父（今山东泰安县东南）人，是南朝梁末的著名大将。年轻时在北魏，曾作为偏将射杀关陇羌族人民起义领袖莫遮天生。后按其父遗志，率领部众南归梁朝，大通三年（531）到达建康，被授予徐州刺史，封高昌县侯。太清元年（547）监造寒山堰（今江苏铜山区），由于元帅萧渊明没有听从他的正确建议，以至在与北魏战争中失败。侯景之乱发生后，羊侃受命御敌，用各种方法打退侯景进攻，后城破，在战斗中病死。羊侃忠于梁王朝，在保卫建康的战斗中表现出卓越的军事才能，起了重要的作用。

【原文】

羊侃字祖忻，泰山梁甫人，汉南阳太守续之裔也。祖规，宋武帝之临徐州，辟祭酒从事、大中正。会薛安都举彭城降北，规由是陷魏，魏授卫将军、营州刺史。父社，魏侍中，金紫光禄大夫。

侃少而魁伟，身长七尺八寸，雅爱文史，博涉书记，尤好《左氏春秋》及《孙吴兵法》。弱冠随父在梁州立功。魏正光中，稍为别将。时秦洲羌有莫遮念生者，据州反，称帝，仍遣其弟天生率众攻陷岐州，遂寇雍州。侃为偏将，隶萧宝夤往讨之，潜身巡堑，伺射天生，应弦即倒，其众遂溃。以功迁使持节、征东大将军、东道行台，领泰山太守，进爵钜平侯。

初，其父每有南归之志，常谓诸子曰："人生安可久淹异域，汝等可归奉东朝。"侃至是将举河济以成先志，兖州刺史羊敦，侃从兄也，密知之，据州拒侃。佩乃率精兵三万袭之，弗克，仍筑十余城以守之。朝廷赏授，一与元法僧同。遣羊鸦仁、王弁率军应接，李元履运给粮仗。魏帝闻之，使授侃骠骑大将军、司徒、泰山郡公，长为兖州刺史，侃斩其使者以徇。魏人大骇，令仆射于晖率众数十万，及高欢、尔朱阳都等相继而至，围侃十余重，伤杀甚众。栅中矢尽，南军不进，乃夜溃围而出，且战且行，一日一夜乃出魏境。至渣口，众尚万余人，马二千匹，将入南，士卒并竟夜悲歌。侃乃谢曰："卿等怀土，理不能见随，幸适去留，于此别异。"因各拜辞而去。

佩以大通三年至京师，诏授使持节、散骑常侍、都督瑕丘征讨诸军事、安北将军、徐州刺史，并其兄默及三弟忱、给、元，皆拜为刺史。寻以侃为都督北讨诸军事，出顿日城，会陈庆之失律，停进。其年，诏以为持节、云麾将军、青冀二州刺史。

中大通四年，诏为使持节、都督瑕丘诸军事、安北将军、兖州刺史，随太尉元法僧北讨，法僧先启云："与侃有旧，愿得同行。"高祖乃召侃问方略，侃具陈进取之计。高祖因曰："知卿愿与太尉同行。"侃曰："臣拔迹还朝，常思效命，然实未曾愿与法僧同行。北人虽谓臣为吴，南人已呼臣为虏，今与法僧同行，还是群类相逐，非止有乖素心，亦使匈奴轻汉。"高祖曰："朝廷今者要须卿行。"乃诏以为大军司马。高祖谓侃曰："军司马废来已久，此段为卿置之。"行次官竹，元树又于谯城丧师。军罢，入为侍中。五年，封高昌县侯，邑千户。六年，出为云麾将军、晋安太守。闽越俗好反乱，前后太守莫能止息，侃至讨击，斩其渠帅陈称、吴满等，于是郡内肃清，莫敢犯者。顷之，征太子左卫率。

大同三年，车驾幸乐游苑，侃预宴。时少府奏新造两刃稍成，长二丈四尺，围一尺三寸，高祖因赐侃马，令试之。侃执上马，左右击刺，特尽其妙，高祖善之。又制武宴诗三十韵以示侃，侃即席应诏，高祖览曰："吾闻仁者有勇，今见勇者有仁，可谓邹、鲁遗风，英贤不绝。"六年，迁司徒左长史。八年，迁都官尚书。时尚书令何敬容用事，与之并省，未尝游造。有宦者张僧胤候侃，侃曰："我床非阉人所坐。"竟不前之，时论美其贞正。九年，出为使持节、壮武将军、衡州刺史。

太清元年，征为侍中。会大举北伐，仍以侃为持节、冠军，监作韩山堰事，两旬堰立。侃劝元帅贞阳侯乘水攻彭城，不纳；既而魏援大至，侃频劝乘其远来可击，旦日又劝出战，并不从，侃乃率所领出顿堰上。及众军败，侃结阵徐还。

二年，复为都官尚书。侯景反，攻陷历阳，高祖问侃讨景之策。侃曰："景反迹久见，或容豕突，宜急据采石，令邵陵王袭取寿春。景进不得前，退失巢窟，乌合之众，自然瓦解。"议者谓景未敢便逼京师，遂寝其策，令侃率千余骑顿望国门。景至新林，追侃入副宣城王都督城内诸军事。时景既卒至，百姓竞入，公私混乱，无复次第。侃乃区分防拟，皆以宗室间之。军人争入武库，自取器甲，所司不能禁，侃命斩数人，方得止。乃贼逼城，众皆汹惧，侃伪称得射书，云"邵陵王、西昌侯已至近路。"众乃少安。贼攻东掖门，纵火甚盛，侃亲自拒抗，以水沃火，火灭，引弓射杀数人，贼乃退。加侍中、军师将军。有诏送金五千两，银万两，绢万匹，以赐战士，侃辞不受。部曲千余人，并私加赏赉。

贼为尖顶木驴攻城，矢石所不能制，侃作雉尾炬，施铁镞，以油灌之，掷驴上焚之。俄尽。贼又东西两面起土山，以临城，城中震骇，侃命为地道，潜引其土，山不能立。贼又作登城楼车，高十余丈，欲临射城内，侃曰："车高堑虚，彼来必倒，可卧而观之，不劳设备。"及车动果倒，众皆服焉。贼既频攻不捷，乃筑长围。朱异、张绾议欲出击之，高祖以问侃，侃曰："不可。贼多日攻城，既不能下，故立长围，欲引城中降者耳。今击之，出人若少，不足破贼，若多，则一旦失利，自相腾践，门隘桥小，必大致挫衄，此乃示弱，非骋王威也。"不从，遂使千余人出战，未及交锋，望风退走，果以争桥赴水，死者大半。

初，侃长子鷟为景所获，执来城下示侃，侃谓曰："我倾宗报主，犹恨不足，岂复计此一子，幸汝早能杀之。"数日复持来，侃谓鷟曰："久以汝为死，犹复在邪？吾以身许国，誓死行阵，终不以尔而生进退。"因引弓射之。贼感其忠义，亦不害之也。景遣仪同傅士哲呼侃与语曰："侯王远来问讯天子，何为闭距，不时进纳？尚书国家大臣，宜启朝廷。"侃曰："侯将军奔亡之后，归命国家，重镇方城，悬相任寄，何所患苦，忽致称兵？今驱乌合之卒，至王城之下，虏马饮淮，矢集帝室，岂有人臣而至于此？吾荷国重恩，当禀承庙算，以扫大逆耳，不能妄受浮说，开门揖盗。幸谢侯王，早自为所。"士哲又曰："侯王事君尽节，不为朝廷所知，正欲面启至尊，以除奸佞。既居戎旅，故带甲来朝，何谓作逆？"侃曰："圣上临四海将五十年，聪明浚哲，无幽不照，有何奸佞而得在朝？欲饰其非，宁无诡说。且侯王亲举白刃，以向城阙，事君尽节，正若是邪！"士哲无以应，乃曰："在北之日，久挹风猷，每恨平生，未获披叙，愿去戎服，得一相见。"侃为之免胄，士哲瞻望久之而去。其为北人所钦慕如此。

后大雨，城内土山崩，贼乘之垂入，苦战不能禁，侃乃令多掷火，为火城以断其路，徐于里筑城，贼不能进。十二月，侃疾卒于台内，时年五十四。诏给东园秘器，布绢各五百匹，钱三百万，赠侍中、护军将军，鼓吹一部。

侃少而雄勇，膂力绝人，所用弓至十余石。尝于兖州尧庙蹋壁，直上至五寻，横行得七迹。泗桥有数石人，长八尺，大十围，侃执以相击，悉皆破碎。

侃性豪侈，善音律，自造采莲、棹歌两曲，甚有新致。姬妾侍列，穷极奢靡。有弹筝人陆太喜，著鹿角爪长七寸。舞人张净琬，腰围一尺六寸，时人咸推能掌中舞。又有孙荆玉，能反腰贴地，衔得席上玉簪。敕赉歌人王娥儿，东宫亦赍歌者屈偶之，并妙尽奇曲，一时无对。初赴衡州，于两艑舺起三间通梁水斋，饰以珠玉，加之锦缋，盛设帷屏，阵列女乐，乘潮解缆，临波置酒，缘塘傍水，观者填咽。大同中，魏使阳斐，与侃在北尝同学，有诏令侃延斐同宴。宾客三百余人，器皆金玉杂宝，奏三部女乐，至夕，侍婢百余人，俱执金花烛。侃不能饮酒，而好宾客交游，终日献酬，同其醉醒。性宽厚，有器局，尝南还至涟口，置酒，有客张孺才者，醉于船中失火，延烧七十余艘，所爇金帛不可胜数。侃闻之，都不挂意，命酒不辍。孺才渐惧，自逃匿，侃慰喻使还，待之加旧。第三子鹍。

【译文】

羊侃，字祖忻，泰山梁甫人，汉代南阳太守羊续的后代。祖父羊规，宋武帝刘裕任徐州刺史时，任他为祭酒从事、大中正。当时薛安都以彭城投降北魏，羊规也随之到北魏，被授官卫将军、营州刺史。父亲羊祉，北魏时任侍中，金紫光禄大夫。

羊侃少年时有奇才，身高七尺八寸，爱好文史，广泛阅读书籍，尤其爱好《左氏春秋》和《孙吴兵法》。刚成年时随父亲在梁州讨伐氏族立功。北魏正光年间，任别将。当时在秦州有羌人莫遮念生占据州城造反，自称帝，派遣他的弟弟莫遮天生率部众攻克岐州，接着进攻雍州。羊侃被任为偏将，隶属肖宝夤前往讨伐，他藏身在坑壕中，伺机射天生，一箭射死，天生部众也随即溃散。因功升为使持节、征东大将军、东道行台，兼领泰山太守，晋爵为钜平侯。

起初，他的父亲有南归的志向，常对他几个儿子说："人生哪里可以长久留在异乡，你等可以回到南方去。"到此时羊侃想以河济地区投降南朝以实现父亲的志向。但是羊侃的堂兄，兖州刺史羊敦知道后，在兖州阻挡抗拒羊侃。羊侃率领三万精兵袭击他，没有成功，于是筑十余城守着，并派使者到梁朝。梁朝宣布，对羊侃的奖赏与元法僧相同，并派遣羊鸦仁、王弁率领军队去接应，李元履运送粮食和武器。北魏皇帝听说后，派使者去授予羊侃骠骑大将军、司徒、泰山郡公，长为兖州刺史。羊侃斩了使者，北魏大惊，命令行台尚书左仆射于晖率领数十万军队，还有高欢、尔朱阳都等部队相继而至，包围羊侃十余圈，羊侃城栅中矢已用完，被杀伤的人很多，而南朝梁的军队还没有来到，于是在夜晚突围而出，边战边行，跑了一天一夜才出北魏的境界。到了渣口，还剩有一万多人，两千匹马。快进入南朝境内，士兵们都整夜悲伤地唱家乡的歌，羊侃对他们说："你等怀念故土，按理就不能随我来南朝，现在去留就由你们，可在这里分别。"各人拜谢辞别而去。

大通三年，羊侃到了梁的都城建康，梁武帝下诏授给他使持节、散骑常侍、都督瑕丘征讨诸军事、安北将军、徐州刺史，他的哥哥羊默和三个弟弟羊忱、羊给、羊元都拜为刺史。不久任命羊侃为都督北讨诸军事，外出屯兵日城，刚好陈庆之行军失利，停止了前进。这一年，下诏任他为持节、云麾将军、青冀二州刺史。

中大通四年，下诏任使持节，都督瑕丘诸军事，安北将军、兖州刺史，随从太尉元法僧北伐。元法僧先启奏说："我与羊侃有老交情，愿意与他同行。"梁武帝于是召见羊侃问他作战计划谋略，羊侃详细陈述了进攻的计划。梁武帝听了后说："知道你愿意与太尉同行。"羊侃说："臣离开北土回到朝廷，常常想为国效命，然而实在未曾愿与元法僧同行。北人虽然认为臣是吴人，而南人已经称臣为北虏。今与法僧同行，还是北虏之间同类相角逐，非但违背我一向的心愿，也使北方少数民族轻视汉人。"梁武帝说："现在朝廷需要你同行。"就下诏任命他为大军司马。梁武帝对羊侃说："军司马这官位废置已久，现在为你才设置。"行军到官竹，同行的元树在谯城作战失利，丧失了军队。回军后，授官为侍中。中大通五年，封高昌县侯，食邑千户。六年，离京出任为云麾将军、晋安太守。闽越地区有反上作乱的风气，前后太守都不能阻止平息，羊侃来到后讨伐出击，斩了他们的首领陈称、吴满等，于是郡内安定清静，没有人敢再反乱。不久，征召为太子左卫率。

大同三年，皇帝到乐游苑去玩，羊侃也参加了宴会。当时少府上奏说新造成了一种两刃长矛，长二丈四尺，刃宽一尺三寸，梁武帝赐给羊侃一匹马，命他试舞。羊侃拿矛上马，左右击刺，十分英武美妙，梁武帝连连称赞。梁武帝又赋了《武宴诗》三十韵给羊侃看，羊侃立即应诏随韵作诗。梁武帝看了后说："我听说有仁的人一定有勇，今天见到有勇的人有仁，可以说是邹、鲁的遗风，孔孟英贤不绝。"大同六年，升迁为司徒左长史。八年，升为都官尚书。当时尚书令何敬容掌权，羊侃与他同在尚书省，但却没有去拜访他。有宦官张僧胤去拜访羊侃，羊侃说："我的椅子不是阉人坐的。"竟不接见。当时人认为他正派有气节，十分赞赏。九年，离京出任使持节，壮武将军、衡州刺史。

太清元年，征召为侍中。刚好大举北伐，就任命羊侃为持节、冠军，负责监督建造寒山堰的事。经过二十天，堰建造成。羊侃劝元帅贞阳侯萧渊明乘着水势进攻彭城，未被采纳，后来北魏援兵大量到来，羊侃又反复劝萧渊明趁他们远道而来加以袭击，第二天又劝出战，都不被采纳。羊侃就率领自己的军队驻扎到堰上。后来萧渊明大军失败，羊侃摆好了战阵徐徐退回。

太清二年，重新任命羊侃为都官尚书。侯景反叛，攻陷历阳，梁武帝问羊侃讨伐侯景的计策。羊侃说："侯景反叛的迹象早已显现，他或许会侵扰南下，应该马上占据采石，命邵陵王纶袭取寿春。侯景进不得前，退失去巢窟，他的乌合之众，自然会很快瓦解。"有些人认为侯景不敢马上进逼京师，因此，这个计划也就暂时搁下了，命令羊侃率领千余骑兵驻屯在望国门。侯景到了新林，朝廷马上调羊侃入京师，成为台内大都督宣城王萧大器的副手，任都督城内诸军事。当时候景突然到来，百姓竞相逃入城内，社会秩序一片混乱。羊侃就布置分配防卫力量，以宗室人员掺杂其间。军人们争先恐后进入武库，自己取武器装备，有关官员不能阻挡，羊侃下令斩杀数人，方才阻止。不久侯景贼军逼近京城，人心汹汹，恐慌不安，羊侃假称得到了城外射入的书信，内说"邵陵王萧纶、西昌侯萧渊藻的援兵已经到了附近的路上。"大家才稍稍安定。贼军进攻东掖门，纵火焚烧，火势很盛，羊侃亲自领兵抵抗，他在门上凿空，往下浇水，火终于扑灭。他又引弓射杀数人，贼军才退走。诏加羊侃侍中、军师将军。有诏书命令送金五千两，银万两，绢万匹，赏赐给战士，羊侃辞谢不受。他自己带来的部队千余人，都用私产加以奖赏。

侯景军用尖顶木驴攻城，因上蒙湿牛皮，木石铁火都难破坏，羊侃作雉尾炬，除用枯草缚扎处，上还装铁箭头，用油浇浸，烧着后掷到木驴上，凿穿牛皮，就烧毁了木驴。贼军又在东西两面垒起土山，比城高，城中人惊骇万分，羊侃命挖地道直到土山下，把土挖空，山就塌下了。贼军又制造了登城楼车，高十多丈，想在车上对城内射箭，羊侃说："车太高而城外沟虚，它来必然倒下，可躺着看它倒，不必防备。"等车一移动后果然倒下，大家都佩服羊侃的预见。贼军多次进攻不能胜利，就把京城团团包围起来。朱异、张绾主张开城出击，梁武帝问羊侃，羊侃答道："不可以。贼军多日攻城。因攻不下，所以团团包围，目的是想诱降城中的人。现在出击，如果出去人少，不足以打败他们；如果人多，一旦失利，自相践踏。城门狭，桥小，必然伤亡惨重，这是向敌人示弱，不是宣扬王威呀。"但这意见没有被采纳，梁朝派出千余士兵出城作战，还未及交锋，就望风逃回，果然存争上桥时纷纷落水，死了一大半。

在此前，羊侃长子羊鷟被侯景所抓获，侯景把他带到城下给羊侃看，羊侃说："我把全宗族的人都用来报答圣上的大恩，还恨不够，哪里还计较这一儿子，希望你早点把他杀了。"过几天侯景又抓他到城下，羊侃对羊鷟说："我以为你早已死了，你还在呀，我以身许国，誓死与敌作战，终归不会因为你而动摇我的进退。"说完拿起弓来射。贼军都被羊侃的忠义所感动，也不加害于羊鷟。侯景派遣仪同傅士哲呼羊侃说话，他说："侯王远道而来问候天子，为何闭门拒绝，不及时进纳？尚书是国家大臣，应该启奏朝廷。"羊侃说："侯将军在奔走逃亡之后，归顺我们国家，朝廷把重要的城市方镇委任给他管理，是什么忧患苦楚，使他忽然起兵？今天他驱使一些乌合之众，来到王城之下，掳掠马匹饮淮河水，向王城中射箭，岂有作为臣下而这样做的？我受国家的大恩，应当秉承皇帝的决策，扫荡反叛的逆贼，不能够轻易听你的花言巧语，开门迎接盗贼。请你回告侯王，望他及早好自为之。"士哲又说："侯王侍奉天子尽心尽力，不被朝廷所知道，正想当面启奏天子，以清除奸臣。既然在军中任职，故而带兵来到京师，怎么能说是造反呢？"羊侃说："圣上君临四海近五十年，聪明而有智慧，没有一件事能瞒得过他，有哪一个奸臣可以在朝廷上？要想掩饰错误，希望你不要用讲假话的办法。而且侯王亲自高举大刀，进攻城门宫殿，侍奉君王尽臣下之节，有这样做的吗？"士哲无言可答，于是说："在北方的日子里，久仰你的风采和谋略，每恨平生不能和你相叙，请你脱去战袍，让我好好看看你的风采。"羊侃就脱去了盔甲，傅士哲瞻仰了很久才离去。羊侃就是这样被北方人所钦佩和羡慕。

后来下起大雨，建康城内土山崩坏，贼军乘虚而入，战士们苦战但不能击退敌人，羊侃下令多掷火，使城成为火城用来阻断贼军的路，与此同时，在城里再筑城，贼军无法前进。十二月，羊侃遇病死于合城中，年五十四岁。下诏给东园的棺材，布和绢各五百匹，钱三百万，赠官侍中、护军将军，又赐给一部鼓吹乐队。

羊侃少年时勇猛非凡，臂力惊人，所用的弓达到十余石。曾经在兖州的尧庙的壁上行走，上到四丈高，横行了七步。泗桥上有几个石人，长八尺，大十围即五尺，羊侃抓住它们互相击撞，都被撞碎了。

羊侃生活豪华奢侈，懂音乐，曾自己创作《采莲》《棹歌》两首歌曲，很有新意。姬妾在一旁侍候，十分奢靡。有个弹筝人陆太喜，其弹筝的鹿爪长七寸。跳舞人张净琬，腰围只有一尺六寸，当时人都说他能站在人手掌上跳舞。又有一个孙荆玉，能反腰贴近地面，咬到席子上的玉簪。皇帝赏赐的歌手王姚儿，东宫也赏赐歌手屈偶之，都是能唱美妙动听的歌曲，一时无人可比。最初到衡州，在两只小船上造起三间通梁水斋，上面装饰了珠玉、有彩图的锦，和华丽的屏风，还有歌女和舞女，船解缆后趁潮前进，面对着水波饮酒作乐,两岸的观看者拥挤不堪。大同年间,北魏使者阳斐,与羊侃在北方时曾是同学,有诏书命羊侃请阳斐宴会,参加的还有宾客三百余人,宴会上的饮器都是金玉等所制作,有三部女乐队奏乐,侍候的婢女达百余人,都手拿着金花烛。羊侃不能饮酒,而善于与宾客应酬,他整天陪伴着宾客,与他们一样时醉时醒。羊侃性格宽厚,有气量,曾经从南方回到涟口,设酒宴,有一个叫张孺才的宾客,醉后在船中引起火灾,连带烧了七十余艘船,被烧金银和帛不可计数。羊侃听说后,都不介意,命令酒宴不要停止。张孺才既惭愧又害怕,逃走了,羊侃派人安慰他并叫他回来,对待他象起初一样。第三个儿子是羊鹍。

崔灵恩传

【题解】

崔灵恩,清河东武城(今山东省武城县西北)人。生卒年不详。少笃学,博通《诗》《书》《易》《礼》《春秋》五经,尤其精通《三礼》(《周礼》《仪礼》《礼记》)及《三传》(《春秋左氏传》《春秋公羊传》《春秋谷梁传》)。他还精通天文,认为盖天说与浑天说实为同一学说。崔灵恩初仕北魏,为太常博士。天监十三年(公元514年)归梁。累迁步兵校尉兼国子博士。他聚徒讲学授业,听者常有数百人。后出任桂州刺史,卒于官。崔灵恩著述甚丰,有《集注毛诗》《集注周礼》《三礼义宗》等百余卷之众,其中部分收入清人马国翰《玉函山房辑佚书》。

【原文】

崔灵恩,清河东武城人也。少笃学,从师遍通《五经》,尤精《三礼》《三传》。先在北仕为太常博士,天监十三年归国。高祖以其儒术,擢拜员外散骑侍郎,累迁步兵校尉,兼国子博士。灵恩聚徒讲授,听者常数百人。性拙朴无风采,及解经析理,甚有精致,京师旧儒咸称重之,助教孔佥尤好其学。灵恩先习《左传》服解,不为江东所行,及改说杜义,每文句常申服以难杜,遂著《左氏条义》以明之。时有助教虞僧诞又精杜学,因作《申杜难服》,以答灵恩,世并行焉。僧诞,会稽余姚人,以《左氏》教授,听者亦数百人。其该通义例,当时莫及。

先是儒者论天,互执浑、盖二义,论盖不合于浑,论浑不合于盖。灵恩立义,以浑、盖为一焉。

出为长沙内史,还除国子博士,讲众尤盛。出为明威将军、桂州刺史,卒官。灵恩《集注毛诗》二十二卷,《集注周礼》四十卷,制《三礼义宗》四十七卷,《左氏经传义》二十二卷,《左氏条例》十卷,《公羊·谷梁文句义》十卷。

【译文】

崔灵恩,清河东武城人。他少年时代即酷爱学习,从师学习儒家的经典,博通《五经》,尤其精通《三礼》和《三传》。他最初曾在北魏做官,任太常博士,到梁天监十三年(公元514年)时才返回梁国。梁高祖萧衍因他精通儒家学说,升其为员外散骑侍郎,接着又晋升为步兵校尉,兼任国子博士。崔灵恩曾招收弟子,讲学授业,前来听讲的常有数百人,他的性格朴实无华,但是他讲解经文分析义理极为精辟细致,当时京城中年长的学者都很赏识他,器重他,他的助手孔金则特别喜爱他的学说。崔灵恩最初讲习服虔对《春秋左氏传》的注解释义,但在江东地区没有能够流传,后来他立即改为讲解杜预对《左氏传》的释义,对每章每句的训释常常申述服虔的说法而驳难杜预,为说明这些见解,于是他撰写了《左氏条义》一书。当时,有一位名叫虞僧诞的助手,不仅精通服虔的学说,而且也很精通杜预的学说,继崔灵恩之后写成了《申杜难服》一书,用来答对崔灵恩,两书在当时并行于世。虞僧诞是会稽余姚人,当他讲授《春秋左氏传》的时候,前去听讲的也有数百人。僧诞对《左氏传》的时没有人可与他相比。

过去学者们谈论天文,有些人主张浑天说,有些人则主张盖天说,主张浑天说的人就论证盖天说不符合浑天说,主张盖天说的人则论证浑天说不能符合盖天说。崔灵恩提出了自己的见解,他认为浑天说与盖天说实为同一种学说。

后来,崔灵恩受朝廷的委任作了长沙内史,归朝后被授官为国子博士,从此以后,他的讲学授业的事业更加兴盛了。其后他又离开京城出任明威将军、桂州刺史,在任职期间去世了。崔灵恩著有《集注毛诗》二十二卷,《集注周礼》四十卷,还撰写了《三礼义宗》四十七卷,《左氏经传义》二十二卷,《左氏条例》十卷,《公羊、谷梁文句义》十卷。

陶弘景传

【题解】

陶弘景(456~536年)南朝丹阳秣陵人,字通明。著名文学家、医学家、道教学者。早年博学多才,为齐诸王侍读,后来隐居句容句曲山,自号华阳隐居。世有"山中宰相"之称,著有《真诰》《真灵仙业图》《本草集注》《时后百一方》等,在文化史上极具影响。

【原文】

陶弘景字通明,丹阳秣陵人也。初,母梦青龙自怀而出,并见两天人执香炉来至其所,已而有娠,遂产弘景。幼有异操,年十岁,得葛洪《神仙传》,书夜研寻,便有养生之志。谓人曰:"仰青云,睹白日,不觉为远矣。"及长,身长七尺四寸,神仪明秀,朗目疏眉,细形长耳。读书万余卷。善琴棋,工草隶。未弱冠,齐高帝作相,引为诸王侍读,除奉朝请。虽在朱门,闭影不交外物,唯以披阅为务,朝仪故事,多取决焉。永明十年,上表辞禄,诏许之,赐以束帛。及废,公卿祖之于征卢亭,供帐甚盛,车马填咽,咸云宋齐已来,未有斯事。朝野荣之。

于是止于句容之句曲山。恒曰:"此山下是第八洞宫,名金坛华阳之天,周回一百五十里。昔汉有咸阳三茅君得道,来掌此山,故谓之茅山。"乃中山立馆,自号华阳隐君。始从东阳孙游岳受符图经法。偏历名山,寻访仙药。每经涧谷,必坐卧其间,吟咏盘桓,不能已已。时沈约为东阳郡守,高其志节,累书要之,不至。

弘景为人,圆通谦谨,出处冥会,心如明镜,遇物便了,言无烦舛,有亦辄觉。建武中,齐宜都王铿为明帝所害,其夜,弘景梦铿告别,因访其幽冥中事,多说神异,因著《梦记》焉。

永元初,更筑三层楼,弘景处其上,弟子居其中,宾客至其下,与物遂绝,唯一家童得侍其旁。特爱松风,每承其响,欣然为乐。有时独游泉石,望见者以为仙人。

性好著述,尚奇异,顾惜光景,老而弥笃。尤明阴阳五行,风角星算,山川地理,方图产物,医术本草。著《帝代年历》,又尝造浑天仪,云"修道所须,非止史官是用。"

义师平建康,闻议禅代,弘景援引图谶,数处皆成'梁'字,令弟子进之。高祖既早与之游,及即位后,恩礼逾笃,书问不绝,冠盖相望。

天监四年,移居积金东涧,善辟谷导引之法,年逾八十而有壮容,深慕张良之为人,云"古贤莫比"。会梦佛授其菩提记,名为胜力菩萨。乃诣鄮县阿育王塔自誓,受五大戒。后太宗临南徐州,钦其风素,召至后堂,与谈论数日而去,太宗甚敬异之。大通初,令献二刀于高祖,其一名善胜,一名威胜,并为佳宝。

太同二年,卒,时年八十五。颜色不变,屈申如恒。诏赠中散大夫,谥曰贞白先生,仍遣舍人监护丧事。弘景遗令薄葬,弟子遵而行之。

陶弘景

【译文】

陶弘景字通明,丹阳秣陵地方人。开始,母亲做梦梦见青龙从怀中出来,并且还看见两位天人手拿着香炉来到他们的房里,不久就怀孕了,于是生下了陶弘景,他小时候有奇异之行,十岁年纪,得到葛洪《神仙传》,白天黑夜的研读,于是有了养生的志向。对人家说:"仰视青云,观看太阳,不觉得是很遥远的事了。"等到长大了,身高有七尺四寸,神态仪表出众,眼睛明亮有神,眉毛宽广,身材修长,耳朵肥大,读书超过万卷,善于抚琴下棋,工于草书隶书,还不到二十岁,齐高帝任相,把他封为诸王的伴读,并官拜奉朝请,虽然生活在贵族群中,但关起门来不与其他人相来往,只以看书为要事,朝廷规仪礼章等事,一般都向他请教决断。永明十年,上表辞去俸禄,皇帝下诏同意,并赏赐丝帛。等到他动身离开朝廷的时候,公卿大夫设宴于征虏亭与之饯别,因设账太多车马把道路都填满了,都说宋、齐以来,还没有出现过这种事情,朝廷和民间都认为是件有面子的事情。

从这以后,陶弘景居住在句容的句曲山,常说:"这座山下面是道教第八洞宫,名叫金坛华阳之天,周围有一百五十里,从前汉代有咸阳三茅君修炼得道,来掌管这座山,所以称之为茅山。"于是在山中建了座道馆,自名为华阳隐君。开始跟随东阳孙游岳学习传授道符图经书道法,登访经历了许多名山,寻找访求仙药,每次经过山涧溪谷,一定端坐仰卧其间,吟咏徘徊,不能停止。当时沈约担任东阳郡太守,认为陶弘景志节高尚,多次写信邀请他,不去。

陶弘景为人圆通谦虚,小心谨慎,事情的变化曲直,心中如镜子一样十分明白,遇到什么事情从不挂在心上，讲话也没什么矛盾，即使有也马上发觉。建武年间，齐宜都王铿为齐明帝所杀害，那天夜里，陶弘景梦见铿来告别，因此搜访宜都王幽冥之间的事迹，大多讲的是神秘怪异之事，因此写下了《梦记》一书。

永元初年，又筑三层楼，陶弘景住在上面一层，弟子住中间一层，来访宾客则在下层，于是和外人都隔绝，只有一个家僮在身边侍候。特别喜欢松风，每次听到松风声，就感到十分高兴愉快。有时他一个人游览泉石之间，看见的人认为是神仙。

陶弘景本性喜欢著述，更追求奇异，爱惜时间，越老越勤奋，尤其了解阴阳五行、风角星算、山川地理、方图产物，医术本草。著有《帝代年历》，又曾经制造浑天象，说是"修炼道法所需要，不仅仅是史官才用"。

义师平定建康，听说议论禅让帝位，陶弘景援引图书谶文，多处都成"梁"字，让弟子进上，梁高祖既早就与他有交情，等到即了帝位，恩情礼谊更加敦厚，写信问候没有间断，总有达官贵人不断地到他家去。

天监四年，移居到茅山积金东边的水溪边。擅长于辟谷气功等养生方法，过了八十岁仍然显得青春年少，十分爱慕汉代张良的为人处世，称赞他"古代的贤人没有谁能比拟"。曾经做梦梦见佛传授给他菩提记，并称他为胜力菩萨。于是到鄮县阿育王塔去发誓表愿，接受五大戒。后来太宗来到南徐州，钦佩他的高风清名，召他到后堂之中，和他谈论了多日才离开，太宗十分敬佩叹异他。大通初年，派人送两把宝刀给梁高祖，一把名叫"善胜"，一把称"威胜"，都是难得的好宝物。

大同二年逝去，卒年八十五，死时颜色不变，弯曲伸直如平常一样，皇帝下诏赠号为中散大夫，谥称贞白先生，并派皇宫中的官吏监督照料丧事。陶弘景留下遗书要薄葬，弟子们遵照予以办理。

孙谦传

【题解】

孙谦(425~516)，字长逊，东莞莒县人。他任巴东、建平二郡太守时，不用武力镇压境内的蛮人与獠人，而以恩惠进行感化，不接受他们送来的黄金珍宝，并放还先前抢掠来的蛮人，使得郡中安定。历任二县、五郡长官，皆廉洁奉公，不受礼物，每次离职从官府搬出后，因没有私宅，就只得借官府的空车棚居住。他身体强壮，直到八、九十岁，仍请求担任繁重的职务，以为国家效力，最后，死于光禄大夫任上。

【原文】

孙谦，字长逊，东莞莒人也。少为亲人赵伯符所知。谦年十七，伯符为豫州刺史，引为左军行参军，以治干称。父忧去职，客居历阳，躬耕以养弟妹，乡里称其敦睦。宋江夏王义恭闻之，引为参军，历仕大司马、太宰二府。出为句容令，清慎强记，县人号为神明。

泰始初，事建安王休仁，休仁以为司徒参军，言之明帝，擢为明威将军、巴东建平二郡太守。郡居三峡，恒以威力镇之。谦将述职，敕募千人自随。谦曰："蛮夷不宾，盖待之失节耳，何烦兵役，以为国费。"固辞不受。至郡，布恩惠之化，蛮獠怀之，竞饷金宝，谦慰喻而遣，一无所纳。及掠得生口，皆放还家。俸秩出吏民者，悉原除之。郡境翕然，威信大著。视事三年，征还为抚军中兵参军。

元徽初，迁梁州刺史，辞不赴职，迁越骑校尉、征北司马府主簿。建平王将称兵，患谦强直，托事遣使京师，然后作乱。及建平诛，迁左军将军。

齐初，为宁朔将军、钱唐令，治烦以简，狱无系囚。及去官，百姓以谦在职不受饷遗，追载缣帛以送之，谦却不受。每去官，辄无私宅，常借官空车厩居焉。永明初，为冠军长史、江夏太守，坐被代辄去郡，系尚方，顷之，免为中散大夫。明帝将废立，欲引谦为心膂，使兼卫尉，给甲杖百人，谦不愿处际会，辄散甲士，帝虽不罪，而弗复任焉。出为南中郎司马。东昏永元元年，迁口口大夫。

天监六年，出为辅国将军、零陵太守，已衰老，犹强力为政，吏民安之。先是，郡多虎暴，谦至绝迹。及去官之夜，虎即害居民。谦为郡县，常勤劝课农桑，务尽地利，收入常多于邻境。九年，以年老，征为光禄大夫。既至，高祖嘉其清洁，甚礼异焉。每朝见，犹请剧职自效。高祖笑曰："朕使卿智，不使卿力。"十四年，诏曰："光禄大夫孙谦，清慎有闻，白首不怠，高年旧齿，宜加优秩。可给亲信二十人，并给扶。"

谦自少及老，历二县五郡，所在廉洁。居身俭素，床施蘧篨屏风，冬则布被莞席。夏日无帱帐，而夜卧太尝有蚊蚋，人多异焉。年逾九十，强壮如五十者，每朝会，辄先众到公门。力于仁义，行己过人甚远。从兄灵庆常病寄于谦，谦出行还问起居。灵庆曰："向饮冷热不调，即时犹渴。"谦退遣其妻。有彭城刘融者，行乞疾笃无所归，友人舆送谦舍，谦开厅事以待之。及融死，以礼殡葬之。众咸服其行义。十五年，卒官，时年九十二。诏赙钱三万，布五十匹。高祖为举哀，甚悼惜之。

【译文】

孙谦，字长逊，是东莞莒人。他自小就被亲戚赵伯符所赏识，在他十七岁时，赵伯符出任豫州刺史，委任他为左军行参军，他以处理事务得当见称。他因父亲去世而离职，就暂时寄居在历阳，从事耕作以养活弟妹，乡里父老都称赞他敦厚和睦。宋江夏王刘义恭听说后，任用他为行参军，以后，孙谦又连续在大司马、太宰二府中任僚佐。他又出任句容令，清廉谨慎，博闻强记，县里百姓把他称为神明。

宋明帝泰始初，他事奉建安王刘休仁，刘休仁任用他为司徒参军，并向宋明帝提到他。明帝提升他为明威将军、巴东与建平二郡太守。这二郡在长江三峡地区，主要居住着蛮、獠等少数民族，地方官一直是以武力来进行镇压。孙谦将要上任，明帝命令他召募一千人为兵，统兵赴任。孙谦说："蛮獠不服从命令，是由于对待他们失去节制，不必麻烦役使兵卒，以耗费国家资财。"他坚决推辞不受。到郡后，他广施恩惠，推行教化，蛮人与獠人十分感动，争相献上黄金与珍宝，孙谦加以抚慰劝喻，让他们回去安居乐业，所献的东西一无所受。对于原先抢掠的蛮人，孙谦也都将他们释放回家。自己俸禄中出于本郡官吏百姓的部分，他都免除不收。在他治理下，郡中安定，他的威信大增。他在任三年，被征召入朝为抚军将军中兵参军。

宋后废帝元徽初，他被任命为梁州刺史，他推辞没有赴职，又被任命为越骑校尉、征北司马府主簿。建平王刘景素将要举兵造反，顾虑孙谦为人刚强正直，先找借口派他出使到京都,然后再起兵作乱。刘景素被杀后,孙谦迁任左军将军。

齐高帝建元初,他担任宁朔将军、钱唐令,他以简便的方法处理繁杂的事务,以至狱中没有等待判决的囚犯。到他离职时,百姓以他在职时不受百姓的礼物,装载缣帛等物追着要送给他,但他一无所受。每次离职时,因为自己没有私宅,就借官府空着的车棚居住。齐武帝永明初,他出任冠军将军长史、江夏太守,由于在被接替时擅自离开江夏郡,被关押到尚方中,不久,被赦免为中散大夫。齐明帝在密谋废立时,想用孙谦为亲信。以他兼卫尉,给他甲士百人,他不愿参与宗室内乱,就擅自遣散甲士,明帝虽然没有怪罪他,但不再重用他。派他出任南中郎将司马。东昏侯永元元年,孙谦迁任口口大夫。

梁武帝天监六年,孙谦出任辅国将军、零陵太守,虽然年龄已衰老,但他还是勉力处理政务,官吏百姓都能安居乐业。起先,郡中经常有老虎伤人,他来到后,遂不见老虎的痕迹。到他离职的那天夜里,老虎又出来伤害居民。孙谦担任郡县官时,经常勤于劝说百姓进行耕作养蚕,务于使地尽其利,因此,收入常比邻境为多。天监九年,因他年老,征召为光禄大夫。入朝后,梁武帝赞赏他的清白廉洁,对他十分礼遇。每次朝见时,孙谦还请求担任繁重的职务以效力,梁武帝笑着说:"朕使用卿的智慧,而不再使用卿的气力。"天监十四年,梁武帝下诏说:"光禄大夫孙谦,清廉谨慎,名声卓著,始终不怠,是高年老臣,应加以优待。可给他亲信二十人,并允许在入朝时由专人加以搀扶。"

孙谦自少至老,历任二县、五郡的长官,所到之处,廉洁奉公。他生活俭素,床边使用苇或竹编的粗席作屏风,冬天则使用布被与莞草编制的席子。夏天没有蚊帐,但晚上睡觉却没有蚊虫来骚扰,别人都很惊奇。他年过九十,但身体强壮,与五十岁的人相仿,每次朝会,他都比众人先到公门。他努力实行仁义,自己所做的超过一般人很多。他的从兄孙灵庆曾在他家养病,他外出前及归来后都要去探问孙灵庆的起居情况。一次,孙灵庆说:"先前喝的水冷热不调,现在还口渴。"孙谦退出后,便将妻子送回娘家。彭城人刘融乞讨要饭,病重后无处收留,他的朋友用车把他送到孙谦家,孙谦打开厅堂以接待刘融。刘融去世后,孙谦又以礼进行殡葬。众人都佩服孙谦的仁义作风。天监十五年,他死于任上,当时已九十二岁。梁武帝下诏赐给钱三万,布五十匹。梁武帝亲自为孙谦举哀,十分悲痛可惜。

后主本纪

【题解】

陈后主名叔宝,字元秀,小字黄奴,陈宣帝的长子。生于承圣二年(553),卒于仁寿四年(604)。天嘉三年(562),被立为安成王世子。天康元年授为宁远将军。光大二年(568)授为太子中庶子,不久迁位侍中。太建元年(569)正月,父亲陈项登基称帝,叔宝被立为皇太子。太建十四年(582)春正月,陈高宗病逝,叔宝在平定了其弟陈叔陵的叛乱之后,择日登基,改元至德。陈后主在位期间,大建宫室,生活奢侈、荒淫无度,将朝政国事授予施文庆、沈客卿等人,日与妃嫔、文臣游宴,制作艳词,其中乐曲尤以陈叔宝所谱的《玉树后庭花》《临春乐》最为著名。隋兵南下时,恃长江天险,不以为意。祯明三年

（589），隋军攻入京城，陈叔宝闻讯纵身跳入井中，后被隋军俘虏，病死在隋都洛阳。死后追赠为长城县公，追谥曰"炀"，历史上称陈叔宝为陈后主或长城公。

【原文】

后主讳叔宝，字元秀，小字黄奴，高宗嫡长子也。梁承圣二年十一月戊寅生于江陵。明年，江陵陷，高宗迁关右，留后主于穰城。天嘉三年，归京师，立为安成王世子。天康元年，授宁远将军，置佐史。光大二年，为太子中庶子，寻迁侍中，余如故。太建元年正月甲午，立为皇太子。

十四年正月甲寅，高宗崩。乙卯，始兴王叔陵作逆，伏诛。丁巳，太子即皇帝位于太极前殿。诏曰："上天降祸，大行皇帝奄弃万国，攀号擗踊，无所迨及。朕以哀茕，嗣膺宝历。若涉巨川，罔知攸济，方赖群公，用匡寡薄。思播遗德，覃被亿兆，凡厥遐迩，咸与惟新。可大赦天下。在位文武及孝悌力田为父后者，并赐爵一级。孤老鳏寡不能自存者，赐谷人五斛、帛二匹。"癸亥，以侍中、翊前将军、丹阳尹长沙王叔坚为骠骑将军、开府仪同三司、扬州刺史，右卫将军萧摩诃为车骑将军、南徐州刺史，镇西将军、荆州刺史樊毅进号征西将军，平南将军、豫州刺史任忠进号镇南将军，护军将军沈恪为特进、金紫光禄大夫，平西将军鲁广达进号安西将军，仁武将军、丰州刺史章大宝为中护军。乙丑，尊皇后为皇太后，宫曰弘范。景寅，以冠军将军晋熙王叔文为宣惠将军、丹阳尹。丁卯，立弟叔重为始兴王，奉昭烈王祀。己巳，立妃沈氏为皇后。辛未，立皇弟叔俨为寻阳王，皇弟叔慎为岳阳王，皇弟叔达为义阳王，皇弟叔熊为巴山王，皇弟叔虞为武昌王。壬申，侍中、中权将军、开府仪同三司鄱阳王伯山进号中权大将军，军师将军、尚书左仆射晋安王伯恭进号翊前将军，侍中、翊右将军、中领军庐陵王伯仁进号安前将军，镇南将军、江州刺史豫章王叔英进号征南将军，平南将军、湘州刺史建安王叔卿进号安南将军。以侍中、中书监、安右将军徐陵为左光禄大夫，领太子少傅。甲戌，设无导大会于太极前殿。

陈后主

三月辛亥，诏曰："躬推为劝，义显前经，力农见赏，事昭往诰。斯乃国储是资，民命攸属，丰俭隆替，靡不由之。夫入赋自古，输藁惟旧，沃饶贵于十金，硗确至于三易，腴埆既异，盈缩不同。诈伪日兴，簿书岁改。稻田使者，著自西京，不实峻刑，闻诸东汉。老农惧于祗应，俗吏因以侮文。辍耒成群，游手为伍，永言妨蠹，良可太息。今阳和在节，膏泽润下，宜展春耨，以望秋坻。其有新辟塍畎，进垦蒿莱，广袤勿得度量，征租悉皆停免。私业久废，咸许占作，公田荒纵，亦随肆勤。傥良守教耕，淳民载酒，有兹督课，议以赏擢。外可为格班下，称朕意焉。"癸亥，诏曰："夫体国经野，长世字氓，虽因革倘殊，弛张或异，至于旁求俊乂，爰逮侧微，用适和羹，是隆大夏，上智中主，咸由此术。朕以寡薄，嗣膺景祚，虽哀疚在躬，情虑愍舜，而宗社任重，黎庶务殷，无由自安拱默，敢忘康济，思所以登显髦彦,式备周行。但空劳宵梦,屡勤史卜,五就莫来,八能不至。是用申旦凝虑,景夜损怀。岂以食玉炊桂,无因自达?将怀宝迷邦,成思独善?应内外众官九品已上,可各荐一人,以会汇征之旨。且取备实难,举长或易,小大之用,明言所施,勿得南箕北斗,名而非实。其有负能仗气,摈压当时,著《宾戏》以自怜,草《客嘲》以慰志,人生一世,逢遇诚难,亦宜去此幽谷,翔兹天路,趋铜弛以观国,望金马而来庭,便当随彼方圆,饬之矩矱。"又诏曰:"昔睿后宰民,哲王御寓,虽德称汪涉,明能普烛,犹复纡己乞言,降情访道,高咨岳牧,下听舆台,故能政若神明,事无悔吝。朕纂承丕绪,思隆大业,常惧九重已邃,四聪未广,欲听昌言,不疲瘠足,若逢廷折,无惮批鳞。而口柔之辞,倘闻于在位,腹诽之意,或隐于具僚,非所以弘理至公,缉熙帝载者也。内外卿士文武众司,若有智周政术,心练治体,救民俗之疾苦,辩禁网之疏密者,各进忠说,无所隐讳。朕将虚己听受,择善而行,庶深鉴物情,匡我王度。"己巳,以侍中、尚书左仆射,新除翊前将军晋安王伯恭为安南将军、湘州刺史,新除翊左将军、永阳王伯智为尚书仆射,中护军章大宝为丰州刺史。

夏四月景申,立皇子永康公胤为皇太子,赐天下为父后者爵一级,王公已下赉帛各有差。庚子,诏曰:"朕临御区宇,抚育黔黎,方欲康济浇薄,蠲省繁费,奢僭乖衷,实宜防断。应镂金银薄及庶物化生土木人绿花之属,及布帛幅尺短狭轻疏者,并伤财废业,尤成蠹患。又僧尼道士,挟邪左道,不依经律,民间淫祀妖书诸珍怪事,详为条制,并皆禁绝。"癸卯,诏曰:"中岁克定淮、泗,爰涉青、徐,彼土酋豪,并输馨诚款,分遣亲戚,以为质任。今旧土沦陷,复成异域,南北阻远,未得会同,念其分乖,殊有爱恋。夷狄吾民,斯事一也。何独讥禁,使彼离析?外可即检任子馆及东馆并带保任在外者,并赐衣粮,颁之酒食,遂其乡路,所之阻远,便发遣船仗卫送,必令安达。若已预仕宦及别有事义不欲去者,亦随其意。"

六月癸西朔,以明威将军、通直散骑常侍孙玚为中护军。

秋七月辛未,大赦天下。是月,江水色赤如血,自京师至于荆州。

八月癸未夜,天有声如风水相击。乙酉夜亦如之。景戌,以使持节、都督缘江诸军事、安西将军鲁广达为安左将军。

九月景午,设无旱大会于太极殿,舍身及乘舆御服,大赦天下。辛亥夜,天东北有声如虫飞,渐移西北。乙卯,太白昼见。景寅,以骠骑将军、开府仪同三司、扬州刺史长沙王叔坚为司空;征南将军、江州刺史豫章王叔英即本号开府仪同三司。

至德元年春正月壬寅,诏曰:"朕以寡薄,嗣守鸿基,哀茕切虑,疹恙缠织,训俗少方,临下靡笋,惧甚践冰,栗同驭朽。而四气易流,三光遄至,缨绂列陛,玉帛充庭,具物匪新,节序疑旧,缅思前德,永慕昔辰,对轩闼而哽心,顾筵而慄气。思所以仰遵遗构,俯励薄躬,陶铸九流,休息百姓,同弘宽简,取叶阳和。可大赦天下,改太建十五年为至德元年。"以征南将军、江州刺史、新除开府仪同三司豫章王叔英为中卫大将军,骠骑将军、开府仪同三司、扬州刺史长沙王叔坚为江州刺史,征东将军、开府仪同三司、东扬州刺史司马消难进号车骑将军,宣惠将军、丹阳尹晋熙王叔文为扬州刺史,镇南将军、南豫州刺史任忠为领军将军,安左将军鲁广达为平南将军、南豫州刺史,祠部尚书江总为吏部尚书。癸卯,立皇子深为始安王。

二月丁丑,以始兴王叔重为扬州刺史。

夏四月戊辰,交州刺史李幼荣献驯象。己丑,以前轻车将军、扬州刺史晋熙王叔文为江州刺史。

秋八月丁卯,以骠骑将军、开府仪同三司长沙王叔坚为司空。

九月丁巳,天东南有声如虫飞。

冬十月丁酉,立皇弟叔平为湘东王,叔敖为临贺王,叔宣为阳山王,叔穆为西阳王。戊戌,侍中、安右将军、左光禄大夫、太子少傅徐陵卒。癸丑,立皇弟叔俭为南安王,叔澄为南郡王,叔兴为沅陵王。叔韶为岳山王,叔纯为新兴王。

十二月景辰,头和国遣使献方物。司空长沙王叔坚有罪免。戊午夜,天开自西北至东南,其内有青黄色,隆隆若雷声。

二年春正月丁卯,分遣大使巡省风俗。平南将军、豫州刺史鲁广达进号安南将军。癸巳,大赦天下。

夏五月戊子,以尚书仆射永阳王伯智为平东将军、东扬州刺史,轻车将军、江州刺史晋熙王叔文为信威将军、湘州刺史,仁威将军、扬州刺史始兴王叔重为江州刺史,信武将军、南琅玡彭城二郡太守南平王嶷为扬州刺史,吏部尚书江总为尚书仆射。

秋七月戊辰,以长沙王叔坚为侍中、镇左将军。壬午,太子加元服,在位文武赐帛各有差,孝悌力田为父后者各赐一级,鳏寡癃老不能自存者人谷五斛。

九月癸未,太白昼见。

冬十月己酉,诏曰:“耕凿自足,乃曰淳风,贡赋之兴,其来尚矣。盖《由庚》极务,不获已而行焉。但法令滋章,奸盗多有,俗尚浇诈,政鲜惟良。朕日旰夜分,矜一物之失所,泣辜罪己,愧三千之未措。望订初下,使强荫兼出,如闻贫富均起,单弱重弊,斯岂振穷扇喝之意欤?是乃下吏箕敛之苛也。故云‘百姓不足,君孰与足’。自太建十四年望订稍调逋未入者,并悉原除。在事百僚,辩断庶务,必去取平允,无得便公害民,为己声绩,妨紊政道。”

十一月景寅,大赦天下。壬申,盘盘国遣使献方物。戊寅,百济国遣使献方物。

三年春正月戊午朔,日有蚀之。庚午,以镇左将军长沙王叔坚即本号开府仪同三司,征西将军、荆州刺史樊毅为护军将军,守吏部尚书、领著作陆琼为吏部尚书,金紫光禄大夫袁敬加特进。

三月辛酉,前丰州刺史章大宝举兵反。

夏四月庚戌,丰州义军主陈景详斩大宝,传首京师。

秋八月戊子夜,老人星见。己酉,以左民尚书谢伷为吏部尚书。

九月甲戌,特进、金紫光禄大夫袁敬卒。

冬十月己丑,丹丹国遣使献方物。

十一月己未,诏曰:“宣尼诞膺上哲,体资至圣,祖述宪章之典,并天地而合德,乐正《雅》《颂》之奥,与日月而偕明,垂后昆之训范,开生民之耳目。梁季湮微,灵寝忘处,鞠为茂草,三十余年,敬仰如在,永惟怆息。今《雅》道雍熙,《由庚》得所,断琴故履,零落不追,阅筒开书,无因循循。外可详之礼典,改筑旧庙,葱房桂栋,咸使惟新,芳蘩洁潦,以时飨奠。”辛巳,舆驾幸长干寺,大赦天下。

十二月丙戌,太白昼见。辛卯,皇太子出太学,讲《孝经》,戊戌,讲毕。辛丑,释奠于先师,礼毕,设金石之乐,会宴王公卿士。癸卯,高丽国遣使献方物。是岁,萧岿死,子琮代立。

四年春正月甲寅，诏曰："尧施谏鼓，禹拜昌言，求之异等，久著前无，举以淹滞，复闻昔典，斯乃治道之深规，帝王之切务。朕以寡昧，丕承鸿绪，未明虚己，日旰兴怀，万机多寨，四聪弗达，思闻謇谔，采其谋计。王公已下，各荐所知，旁询管库，爰及舆皂，一介有能，片言可用，朕亲加听览，伫于启沃。"中权大将军、开府仪同三司鄱阳王伯山进号镇卫将军，中卫大将军、开府仪同三司豫章王叔英进号骠骑大将军，镇左将军、开府仪同三司长沙王叔坚进号中军大将军，安南将军晋安王伯恭进号镇右将军，翊右将军宜都王叔明进号安右将军。

二月景戌，以镇右将军晋安王伯恭为特进。景申，立皇弟谟为巴东王，叔显为临江王，叔坦为新会王，叔隆为新宁王。

夏五月丁巳，立皇子庄为会稽王。

秋九月甲午，舆驾幸玄武湖，肆舻舰阅武，宴群臣赋诗。戊戌，以镇卫将军，开府仪同三司鄱阳王伯山为东扬州刺史，智武将军岳阳王叔慎为丹阳尹。丁未，百济国遣使献方物。

冬十月癸亥，尚书仆射江总为尚书令，吏部尚书谢伷为尚书仆射。

十一月己卯，诏曰："惟刑止暴，惟德成物，三才是资，百王不改。而世无抵角，时鲜犯鳞，渭桥惊马，弗闻廷争，桃林逸牛，未见其旨。虽剽悍轻侮，理从钳钛，蠢愚杜默，宜肆矜弘，政乏良哉，明惭则哲，求诸刑措，安可得乎？是同属瘝寐以轸怀，负黼峻而邑。复兹合璧轮缺，连珠纬舛，黄钟献昌，和气始萌，玄英告中，履长在御，因时宥过，抑乃斯得。可大赦天下。"

祯明元年春正月景子，以安前将军衡阳王伯信进号镇前将军，安东将军、吴兴太守卢陵王伯仁为特进，智武将军、丹阳尹岳阳王叔慎为湘州刺史，仁武将军义阳王叔达为丹阳尹。戊寅，诏曰："柏皇、大庭、鼓淳和于曩日，姬王、嬴后，被浇风于末载，刑书已铸，善化匪融，礼义既乖，奸宄斯作。何其淳朴不反，浮华竟扇者欤？朕居中御物，纳隍在眷，频恢天网，屡绝三边，元元黔庶，终罹五辟。盖乃康哉寡薄，抑焉法令滋章。是用当宁弗怡，矜此向隅之意。今三元具序，万国朝辰，灵芝献于始阳，膏露凝于聿岁，从春施令，仰乾布德，思与九有，惟新七政。可大赦天下，改德五年为祯明元年。"乙未，地震。癸卯，以镇前将军衡阳王伯信为镇南将军、西衡州刺史。

二月丁未，以特进，镇右将军晋安王伯恭进号中卫将军，中书令建安王叔卿为中书监。丁卯，诏至德元年望订租调逋未入者，并原之。

秋八月癸卯，老人星见。丁未，以车骑将军萧摩诃为骠骑将军。

九月乙亥，以骠骑将军、开府仪同三司豫章王叔英为骠骑大将军。庚寅，萧琮所署尚书令、太傅安平王萧岩，中军将军、荆州刺史义兴王萧瓛，遣其都官尚书沈君公，诣荆州刺史陈纪请降。辛卯，岩等率文武男女十万余口济江。甲午，大赦天下。

冬十一月乙亥，割扬州吴郡置吴州，割钱塘县为郡，属焉。景子，以萧岩为平东将军、开府仪同三司、东扬州刺史，萧瓛为安东将军、吴州刺史。丁亥，以骠骑大将军、开府仪同三司豫章王叔英兼司徒。

十二月景辰，以前镇卫将军、开府仪同三司、东扬州刺史鄱阳王伯山为镇卫大将军、开府仪同三司，前中卫将军晋安王伯恭为中为将军、右光禄大夫。

二年春正月辛巳，立皇子恮为东阳王，恬为钱塘王。是月，遣散骑常侍周罗睺帅兵屯峡口。

夏四月戊申，有群鼠无数，自蔡洲岸入石头渡淮，至于青塘两岸，数日死，隋流出江。戊午，以左民尚书蔡徵为吏部尚书。是月，郢州南浦水黑如墨。

五月壬午，以安前将军卢陵王伯仁为特进。甲午，东冶铸铁，有物赤色如数斗，自天坠熔所，有声隆隆如雷，铁飞出墙外烧民家。

六月戊戌，扶南国遣使献方物。庚子，废皇太子胤为吴兴王，立军师将军、扬州刺史始安王深为皇太子。辛丑，平南将军、江州刺史南平王嶷进号镇南将军；忠武将军、南徐州刺史永嘉王彦进号安北将军；会稽王庄为翊前将军、扬州刺史；宣惠将军、尚书令江总进号中权将军；云麾将军、太子詹事袁宪为尚书仆射；尚书仆射谢伷为特进；宁远将军、新除吏部尚书蔡徵进号安右将军。甲辰，以安右将军鲁广达为中领军。丁巳，大风至自西北激涛水入石头城，淮渚暴溢，漂没舟乘。

冬十月己亥，立皇子蕃为吴郡王。辛丑，以度支尚书、领大著作姚察为吏部尚书。己酉，舆驾幸莫府山，大校猎。

十一月丁卯，语曰："夫议狱缓刑，皇王之所垂范，胜残去杀，仁人之所用心。自画冠既息，刻吏斯起，法令滋章，手足无措。朕君临区宇，属当浇末，轻重之典，在政未康，小大之情，兴言多愧。眷兹狴犴，有轸哀矜，可克日于大政殿讯狱。"壬申，以镇南将军、江州刺史南平王嶷为征西将军、郢州刺史，安北将军、南徐州刺史永嘉王彦为安南将军、江州刺史，军师将军南海王虔为安北将军、南徐州刺史。景子，立皇弟叔荣为新昌王，叔匡为太原王。是月，隋遣晋王广众军来伐，自巴、蜀、沔、汉下流至广陵，数十道俱入，缘江镇戍，相继奏闻。时新除湘州刺史施文庆、中书舍人沈客卿掌机密用事，并抑而不言，故无备御。

三年春正月乙丑朔，雾气四塞。是日，隋总管贺若弼自北道广陵济京口，总管韩擒虎趋横江，济采石，自南道将会弼军。景寅，采石戍主徐子建驰启告变。丁卯，召公卿入议军旅。戊辰，内外戒严，以骠骑将军萧摩诃、护军将军樊毅、中领军鲁广达并为都督，遣南豫州刺史樊猛帅舟师出白下，散骑常侍皋文奏将兵镇南豫州。庚午，贺若弼攻陷南徐州。辛未，韩擒虎又陷南豫州，文奏败还。至是隋军南北道并进。后主遣骠骑大将军、司徒豫章王叔英屯朝堂，萧摩诃屯乐游苑，樊毅屯耆阇寺，鲁广达屯白土冈，忠武将军孔范屯宝田寺。己卯，镇东大将军任忠自吴兴入赴，仍屯朱雀门。辛巳，贺若弼进拒钟山，顿白土冈之东南。甲申，后主遣众军与弼合战，众军败绩。弼乘胜至乐游苑，鲁广达犹督散兵力战，不能拒。弼进攻宫城，烧北掖门。是时，韩擒虎率众自新林至于石子冈，任忠出降于擒虎，仍引擒虎经朱雀门趣宫城，自南掖门而入。于是城内文武百司皆遁出，唯尚书仆射袁宪在殿内。尚书令江总、吏部尚书姚察、度支尚书袁权、前度支尚书王瑗、侍中王宽居省中。后主闻兵至，从宫人十余出后堂景阳殿，将自投于井，袁宪侍侧，苦谏不从，后阁舍人夏侯公韵又以身蔽井，后主与争久之，方得入焉。及夜，为隋军所执。景戌，晋王广入据京城。

三月己巳，后主与王公百司发自建邺，入于长安。隋仁寿四年十一月壬子，薨于洛阳，时年五十二。追赠大将军，封长城县公，谥曰炀，葬河南洛阳之芒山。

史臣侍中郑国公魏徵曰：

高祖拔起垄亩，有雄桀之姿。始佐下藩，奋英奇之略，弭节南海，职思静乱。援旗北迈,义在勤王,扫侯景于既成,拯梁室于已坠。天网绝而复续,国步屯而更康,百神有主,不失旧物。魏王之廷汉鼎祚,宋武之反晋乘舆,懋绩鸿勋,无以尚也。于时内难未弭,外邻勍敌。王琳作梗于上流,周、齐摇荡于江、汉,畏首畏尾,若存若亡,此之不图,遽移天历,虽皇灵有眷,何其速也!然志度弘远,怀抱豁如,或取士于仇雠,或擢才于亡命,掩其受金之过,宥其吠尧之罪,委以心腹爪牙,咸能得其死力,故乃决机百胜,成此三分,方诸鼎峙之雄,足以无惭焉,备矣。

世祖天资睿哲,清明在躬,早预经纶,知民疾苦,思择令典,庶几至治。德刑并用,戡济艰虞,群凶授首,强邻震慑。虽忠厚之化未能及远,恭俭之风足以垂训,若不尚明察,则守文之良主也。

临川年长于成王,过微于太甲。宣帝有周公之亲,无伊尹之志,明辟不复,桐宫遂往,欲加之罪,其无辞乎!

高宗爱自在田,雅量宏廓,登庸御极,民归其厚。惠以使下,宽以容众。智勇争奋,师出有名,扬旆分麾,风行电扫,辟土千里,奄有淮、泗,战胜攻取之势,近古未之有也。既而君佚民劳,将骄卒堕,帑藏空竭,折衄师徒,于是秦人方强,遂窥兵于江上矣。李克以为吴之先亡。由乎数战数胜,数战则民疲,数胜则生骄,以骄主御疲民,未有不亡者也。信哉言乎!高宗始以宽大得人,终以骄佚致败,文、武之业,坠于兹矣。

后主生深宫之中,长妇人之手,既属邦国殄瘁,不知稼穑艰难。初惧阽危,屡有哀矜之诏,后稍安集,复扇淫侈之风。宾礼诸公,唯寄情于文酒,昵近群小,皆委之以衡轴。谋谟所及,遂无骨鲠之臣,权要所在,莫匪侵渔之吏。政刑日紊,尸素盈朝,耽荒为长夜之饮,嬖宠同艳妻之孽,危亡弗恤,上下相蒙,众叛亲离,临机不寤,自投于井,冀以苟生,视其以此求全,抑亦民斯下矣。

遐观列辟,纂武嗣兴,其始也皆欲齐明日月,合德天地,高视五帝,俯协三王,然而靡不有初,克终盖寡,其故何哉?并以中庸之才,怀可移之性,口存于仁义,心忕于嗜欲。仁义利物而道远,嗜俗遂性而便身。便身不可久违,道远难以固志。佞谄之伦,承颜候色,因其所好,以悦导之,若下坂以走丸,譬顺流而决壅。非夫感灵辰象,降生明德,孰能遗其所乐,而以百姓为心哉?此所以成、康、文、景千载而罕遇,癸、辛、幽、厉靡代而不有,毒被宗社,身婴戮辱,为天下笑,可不痛乎!古人有言,亡国之主,多有才艺,考之梁、陈及隋,信非虚论。然则不崇教义之本,偏尚淫丽之文,徒长浇伪之风,无救乱亡之祸矣。

【译文】

陈后主,名叔宝,字元秀,小字黄奴,陈宣帝的嫡长子。陈叔宝于梁承圣二年十一月戊寅日在江陵降生。第二年,江陵失陷,其父高宗迁移到关右,将后主留在穰城。至天嘉三年,接叔宝回京城建康,并立他为安城王太子。天康元年,任命叔宝为宁远将军,并为他设置佐史。光大二年,又授为太子中庶子,不久升为侍中,其他官职依旧保留。到太建元年正月甲午日,父亲陈项登基称帝,叔宝被立为皇太子。

太建十四年正月甲寅日,陈高宗病逝。乙卯日,高宗次子始兴郡王陈叔陵发动叛乱,被处死。丁巳日,太子叔宝在太极前殿继皇帝位。颁布诏书说:"上天降下大祸,大行皇帝忽然故去,举国上下,无不悲痛至极。我以忧伤悲痛的心情登基继承皇位。如同渡大江,不知凭借什么,今后就要依靠诸公辅佐我。要把先王的遗德,广泛普及到亿万百姓,使远近地方都变化革新。可大赦全国的犯人。在位的文武大臣及推荐出的孝悌力田者，他们的继承人可赐爵一级。孤老鳏寡生活不能自理者每人赏赐五斛谷，二匹帛。"癸亥日，任命侍中、翊前将军、丹阳尹长沙王叔坚为骠骑将军、开府仪同三司、扬州刺史，右卫将军萧摩诃为车骑将军、南徐州刺史，镇西将军，荆州刺史樊毅进称征西将军，平南将军、豫州刺史任忠进称镇南将军，护军将军沈恪为特进、金紫光禄大夫，平西鲁广达进称安西将军，仁武将军、丰州刺史章大宝为中护军。乙丑日，尊封皇后为皇太后，其宫名为弘范。丙寅日，任命冠军将军晋熙王叔文为宣惠将军、丹阳尹。丁卯日，立弟弟叔重为始兴王，祭礼昭烈王。己巳日，立皇妃沈氏为皇后，辛未日，立皇弟叔俨为寻阳王，皇弟叔慎为岳阳王，皇弟叔达义阳王，皇弟叔熊为巴山王，皇弟叔虞为武昌王。壬申日，侍中、中权将军、开府仪同三司鄱阳王伯山进称中权大将军，军师将军、尚书左仆射晋安王伯恭进称翊前将军，侍中、右将军、中领军庐陵王伯仁进称安前将军，镇南将军、江州刺史豫章王叔英进称征南将军，平南将军、湘州刺史过安王叔卿进称安南将军。任命侍中、中书监、安右将军徐陵为左光禄大夫，兼太子少傅。甲戌日，在太极殿前举行无遮大会。

三月辛亥日，颁布诏书说："用身体力行，作为劝导，其道理前代的经典已经写明，努力耕种的人就受重赏，这样的事以往书中也有记载。国家的储蓄依赖于此，百姓的生命也与此相关，丰收还是歉收，兴旺还是衰败，无不由此决定。自古人们就交纳赋税，旧时人们又输纳藁草，富饶的土地缴的超过十金，贫瘠的土地则一减再减，变化再三。肥沃的土地与贫瘠的土地既然有差别。其收成当然也不相同。于是弄虚作假的风气日益兴盛，上计簿年年改动。西汉时有稻田使者监督，东汉时用严刑峻法惩治。农民惧怕赋敛，俗吏因此歪曲法令。于是弃农不耕者成帮结伙，游手好闲者成群结队，总是讲防止害农，却总也没有能防止，实在让人叹息！现在节气适宜，风调雨顺，正是开展春耕、秋收有望的好时节。有些人开辟荒田，斩除藁草，其新开垦的土地不用丈量，租税全部免收。私人田地长期废置的，都允许占有耕种，荒废了公田，也随意让人开垦。假若有清廉贤良的官吏教人耕种，使民风敦厚，民生富裕，有此成绩，要论功提升。另外可作为条例规定颁布下去，以符合我的心意。"癸亥日，颁诏书说："治理国家，繁衍百姓，虽然因情况变化不一，会有松弛紧张的不同，但寻求德高望重的贤德之人，以至于到平民百姓中搜寻，以便辅助君王，调和阴阳，兴盛牟拍，登基继位，虽然悲痛哀伤，神情昏乱，但国家的重任，百姓的繁杂事务，使我不能贪图安逸，无所事事，不敢忘怀治理国家，所以要选取有才德的人，充任朝廷官员。但尽管昼思夜想，不断占卜，却贤臣不来，能人不至，为此我早晚劳神，昼夜忧心。难道是因为帝王难见，无人引荐？还是身怀宝玉不想贡献，而想洁身自好？朝廷内外的众官员，凡九品以上的均可举一人，以符合征召贤人的旨意。况且，选取人才，求全责备很难，推荐一技之长容易，大才小才，都要讲清其实用价值，不要象南箕北斗星辰，有箕斗之名而无实际用途。或有人恃才傲物，气压当时，象班固那样著《宾戏》而自怜，象扬雄那样写《客嘲》而自慰，人生在世，得遇识才的明主确实很难，但也应离开幽居之处，走上光明大道，奔赴宫门外的铜驼夹路，投奔金马门而上朝廷。朝廷便应量才录用，用相应的规则约束。"又颁布诏书说："以前明智的君主管理人民，贤圣的帝王治理国家，虽说已是恩德深广，智能遍及四方，仍要屈己去采纳谏言，四处察访了解民情，向上咨询管理各方政务的百官及封疆大吏，向下听取地位低微的平民百姓的意见。所以才能政治清明，无往而不利。我继承先王的大业，并要使其兴盛，常常惧怕自己身居九重之深，听视不能广达四方,所以要听取好的建议,不惜足力,四处采纳。若遇到不怕触怒帝王,在朝廷上当众辩驳的言论,要能够接受。而对于奉承献媚的言辞,我在位时听到,官吏们口虽不言,内心实不同意,那就不是治理公正光辉帝业的道理了。内外卿士文武各大臣,若有人周密地考虑施政方针,用心地研究治国大计,能解救百姓的疾苦,分辨禁令的宽严,望各进忠直之言,无所隐藏忌讳。我将虚心听取,择善而行,希望能够透彻体察物理人情,辅佐帝王大业。"己巳日,任命侍中、尚书佐仆射、新任的翊前将军晋安王伯恭为安南将军,湘州刺史,新任翊左将军、永阳王伯智为尚书仆射,中护军章大宝为丰州刺史。

夏四月丙申日,立皇子永康公陈胤为皇太子,赏赐全国继承父亲爵位者爵一级,王公以下的都按不同等级赏给布帛。庚子日,颁布诏书说:"我登基继位,抚育人民,正要振兴国家,富足百姓,免除繁重的杂税。奢侈腐化违背我的心意,的确应当防止。那些镂金银薄及庶物化生土木人彩花之类,以及布帛尺幅过短过窄,轻飘不合实用的,都是劳民伤财,成为祸害。还有僧尼道士,依仗邪道歪教,不遵守例律法令,及民间泛滥的祭祀、妖书等诸种怪事,都应依照条例,予以杜绝禁止。"癸卯日,颁布诏书说:"中年曾平定了淮、泗一带,又渡过青、徐,那些地方的部族首领,都前来贡献物品表达诚意,并分别遣送来他们的亲族做人质。现在这些旧有国土沦陷了,又成了异国土地,南北阻隔相距甚远,亲人不能会合,考虑到分离之苦,实在让人同情。夷狄的百姓也是我国的人民,应一视同仁,为何要歧视他们,使他们离析?应立即检查任子馆和东馆及携带保任人员在外的,一并赐给他们衣服、粮食、美酒,送他们踏上回乡之路。若路远险阻。便派遣车船护卫,一定要他们安全到达。若已经做官或有其他的打算不愿回去的,也应遵从他们的意愿。"

六月癸酉初一日,任命明威将军、通直散骑常侍孙瑒为中护军。

秋七月辛未日,大赦全国犯人。这个月,自京师至荆州一段的江水呈血红色。

八月癸未日夜,天空有声音如风水相击一般。乙酉日夜又出现同样的声音。丙戌日,任命以使臣身份持符节、都督缘江诸军事、安西将军鲁广达为安左将军。

九月丙午日,在太极殿举行无遮大会,布施车轿、衣服并舍身,大赦全国犯人。辛亥日夜,天空东北方有响声如虫飞一般,渐渐移至西北。乙卯日,白天太白星出现。丙寅日,任命骠骑将军、开府仪同三司、扬州刺史长沙王叔坚为司空,让征南将军、江州刺史豫章王叔英具有开府仪同三司的称号。

至德元年春正月壬寅日,颁布诏书说:"我以寡薄之才,登基继位,哀伤深切,悲痛缠绕,移风易俗缺少方法,治理国家束手无策,内心惧怕,如履薄冰,如以朽绳驾车。而四时变化如流水,日、月、星三光流失迅速,朝廷官员排列阶下,金玉布帛充满官庭,品物不新,节令依旧,缅怀先帝恩德,常常追慕以往的时光,面对宫门而哭泣,顾盼展屏几筵而伤心。想遵奉先人留下的大政方针,勉励自己,整治天下,休养百姓,宽松政治,调和阴阳。可大赦全国犯人,改年号太建十五平为至德元年。"任命征南将军、江州刺史、新任开府仪同三司豫章王英为中卫大将军,骠骑将军、开府仪同三司、扬州刺史长沙王叔、开府仪同三司、东扬州刺史司马消难进称为车骑将军,宣惠将军、丹阳尹晋熙王叔文为扬州刺史,镇南将军、南豫州刺史任忠为领军将军,安左将军鲁广达为平南将军,南豫州刺史,祠部尚书江总为吏部尚书。癸卯日,立皇予陈深为始安王。

二月丁丑日,任命始兴王叔重为扬州刺史。

夏四月戊辰日,交州刺史李幼劳献给朝廷驯象。己丑日,任命前轻车将军、扬州刺史晋熙王叔文为江州刺史。

秋八月丁卯日，任命骠骑将军、开府义同三司长沙王叔坚为司空。

九月丁巳日，天空东南方有声音如飞虫一般。

冬十月丁酉日，立皇弟叔平为湘东王，叔敖为临贺王，叔宣为阳山王，叔穆为西阳王。戊戌日，侍中、安右将军、左光禄大夫、太子少傅徐陵去世。癸丑日，立皇弟叔俭为南安王，叔澄为南郡王，叔兴为沅陵王，叔韶为岳山王，叔纯为新兴王。

十二月丙辰日，头和国派遣使臣来献地方特产。司空长沙王叔坚因有罪被免职。戊午日夜，天空从西北到东南裂开，其中有青黄色光，响声隆隆如雷鸣。

至德二年春季正月丁卯日，分别派遣使臣到各省巡视民间风俗。平南将军、豫州刺史鲁广达进称安南将军。癸巳日，大赦全国犯人。

夏五月戊子日，任命尚书仆射永阳王伯智为平东将军、东扬州刺史，轻车将军、江州刺史晋熙王叔文为信威将军、湘州刺史，仁威将军、扬州刺史始兴王叔重为江州刺史，信武将军、南琅珏彭城二郡太守南平王嶷为扬州刺史，吏部尚书江总为尚书仆射。

秋七月戊辰日，任命长沙王叔坚为侍中、镇左将军。壬年日，太子加冕，在位的文武百官按不同等级赏赐布帛。继承父位的孝悌力田者分别赐爵一级，老弱病残及鳏夫寡妇生活不能自理者每人赐五斛谷。

九月癸未日，白天太白星出现。

冬十月己酉日，颁布诏书说："自己耕种自己富足，可谓风俗质朴淳厚，贡奉租赋由来已久。这就是《诗·由庚》所说的万物都循此道，身不由己而行。但法令日益增加，奸诈强取的事不少，风俗日益浇薄虚伪，政治很少贤明。我日夜操劳，每一件事处置不当，都为自己的罪过哭泣伤心，惭愧众多的事情都没办好。望订租调刚实行时，使那些豪强及荫封之人都交租赋，听说贫富都起来作乱，贫弱之人受害重，这难道是救济穷困、解人寒热的用意吗？这是那些小官吏强征暴敛的结果。所以说：'百姓不富足，君王谁又能富足。'建安十四年以来，望订租调拖欠未交者，一律免除。在职的官吏，处理事务要分析判断，秉公办理，不得为公害民。为了自己的政绩声誉，干扰治国的大政方针。"

十一月丙寅日，大赦全国犯人。壬申日，盘盘国派使臣献上地方特产。戊寅日，百济国派遣使臣献上地方特产。

至德三年春正月戊午初一日，有日食出现。庚午日，让镇左将军长沙王叔坚具有开府仪同三司称号，任命征西将军、荆州刺史樊毅为护军将军，守吏部尚书，领著作陆琼为吏部尚书，金紫光禄大夫袁敬加特进头衔。

三月辛酉日，前丰州刺史章大宝举兵反叛。

夏四月庚戌日，丰州义军首领陈景详将章大宝斩首，传送首级入京师。

秋八月戊子日夜，老人星出现。已酉日，任命左民尚书谢伷为吏部尚书。

九月甲戌日，特进、金紫光禄大夫袁敬去世。

冬十月己丑日，丹丹国派遣使者献地方特产。

十一月己未日，颁布诏书说："孔子为一至贤至圣的哲人，遵奉古代的宪法典章，与天地同德，考定《雅》《颂》音乐中深奥的道理，与日月同辉，后世树了榜样，对百姓起了开导启迪的作用。梁代湮没了孔子，坟墓都找不到了，长满了繁茂的野草，三十余年了，缅怀思念，敬仰不已，实在令人叹息感伤。现在《雅》道光明，《由庚》所指示的途径得到承认，而断弦的琴、过去的鞋,这些令人怀念的旧物,却零落得无处可寻。看看书箱,打开书卷,都无法因循恢复。外臣可详察记载礼仪的典籍,修建旧庙,蕙房桂栋的庙宇,都重新修建,用芳蘩洁潦这些香草,按时祭奠。"辛己日,皇帝到长干寺,大赦全国犯人。

十二月丙戌日,白天太白星出现。辛卯日,皇太子到太学,讲《孝经》,戊戌日,讲完。己丑日,祭奠先师孔子,祭礼结束后,奏金石之乐,设宴款待王公卿遣使者献地方特产。这一年,萧岿死,儿子萧琮继位。

至德四年春正月甲寅日,颁布诏书说:"相传尧时曾设鼓于庭上,使民击之以进谏,禹设倡言官以鼓励百姓进善言,向各色人等征求意见,谏鼓长期放置堂前,询问隐逸、查阅典籍,这事是治国的根本,帝王的当务之急。我寡德无才,登基继位,不懂得如何谦虚,日夜挂怀,事务众多,听闻不够广达。现欲听取正直敢言之人的谏言,并采纳他们所提供的计谋。王公以下的诸官吏,每个人都尽他所知提出建议。并向那些管理仓库之人,以至舆皂小吏征询谏言,有一技之长的人,片言只语可用的,我都将亲自听取,留意观察,恭候具有开启作用的治国之言。"中权大将军、开府仪同三司鄱阳王伯山进称为镇卫将军,中卫大将军、开府仪同三司豫章王叔英进称为骠骑大将军,镇左将军、开府仪同三司长沙王叔坚进称为中军大将军,安南将军晋安王伯恭进称为镇右将军,翊右将军宜都王叔明进称为安右将军。

二月丙戌日,授镇右将军晋安王伯恭特进头衔。丙申日,立皇弟叔谟为巴东王,叔显为临江王,叔坦为新会王,叔隆为新宁王。

夏五月丁巳日,立皇子陈庄为会稽王。

秋九日甲午日,皇帝驾临玄武湖,检阅陈列的战舰船只,并设宴款待群臣,即兴赋诗。戊戌日,任命镇卫将军、开府义同三司鄱阳王伯山为东扬州刺史,智武将军岳阳王叔慎为丹阳尹。丁未日,百济国派遣使臣献上地方特产。

冬十月癸亥日,尚书仆射江总升为尚书令,吏部尚书谢伷升为尚书仆射。

十一月己卯日,颁布诏书说:"只有刑法才能制止暴行,只有品德高尚才能干成事业,天、地、人三才是国家的依靠,任何君王无法更改。然而世界上很少人敢于顶撞君王直言劝谏,渭桥惊马,听不到在朝廷上和皇帝力争的议论,桃林放牛,看不到提出此种意见的人。虽然剽悍轻侮的人,应受到刑法制裁,愚蠢笨拙的人,应该宽免,但政治不贤明,官吏不睿智,想不用刑罚,又怎能做到?为此我日夜忧心,背靠着绣花屏风叹息。如今日月合璧、五星连珠,律当黄锺大吕,和气萌生,冬季恰过了一半,正是献履迎福之时,借此时机宽恕罪过,也许就得到大治。可以大赦全国犯人。"

祯明元年春正月丙子日,安前将军衡阳王伯信进称为镇前将军,授以安东将军、吴兴太守庐陵王伯仁特进头衔,任命智武将军、丹阳尹岳阳王叔慎为湘州刺史,仁武将军仪阳王叔达为丹阳尹。戊寅日,颁布诏书说:"柏皇与大庭皇帝,在往日使质朴敦厚之风兴盛,而姬王、嬴后,生于浮薄风俗兴盛的末世,法令依然铸于刑鼎,教化就行不通,礼义一经违背,奸宄祸乱就猖狂。为什么那种质朴敦厚之风一去不复返,而浮华轻薄之风却日益兴盛呢?我统治这个国家,时刻关心着救民于水火之中,屡次试图恢复天纲,阻止幽、并、凉三州的侵扰,但黎民百姓,终于遭受各种刑罚。这是因为才能寡薄,还是因为法令增加?为此应安慰我忧郁之心,同情我悲伤之意。现在三元各都就绪,万国前来朝拜,初春献来灵芝,岁末凝成玉露,从春天开始发布命令,依靠上天布施恩德,想在全国更新政治。可

大赦全国犯人,改年号至德五年为祯明元年。"乙未日,发生地震。癸卯日,任命镇前将军衡阳王伯信为镇南将军、西衡州刺史。

二月丁未日,特进、镇右将军晋安王伯恭进称中卫将军,中书令建安王叔卿升为中书监。丁卯日,颁布诏书,命令从至德元年以来拖久望订租调未交的,一律免改。

秋八月癸卯日,老人星出现。丁未日,任命车骑将军萧摩诃为骠骑将军。

九月乙亥日,任命骠骑将军、开府仪同三司豫章王叔英为骠骑大将军。庚寅日,萧琮所任命的尚书令、太傅安平王萧严,中军将军、荆州刺史义兴王萧瓛,派遣他们的都官尚书沈君公,前去向荆州刺史陈纪请求投降。辛卯日,萧严等率领文武百官,男女百姓十万余口渡江。甲午日,大赦全国犯人。

冬十一月乙亥日,将扬州的吴郡改设为吴州,将钱塘县改设为钱塘郡,钱塘郡归属吴州管辖。丙子日,任命萧严为平东将军、开府仪同三司、东扬州刺史,萧瓛为安东将军、吴州刺史。丁亥日,任命骠骑大将军,开府仪同三司豫章王叔英兼任司徒。

十二月丙辰日,任命前镇卫将军、开府仪同三司、东扬州刺史鄱阳王伯山为晋安王伯恭为中卫将军、右光禄大夫。

祯明二年春正月辛巳日,立皇子陈恮为东阳王,陈恬为钱塘王。这一月,派遣散骑常侍周罗睺率兵屯驻峡口。

夏四月戊申日,无数成群的老鼠,自蔡洲江岸入石头城,又渡过淮河,到了青塘两岸,数日后死了,随着水流冲走。戊午日,任命左民尚书蔡徵为吏部尚书。这一月,郢州南浦水黑如墨色。

五月壬午日,授安前将军庐陵王伯仁特进头衔。甲午日,东冶铸铁,有物呈赤红色,如数斗般大,从天降下,落到冶铁处,伴有隆隆如雷的声音,飞出墙外的铁燃烧了民房。

六月戊戌日,扶南国派遣使臣献上地方土产。庚子日,废皇太子陈胤,改为吴兴王,立军师将军、扬州刺史始安王陈深为皇太子。辛丑日,平南将军、江州刺史南平王嶷进称镇南将军;忠武将军、南徐州刺史永嘉王彦进称安北将军;会稽王陈庄升为翊前将军、扬州刺史;宣惠将军、尚书令江总进称中权将军;云麾将军、太子詹事袁宪升为尚书仆射;授尚书仆射谢伷特进头衔。宁远将军、新任吏部尚书蔡徵进称安右将军。甲辰日,任命安右将军鲁广达为中领军。丁巳日,大风刮起,激起浪涛,从西北涌入石头城,淮渚泛滥。吞没了舟船。

冬十月已亥日,立皇子东蕃为吴郡王。辛丑日,任命度支尚书、领大著作姚察为吏部尚书。己酉日,皇帝到莫府山,进行大规模地阅兵。

十一月丁卯日,颁布诏书说:"议论案件放宽刑罚,这是帝王树立的榜样,使凶暴的人改恶从善以废除死刑,这是仁爱之心的表现。自从画冠象刑这种宽容的刑罚停止以后,苛刻的官吏兴起,法令日益增多,使百姓手足无措。我治理国家,正当风俗浮薄之时,法律轻重不一,政治不健康,案件有大有小,说起来我很惭愧。我十分关心牢狱案件。同情受刑的人,可以约定时间在大政殿审讯案件。"壬申日,任命镇南将军、江州刺史南平王嶷为征西将军、郢州刺史,安北将军、南徐州刺史永嘉王彦为南西将军、江州刺史,军师将军南海王虔为安北将军、南徐州刺史。丙子日,立皇弟叔荣为新昌王,叔匡为太原王。这一月,隋派遣晋王杨广率领部队前来讨伐,从巴、蜀、沔、汉顺水而下到广陵,数十条路一齐攻入,沿江镇守部队,陆续奏报得知。这时新任湘州刺史施文庆、中书舍人沈客卿掌管机密,压住不讲,所以没有防备。

祯明三年春季正月乙丑初一日,到处弥漫着大雾。这一日,隋总管贺若弼从北道广陵渡水到京口,总管韩擒虎奔向横江,渡水到采石,从南道将与贺若弼的军队汇合。丙寅日,采石守卫将领徐子建飞马奏报紧急变故。丁卯日,召集公卿来讨论军事。戊辰日,朝廷内外都戒严,骠骑将军萧摩诃,护军将军樊毅,中领军鲁广达一并升为都督,派遣南豫州刺史樊猛率领水师从白下出发,散骑常侍皋文奏率领军队镇守南豫州。庚午日,贺若弼攻陷南徐州。辛未日,韩擒虎又攻陷南豫章,皋文奏大败逃回。至此隋军从南北两道同时并进。后主派遣骠骑大将军、司徒豫章王叔英屯兵朝堂,萧摩诃屯兵乐游苑,樊毅屯兵耆阇寺,鲁广达屯兵白土冈,忠武将军孔范屯兵宝田寺。己卯日,镇东大将军任忠从吴兴奔入京城,命令他屯兵朱雀门。辛巳日,贺若弼占据钟山,屯兵在白土冈的东南。甲申日,陈后主派遣众军与弼合战,众军大败。贺若弼乘胜追赶到乐游苑,鲁广达仍督促散兵拼力相战,不能抵抗。贺若弼又进攻宫城,火烧北掖门。这时韩擒虎率领众人从摩擦林到石子冈,任忠向韩擒虎投降,并为韩擒虎带路经朱雀门奔往宫城,从南掖门入宫。于是城内文武百官都仓皇出逃,只有尚书仆射袁宪仍留在殿内。尚书令江总、吏部尚书姚察、度支尚书袁权、前度支尚书王瑒、侍中王宽仍留在宫内。陈后主听说敌兵已到,带着十几个宫人从后堂景阳殿逃出,想投井自尽。袁宪侍奉左右,苦苦相劝,后主不听。后阁舍人夏侯公韵又用身体遮蔽井口,后主与他们争持许久,才跳进井里。到了夜晚,后主被隋军捕获。丙戌日,隋晋王杨广攻占京城。

三月己巳日,后主与王公百官从建邺出发,进入长安。隋仁寿四年十一月壬子日,陈后主死在洛阳,死时五十二岁。死后追赠大将军,封为长城县公,谥号为炀,埋葬在河南洛阳邙山。

史臣侍中郎郑国公魏徵说:

主高祖从田埂间兴起,有杰出非凡的雄姿。当初辅佐藩国时,就显示出英才奇略,驻屯南海,平定叛乱。高举旗帜向北挺进,目的在于辅佐王室。扫除已获成功的侯景,拯救摇摇欲坠的梁朝,使断色的天纲得以继续,艰难的国运转为昌盛,百神都有主,旧的典章制度不至废除。魏武帝使汉朝国运得以延续,宗武帝让晋朝恢复,其功劳之大,也没有超过陈高祖。这时内乱尚未平息,外邻强敌又兴起。王琳在上游作梗,周、齐在江、汉制造动乱,朝廷畏首畏尾,国家若存若亡,这时如不图谋,迅速改变天命,虽说是上苍有心照顾,也确实非常迅速!然而高祖志向远大,胸襟豁达,或是以对手中间录用贤士,或是从逃亡的人中提升能人,掩盖他们接受贿赂的过错,宽恕他们各为其主所犯的罪行,委任为心腹,使他们都能拼死出力,所以才能判断各种情况取得胜利,形成现在三分天下的局势,鼎足而立的雄才大略,无愧于孙权、刘备。

世祖天资聪明,神思清朗,早年遍读经书典籍,懂得百姓的疾苦,想选定法令典章,差不多达到完美政治的境地,恩德与刑法并用,平定叛乱,战胜艰难,使群凶投降归顺,使强邻震动惊惧。虽然帝主忠厚的教化不能到达边远地方,但其恭俭的作风足以成为后人的榜样,即使算不上是明察之君,也够得是遵守成法的良主。

临川王即位时比周成王年长,其过错比太甲要小。宣帝有周公的和善,却无伊尹的志向,遂使明主不能复辟,放逐却告实现,真是欲加之罪,何患无辞!

高宗原本也是在田间长起,心胸豁达开朗,登基继位,因为宽厚,民心归向。仁爱下人，宽厚百姓。具有非凡的智谋勇气，以武略闻名，扬旗布阵，如风行电扫般迅速，开辟土地千余里，于是有了淮、泗的疆土，其战胜攻取之猛，近古未曾出现。于是君主奢侈，百姓疲劳，将领骄傲，士卒堕落，钱财空竭，将士开始打败仗，于是秦人强盛起来，陈兵江上窥视等待机会。李克认为吴先灭亡的原因，是由于数战数胜。打仗多了则百姓疲惫，胜仗多了则君王骄傲，用骄傲的君主统治疲惫的人民，没有不灭亡的。的确如此！高宗开始用其宽宏大度得人心，最终却因骄奢淫逸导致失败，文帝、武帝的大业，毁在他手里。

后主生在深宫之中，成长在妇人之手，虽国家在困苦之中，仍不知耕种的艰难。初登基之时，惧怕临近危险，多次颁布一些同情百姓的诏书，而后稍微安定，又鼓动淫侈之风。宴请诸公，寄情于诗文酒色之中，亲近小人，并委任以中枢要职。谋划策略，也就没能正直忠臣参与，权力要职，无不是些巧取豪夺的官吏充任。政治法律日益混成，居位食禄而不理事之人充满朝廷，通宵狂饮，纵欲美色，耽误荒废朝政，国家危亡无人怜悯，上下相欺，众叛亲离，临近危机而不醒悟，只能自己跳入井中，希望苟且偷生。他用这种方法保全自己，也算等而下之了。

纵观诸位君主，登基称帝，在建国伊始，都想使他的国家与日月同辉，与天地共存，仰视五帝、俯瞰三王，然而有好的开头，却很少能善始善终。什么缘故呢？他们都是中庸之才，心内无长久之性，口里讲着仁义，又为嗜好与欲望而动心。仁义有利于事业但取得它们的路途遥远，嗜好与欲望依随性情而方便身体。便利身体就难以长期脱离，道路长远就难以树立取得它的坚定志向。阿谀奉承之徒，察言观色，投其所好，引导君主嗜好欲望，如顺坡滚圆丸，顺流决堤坝。若不是上应星宿、天生明德的圣人，谁能抛弃所喜好，而时刻挂心百姓呢？这就是为什么成王、康王、文帝、景帝千载而不遇，桀、纣、幽王、厉王没有一代没有，国家社稷遭害，自己身体受辱，于是被天下人耻笑，怎能不让人痛心！古人有言，亡国的君王，大都有才有艺，观察梁、陈及隋，这话一点不错。不尊崇教义的根本，偏偏崇尚浮华的诗文，助长浅薄虚假风气，无不导致国家混乱灭亡的灾祸。

高祖章皇后传

【题解】

章皇后，名要儿(503～568 年)，陈武帝陈霸先的皇后，有才识，容貌美丽。父亲章景明，梁散骑侍郎。传中记述了章氏的政治手腕及其在陈王朝中所起的作用。

【原文】

高祖宣皇后章氏，讳要儿，吴兴乌程人也。本姓钮，父景明为章氏所养，因改焉。景明，梁代官至散骑侍郎。后母苏，尝遇道士以小龟遗己，光采五色，曰："三年有征。"及期，后生而紫光照室，因失龟所在。少聪慧，美容仪，手爪长五寸，色并红白，每有期功之服，则一爪先折。高祖先娶同郡钱仲方女，早卒，后乃聘后。后善书计，能诵《诗》及《楚辞》。

高祖自广州南征交阯，命后与衡阳王昌随世祖由海道归于长城。侯景之乱，高祖下至豫章，后为景所囚。景平，而高祖为长城县公，后拜夫人。及高祖践祚，永定元年立为皇后。追赠后父景明特进、金紫光禄大夫,加金章紫绶,拜后母苏安吉县君。二年,安吉君卒,与后父合葬吴兴。明年,追封后父为广德县侯,邑五百户,谥曰温。高祖崩,后与中书舍人蔡景历定计,秘不发丧,召世祖入纂,事在蔡景历及侯安都传。世祖即位,尊后为皇太后,宫曰慈训。废帝即位,尊后为皇太后。光大二年,后下令黜废帝为临海王,命高宗嗣位。太建元年,尊后为皇太后。二年三月景申,崩于紫极殿,时年六十五,遗令丧事所须,并从俭约,诸有馈奠,不得用牲牢。其年四月,群君上谥曰宣太后,祔葬万安陵。

陈武帝陈霸先

【译文】

高祖宣皇后姓章,名要儿,吴兴乌程人。章皇后本姓钮,她的父亲钮景明曾被姓章的人收养,因而改姓章。钮景明,在梁代官职做到散骑侍郎。皇后的母亲姓苏,曾经遇到一位道士送给自己一只小龟,小龟发出五色光彩,道士说:"三年有所验证。"到了那个时候,章皇后出生,有紫色光芒照耀房室,于是小龟就不知哪里去了。皇后年少时聪明智慧,仪容俊美,手指甲长五寸,颜色红中透白,每逢遇到丧事,就会有一个手指甲先折断。高祖先娶了同郡钱仲方的女儿,早亡,后来又娶了章皇后。皇后善于文字与筹算,能背诵《诗经》及《楚辞》。

高祖自广州南征交阯,命章皇后和衡阳王陈昌随世祖从海上回到长城。侯景之乱时,高祖退至豫章,章皇后被侯景囚禁。侯景之乱平定后,高祖出任长城县公,皇后被拜为夫人。等到高祖称帝,永定元年被立为皇后。追赠皇后父亲景明特进、金紫光禄大夫,加金章紫绶;拜皇后的母苏氏为安吉县君。永定二年,安吉君逝世,与皇后父亲合葬在吴兴。又过了一年,追封皇后父亲为广德县侯,封地五百户,谥号称温。高祖死后,皇后和中书舍人蔡景历定计,秘不发丧,召世祖纂位称帝,这件事记载在蔡景历及侯安都传中。世祖即位,尊章皇后为皇太后,所住宫殿称慈训。废帝即位后,尊皇后为太皇太后。光大二年,皇后下令将废帝废黜为临海王,命高宗称帝。太建元年,尊皇后为皇太后。二年三月景申,皇后死于紫极殿,时年六十五岁。皇后遗令命丧事所需要的一律从俭,各种祭奠礼仪,均不准用牲畜祭奠。该年四月,群臣上书高祖谥号称宣太后,祔葬在万安陵。

张贵妃传

【题解】

张贵妃,名丽华,生卒年不详。出身贫家,选入宫后,被陈后主纳为贵妃。生陈太子陈深。张氏聪慧美丽,专宠后宫。陈后主沉溺酒色,致使陈朝灭亡。后人也归罪于张丽华。陈灭后,被隋军斩杀。传后附有魏征对张丽华与陈后主的奢华荒淫生活及败坏政事的揭露,以及对张丽华美貌的描写,可做参考。

【原文】

后主张贵妃丽华,兵家女也。家贫,父兄以织席为事。后主为太子,以选入宫。是时龚贵嫔为良娣,贵妃年十岁,为之给使,后主见而悦焉,因得幸,遂有娠,生太子深。后主即位,拜为贵妃。性聪慧,甚被宠遇。后主每引贵妃与宾客游宴,贵妃荐诸宫女预焉,后宫等咸德之,竞言贵妃之善,由是爱倾后宫。又好厌魅之术,假鬼道以惑后主,置淫祀于宫中,聚诸妖巫使之鼓舞,因参访外事,人间有一言一事,妃必先知之,以白后主,由是益重妃,内外宗族,多被引用。及隋军陷台城,妃与后主俱入于井,隋军出之,晋王广命斩贵妃,榜于青溪中桥。

史臣侍中郑国公魏征考览记书,参详故老,云后主初即位,以始兴王叔陵之乱,被伤卧于承香阁下,时诸姬并不得进,唯张贵妃侍焉。而柳太后犹居柏梁殿,即皇后之正殿也。后主沈皇后素无宠,不得侍疾,别居求贤殿,至德二年,乃于光照殿前起临春、结绮、望仙三阁。阁高数丈,并数十间,其窗牖、壁带、悬楣、栏槛之类,并以沈檀香木为之。又饰以金玉,间以珠翠,外施珠帘,内有宝床、宝帐,其服玩之属,瑰奇珍丽,近古所未有。每微风暂至,香闻数里,朝日初照,光映后庭。其下积石为山,引水为池,植以奇树,杂以花药。后主自居临香阁,张贵妃居结绮阁、龚、孔二贵嫔居望仙阁、并复道交相往来。又有王、李二美人、张、薛二淑媛、袁昭仪、何婕妤、江修容等七人,并有宠,递代以游其上。以宫人有文学者袁大舍等为女学士。后主每引宾客对贵妃等游宴,则使诸贵人及女学士与狎客共赋新诗,互相赠答,采其尤艳丽者以为曲词,被以新声,选宫女有容色者以千百数,令习而歌之,分部迭进,持以相乐。其曲有《玉树后庭花》《临春乐》等,大指所归,皆美张贵妃、孔贵嫔之容色也。其略曰:"譬月夜夜满,琼树朝朝新。"而张贵妃发长七尺,鬒黑如漆,其光可鉴。特聪慧,有神采,进止闲暇,容色端丽。每瞻视盼睐,光采溢目,照映左右。常于阁上靓妆,临于轩槛,宫中遥望,飘若神仙。才辩强记,善候人主颜色。是时,后主怠于政事,百司启奏,并因宦者蔡脱儿、李善度进请。后主置张贵妃于膝上共决之。李、蔡所不能记者,贵妃并为条疏,无所遗脱。由是益加宠异,冠绝后庭。而后宫之家,不遵法度,有挂于理者,但求哀于贵妃,贵妃则令李、蔡先启其事,而后从容为言之。大臣有不从者,亦因而谮之,所言无不听。于是张、孔之势,薰灼四方,大臣执政,亦从风而靡。阉宦邪佞之徒,内外交结,转相引进,贿赂公行,赏罚无常,纲纪瞀乱矣。

【译文】

后主张贵妃名丽华,是研究军事的学者家的女儿。她的家里很穷,父亲和兄长靠编织草席为生。后主当太子时,被选中入宫,那时龚贵嫔任良娣(太子之妾),贵妃当时十岁,被龚贵嫔使唤,后主看见她很喜欢,于是她得到宠幸,便有了身孕,生下了太子深。后主即位,拜张丽华为贵妃。张贵妃性情聪明灵慧,很受后主宠爱。每逢后主带贵妃和宾客游玩饮宴,贵妃便推荐诸位宫女同去,后宫中的人都感激她,争着说贵妃的好话,于是她得到的宠爱压倒了后宫。贵妃又喜好厌魅巫术,假借鬼神邪说来迷惑后主,在宫内设置不合礼制的祭祀,聚集众多妖邪巫师命他们奏乐跳巫舞,同时打探宫外的事,社会上的一句话一件事,张贵妃必然会先知道,并以此告诉后主,于是后主更敬重贵妃,贵妃的内外宗族中人多被引见重用。等到隋军攻陷台城,张贵妃和后主一起躲入井中,隋军抓住了他们，晋王杨广命令将贵妃斩首，并在青溪中桥张贴布告公之于众。

史臣侍中郑国公魏微考察通览史籍，参照补充元老旧臣的回忆，说后主刚即位的时候，遇到始兴王陈叔陵之乱，受伤在承香阁卧床休养，当时诸嫔妃均不准入内，只有张贵妃侍奉后主。当时柳太后还住在柏梁殿，也就是皇后的正殿。后主沈皇后一直不受宠爱，无权侍奉后主养病，另外住在求贤殿。至德二年，即在光照殿前建起了临春、结绮、望仙三阁，阁高达数丈，共有数十间，其窗户、壁带、悬楣、栏槛等均用沈檀香木制作，又用金玉装饰，其间嵌以珍珠翡翠，外面装有珠帘，里面有宅床、宝帐，其中服用和玩赏的物品一类，瑰奇珍丽，是古今所没有的。每逢微风刮过，香气传出数里之外，清晨旭日初照，光芒映至后庭。楼阁下堆积奇石为山，引水作池塘，种植珍奇树木，杂种鲜花药草。后主自己住在临香阁，张贵妃住结绮阁，龚、孔两位贵嫔住居望仙阁，各阁间设并行的走廊，可以往来行走。还有王、李两位美人，张、薛两位淑媛，袁昭仪、何婕妤、江修容等七人，均受宠爱，交递到阁上游玩。又任宫女中通识文学的袁大舍等人为女学士。后主每逢召请宾客和贵妃等人游玩饮宴，便命诸位贵人以及女学士和游玩的客人共同吟赋新诗，互相赠给应答，选取其中最艳丽者作为歌词，配上新曲，从宫女中选长得漂亮的达千百人，命其学习而歌唱，分部依次进入，以此相乐。其中的曲子有《玉树后庭花》《临春乐》等，乐曲内容大意，全是赞美张贵妃、孔贵嫔娇容美色的。其大略说："璧月夜夜满，琼树朝朝新。"而张贵妃的头发有七尺长，秀发黑得象漆一样，其光洁可以照人。她特别聪明灵慧，富有神采，行动坐卧悠闲自然，容貌端庄艳丽。每逢顾盼斜视，眼里流露出光彩，照映周围的人。她常在阁上梳妆，靠近轩阁栏杆，宫中的人远远望去，飘逸如神仙一般。她富有才华，能言善辩，记忆力强，善于观察皇帝的脸色。当时，后主懒于管理政事，各司上奏，全由宦官蔡脱儿、李善度入内请示，后主把张贵妃放在膝上共同决策。李、蔡两人记不住的事，贵妃均为其逐条讲述，没有遗漏的。于是后主更加宠爱敬佩贵妃，在后宫堪称第一。后宫嫔妃的家里，不遵守法度，有做了没理的事的，只要向贵妃求情，贵妃便命李、蔡二人先启奏他们的事，然后从容地为他们讲情。大臣中有不服从她的，也由此诋毁他，贵妃所说后主没有不听从的。于是张、孔二人的势力，在四方气焰逼人，大臣们执政，也随风而倒。宦官邪佞之人，内外勾结，辗转相互提携引进，贿赂官员，赏罚不合规矩，朝廷法度黑暗混乱了。

二十四史

魏书

导 读

　　《魏书》为北齐魏收所撰，是一本纪传体史书，全书共一百三十卷，包括纪十二卷，列传九十八卷，志二十卷，主要记载了魏王拓跋珪登国元年(386 年)至东魏孝静帝武定八年(550 年)鲜卑贵族政权的兴衰史。

　　作者魏收，字伯起，钜鹿(今河北平乡县)人。生于魏宣武帝永平三年(510 年)，卒于北齐后主武平三年(572 年)。在魏收做过太子博士，北齐时历官中书令兼著作郎、尚书右仆射等。北齐天保二年(551 年)，文宣帝高洋命魏收编写魏史。由高隆之监修，房延祐等六人先后参与其事。但《魏书》主要出自魏收之手。

　　《魏书》在本纪之前，别立一篇《序纪》，系统地追溯拓跋珪的先世，这是以前各史所没有的。魏孝武帝时，高欢控制了军政实权，永熙二年(534 年)七月，孝武帝逃往关西依靠宇文泰。十月，高欢拥立孝静帝，建立东魏。闰十二月，宇文泰杀死孝武帝，明年一月，拥立文帝，建立西魏政权。后来高洋夺取东魏政权，建立北齐，宇文觉夺取西魏政权，建立北周。魏收在北齐政府跻位高官，所以撰写《魏书》时，为了给北齐争"正统"地位，不给西魏皇帝写本纪，并有意贬斥西魏君臣。可见《魏书》本纪的内容，与当时的政治斗争息息相关。

　　在《二十五史》中，《魏书》的列传比较烦琐芜杂，一人立传，他的子孙不管有无记述的必要，都附缀在后面，多的竟达数十人。如《李顺传》附载子孙和同宗族的人有二十人之多，简直成了李氏家谱。卢元、李灵、崔逞等传，情况与此相同，原来附载的这些人，多与魏收同时，他用扬名史册来取得他们的支持和好感，《魏书》成了地主阶级徇私的工具。

　　魏晋以后，佛教逐渐盛行，拓跋魏政权极力宣扬佛教和道教，麻痹人民。《魏书》首创《释老志》，记载佛教和道教的盛衰，是一篇重要史料。它还把《后汉书》的《职官志》改为《官氏志》，先记官，后述氏，重点仍在记官。《食货志》有较高的史料价值，研究拓跋魏的均田制是离不开这篇志的。

　　从史料价值着眼，《魏书》值得重视。魏收以前，曾有人写过魏史，隋、唐时代也出现过几种《魏书》，但都没有流传下来。《北史》中有关北魏部分，基本上是《魏书》的节录。因此《魏书》是记载北魏历史的最原始的材料。

　　《魏书》很早就已残缺不全，据统计，全缺的有二十六卷，缺少一部分的有三卷。后人根据其他书作了增补。宋刘攽、刘恕等校过《魏书》，把补缺各卷的来源在卷末一一注明，目录中也相应地做了说明。后来传世的各种刻本都是在这一基础上形成的。

献明皇后贺氏传

【题解】

献明皇后贺氏(451~496 年),鲜卑贺兰部大人贺野干之女,后嫁代王什翼犍之子拓跋实。代建国三十四年(371),贺氏始孕子拓跋珪,拓跋实因事去世,及生珪,改嫁夫弟拓跋翰,生子拓跋觚。建国三十九年,苻坚灭代国,什翼犍死,贺氏护幼子奔还本部落。其后,贺氏之兄贺兰部大人贺讷等推跋珪为代王,复兴鲜卑代国,贺氏尽力尤多。拓跋珪称帝,谥其生父为"献明皇帝",追谥贺氏为"献明皇后"。

【原文】

献明皇后贺氏,父野干,东部大人。后少以容仪选入东宫,生太祖。苻洛之内侮也,后与太祖及故臣吏避难北徙。俄而,高车奄来抄掠,后乘车与太祖避贼而南。中路失辖,后惧,仰天而告曰:"国家胤胄,岂止尔绝灭也!惟神灵扶助。"遂驰,轮正不倾。行百许里,至七介山南而得免难。

后刘显使人将害太祖,帝姑为显弟亢泥妻,知之,密以告后,梁眷亦来告难。后乃令太祖去之。后夜饮显使醉。向晨,故惊厩中群马,显使起视马。后泣而谓曰:"吾诸子始皆在此,今尽亡失。汝等谁杀之?"故显不使急追。太祖得至贺兰部,群情未甚归附,后从弟外朝大人悦,举部随从,供奉尽礼。显怒,将害后,后夜奔亢泥家,匿神车中三日,亢泥举室请救,乃得免。会刘显部乱,始得亡归。

后后弟染干忌太祖之得人心,举兵围逼行宫,后出谓染干曰:"汝等今安所置我,而欲杀吾子也?"染干惭而去。

后后少子秦王觚使于燕,慕容垂止之。后以觚不返,忧念寝疾,皇始元年崩,时年四十六,祔葬于盛乐金陵。后追加尊谥,配飨焉。

【译文】

献明皇帝拓跋实皇后贺氏,父亲是贺野干,为东部大人。贺皇后小时候因容貌美丽被选为太子妃,生下太祖拓跋珪。前秦将领苻洛率军来侵犯代国时,贺皇后与太祖及原贺兰部随他出嫁到拓跋部的扈从,向北方迁徙避难。不久,高车部落突然来抢夺财物,贺皇后乘马车与太祖为逃避强盗,向南奔走。途中车辖掉了,贺皇后害怕,向着上天祷告说:"国家的继承人,怎能就这样灭绝啊!希望神灵保佑。"于是赶车急驰,车轮端端正正,一点也不倾斜。跑了一百多里,到达七介山南边,因此得以免遭祸难。

后来刘显派人准备杀害太祖,太祖的姑姑是刘显的弟弟刘亢泥的妻子,知道这事,将它暗中告诉了贺皇后,梁眷也来报告这即将临头的大难。贺皇后于是让太祖离开。贺皇后晚上让刘显喝酒,把他灌醉。快到凌晨时,故意惊动马厩中的马群,刘显让人起来察看马群。贺皇后哭着对他说:"我几个儿子开始都在这儿,现在全都没有了。你们是谁把他们杀了?"所以刘显没派人急着去追赶。太祖终于到了贺兰部,人心不怎么归附他,贺皇后的同祖弟外朝大人贺悦,率全部落的人跟从太祖,奉献衣服食品,恪守臣节。刘显发怒,将杀贺皇后,贺皇后夜间逃奔到刘亢泥家,躲进神车呆了三天,刘亢泥全家的人都乞求神灵救她,于是才得以免遭杀害。刚好刘显的部落发生内乱,贺皇后才得以逃回贺兰部。

后来,贺皇后的同祖弟贺染干忌妒太祖能得人心,起兵围困太祖临时住所,贺皇后走出去对贺染干说:"你们现在想把我怎样,却想杀我的儿子呢?"贺染干惭愧地率兵离开了。

后来贺皇后的小儿子秦王拓跋觚出使后燕,后燕皇帝慕容垂不让他回来。贺皇后因拓跋觚没有回来,忧惧思念,因而患病,于皇始元年逝世,终年四十六岁,在盛乐金陵同祖先们安葬在一起。后来追尊为皇号,谥为"献明",配祭于宗庙。

文成元皇后李氏传

【题解】

文成元皇后李氏(? ~456年),梁国蒙县(今河南商丘)人。北魏太平真君十一年(450)侵刘宋,李氏为魏永昌王拓跋仁掠得,及拓跋仁于文成帝兴安二年(453)以谋反被诛,李氏与其家人并充入后宫为奴,遂为文成帝拓跋浚所爱而怀孕,太安元年生皇子拓跋弘,拜为贵人。次年,按照魏立太子则杀太子母之"故事"被赐死,后谥为"元皇后"。

【原文】

文成元皇后李氏,梁国蒙县人,顿丘王峻之妹也。后之生也,有异于常,父方叔恒言此女当大贵。及长,姿质美丽。世祖南征,永昌王仁出寿春,军至后宅,因得后。及仁镇长安,遇事诛,后与其家人送平城宫。高宗登白楼望见,美之,谓左右曰:"此妇人佳乎?"左右咸曰:"然"。乃下台,后得幸于斋库中,遂有娠。常太后后问后,后云:"为帝所幸,乃有娠。"时守库者亦私书壁记之,别加验问,皆相符同。及生显祖,拜贵人。太安二年,太后令依故事,令后具条记在南兄弟及引所结宗兄洪之,悉以付托。临诀,每一称兄弟,辄拊胸恸泣,遂薨。后谥曰元皇后,葬金陵,配飨太庙。

【译文】

文成帝拓跋睿元皇后李氏,梁国蒙县人,是顿丘王李峻的妹妹。李皇后诞生的时候,和其他孩子出生时不一样,她的父亲李方叔一直说这个女儿将极尊贵。长大成人后,仪容美丽。世祖拓跋焘率军进攻江南宋朝,永昌王拓跋仁率军向寿春出发,大军到达李皇后家,因此俘获了她。后来拓跋仁镇守长安,犯罪被杀,李皇后及她一家人被送进平城宫中为奴婢。高宗文成帝登上白楼远远地看见了她,认为她很美丽,对身边的人说:"这个妇女漂不漂亮?"身边的人都说:"漂亮。"高宗于是走下白楼,李皇后在斋库中与高宗同居了一次,因此怀孕。常太后询问李皇后怀孕的缘故,李皇后说:"被皇帝爱过一次,后来便

怀上了孩子。"当时看守斋库的官吏也私下在墙壁上写下文字记下了此事，分别加以查问，说法都一样。后来生下显祖拓跋弘，李皇后被册封为贵人。太安二年，常太后命令按照立太子则杀太子母亲的惯例，让李皇后详细逐条记下住在南方家中的兄弟姓名，并召来李皇后结拜为同宗兄长的李洪之，把后事托付给他。临到诀别时，李皇后每叫一声兄弟，便抚胸痛哭，于是去世。后来谥为元皇后，安葬于金陵，配祭于太庙。

宣武灵皇后胡氏传

【题解】

宣武灵皇后胡氏(？~528年)，安定临泾(今甘肃泾川北)人。北朝宣武帝时以姿色入宫为承华世妇，后生皇长子元诩，进位为充华嫔。515年，年仅四岁的元诩继皇帝位，尊胡氏为皇太妃，原皇太后高氏出家为尼，胡氏遂被尊为皇太后，并临朝听政，自称为"朕"，臣下呼之为"陛下"，并主持祭仪。520年，侍中元叉、宦官刘腾奉元诩总执朝臣，将胡氏软禁于北宫。525年，胡氏再次临朝听政。胡氏执政期间，宠信恩幸，赏罚混乱，政纲不张，天下官吏均以贪残为务，遂使乱事遍起。胡氏为控制朝政，又与皇帝元诩发生冲突，后元诩暴卒，契胡酋长尔朱荣借机起兵，南下攻陷洛阳，将胡氏及朝廷公卿大臣近二千人沉杀于黄河，北魏名存实亡。

【原文】

宣武灵皇后胡氏，安定临泾人，司徒国珍女也。母皇甫氏，产后之日，赤光四照。京兆山北县有赵胡者，善于卜相，国珍问之。胡云："贤女有大贵之表，方为天地母，生天地主。勿过三人知也。"后姑为尼，颇能讲道，世宗初，入讲禁中。积数岁，讽左右称后姿行，世宗闻之，乃召入掖庭为承华世妇。而椒掖之中，以国旧制，相与祈祝，皆愿生诸王、公主，不愿生太子。唯后每谓夫人等言："天子岂可独无儿子，何缘畏一身之死而令皇家不育冢嫡乎？"及肃宗在孕，同列犹以故事相恐，劝为诸计。后固意确然，幽夜独誓云："但使所怀是男，次第当长子，子生身死，所不辞也。"既诞肃宗，进为充华嫔。先是，世宗频丧皇子，自以春秋长矣，深加慎护。为择乳保，皆取良家宜子者。养于别宫，皇后及充华嫔皆莫得而抚视焉。

及肃宗践阼，尊后为皇太妃，后尊为皇太后。临朝听政，犹称殿下，下令行事。后改令称诏，群臣上书曰陛下，自称曰朕。太后以肃宗冲幼，未堪亲祭，欲傍《周礼》夫人与君交献之义，代行祭礼，访寻故式。门下召礼官、博士议，以为不可。而太后欲以帏幔自鄣，观三公行事，重问侍中崔光。光便据汉和熹邓后荐祭故事，太后大悦，遂摄行初祀。

太后性聪悟，多才艺，姑既为尼，幼相依托，略得佛经大义。亲览万机，手笔断决。幸西林园法流堂，命侍臣射，不能者罚之。又自射针孔，中之，大悦，赐左右布帛有差。先是，太后敕造申讼车，时御焉，出自云龙大司马门，从宫西北，入自千秋门，以纳冤讼。又亲策孝秀、州郡计吏于朝堂。

太后与肃宗幸华林园，宴群臣于都亭曲水，令王公已下各赋七言诗。太后诗曰："化光造物含气贞。"帝诗曰:"恭己无为赖慈英。"王公已下赐帛有差。

太后父薨,百僚表请公除,太后不许,寻幸永宁寺,亲建刹于九级之基,僧尼士女赴者数万人。及改葬文昭高后,太后不欲令肃宗主事,乃自为丧主,出于终宁陵,亲奠遣事,还哭于太极殿,至于讫事,皆自主焉。

后幸嵩高山,夫人、九嫔、公主下从者数百人,升于顶中。废诸淫祀,而胡天神不在其列。后幸左藏,王公、嫔、主以下从者百余人,皆令任力负布绢,即以赐之,多者过二百匹,少者百余匹。唯长乐公主手持绢二十匹而出,示不异众而无劳也。世称其廉。仪同、陈留公李崇,章武王融并以所负过多,颠仆于地,崇乃伤腰,融至损脚。时人为之语曰:"陈留、章武,伤腰折股。贪人败类,秽我明主。"寻幸阙口温水,登鸡头山,自射象牙簪,一发中之,敕示文武。

时太后得志,逼幸清河王怿,淫乱肆情,为天下所恶。领军元叉、长秋刘腾等奉肃宗于显阳殿,幽太后于北宫,于禁中杀怿。其后太后从子都统僧敬与备身左右张车渠等数十人,谋杀叉,复奉太后临朝,事不克,僧敬坐徙边,车渠等死,胡氏多免黜。后肃宗朝太后于西林园,宴文武侍臣,饮至日夕。叉乃起至太后前,自陈外云太后欲害己及腾。太后答云:"无此语"。遂至于极昏。太后乃起执肃宗手下堂,言:"母子不聚久,今暮共一宿,诸大臣送我入。"太后与肃宗向东北小阁,左卫将军奚康生谋欲杀叉,不果。

自刘腾死,叉叉宽绥。太后与肃宗及高阳王雍为计,解叉领军。太后复临朝,大赦改元。自是朝政疏缓,威恩不立,天下牧守,所在贪惏。郑俨汗乱宫掖,势倾海内;李神轨、徐纥并见亲待。一二年中,位总禁要,手握王爵,轻重在心,宣淫于朝,为四方之所厌秽。文武解体,所在乱逆,土崩鱼烂,由于此矣。僧敬又因聚集亲族,遂涕泣谏曰:"陛下母仪海内,岂宜轻脱如此!"后大怒,自是不召僧敬。

太后自以行不修,惧宗室所嫌,于是内为朋党,防蔽耳目,肃宗所亲幸者,太后多以事害焉。有密多道人,能胡语,肃宗置于左右。太后虑其传致消息,三月三日于城南大巷中杀之。方悬赏募贼,又于禁中杀领左右、鸿胪少卿谷会、绍达,并帝所亲也。母子之间,嫌隙屡起。郑俨虑祸,乃与太后计,因潘充华生女,太后诈以为男,便大赦改年。肃宗之崩,事出仓卒,时论咸言郑俨、徐纥之计。于是朝野愤叹。太后乃奉潘嫔女言太子即位。经数日,见人心已安,始言潘嫔本实生女,今宜更择嗣君。遂立临洮王子钊为主,年始三岁,天下愕然。

及武泰元年,尔朱荣称兵渡河,太后尽召肃宗六宫皆令入道,太后亦自落发。荣遣骑拘送太后及幼主于河阴。太后对荣多所陈说,荣拂衣而起。太后及幼主并沉于河。太后妹冯翊君收瘗于双灵佛寺。出帝时,始葬以后礼而追加谥。

【译文】

宣武帝灵皇后胡氏,安定郡临泾县人,是司徒胡国珍的女儿。她的母亲是皇甫氏,生胡后那天,红色的光辉照遍四方。京兆山北县有个名叫赵胡的人,善于相面,胡国珍向他询问女儿的前程。赵胡说:"贤女有大贵之相,将为天地母,生天地主。不要让三个以上的人知道这事啊。"胡后的姑姑是个尼姑,很善于讲述佛经,世宗宣武帝当皇帝之初,到宫中讲佛经。过了几年后,婉言劝说身边的人称赞冯后的姿色和品行,世宗听说后,于是把胡后召进后宫,封他为承华世妇。当时后宫中因为国家有将太子母亲处死的旧制,相互间祈祷，都愿意生亲王、公主，不愿意生下个太子。只有冯后对拜为夫人的嫔妃们说："天子岂能没有儿子，为什么因自己一个人怕死却让皇帝没有太子呢？"后来她怀上肃宗时，与她同身份的妃嫔还因国家惯例而为她害怕，劝她早点想个办法。胡后态度坚决，毫不动摇。在黑夜中她独自发誓说："只要我怀的是个男孩，在他的兄弟中排行老大，儿子生下来我自己就是死了，也在所不辞。"她生下肃宗元诩后，晋封为充华嫔。在此以前，世宗的儿子屡次夭折，自以年纪已经很大了，于是对肃宗格外地小心爱护。给肃宗找乳母及保姆，都取平民百姓中生育能力强的妇女。在别的宫殿中抚养，皇后及充华嫔本人都不能抱一抱、看一眼。

　　肃宗登上皇帝位后，尊胡后为皇太妃，后来又尊她为皇太后，亲临朝堂处理政事，仍以殿下的名义，下令颁布政令。后改令为"诏"，群臣上表章给她时称她为"陛下"，她自称为"朕"。胡太后因肃宗幼小，不能亲自主持祭祀活动，想仿效《周礼》中关于夫人与君主一起从事祭祀的礼仪，代肃宗主持祭礼，询问古代成例。门下省召集主管礼仪的官员、博士们进行商议，大家认为不能这样做。但胡太后想用帏帐把自己遮着，观看朝廷三公的祭祀活动，再以此询问侍中崔光的意见。崔光便根据东汉和熹邓后主持祭祀上帝活动的旧制表示胡太后可以照此行事，胡太后大为高兴，于是代肃宗主持祭祀。

　　胡太后生性聪明颖悟，多才多艺，她的姑姑又是尼姑，胡太后小时候跟随她，粗略地知道佛经的主要意思。她管理国家大政后，亲自用笔对各项政务做出裁决。曾到西林园法流堂，命令侍从们射箭，如射不中便加以处罚。胡太后自己又射针孔，一下子就射中了，她很是高兴，赏赐布帛给身边的人，多少不等。在此以前，胡太后下令制造申讼车，时时乘坐此车，从宫城西北的云龙大司马门出宫，从千秋门返回宫中，以便接受百姓申诉冤枉的呈辞。又亲自在朝堂上对孝廉、秀才及各州郡派到朝廷的计吏进行考核。

　　胡太后和肃宗一起到华林同，在都亭曲水旁宴聚群臣，让王公以下各位官员分别作七言诗。胡太后的诗中说："化光造物含气贞。"肃宗所作的诗中说："恭已无为赖慈英。"赏赐王公以下各位官员丝帛，多少不等。

　　胡太后的父亲去世，百官上表文请求她因公事脱下孝服，胡太后不答应。不久到永宁寺，亲自指挥在九层高的台基上修建佛塔，僧侣尼姑及百姓男女来参与建造的有几万人。后改葬孝文帝皇后文昭高后，胡太后不愿让肃宗主管大事，便自己充当丧事的主持人，出宫到终宁陵，亲自为文昭高后的新墓奠基，回宫后在太极殿进行哭悼，一直到丧事完毕，都由她主持。

　　后来胡太后到嵩山游览，夫人、九嫔、公主以下妇女随从的有几百人，并登上嵩山顶。下诏废除对各种杂神的祭祀，但胡天神不在废除之列。后来胡太后到左藏曹，王公、嫔妃、公主以下人员同去的有一百多人，胡太后让他们全力拿布匹丝绢，并将各人所能拿起的赏赐给他们，拿得多的超过两百匹，拿得少的有一百多匹。只有长乐公主用手抱了二十匹绢布出来，表明自己不标新立异，但无功劳只该得那么多。当时的人都称她廉洁。仪同、陈留公李崇及章武王元融都因为背得太多，翻倒在地，李崇竟伤了腰，元融以至于把脚弄折了。当时人为他们编了一段顺口溜说："陈留、章武，伤腰折股。贪人败类，秽我明主。"胡太后不久到阙口温水游览，登鸡头山，自己射象牙簪，一箭射中，下令拿给文武百官看。

　　当时胡太后随心所欲，威胁清河王元怿同她发生性关系，任意淫乱，被全国的百姓痛恨。领军元叉、长秋卿刘腾等人在显阳殿推奉肃宗，将胡太后囚禁在北宫，并在宫省中将元怿杀了。随后胡太后的侄儿都统胡僧敬和备身左右张车渠等几十个人，密谋杀死元叉，再推举胡太后掌管朝政，事情没有成功，胡僧敬因此获罪，被流放到边地，张车渠等人被杀，胡家当官的人许多受到免官降职的处分。后来肃宗到西林园拜见胡太后，宴聚文武百官及侍从，一直喝到日落时分。元叉于是起身走到胡太后面前，自己向她讲外面有人说胡太后想杀害他与刘腾。胡太后回答说："没有这种话。"于是大家又喝到天完全黑了下来。胡太后于是起身抓着肃宗的手走下殿堂，说："我们母子俩有很久没聚到一块了，现在天晚了，我们一起呆一晚上，各位大臣送我进去。"胡太后和肃宗走向殿堂东北的小房子，左卫将军奚康生想就此杀了元叉，没有成功。

自从刘腾死后，元叉又疏忽大意。胡太后同肃宗及高阳王元雍定下计策，解除元叉领军将军的职务。胡太后再次到朝堂处理大政，对全国进行大赦，改换年号。从此以后朝廷政事宽弛，既无威信，也不能施加恩德，全国各地的刺史太守等地方官吏，都贪婪残暴。郑俨与太后淫乱，权势倾动全国；李神轨、徐纥都受到胡太后的宠信，一两年间，当上主管朝廷机密大政的要职。他们掌握着帝王的权柄，随心所欲地处理政事，公开在朝廷胡作非为，受到全国百姓的憎恨。文武百官离心离德，到处发生叛乱，国家土崩瓦解，像一条烹烂了的鱼，都是因为这一原因啊。胡僧敬又趁胡太后召聚亲属，哭泣着向胡太后进谏说："陛下为天下之母，是百姓的榜样，怎能如此轻佻呢？"胡太后大怒，从此以后再也不召见胡僧敬。

胡太后因为自己行为不检点，害怕受到皇室人物的嫌弃，因此在朝廷内勾结同党，以掩盖别人的耳目，受到肃宗亲信的人，胡太后大都借机将他们杀害。有个叫密多的和尚，能够讲胡人的话，肃宗将他留在自己身边。胡太后担心他给肃宗传递消息，于三片三日在洛阳城南部的一条大巷中将他杀死。正在悬赏缉拿杀死密多的强盗时，胡太后又在宫省中将领左右、鸿胪少卿谷会、绍达杀死，他们都是肃宗孝明帝亲信的人。胡太后与肃宗母子之间，经常发生摩擦。郑俨担心大难临头，于是和胡太后商定计策，利用肃宗潘充华生下一个女儿的时机，胡太后谎称生的是个儿子，于是在全国进行大赦，改年号"孝昌"为"武泰"。肃宗逝世，事情突然发生，当时人们谈说起来都说是郑俨、徐纥的阴谋诡计。因此朝廷官员和民间百姓都怀愤叹息。胡太后于是推举潘充华生的那个女婴，称为太子，继承帝位。过了几天，见人心已经平息下来，才又称潘充华本来生的是个女孩，现在应该再选择继承帝位的人。于是将临洮王元钊的儿子元钊立为皇帝，当时元钊只有三岁，全国的人都为此惊愕不已。

到武泰元年，尔朱荣举兵渡过黄河，胡太后把肃宗的嫔妃们全都找来，命令她们都去当尼姑，胡太后本人自己也削发为尼。尔朱荣派骑兵将太后及小皇帝抓获，送到河阴。胡太后对尔朱荣说了许多话，尔朱荣甩袖而起。胡太后和小皇帝都被投进黄河淹死。胡太后的妹妹冯翊君将她的尸体收来，掩埋在双灵佛寺中。出帝元修在位时，才按皇后的礼仪加以改葬，并追谥她为"灵"。

高允传

【题解】

高允（390～487），字伯恭，渤海蓨（今河北郊县）人。高允出身于官宦世家，高允少年好学，常担笈负书，千里就学。他博通经史天文术数之学，尤好《春秋公羊传》。初为郡功曹。太武帝神䴥四年（公元431），征为中书博士，他曾奉诏与崔浩同撰国史，与公孙质、游雅等共同议定律令，并为师以经籍教授太子。崔浩因国史案被杀后，他由于太子的保护，未受株连。高允主张重农积粟，他劝说太武帝拓跋焘解除田禁，把田地分给人民。文成帝拓跋珪时，位至中书令。文明太后临朝，引他参与大政，并采纳他的建议，开始在郡国立学。高允前后历经五帝，出入三省，身居要职五十余年。享年九十八岁。

高允深通天文历算，但很少推步，他认为对天文术数之学不可空论，必须言之有物，谨慎推算。崔浩曾聚诸儒考校自汉以后的日月交食和五星行度，并讥笑旧史中的谬误，另为新历。高允阅后，指出新历所据西汉元年冬十月五星聚于东井的天象是错误的，如不能辨别此误，则今天我们讥笑古人，待将来我们的后人就要讥笑我们了。后崔浩更细致详考，果如高允所言，五星聚于东井的天象应提前三个月，而不在冬十月。与现代天文学研究相等。

高允一生著述甚丰，有《左氏释》《公羊释》《毛诗拾遗》《议何郑膏肓事》等，又著有算术方面的著作三卷，今皆散佚。明人辑有《高令公集》。

【原文】

高允，字伯恭，勃海蓨人也。祖泰，在叔父湖《传》。父韬，少以英朗知名，同郡封懿雅相敬慕。为慕容垂太尉从事中郎。太祖平中山，以韬为丞相参军。早卒。

允少孤夙成，有奇度，清河崔玄伯见而异之，叹曰："高子黄中内润，文明外照，必为一代伟器，但恐吾不见耳。"年十余，奉祖父丧还本郡。推财与二弟而为沙门，名法净。未久而罢。性好文学，担笈负书，千里就业。博通经史天文术数，尤好《春秋公羊》。郡召功曹。

神䴥三年，世祖舅阳平王杜超行征南大将军，镇邺，以允为从事中郎，年四十余矣。超以方春而诸州囚多不决，乃表允与中郎吕熙等分诣诸州，共评狱事。熙等皆以贪秽得罪，唯允以清平获赏。府解，还家教授，受业者千余人。四年，与卢玄等俱被征，拜中书博士。迁侍郎，与太原张伟并以本官领卫大将军、乐安王范从事中郎。范，世祖之宠弟，西镇长安，允甚有匡益，秦人称之。寻被征还。允曾作《塞上翁诗》，有混欣戚，遗得丧之致。骠骑大将军、乐平王丕西讨上邽，复以本官参丕军事。语在《丕传》。凉州平，以参谋之勋，赐爵汶阳子，加建武将军。

后诏允与司徒崔浩述成《国记》，以本官领著作郎。时浩集诸术士，考校汉元以来，日月薄蚀、五星行度，并识前史之失，别为魏历，以示允。允曰："天文历数不可空论。夫善言远者必先验于近。且汉元年冬十月，五星聚于东井，此因历术之浅。今讥汉史，而不觉

高允

此谬,恐后人讥今犹今之讥古。"浩曰:"所谬云何?"允曰:"案《星传》,金水二星常附日而行。冬十月,日在尾箕,昏没于申南,而东井方出于寅北。二星何因背日而行?是史官欲神其事,不复推之于理。"浩曰:"欲为变者何所不可,君独不疑三星之聚,而怪二星之来?"允曰:"此不可以空言争,宜更审之。"时坐者咸怪,唯东宫少傅游雅曰:"高君长于历数,当不虚也。"后岁余,浩谓允曰:"先所论者,本不注心,及更考究,果如君语,以前三月聚于东井,非十月也。"又谓雅曰:"高允之术,阳元之射也。"众乃叹服。允虽明于历数,初不推步,有所论说。唯游雅数以灾异问允。允曰:"昔人有言,知之甚难,即知复恐漏泄,不如不知也。天下妙理至多,何遽问此。"雅乃止。

寻以本官为秦王翰傅。后敕以经授恭宗,甚见礼待。又诏允与侍郎公孙质、李虚、胡方回共定律令。世祖引允与论刑政,言甚称旨。因问允曰:"万机之务,何者为先?"是时多禁封良田,又京师游食者众。允因言曰:"臣少也贱,所知唯田,请言农事。古人云:方一里则为田三顷七十亩,百里则田三万七千顷。若勤之,则亩益三斗,不勤则亩损三斗。方百里损益之率,为粟二百二十二万斛,况以天下之广乎?若公私有储,虽遇饥年,复何忧哉?"世祖善之。遂除田禁,悉以授民。

初,崔浩荐冀、定、相、幽、并五州之士数十人,各起家郡守。恭宗谓浩曰:"先召之人,亦州郡选也,在职已久,勤劳未答。今可先补前召外任郡县,以新召者代为郎吏。又守令宰民,宜使更事者。"浩固争而遣之。允闻之,谓东宫博士管恬曰:"崔公其不免乎!苟逞其非,而校胜于上,何以胜济。"

辽东公翟黑子有宠于世祖。奉使并州,受布千匹,事寻发觉。黑子请计于允曰:"主上问我,为首为讳乎?"允曰:"公帷幄宠臣,答诏宜实。又自告忠诚,罪必无虑。"中书侍郎崔览、公孙质等咸言首实罪不可测,宜讳之。黑子以览等为亲己,而反怒允曰:"如君言,诱我死,何其不直!"遂与允绝。黑子以不实对,竟为世祖所疏,终获罪戮。

是时,著作令史闵湛、郗标性巧佞,为浩信待。见浩所注《诗》《论语》《尚书》《易》,遂上疏,言马、郑、王、贾虽注述《六经》,并多疏谬,不如浩之精微。乞收境内诸书,藏之秘府。班浩所注,命天下习业。并求敕浩注《礼传》,令后生得观正义。浩亦表荐湛有著述之才。既而劝浩刊所撰国史于石,用垂不朽,欲以彰浩直笔之迹。允闻之,谓著作郎宗钦曰:"闵湛所营,分寸之间,恐为崔门万世之祸。吾徒无类矣。"未几而难作。

初,浩之被收也,允直中书省。恭宗使东宫侍郎吴延召允,仍留宿宫内。翌日,恭宗入奏世祖,命允骖乘。至宫门,谓曰:"入当见至尊,吾自导卿。设至尊有问,但依吾语。"允请曰:"为何等事也?"恭宗曰:"入自知之。"即入见帝。恭宗曰:"中书侍郎高允自在臣宫,同处累年,小心密慎,臣所委悉。虽与浩同事,然允微贱,制由于浩。请赦其命。"世祖召允,谓曰:"《国书》皆崔浩作不?"允对曰:"《太祖记》,前著作郎邓渊所撰。《先帝记》及《今记》,臣与浩同作。然浩综务处多,总裁而已。至于注疏,臣多于浩。"世祖大怒曰:"此甚于浩,安有生路!"恭宗曰:"天威严重,允是小臣,迷乱失次耳。臣向备向,皆云浩作。"世祖问:"如东宫言不?"允曰:"臣以下才,谬参著作,犯逆灭威,罪应天族,今已分死,不敢虚妄。殿下以臣侍讲日久,哀臣乞命耳。实不问臣,臣无此言。臣以实对,不敢迷乱。"世祖谓恭宗曰:"直哉!此亦人情所难,而能临死不移,不亦难乎!且对君以实,贞臣也。如此言,宁失一有罪,宜宥之。"允竟得免。于是召浩前,使人诘浩。浩惶惑不能对。允事事申明,皆有条理。时世祖怒甚,敕允为诏,自浩已下,僮吏已上百二十八人皆夷五族。允持疑不为,频诏催切。允乞更一见,然后为诏。诏引前,允曰:"浩之所坐,若更有余衅,非臣敢知。直以犯触,罪不至死。"世祖怒,命介士执允。恭宗拜请。世祖曰:"无此人忿朕,当有数千口死矣。"浩竟族灭,余皆身死。宗钦临刑,叹曰:"高允其殆圣乎!"

恭宗后让允曰:"人当知机,不知机,学复何益?当尔之时,吾导卿端绪,何故不从人言,怒帝如此。每一念之,使人心悸。"允曰:"臣东野凡生,本无宦意。属休延之会,应旌弓之举,释褐凤池,仍参麟阁,尸素官荣,妨贤已久。夫史籍者,帝王之实录,将来之炯戒,今之所以观往,后之所以知今。是以言行举动,莫不备载,故人君慎焉。然浩世受殊遇,荣曜当时,孤负圣恩,自贻灰灭。即浩之迹,时有可论。浩以蓬蒿之才,荷栋梁之重,在朝无謇谔之节,退私无委蛇之称,私欲没其公廉,爱憎蔽其直理,此浩之责也。至于书朝廷起居之迹,言国家得失之事,此亦为史之大体,未为多违。然臣与浩实同其事,死生荣辱,义无独殊。诚荷殿下大造之慈,违心苟免,非臣之意。"恭宗动容称叹。允后与人言,我不奉东宫导旨者,恐负翟黑子。

恭宗季年,颇亲近左右,营立田园,以取其利。允谏曰:"天地无私,故能覆载;王者无私,故能包养。昔之明王,以至公宰物,故藏金于山,藏珠于渊,示天下以无私,训天下以至俭。故美声盈溢,千载不衰。今殿下国之储贰,四海属心,言行举动,万方所则,而营立私田,畜养鸡犬,乃至贩酤市廛,与民争利,议声流布,不可追掩。夫天下者,殿下之天下,富有四海,何求而不获,何欲而弗从,而与贩夫贩妇竞此尺寸。昔虢之将亡,神乃下降,赐之土田,卒丧其国。汉之灵帝,不修人君之重,好与宫人列肆贩卖,私立府藏,以营小利,卒有颠覆倾乱之祸。前鉴若此,甚可畏惧。夫为人君者,必审于择人。故称知人则哲,惟帝难之。《商书》云'无迩小人',孔父有云,小人近之则不逊,远之则怨矣。武王爱周、邵、齐、毕,所以王天下。殷纣爱飞廉、恶来,所以丧其国。历观古今存亡之际,莫不由之。念东宫诚曰乏人,俊义不少。顷来侍御左右者,恐非在朝之选。故愿殿下少察愚言,斥出佞邪,亲近忠良,所在田园,分给贫下,畜产贩卖,以时收散。如此则休声日至,谤议可除。"恭宗不纳。

恭宗之崩也,允久不进见。后世祖召,允升阶歔欷,悲不能止。世祖流泪,命允使出。左右莫知其故,相谓曰:"高允无何悲泣,令至尊哀伤,何也?"世祖闻之,召而谓曰:"汝不知高允悲乎?"左右曰:"臣等见允无言而泣,陛下为之悲伤,是以窃言耳。"世祖曰:"崔浩诛时,允亦应死,东宫苦谏,是以得免。今无东宫,允见朕因悲耳。"

允表曰:"往年被敕,令臣集天文灾异,使事类相从,约而可观。臣闻箕子陈谟而《洪范》作,宣尼述史而《春秋》著,皆所以章明列辟,景测皇天者也。故先其善恶而验以灾异,随其失得而效以祸福,天人诚远,而报速如响,甚可惧也。自古帝王莫不尊崇其道而稽其法数,以自修饬。厥后史官并载其事,以为鉴诫。汉成帝时,光禄大夫刘向见汉祚将危,权归外戚,屡陈妖眚而不见纳。遂因《洪范》《春秋》灾异报应者而为其传。觊以感悟人主，而终不听察，卒以危亡。岂不哀哉！伏惟陛下神武则天，睿鉴自远，钦若稽古，率由旧章，前言往行，靡不究鉴，前皇所不逮也。臣学不洽闻，识见寡薄，惧无以裨广圣听，仰酬明旨。今谨依《洪范传》《天文志》撮其事要，略其文辞，凡为八篇。"世祖览而善之，曰："高允之明灾异，亦岂减崔浩乎？"及高宗即位，允颇有谋焉。司徒陆丽等皆受重赏，允既不蒙褒异，又终身不言。其忠而不伐，皆此类也。

给事中郭善明，性多机巧，欲逞其能，劝高宗大起宫室。允谏曰："臣闻太祖道武皇帝既定天下，始建都邑。其所营立，非因农隙，不有所兴。今建国已久，宫室已备，永安前殿足以朝会万国，西堂温室足以安御圣躬，紫楼临望可以观望远近。若广修壮丽为异观者，宜渐致之，不可仓卒。计斫材运土及诸杂役须二万人，丁夫充作，老小供饷，合四万人，半年可讫。古人有言："一夫不耕，或受其饥；一妇不织，或受其寒。况数万之众，其所损废，亦以多矣。推之于古，验之于今，必然之效也。诚圣主所宜思量。"高宗纳之。

允以高宗纂承平之业。而风俗仍旧，婚娶丧葬，不依古式，允乃谏曰：

"前朝之世，屡发明诏，禁诸婚娶不得作乐，及葬送之日歌谣、鼓舞、杀牲、烧葬，一切禁断。虽条旨久颁，而俗不革变。将由居上者未能悛改，为下者习以成俗，教化陵迟，一至于斯。昔周文以百里之地，修德布政，先于寡妻，及于兄弟，以至家邦，三分天下而有其二。明为政者先自近始。《诗》云："尔之教矣，民胥效矣。"人君举动，不可不慎。

《礼》云："嫁女之家，三日不息烛；娶妇之家，三日不举乐。今诸王纳室，皆乐部给伎以为嬉戏，而独禁细民，不得作乐，此一异也。

古之婚者，皆拣择德义之门，妙选贞闲之女，先之以谋媒，继之以礼物，集僚友以重其别，亲御轮以崇其敬，婚姻之际，如此之难。今诸王十五，便赐妻别居。然所配者，或长少差舛，或罪入掖庭，而作合宗王，妃嫔藩懿。失礼之甚，无复此过。往年及今，频有检劾。诚是诸王过酒致责，迹其元起，亦由色衰相弃，致此纷纭。今皇子娶妻，多出宫掖，令天下小民，必依礼限，此二异也。

万物之生，靡不有死，古先哲王，作为礼制，所以养生送死，折诸人情。若毁生以奉死，则圣人所禁。然葬者藏也，死者不可再见，故深藏之。昔尧葬谷林，农不易亩；舜葬苍梧，市不改肆。秦始皇作为地市，下固三泉，金玉宝货不可计数，死不旋踵，尸焚墓掘。由此推之，尧舜之俭，始皇之奢，是非可见。今国家营葬，费损巨亿，一旦焚之，以为灰烬。苟靡费有益于亡者，古之臣奚独不然。今上为之不辍，而禁下民之必止，此三异也。

古者祭必立尸，序其昭穆，使亡者有凭，致食飨之礼。今已葬之魂，人直求貌类者事之如父母，燕好如夫妻，损败风化，渎乱情礼，莫此之甚。上未禁之，下不改绝，此四异也。

夫飨者，所以定礼仪，训万国，故圣王重之。至乃爵盈而不饮，肴干而不食，乐非雅声则不奏，物非正色则不列。今之大会，内外相混，酒醉喧讼，罔有仪式。又俳优鄙艺，污辱视听。朝庭积习以为美，而责风俗之清纯，此五异也。

今陛下当百王之末，踵晋乱之弊，而不矫然厘改，以厉颓俗，臣恐天下苍生，永不闻见礼教矣。"

允言如此非一，高宗从容听之。或有触迕，帝所不忍闻者，命左右扶出。事有不便，允辄求见，高宗知允意，逆屏左右以待之。礼敬甚重，晨入暮出，或积日居中，朝臣莫知所论。

或有上事陈得失者，高宗省而谓群臣曰："君父一也，父有是非，子何为不作书于人中谏之,使人知恶,而于家内隐处也。岂不以父亲,恐恶彰于外也。今国家善恶,不能面陈而上表显谏,此岂不彰君之短,明己之美。至如高允者,真忠臣矣。朕有是非,常正言面论,至朕所不乐闻者,皆侃侃言说,无所避就。朕闻其过,而天下不知其谏,岂不忠乎!汝等在左右,曾不闻一正言,但伺朕喜时求官乞职。汝等把弓刀侍朕左右,徒立劳耳,皆至公王。此人把笔匡我国家,不过作郎。汝等不自愧乎?"于是拜允中书令,著作如故。司徒陆丽曰:"高允虽蒙宠待,而家贫布衣,妻子不立。"高宗怒曰:"何不先言!今见朕用之,方言其贫。"是日幸允第,惟草屋数间,布被缊袍,厨中盐菜而已。高宗叹息曰:"古人之清贫岂有此乎!"即赐帛五百匹、粟千斛,拜长子忱为绥远将军、长乐太守。允频表固让,高宗不许。初与允同征游雅等多至通官封侯,及允部下吏百数十人亦至刺史二千石,而允为郎二十七年不徙官。时百官无禄,允常使诸子樵采自给。

初,尚书窦瑾坐事诛,瑾子遵亡在山泽,遵母焦没入县官。后焦以老得免,瑾之亲故,莫有恤者。允愍焦年老,保护在家。积六年,遵始蒙赦。其笃行如此。转太常卿,本官如故。允上《代都赋》,因以规讽,亦《二京》之流也。文多不载。时中书博士索敞与侍郎傅默、梁祚论名字贵贱,著议纷纭。允遂著《名字论》以释其惑,甚有典证。复以本官领秘书监,解太常卿,进爵梁城侯,加左将军。

初,允与游雅及太原张伟同业相友,雅尝论允曰:"夫喜怒者,有生所不能无也。而前史载卓公宽中,文饶洪量,褊心者或之弗信。余与高子游处四十年矣,未尝见其是非愠喜之色,不亦信哉!高子内文明而外柔弱,其言呐呐不能出口,余常呼为'文子'。崔公谓余云:'高生丰才博学,一代佳士,所乏者矫矫风节耳。'余亦然之。司徒之遣,起于纤微,及于诏责,崔公声嘶股战不能言,宗钦已下伏地流汗,都无人色。高子敷陈事理,申释是非,辞义清辩,音韵高亮。明主为之动容,听者无不称善。仁及僚友,保兹元吉,向之所谓矫矫者,更在斯乎?宗爱之任势也,威振四海。尝召百司于都坐,王公以下,望庭毕拜,高子独升阶长揖。由此观之,汲长儒可卧见卫青,何抗礼之有!向之所谓风节者,得不谓此乎?知人固不易,人亦不易知。吾既失之于心内,崔亦漏之于形外。钟期止听于伯牙,夷吾见明于鲍叔,良有以也。"其为人物所推如此。

高宗重允,常不名之,恒呼为"令公"。"令公"之号,播于四远矣。高宗崩,显祖居谅闇,乙浑专擅朝命,谋危社稷。文明太后诛之,引允禁中,参决大政。又诏允曰:"自顷以来,庠序不建,为日久矣。道肆陵迟,学业遂废,子衿之叹,复见于今。朕既纂统大业,八表晏要,稽之旧典,欲置学官于郡国,使进修之业,有所津寄。卿儒宗元老,朝望旧德,宜与中、秘二省参议以闻。"允表曰:"臣闻经纶大业,必以教养为先;咸秩九畴,亦由文德成务。故辟雍光于周诗,泮宫显于《鲁颂》。自永嘉以来,旧章殄灭。乡闾芜没《雅》《颂》之声,京邑杜绝释奠之礼。道业陵夷,百五十载。仰惟先朝每欲宪章昔典,经阐素风,方事尚殷,弗遑克复。陛下钦明文思,纂成洪烈,万国咸宁,百揆时叙。申祖宗之遗志,兴周礼之绝业,爰发德音,惟新文教。搢绅黎献,莫不幸甚。臣承旨敕,并集二省,披览史籍,备究典纪,靡不敦儒以劝其业,贵学以笃其道。伏思明诏,玄同古义。宜如圣旨,崇建学校以厉风俗。使先王之道,光演于明时;郁郁之音,流闻于四海。请制大郡立博士二人、助教四人、学生一百人,次郡立博士二人、助教二人、学生八十人,中郡主博士一人、助教二人、学生六十人,下郡立博士一人、助教一人、学生四十人。其博士取博关经典、世履忠清、堪为人师者,年限四十以上。助教亦与博士同,年限三十以上。若道业夙成,才任教授,不拘年齿。学生取郡中清望,人行修谨,堪循名教者,先尽高门,次及中第。"显祖从之。郡国立学,自此始也。

后允以老疾,频上表乞骸骨,诏下许。于是乃著《告老诗》。又以昔岁同征,零落将尽,感逝怀人,作《征士颂》,盖止于应命者,其有命而不至,则阙焉。群贤之行,举其梗慨矣。今著之于左:

中书侍郎、固安伯范阳卢玄子真

行司隶校尉、中都侯西河宋宣道茂

郡功曹史博陵崔绰茂祖

中书郎燕郡刘遐彦鉴

河内太守、下乐侯广宁燕崇玄略

中书郎、武恒子河间邢颖宗敬

上党太守、高邑侯广宁常陟公山

沧水太守、浮阳侯勃海高济叔民

征南大将军从事中郎勃海高毗子翼

太平太守、平原子雁门李熙士元

征南大将军从事中郎勃海李钦道赐

秘书监、梁郡公广平游雅伯度

河西太守、饶阳子博陵许堪祖根

廷尉正、安平子博陵崔建兴祖

中书郎、新丰侯京兆杜铨士衡

广平太守、列人侯西河宋愔

征西大将军从事中郎京兆韦阆友规

州主簿长乐潘天符

京兆太守赵郡李诜令孙

郡功曹长乐杜熙

太常博士、钜鹿公赵郡李灵虎符

征东大将军从事中郎中山张纲

中书郎中、即丘子赵郡李遐仲熙

中书郎上谷张诞叔术

营州刺史、建安公太原张伟仲业

秘书郎雁门王道雅

辅国大将军从事中郎范阳祖迈

秘书郎雁门闵弼

征东大将军从事中郎范阳祖侃士伦

卫大将军从事中郎中山郎苗

东郡太守、蒲县子中山刘策

大司马从事中郎上谷侯辩

濮阳太守、真定子常山许琛

陈留郡太守、高邑子赵郡吕季才

夫百王之御士也,莫不资伏群才,以隆治道。故周文以多士克宁,汉武以得贤为盛。此载籍之所记,由来之堂义。魏自神麚已后,宇内平定,诛赫连积世之僭,扫穷发不羁之寇,南摧江楚,西荡凉域,殊方之外,慕义而至。于是偃兵息甲,修立文学,登延俊造,酬谘政事。梦想贤哲,思遇其人,访诸有司,以求名士。咸称范阳卢玄等四十二人,皆冠冕之胄,著问州邦,有羽仪之用。亲发明诏,以征玄等。乃旷官以待之,悬爵以縻之。其就命三十五人,自余依例州郡所遣者不可称记。尔乃髦士盈朝,而济济之美兴焉。昔与之俱蒙斯举,或从容廊庙,或游集私门,上谈公务,下尽忻娱,以为千载一时,始于此矣。日月推移,吉凶代谢,同征之人,凋歼殆尽。在者数子,然复分张。往昔之忻,变为悲戚。张仲业东临营州,迟其还返,一叙于怀,齐衿于垂殁之年,写情于桑榆之末。其人不幸,复至殒殁。在朝者皆后进之士,居里者非畴昔之人,进涉无寄心之所,出入无解颜之地。顾省形骸,所以永叹而不已。夫颂者美盛德之形容,亦可以长言寄意。不为文二十年矣,然事切于心,岂可默乎? 遂为之颂,词曰:

紫气干霄,群雄乱夏,王龚祖征,戎车屡驾。扫荡游氛,克剪妖霸,四海从风,八垠渐化。政教无外,既宁且一,偃武橐兵,唯文是恤。帝乃旁求,搜贤举逸,岩隐投竿,异人并出。

亹亹卢生,量远思纯,钻道据德,游艺依仁。旌弓既招,释褐投巾,摄齐升堂,嘉谋日陈。自东徂南,跃马驰轮,僭冯影附,刘以和亲。

茂祖茕单,凤离不造,克己勉躬,聿隆家道。敦心《六经》,游思文藻,终辞宠命,以之自保。

燕、常笃信,百行靡遗,位不苟进,任理栖迟。居冲守约,好让善推,思贤乐古,如渴如饥。

子翼致远,道赐悟深,相期以义,相和若琴。并参幕府,俱发德音,优游卒岁,聊以寄心。

祖根运会,克光厥猷,仰缘朝恩,府因德友。功虽后建,禄实先受,班同旧臣,位并群后。

士衡孤立,内省靡疚,言不崇华,交不遗旧。以产则贫,论道则富,所谓伊人,实邦之秀。

卓矣友规,禀兹淑亮,存彼大方,摈此细让。神与理冥,形随流浪,虽屈王侯,莫废其尚。

赵实名区,世多奇士,山岳所钟,挺生三李。矫矫清风,抑抑容止,初九而潜,望云而起。诡尹西都,灵惟作传,垂训皇宫,载理云雾。熙虽中夭,迹阶郎署,余尘可挹,终亦显著。

仲业渊长,雅性清到,宪章古式,绸缪典诰。时值险难,常一其操。纳众以仁,训下以孝,化被龙川,民归其教。

迈则英贤,侃亦称选,闻达邦家,名行素显。志在兼济,岂伊独善,绳匠弗顾,功不获展。

刘、许履忠,竭力致躬,出能聘说,入献其功。轺轩一举,挠燕下崇,名彰魏世,享业亦隆。

道茂凤成,弱冠播名,与朋以信,行物以诚。怡怡昆弟,穆穆家庭,发响九皋,翰飞紫冥。频在省闼,亦司于京,刑以之中,政以之平。

犄欤彦鉴,思参文雅,率性任真,器成非假。靡矜于高,莫耻于下,乃谢朱门,归迹林野。

宗敬延誉,号为四俊,华藻云飞,金声凤振。中遇沈疴,赋诗以讯,忠显于辞,理出于韵。

高沧朗达,默识渊通,领新悟异,发自心胸,质侔和璧,文炳雕龙,耀姿天邑,衣锦旧邦。

士元先觉,介焉不惑,振袂来庭,始宾王国。蹈方履正,好是绳墨,淑人君子,其仪不忒。

孔称游夏,汉美渊云,越哉伯度,出类逾群。司言秘阁,作牧河汾,移风易俗,理乱解纷。融彼滞义,焕此潜文,儒道以析,九流以分。

崔、宋二贤,诞性英伟,擢颖闾阎,闻名象魏。謇謇仪形,邈邈风气,达而不矜,素而能贲。

潘符摽尚,杜熙好和,清不洁流,浑不同波。绝希龙津,止分常科,幽而逾显,损而逾多。

张纲柔谦,叔术正直,道雅洽闻,弼为兼识。拔萃衡门,俱渐鸿翼,发愤忘餐,岂要斗食。率礼从仁,罔愆于式,失不系心,得不形色。

郎苗始举,用均已试,智足周身,言足为治。性协于时,情敏于事,与今而同,与古曷异。

物以利移,人以酒昏,侯生洁己,唯义是敦。日纵醇醪,逾敬逾温,其在私室,如涉公门。

季才之性,柔而执竞,届彼南秦,申威致命。诱之以权,矫之以正,帝道用光,边土纳庆。

群贤遭世,显名有代,志竭其忠,才尽其概。体袭朱裳,腰纽双佩,荣曜当时,风高千载。君臣相遇,理实难偕,昔因朝命,举之克谐。披衿散想,解带舒怀,此忻如昨,存亡奄乖。静言思之,中心九摧,挥毫颂德,潸尔增哀。

皇兴中,诏允兼太常,至兖州祭孔子庙,谓允曰:"此简德而行,勿有辞也。"后允从显祖北伐,大捷而还,至武川镇,上《北伐颂》,其词曰:"皇矣上天,降鉴惟德,眷命有魏,照临万国。礼化丕融,王猷允塞,静乱以威,穆民以则。北虏旧隶,禀政在蕃,往因时口,逃命北辕。世袭凶轨,背忠食言,招亡聚资,丑类实繁。敢率犬羊,图纵猖蹶,乃诏训师,兴戈北伐。跃马裹粮,星驰电发,扑讨虔刘,肆陈斧钺。斧钺暂陈,馘翦厥旅,积骸填谷,流血成浦。元凶狐奔,假息穷墅,爪牙既摧,腹心亦阻。周之忠厚,存及行苇,翼翼圣明,有兼斯美。泽被京观,垂此仁旨,封尸野获,惠加生死。生死蒙惠,人欣覆育,理贯幽冥,泽渐殊域。物归其诚,神献其福,遐迩斯怀,无思不服。古称善兵,历时始捷,今也用师,辰不及浃,六军克合,万邦以协,义著春秋,功铭玉牒,载兴颂声,播之来叶。"显祖览而善之。

又显祖时有不豫,以高祖冲幼,欲立京兆王子推,集诸大臣以次召问。允进跪上前,涕泣曰:"臣不敢多言,以劳神听,愿陛下上思宗庙托付之重,追念周公抱成王之事。"显祖于是传位于高祖,赐帛千匹,以标忠亮。又迁中书监,加散骑常侍。虽久典史事,然而不能专勤属述,时与校书郎刘模有所缉缀,大较续崔浩故事,准《春秋》之体,而时有刊正。

自高宗迄于显祖，军国书檄，多允文也。末年乃荐高闾以自代。以定议之勋，进爵咸阳公，加镇东将军。

寻授使持节、散骑常侍、征西将军、怀州刺史。允秋月巡境，问民疾苦。至邵县，见邵公庙废毁不立，乃曰："邵公之德，阙而不礼，为善者何望？"乃表闻修葺之。允于时年将九十矣，劝民学业，风化颇行，然儒者优游，不以断决为事。后正光中，中散大夫、中书舍人河内常景追思允，帅郡中故老，为允立祠于野王之南，树碑纪德焉。

太和二年，又以老乞还乡里，十余章，上卒不听许，遂以疾告归。其年，诏以安车征允，敕州郡发遣。至都，拜镇军大将军，领中书监。固辞不许。又扶引就内，改定《皇诰》。允上《酒训》曰：

臣被敕论集往世酒之败德，以为《酒训》。臣以朽迈，人伦所弃，而殊恩过隆，录臣于将殁之年，勖臣于已坠之地。奉命惊惶，喜惧兼甚，不知何事可以上答。伏惟陛下以睿哲之姿，抚临万国，太皇太后以圣德之广，济育群生。普天之下，罔不称赖。然日昃忧勤，虚求不已，思监往事，以为敬式。此之至诚，悟通百灵，而况于百官士民。不胜踊跃，谨竭其所见，作《酒训》一篇。但臣愚短，加以芜废，辞义鄙拙，不足观采。伏愿圣慈，体臣悾悾之情，恕臣狂瞽之意。其词曰：

自古圣王，其为飨也，玄酒在堂而醑酒在下，所以崇本重原，降于滋味。虽汎爵旅行，不及于乱。故能礼章而敬不亏，事毕而仪不忒。非由斯致，是失其道。将何以范时轨物，垂之于世？历观往代成败之效，吉凶由人，不在数也。商辛耽酒，殷道以之亡；公旦陈诰，周德以之昌。子反昏酣而致毙，穆生不饮而身光。或长世而为戒，或百代而流芳。酒之为状，变惑情性，虽曰哲人，孰能自竞。在官者殆于政也，为下者慢于令也，聪达之士荒于听也，柔顺之伦兴于净也，久而不悛，致于病也。岂止于病，乃损其命。谚亦有云：其益如毫，其亦夥乎。无以酒荒而陷其身，无以酒狂而丧其伦。迷邦失道，流浪漂津。不师不遵，反将何因。《诗》不言乎，"如切如瑳，如琢如磨"，朋友之义也。作官以箴之，申谟以禁之，君臣之道也。其言也善，则三覆而佩之；言之不善，则哀矜而贷之。此实先王纳规之意。往者有晋，士多失度，肆散诞以为不羁，纵长酣以为高达，调酒之颂，以相眩曜。称尧舜有千钟百觚之饮，著非法之言，引大圣为譬，以则天之明，岂其然乎？且子思有云，夫子之饮，不能一升。以此推之，千钟百觚皆为妄也。

今大魏应图，重明御世。化之所暨，无思不服，仁风敦洽于四海。太皇太后以至德之隆，诲而不倦，忧勤备于皇情，诰训行于无外。故能道协两仪，功同覆载。仁恩下逮，罔有不遵，普天率土，靡不蒙赖。在朝之士，有志之人，宜克己从善，履正存贞。节酒以为度，顺德以为经。悟昏饮之美疾，审敬慎之弥荣。遵孝道以致养，显父母而扬名。蹈闵曾之前轨，遗仁风于后生。仰以答所授，俯以保其成。可不勉欤！可不勉欤！

高祖悦之，常置左右。

诏允乘车入殿，朝贺不拜。明年，诏允议定律令。虽年渐期颐，而志识无损，犹心存旧职，披考史书。又诏曰："允年涉危境，而家贫养薄。可令乐部丝竹十人，五日一诣允，以娱其志。"特赐允蜀牛一头，四望蜀车一乘，素几杖各一，蜀刀一口。又赐珍味，每春秋常致之。寻诏朝晡给膳，朔望致牛酒，衣服绵绢，每月送给。允皆分之亲故。是时贵臣之门，皆罗列显官，而允子弟皆无官爵。其廉退若此。迁尚书、散骑常侍，时延入，备几杖，问以政治。十年，加光禄大夫、金章紫绶。朝之大议，皆咨访焉。

魏初法严，朝士多见杖罚。允历事五帝，出入三省，五十余年，初无谴咎。初，真君中以狱讼留滞，始令中书以经义断诸疑事。允据律评刑，三十余载，内外称平。允以狱者民之命也，常叹曰："皋陶至德也，其后英蓼先亡，刘项之际，英布黥而王。经世虽久，犹有刑之余衅。况凡人能无咎乎？"

其年四月，有事西郊，诏以御马车迎允就郊所板殿观瞩。马忽惊奔，车覆，伤眉三处。高祖、文明太后遣医药护治，存问相望。司驾将处重坐，允启陈无恙，乞免其罪。先是，命中黄门苏兴寿扶持允，曾雪中遇犬惊倒，扶者大惧。允慰勉之，不令闻彻。兴寿称共允接事三年，未尝见其忿色。恂恂善诱，诲人不倦。昼夜手常执书，吟咏寻览。笃亲念故，虚己存纳。虽处贵重，志同贫素。性好音乐，每至伶人弦歌鼓舞，常击节称善。又雅信佛道，时设斋讲，好生恶杀。性又简至，不妄交游。显祖平青齐，徙其族望于代。时诸士人流移运至，率皆饥寒。徙人之中，多允姻媾，皆徒步造门。允散财竭产，以相瞻赈，慰问周至。无不感其仁厚。收其才能，表奏申用。时议者皆以新附致异，允谓取材任能，无宜抑屈。先是，允被召在方山作颂，志气犹不多损，谈说旧事，了无所遗。十一年正月卒，年九十八。

初，允每谓人曰："吾在中书时有阴德，济救民命。若阳报不差，吾寿应享百年矣。"先卒旬外，微有不适。犹不寝卧，呼医请药，出入行止，吟咏如常。高祖、文明太后闻而遣医李修往脉视之，告以无恙。修入，密陈允荣卫有异，惧其不久。于是遣使备赐御膳珍羞，自酒米至于盐醢百有余品，皆尽时味，及床帐、衣服、茵被、几杖，罗列于庭。王官往还，慰问相属。允喜形于色，语人曰："天恩以我笃老，大有所赉，得以赡客矣。"表谢而已，不有他虑。如是数日，夜中卒，家人莫觉。诏给绢一千匹、布二千匹、绵五百斤、锦五十匹、杂采百匹、谷千斛以周丧用。魏初以来，存亡蒙赉者莫及焉，朝庭荣之。将葬，赠侍中、司空公、冀州刺史，将军、公如故，谥曰文，赐命服一袭。允所制诗赋诔颂箴论表赞，《左氏》《公羊释》《毛诗拾遗》，《论杂解》《议何郑膏肓事》，凡百余篇，别有集行于世。允明算法，为算术三卷。子忱袭。

【译文】

高允，字伯恭，勃海人。祖父高泰，事迹收入高允叔父高湖的传记中。父亲高韬，少年时代即以见识高明、才智过人而闻名，颇受同乡封懿的敬慕。高韬曾在后燕任慕容垂的太尉从事中郎。北魏太祖拓跋珪攻破后燕都城中山后，封韬为丞相参军。但英年早逝。

高允幼年时就成了孤儿，人很早熟，有着非凡的气度，清河人崔玄伯见他后极为惊异，赞叹说："高子内心德行高尚美好，神情文雅明朗，如镜子能够外照一样，将来必能成大器，而为一代人杰，只可惜我恐怕不能亲眼看到了。"在高允十几岁的时候，祖父去世，他为奔丧回到家乡，把家产交给两个兄弟管理，自己出家作了僧徒，释名法净。不久后还俗。高允生性喜爱文史典籍，身背书籍，不远千里拜师求学。他知识广博，对历史和儒家的经典，以及天文、历法、占卜等学问都很精通，尤其喜爱《春秋公羊传》一书。曾被郡守征聘为功曹。

北魏神𪊺三年，世祖太武帝的舅舅阳平王杜超临时代行征南大将军，镇守邺城，任高允为从事中郎，这时他已四十多岁了。当时正值春天，但很多州郡中的囚徒还不能处置，杜超于是命高允与中郎吕熙等人分别前往这些州郡,评议刑罚事务。吕熙等人贪污受贿,都因此而犯了罪,只有高允一人为官清廉,获得了奖赏。卸官后他回到家乡,以教书为生,学生有千余人。神麚四年,高允与卢玄等人一起被朝廷征聘,封为中书博士。后来升任为侍郎,与太原人张伟一起以侍郎兼领卫大将军及乐安王拓跋范的人事中郎。世祖太武帝的弟弟拓跋范,备受宠爱,他在陇西镇守长安时,曾得到高允多方面的扶正和帮助,大受裨益,深得秦地人民的拥戴。不久,高允被征召回朝。高允曾作过一首《塞上翁诗》,诗中饱含了心酸和喜悦,抒发了他离开秦地时的得意与失落的心情。骠骑大将军,乐平王拓跋丕西征上邽时,高允又以侍郎的身份参议拓跋丕军中的作战事务。有关的事迹收在《乐平王丕传》中。魏军平定凉州后,高允因参议谋划有功,被赐汶阳子的爵位,并兼领建武将军。

此后,魏帝颁诏令高允与司徒崔浩共同著述国史,写成《国记》,兼任著作郎。当时,崔浩召集了很多通晓天文历法的人,考证校定自汉代建国以来日食月食和金木水火土五星的运行行度,并检查旧史中的失谬,另外制定了魏国的历法,然后拿给高允看。高允说:"天文历法不可以作没有证据的空谈,要想将距今很远时代的天象推算准确,必须首先检验对距今较近的时代的天象的推算结果。况且汉代元年仲冬十月,金、木、水、火、土五星汇聚在东井宿的说法,实际是对历法的浅薄不识之论。今天我们讥笑汉代的史官,反而却不能察觉这种说法的错误,恐怕将来我们的后人会象我们现在讥笑古人一样地讥笑我们了。"崔浩说:"你所说的谬误指的是什么?"高允道:"考查《星传》,金、水二星常常在距太阳很近的地方运行。仲冬十月的凌晨,太阳运行到尾宿和箕宿附近,黄昏时从西南方落下,而东井宿此时正从东北方升起。有什么理由说金、水二星会跑到正对着太阳的最远的地方运行呢?这是因为史官想要把事情神化,所以不再依据天象运动的规律来推算的结果。"崔浩说:"想要改变天象并没什么不可以,您难道不怀疑木、火、土三星能汇聚在一起吗?为什么只对金、水二星的往来运行感到奇怪呢?"高允道:"这些事不可以作没有根据的争论,最好还是深入地研究一下为好。"当时在座的人都感到奇怪,只有东宫少傅游雅说:"高君擅长历法,他的说法应当是有根据的。"一年多以后,崔浩对高允说:"过去我们所争论的问题,我本来并没有认真的思考,后来经过进一步的考证研究,果然象你说的一样,五星应提前三个月汇聚在东井宿,而不是在十月。"他又对游雅说:"高允的学问如此精深,我却不知道,就像钟阳元不知魏舒的箭法高明一样。"于是大家对高允都很叹服钦佩。高允虽然精通历法,但最初并不做推算,而且对于自己的这种谨慎做法很有说辞。只是游雅屡次向他请教有关灾害和奇异天象的问题。高允说:"古人说过,真正了解一件事是很难的,已经了解了又怕了解得不全面,因此还不如不了解。天下玄妙的道理极多,怎么能问这些事呢?"游雅从此便不再提问了。

不久,高允在做本官的同时兼作了秦王拓跋翰的老师。其后,世祖让他教授恭宗学习儒家经典,受到了很高的礼遇。同时又令高允与侍郎公孙质、李虚、胡方回共同议定法令条文。世祖推荐高允参与论刑罚和治国之策,他的见解非常符合世祖的主张。于是世祖向他征询道:"国家政务繁多,什么事应该最先处理呢?"当时全国的土地多遭封禁,而且京城中不靠务农而吃饭的人非常多。因此高允说:"臣小时候穷苦,只懂得种地,请允许我谈论农业的事情吧。古人说:一平方里的土地可开垦良田三顷七十亩,一百平方里的土地则可开垦良田三万七千顷。如果辛勤地耕耘,每亩就可以增产三斗粟米,如果懒惰则会减少三斗。这样一来，一百平方里的良田，增产或减产粟米的总数就可以达到二百二十二万斛，况且天下的良田如此广大，增产或减少的粟米又该有多少呢？如果官府和农户都有积蓄的粮食，那么即使遇上饥荒的年景，又有什么可忧虑的呢？"世祖认为这个设想非常好。于是解除对土地的封禁，把良田都授给了农民。

当初，崔浩举荐提拔了冀、定、相、幽、并五州的数十人，初做官就当了郡守。恭宗对崔浩说："在他们之前已经征聘了很多人，也是从各个州郡中选拔的。这些人在职的时间已经很长，勤勤恳恳地工作，但未能得到任何报答。现在可以先把过去征聘的人补充到其他郡县任职，然后以新征聘的人代行郎吏一级的官职。而且郡守县令要管理民众，所以最好任用那些经历丰富的人。"崔浩固执地与太子恭宗争辩，并派遣了他自己选拔的那些人。高允听说此事后，对东宫博士管恬说："崔公不能幸免了！如果他非要以他的这种错误做法来和殿下较量，并要争个胜负，怎么还能平安度日呢？"

辽东公翟黑子深受世祖的恩宠，他奉公出使并州时，竟收受上千匹布的贿赂，事情很快就被发现了。于是黑子来向高允请教对策，他说："如果圣上向我问及此事，我是自首服罪呢，还是避而不答？"高允道："公是朝廷中的宠臣，回答圣上的提问时最好说实话。并且要告诉圣上你对朝廷的忠诚，这样你的罪也就不会太大了。"而中书侍郎崔览和公孙质等人却不这样认为，他们都说，一旦自首从实招认，获罪是大是小实在无法测度，因此最好是回避不说。黑子认为崔览等人更关心自己，反怒气冲冲地对高允说："按您说的去做，简直就是引诱我去送死，如果真是这样，为什么不直说呢！"于是就这样与高允绝交了。后来，黑子在回复世祖的提问时没能说实话，终于被世祖疏远，最后获罪而遭杀戮。

当时，著作令史闵湛和郗摽因性格奸佞，巧言奉迎，深为崔浩所信任。他们看到崔浩注的《诗经》《论语》《尚书》和《易经》后，立即上书魏帝，声称马融、郑玄、王肃和贾逵等人，虽然都注释讲述过《六经》，但都存在疏漏和错误，不如崔浩的注解精辟。建议广泛搜集国内的各种书籍，藏入官府。然后颁行崔浩对儒家经典的注解，让天下人学习。并请求魏帝降旨，让崔浩注解《礼传》，使后人能够了解正确的经义。崔浩也上表推荐闵湛，称他有著述才能。而后，闵湛又劝崔浩把他所撰写的国史刊刻上石，以便万世流传，他的目的是想使崔浩撰写国史时秉笔直书，对拓跋部的事迹记录得既详备又不雅观的情况得到更充分的表现。高允听说此事后，对著作郎宗钦说："闵湛所做的一切，分寸之间，恐怕就会导致崔家遭受百年不遇的大难。我的门徒中可没有这种人。"不久，大祸临降临了。

当初，崔浩被拘捕后，高允则在中书省内值班。恭宗派东宫侍郎吴延去叫高允，并把他留在宫内暂住一夜。第二天，恭宗要入朝拜见世祖，让高允一起陪同前往。走到宫门前，恭宗对高允说："入朝后当见到圣上的时候，我自然会引导你的。倘若圣上有事问你，你只管依着我的话说。"高允问恭宗："为了什么事要这样做呢？"恭宗说："进去自然就知道了。"入朝后见到了魏帝，恭宗说："中书侍郎高允自在臣的宫中以来，已共同相处了多年，他做事小心谨慎而且周密，臣确实非常了解他。虽然他与崔浩同做一事，然而高允低微，都是听从崔浩的主张。请饶恕他的性命吧。"世祖把高允叫到面前，对他说："《国书》是否都是由崔浩撰写的呢？"高允答道："《太祖记》是前著作郎邓渊所撰。《先帝记》和《今记》是臣与崔浩共同撰写的。然而崔浩多做综合的工作，只是统筹裁定而已。至于吏中注解疏证的部分，臣做得比崔浩多。"世祖听后勃然大怒，说道："这个罪比崔造还重，怎么能留他活路！"恭宗急忙说："高允是小臣，见到圣上威严庄重的样子，就语无伦次了。

臣曾经详细地问过高允,他每次都说是崔浩写的。"世祖问高允:"果然象太子所说的吗?"高允答道:"臣才质平庸,著述写作时谬误百出,冒犯了天威,此罪理应灭族,如今臣已甘愿受死,所以不敢不说实话。殿下因为臣长期为他讲习授课,所以可怜臣,为臣祈求活命。其实他并没有问过臣,臣也没有说过那些话。臣回答圣上的都是实话,不敢心神无主。"世祖对恭宗说道:"正直啊! 对一个人来说,这已经是很难做到的了,而且能够至死不移,不就更难了吗! 而且他对我说的都是实话,真是忠臣啊。就为他的这些话,我宁愿不追究他的罪,最好还是宽恕了他吧。"高允终于被赦免了。世祖于是把崔浩叫到面前,让人诘问他。崔浩非常惶恐,不能答对。而高允却对每件事情都能郑重说明,有条有理。所以当时世祖更加生气了,命高允撰写诏书,自崔浩以下,僮仆及小吏以上,共一百二十八人,均夷灭五族。高允迟疑着没有动笔,世祖则频频下令急切地催促。高允祈求再次拜见圣上,然后再动笔撰写诏书,于是世祖把他叫到跟前,高允说道:"崔浩所犯的罪,如果还有除著述国史之外的其他什么原因的话,那不是臣胆敢知道的。倘若只因国史一事,那么,秉笔直书,坦率写作虽然对朝廷有所触犯,但也还不至于处死呀。"世祖勃然大怒,命武士将高允拘捕起来。恭宗赶快恭敬地为高允请罪。世祖说:"如果没有这个人对我表示愤然不满,早就有几千人被斩了。"崔浩最后终于被杀,而且灭了五族,其他人也都惨遭杀戮。宗钦在临死之前,曾感叹说:"高允大概是个圣人吧!"

事过之后,恭宗责备高允说:"人应当能够把握时机,审时度势,不能审时度势,书读得再多又有什么用呢? 那时候,我一开始就引导卿回复圣上的提问,为什么不顺着我的话说,以至于把圣上气成那个样子。每当想起此事,就让人心惊肉跳。"高允说:"臣是出生于东方荒野中的凡夫俗子,本来并没有做官的打算。恰好遇上了太平盛世,在朝廷征聘贤士的时候,也就应选了。于是脱去布衣,穿上官服,在中书省任职,而且还经常在麒麟阁参与校勘典籍。那些白拿着朝廷的俸禄而又不做事的官员都很荣耀,而真正有才干的人却被压制不能任用,这种局面已经太久了。史书乃是帝王行为的真实记录,是为后代留下的一个明确鉴戒,这样才能使今人可以了解古人,而后人也可以了解今天。正因为言行举止都要详纽记载,所以帝王的行为才要格外谨慎。然而崔浩一家虽世代都蒙受朝廷特殊的礼遇,在当时是非常显赫的大族,但他辜负了圣上对他的恩宠,自取灭亡。但即使对崔浩的这些做法,在当时也还是有值得讨论的余地的。崔浩才知疏弱,象蓬蒿一样,却担负着栋梁般的国家重任,在朝中他缺少正直的节操,在家中也不能与亲人和睦相处,个人的贪欲早已使他忘记了作为朝臣的廉洁之本,个人的爱憎早已取代了正直与真理,这些都是崔浩的责任。但是,至于记录朝廷日常生活的种种事迹,谈论国家事务的正确与失误,这些却也都是史书中的要点,不能与事实有太多的违背。然而,臣与崔浩实际上共同参与此事,不论生死荣辱,按理说两人本不应该有什么不同,实在是由于蒙受了殿下的极大关怀,才违心地苟且幸免,这许不是臣的本意。"恭宗听后非常感动,赞叹了一番。高允后来对人说,我没有接受太子的引导,是唯恐辜负了翟黑子,因为当初我就是这样教导他的,所以现在我自己也应该这样做。

恭宗在去世前的几年中,对自己身边的人非常亲近,并自己营造田园,靠他们来获取财利。高允规劝他说:"天地没有私欲,所以天能够覆盖着大地,而大地能够生长万物;帝王没有私欲,所以能够包养天下。过去贤明的君主,都以极公正的态度从政治民,所以把金银留藏在山中而不去开采它,把珍珠留藏在深水中而不去捕捞它,用这些事实将自己的无私昭告天下人,用自己的节俭教诲天下人。所以赞美之声四起,万代传颂。今天,殿下作为国君的继承者,四海归心,您的言行举止,将成为天下人效法的榜样,而您却营造私人田园,畜养鸡犬,甚至在市集上贩酒,还与市民讨价还价,以至于使议论之声到处流布,而难以补救和掩盖。天下乃是殿下的天下,您富有得享有了四海之内的一切,还有什么想要而得不到的呢,有什么欲望不能满足呢,反而去和那些男女商贾争夺蝇头小利。从前虢国将要灭亡的时候,神从天上降临了,赐给他们土地田园,最后竟丧失了国家。汉灵帝不学习君主的庄重威严,而喜欢与宫中的人摆摊贩卖,自己建立了府库,经营小利,最后使国家发生了颠覆混乱的灾难。前车之鉴就像现在您所做的一样,非常可怕呀。一个作君主的人,在选择用人时必须慎重,仔细观察。所以人们把知人善任叫作哲,这一点对于帝王来说是困难的。《商书》说:'不要接近小人',孔子也说过,你亲近了小人,他就会对你无礼,你疏远了小人,他就会怨恨你。武王亲近周公、邵公、姜太公和毕公,所以能称王天下。殷纣王亲近飞廉、恶来,所以国家灭亡了。纵观古今的社稷存亡之际,没有不是由于亲近小人所致。现在殿下总发自内心地感叹缺少人才,实际上贤达之人并不少。近来在您身边侍奉您的那些人,恐怕都不是治国安邦的材料。所以希望殿下能够稍微倾听一下臣的话,排斥奸佞邪恶的小人,亲近忠良,把归自己所有的田园分给贫苦的人,找准时机把畜养和贩卖之事也结束了。只有这样,听到赞美之声的那一天才会到来,而指责之声也就可以平息了。"恭宗并没有接受高允的劝告。

　　恭宗死后,高允很久都没有入宫进见圣上。后来世祖召见他,高允入宫时,走上台阶就开始抽泣,悲痛得不能自制。世祖见此情景,也跟着哭了,并命高允出使,离开京城。朝臣们都不知因为什么缘故,彼此说道:"高允没遇到什么值得悲泣的事呀,让圣上如此哀伤,究竟为什么呢?"世祖听到后,把他们召呼过来说:"你们不知道高允的悲痛吗?"朝臣们说:"臣等看到高允不说话,只是哭泣,而陛下为这事很悲伤,所以偷偷地说几句。"世祖说:"崔浩被杀时,高允也应当一同处死,由于太子苦谏,才得以幸免。今天太子不在人世了,高允看到我因此很悲痛。"

　　高允后来上表说:"前些年圣上下诏,命臣汇集各种天文及灾异现象,并与人间的各种事情相互联系,既要精练又要值得一看。臣听说箕子陈述治国的方略而写成《洪范》,孔子讲述鲁国的历史而著成《春秋》,这些都是宣扬各种治国安民的法规、恭敬地观测天象的例子。所以,根据人们行善还是作恶,天马上就会做出反应而出现灾难或奇异的天象,随着人们的成功或失败,天马上也会应验而降临灾祸或福禄。天与人其实相距很远,但所得到的报应,其速度却象回声一样快,真是太可怕了。自古以来,历代帝王之中,没有一位不尊崇这个天人感应的规律,并以这个法度作为考核的标准来整饬国家,修德行善的。在他们之后,史官都要把那些事情记录在案,以便作为行动的借鉴。汉成帝时,光禄大夫刘向见国家的命运将有危难,权力旁落外戚手中,所以屡次上表陈述出现了妖异天象,但都未被采纳。于是以《洪范》和《春秋》二书中有关上天已对人间的恶迹有所报应而出现了灾异天象的内容加以解释,希望以此使君主有所触动而醒悟,但皇帝终究还是没有对现状进行治理查问,最后终于导致了国家的灭亡。这难道不是很悲哀的吗!尊敬的陛下,您的神威与武功效法皇天,英明而远见卓识,并以非常恭敬的态度来考查古代,一切都按照传统的规矩行事,对古代的言论行为,无不深入地鉴别品评,这些都是先帝所不及的。臣才疏学浅,孤陋寡闻,恐怕没有能力为圣上开阔见闻,使您有所裨益,并且恭敬地实现您英明的意旨。今天臣郑重地依照《洪范传》《天文志》，将其中有关事实的要点摘出，并加以汇集，省略掉那些修饰性的言辞，一共录成八篇。"世祖阅后认为很好，说道："高允对灾异现象的精通程度，难道不如崔浩吗？"到高宗即位以后，高允辅佐新君，表现出很高的谋略。当时，司徒陆丽等人都受到了重赏，而高允却没有受到什么奖励，对于此事，他至死都没有一句怨言。这些事情表现了他对朝廷的忠诚，为人谦逊而不好夸耀的品行。

给事中郭善明，生性机智乖巧，想在皇帝面前显示一下自己的才能，于是劝高宗大兴土木，营建宫殿。高允劝阻道："臣听说太祖道武皇帝在平定天下之后，才开始营建都城，但所有的工程，不等到农闲的时候绝不动工兴建。现在国家已经建立很久了，各种宫室都已建造齐备，永安前殿足以让君主接受万国宾客的朝见，西厢温暖的房间也足以安置侍奉圣体，登上紫色的楼阁临望，远近可一览无余。如果大范围地修建雄伟华丽的宫殿，目的只是为了奇异好看，那最好还是慢慢地建，不可仓促行事。统计起来，修建这些宫殿，斫制石木材，运送土方，以及各种杂劳役，总共需要两万人，壮年男子承担这些劳役，老人小孩送水送饭，总计则达四万人，而且需要半年时间才能完成。古人说过：一个男人不耕种，就会有人挨饿；一个妇女不织布，就会有人受冻。何况数万人之多，所造成的损失和浪费就太大了。回首想想古代的事实，再来检验今天，必然会得到同样的结果。圣上确实应该再考虑考虑为好。"高宗采纳了这些建议。

高宗继承了太平事业，但依旧沿袭着鲜卑的风俗习惯，婚丧嫁娶都不遵循中原的传统仪式，于是高允规劝道：

先帝在世之时，多次颁发圣明的诏令，婚姻嫁娶之时不得演奏音乐，送殡埋葬之日也不得唱歌、击鼓跳舞、杀牲和焚烧祭品，这一切都要禁止。虽然这些规定已颁布了很久，但风俗仍然没有改变。而且由于身居高官的人不能改悔，平民百姓也渐渐习惯而成为风俗，对人民教育的荒废，竟到了今天这般地步。过去周文王在百里大小的侯国中，不论整饬德政民风，还时颁布政令，首先从自己和妻子做起，而后再要求他的兄弟，最后才到天下的百姓，终于占有了三分之二的天下。这表明统治者无论做什么事，都要首先从自己和亲人做起。《诗经》说："教育你的亲属行善无恶，天下人就都会效仿了。"所以，君主的一举一动不可不谨慎啊。

《礼记》说：有女儿出嫁的人家，三日燃烛不灭；迎亲娶妻的人家，三日不能奏乐。今天各王纳室娶亲，都由乐部供给艺伎，以供嬉戏玩耍，却反而单对平民百姓横加禁止，不许奏乐，这是第一件怪事。

古代结婚的，都选择有道德节义的人家，挑取贞洁娴静的女子，先要请人说媒，接着再下聘礼，对邀集的幕僚和朋友要注重他们身份的区别，亲近那些乘车的客人，崇尚他们端庄肃穆的仪态，婚姻大事，就是这么难。可是在今天，诸位宗王年仅十五岁就赐给了妻室，离家单独居住了。然而配给妻子的宗王们，有的长幼不分，有的竟闯入嫔妃的住处胡作非为，而与宗王婚配的人，则尽是些嫔妃宫女。自古以来，违背礼仪之甚，没有比这些事再过分的了。近几年来，频频有人揭发和检举这种违礼之事。假如是诸位宗王因饮酒无度而受到责难，事情的缘起，也都是由于他们的妻子因年老色衰而遭到抛弃，从而造成了这种纷乱的局面。如今皇子所娶的妻室多出自嫔妃宫女之中，但却反要天下的平民百姓必须依照礼制的规定婚嫁，这是第二件怪事。

　　万物生长,最终没有不死亡的,古代贤明的先王制定了礼制,用来养生送死,这是符合人情道理的。如果毁灭生命而自寻死路,那就是圣人禁止的了。然而,埋葬的意思就是藏匿,死者不可能再见面了,所以要把他们深深地藏匿起来。过去帝尧被葬在谷林,农民并没有因此而迁徙到别的土地上去耕种;帝舜被葬在苍梧,商人也没有被迫到别的地方去做生意。秦始皇倒是营建了地下冥城,把它的基础牢牢地固定于三泉之上,所用的金玉珍宝不可计数,但他刚死不久,尸体就被焚烧了,墓穴就被盗掘了。由此推想,尧舜的俭朴,秦始皇的奢侈,谁是谁非就一目了然了。现在国家营建陵墓,花费上亿的银钱,一旦烧了,不也同样成为一片灰烬。如果奢侈浪费对死者有益,为什么单单古人不这样做呢。如今圣上不停地营造茔域,却坚决禁止平民百姓有所兴建,这是第三件怪事。

　　古代丧礼祭礼,为代替死者受祭,必须立尸,用来辨别左昭右穆的次序,使死者有所依凭,致行献食之礼。如今死者被埋葬之后,人们干脆直接寻找一位与死者相貌相似的人,死者是父母,就像对待父母一样地侍奉他,死者是配偶,则与他象夫妻一样相互恩爱。伤风败俗,亵渎人伦,混乱礼制,没有比这更厉害的了。朝廷不加禁止,百姓也不改易杜绝,这是第四件怪事。

　　宴飨之礼可以规定礼制仪式,教诲天下臣民,所以圣贤的帝王都重视它。礼制之严甚至到了酒杯满了就不能喝,饭菜不新鲜就不能吃,音乐不是合乎规范的高雅之声就不能演奏,食物不是纯正的货色就不能摆上宴席。而如今在大宴宾客的时候,宫廷内外的人都混杂在一起,因醉酒而喧闹不休,毫无礼仪可言。同时让滑稽小丑做粗俗表演,玷污人们的视听。朝廷长期形成了这种坏习惯,反倒以其为美,而斥责纯洁素朴的风尚,这是第五件怪事。

　　今天,陛下作为历代帝王中最后的一位,因袭了晋代动乱而遗留的弊端,反而不加以矫正厘定,鞭挞陋俗,臣只怕天下的百姓,永远也见不到传统的礼仪和道德了。"

　　高允不止一次地这样劝谏高宗,而高宗也都能从容静听,有时因直言过激而有所冒犯,高宗实在不忍再听下去了,就让身边的人将他搀扶出去。只要在不便当众劝谏的情况下,高允就要求到内宫拜见高宗,高宗深知高允的心意,总是预先在屏风旁迎接他。高允得到很高的礼遇和尊敬,早来晚走,有时接连几天都住在宫里,大臣们都不知道他们在议论些什么。

　　一次有人上书,历陈朝廷的得失,高宗将表章翻看了一遍,然后对群臣说:"一国之君就是一家之父,父亲有了错误,做儿子的为什么不写成表章,在人群之中当众劝谏他,让大家都知道他的坏处,而是躲在家里私下处理呢。这难道不时对父亲的爱戴,而恐怕家丑外扬吗? 如今国家有了善举或恶行,作为臣子不能当面陈述,却要上表在大庭广众之下劝谏一番,这难道不是宣扬君主的缺点,而标榜他自己是多么正确吗。象高允那样的人,才是真正的忠臣。朕有了错误,他常常以正直之言当面辩论,说到朕所不爱听的时候,仍然能侃侃而谈,毫不回避迁就。朕认识到了自己的过错,而天下的人却不知道朕曾受过规谏,这难道不是忠诚吗! 你们这些人常在朕的左右,朕却从来没有听到过你们当面对朕说过一句正直的话,只是趁朕高兴的时候祈求官职。你们这些人手持弓箭和刀斧,侍奉在朕的身边,只有白白站立的苦劳,却全都作了王公贵族。而高允手持一支笔,纠正国家的偏失,却只不过是个小小的著作郎。你们这些人难道不感到愧疚吗?"于是,高宗封高允为中书令,同时还让他象过去一样著述校勘。司徒陆丽说:"高允虽然得到了圣上的恩宠,但他家境贫寒,衣着俭朴,妻子儿女身份都很寒微。"高宗气愤地说:"为什么不早告诉我!今天朕要重用他了,才说出他家境贫寒。"当天,高宗亲自来到高允的家,看到他家只有几间草房,房间里是粗布做的被子和乱麻做成的袍子,厨房中也只有咸菜而已。高宗感叹地说:"古人的生活难道比得上这样清苦吗!"当即赐给高允丝帛五百匹、粟米千斛,封高允的长子高忱为绥远将军、长乐太守。高允再三表示坚决辞让,高宗没有同意。当初与高允一起被征聘的游雅等人,多已拜官封侯,甚至高允手下的百十名小吏,也都做到了刺史郡守一级的职位,而高允却作了二十七年的著作郎,没有升官。当时朝廷中的官吏没有俸禄,高允就经常让他的几个孩子砍柴伐木,维持生计。

当初,尚书窦瑾因获罪而遭诛杀,他的儿子窦遵为避难逃亡到了山泽之中,窦遵的母亲焦氏也因此而被囚禁在县府。后来,焦氏虽因年老而得到赦免,但窦家的亲友之中竟没有一个人愿意赡养她。高允可怜年老的焦氏,把她留在自己家里保护赡养。一晃六年过去了,直到窦遵得到赦免后才将老母接走。高允的行为就是这样敦厚。后来,高允转作了太常卿,同时还继续担任中书令。他上奏《代都赋》,用以规劝讽谏,此文也属于汉代张衡《东京赋》和《西京赋》之类的作品,但内容多没有保存下来。当时,中书博士索敞与侍郎傅默、梁祚讨论人的名与字的尊卑贵贱,著述议论纷纭杂乱,莫衷一是。于是高允撰写了《名字论》,为人们解惑释疑,他引经据典,论证翔实。后来他又在任中书令的同时兼领秘书监,解除了太常卿一职,并晋封爵位梁城侯,加官左将军。

从前,高允与游雅及太原张伟同是同学而成了朋友,游雅曾评价高允说:"爱发怒的人,一生中就不可能不发怒。而过去的史书中记载的卓公心胸宽阔,文饶大度海量,心地狭窄的人或许不相信有这种人。我与高子相交四十年了,却从来没有见过他为事情的对或错而面露喜怒之色,不也就相信了。高子内心文德辉耀,外表柔弱,说起话来迟迟不能出口,我常叫他'文子'。崔公曾对我说:'高生博学多才,为一代佳士,只是缺少点勇武的风度气节。'当时我也这么看。可后来发生的事却并非如此。司徒的国史罪,只不过因一点小事所引起,但到圣上降诏责罚的时候,崔公竟声音也嘶哑了,腿也发抖了,连话都说不出来,宗钦和比他职位低的官员都吓得趴在地上,大汗直流,个个面无人色。而高子却详细地叙述事理,申明是非,言辞清晰明辨,声音高亢洪亮。圣上被他的行为所感动,在场的人也没有不称赞他的。他以仁厚之心对待同僚和朋友,保佑他们大吉,过去一向所说的勇武,比高允的行为又怎么样呢?宗爱依仗着权势,肆无忌惮,名声威振四海。他曾在大臣议政之处召见百官,宗王公侯及各级官员,只要看见他的殿庭就全都下拜,只有高子直到走上台阶后才长揖见礼。由此可见,汉代的汲长孺能躺在床上接待卫青,又有什么有悖于礼仪的呢!过去一向所说的风度气节,难道不就是说的这些吗?了解一个人本来就很难,被别人了解就更难了。我仅了解高允的外表,却不了解他的内心,而崔公竟连他的外表也不了解。钟子期遇见了俞伯牙,从此不再听琴,管仲一看到鲍叔牙,眼睛都亮了,确实是有原因的啊。"高允就是这样为世人所推崇。

高宗很尊重高允,常常不叫他的名字,而一直称呼他"令公"。于是"令公"之名传布得很广。高宗死后,显祖住在守丧的地方,乙浑趁机独揽朝政,密谋策反,威胁着国家的命运。文明太后杀了他,召高允到宫中,参议决定国家的大政方针。又下诏对高允说:"近来,学校长期得不到修建,市肆衰落,学业荒废,青年们的叹息之声,在今天又重新出现了。朕已继承管理了这个伟大的事业,天下安宁,根据过去的制度,想要在郡国设立学校,使学习这项事业能够得以继续传授。卿是儒学宗师,开国元老,以您现在的名望和多年的德行,最适合与中书省和秘书省的官员参议此事,以便传布。"高允表奏道:"臣听说象筹划治国大事这样的重要事业,必须首先对人民进行教育和培养;所有的秩序以及九类大法,也都是由于以礼德教化进行统治而形成的。所以,辟雍照耀着周代的《诗经》,而泮宫则是《鲁颂》中显要的内容。自永嘉之乱以后,已有的典章制度都被破坏了。乡间之间再也听不到吟诵《雅》《颂》的声音,京城都邑再也看不到释奠拜师的礼节。道德沦丧,事业衰落,已经有一百五十年了。每当尊敬的先王想要效法过去的典章制度之时,都要治理和提倡纯朴的风尚,只要制定的方案切实理想,很快就能够使局面恢复。陛下恭敬地处理政务并注意节约,明察是非,建立了丰功伟业,天下安宁,百官都能服从领导。为使祖宗的遗德得以发扬,已绝迹的周代礼制得以复兴,于是大发仁德之声,思考着创立新的礼乐法度及文章教化。不论达官显贵还是庶民百姓,都会为此而感到异常欣慰。臣承蒙圣上降旨命令,将中书、秘书二省的官员召集到一起,披阅览读历史典籍,详细研究典章制度和法度准则,随时随地督促儒者们努力从事他们的事业,重视学问而专心于他们的学说。这个圣明的诏令,综合汇集了古代的理义。遵照圣旨,注重建立学校,以便重振风俗教化。这样就能使先王业绩的光辉照耀未来,盛美之音流传天下。臣请求建立这样一种制度,大型的郡设立博士二名,博士的助手四名,学生一百名;次大的郡设立博士二名,助手二名,学生八十名;中型的郡设立博士一名,助手二名,学生六十名;小型的郡设立博士一名,助手一名,学生四十名。博士要选拔录用那些广泛涉猎儒家经典,一生的经历忠诚清白,能够为人师表的人,年龄要在四十岁以上。选拔录用助手的标准与博士相同,年龄在三十岁以上。如果道德修养高尚又大气早成,他的才华足以使他担任教书授业的工作,那么则不限于年龄。学生则挑选那些家世清白,受人敬重,行为美好谨慎,能够遵循礼教的人。首先将富贵人家的子弟全部录取,然后再录取通过考试的人。"显祖听从了高允的建议。自此开始,郡国之内开始设立了学校。

后来,高允因为年老有病,屡次上表请求辞官,皇帝没有同意。于是他写了《告老诗》。又因为昔日一同被征聘的同僚故旧,如今多已不在人世,他感叹时光的流逝,怀念故人,于是作了《征士颂》,颂文中只写了那些应聘在朝廷做官的人,其余未能入聘者则没被录入。对这批贤达之士,也只是简单列举了他们的生平事迹。现将颂文抄录于后:

中书侍郎、固安伯范阳人卢玄,字子真

行司隶校尉、中都侯西河人宋宣,字道茂

郡功曹史博陵人崔绰,字茂祖

中书郎燕郡人刘遐,字彦鉴

河内太守、下乐侯广宁人燕崇,字玄略

中书郎、武恒子河间人邢颖,字宗敬

上党太宗、高邑侯广宁人常陟,字公山

沧水太守、浮阳侯勃海人高济,字叔民

征南大将军从事中郎勃海人高毗,字子翼

太平太守、平原子雁门人李熙,字士元

征南大将军从事中郎勃海人李金,字道赐

秘书监、染郡公广平人游雅,字伯度

河西太守、饶阳子博陵人许堪,字祖根

廷尉正、安平子博陵人崔建,字兴祖

中书郎、新丰侯京兆人杜铨,字士衡

广平太守、列人侯西河人宋愔

征西大将军从事中郎京兆人韦阆,字友规

州主簿长乐人潘天符

京兆太守赵郡人李诜,字令孙

郡功曹长乐人杜熙

太常博士、钜鹿公赵郡人李灵,字虎符

征东大将军从事中郎中山人张纲

中书郎、即丘子赵郡人李熙,字仲熙

中书郎上谷人张诞,字叔术

营州刺史、建阳公太原人张伟,字仲业

秘书郎雁门人王道雅

辅国大将军从事中郎范阳人祖迈

秘书郎雁门人闵弼

征东大将军从事中郎范阳人祖侃,字士伦

卫大将军从事中郎中山人郎苗

东郡太守、蒲县子中山人刘策

大司马从事中郎上谷人侯辩

濮阳太守、真定子常山人许琛

陈留郡太守、高邑子赵郡人吕季才

历代帝王治理百官,无不积蓄网罗各种有才能的人,以便使统治之术更加高明有效。所以,周文王因为任用了众多的贤达之士才能使天下安宁,汉武帝因为得到了贤者的辅佐才开创了昌盛的局面。这些事迹都被记载在史籍之中,也都是自古至今最普通的道理。魏朝自神䴥年间以来,国内太平安定,诛灭了享有几代非法统治的赫连氏,扫清了在极其荒避遥远的地方肆意妄为的贼寇,向南攻破了江南的楚地,向西荡涤了凉州之地,域外不同地方的民众,都仰慕魏朝的盛德大义,纷纷前来归顺。从此以后,国家偃戈息鼓,停战罢兵,重建礼教,创立学校,广罗俊才异秀之士,用他们应接咨询国家政事。真是日夜梦想着贤达睿哲之人,恨不得马上就能见到他们,四处寻访,只是为了能够求得才智超群的人。当时,大家都异口同声地称赞范阳人卢玄等四十二人,他们全是官宦的后代,在地方上都享有盛名,有辅佐之才。陛下亲自颁发圣旨,征聘卢玄等人,留着官位等待他们去做,空着爵位等着封给他们,他们之中的三十五人入朝做了官,其余的人虽依照规定而没有被州郡聘用,但其才干也同样不可估量。那时,满朝都是英杰俊士,人才济济,一派美好兴盛的景象。昔日臣与他们一同承蒙朝廷的举荐步入仕途,要么从容出入于朝廷议论政事,要么随意集聚到家中尽情娱乐,大家都以为,千载难逢的机会就从那时开始了。但时间流逝,吉凶相迭,共同被征聘的人中,由于年老或丧亡,如今差不多都已不在人世了。今旧尚健在的虽还有几位,但也天各一方,终难相见。往日的欢乐,今天却变成了悲伤。张仲业东行到了营州,多么希望他能回来一起倾心畅叙,在垂殁之年整装相聚,在桑榆之际感怀情谊。但仲业也不幸去世了。如今，朝中的百官都是晚辈，左邻右舍也都是陌生的面孔，进入宫廷没有寄托自己心意的场所，里里外外也没有让人解颜欢笑的地方。顾盼着自己的这副躯壳，所以只好永远叹息不步了。一篇颂辞可以赞美品德高尚的人的形象，也可以畅所欲言，寄托自己的情怀。我已有二十年没有做文章了，但事情急切，总挂念在我心上，怎么能沉默不语呢？于是为他们做了颂辞，颂辞说：

祥瑞紫气冲九天，群雄并起乱华夏，群王恭谨往征伐，屡驾战车飞跃马。扫荡流寇草莽贼，戬除邪恶与妖霸，四海之内合风俗，八方之中兴教化。刑罚教化量无际，天下安宁且同一，偃戈藏兵息战事，唯建礼教勤思虑。圣帝广求旷世杰，询访荐举能与贤，投竿垂钓山隐士，奇异才人同出现。

勤勉不倦卢子真，器量宏大心地纯，钻研学问德为准，研习六艺依据仁。旌旗弓矢应征选，换上官服除布裙，手提衣襟走上朝，良谋佳策日日陈。自东至南勤出使，适马扬鞭独驰骋，北燕冯弘东归顺，南朝刘宋和如亲。

茕单影孤崔茂祖，年幼衰亲遭不幸，严于律己多努力，重整旗鼓家道兴。专心勤勉习《六经》，遨游文藻辞章明，高官厚禄终辞谢，平静自保一清心。

燕崇常陟重诚信，言行高尚靡有失，不求苟且升官爵，任其自然去留职。淡泊谦和又节俭，与世无争善推辞，思念贤哲乐于古，如饥似渴求知识。

宁静致远高子翼，悟性高好李道赐，以礼相约结为友，和谐共处如抚琴。并肩参议万机事，清官为民施善行，悠闲自得度日月，聊以寄托两颗心。

审时度势许祖根，谋深智富逞才能，上仗皇恩功名就，下靠德友情谊重。功勋建树虽然晚，福禄享受实先行，同辈旧臣与故友，位居群后是此人。

孤身独立杜士衡，扪心自问无愧疚，不尚华丽言和语，结交新知不弃旧。计其财产虽贫弱，讲经论道富五斗，所说同僚此一人，实是国家真英秀。

超凡出众韦友规，人品正直心善良，他人长处勤汲取，自己小节善弃扬。禀性有序喜静默，南征北战漂泊郎，虽然屈居王侯下，念念不忘大志向。

赵国故土好地方，代不绝出多奇士，山岳聚集才人众，杰秀贤能推三李。神采飘逸似清风，谚语和悦行谦恭，初九圣贤行隐没，仰慕君王赴京城。李诜拜官治长安，李灵授爵作皇傅，垂训皇宫教后辈，肩负处理万机务。李熙早夭寿虽短，官已拜至侍郎署，所存风尚值效取，光明显赫贯终生。

学识渊博张仲业，性情清雅心高洁，礼仪容止仿古式，典谟诰旨理殷切。身处艰险心不改，节操如一贯始终。结朋交友重仁德，训教后辈尽孝道，教化覆盖及龙川，人民归附从其教。

祖迈杰出且贤能，祖侃授官也适选，闻名家邦受称赞，名声行为同丕显。兼济天下唯其志，独善其身非己愿，冲破束缚无规矩，功勋业绩终未展。

刘策许琛忠职守，鞠躬尽瘁竭力行，出使四方能游说，入见皇帝献其功。驾乘轻车走天下，燕地降服崇屈从，名声彰著映当代，社稷大业更昌盛。

大器早成宋道茂，人小年少远播名，真诚相待结知己，行为处事守信用。怡怡和睦诸兄弟，穆穆温暖一家庭，影响广大且深远，声名高振入云空。常在宫中尽臣责，兼掌天下京都城，量刑罚罪中为准，民风和谐百事平。

壮哉美哉刘彦鉴，艺文礼乐无不善，任其自然为禀性，本领才能自修炼。高官厚禄不崇尚,地位寒微不辱慢,谢绝朱门辞官去,回归山林大自然。

四俊之一邢宗敬,美名赞誉远播扬,辞章华丽似行云,文名洋溢早流芳。道遇路人疾病苦,诗赋相赠了慰问,真挚情感显于辞,人伦事理出于韵。

爽朗豁达高叔民,默识渊通论古今,领新悟异出奇想,发自心胸睿思明,气质堪比和氏璧,文采辉炳善辞章,仕途踌躇坐京城,衣锦还乡归旧邦。

先知先觉李士元,性格耿直不迷惑,抖擞精神入殿阁,为臣尽忠效王国。行端履正榜样好,严循法度守绳墨,心地善良一君子,言行举止无差错。

孔子称许游和夏,汉人赞美渊与云,脱凡逾众游伯度,出类拔萃更超群。校勘经史入秘阁,总领州郡出河汾,移风易俗施教化,梳理疑乱解争纷。怡然理顺通难义,焕然冰释解疑文,精心研析儒家术,分别九流易辨清。

崔建宋惜二贤人,生性奇伟又英杰,颖脱而出自民间,休名美德漫宫阙。謇謇仪态殊正直,邈邈风节且高亮,贤达卓异不自负,白手起家终辉煌。

潘符高尚为典范,杜熙随和性友善,洁身自好不逐流,一尘不染有主见。名望高绝世罕有,只为小吏淡做官,不计得失反逾多,不尚名利反逾显。

张纲温和人谦逊,叔术端正性刚直,道雅洽闻且强记,闵弼博学又多识。隐者之中拔其萃,渐成栋梁展鸿志,发奋进取忘餐饮,雄心岂能足斗食。遵循礼仪行仁义,榜样规范自不失,挫折不悲心坦荡,得志不喜意平实。

郎苗初来入仕途,各种方法受考核,智足谋深超乎众,言论足可安邦国。性与时尚相融洽,勤勉理政不妄说,合乎今日新标准,无异古代之准则。

人求物利性贪婪,惑意乱神沉子酒,洁身自好属侯辩,唯富德义至笃厚。日日饮酒虽放纵,逾受敬重逾温柔,无道身躯藏私室,仿佛跻彼众公侯。

若论季才之性格,执着竞争又文静,长行远抵南秦地,申明皇威施政令。公平诱导权利弊,矫正是非依准绳,帝王事业得发扬,边疆昌盛且安宁。

群贤毕至会一世,声名显赫扬魏国,竭志效忠安天下,各展其能尽臣责。身披体袭红衣裳,腰系双佩扎玉带,荣耀辉煌在当时,风节高尚传千载。君臣相聚难相伴,古今常理异莫觉,昔日遵奉朝廷合,征举之士能和谐。撩起衣襟独畅想,解带宽衣自抒怀,此时忻乐如昨日,生死存亡忽两乖,沉思默想念故旧,内心翻腾久不平,挥毫赞美诸公德,更增我心悲与哀。

北魏皇兴年间,献文帝下诏命高允兼任太常,并去兖州拜祭孔子庙,献文帝对高允说:"这件事只有人品宽厚、德行高尚的人才有资格前往,请你就不要推辞了。"其后,高允跟随显祖献文帝出征北伐,大胜而归,行至武川镇时,高允上奏《北伐颂》,颂辞说:"吴广皇天真伟大,降赐鉴戒唯仁德,眷恋有魏负重任,居高临下照万国。礼仪教化大和谐,君王满腹多谋略,平息乱事依皇威,严守法则万民协。劫掠旧隶属北疆,承政发令在番邦,往昔只因常起事,驾车北去顾逃亡。世袭旧制不遵循,背离忠义违诚信,网罗亡徒聚强盗,丑寇败类真不少。竟敢率领众羊犬,图谋放纵更猖獗,圣帝降旨告上下,兴师挥戈去北伐。跃马扬鞭裹干粮,星驰电掣进军忙,扑伐征讨劫杀勇,横扫千军斧钺扬。斧钺所至人头落,执臧获俘灭敌旅,尸横遍野填沟谷,血流成河可漂杵。元凶敌首狐奔逃,假借陋室暂歇脚,手下爪牙已遭剿,身边心腹也被杀。周人和亲敬老笃,忠厚仁德及草木,英明圣皇世绝伦,古今美德汇一身。恩泽被覆京观下,仁德宏旨又垂临,瘞埋尸骨放俘虏,仁爱施予生死魂。生灵死魂蒙仁爱，天地庇护人且喜，人伦纵贯幽冥界，皇泽圣恩播异土。物归其诚安天下，敬神行祭献其福，远近内外得安抚，率土之宾皆臣服。古代所称善用兵，三月克敌属神异，如今圣上也兴师，告捷不足十二日。大军上下同心战，千邦万国共和协，道义光耀垂万载，功勋劳绩铭玉牒，颂扬之声久不灭，流传播布至未来。"显祖阅后非常喜欢。

又有一事。当时，显祖献文帝常常闷闷不乐，因为高祖拓跋宏年纪尚幼，所以献文帝想立京兆王拓跋子推为太子，于是，他召集诸位大臣，依次征询他们的意见。这时高允上前跪倒在地，哭泣着说道："臣不敢多言，只怕烦劳圣听，愿陛下以祖宗托付的事业为重，再回头想想周公辅成王的古事。"显祖于是把帝位传给了高祖，并赏赐高允丝帛千匹，以表彰他的忠诚亮节。高允后又被升任为中书监，兼领散骑常侍。他虽长期掌管着史校史的工作，然而却不能专心勤勉地从事此事，当时，他与校书郎刘模收集了一些资料，大略地对崔浩过去的工作做了续补，以《春秋》的体例为标准，而对崔著时有刊误匡正。自高宗到显祖的事迹以及军事、国政、书志、檄文，多为高允所撰。到了晚年，高允才推荐高闾接替自己。因他评定议论朝政有功，又被晋封爵位咸阳公，兼领镇东将军。

孔子庙

不久，高允又被任命为使持节、散骑常待、征西将军和怀州刺史。一年秋季，高允巡行疆界，他关怀百姓的疾苦，所至之处，问寒问暖，当行至邵县的时候，高允见邵公庙已经塌毁，便对人说："邵公的德操，毁伤它而不尊敬它，那么积德行善的人还能敬仰什么呢。"于是上奏魏帝，要求对邵公庙重加修葺。当时高允已年近九十岁了，还仍然劝导百姓学习问业，使得这种风气蔚然成风。相反，当时的很多儒者却只有悠闲自得地四处游历，而不去过问国家政事。多年以后，在北魏正光年间，中散大夫、中书舍人河内人常景追思怀念高允，亲率郡中的故旧老人，在野王以南为高允修立祠堂，树立碑石，记述他的丰德。

北魏孝文帝太和二年，高允又以年老为由，请求解甲归田，他先后上呈了十余份奏章，但孝文帝最后还是没有同意，于是高允以有病在身为由，请假回到家乡。当年，孝文帝就下诏征聘高允，命州郡负责用可以坐乘的安车将他送到京都。来到京城后，封他为镇军大将军，兼领中书监。高允表示坚决辞让，不予接受。孝文帝又搀扶着他走入内宫，修改议定《皇诰》。高允当时上奏了《酒训》，奏章说：

"圣上曾命臣对于历代因贪杯饮酒而带来的种种弊端、败坏道德的事情加以汇集议论，写成《酒训》。臣愚朽年迈，按照常理都是该被抛弃的人了，而圣上却仍然施予臣异常隆重的恩典，在臣将死之年还录用臣，在臣心志衰丧的时候还勉励臣。臣接受皇命，诚惶诚恐，喜忧交加，不知怎样用行动来报答圣上的关心。尊敬的陛下英明睿智，远见卓识，身居高位安抚万国；太皇太后圣明贤达，仁德广大，救治养育万邦黎民。普天之下，无不称颂。尽管到了晚年还依旧忧虑而操劳不止，各种设想和希望总是接连不断，而且喜欢回首往事，总结一生行为的警示和借鉴。这种至诚至厚的心怀能够感悟百神，更何况百官和庶民了。臣不胜欣喜,郑重地把臣的所见所闻全部写出来,作成《酒训》一篇。但是臣愚笨无知,见识短浅,加上习文弄墨已荒废了多年,所以文辞拙劣,意义鄙陋,不值得阅读采纳。尊敬的圣上慈悲为怀,能够体恤臣的一片赤诚之情,宽恕臣悖理不明的主张。《训》辞是:

自古以来,圣贤的帝王都要举行宴飨的礼仪,由于上古时代还没有酒,当时都是用水来进行祭礼活动,所以帝王在举行飨礼的时候,要将水制的斋酒放置在厅堂上,而把祭礼用的齐酒放在它的下面,这正是崇尚根本,尊重渊源,而将祭品的滋味看得更次要的表现。如果做到这些,那么,尽管是带着酒杯游行,走到哪儿喝到哪儿,也不至于出现混乱。所以,一个人若能在彰明礼制之后饮酒,人们对他的恭敬仰慕之情就不会降低,若能在处理完事务之后饮酒,一切仪式也就不会出现差错。不遵循这项原则的做法,则是违背正道的。如果这样,又将怎么能作为时代的楷模和处事的典范而永世长存呢?综观古今历代兴衰成败的经验教训,其吉凶祸福皆在于人,而不在于天。商纣王帝辛沉湎于酒,殷商王朝因此而灭亡;周公姬旦作成《酒诰》,用它来训诫康叔,周朝因此而得以昌盛。春秋时楚国的公子侧(字子反)非常糊涂,纵情饮酒,终致命丧,而汉代的穆生滴酒不沾,却留下一代美名。有些人长期以来一直作为人们行动的借鉴,而另一些人则被世人万代传颂。酒这种东西能够改变和惑乱人的性情,虽说是哲人,但又有谁能控制得住自己呢。为官者会因酒而懒散地处理国家政务,庶民百姓会因酒而对政令怠慢不执行,聪明贤达之士会因酒而废弃听理,温恭柔顺之人会因酒而使他们发生争斗,而长期狂饮无度又不知悔改,就会使人产生疾病。哪里只是生病,简直就是减少寿命。有句谚语也说过:如果想使事物有所增益,那么只会象分毫一样少,而要想使事物有所减损,却会象刀切一样快。这里所说的增益,只是在一方面有所增加,不也很少吗?这里所说的减损,则是幼年时代即心志迷乱,幼年乱志这种损害,不也很多吗?千万不要因饮酒无度而使自己沉沦,千万不要因饮酒争胜而丧失伦常之道。如果做不到这些,就会使国家发生混乱,迷失方向,使人民漂泊流浪。不学习传统,不遵守法规,违背了这些原则还能继承什么呢?《诗经》不是说过吗,"对待事情要象制造骨器和玉器一样,精心地用刀去切割它,用锉去刲平它,用刀去雕琢它,用物去磨平它。"这就是朋友之间应遵循的原则。做官的人要对君主的错误有所规谏,为君者要对屡次谋划建功的人有所限制,这是君臣之间应恪守的法则。如果一个人所说的话是善良而有益的,就要反复地斟酌审察,并牢牢地记住它,如果一个人所说的话是恶而无益的,就要哀怜它,宽恕它。这就是先王采纳规劝时所抱的态度。在昔日司马晋的时代,士大夫多丧失了法度,肆意地放荡不羁,以为这样才是不受约束的表现,纵情地举杯豪饮,以为这样才有高尚豁达的气度,吟唱着关于酒的颂歌,互相炫耀。他们声称尧和舜都有千杯万盏的酒量,宣扬诋毁法度的言论,拿伟大的圣贤作例子,来表明他们的行为是在效法上天,难道真是这样的吗?子思说过,孔子饮酒,喝不了一升。由此推断,尧舜能饮干杯万盏的说法都是荒谬不合理的。

今天,伟大的魏国应受河图而统治天下,如日月的光辉普照大地,教化所及之处,无不归心臣服,仁德之风日盛,遍播于四海。太皇太后以至仁至德教诲万民,不知厌倦,所付出的忧虑和劳苦比皇亲之情还要殷勤周到,政令和教诲广行天下,超越疆界。所以能够使国运与天地和谐,使功绩堪比天地万物。圣上将仁德恩泽降施百姓,于是天下没有不遵守法度的,普天之下,率土之滨,也无处不蒙受着恩利。在朝中供职的群臣,都是些有志之士，他们最好要约束自己，从善而行，行为端正，忠直守一。节制饮酒以便形成法度，顺随德政以便建立标准。使人明白狂饮无度的危害，它会让人明知有害而无法自制，使人知道恭敬谨慎乃是极荣耀的美德。遵守孝道以赡养老人，光宗耀祖而使名声远扬。重蹈孔子的学生闵子和曾子的足迹，把仁德之风传给后人。这样才能向上以报答上天的赐予，向下以保护所取得的成就。怎么能不努力啊！怎么能不努力啊！"高祖阅后非常高兴，常把它放在自己身边。

高祖孝文帝后来下诏，允许高允乘车入殿，大臣朝拜时也可不必行礼。第二年，孝文帝下令让高允议定法令条文。虽然他的年纪已经很大，但意志和观察力却丝毫不减，犹如当年身为校书郎，披览考定史籍时一样。其后，孝文帝又降诏说："高允的年纪已经到了危险的阶段，但他家境贫寒，因而保养也很不够。可以让乐部派出十名弹奏丝竹乐器的人员，每隔五日到高允的家里去演奏，以便使他的心志能得到娱乐。"同时还特别赐给他一头蜀地的牛，一辆蜀地制造的四面开窗的四驾马车，一件素面的几案、一件素面的手杖和一口蜀地制造的刀。又赐给他珍奇异味，每当春季和秋季的时候，就经常送给他。不久，孝文帝再降诏令，命早晚为高允送饭，每逢朔日初一和望日十五还要致送牛肉和美酒，至于衣服绵绢，每月都要奉送。高允把这些东西都分赠给了亲朋故友。当时，凡地位显赫的大臣家里，都有很多亲属在朝廷内充任高官，而高允的子弟中却没有一人身兼官爵。他就是这样的清廉谦逊。后来，高允又被升任为尚书、散骑常侍，孝文帝常常邀请他入朝，备好几案手杖，向他征询治国安邦的大政方针。至太和十年，高允兼领光禄大夫，并被授予系有紫色丝带的金印。朝廷中的重大事务，都要征求询问他的意见。

北魏王朝刚刚建国的时候，法令严明，朝廷中的官吏很多都受过杖刑的责罚。高允前后侍奉了五位皇帝，在尚书省、中书省和门下省三省供职，历时五十余年，却一点过错也没有。当初，在太武帝太平真君年间，因为狱讼刑罚之事停顿日久，积案很多，于是世祖令高允开始在中书省，根据儒家经典的宏旨审断处理多种悬而未决的事情。高允依据法令评定刑罚，历时三十多年，朝廷内外交口称赞他断事公平。高允深知，刑罚之事关系到人民的性命，他常常感叹道："古代的皋陶虽具有极高尚的德行，但他的后代英国和蓼国却也很早就灭亡了，刘邦与项羽争夺天下之际，英布虽曾因犯罪而受过黥刑，但也称了王。尽管已经历了很长的时代，但仍然还遗留有刑罚的痕迹。圣贤尚且如此，何况凡夫俗子，哪能没有错误呢？"

太和十年四月，群臣京城西郊商议国事，孝文帝下诏，令人用自己的马车迎接高允赴西郊的住所板殿观瞻视察。行至途中，马忽然受惊而狂奔起来，车翻了，高允的额眉处受了三处伤。高祖孝文帝和文明太后派医送药，护理治疗，慰问探望。驾车的车夫将要因此事而受到重罚，高允得知后，赶忙上朝，陈奏自己安然无恙，请求免去车夫的罪过。在此之前，也曾发生过一件类似的事情魏帝让中黄门苏兴寿搀扶高允行走，一次曾在风雪中遇犬受惊而跌倒，苏兴寿为此非常害怕。高允却安慰鼓励他，不许把这事张扬出去。苏兴寿说，我替高允办事，与他共同相处了三年，从来没有见他发过脾气。他对人循循善诱，诲人不倦。昼夜手不释卷，吟诵阅读。他对亲人的感情极其深厚，对故旧朋友念念不忘。他谦虚谨慎，善于汲取别人的长处。尽管身居高职，地位显赫，但志向却同无官阶无财产的庶民一样。他喜爱音乐，每当乐伎们弹琴唱歌，击节跳舞的时候，他总是在一旁敲着节拍称好。他还非常信仰佛教与道教，经常设斋讲习，对生养之事非常喜好，对杀戮之事则极为憎恶。他性格又很简易通达，不随便与人交往游历。当年，显祖献文帝平定青州，收复齐国故地的时候，曾将当地的名门望族迁徙到了代地。当时，众多的士宦人物辗转迁移，长途跋涉，都已饥寒交迫。在迁徙的人群之中，有很多是高允的亲属，他们都徒步而行，一直走到了目的地。高允把自己的财物全部分发给徙民，用来帮助求济他们的生活，并且慰问周到，关怀入微。人们无不为他仁厚的心怀所感动。他招收徙民中有才能的人，然后上表奏请魏帝，请求任用。当时人们议论纷纷，人们都对这些新选用的人员存有疑虑，高允却说，选取人才，任用能人，不宜于压制身份低微的人。在此之前，高允曾被征召在方山写作颂文，其心气和志向仍与当年相差无几，谈论往事，记忆犹新，不曾遗忘。太和十一年正月，高允去世，享年九十八岁。

当初，高允常常对人说："我过去在中书省任职时曾积有阴德，赈济民众，拯救生灵。如果在阳间的报答不出差错的话，我应享有百年的寿命。"在他去世前十多天的时候，身体稍感不适。但他仍然没有入寝就卧，请医服药，而是象往常一样出入随意，行动自如，咏诗诵文不断。高祖孝文帝和文明太后得知高允不适后，即派医生李修前往把脉诊病，李修审视完，告诉高允身体平安无恙。而后李修入朝，秘密地向孝文帝报告说，高允的身体机能与血气循环都出现了异常，恐怕不久于人世了。于是，孝文帝派遣使者送去赏赐给高允的御膳珍馐，自酒米到盐醋，共一百多种，包括尽了当时所有的美食佳味，而且还有床帐、衣服、茵被、几案和手杖，东西摆满了整座庭院。侯王官员们来来往往，纷纷前来慰问嘱咐，高允抑制不住自己兴奋的心情，面带喜色地对人说："因为我太老了，上天降恩于我，馈赠了这么多佳品，这回可有东西招待客人了。"然后只是上表感谢了一番而已，并没有多想什么。就这样又过了几天，高允在深夜悄然离开了人世，平静得连家人都没有察觉。高允死后，孝文帝下诏赠绢一千匹、布两千匹、丝绵五百斤、锦五十匹、各色各样的彩色丝织物百匹、谷米千斛，用来供丧葬时使用。自北魏初年到现在，无论生者还是死者，还没有人蒙受过这样丰厚的赏赐，朝廷给了高允很高的荣誉。将要入葬之时，孝文帝赐赠高允侍中、司空公和冀州刺史等官，他生前担任的将军、公等官爵依然如故，谥号为文，并赐命服一套。高允撰写的诗、赋、诔、颂、箴、论、表、赞，加上他所著的《左氏释》《公羊释》《毛诗拾遗》《论杂解》《议何郑膏肓事》等，共百余篇，都分门别类编纂成集，流行于世。高允还通晓算法，著有算术方面的著作三卷。高允死后，他的儿子高忱继承了他的事业。

奚康生传

【题解】

奚康生(468~521)，河南洛阳人，其祖先是鲜卑族，居于代(今山西大同)，世为部落大人。奚康生勇敢有武艺，善弓箭。曾随从孝文帝攻齐钟离，因功为直阁将军。后又随王肃伐齐义阳，用大弓射杀齐将，时人称为"狂弩"。接受齐寿春的投降，以功迁征虏将军。梁萧宏率十万大军攻徐州，被奚康生一战败之。拜光禄勋，领右卫将军，与元叉同谋废灵太后，后又倒向灵太后，欲杀元叉，结果被元叉所杀。奚康生在北魏与齐、梁战争中屡次获胜,是北魏的名将。可参见《北史》卷三七本传。

【原文】

奚康生,河南洛阳人。其先代人也,世为部落大人。祖直,平远将军,柔玄镇将。入为镇北大将军,内外三都大官,赐爵长进侯。卒,赠幽州刺史,谥曰简。父普怜,不仕而卒。

太和十一年,柔然频来寇边,柔玄镇都将李兜讨击之。康生性骁勇,有武艺,弓力十石,矢异常箭,为当时所服。以兜为前驱军主,频战陷陈,壮气有闻,由是为宗子队主。

从驾征钟离,驾旋济淮,五将未渡,萧鸾遣将率众据渚,邀断津路。高祖敕曰:"能破中渚贼者,以为直阁将军。"康生时为军主,谓友人曰:"如其克也,得畅名绩,脱若不捷,命也在天。丈夫今日何为不决!"遂便应募,缚筏积柴,因风放火,烧其船舰,依烟直进,飞刀乱斫,投河溺死者甚众。乃假康生直阁将军,后以勋除中坚将军、太子三校、西台直后。

奚康生雕像

吐京胡反,自号辛支王。康生为军主,从章武王彬讨之。胡遣精骑一千邀路断截,康生率五百人拒战,破之,追至石羊城,斩首三十级。彬甲卒七千,与胡对战,分为五军,四军俱败,康生军独全。迁为统军。率精骑一千追胡至车突谷,诈为坠马,胡皆谓死,争欲取之。康生腾骑奋矛,杀伤数十人,胡遂奔北。辛支轻骑退走,去康生百余步,弯弓射之,应弦而死。因俘其牛羊驼马以万数。

萧鸾置义阳□,招诱边民。康生复为统军,从王肃讨之,进围其城。鸾将张伏护自升城楼,言辞不逊,肃令康生射之。以强弓大箭望楼射窗,扉开即入,应箭而毙。彼民见箭,皆云狂弩。以杀伏护,赏帛一千匹。又频战再退其军,赏三阶,帛五百匹。萧宝卷将裴叔业率众围涡阳,欲解义阳之急。诏遣高聪等四军往援之,后遣都督、广陵侯元衍,并皆败退。时刺史孟表频启告,高祖敕肃遣康生驰往赴援。一战大破之,赏二阶,帛一千匹。及寿春来降也,遣康生领羽林一千人,给龙厩马两匹,驰赴寿春。既入其城,命集城内旧老,宣诏抚赍。俄而,萧宝卷将桓和顿军梁城,陈伯之据峡石,民心骇动,颇有异谋。康生乃防御内外,音信不通。固城一月,援军乃至。康生出击桓和、伯之等二军,并破走之,拔梁城、合肥、洛口三戍。以功迁征虏将军,封安武县开国男,食邑二百户。

出为南青州刺史。后萧衍郁洲遣军主徐济寇边,康生率将出讨,破之,生禽济。赏帛千匹。时萧衍闻康生能引强弓,力至十余石,故特作大弓两张,送与康生。康生得弓,便会集文武,乃用平射,犹有余力。其弓长八尺,把中围尺二寸,箭粗殆如今之长笛,观者以为希世绝伦。弓即表送,置之武库。

又萧衍遣将宋黑率众寇扰彭城,时康生遭母忧,诏起为别将、持节、假平南将军,领南青州诸军击走之。后衍复遣都督、临川王萧宏,副将张惠绍勒甲十万规寇徐州,又假宋黑徐州刺史,领众二万,水陆俱进,径围高塚戍。诏授康生武卫将军、持节、假平南将军,为别将领羽林三千人，骑、步甲士随便割配。康生一战败之，还京，召见宴会，赏帛千匹，赐骅骝御胡马一匹。

出为平西将军、华州刺史，颇有声绩。转泾州刺史，仍本将军。以辄用官炭瓦为御史所劾，削除官爵。寻旨复之。萧衍直阁将军徐玄明戍于郁洲，杀其刺史张稷，以城内附。诏遣康生迎接，赐细御银缠槊一张并枣奈果。面敕曰："果者，果如朕心；枣者，早遂朕意。"未发之间，郁洲复叛。时扬州别驾裴绚谋反，除康生平东将军，为别将，领羽林四千讨之，会事平不行。

遭父忧，起为平西将军、西中郎将。是岁，大举征蜀，假康生安西将军，领步骑三万邪趣绵竹。至陇右，世宗崩，班师。除卫尉卿。出为抚军将军、相州刺史。在州，以天旱令人鞭石虎画象，复就西门豹祠祈雨，不获，令吏取豹舌。未几，二儿暴丧，身亦遇疾，巫以为虎、豹之祟。

征拜光禄卿，领右卫将军。与元叉同谋废灵太后。迁抚军大将军、河南尹，仍右卫，领左右。与子难娶左卫将军侯刚女，即元叉妹夫也。又以其通姻，深相委托，三人率多俱宿禁内，时或迭出。又以康生子难为千牛备身。

康生性粗武，言气高下，叉稍惮之，见于颜色，康生亦微惧不安。正光二年三月，肃宗朝灵太后于西林园，文武侍坐，酒酣迭舞。次至康生，康生乃为力士舞，及于折旋，每顾视太后，举手、蹈足、瞋目、颔首为杀缚之势。太后解其意而不敢言。日暮，太后欲携肃宗宿宣光殿。侯刚曰："至尊已朝讫，嫔御在南，何劳留宿？"康生曰："至尊，陛下儿，随陛下将东西，更复访问谁？"群臣莫敢应。灵太后自起援肃宗臂下堂而去。康生大呼唱万岁于后，近侍皆唱万岁。肃宗引前入阁，左右竞相排，阁不得闭。康生夺其子难千牛刀，斫直后元思辅，乃得定。肃宗既上殿，康生时有酒势，将出处分，遂为叉所执，锁于门下。至晓，又不出，令侍中、黄门、仆射、尚书等十余人就康生所讯其事，处康生斩刑，难处绞刑。又与刚并在内矫诏决之。康生如奏，难恕死从流。难哭拜辞父，康生忻子免死，又亦慷慨，了不悲泣。语其子云："我不反死，汝何为哭也？"有司驱逼，奔走赴市。时已昏暗，行刑人注刀数下不死，于地刻截，咸言禀叉意旨，过至苦痛。尝食典御奚混与康生同执刀入内，亦就市绞刑。

康生久为将，及临州尹，多所杀戮。而乃信向佛道，数捨其居宅以立寺塔。凡历四州，皆有建置。死时年五十四。子难，年十八。以侯刚子婿得停百日，竟徙安州。后尚书卢同为行台，又令杀之。

康生于南山立佛图三层，先死忽梦崩坏。沙门有为解云："檀越当不吉利，无人供养佛图，故崩耳。"康生称然。竟及祸。灵太后反政，赠都督冀瀛沧三州诸军事、骠骑大将军、司空公、冀州刺史，又追封寿张县开国侯，食邑一千邑。子刚，袭。武定中，青州开府主簿。齐受禅，爵例降。刚弟定国，袭康生安武县开国男。

【译文】

奚康生，河南洛阳人。祖先是鲜卑族，居住在代郡，世代为部落大人。祖父奚直，任平远将军、柔玄镇将。入朝为镇北大将军，内外三都大官，赐封爵为长进侯。死后，赠官幽州刺史，谥号为"简"。父亲奚普怜，没有做官就死了。

孝文帝太和十一年，柔然屡次进攻边境，柔玄镇都将李兜曾讨伐出击，奚康生性格勇猛，有武艺，弓力有十石（即一千二百斤），他的箭也与平常的不同，当时人都很佩服他。奚康生随从李兜为前驱军主，多次参加战斗，冲锋陷阵，勇猛的名声很大，因此被任为宗子队主。

后来随从孝文帝征伐钟离。孝文帝渡过了淮河，五个将领未渡，齐明帝萧鸾派将领率部队占据水中小岛，切断了渡河的路。孝文帝下诏命令说："能够摧毁小岛中敌人的人，可以任为直阁将军。"奚康生当是时军主，他对友人说："如果能攻克，就能够扬我名声和功绩，如果能取胜，这是天命。大丈夫在今天为什么不决定试试！"接着就去应募。他缚了木筏堆满了木柴，然后乘着风放火，靠近和烧着了敌人的战船。奚康生带战士在烟火弥漫中直冲上敌人战船，飞刀乱砍，使众多敌人投河溺水而死。于是孝文帝任命奚康生兼直阁将军。后因功劳又授官中坚将军、太子三校、西台直后。

吐京地区的山胡造反，自称辛支王。朝廷任命奚康生为军主，随从章武王元彬去讨伐。山胡派出一千名精锐骑兵迎路阻挡，奚康生率领五百人打败了他们，一直追到石羊城，斩首三十级。章武王元彬带领七千士兵，与山胡对阵作战，共分为五军，四军都失败了，只有奚康生一军保全没有损失。奚康生因此升为统军。他率领精锐骑兵一千名追击山胡到车突谷，假装从马上掉下来，山胡人都认为他已死，争相来取其首级。奚康生突然奋起骑上马，用矛杀死杀伤数十人，山胡向北逃去。辛支王也骑马退逃，离奚康生百余步，奚康生弯弓向他射去，应声而倒。这次战斗俘获山胡牛羊驼马达到上万数。

齐萧鸾设置义阳□，招诱北魏边境上居民。奚康生重新任为统军，随从王肃讨伐，进攻包围了这座城。萧鸾的守将张伏护登上城楼，出言不逊，王肃命令奚康生射他。奚康生用强弓大箭对准城楼上的窗，窗门一开，就射入箭，张伏护应声而毙。城民见到箭，都称说是"狂弩"。因杀张伏护的功，孝文帝赏给奚康生帛一千匹。后又多次战斗打退齐的军队，因此赏赐他提升官阶三级，帛五百匹。齐东昏侯萧宝卷的将领裴叔业率领部队包围涡阳，想解除义阳的危急。孝文帝诏命派遣高聪等四军前往支援，后来又派遣都督、广陵侯元衍去，两军都败退。当时南兖州刺史孟表多次告急，孝文帝命王肃派奚康生立刻前往救援。一次战斗就打败了齐军，孝文帝赏给他官阶二级，帛一千匹。后来齐的寿春前来求降。北魏派奚康生率领羽林军一千人，又给予龙厩马两匹，立即赶到寿春。入城后，奚康生召集城内年老居民，宣布朝廷安抚赏赐的诏命。不久，齐萧宝卷的将领桓和的军队停顿在梁城，陈伯之的军队占据峡石，民心惊骇浮动，有人想阴谋叛变。奚康生对内对外都加以防御，音信不通。固守城达一个月，援军才到来。奚康生出击桓和、陈伯之等两军，使他们失败而逃走，攻下了齐梁城、合肥、洛口三戍。因有功升为征虏将军，封安武县开国男的爵位，食邑二百户。

奚康生外出为南青州刺史。后来梁萧衍的郁州派出军主徐济侵犯边境，奚康生率领将士讨伐，打败了梁军，活捉了徐济。朝廷赏赐帛千匹。当时萧衍听说奚康生能拉强弓，其力达到十余石，故而特地制作了两张大弓，送与奚康生。奚康生得到弓后，便会集文武官员，用来平射，还有多余力气。这弓长八尺，弓把中围一尺二寸，箭粗象现在的长笛，观看的人以为这是世间少有和无与伦比。随即上表朝廷把这弓送入武库。

梁武帝萧衍派将领宋黑率领部众进攻彭城，当时奚康生刚遇到母亲去世，朝廷任命他为别将、持节、假平南将军、兼南青州诸军击败了梁军。后来萧衍又派都督、临川王萧宏，副将张惠绍带兵十万进攻徐州，又任宋黑为徐州刺史领二万兵，水陆俱进，围高塚戍。

朝廷下诏任命奚康生为武卫将军、持节、假平南将军，为别将，率领羽林军三千人，骑兵和步兵战士随他要求配给。奚康生一战就打败了梁军。回到京城洛阳，皇帝召见，并设宴会，赏赐给他帛一千匹，骒骝御胡马一匹。

奚康生外出任为平西将军，华州刺史，治绩颇有名声。转任泾州刺史，仍为平西将军。因为私用官家的炭和瓦被御史所弹劾，削除了官爵。不久皇帝下旨给他重新恢复官职。萧衍的直阁将军徐玄明守卫在郁州，杀了刺史张稷，请求以郁州城投附北魏。北魏派奚康生前去迎接，赐给细御银缠矛一根，还有枣和苹果。宣武帝当面对奚康生说："果的意思，是要果然称朕的心；枣的意思，是早实现朕的意愿。"奚康生还未出发，郁州又叛变了。当时扬州别驾裴绚谋反，朝廷又任命奚康生为平东将军，别将，领羽林军四千人前去讨伐，刚好此事已平定而没有去成。

遇到父亲去世，起用为平西将军、西中郎将。这一年北魏大举征伐梁的蜀地，授予奚康生安西将军，率领三万步兵、骑兵，进攻绵竹。到陇右，宣武帝驾崩，于是回师。任命为卫尉卿，外出为抚军将军、相州刺史。在相州，因为天旱奚康生命人鞭打石虎的画像；再到西门豹祠求雨，没有成功，命令吏截取西门豹的舌头。不久，他的两个儿子突然死去，他自己也生病，巫师认为是石虎、西门豹在作祟。

朝廷征召拜奚康生为光禄卿，兼任右卫将军。与元叉一起谋划废去灵太后。升为抚军大将军、河南尹、仍任右卫，领仗身左右。为儿子奚难娶左卫将军侯刚的女儿，侯刚儿子是元叉的妹夫。元叉因为和两家通了婚姻，就对他们十分信任重用。三人大多住宿在宫中，或者轮流出去。元叉又任命奚康生儿子奚难为千牛备身。

奚康生性格粗鲁，讲话声高语气重，元叉有些怕他，常表现在脸色上，奚康生也因此有点不安。正光二年三月，孝明帝在西林园朝拜灵太后，文武百官在一旁坐着，酒喝到兴致上就轮流跳舞。轮到奚康生，他就表演力士舞，每次转身时，就回顾注视灵太后，举手、蹈足，瞪着眼，点头，作执杀的样子。灵太后了解他的意思而不敢说。天色已晚，灵太后要孝明帝一起住宿在洛阳北宫宣光殿。侯刚说："至尊已经朝拜完华，嫔妃在洛阳南宫，何必留宿？"奚康生说："至尊，是陛下灵太后的儿子，随陛下到东到西，还要再去访见谁？"群臣们都不敢说话。灵太后起身后拉着孝明帝手臂下堂而去。奚康生在后面大呼万岁，近侍们也都喊万岁。孝明帝前面入阁，左右竞相推门，阁门不得关闭。奚康牛夺过奚难的千牛刀，砍杀直后元思辅，事情才得定。孝明帝上殿后，奚康生趁着酒势，将要做出反元叉的安排，结果被元叉所逮捕，锁在门下。次日早晨，元叉自己不出来，命侍中、黄门、仆射、尚书等十余人到奚康生处讯问其事，宣布处奚康生斩刑，其子奚难绞刑。元叉与侯刚都在内用灵太后的名义下诏："奚康生按上奏处斩，奚难恕死处流放。"奚难哭着拜别父亲，奚康生对儿子免死感到欣慰，又情绪激昂，但不悲泣。他对儿子说："我不反上而死，你为什么要哭呢？"在有关方面驱使逼迫下，拖走到市。当时已黄昏，行刑人刀砍数次不死，在地上一刻钟才砍下头。都说这是秉承元叉的意旨，让他过分痛苦。尝食典御奚混与奚康生一起提刀入内，也到市上处以绞刑。

奚康生做将领太久，等到他做州尹时，就多所杀戮。但他相信佛道，多次捐出自己住宅作为寺庙或建塔。他经历四个州，都有所建树。死时年五十四岁。儿子奚难，年十八。因为是侯刚的女婿停了百日，最后流徙安州。后来尚书卢同为行台时，又命令杀了他。

奚康生在南山造佛塔三层，死前忽然梦见其崩坏。有和尚为他解说："施主当不吉利。无人供养佛塔,故崩坏。"康生说很对。最后终于发生此祸。灵太后重新执政后,赠官都督冀瀛沧三州诸军事、骠骑大将军、司空公、冀州刺史,又追封寿张县开国侯,食邑一千户。儿子奚刚,袭爵。东魏武定年间,任青州开府主簿。北齐建立后,按例降爵。奚刚弟奚定国,袭奚康生的爵为安武县开国男。

杨大眼传

【题解】

杨大眼,北魏武都(今属甘肃)人,氐族。为氐族首领杨难当的孙子。有胆量,奔走如飞,曾徒手搏杀猛虎。随从孝文帝南伐,勇冠六军。宣武帝时,任东荆州刺史,讨平蛮族反叛。正始四年(507)围梁钟离(今安徽凤阳东北),为韦睿等所破,免官。永平中起用,与萧宝夤征淮河浮山堰。孝明帝时以平东将军出任荆州刺史,使荆州蛮人不敢作乱。杨大眼武艺高强,是北魏的名将。

【原文】

杨大眼,武都氐难当之孙也。少有胆气,跳走如飞。然侧出,不为其宗亲顾待,颇有饥寒之切。太和中,起家奉朝请。时高祖自代将南伐,令尚书李冲典选征官,大眼往求焉。冲弗许,大眼曰:"尚书不见知,听下官出一技。"便出长绳三丈许系髻而走,绳直如矢,马驰不及,见者莫不惊叹。冲曰:"自千载以来,未有逸材若此者也。"遂用为军主。大眼顾谓同僚曰:"吾之今日,所谓蛟龙得水之秋,自此一举终不复与诸君齐列矣。"未几,迁为统军。从高祖征宛、叶、穰、邓、九江、钟离之间,所经战陈,莫不勇冠六军。世宗初,裴叔业以寿春内附,大眼与奚康生等率众先入,以功封安成县开国子,食邑三百户。除直阁将将军,寻加辅国将军、游击将军。

出为征虏将军、东荆州刺史。时蛮酋樊秀安等反,诏大眼为别将,隶都督李崇,讨平之。大眼妻潘氏,善骑射,自诣军省大眼。至于攻陈游猎之际,大眼令妻潘戎装,或齐镳战场,或并驱林壑。及至还营,同坐幕下,对诸僚佐,言笑自得,时指之谓人曰:"此潘将军也。"

萧衍遣其前江州刺史王茂先率众数万次于樊雍,招诱蛮夏,规立宛州,又令其所署宛州刺史雷豹狼、军主曹仲宗等领众二万偷据河南城。世宗以大眼为武卫将军、假平南将军、持节、都督统军曹敬、邴虬、樊鲁等诸军讨茂先等,大破之,斩衍辅国将军王花、龙骧将军申天化,俘馘七千有余。衍又遣其舅张惠绍总率众军,窃据宿豫。又假大眼平东将军为别将,与都督邢峦讨破之。遂乘胜长驱。与中山王英同围钟离。大眼军城东,守淮桥东西二道。属水泛长,大眼所绾统军刘神符、公孙祉两军夜中争桥奔退,大眼不能禁,相寻而走,坐徙为营州兵。

永平中,世宗追其前勋,起为试守中山内史。时高肇征蜀,世宗虑萧衍侵轶徐扬,乃征大眼为太尉长史、持节、假平南将军、东征别将,隶都督元遥,遏御淮肥。大眼至京师,时人思其雄勇,喜其更用,台省闾巷,观者如市。大眼次谯南,世宗崩。时萧衍遣将康绚于浮山遏淮,规浸寿春,诏加大眼光禄大夫,率诸军镇荆山,复其封邑。后与萧宝夤俱征淮堰,不能克。遂于堰上流凿渠决水而还,加平东将军。

梁武帝萧衍

大眼善骑乘,装束雄铁,擐甲折旋,见称当世。抚巡士卒,呼为儿子。及见伤痍,为之流泣。自为将帅,恒身先兵士,冲突坚陈,出入不疑,当其锋者,莫不摧拉。南贼前后所遣督将,军未渡江,预皆畏慑。传言淮泗、荆沔之间有童儿啼者,恐之云"杨大眼至",无不即止。王肃弟子秉之初归国也。谓大眼曰:"在南闻君之名,以为眼如车轮。及见,乃不异人。"大眼曰:"旗鼓相望,瞋眸奋发,足使君目不能视,何必大如车轮。"当世推其骁果,皆以为关张弗之过也。然征淮堰之役,喜怒无常,捶挞过度,军士颇憾焉。识者以为性移所致。

又以本将军出为荆州刺史。常缚蒿为人,衣以青布而射之。召诸蛮渠指示之曰:"卿等若作贼,吾政如此相杀也。"又北淯郡尝有虎害,大眼搏而获之,斩其头悬于穰市。自是荆蛮相谓曰:"杨公恶人,常作我蛮形以射之。又深山之虎尚所不免。"遂不敢复为寇盗。在州二年而卒。

大眼虽不学,恒遣人读书,坐而听之,悉皆记识。令作露布,皆口授之,而竟不多识字也。有三子,长甄生,次领军,次征南,皆潘氏所生,气干咸有父风。

初,大眼徙营州,潘在洛阳,颇有失行。及为中山,大眼侧生女夫赵延宝言之于大眼,大眼怒,幽潘而杀之。后娶继室元氏。大眼之死也,甄生等问印绶所在,时元始怀孕,自指其腹谓甄生等曰:"开国当我儿袭之,汝等婢子,勿有所望!"甄生深以为恨。及大眼丧将还京,出城东七里,营车而宿。夜二更,甄生等开大眼棺,延宝怪而问之,征南射杀之。元怖,走入水,征南又弯弓射之。甄生曰:"天下岂有害母之人。"乃止。遂取大眼尸,令人马上抱之,左右扶挟以叛。荆人畏甄生等骁勇,不敢苦追。奔于襄阳,遂归萧衍。

【译文】

杨大眼,武都地区氐族首领杨难当的孙子。少年时有胆量勇气,跳跃奔跑象飞一样。然而是妾所生,不被他的宗族亲戚看重和照顾,常遭受到饥饿和寒冷。孝文帝太和年间,开始做官为奉朝请。当时孝文帝从都城代郡平城打算南伐,命令尚书李冲主持选拔南征的军官。杨大眼前去应征,李冲没有批准,杨大眼说:"尚书不了解我,让下官表演一技。"便拿出三丈多的长绳系住头发而跑,绳象射出的箭一样直,马也赶不上他,看的人没有一个不惊叹不已。李冲说:"自从千年以来,没有一个有超群才能的人像他那样的。"于是任用为军主。杨大眼回头对同伴们说:"今天我真所谓是蛟龙得水的日子,从此我再不会与诸位在同一行列中了。"不久,升为统军。随从孝文帝出征宛、叶、穰、邓、九江、钟离之间,

所经历的战斗，没有一次不是勇冠六军。宣武帝初年，南齐裴叔业将寿春城向北魏投诚，杨大眼与奚康生等率领军队首先进入寿春，因功封为安成县开国子，食邑三百户。任命他为直阁将军，不久加辅国将军和游击将军。

后离京出任为征虏将军，东荆州刺史。当时蛮族首领樊秀安等造反，朝廷任命杨大眼为别将，隶属于都督李崇，讨伐平定了这次事变。杨大眼的妻子潘氏，善于骑马射箭，到军中看望杨大眼。在战斗和打猎的时候，杨大眼叫妻潘氏穿着军装，或者在战场上一起战斗，或者在大森林里并驾前驱。等到回营后，两人同坐营帐下，在各位属官面前，谈笑自若，杨大眼指着她对人说："这是潘将军。"

梁萧衍派他的前任江州刺史王茂先率领数万大军到了樊城、雍州，招诱蛮族和汉族人民，计划建立宛州，又命令他所任命的宛州刺史雷豹狼、军主曹仲宗等率领二万大军偷袭占据河南城。宣武帝任命杨大眼为武卫将军、假军南将军、持节、都督，统领曹敬、邴虬、樊鲁等诸军讨伐打败了王茂先等，杀死萧衍的辅国将军王花、龙骧将军申天化，俘虏斩首七千余人，萧衍又派他的舅舅张惠绍总领各军，暗中进据宿豫。北魏又假杨大眼为平东将军，为另一路的统兵将领，与都督邢峦一起打败了张惠绍。于是乘胜进军，与中山王元英一起围攻钟离。杨大眼驻军在城东，守淮河桥的东西两路。刚好碰到河水猛涨，杨大眼所管辖的统军刘神符、公孙祉两路军在夜间争着从桥上逃跑，杨大眼不能阻止，随军而逃，因而犯罪，流放到营州为兵。

永平年间，宣武帝追念杨大眼以前的功勋，起用为代理中山内史。当时高肇征伐梁的蜀地，宣武帝怕萧衍的军队侵扰徐州和扬州，于是召命杨大眼为太尉长史、持节、假平南将军、东征别将，隶属于都督元遥。以防御阻遏淮河肥水一带的梁军。杨大眼到京城洛阳，人们想到他的英勇，又高兴他被重新起用，从台省等政府机关到大街小巷，来观看他的人像上市场赶集一样。杨大眼驻军在谯城南。宣武帝死，当时萧衍派他的将军康绚在浮山筑淮河大堰，计划用淮河水来灌淹寿春，朝廷下诏加杨大眼光禄大夫官，命他率领各军镇守荆山，恢复他的封邑。后来与萧宝夤一起进攻淮河上浮山堰，没有成功，于是在堰的上游凿开一渠道放走淮水，使它不构成对寿阳的威胁。杨大眼回军后，加官平东将军。

杨大眼善于骑马。装束英武，穿着铠甲，转折盘旋，被当时人们所称赞。他巡视抚慰士兵，称他们为儿子，见有受伤的人，常常为他们流泪。他身为将帅，总是身先士卒，冲锋陷阵，出入战场毫不犹豫，和他作战的敌人，没有不被摧垮的。南朝前后所派遣的督军，军队还未渡江，都已感到畏惧。相传在淮泗、荆沔之间有小儿啼哭，只要吓唬他说："杨大眼到来了"，没有一个不马上停止。南朝王肃的侄子王秉刚从南朝投奔到北朝，对杨大眼说："在南方听说您的大名，总以为你眼睛像车轮那么大，现在见到了，和平常人也差不多。"杨大眼说："在两军对阵、旗鼓相望的时候，我双目怒视，虎视眈眈，足以使你不敢看我，何必一定要眼睛大如车轮。"同时代的人推崇他的骁勇，都认为关羽、张飞也不会超过他。然而在出征淮河浮山堰的战斗中，却常常喜怒无常，过度捶打士兵，战士们颇有些怨恨他。有识之士认为这是他性情改变所造成的。

后来又以本将军出任荆州刺史。他常把蒿草捆扎成人体形状，让它穿上青布衣服，对着它射箭。同时召来蛮族首领让他们观看，杨大眼指着草人说："你等如果做贼反叛，我就是用这种办法来宰杀。"在荆州北淯郡曾经出现老虎造成伤害，杨大眼与虎搏斗而擒获了它，并斩下虎头悬挂在穰县的街市上。从此荆州蛮族人相互议论："杨公是凶暴的人，常常制作了我们蛮人的形体而对之射杀；而且在深山的老虎也不能免遭被他的杀害。"于是不敢再劫掠作乱。杨大眼在荆州二年便死了。

杨大眼虽然没读过书，但常常派人读书，他坐着听，都能记住。命人作捷报，都由他口授，但终究识字不多。他有三个儿子，长子杨甑生，次子杨领军，三子杨征南，都是潘氏所生。他们都有父亲的气概和才能。

当初，杨大眼流放营州，潘氏在洛阳颇有失节行为。后在中山，杨大眼妾生女儿的丈夫赵延宝把这事告诉了杨大眼，大眼十分恼怒，把潘氏关起来，最后把她杀了。后来再娶了元氏作为继室。杨大眼将死时，甑生等曾问元氏印绶在何处。当时元氏已怀孕，她指着自己的肚子对甑生等说："开国县子的爵位应当由我的儿子继袭，你们这些婢女所生的儿子，不要有所望！"甑生十分怨恨。后来杨大眼的灵柩将送回到京师，出穰城东七里，停了车过夜，半夜二更，甑生等打开杨大眼的棺材。赵延宝奇怪地询问他。被征南射死。元氏恐惧，逃入河中，征南又弯弓将射她，甑生说："天下岂有杀害母亲的人。"征南就停止了。于是取出杨大眼的尸体，命人在马上抱着，他们在左右扶持叛逃。荆州人畏惧甑生等勇猛，不敢穷追。他们逃到襄阳，于是归降了萧衍。

高肇传

【题解】

高肇，北魏名宦，魏世宗之舅亲，以故升为尚书仆射，尚书令。为人能干，但喜结附党从，擅权作恶，朝野皆怨。世宗去世，为元雍等所杀。

【原文】

高肇，字首文，文昭皇太后之兄也。自云本勃海穆人，五世祖顾，晋永嘉中避乱入高丽。父飏，字法飏。高祖初，与弟乘信及其乡人韩内、冀富等入国，拜厉威将军、河间子，乘信明威将军，俱待以客礼，赐奴婢牛马采帛。遂纳飏女，是为文昭皇后，生世宗。

飏卒。景明初，世宗追思舅氏，徵肇兄弟等。飏尚书事、北海王详等奏："飏宜赠左光禄大夫，赐爵勃海公，谥曰敬。其妻盖氏宜追封清河郡君。"诏可。又诏飏嫡孙猛袭勃海公爵，封肇平原郡公，肇弟显澄城郡公。三人同日受封。始世宗未与舅氏相接，将拜爵，乃赐衣帻引见肇、显于华林都亭。皆甚惶惧，举动失仪。数日字间，富贵赫弈。是年，咸阳王禧诛，财物珍宝奴婢田宅多入高氏。未几，肇为尚书左仆射、令吏部、冀州大中正，尚世宗姑高平公主，迁尚书令。

肇出自夷土，时望轻之。及在位居要，留心百揆，孜孜无倦，世咸谓之为能。世宗初，六辅专政，后以咸阳王禧无事构逆，由是遂委信肇。肇既无新族，颇结册党，附之者旬月超升，背之者陷以大罪。以北海王详位居其上，构杀之。又说世宗防卫诸王，殆同囚禁。时顺皇后暴崩，世议言肇为之。皇子昌薨，金谓王显失于医疗，承肇意旨。及京兆王愉出为冀州刺史，畏肇恣擅，遂至不轨。肇又潜杀彭城王勰。由是朝野侧目，咸畏恶之。因此专权，与夺任己。又尝与清河王怿于云龙门外虎下，忽忿诤，大至纷纭，太尉、高阳王雍和止之。高后既立，愈见宠信。肇既当衡轴，每事任己，本无学识，动违礼度，好改先朝旧制，出情妄作，减削封秩，抑黜勋人，由是怨声盈路矣。延昌初，迁司徒。虽贵登台鼎，犹以去要怏怏形乎辞色。众咸嗤笑之。父兄封赠虽久，竟不改瘗。三年。乃诏令迁葬。肇不自临赴，唯遣其兄子猛改服诣代，迁葬于乡。时人以肇无识，晒而不责也。

其年，大举征蜀，以肇为大将军，都督诸军为之节度。与都督甄琛等二十馀人俱面辞世宗于东堂，亲奉规略。是日，肇所乘骏马停于神虎门外，无故惊倒，转卧渠中，鞍具瓦解，众咸怪异。肇出，恶焉。

四年，世宗崩，敕罢征军。肃宗与肇及征南将军元遥等书，称讳言，以告凶问，肇承变哀愕，非唯仰慕，亦私忧身祸，朝夕悲泣，至于羸悴。将至，宿瀍涧驿亭，家人夜迎省之，皆不相视，直至阙下，衰服号哭，升太极尽哀。

太尉高阳王先居西柏堂，专决庶事，兴领军于忠密欲除之，潜备壮士直寝邢豹、伊瓮生等十余人于舍人省下。肇哭梓宫讫，于百官前引入西廊，清河王怿、任城王澄及诸王等皆窃言目之。肇入省，壮士搤而拉杀之。下诏暴其罪恶，又云刑书未及，便至自尽，自余亲党，悉无追问，削除职爵，葬以士礼。及昏，乃于厕门出其尸归家。初，肇西征，行至函谷，车轴中折。从者皆以为不获吉还也。灵太后临朝，令特赠营州刺史。永熙二年，出帝赠使持节、侍中、中外。诸军事、太师、大丞相、太尉公、录尚书事，冀州刺史。

肇子植。自中书侍郎为济州刺史，率州军讨破元愉，别将有功。当蒙封赏，不受，云："家荷重恩，为国致效是其常节，何足以应进陟之报。"恳恻发至诚。历青、相、朔、恒四州刺史，卒。植频莅五州，皆清能著称，当时号为良刺史。赠安北将军、冀州刺史。

【译文】

高肇，字首文，是文昭皇太后（北魏孝文帝皇后）的哥哥。他自己说本来是渤海郡穆县人，五世祖高顾，在晋永嘉年间避乱才逃往高丽。父高飏，字法修，在魏高祖孝文帝初年，和他的弟弟高乘信以及同乡的韩内、冀富等投奔魏国，拜官厉威将军、爵河间子，乘信为明威将军，都待以宾客之礼，赐予奴婢、牛马、彩帛。于是娶了高飏的女儿，是为文昭皇后，生下了世宗皇帝。

高飏去世。景明初年，魏世宗（宣武帝）追念舅父家，征召高肇兄弟等入朝。录尚书事、北海王元详等上奏说："高飏应该追赠左光禄大夫，赐爵渤海公，谥号为敬。其妻盖氏应该封清河郡君。"世宗同意了。又诏令高飏的嫡孙高猛承袭渤海公爵，封高肇为平原郡公，高肇的弟弟高显为澄城郡公。三人同日受封。开初世宗没有和舅父家有过来往，将拜爵时，就赐以衣冠，引见高肇、高显于华林都亭。他们都很是惶惧不安，举动失态。数日之间，他们就富贵显赫了。这一年，咸阳王元禧被诛，财物、珍宝、奴婢、田宅大多归于高家。没有多久，高肇担任尚书左仆射、领吏部、冀州大中正，娶世宗的姑姑高平公主，迁升为尚书令。

高肇出自东夷，当时的人心里很轻视他。及至位居权要，留心一切政务，孜孜不倦，世人都称赞他能干。世宗初年，由六辅臣专政（魏孝文帝临终以北海王元详为司空，王肃为尚书令，广阳王元嘉为左仆射，宋弁为吏部尚书，咸阳王元禧太为尉，任城王元澄为右仆射。辅政），后来因为咸阳王元禧平白无事地要谋反，从此世宗就委信高肇了。高肇既没有亲族，就大肆结交朋党，依附他的旬月之间就破格提拔，反对他的则构陷以大罪。他因为北海王元详位居自己之上，诬构杀之。他又劝说世宗防范诸王，等同囚禁。当时顺皇后（世宗皇后于氏）暴死，世上议论说是高肇所为。皇子元昌死，也都说王显的医疗失误，是承受高肇的意旨。及至京兆王元愉出为冀州刺史，因为畏惧高肇恣肆擅权，所以才图谋不轨。高肇又进谗言杀害了彭城王元勰。由此朝野侧目而视，都畏惧嫌恶他。于是他专掌朝廷大权，生杀予夺都任由自己。他又曾经在云龙门外的廊庑之下，与清河王元怿忽然仇争起来，闹得声势很大，后来太尉、高阳王元雍给调和了。世宗立高氏（高肇的侄女，高偃的女儿）为皇后以后，他就更被宠信了。高肇既掌朝政，诸事都自己决断，他本来就没有学识，动辄违反法度，随意胡为，减削封秩，贬黜勋臣，从此就怨声载道了。延昌初年，迁升为司徒。虽然他贵为三公，但还以离开要职快快不乐，见于辞色。众人都嗤笑他。父兄虽然久已封赠，但他竟然不改葬。到延昌三年，诏令改葬，高肇又不亲自去办，只派他兄长的儿子高猛改换服装前往代城，迁葬于家乡。当时人因为高肇没有见识，只是哂笑而不责备。

　　这年，朝廷大举征讨梁朝的蜀郡，以高肇为大将军，都督军为统帅。他与都督甄深等二十多人一起在东堂面辞世宗，亲奉战略规划。这天，高肇所乘的骏马停在神虎门外，无故惊倒，倒卧在沟中，鞍具都散落了，众人都感到很怪异。高肇出来后，心中很作恶。

　　延昌四年，世宗去世，有赦令停止征战的军队。魏肃宗（孝明帝）写给高肇及元遥等人书信，自称名讳，告以凶讯。高肇听说变故，哀痛惊愕，不仅恋慕先帝，也暗自担忧自己的祸事，朝夕悲泣，以至憔悴。将回到都城时，他夜宿于瀍涧的驿站，家中人夜间迎来探问，都不敢以目对视。直到宫阙之下，他衰服号哭，登上太极殿，奉丧尽哀。

　　太尉高阳王元雍先已居于西柏堂，专决朝政，与领军于忠秘密商议，想除去高肇，悄悄安排直寝壮士邢豹、伊瓮生等十余人在舍人省下，高肇哭灵柩完华，在百官面前被领进西廊，清河王元怿、任城王元澄和诸王等都看着他窃窃私语。高肇进入舍人省，壮士掐住他脖子把他活活拉折而死。朝廷下诏公布他的罪恶，又说未及行刑，他就自尽了，其余的亲党，全部不再追究，削除他的官职爵位，以士人之礼葬埋。等到黄昏，才从侧门运出他的尸体送回他的家。开初，高肇西征，行至函谷关，车轴从中折断。随从者都认为不会平安归来。灵太后（世宗皇后胡氏）临朝听政，下令特别追赠高肇为营州刺史。永熙二年，魏出帝追赠高肇为持节、侍中、中外诸军事、太师、大丞相、太尉公、录尚书事、冀州刺史。

李业兴传

【题解】

　　李业兴，上党长子（今山西长治市南）人。生于北魏孝文帝太和七年（公元483），卒于东魏孝静帝武定七年（公元549）。他性格耿直，师从徐遵明，博涉百家之学，尤其精通算术和历法。后被举为孝廉，任校书郎。北魏延昌年间造《戊子元历》，后以此历及太史令张明豫之子荡寇将军张龙祥所造《甲子元历》为主，综合中坚将军屯骑校尉张洪等七家历，修成《正光历》，并于正光四年颁行。孝庄帝时典仪论，为著作左郎。东魏初年掌制邺都地图。天平四年（公元537）与卢元明等使梁，与梁武帝答经义。又任散骑常侍、国子祭酒、太原太守等职。至东魏孝静帝时，《正光历》已多有乖舛，不甚精密。兴和元年（公元539），李业兴重修《正光历》，成《甲子元历》，并奉敕以新历呈齐献武王田曹参军信都芳审视，信都芳精于历术，以星辰失次数事驳难业兴，李业兴则以新精于北凉赵歐之《元始历》、南朝刘宋何承天之《元嘉历》及祖冲之《大明历》，一一出据答对。继而颁用。后获罪而遭囚禁，在狱中撰成《九宫行棋历》，未得施行。最后死于狱中。

【原文】

李业兴，上党长子人也。祖虯，父玄纪，并以儒学举孝廉。玄纪卒于金乡令。业兴少耿介，志学精力，负帙从师，不惮勤苦。耽思章句，好览异说。晚乃师事徐遵明于赵魏之间。时有渔阳鲜于灵馥亦聚徒教授，而遵明声誉未高，著录尚寡。业兴乃旨灵馥黉舍，类受业者。灵馥乃谓曰："李生久逐羌博士，何所得也？"业兴默而不言。及灵馥说《左传》，业兴问其大义数条，灵馥不能对。于是振衣而起曰："羌弟子正如此耳！"遂便径还。自此灵馥生徒倾学而就遵明。遵明学徒大盛，业兴之为也。

后乃博涉百家，图纬、风角、天文、占候无不详练，尤长算历。虽在贫贱，常自矜负，若礼待不足，纵于权贵，不为之屈。后为王遵业门客。举孝廉，为校书郎。以世行赵歐历，节气后辰下算，延昌中，业兴乃为《戊子元历》上之。于是屯骑校尉张洪、荡寇将军张龙祥等九家各献新历，世宗诏令共为一历。洪等后遂共推业兴为主，成《戊子历》，正光三年奏行之。事在《律历志》。累迁奉朝请。临淮王彧征蛮，引为骑兵参军。后广阳王渊北征，复为外兵参军。业兴以殷历甲寅，黄帝辛卯，徒有积元，术数亡缺，业兴又修之，各为一卷，传于世。

建义初，敕典仪注，未几除著作佐郎。永安二年，以前造历之勋，赐爵长子伯。遭忧解任，寻起复本官。元晔之窃号也，除通直散骑侍郎。普泰元年，沙汰侍官。业兴仍在通直，加宁朔将军。又除征虏将军、中散大夫，仍在通直。太昌初，转散骑侍郎，仍以典仪之勤，特赏一阶，除平东将军、光禄大夫，寻加安西将军。后以出帝登极之初，预行礼事，封屯留县开国子，食邑五百户。转中军将军、通直散骑常侍。永熙三年二月，出帝释奠，业兴与魏季景、温子升、窦瑗为摘句。后入为侍读。

迁邺之始，起居郎中辛术奏曰："今皇居徙御，百度创始，营构一兴，必宜中制。上则宪章前代，下则模写洛京。今邺都虽旧，基址毁灭，又图记参差，事宜审定。臣虽曰职司，学不稽古，国家大事非敢专之。通直散骑常侍李业兴硕学通儒，博闻多识，万门千户，所宜房询。今求就之披图案记，考定是非，参古杂今，折中为制，召画工并所须调度，具造新图，申奏取定。庶经始之日，执事无疑。"诏从之。天平二年，除镇南将军，寻为侍读。于是尚书右仆射，营构大将高隆之被诏缮冶三署乐器、衣服及百戏之属，乃奏请业兴共参其事。

四年，与兼散骑常侍李谐、兼吏部郎卢元明使萧衍。衍散骑常侍朱异问业兴曰："魏洛中委粟山是南郊邪？"业兴曰："委粟是圆丘，非南郊。"异曰："北间郊、丘异所，是用郑义。我此中用王义。"业兴曰："然，洛京郊、丘之处专用郑解。"异曰："若然，女子逆降傍亲亦从郑以不？"业兴曰："此之一事，亦不专从。若卿此间用王义，除禫应二十五月，何以王俭《丧礼》禫用二十七月也？"异遂不答。业兴曰："我昨见明堂四柱方屋，都无五九之室,当是裴颁所制。明堂上圆下方,裴唯除室耳。今此上不圆何也?"异曰:"圆方之说,经典无文,何怪于方?"业兴曰:"圆方之言,出处甚明,卿自不见。见卿录梁主《孝经义》亦云上圆下方,卿言岂非自相矛盾!"异曰:"若然,圆方竟出何经?"业兴曰:"出《孝经援神契》。"异曰:"纬候之书。何用信也!"业兴曰:"卿若不信,灵威仰、叶光纪之类经典亦无出者,卿复信不?"异不答。

萧衍亲问业兴曰:"闻卿善于经义,儒、玄之中何所通达?"业兴曰:"少为书生,止读五典,至于深义,不辨通释。"衍问:"《诗·周南》,王者之风,系之周公;《邵南》,仁贤之风,系之邵公。何名为系?"业兴对曰:"郑注《仪礼》云:昔大王、王季居于岐阳,躬行《邵南》之教,以兴王业。及文王行今《周南》之教以受命。作邑于酆,分其故地,属之二公。名为系。"衍又问:"若是故地,应自统摄,何由分封二公?"业兴曰:"文王为诸侯之时所化之本国,今既登九五之尊,不可复守诸侯之地,故分封二公。"衍又问:"《乾卦》初称'潜龙',二称'见龙',至五'飞龙'。初可名为虎。"问意小乖。业兴对:"学识肤浅,不足仰酬。"衍又问:"《尚书》'正月上日受终文祖',此是何正?"业兴对:"此是夏正月。"衍言何以得知。业兴曰:"案《尚书中候·运行篇》云'日月营始',故知夏正。"衍又问:"尧时以何月为正?"业兴对:"自尧以上,书典不载,实所不知。"衍又云:"'寅宾出日'即是正月。'日中星鸟,以殷仲春',即是二月。此出《尧典》,何得云尧时不知用何正也?"业兴对:"虽三正不同,言时节者皆据夏时正月。《周礼》,仲春二月会男女之无夫家者。虽自周书,月亦夏时。尧之日月,亦当如此。但所见不深,无以辨析明问。"衍又曰:"《礼》,原壤之母死。孔子助其沐椁。原壤叩木而歌曰:'久矣夫,予之不托于音也。狸首之班然。执女手之卷然。'孔子圣人,而与原壤为友?"业兴对:"孔子即自解,言亲者不失其为亲,故者不失其为故。"又问:"原壤何处人?"业兴对曰:"郑注云:原壤,孔子幼少之旧。故是鲁人。"衍又问:"孔子圣人,所存必可法。原壤不孝,有逆人伦,何以存故旧之小节,废不孝之大罪?"业兴对曰:"原壤所行,事自彰著。幼少之交,非是今始,既无大故,何容弃之?孔子深敦故旧之义,于理无失。"衍又问:"孔子圣人,何以书原壤之事,垂法万代?"业兴对曰:"此是后人所录,非孔子自制。犹合葬于防,如此之类,《礼记》之中动有百数。"衍又问:"《易》曰太极,是有无?"业兴对:"所传太极是有,素不玄学,何敢辄酬。"

还,兼散骑常侍,加中军大将军。后罢议事省,诏右仆射高隆之及诸朝士与业兴等在尚书省议定五礼。兴和初,又为《甲子元历》,时见施用。复预议《麟趾新制》。武定元年,除国子祭酒,仍侍续。三年,出除太原太守。齐献武王每出征讨,时有顾访。五年,齐文襄王引为中外府咨议参军。后坐事禁止。业兴乃造《九宫行棋历》,以五百为章,四千四十为部,九百八十七为斗分,还以未为元,始终相维,不复移转,与今历法术不同。至于气序交分,景度盈缩,不异也。七年,死于禁所,年六十六。

业兴爱好坟籍,鸠集不已,手自补治,躬加题帖,其家所有,垂将万卷。览读不息,多有异闻,诸儒服其渊博。性豪侠,重义气。人有急难,委之归命,便能容匿。与其好合,倾身无吝。若有相乖忤,便即疵毁,乃至声色,加以谤骂。性又躁隘,至于论难之际,高声攘振,无儒者之风。每语人云:"但道我好,虽知妄言,故胜道恶。"务进忌前,不顾后患,对人以此恶之。至于学术精微,当时莫及。

子崇祖,武定中,太尉外兵参军。崇祖弟遵祖,太昌中,业兴传其长子伯以授之。齐受禅,例降。

李业兴，上党长子人。祖父李虬，父亲李玄纪，都因精通儒家学说而被荐举为孝廉。李玄纪在任金乡令期间去世了。李业兴少年耿直，从小就立志专心致力于学问，身背书籍从师学习，不辞辛苦。他对有关儒家经典的诠释精心研究，并喜欢披览和留心新奇的学说。稍后，李业兴师从徐遵明，在赵魏故地之间学习儒学。当时，渔阳人鲜于灵馥也招收学生教学授业，而徐遵明名望不高，著述也还不多。业兴于是来到灵馥的学校，以生徒的身份听他讲授。灵馥问业兴："李生长期追随羌博士徐遵明问经，都学到了些什么呢?"李业兴沉默不语。等到灵馥讲解《春秋左氏传》的时候，李业兴向他求教有关此书的数条要旨大义，灵馥却哑然不能对答。于是李业兴抖了抖衣服，站起来说："羌博士的弟子正是如此!"随后他立即离开灵馥的学校，直接回到了徐遵明的门下。自此之后，灵馥的学生全部离开他而投奔了徐遵明。徐遵明的学说由此大盛，生徒也渐渐地多了起来，这些都是李业兴所促成的。

此后，李业兴广泛涉猎多种学问，凡图谶、风角、天文、占候之学，无不精通熟练。尤其擅长算术和历法。虽然他家境贫寒，但却常常高傲自负，如果待他礼节不周，即使是达官显贵，也休想使他屈服。李业兴后来做了王遵业的门客。继而被荐举为孝廉，任校书郎。由于朝廷施用的赵歐《元始历》，因节气少算而后天时，渐渐地已不很精密了。于是在北魏延昌年间，李业兴制定了《戊子元历》，上呈魏帝。当时，李业兴及屯骑校尉张洪、荡寇将军张龙祥等九人都各自献上了自己新定的历法，世宗宣武帝下诏，让他们在此基础上共同编制一部历法。后来，张洪等人一致推举李业兴主领此事，编写了《戊子历》，并于正光三年上奏颁行。此事记载在《律历志》中。李业兴接着又被提升为奉朝请。临淮王元彧征伐南蛮时，推荐他为骑兵参军。后广阳王元渊北伐，又任他为外兵参军。李业兴认为，殷历的甲寅，黄帝历的辛卯，都只徒有一个上元积年而已，方法与内容都已缺佚，于是李业兴又修订殷历与黄帝历，各成一卷，流行于世。

北魏建义初年，孝庆帝降旨李业兴，命他掌管对礼仪的注释论解，不久封他为著作左郎。永安二年，因他过去制定历法有功，赐封李业兴长子伯的爵位。后来由于父母去世，在服丧期间他解职去官，不久又官复原职。在长广王元晔盗用帝号期间，他被封为通直散骑侍郎。普泰元年，宫中裁减侍中常侍等官，而李业兴仍然被留任通直，兼领宁朔将军。后来又被任命为征虏将军、中散大夫，依旧留在通直。太昌初年，李业兴改作散骑侍郎，还是因为他掌管礼仪的劳苦，特别被赏赐晋升一级，封为平东将军、光禄大夫，不久又兼领安西将军。后来因出帝当初即位之时，李业兴参与实行了礼仪之事，被封为屯留县开国子，并赐五百户封地作为食邑。此后他改作了中军将军、通直散骑常侍。永熙三年二月，出帝以爵祭于神前行拜师礼，李业兴与魏季景、温子升、窦瑷代为选取文章。后入宫作了侍读，为出帝讲学授业。

东魏初年，国都刚刚迁到邺城不久，起部郎中辛术便上奏说："如今皇城迁徙到了新地，一切都需从头做起，要想将京城修建得繁华富丽，必须以采用适中的方案为宜。向上可以效法古代，向下可以仿照洛阳城的模式。虽然今天的邺都已很破旧，建筑基础也毁弃殆尽，加之相关的图纸与文字记录多不一致，这些事都需要审核考定。臣虽说有此职责，但学问还不足以研习古事，因此对国家大事不敢独断专行。通直散骑常侍李业兴的学问精深博洽，他通达儒学，见闻广博，纵使是千家万户，也最好去访询。如今要向他求教，请他用图纸来查考核对文字记录，考定是非，再参照杂糅古今的有关记载，取其适中的内容制定出一个方案，召募画工和其他可供调动使用的人员，将全部内容重新绘制成一幅新图，而后呈奏圣上定夺。只有这样，到开始营建的时候，主事和工匠们才不会有疑问。"孝静帝采纳了这个建议。东魏天平二年，李业兴被任为镇南将军，不久又被封为侍读。当时，尚书右仆射、营构大将军高隆之奉旨，正在整理五官中郎、左中郎和右中郎三署的乐器、衣服。以及各种散乐杂技使用的器具，于是上奏魏帝，请李业兴也共同参与这项事务。

天平四年，李业兴与兼任散骑常侍的李谐、兼任吏部郎的卢元明一起出使梁朝。当时，梁武帝萧衍的散骑常侍朱异问李业兴："魏洛阳城外的委粟山是举行郊祀的地方吗？"李业兴答道："委粟山是祭天的圜丘坛，不是举行郊祀的地方。"朱异说："北方举行郊祀之地与圜丘的安排不在同一个地方，这是采用郑玄的说法吧。我则以为王肃的解释更适用。"业兴说："是这样，京城洛阳举行郊祭的地点和圜丘的安排，都只根据郑玄的说法。"朱异问："如果是这样，那么嫡亲女子的礼制却反常地按庶亲的礼制降低一等，是否也是根据郑玄的说法呢？"业兴答道："对于这件事，也不能仅从一家之说，如果卿在这件事上采用王肃的说法，那么，丧家除服行的祭礼应该在二十五个月后举行，为什么在王俭所著的《丧礼》中，除服之祭却是在二十七个月后举行呢？"朱异于是无言以对，李业兴继续说："我昨天看见一座明堂，它是用四根柱子架起的方形房屋，里面根本没有分成五间或九间内室，这种形制是裴颇制定的。明堂是一种上面为圆形，下面为方形的建筑，裴颇只是取消了其中的内室而已，并没有改变它的整体形状，那么，为什么现在看到的这座明堂的上面不建成圆形呢？"朱异说："上面圆下面方的说法，在经典著作中根本找不到，既然如此，方形的明堂又有什么可奇怪的呢？"业兴说："上圆下方的说法，来源非常清楚，卿只是自己没有看到罢了。我曾见过你集录梁国君主的《孝经义》，其中也说到明堂的形状为上圆下方，如此看来，你所说的岂不是自相矛盾了嘛！"朱异说："如果确实如此，那么明堂为上圆下方的说法究竟出自哪一部经典呢？"业兴答道："出自《孝经援神契》。"朱异说："这是谶纬占卜之类的书籍，有什么可值得相信的！"业兴反问道："卿如果不信此书，那么灵威仰、叶光纪之类的神嘉在经书中也都没有记载，你又信不信呢？"朱异哑然不能作答。

接着，萧衍亲自向李业世兴发问："我听说爱卿精通五经及其义理，那么儒家学说与道家学说究竟有哪一点彼此相通呢？"业兴说："我少年时代做学生时的义理，则还不能完全了解。"萧衍又问："《诗经》中的《周南》是帝王的诗歌，却要系在周公的名下；《召南》是仁厚贤者的诗歌，却要系在召公的名下。为什么要听叫作系呢？"业兴回答说："郑玄在注释《仪礼》时说：'古时大王和王季居住在岐山以南，他们身体力行《召南》的教导，用以振兴帝王的事业。到了文王的时候，他遵循今天《周南》的教导办事，因而得以受授天命，在鄷地营建了都城，然后把他旧有的土地分给了周公和邵公，所以叫作系。"萧衍接着又问："如果是旧有的土地，应该自己统辖管理才是，有什么理由要分给周、邵二公呢？"业兴答道："文王在做诸侯的时候，教育感化了自己的国家和人民，今天已经作了至尊至上的天子，便不可以再守着过去做诸侯时的土地了，所以将其分给了二公。"萧衍继续问："乾卦的第一爻的爻题是'藏伏不见的龙'，第二爻的爻题是'刚刚出现的龙'，至第五爻的爻题是'飞跃在天的龙'。我看它们最初可以叫作虎吧。"提问稍略转了话题，业兴回答说："我才疏学浅,不足以回答您的问题。"萧衍又问:"《尚书》记载'正月朔日,虞舜在文祖庙接受帝尧禅让帝位'。这是哪一种历法的正月?"业兴答道:"这是夏历的正月。"萧衍问他如何得知,业兴说:"查考《尚书中候·运行篇》,其中说到'日月开始运行'。所以知道是夏历。"萧衍又问:"帝尧时代的历法以哪个月作为一年的开始呢?"业兴回答道:"自帝尧以前,典籍中没有记载,实在不知道。"萧衍接着说:"'恭敬地迎接刚出升的太阳',这就是正月。'在一年中昼夜平分的那一天,鸟星将在傍晚出现在正南方的天空,用这个天象可以确定春分',这就是二月。这些内容都出自《尧典》,为什么说不知道帝尧时代的历法以哪个月为一年的开始呢?"业兴答道:"虽然夏、商、周三代的历法不同,但人们在谈论时间和节气的时候,都依据夏代的历法。《周礼》说:在仲春二月,让那些尚未成家的单身男女相会相配。此事虽出自周代的典籍,但月份却是采用夏代的历法。帝尧时代的历法也当如此。然而我研究得不够深入,无法辨别分析清楚,难以回答您的问题。"萧衍又问:"《礼记》记载,原壤的母亲死后,孔子帮助他整治棺椁。原壤却敲着棺材唱道:'从母亲去世到现在已经很久了,我一直都不能以此木来寄托我的歌声。棺材的木纹象狸头上的花纹一样斑斓,孔子执斧的手象女子的手一样柔美。'孔子是圣人,怎么反而与原壤是朋友呢?"业兴回答说:"孔子自己在当时就已经解释了,他说:"朋友没有大的过错就不能相互遗弃,与我有骨肉关系的亲属,虽然有违背礼仪的地方,但还没有失去他们作亲属的原则,我就仍然要与他们和睦相处。我的故旧朋友,虽然有违背礼仪的地方,但还没有忘记他们做朋友的原则,我就仍然要与他们交往。"萧衍继续问:"原壤是哪里人?"业兴答道:"郑玄在对《礼记》的注释中说:原壤是孔子幼年时代的朋友。所以是鲁国人。"萧衍问:"孔子是圣人,他身上所具有的品行必然可以效法。原壤不行孝道,违背了尊卑长幼之间应遵从的关系,为什么孔子要容忍故友的小毛病而与他交往,却不追究他不行孝道的大罪过呢?"业兴答道:"原壤所做的一切,事情是明白清楚的,孔子与他从幼年时代结下的情谊,并不是从今天才开始的,既然朋友没有严重的过失,怎么可以抛弃呢? 孔子非常珍视与老朋友深厚的情谊,并没有失礼。"萧衍继续问:"孔子是圣人,为什么要写原壤的事迹让后代效法呢?"业兴回答说:"这是后人所撰,并不是孔子自己写的。与孔子父母被合葬在防地一样,象这类事情,《礼记》中动辄就可以列出上百条。"萧衍接着问:"《易经》所说的太极,究竟有没有呢?"业兴答道:"古代所传是有太极,但我一向不善于道家学说,哪儿敢立刻回答这个问题。"

回国之后,李业兴兼任散骑常侍,又兼领中军大将军。后来议事省被废除,魏帝下诏令右仆射高隆之及其他中央官吏,与李业兴在尚书省共同议定公、侯、伯、子、男五等爵位的礼仪。兴和初年,李业兴又续修了《甲子元历》,当时就颁行使用了。后来他又计划议定《麟趾新制》。东魏武定元年,李业兴被任为国子寺祭酒,并继续担任侍读。武定三年,他受朝廷派遣,出任太原太守。齐献武王高欢每次出兵征讨,常要到他府上拜访,与他商议。武定五年,齐文襄王高澄封他为中外府咨议参军。后因犯事而遭囚禁,于是李业兴在狱中撰修了《九宫行棋历》,以五百为一章,四千零四十为一部,九百八十七为斗分,重新以己未作为历元,与此前行用的历法首尾相接,不需再作调整,此历的内容与方法与当时施行的历法不同。至于节气的交分和影度的盈缩长短,则与当时的历法没有差异。武定七年,李业兴死在狱中,享年六十六岁。

李业兴对古代典籍十分喜爱,汇集收藏从未终止,他常亲手将破旧的书籍补好,然后亲笔书写上题跋，家中的藏书将近万卷。他览读不息，并常有很多新奇的见解，他学识渊博，儒者们对此都十分钦佩。李业兴性格豪爽侠义，重意气。别人遇到急难，委身投奔他，便能得到他的收留和容匿。对于与他爱好相投的人，即使倾其所有送给人家，他也绝不吝惜。但是，如果别人与他有相违戾的地方，便会立即指责人家，甚至厉声厉色地诽谤痛骂。同时他的性格又很急躁狭隘，每当他与人辩论的时候，总要高声叫喊，排斥别人的意见，毫无儒者风度。他常对人说："只要对我有利，即使知道别人所说的都是荒谬不合理的话，也比对我不利要好。"他致力进取，妒忌别人的才能和声望超过自己，甚至不顾可能造成的恶劣后果，当时的人们都对他这一点非常憎恶。但说到他学术的精深广博。在当时却没有人能与其相比。

李业兴的儿子李崇祖，在东魏武定年间任太尉外兵参军。李崇祖的弟弟叫李遵祖，北魏太昌年间，李业兴将自己长子伯的爵位传给了他。在北齐接受东魏禅让帝位的时候，他们都投降了。

于洛侯传

【题解】

于洛侯，代地（今山西北部）人。北魏时著名的酷吏之一，生性贪残，为百姓所怒而揭发弹劾，孝文帝下令将他处死。

【原文】

于洛侯，代人也。以劳旧为青州刺史，而贪酷安忍。州人富炽夺民吕胜胫缠一具，洛侯辄鞭富炽一百，截其右腕。百姓王陇客刺杀民王羌奴、王愈二人，依律罪死而已。洛侯生拔陇客舌，刺其本，并刺胸腹二十余疮。陇客不堪痛苦，随刀战动。乃立四柱磔其手足，命将绝，始斩其首，支解四体，分悬道路，见之者无不伤楚。阖州震恐，人怀怨愤，百姓王元寿等一时反叛。有司纠劾，高祖诏使者于州刑人处宣告兵民，然后斩洛侯以谢百姓。

【译文】

于洛侯，代地人。由于劳绩和资历被任命为秦州刺史，生性贪婪严酷而习于残忍。州里人富炽抢夺百姓吕胜一付裹腿，于洛侯就把富炽鞭打一百下，砍去他的右腕。百姓王陇客刺死了王羌奴、王愈两个人，按照法律不过是判处一般死罪而已。于洛侯却活活地拔出王陇客的舌头，用刀刺舌面，同时又刺在胸部腹部二十多处。王陇客忍受不了痛苦，身体随着刀子颤抖。于是又立起四根木柱子把他手脚绑上用刀剐，当他快死的时候，这才砍下他的脑袋，肢解两手两腿，分开悬挂在路上，看到这种惨状的人无不伤心悲痛。全州震惊，人人都心怀怨恨愤怒，百姓王元寿等人同时起来反叛。有关部门向朝廷揭发弹劾，魏孝文帝下诏让使者在州中给百姓用刑的地方向全体兵民宣布于洛侯的罪状，然后杀了于洛侯，以此向百姓谢罪。

崔暹传

【题解】

崔暹,字元钦,清河东武城(今河北清河县)人,世居荥阳、颍川间(今河南荥阳、禹州)。性残酷而少仁恕。以秀才迁南兖州刺史,又历平北将军、瀛洲刺史。所至贪婪残忍,为百姓之害。建义初年,尔卡荣发动"河阴之变",崔暹也被杀。

【原文】

崔暹,字元钦,本云清河东武城人也。世家于荥阳、颍川间。性猛酷,少仁恕,奸猾好利,能事势家。初以秀才累迁南兖州刺史,盗用官瓦,赃污狼藉,为御史中尉李平所纠,免官。后行豫州事,寻即真。坐遣子析户,分隶三县,广占田宅,藏匿官奴,障吝陂苇,侵盗公私,为御史中尉王显所弹,免官。后累迁平北将军、瀛州刺史,贪暴安忍,民庶患之。尝出猎州北,单骑至于民村,井有汲水妇人,暹令饮马,因问曰:"崔瀛州何如?"妇人不知其为暹也,答曰:"百姓何罪,得如此癫儿刺史!"暹默然而去。以不称职被解还京。武川镇反,诏暹为都督,隶大都督李崇讨之。建崇节度,为贼所败,单骑潜还,禁于廷尉。以女妓、园田货元乂,获免。建义初遇害于河阴。赠司徒公、冀州刺史,追封武津县公。

子瓒,字绍珍。位兼尚书左丞、卒。瓒妻,庄帝妹也,后封襄城长公主,故特赠瓒冀州刺史。子茂,字祖昂,袭祖爵。

【译文】

崔暹,字元钦,原籍据说是清河东武城人,世代家住在荥阳、颍川之间,性情猛烈残酷,很少对人仁爱宽恕,又奸猾而唯利是图,能趋附有权有势的人家。起初以秀才的身份连续升迁到南兖州刺史,把公家的屋瓦据为己有,贪污赃物,声名狼藉,被御史中尉李平所举发,免官。后来代理豫州刺史,不久就实授这一官职。他让儿子分散户口,分别隶属在三个县中,大肆侵占田地住宅,藏匿公家的奴隶,贪婪地把池塘苇地圈起来作为私产,侵吞盗窃公私财物,被御史中尉王显弹劾,又被免官。后来又连续升为平北将军、瀛州刺史,做官时贪污暴虐,习于残忍,百姓都对他感到害怕。他有一次到州城北边打猎,一个人骑着马到村子里。村里井边有一个妇女在打水,崔暹就让她饮马,借着机会问:"崔瀛洲这个人怎么样?"这个妇女不知道他是崔暹,回答说:"不知百姓有什么罪过,碰上了这浑身长疮的刺史!"崔暹一言不发就走开了。后来由于不称职而被押送回京城。武川镇将士造反,下诏任命崔暹为都督,隶属于大都督李崇,前去讨伐。崔暹违背李崇的指挥调度,被敌人打败,一个人偷偷逃回来。朝廷命把他关在廷尉监狱里,他又用妓女、庄园、田地等贿赂掌握大权的元乂,因此得以免于治罪。孝庄帝建义年间,尔朱荣造反,大杀文武官员,崔暹也在河阴被杀。追赠为司徒公、冀州刺史,追封为武津县公。

崔暹的儿子崔瓒,字绍珍,官至兼尚书左丞,去世。崔瓒的妻子是孝庄帝的妹妹,后来封为襄城长公主,所以特别封赠崔瓒为冀州刺史。崔赞的儿子崔茂,字祖昂,继承祖父的爵位。

逸士传

【题解】

古之所谓"隐士"，自伯夷、叔齐以后，历代皆有。而真正是知识分子而隐居山林的，则起自东汉初年。这是中国古代知识分子生活的一个大转折，是他们独立的思考现实，形成相对独立的世界观的开始。《后汉书》首列《隐逸列传》，其义即在于此。士人隐逸之动机历代虽有不同，但大多是出于对黑暗社会现实的不满，是对现实社会的一种无声反抗和逃避。而为隐逸，矫情以饰其伪则不在此列。这里所列的北魏时期的著名隐士眭夸、冯亮、李谧、郑修等人属于前者。"不事王侯，高尚其事"，正道出了这些人物的为人心愿。

【原文】

盖兼济独善，显晦之殊，其事不同，由来久矣，昔夷齐获全于周武，华裔不容于太公，何哉？求其心者，许以激贪之用；督其迹者，以为束教之风。而肥遁不反，代有人矣。夷情得丧，忘怀累有。比夫迈德弘道，匡俗庇民，可得而小，不可得而忽也。自叔世浇浮，淳风殆尽，锥刀之末，竞入成群，而能冥心物表，介然离俗，望古独适，求友千龄，亦异人矣。何必御霞乘云而追日月，穷极天地，始为超远哉，今录眭夸等为《逸士传》。

眭夸，一名昶，赵郡高邑人也。祖迈，晋东海王越军谋掾，后投石勒为徐州刺史。父邃，字怀道，慕容宝中书令。夸少有大度，不拘小节。耽志书传，未曾以世务经心。好饮酒，浩然物表。年二十遭父丧，须鬓至白，每一悲哭，闻者为之流涕。高尚不仕，寄情丘壑。同郡李顺愿与之交，夸拒而不许。邦国少长莫不惮之。

少与崔浩为莫逆之交。浩为司徒，奏徵为其中郎，辞疾不赴。州郡逼遣，不得已，入京都。与浩相见，延留数日，惟饮酒谈叙平生，不及世利。浩每欲论屈之，竟不能发言。其见敬惮如此。浩后遂投诏书于夸怀，亦不开口。夸曰："桃简，卿已为司徒，何足以此劳国士也。吾便于此将别。"桃简，浩小名也。浩虑夸即还，时乘一骡，更无兼骑，浩乃以夸骡内之厩中，冀相维絷。夸遂托乡人输租者，谬为御车，乃得出关。浩知而叹曰："眭夸独行士，本不应以小职辱之。又使其人仗策复路，吾当何辞以谢也。"时朝法甚峻，夸既私还，将有私归之咎。浩仍相左右，始得无坐。经年，送夸本骡，兼遗以所乘马。为书谢之。夸更不受其骡马，亦不复书。及浩诛，为之素服，受乡人吊唁，经一时乃止，叹曰："崔公既死，谁能更容眭夸！"遂作《朋友篇》，辞义为时人所称。

妇父钜鹿魏攀，当时名达之士，未尝备婿之礼，情同朋好。或人谓夸曰："吾闻有大才者必居贵仕，子何独在桑榆乎？"遂著《知命论》以释之。年七十五卒。葬日，赴会者如市。无子。

冯亮，字灵通，南阳人，萧衍平北将军蔡道恭之甥也。少博览诸书，又笃好佛理。随道恭至义阳，会中山王英平义阳而获焉。英素闻其名，以礼待接。亮性清净，至洛，隐居崧高,感英之德,以时展勤。及英亡。亮奔赴,尽其哀恸。

世宗尝召以为羽林监,领中书舍人,将令侍讲《十地》诸经,固辞不拜。又欲使衣帻入见,亮苦求以幅巾就朝,遂不强逼。还山数年,与僧徒礼诵为业,蔬食饮水,有终焉之志。会逆人王敞事发,连山中沙门,而亮被执赴尚书省。十余日,诏特免雪。亮不敢还山,遂寓居景明寺。敕给衣食及其从者数人。后思其旧居,复还山室。亮既雅爱山水,又兼巧思,结架岩林,甚得栖游之适,颇以此闻。世宗给其工力,令与沙门统僧暹、河南尹甄琛等,周视崧高形胜之处,遂造闲居佛寺。林泉既奇,营制又美,曲尽山居之妙。亮时出京师。延昌二年冬,因遇笃疾,世宗敕以马舆送令还山,居崧高道场寺。数日而卒。诏赠帛二百匹,以供凶事。遗兄子综,敛以衣巾帽,左手持板,右手执《孝经》一卷,置尸盘石上,去人数里外。积十余日,乃焚于山。以灰烬处,起佛塔经藏。

初,亮以盛冬丧,时连日骤雪,穷山荒涧,鸟兽饥窘,僵尸山野,无所防护。时寿春道人惠需,每旦往看其尸,拂去尘霭。禽虫之迹,交横左右,而初无侵毁,衣服如本,惟风吹帽巾。又以亮识旧南方法师信大栗十枚,言期之将来十地果报,开亮手以置把中。经宿,乃为虫鸟盗食,皮壳在地,而亦不伤肌体。焚燎之日,有素雾蓊郁,回绕其傍,自地属天,弥朝不绝。山中道俗营助者百余人,莫不异焉。

李谧,字永和,赵郡人,相州刺史安世之子。少好学,博通诸经,周览百氏。初师事小学博士孔璠。数年后,璠还就谧请业。同门生为之语曰:“青成蓝,蓝谢青,师何常,在明经。”谧以公子徵拜著作佐郎,辞以授弟郁,诏许之。州再举秀才,公府二辟,并不就。惟以琴书为业,有绝世之心。览《考工记》《大戴礼盛德篇》,以明堂之制不同,遂著《明堂制度论》。

谧不饮酒,好音律,爱乐山水,高尚之情,长而弥固,一遇其赏,悠而忘归,乃作《神士赋》,歌曰:“周孔重儒教,庄老贵无为。二途虽如异,一是买声儿。生乎意不惬,死名用何施。可心聊自乐,终不为人移。脱寻余志者,陶然正若斯。”延昌四年卒,年三十二,遐迩悼惜之。

其年,四门小学博士孔璠等学官四十五人上书曰:“窃见故处士赵郡李谧:十岁丧父,哀号罢邻人之相;幼事兄瑒,恭顺尽友于之诚。十三通《孝经》《论语》《毛诗》《尚书》,历数之术尤尽其长,州间乡党有神童之号。年十八,诣学受业,时博士即孔璠也,览始要终,论端究绪,授者无不欣其言矣。于是鸠集诸经,广校同异,比三传事例,名《春秋丛林》,十有二卷,为璠等判析隐伏,垂盈百条。滞无常滞,纤毫必举;通不长通,有枉斯屈。不苟言以违经,弗饰辞而背理。辞气磊落,观者忘疲。每曰:‘丈夫拥书万卷,何假南面百城。’遂绝迹下帷,杜门却扫,弃产营书,手自删削,卷无重复者四千有余矣。犹括次专家,搜比说议,隆冬达曙,盛暑通宵。虽仲舒不窥园,君伯之闭户,高氏之遗漂,张生之忘食,方之斯人,未足为喻。谧尝诣故太常卿刘芳推问音义,语及中代兴废之由,芳乃叹曰:‘君若遇高祖,侍中、太常非仆有也。’前河南尹、黄门侍郎甄琛内赞近机,朝野倾目,于时亲识求官者,答云:‘赵郡李谧,耽学守道,不闷于时,常欲致言,但未有次耳。诸君何为轻自媒炫?’谓其子曰:‘昔郑玄、卢植不远数千里诣扶风马融,今汝明师甚迩,何不就业也?’又谓朝士曰:‘甄琛行不愧时,但未荐李谧,以此负朝廷耳。’又结宇依岩,凭崖凿室,方欲训彼青衿,宣扬坟典,冀西河之教重兴,北海之风不坠。而祐善空闻,暴疾而卒。邦国衔殄悴之哀,儒生结摧梁之慕。况璠等或服议下风,或亲承音旨,师儒之义,其可默乎!”事奏,诏曰:

"谥屡辞徵辟,志守冲素,儒隐之操,深可嘉美,可远傍惠、康,近准玄晏,谥曰贞静处士,并表其门闾,以旌高节。"遣谒奉册,于是表其门曰文德,里曰孝义云。

郑修,北海人也。少隐于岐南几谷中。依岩结宇,独处淡然,屏迹人事,不交世俗,耕食水饮,皮冠草服,雅好经史,专意玄门。前后州将,每徵不至。岐州刺史魏兰根频遣致命,修不得已,暂出见兰根,寻还山舍,兰根申表荐修,肃宗诏付雍州刺史萧宝夤访实以闻。会宝夤作逆,事不行。

【译文】

兼济天下和独善其身之间有着明显的区别。由于人们所从事的事业不同,这种区别由来已久。早先伯夷、叔齐在周武王的时代得以保全自己的名节,华裔却不容于太公,这是为什么呢? 寻求恬淡之心的做法,可以有激励贪婪之人的作用,督责人的行为轨迹,是用来形成良好的社会风气。然而避世隐居的人,每个朝代都有。平静地对待成功与失败,也不介意有无危难与过失。象这样提倡德行,发扬正义,匡正风俗,庇护人民,可以稍少一点,但不能够忽视它。近代以来民风浮薄,良好淳厚的社会风尚荡然无存,针尖大的地方,也有成群的人涌入,而能潜心于世事之外,超然脱俗,向往古人、行为超迈的人,也就不是凡人了。为什么一定要腾云驾雾、遨游天地之间,才算是超脱呢? 现在记录眭夸等人的事迹作为《逸士传》。

眭夸,又名昶,是赵郡高邑县人。祖父名迈,是晋朝东海王所率军队中的参谋副官,后投奔石勒当了徐州刺史。父亲名邃,字怀道,是慕容宝的中书令。眭夸年轻时就很大度,不拘小节。专好读书,世俗事务不放在心上,喜欢喝酒,超然于世事之外。二十岁时父亲去世,以至于鬓发全白,每一次恸哭,听到的人都会感动得流泪。情怀高尚,不步仕途,将自己的情志寄托在自然山水之间。同郡的李顺愿意结交他,然而眭夸拒绝了,不同意。地方上年轻年长的没有不敬畏他的。

年轻时和崔浩成了莫逆之交。崔浩担任司徒一职,进言要皇上征召眭夸作自己的中郎,然而眭夸借口自己有病推辞了。州郡的官员仍然逼他就职,迫不得已,他才到了京城。和崔浩相见后,逗留了好几天,只喝酒叙谈平生琐事,不涉及社会上的各种利害关系。崔浩每每想驳倒他,最后终于没能说出来。他让人敬畏就像这样。后来崔浩把诏书扔到眭夸的怀里,也不说话。眭夸说:"桃简,你已经是司徒了,为什么还要用当官来烦我呢? 我现在要告辞了。"桃简是崔浩的小名。崔浩想到眭夸就要回去了,来时只骑了一匹骡子,没有其他的坐骑,于是把眭夸的骡子藏到马圈中,希望以此来留下眭夸。眭夸托运租的乡下人弄了一辆车,谎称是御车,才逃出关。崔浩知道了叹息说:"眭夸是独来独往的人,本来不该用小小的职务去侮辱他。使他赶着车子回去,我将怎么说才能道歉呢?"当时的朝廷法律严峻,眭夸既然是偷偷回去的,就有私归之罪。崔浩仍辅佐在君王左右,才得以不受牵连。又过了些年,送还眭夸的骡子,并把自己的坐骑赠送给他,写了一封信表示歉意。然而眭夸不接受他的骡马,也不回信。崔浩被杀以后,眭夸为他穿素服,接受乡里人的吊唁,过了一段时间才结束。叹息道:"崔公已经死了,谁还能容得下我眭夸!"作《朋友篇》一文,篇中的文辞为当时人所称赞。

妻子的父亲钜鹿人魏攀也是当时的知名人士。和眭夸不曾以翁婿对待,感情如同好朋友一般。有人对眭夸说:"我听说有大才的人一定会取得高官厚禄,为什么你偏偏在乡下民间呢?"于是暅夸作了《知命论》一文,予以解释。七十五岁时去世。安葬的那天,送葬的人象赶集一样。身后无子。

冯亮,字灵通,南阳人,是梁武帝萧衍平北将军蔡道恭的外甥。从小博览群书,又特别爱好佛理。随着道恭到了义阳,碰上中山王元英平定并攻占了义阳。元英早就听说了他的大名,以尊敬的态度对待他。冯亮生性爱清静,到了洛阳一带,隐居在嵩山。为答谢元英的礼遇,经常表示自己的殷勤。元英去世时,冯亮为他奔丧,极力表示了自己的哀恸。

世宗曾下诏任命他为羽林监,兼中书舍人,等他给皇上讲解《十地》等佛经,他坚决推辞了,没有接受任命。又让他朝服朝冠、穿戴整齐地入见皇上。他却苦苦要求以普通服装入朝进见,于是皇上也就不再强迫他。回到山里很多年,以与佛教徒们诵经学佛为事业,吃粗食喝冷水,有终老山林的志愿。碰巧王敞叛乱,牵连到山里的僧人,冯亮也被抓起来交付尚书省,十多天后,皇上特别下诏免除其罪。冯亮不敢再回山里,于是客居在景明寺。皇上敕给他衣服食物和几名随从人员。后来因为想念老房子又回到了山里。冯亮不但酷爱山水,而且构思巧妙,在深山老林中盖房子,深得游玩的奥秘,并且也很舒适,很多人都听说了这一点。世宗给他提供人力,命令他和和尚统领僧暹、河南官员甄琛等遍考嵩高地区风景地貌,以便建造精舍和佛寺。这里风景既已奇特,建造又很精美,竭尽山居的美妙。冯亮时常出入京城。延昌二年冬季,因为生了重病,世宗还送给他马车,让人把他送回山里,住在嵩高道场寺,过了几天死去了。皇上下诏赠送他布帛二百匹,以备办他的丧事,留下遗嘱告诉他哥哥的儿子冯综,说给他装殓要穿布衣戴便帽,左手拿着一块板,右手拿着一卷《孝经》,把尸体放在离人几里外的大石头上,过十多天,才在山里焚毁。在尸体焚毁烧成灰烬的地方,盖一座佛塔,收藏佛经。

冯亮是在隆冬去世的,当时连日大雪,山坡上溪水边都是光秃秃的,满山遍野都是饿死的鸟兽,连它们都无法抵御严寒。当时有一个寿春地区的道人名叫惠需的,每天早晨都去看护他的尸体,拂去灰尘和露珠。鸟兽爬虫的印迹交叉地印在尸体周围的地上,但是一点儿也没有侵犯毁坏尸体,衣服还象原来的样子,只有风吹动着便帽。又因为冯亮的旧友、一位南方的法师托人带来十个大栗子,说希望将来在佛教修行的十种境地里得到好的报应,惠需掰开冯亮的手把十个栗子放在他的手掌中,过了一夜,就被虫子和鸟偷吃了,皮壳扔在地下,然而没有伤着冯亮的肌肤。尸体焚毁的那天,有白雾笼罩,盘旋在旁边,从地下腾起一直连向天空,一早晨都没有散尽。山中佛徒、道士及前来帮助焚尸的平民百姓一百多人,没有一个人不感到惊讶。

李谧,字永和,赵郡人,是相州刺史李安世的儿子。年轻好学,各种典籍都很精通,诸子百家也都读过。开始是跟着小学博士孔璠学习,几年后,孔璠反过来向李谧求教。同门师兄弟说:"青出于蓝,蓝不如青。老师不总是老师,关键在通晓典籍。"皇上以公子的名义征召他,任命他为著作佐郎,他以要教弟弟李郁学习为理由谢绝了,皇上也同意了他的请求。地方上再次推举优秀人才,官员们两次推荐他,他都没有答应。只以抚琴写书为事业,有和社会断绝往来的想法。浏览了《考工记》《大戴礼·盛德篇》,因为它们记录古代天子宣明政教的地方及礼义制度有不同,于是写了《明堂制度论》一文。

李谧不喝酒,喜欢音乐,热爱自然山水,这种高尚的情操,随着他年龄的增长而更加坚固。一到了喜爱欣赏的地方,就乐而忘返。于是作《神士赋》一文,唱道:"周公孔子重视儒教,庄周老子看重无为。二种途径虽然不同,但都是为了取得好名声。活着时如不惬意,死了后名声又有什么用。满足自己的心愿,自己让自己高兴,终究不会被人改变。假如寻求我的志向,高高兴兴已达目的。"延昌四年去世,时年三十二岁,远近的人民都悼念他并为他惋惜。

那一年,四门博士之一小学博士孔璠等四十五人给皇上上书说:"我们看见过去的隐士赵郡李谧是这样的情况:十岁死了父亲,哀号恸哭,使邻居都为之神伤。幼年事奉哥李瑒,极其恭顺友爱。十三岁通晓《孝经》《论语》《毛诗》《尚书》,对于天文历数尤其擅长,在乡间邻里有神童之称。十八岁,到学校正式从师受业,当时的老师就是博士孔璠。从开头浏览,到最后进行归纳总结,探究事物的开端并且往往追本溯源,教他的老师听了他的话没有一个不高兴的。于是他搜集各种经典,广泛地较正它们的异同,依据《春秋》之传的体例,作了《春秋丛林》一书,共十二卷。条分缕析,为我们阐明了很多隐蔽的思想。阻碍不会总是阻碍,有一点不通一定指出。讲得通也不一定永远讲得通,有一点误解也就讲不通了,不随便说话而违背经典原意,不强辞夺理而违背事物常理。文辞气势磊落。读者往往忘记了疲劳。他常说:"大丈夫拥有万卷图书,不必要借助统治者的力量。"于是不再教书,闭门谢客,放弃家产,专门着手书籍整理,亲手删定四千余种而没有重复,并且搜求、排列各家学说和街谈巷议,从隆冬到盛夏,从黎明到半夜,即使仲舒无暇窥园,君伯闭门谢客,高氏遗忘漂洗之物,张生忘记吃饭,他们的行为都不能和李谧相提并论。李谧曾到已故太常卿刘芳那儿请教音义问题,谈话涉及中代兴废的原因。刘芳叹息说:'您如果遇到议高祖,侍中、太常这些官职就不是我的了。'前河南尹、黄门侍郎甄琛身为皇上近臣,朝野都刮目相待,当时亲自接见来求官的人,说:'赵郡人李谧,好学而坚持正义,关心时事,常常想发表政见,但始终没有造次。你们这些人为什么轻易就自我炫耀呢?'对他的儿子说:'过去郑玄、卢植不远千里到扶风去跟随马融研习经籍,现在你的老师也在远方,为什么不到那儿去跟他学习呢? 又对朝中官员说:'我甄琛的行为对于我们所处的时代来说毫不惭愧,但是因为没有推荐李谧,所以有负于朝廷。'又依山建房,临崖盖屋,正要想从事教育教导学生,宣扬经典教义,希望黄河流域的清淳教化重新兴盛,北方纯朴的社会风气不致湮灭。然而这种良好的愿望刚刚听说,他就得了暴病死去了。国家地方满含着悲痛,学士儒生的心里郁结着无限的思念之情。何况我孔璠等人有些同意他的观点主张,有些聆听过他的教诲,我们之间有这种情义,怎么可以保持沉默呢?"事情说完后,皇上下诏书说:"李谧多次谢绝了我的征召,笃志于淡泊自守,清静无为。儒学隐者的情操,实在应该褒奖。可以比方着惠、康、玄晏等人的情况,追封他为贞静处士,并且在他的家乡树立牌坊,以表彰他的高尚情操。"派遣掌管晋见的大臣捧着文书,当即赐给他的家门文德封号,居住的地方叫作孝义里。

郑修,北海郡人。年轻时隐居在岐山南面的山谷中,依山建房,独来独往,淡泊恬然。谢绝外人来访,也不结交世俗凡人,耕田而食,粗茶淡饭,衣冠随便。但特别喜好经籍史书,尤其着意于清谈玄学。前后几任州官征召他,他都不出来。岐州刺史魏兰根多次派人传达命令,郑修不得已,暂时出来见见魏兰根,不久又回到山里去了。魏兰根向皇上上书推荐郑修,肃宗下诏让雍州刺史肖宝夤访问实情后汇报上去,恰好碰上肖宝夤政变,这件事情没有进行。

晁崇传

【题解】

晁崇,字子业,辽东襄平(今辽宁省辽阳市)人。生年未详,约卒于北魏道武帝天兴五年(公元 402 年)。晁崇精通天文术数之学,初作后燕慕容垂的太史郎,后为北魏军俘虏,赦免后跟随太祖拓跋珪平定中原,官拜太史令,后升任中书侍郎。北魏天兴元年(公元398 年),晁崇奉诏开始制造浑天仪,他所造的浑天仪用铁制成,十分精美,星度均错银,下有十字水平,上立四柱,十字之上,以龟负双规。这具浑天仪由六规组成,分内外两重,外重四规恒定,一为地平环(金浑纬规),一为赤道环(天常规),另外两规是子牛环和卯酉环,相交而呈南北两极。内重由两规和窥管组成,可以运转。窥管长八尺,可观测星辰行度。北周武帝宇文邕平灭北齐后,曾获得此仪。随哥皇三年(公元 583 年),国都初竣,这具浑天仪又被移置观象台。至唐代仍在使用。

【原文】

晁崇,字子业,辽东襄平人也。家世史官。崇善天文术数,知名于时。为慕容垂太史郎。从慕容宝败于参合,获崇,后乃赦之。太祖爱其伎术,甚见亲待。从平中原,拜太史令,诏崇造浑仪,历象日月星辰。迁中书侍郎,令如故。天兴五年,月晕,左角蚀将尽,崇奏曰:"占为角虫将死。"时太祖既克姚平于柴壁,以崇言之征,遂命诸军焚车而反。牛果大疫,舆驾所乘巨犗数百头亦同日毙于路侧,自余首尾相继。是岁,天下之牛死者十七八,麋鹿亦多死。

崇弟懿,明辩而才不及崇也。以善北人语内侍左右,为黄门侍郎,兄弟并显。懿好矜容仪,被服僭度,言音类太祖。左右每闻其声,莫不惊竦。太祖知而恶之。后其家奴告崇与懿叛,又与亡臣王次多潜通,招引姚兴,太祖衔之。及兴寇平阳,车驾击破之。太祖以奴言为实,还次晋阳,执崇兄弟并赐死。

【译文】

晁崇,字子业,辽东襄平人。他的祖辈世代出任史官。晁崇擅长天文、历法和占卜等学问,在当时享有盛名。他曾任后燕慕容垂的太史郎。晁崇跟随后燕太子慕容宝征战时,在参合坡为北魏军大败,并被俘获,后来得到赦免。北魏道武帝拓跋珪十分赏识他的才学和技能,宠爱备至。此后,晁崇跟随道武帝平定中原,官拜太史令。道武帝并下诏令他制造浑天仪,且根据日月星辰的运行情况制定历法。在他被升为中书侍郎后,乃就继续从事制造浑天仪和修订历制的工作。北魏天兴五年(公元 402 年)十月,发生了月晕现象,月亮的左角快要被光气完全遮住了,晁崇急忙上奏道:"依星占的说法,这种天象预示着长有犄角的动物将要死亡。"当时,太祖道武帝统领北魏大军已经在柴壁打败了姚平,因为晁崇陈明出现了不祥的天象征兆,于是命令全军焚烧战车,班师回朝。果然,很快就发生了大范围的牛瘟,军中几百头驾车的巨大的被阉割过的牛,在一天之内都死在了路旁，首尾相接，一个挨着一个。这一年，天下十分之七八的牛都死掉了，而且还死了很多麋鹿。

晁崇的弟弟晁懿，聪明善辩，但才智不如晁崇。由于他北方话讲得好，因而在宫廷内以供听使，作了黄门侍郎，兄弟二人的地位都很显赫。晁懿喜欢修饰仪表容貌，威严有余，穿着服饰常超越他的级别，而且讲话的声音非常象太祖。身边的人每当听到他的声音，都吓得浑身发抖。道武帝得知此事后，对他极为厌恶。后来，晁家的家奴告发晁崇与晁懿兄弟二人密谋反叛，并且与亡臣王次多秘密串通，又与姚兴相互勾结，使得武帝对他们日生不满。恰恰到天兴五年的时候，姚兴寇边，攻击平阳，道武帝亲自统兵大破了姚军。太祖拓跋珪这时才觉得，晁家家奴先前对晁崇兄弟二人的告发应该属实，于是回到晋阳后，将晁崇与晁懿一并拘执，赐了死罪。

周澹传

【题解】

周澹（公元？~419年），南北朝北魏医家，京兆鄠（今陕西鄠邑区）人。多才艺，精医术、卜筮、占验等多种技艺，以医术尤为擅长。曾任北魏太医令。其时太宗皇帝得风眩病，周澹为之治愈，被封为成德侯。后京城闹饥荒，朝廷上下商议将首都自洛阳迁至邺城。周澹表示反对，皇帝因周澹与他观点一致而倍加赏赐。子名驴驹，他承袭父亲爵位，也传其医学。

【原文】

周澹，京兆鄠人也。为人多方术，尤善医药，为太医令。太宗尝苦风头眩，澹治得愈。由此见宠，位至特进，赐爵成德侯。神瑞二年，京师饥，朝议将迁都于邺。澹与博士祭酒崔浩进计，论不可之意，太宗大然之，曰："唯此二人，与朕意同也。"诏赐澹、浩妾各一人，御衣一袭，绢五十匹、绵五十斤。泰常四年卒，谥曰恭。

时有河南人阴贞，家世为医，与澹并受封爵。清河李潭亦以善针见知。子驴驹，袭，传术。延兴中，位至散令。

【译文】

周澹，京兆郡鄠县人。他善于医药、卜筮、占验等技艺，尤其擅长医药。官任太医令。太宗皇帝曾经患风眩病异常痛苦，周澹为他治疗才得以痊愈。从此周氏深受器重，官位升至特进，并赐以成德侯爵位。神瑞二年（公元415），京城闹饥荒，朝臣商议将迁都至邺城。周澹与博士祭酒崔浩（字伯渊）向上建议，论述不可迁都之见解。太宗皇帝大为赞同，说："只有这两人与我想法一致。"于是下诏书赏赐周澹和崔浩各一名妾及御衣一套、绢五十匹、绵五十斤。周澹卒于泰常四年（公元419），谥号为恭。

当时河南有位名叫阴贞的人，家中世代都是医生，他和周澹同时被封爵位。清河有位李潭亦以善于针刺而闻名。周澹的儿子名驴驹，他继承周澹的爵位，并传授其父的技

李修传

【题解】

李修,字思祖,今河北省馆陶县人,出生医家。北魏太和年间(公元477~499年)为孝文帝和文明太后侍奉针药,治病多获良效。其时他召集一百多位有识之士在东宫撰写《药方》一百余卷。现已佚失。李修曾预言咸阳公高允脉象欲竭,气息微弱,可能寿命不长。果然高允不久辞世。李修于北魏朝曾任太医令、中散令、给事中。封下蔡子爵。卒后赠威远将军、青州刺史。

【原文】

李修,字思祖,本阳平馆陶人。父亮,少学医术,未能精究。世祖时,奔刘义隆于彭城,又就沙门僧坦研习众方,略尽其术,针灸授药,莫不有病人,停车舆于下,时有死者,则就而棺殡,亲往吊视。其仁厚若此。累迁府参军,督护本郡,士门宿官,咸相交昵,车马金帛,酬赉无赀。修兄元孙随毕众敬赴平城,亦遵父业而不及。以功赐爵义平子,拜奉朝请。

修略与兄同。晚入代京,历位中散令,以功赐爵下蔡子、迁给事中。太和中,常在禁内。高祖、文明太后时有不豫,修侍针药,治多有效。赏赐累加,车服第宅,号为鲜丽。集诸学士及工书者百余人,在东宫撰诸《药方》百余卷,皆行于世。先是成阳公高允虽年且百岁,而气力尚康,高祖、文明太后时令修诊视之。一旦奏言,允脉竭气微,大命无远。未几果亡。迁洛,为前军将军,领大医令。后数年,卒,赠威远将军、青州刺史。

子天授,袭。汶阳令。医术不逮父。

【译文】

李修,字思祖,系阳平馆陶人。父亲名亮,年轻时学习医术,但学问不精深。北魏太武帝时他投奔刘义隆到达彭城。在那里师从沙门僧坦研习医方,此后医术颇有长进。针灸处方,均获得较好疗效。在徐州兖州一带,他常常救治病人,对他人疾苦十分体恤。各地病人甚至跋涉千里,慕名前来求医。李亮以大厅供病人住宿,准备车乘于厅下,如有病人死去,便车载棺柩送葬,并亲自去吊唁。他就是如此仁慈善厚。后来他升任府参军、督护彭城郡。他与当地士族官僚相互交往亲密。别人赠予他的车马金帛不可计量。李修的哥哥名元孙,跟随毕众敬开赴平城。承袭父业,然医术不如其父。他因立功被赐义平子爵位,授官奉朝请。

李修与兄略同,去魏都代郡平城较晚。历任中散令。因有功赐下蔡子爵位。后升至给事中。太和年间,他常在宫内,高祖、文明太后时常有疾病,李修便侍奉针药,治疗多取得良效。因此赏赐不断,车辆、衣物、房屋都十分华丽。他召集一百多位有学识与善于书法的人士于东宫撰各类《药方》一百余卷,皆流传于世。此前,咸阳公高允虽年近百岁,然气力尚康健。高祖、文明太后时常命李修去探望他,进行诊视。有一天,李修向皇帝上奏:高允脉象欲竭,气息微弱,性命不久。果然不久高允辞世。后来孝文帝迁都至洛阳,李修任前军将军,兼任太医令。数年后,李修去世。赠官威远将军、青州刺史。

李修的儿子名天授,继承父亲爵位。任汶阳县令。医术不如其父。

王显传

【题解】

王显(公元? ~515年),南北朝北魏医家。字世荣。阳平乐平(今山东莘县)人。父安道知医。王显自学通医术,颇有聪明才智。曾任本州从事、廷尉少卿、相州刺史。因诊断文昭皇后怀孕,治愈世宗皇帝的虚弱症而受到重用。任侍御师,于宫内侍奉皇帝,料理宫中用药。以营疗之功,封卫南伯。并奉诏撰《药方》三十五卷,颁布天下。世宗皇帝驾崩后,肃宗继位,他兼任执法官职。由于仗势逞威,为大家憎恶,后来朝廷以他侍奉皇帝治病无效为托词,将他拘捕下狱,受伤吐血死去。曾撰《王世荣单方》一卷,已佚。

【原文】

王显,字世荣,阳平乐平人,自言本东海郯人,王朗之后也。祖父延和中南奔,居于鲁郊,又居彭城。伯父安上,刘义隆时板行馆陶县。世祖南讨,安上弃县归命,与父母俱徙平城,便叙阳都子,除广宁太守。显父安道,少与李亮同师,俱学医药,粗究其术,而不及亮也。安上还家乐平,颇参士流。

显少历本州从事,虽以医术自通,而明敏有决断才用。初文昭皇太后之怀世宗也,梦为日所逐,化而为龙而绕后,后寤而惊悸,遂成心疾。文明太后敕召徐謇及显等为后诊脉。謇云是微风入藏,宜进汤加针。显云:"案三部脉非有心疾,将是怀孕生男之象。"果如显言。久之,召补侍御师,尚书仪曹郎,号称干事。世宗自幼有微疾,久未差愈,显摄疗有效,因是稍蒙昵识。

又罢六辅之初,显为领军于烈间通规策,颇有密功。累迁游击将军,拜廷尉少卿,仍在侍御。营进御药,出入禁内。乞临本州,世宗曾许人,积年未授,因是声问传于远近。显每语人,言时旨已决,必为刺史。遂除平北将军,相州刺史。寻诏驰驿还京,复掌药,又遣还州。元愉作逆,显讨之不利。入除太府卿、御史中尉。

显前后历职,所在著称。纠折庶狱,究其奸回,出内惜慎,忧国如家。及领宪台,多所弹劾,百僚肃然。只以中尉属官不悉称职,讽求更换。诏委改选,务尽才能,而显所举或有请属,未皆得人,于是众口喧哗,声望致损。所世宗诏显撰《药方》三十五卷,班布天下,以疗诸疾。东宫既建,以为太子詹事,委任甚厚。世宗每幸东宫,显常迎侍。出入禁中,仍奉医药。赏赐累加,为立馆宇,宠振当时。延昌二年秋,以营疗之功。封卫南伯。

四年正月,世宗夜崩,肃宗践祚。显参奉玺策,随从临哭,微为忧惧。显即蒙任遇,兼为法官,恃势使威,为时所疾。朝宰托以侍疗无效,执之禁中,诏削爵位。临执呼冤,直阁以刀环撞其腋下,伤中吐血,至右卫府一宿死。始显布衣为诸生,有沙门相显后当富贵,诚其勿为吏官，吏官必败。由是世宗时或欲令其遂摄吏部，每殷勤避之。及世宗崩，肃宗夜即位，受玺策，于仪须兼太尉及吏部，仓卒百官不具，以显兼吏部行事矣。

【译文】

王显，字世荣，阳平郡乐平县人，自称原东海郯人，王朗的后代。祖父于延和年间（公元432~434）投奔南朝，在山东曲阜居住，后迁居彭城。伯父名安上，南朝宋文帝时他兼任馆陶县令。北魏世祖讨伐南朝，王安上为保性命诳弃县令职守，与父母一起迁移到平城。以后在朝廷选拔官员时援例铨叙为阳都子爵、授任广宁太守。王显父亲名安道，青年时与李亮同拜一位老师，学习医学，对医术有所研究，然不如李亮高明。王安上返回家乡乐平，常与有地位人士交往。

王显曾任相州从事。虽自学而通医术，且聪明有决断才能。当初文昭皇太后怀世宗皇帝时，做梦被太阳追逐，并化为龙缠绕太后。太后醒来紧张害怕，于是变成心病。文明太后下令召徐謇与王显等人为文昭皇太后诊脉。徐謇认为有轻微风邪侵入脏腑，宜吃汤药并加针刺治疗。王显说："从三部脉候来看，不是有心病，而是怀孕生男孩之征象。"后果然如王显说的那样。很长一段时间过后，王显补任为侍御师、书仪曹郎，人们称道他十分胜任这些职务。世宗自幼即有虚弱病，很久没有治好。王显为他治疗后，教以摄养之法而显出疗效，从此渐渐被重视。

孝文帝迁都洛阳初期，王显为领军于烈私下制定计划，很有一些不被人知的功绩。于是升任游击将军，且授予廷尉少卿，但他仍然为侍御师，料理宫中用药，往来于宫廷内外。以后王显向皇帝请求去相州，世宗曾予以诺言，然多年未予授任，由此关于此事四处均有传闻。王显常对别人说，圣上已经决定，必定是刺史。最终他被任命平北将军、相州刺史。不久皇帝就下诏书让他返回京城，重新掌管宫中药物，以后又派遣回相州。孝文帝第四子元愉谋反，王显对他讨伐不利。后入京任太府卿、御史中尉。

王显前后历任数职，均受到称赞。他判决案件，追究奸邪；掌管财物，出入慎重，精打细算。为国分忧，就像对待自己家里的事情一样。后来他任职御史台，多次弹劾臣官错误，群臣因此十分敬重。后因中尉下属官员不都称职，朝中有人婉言提出要求更换。于是皇帝下诏书委托他改选，以便任人唯贤，但王显所举荐之人中有的系私托人情而来，不十分合适。众人对此议论纷纷，王显的声望由此而受到损害。后来世宗皇帝下诏书命王显撰著《药方》三十五卷。颁布于民间，用于治疗各种疾病。待太子所居东宫建立，授任王显为太子詹事，掌管东宫事务，委任甚为厚重。世宗皇帝每次亲临东宫，王显常常迎送侍候左右。此期间王显仍侍奉医药，进出宫中，不断得到赏赐与升迁机遇。皇上为他建立楼馆，他因受皇帝的宠遇而名振当时。延昌二年（公元513）秋，王显以治病有功被封卫南伯爵。

延昌四年，世宗于一日夜间驾崩，肃宗继位。王显参与侍奉先帝诏书，随从众人一起于先帝灵前哀哭，并有些担心忧虑。因为他承蒙任命，兼任法官，仗势逞威，被大家所憎恶。朝廷以他侍奉皇帝治病无效为托词，将他拘捕于宫中，皇帝并下诏书削去他的爵位。临执行时王显呼喊冤枉，直阁将军用刀环撞击他腋下，伤中吐血，至右卫府一夜即死亡。王显最初没有做官，是太学学生，那时有一僧人为王显看相，预见他日后将富贵，告诫他不要做官，做官必然失败。因此世宗皇帝时有人欲让王显进而兼管吏部，他每每恳切辞避。到世宗皇帝驾崩，肃宗皇帝夜里继位，接受先帝诏书，在举行仪式时需要太尉与吏部官员，仓促之间官员尚未备齐，故以王显兼任吏部处理事务。

崔彧传

【题解】

崔彧，字文若，南北朝时期北魏医家。清河东武城（今属山东）人。崔彧青年时期于青州师从一位出家和尚学习医学，精研《素问》《灵枢》《甲乙经》等中医古典医籍，于是掌握了医疗技术，尤其善于用针刺法治病。中山王英的儿子患病，王显等诸多名医治疗都未奏效，崔彧施针法，针起病除。崔彧为人性善宽厚，除热心治病外尚招收许多门徒，传授医学知识，并教导他们治病人当尽心而为。弟子赵约、郝文法都是当时颇有名望的医生。崔彧一生历任冀州别驾、宁远将军等职。子景哲，亦以医术显。

【原文】

崔彧，字文若，清河东武城人。父勋之。字宁国。位大司马外兵郎。赠通直郎。彧与兄相如俱自南入国。相如以才学知名，早卒。彧少尝诣青州，逢隐逸沙门，教以《素问》《九卷》及《甲乙》，遂善医术。中山王英子略曾病，王显等不能疗，彧针之，抽针即愈。后位冀州别驾，累迁宁远将军。性仁恕，见疾苦，好与治之。广教门生，令多救疗。其弟子清河赵约、渤海郝文法之徒咸亦有名。

彧子景哲，豪率，亦以医术知名。为太中大夫、司徒长史。

【译文】

崔彧，字文若，清河东武城人。父名勋之，字宁国。官为大司马外兵郎。死后追赠通直郎。崔彧与他的哥哥相如一起自南朝入魏。相如因才学出众而闻名，但很早就去世。崔彧青年时曾去过青州，在那里遇见出家和尚，教他学习《素问》《九卷》《甲乙经》等医籍，于是擅长医术。中山王英的儿子略曾经患病，王显等名医也没能治好他的病，崔彧采用针刺疗法，起针后病即痊愈。他初任冀州别驾，后升至宁远将军。崔彧性情仁善宽容。遇见别人被疾病困扰，即热心给予治疗。崔彧还广收门生，传教医术，告诫他们要尽力救治病人。他的弟子如清河赵约、渤海郝文法等都有医名。

彧的儿子名景哲，性格豪爽、直率，也以擅长医术著称。官为太中大夫、司徒长史。

列女传

【题解】

《魏书·列女传》记载的妇女故事，明察有见识、具有文采辩才的内容占了不少篇幅。

姚氏妻子杨氏的淡泊自守最后保全自身，苟金龙的妻子危难之际从容不迫智救围城，即使是在今天看来也是富有启发意义的。

【原文】

夫妇人之事，存于织纴组紃、酒浆醢醢而已。至如嬎训轩宫，娥成舜业，涂山三母，克昌二邦，殆非匹妇之谓也。若乃明识列操，文辩兼该，声自闺庭，号显列国，子政集之于前，元凯编之于后，随时缀录，代不乏人。今书魏世可知者为《列女传》。

钜鹿魏溥妻，常山房氏女也。父堪，慕容垂贵乡太守。房氏婉顺高明，幼有烈操。年十六而溥遇病且卒，顾谓之曰："人生如白驹过隙，死不足恨，但夙心往志，不闻于没世矣。良痛母老家贫，供奉无寄；赤子矇眇，血祀孤危。所以抱怨于黄墟耳。"房垂泣而对曰："幸承先人馀训，出事君子，义在自毕。有志不从，命也。夫人在堂，稚子襁褓，顾当以身少，相感长往之恨。"俄而溥卒。及大敛，房氏操刀割左耳，投之棺中，仍曰："鬼神有知，相期泉壤。"流血滂然，助丧者咸皆哀惧。姑刘氏辍哭而谓曰："新妇何至于此！"房对曰："新妇少年不幸，实虑父母未量至情，觊持此自誓耳。"闻知者莫不感怆。于时子缉生未十旬，鞠育于后房之内，未曾出门。遂终身不听丝竹，不预座席。缉年十二，房父母仍存，于是归宁。父兄尚有异议，缉窃闻之，以启母。房命驾给云他行，因而遂归，其家弗知之也。行数十里方觉，史弟来追，房哀叹而不反。其执意如此。训导一子，有母仪法度。缉所交游有名胜者，则身具酒饭；有不及己者，辄屏卧不餐，须其悔谢乃食。善诱严训，类皆如是。年六十五而终。缉事在《序传》。缉子悦为济阴太守，吏民立碑颂德。金紫光禄大夫高闾为其文，序云："祖母房年在弱笄，艰贞守志，秉恭妻之操，著自毁之诚。"又颂曰："爱及处士，遘疾夙凋。伉俪秉志，识茂行高。残形显操，誓敦久要。诞兹令胤，幽感乃昭。"溥未仕而卒，故云处士焉。

清河房爱亲妻崔氏者，同郡崔元孙之女。性严明高尚，历览书传，多所闻知。子景伯、景先，崔氏亲授经义，学行修明，并为当世名士。景伯为清河太守，每有疑狱，常先请焉。贝丘民列子不孝，吏欲案之。景伯为之悲伤，入白其母。母曰："吾闻闻不如见，山民未见礼教，何足责哉？但呼其母来，吾与之同居。其子置汝左右，令其见汝事吾，或应自改。"景伯遂召其母，崔氏处之于榻，与之共食。景伯之温情，其子侍立堂下。未及旬日，悔过求还。崔氏曰："此虽颜惭，未知心愧，且可置之。"凡经二十馀日，其子叩头流血，其母涕泣乞还，然后听之，终以孝闻。其识度厉物如此，竟以寿终。

泾州贞女兕先氏，许嫁彭老生为妻，聘币既毕，未及成礼。兕先率行贞淑，居贫常自春汲，以养父母。老生辄往逼之，女曰："与君礼命虽毕，二门多故，未及相见。何由不禀父母，擅见陵辱！若苟行非礼，正可身死耳。"遂不肯从。老生怒而刺杀之，取其衣服，女尚能言，临死谓老生曰："生身何罪，与君相遇。我所以执节自固者，宁更有所邀？正欲奉给君耳。今反为君所杀，若魂灵有知，自当相报。"言终而绝。老生持女珠璎至其叔宅，以告叔，叔曰："此是汝妇，奈何杀之，天不佑汝！"遂执送官。太和七年，有司劾以死罪。诏曰："老生不仁，侵陵贞淑，原其强暴，便可戮之。而女守礼履节，没身不改，虽处草莱，行合古迹，宜赐美名，以显风操。其标墓旌善，号曰'贞女'。"

姚氏妇杨氏者，阉人苻承祖姨也。家贫无产业，及承祖为文明太后所宠贵，亲姻皆求利润，唯杨独不欲。常谓其姊曰："姊虽有一时之荣，不若妹有无忧之乐。"姊每遗其衣服，多不受，强与之，则云："我夫家世贫，好衣美服，则使人不安。"与之奴婢，则云："我家无食，不能供给。"终不肯受。常著破衣，自执劳事。时受其衣服，多不著，密埋之，设有著者，污之而后服。承祖每见其寒悴，深恨其母，谓不供给之。乃启其母曰："今承祖一身何所乏少，而使姨如是？"母具以语之。承祖乃遣人乘车往迎之，则厉志不起，遣人强异于车上，则大哭，言："尔欲杀我也！"由是符家内外皆号为痴姨。及承祖败，有司执其二姨至殿庭。一姨致法，以姚氏妇衣裳弊陋，特免其罪。其识机虽吕姨亦不过也。

任城国太妃孟氏，钜鹿人、尚书令、任城王澄之母。澄为扬州之日，率众出讨。于后贼帅姜庆真阴结逆党，袭陷罗城。长史韦缵仓卒失图，计无所出。孟乃勒兵登陴，先守要便。激厉文武，安慰新旧，劝以赏罚，喻之逆顺，于是咸有奋志。亲自巡守，不避矢石。贼不能克，卒以全城。澄以状表闻，属世宗崩，事寝。灵太后后令曰："鸿功盛美，实宜垂之永年。"乃敕有司树碑旌美。

苟金龙妻刘氏，平原人也。廷尉少卿刘叔宗之姊。世宗时，金龙为梓潼太守，郡带关城戍主。萧衍遣众攻围，值金龙疾病，不堪部分，众甚危惧。刘遂率厉城民，修理战具，一夜悉成。拒战百有馀日，兵士死伤过半，戍副高景阴图叛逆。刘斩之，及其党与数十人。自馀将士，分衣减食，劳逸必同，莫不畏而怀之。井在外城，寻为贼陷，城中绝水，渴死者多。刘乃集诸长幼，喻以忠节。遂相率告诉于天，俱时号叫，俄而澍雨。刘命出公私布绢及至衣服。悬之城中，绞而取水，所有杂器悉储之。于是人心益固。会益州刺史傅竖眼将至，贼乃退散。竖眼叹异，具状奏闻，世宗嘉之。正光中，赏平昌县开国子，邑二百户，授子庆珍，又得二子出身。庆珍卒，子纯陀袭。齐受禅，爵例降。

庆珍弟乎，武定末，仪同开府司马。

贞孝女宗者，赵郡柏仁人，赵郡太守李叔胤之女，范阳卢元礼之妻。性至孝，闻于州里。父卒，号恸几绝者数四，赖母崔氏慰勉之，得全。三年之中，形骸销瘠，非人扶不起。及归夫氏，与母分隔，便饮食日损，涕泣不绝，日就赢笃。卢氏合家慰喻，不解，乃遣归宁。还家乃复故，如此者八九焉。后元礼卒，李追亡抚存，礼无违者，事姑以孝谨著。母崔，以神龟元年终于洛阳，凶问初到，举声恸绝，一宿乃苏，水浆不入口者六日。其姑虑其不济，亲送奔丧。而气力危殆，自范阳向洛，八旬方达，攀榇号踊，遂卒。有司以状闻。诏曰："孔子称毁不灭性，盖为其废养绝类也。李既非嫡子，而孝不胜哀，虽乖俯就，而志厉义远，若不加旌异，则无以劝引浇浮。可追号曰'贞孝女宗'，易其里为孝德里，标李卢二门，以惇风俗。"

河东姚氏女字女胜，少丧父，无兄弟，母怜而守养。年六七岁，便有孝性，人言其父者，闻辄垂泣。邻伍异之。正光中，母死，女胜年十五，哭泣不绝声，水浆不入口者数日，不胜哀，遂死。太守崔游申请为营墓立碑，自为制文，表其门闾，比之曹娥，改其里曰上虞。墓在郡城东六里大道北，至今名为孝女冢。

荥阳刁思遵妻，鲁氏女也。始笄，为思遵所聘，未逾月而思遵亡。其家矜其少寡，许嫁已定，鲁闻之，以死自誓。父母不达其志。遂经郡诉，称刁氏吝护寡女，不使归宁。鲁乃与老姑徒步诣司徒府，自告情状。普泰初，有司闻奏，废帝诏曰："贞夫节妇，古今同尚，可令本司依式标榜。"

【译文】

大凡女人的事迹，不过存在于编织缝补、酒浆腌菜方面罢。至于象嫫母在黄帝宫教导众人，娥皇成就了舜的事业，涂山三母能够使两个国家昌盛，已经不是通常所说的匹妇了。如果说那些明察见识各种操守，兼有文采言谈的辩才，声誉从闺阁庭院里传出来，美名在各国间很显著的，前有子政收集她们的事迹，后有元凯编次他们的行为故事，随时补缀书录，每个时代都不乏其人。现在把魏代所知道这方面事情写成《列女传》。

巨鹿人魏溥的妻子是常山房氏的女儿。她父亲房堪，是慕容垂政府的贵乡太守。房氏温婉和顺高尚明白，从小便有光明的操守。十六岁时魏溥生病要死了，看着他说："人生好象白驹过隙，死没有什么遗憾的，只是向来的心愿志向，死后就无人知道了。非常悲痛母亲年老家里贫穷，没有供奉赡养的保证；小儿子还幼小不懂事，血脉继承孤弱危险。这些都是我到黄泉都要带着怨愁的。"房氏流着泪回答说："我有幸接受了长辈的教导，出来事奉您，道义在于自己完成。志向不能实现，这是命运。夫人还健在，小儿子还在襁褓中，我自己还年轻，只有怀念我们难以再在一起的遗憾。"不久魏溥死了。收殓的时候，房氏举着刀子割掉了左边的耳朵，投放在棺材中，还说："鬼神如果能知道，就在黄泉之中相见。"她血流如注，帮助治丧的人都很同情害怕。婆婆刘氏止住哭泣对她说："媳妇何必这样！"房氏回答说："媳妇年轻就有不幸，实在是因为担忧父母不体谅我的深挚感情（让她改嫁），找机会用这个举动表明我的志愿啊！"听说这话的人，没有不为之感慨悲怆的。当时儿子魏缉出世还不到一百天，在后房里边抚养教育他，没有出过门。从此终身不听音乐声，不参加座席聚会。魏缉十二岁时，房氏的父母还活着，于是一块去看望他们。父亲兄长还有想法（对她不改嫁），魏缉偷听到他们的话，把它告诉母亲。房氏命令准备驾车要去别处，于是就回去了，她家的人都不知道她这样做了。她走了几十里路才被发觉，兄长与弟弟来追赶，房氏哀叹而不回头。她是这样的执意不变。她教育引导一个儿子，合乎做母亲的礼仪法度。魏缉交游的朋友，有比他强的，她就亲自准备酒饭；有不如他的，就关着门躺在床上不吃饭，一定要等到他后悔谢罪才吃饭。她善于诱导严格督促，大抵都是这样。她六十五岁时死去。魏缉的事迹记载在《序传》中。魏缉的儿子魏悦做济阴太守，官吏百姓立碑歌颂他的美德。金紫光禄大夫高闾写的文章，序是这样写的："他的祖母刚刚成年的时候，艰难中坚定地守志不改嫁，秉承了恭妻的节操，把自己毁伤的诚意告诉大家。"又赞扬说："处士魏溥，遇病去世。他们夫妻保持自己的志向，见识深远品行高尚。伤残形体显扬操守，发誓督促能长久重要的事情。生了这样出色的后代，她在天之灵也昭明于世。"魏溥没有做官就死了，因此说处士。

清河人房爱亲的妻子崔氏，是同郡人崔元孙的女儿。禀性严明品德高尚，读了很多书籍传记，见闻学识很渊博。儿子景伯、景先，崔氏都亲自传授经籍义理，学业品行美好通达，都成为当代的名士。景伯任清河太守，每当有疑难案件，常常先请教她。贝丘一百姓几个儿子都不孝，官吏想把他们立案抓捕。景伯为他们感到悲伤，进去跟他母亲说。他母亲说："我听说听来的不如见到的，山里人没见过礼仪教育，有什么好责怪的呢？只要把他们的母亲叫来，我跟她住在一起。把她的儿子放在你的身边，让他们看见你是怎样对待我的，或许能够自己改错。"景伯就叫了他们的母亲来，崔氏把她安排在床上睡，跟她一起吃饭。景伯侍奉母亲无微不至，那些儿子侍立在堂下。不到十日，都悔改了，请求回去。崔氏说："这时虽然脸上表示惭愧，不知道心里惭愧，还应该继续留他们在这里。"前后经过了二十多天，她的儿子们叩头都叩出血来了，他们的母亲哭着请求回家，然后同意了他们，最后以孝顺出了名。她的见识气度勉励事物做到这样，后来寿尽而终。

泾州贞女兒先氏，许配给彭老生做妻子，聘礼完成后，还没有成婚。兒先氏行为仪表都很坚定美好，生活困难时经常亲手舂米打水，来奉养父母。老生常常去强迫她，女子说："与你聘礼虽然下定了，但两家变故多，没来得及成婚在一起。什么原因不禀告父母，自作主张遭受凌辱！如果潦草行事不讲礼仪，还不如死了。"就不肯听从。老生发怒而刺杀了她，脱了她的衣服。女子还能说话，临死时对老生说："生了我有什么罪，跟你相遇。我之所以坚持节操保护自己，难道是另有所图吗？还不是为了奉送给你。现在反而被你杀掉，如果灵魂能有知觉自然要报复的。"说完就死了。老生拿了女子装饰用的珠玉来到他叔叔家里，把事情告诉他叔叔。叔叔说："他是你老婆，怎么杀了她，天下不会保佑你的！"就把他扭送官府。太和七年，有关官吏奏请用死罪处罚。朝廷下诏令说："老生不仁，侵犯凌辱坚贞美好的女子，推究他强暴的罪过，就应该杀他。而女子谨守礼仪履行节操，到死不变，虽然已经身处野草之下，但行为合乎古代的事迹，应该赏赐美名，以宣扬她的道德操守。标志墓碑表扬美德给了'贞女'的称号。"

姚氏的妻子杨氏，是太监苻承祖的姨。家里穷没有产业。等到承祖被文明太后所宠爱尊贵，亲戚姻家都向他乞求好处，只有杨氏一人不想。她常对她姐姐说："姐姐虽然有一时的荣华富贵，不如妹妹有不用担忧的快乐。"姐姐送给她衣服，就说："我丈夫家时贫穷，好衣裳使人感到不安。"送给她奴婢，就说："我家没有吃的，供养不起。"终于不肯接受。经常穿着破旧衣裳，亲自从事劳动。不时地送给她衣服，大多不穿，偷偷地埋起来，即使有时也穿，总是弄脏后再穿。承祖每次看见她寒酸的样子，都非常恨她的母亲，以为她不供给她。就对她母亲说："现在承祖自己还缺少什么，而让姨这样？"母亲把事实都告诉她。承祖就派人乘着车去迎接她，她却坚决不来，派人把她强抬到车上，就大哭，说："你想杀掉我！"于是苻家内外都说她是傻姨。到承祖败落时，有关官吏把她的两个姨抓到殿庭。一个姨依法判处了，因为姚氏衣裳破旧丑陋，特别免了她的罪。她的见识机敏即使是吕姨也超不过她去。

任城国的太妃孟氏，钜鹿人，尚书令、任城王澄的母亲。澄在扬州任职时，率领军队出去讨伐贼寇。后来贼人元帅姜庆真暗中勾结反叛的人，攻下了罗城。长史韦缵慌忙中没有办法，无人给她出谋划策，孟氏就手拿兵器登上城头矮墙，先守住要道便道。鼓励文武官员，安慰新旧人士，用赏罚道理勉励他们，用叛逆和忠顺的道理晓喻他们，于是大家都有奋勇的斗志。她亲自巡逻守卫，不躲避箭矢飞石。贼人攻不下，最后保全了城市。澄上奏章报告了这事，逢上世宗驾崩，这奏章被扣压了。灵太后后来下令说："大功盛大美好，实在应该让它流传千古。"于是下令有关官员为她树碑以表扬她的好处。

苟金龙的妻子刘氏，平原人。是廷尉少卿刘叔宗的姐姐。世宗在位时，金龙任梓潼太守，郡带关城为守城主将。萧衍派遣军队包围进攻，正在这时金龙生病，管理不了下属，众人非常担忧害怕。刘氏于是率领激励城里居民，修理战斗用具，一夜之间都准备好了。抗拒战打了一百多天，士兵死伤超过了半数。守城副将高景暗地里图谋叛变，刘氏杀了他，包括他的同谋共数十人。残留的将士，分配衣服减少粮食，劳逸安排一定相同，没有人不害怕而佩服她的。水井在外城，不久破贼人占领，城中绝水，渴死的人很多。刘氏集中了许多老少人员，向他们说明忠诚气节的道理，就相继向天祷告，同时呼叫，一会儿就下起大雨。刘氏命令拿出公家和私人的各种布匹以及衣服，挂在城中，绞了取水，所有各种容器都用来储水。于是人心更加稳定。正好益州刺史傅竖眼领兵赶到，贼众才退去。竖眼赞叹惊异，写成疏状上奏，世宗嘉奖了她。正光年中，赏赐平昌县开国子，食邑二百户，给了她儿子庆珍，又让两个儿子做官。庆珍死后，她儿子纯陀承袭了爵位。齐接受禅让后，爵位按例降低。

庆珍的弟弟孚，武定末年，官任仪同开府司马。

所谓贞孝女宗，赵郡柏仁人，赵郡太守李叔胤的女儿，范阳人卢元礼的妻子。天性极其孝顺，闻名州里。父亲死时，好几次哭喊悲痛差点死去，幸亏母亲崔氏安慰劝勉她，才活了下来。三年之内，变得骨瘦如柴，没有人扶持就站不起来。等到回了丈夫家里，跟母亲分开了，于是饮食量一天比一天少，哭泣个不停，一天天赢弱病重。卢氏全家人都劝慰，没有效果，就把她送回娘家。回到丈夫家时还是那样，这样重复了八九次。后来元礼死了，李氏追念死者抚养活着的，礼仪上没有违背的，侍候婆婆是出名的孝顺恭谨。母亲崔氏，神龟元年在洛阳寿终，死讯刚刚到时，大声痛哭得死去活来，一宿后才苏醒过来，六日内滴水不进。她婆婆担心她不行了，亲自陪送她去奔丧。因为身体过度虚弱，从范阳到洛阳，八十天才到达，手抓着棺材喊叫跳跃，就这样死去。有关官吏上奏朝廷。朝廷下令说："孔子说毁坏身体不应该灭了本性，大概是因为那会停止奉养断绝种类吧。李氏既然不是正妻所生孩子，而孝道又经受不住悲哀，虽然轻重有错，但志向激烈道义深远，如果不加以表扬，就没有办法劝勉引导浇薄的风气。可以追封为'贞孝女宗'，把她的里巷改名为孝德里，给李、卢两家挂匾，借以使风俗淳朴。"

河东人姚氏女子字女胜，从小死了父亲，没有兄弟，母亲因为怜爱她就守寡抚养。六七岁时，就有了孝敬父母的思想，有人说到她父亲，听见就流泪。邻居们都感到奇怪。正光年中，母亲去世，女胜十五岁，哭泣的声音没有间断过，好几天水米不进，不胜悲哀，就死掉了。太守崔游申请求替她造坟墓树碑，亲自撰写文字，旌表她的门庭，把她比作曹娥，把她所在的里巷改名为上虞里。坟墓在郡城东边六里处的大道北边，到今天仍叫孝女冢。

荥阳人刁思遵的妻子，鲁氏女子。刚成年时，被思遵聘为媳妇，没满一月思遵就死了。她家里可怜她少年守寡，许配的人家都已经定下来了，鲁氏听到这消息后，用死来发誓。父母不同意她的想法，于是到郡里诉讼，说刁家同情爱护守寡的女子，不让她回家。鲁氏就跟年老的婆婆徒步到司徒府，自己申述情状。普泰初年，有关官吏上奏朝廷，废帝下令说："坚贞的丈夫，有节操的妇女，古令风尚相同，可以让本司按例标榜表扬。"

刘腾传

【题解】

刘腾，字青龙，北魏平原人，迁居南兖州谯郡。幼年因事受刑，成为宦官，通过向孝文帝告发幽后的隐私、选召民女、护卫太子等事，得居高官，备受宠信。后因清河王元怿没有任用他的弟弟，遂与元叉勾结，害死元怿，囚禁灵太后，专擅朝政达四年之久。其间大肆受贿，垄断舟车山泽之利，剥削六镇，欺压百姓，役使并勒索宫女，为天下痛恨。

【原文】

刘腾,字青龙,本平原城民,徙属南兖州之谯郡。幼时坐事受刑,补小黄门,转中黄门。高祖之在悬瓠,腾使诣行所。高祖问其中事,腾具言幽后私隐,与陈留公主告符协,由是进冗从仆射,仍中黄门。

后与茹皓使徐、兖,采召民女,及还,迁中给事,稍迁中尹、中常侍,特加龙骧将军。后为大长秋卿、金紫光禄大夫、太府卿。

肃宗践极之始,以腾预在宫卫,封开国子,食邑三百户。是年,灵太后临朝,以与于忠保护之勋,除崇训太仆,加中侍中,改封长乐县开国公,食邑一千五百户。拜其妻时为钜鹿郡君,每引入内,赏赉亚于诸主外戚。所养二子,为郡守、尚书郎。腾曾疾笃,灵太后虑或不救,迁卫将军、仪同三司,余官仍旧,后疾瘳。腾之拜命,肃宗当为临轩,会其日大风,寒甚而罢,乃遣使持节授之。腾动充宫役,手不解书,裁知署名而已。奸谋有余,善射人意。灵太后临朝,特蒙进宠,多所干托,内外碎密,栖栖不倦。洛北永桥,太上公、太上君及城东三寺,皆主修营。

吏部尝望腾意,奏其弟为郡带戍,人资乖越,清河王怿抑而不与。腾以为恨,遂与领军元叉害怿。废灵太后于宣光殿,宫门昼夜长闭,内外断绝。腾自执管钥,肃宗亦不得见,裁听传食而已。太后服膳俱废,不免饥寒。又使中常侍贾粲假言侍肃宗书,密令防察。又以腾为司空公,表里擅权,共相树置。又为外御,腾为内防,迭直禁闼,共裁刑赏。腾遂与崔光同受诏乘步挽出入殿门。四年之中,生杀之威,决于叉、腾之手,八座、九卿旦造腾宅,参其颜色,然后方赴省府,亦有历日不能见者。公私属请,唯在财货;舟车之利,水陆无遗;山泽之饶,所在固护;剥削六镇,交通互市。岁入利息以巨万计。又颇役嫔御,时有征求;妇女器物,公然受纳;逼夺邻居,广开室宇,天下咸患苦之。

正光四年三月,薨于位,年六十。赠帛七百匹、钱四十万、蜡二百斤。鸿胪少卿护丧事,中官为义息,衰绖者四十余人。

腾之初治宅也,奉车都尉周特为之筮,不吉,深谏止之,腾怒而不用。特告人曰:"必困于三月、四月之交。"至是果死,厅事甫成,陈尸其下。追赠使持节、骠骑大将军、太尉公、冀州刺史。腾之葬日,阉官为义服,杖绖衰缟者以百数,朝贵皆从,轩盖填塞,相属郊野。魏初以来,权阉存亡之盛莫及焉。

灵太后反政,追压爵位,发其冢,散露骸骨,没入财产,后腾所养一子叛入萧衍,太后大怒,因徙腾余养于北裔,导遣密使追杀之于汲郡。

【译文】

刘腾,字青龙,原来是平原城的百姓,迁居到归南兖州统辖的谯郡。刘腾幼年因事犯法,受了腐刑,补授小黄门,改任中黄门。高祖驻兵悬瓠城时,刘腾派人前往行在。高祖问此来何事,刘腾把幽后的隐私合盘讲出,与陈留公主告发的相符。由此,刘腾晋升为冗从仆射,仍然担任中黄门。

后来,刘腾与茹皓出使徐州、兖州,去选召民女。及至返回后,刘腾升任中给事,逐渐升为中尹、中常侍,破例加授龙骧将军,后来担任大长秋、金紫光禄大夫、太府卿。

肃宗刚刚登位时,因刘腾也在护卫东宫之列,便封他为开国子,食邑三百户。本年,灵太后临朝主持朝政,因刘腾与于忠有保护肃宗的功勋,任命他为崇训太仆,加授中侍中,改封为长乐县开国公,食邑一千五百户,封他的妻子为钜鹿郡君,经常让人领她到内宫来,她领受的赏赐仅仅少于各位公主和外戚。刘腾收养的两个儿子,一个担任郡守,一个当了尚书郎。有一次,刘腾病重,灵太后担心他也许没救了,就提升他为卫将军、仪同三司,其余官职仍旧,不过,刘腾的病后来好了。刘腾受命任官时,肃宗应该亲自到殿前来,适逢那天刮起大风,非常寒冷,才没有去,而是派使者手持符节,向他授官。刘腾从小在宫中当差,不会写字,只会签名,但是奸狡的智谋绰绰有余,善于猜测别人的用意。灵太后临朝主政,刘腾格外受宠,得到进用。他频频请托,对于朝廷内外琐碎的事情,栖栖惶惶,不知疲倦。洛阳北面的永桥、太上公和太上君以及城东的三座寺庙,都由他主持营建。

吏部曾经察看刘腾的用意,奏用他的弟弟为郡中统领戍兵,由于其人资质并不相称,清河王元怿压下此事,不肯授官。刘腾为此怀恨在心,随即与领军元叉害死元怿。他们将灵太后废黜在宣光殿里,宫门日夜经常紧闭,与外界断了联系。刘腾亲自拿着钥匙,肃宗也不能与灵太后见面,只是任随他送些食物而已。灵太后的服装和膳食都无人料理,不免挨饿受冻。刘腾又指使中常侍贾粲佯称侍候肃宗读书,实则密令贾粲察看并提防肃宗的行动。元叉让刘腾担任司空公,专擅朝廷内外大权,互相支持。元叉防范外朝,刘腾戒备内宫,两个人轮流在宫中值班,共同裁定赏罚。随后,刘腾与崔光一起接受诏命,可以坐由人拉的车子出入殿门。四年里,生杀大权都掌握在元叉和刘腾手里,八座、九卿每天先前往刘腾的家中参拜问候,然后才到各省各府办公,也有一整天见不到刘腾的。公家和私人拜托他们办事,只看钱财;水陆舟车之利,霸占无遗;山林湖泽间的物产,处处垄断;搜括六镇军民的财物,勾结互利,每年收入的利息以万万计。同时,他们对宫女颇加役使,时常进行勒索,公然接受妇女使用的器物,还强占邻居的房舍,拓广自己的屋宇,天下人都恨透了他们。

正光四年三月,刘腾死在任上,当时六十岁。办理丧事用了丝制七百匹、钱四十万、蜡二百斤。鸿胪少卿为他治理丧事,宦官充当义子,有四十多人为他服丧。

刘腾刚建住宅时,奉车都尉周特为他用蓍草占卜,结果不吉,便极力劝阻。刘腾发怒,不肯听信。周特告诉别人说:"准在三月、四月之交垮台。"到这时,刘腾果然死去,堂屋刚刚建成,就陈尸其中。朝廷追赠刘腾为使持节、骠骑大将军、太尉公、冀州刺史。在刘腾入葬的那天,宦官为他服义孝,有数百人披麻戴孝,朝廷权贵一律跟随前往,车辆拥挤,前后相连,直到郊外。北魏建国以来,掌权宦官存亡的盛况都比不上刘腾。

灵太后重新执政后,削去刘腾的爵位,掘开他的坟墓,拆散并暴露尸骨,没收财产充公。后来,刘腾收养的一个儿子叛降到萧衍一方,灵太后大怒,于是将刘腾其余的养子迁徙到北部边远地区,不久又派密使在汲郡追上他们,杀戮一光。

贾粲传

【题解】

贾粲,字季宣,酒泉人。太和年间因事犯法,当了宦官,世宗末年渐得提升。与元叉、刘腾结为党羽,胁迫肃宗,囚禁灵太后,权倾京城。灵太后再度主政后,在外放贾粲的途中,派人将他杀死。

【原文】

贾粲,字季宣,酒泉人也。太和中,坐事腐刑。颇涉书记,世宗末渐被知识,得充内侍,自崇训丞为长兼中给事中、中尝药典御,转长兼中常侍,迁光禄少卿,光禄大夫。

灵太后之废,粲与元叉、刘腾等伺帝动静。右卫奚康生之谋杀叉也,灵太后、肃宗同升于宣光殿,左右侍臣俱立西阶下。康生既被囚执,粲给太后曰:"侍官怀恐不安,陛下宜亲安慰。"太后信之。适下殿,粲便扶肃宗于东序,前御显阳,还闭太后于宣光殿。

粲既叉党,威福亦震于京邑。自云本出武威,魏太尉文和之后,遂移家属焉。时武威太守韦景承粲意,以其史绪为功曹,绪时年向七十。未几,又以绪为西平太守,比景代下,已转武威太守。

灵太后反政,欲诛粲,以叉、腾党与不一,恐惊动内外,乃止。出粲为济州刺史,未几,遣武卫将军刁宣驰驿杀之,资财没于县官。

【译文】

贾粲,字季宣,酒泉人。太和年间因事犯法,遭受腐刑。贾粲认识一些字,世宗末年逐渐被发现,受到赏识,得以担任内侍宦官,由崇训丞当了长兼中给事中、中尝药典御,改任长兼中常侍,升任光禄少卿、光禄大夫。

灵太后遭到废黜,贾粲与元叉、刘腾等人窥伺肃宗的动静。右卫奚康生谋杀元叉时,灵太后和肃宗一起登上宣光殿,左右侍臣都站在西阶下。奚康生被捕囚禁后,贾粲哄骗灵太后说:"侍从官员惶恐不安,陛下应该亲自加以安慰。"灵太后信以为真,刚走下大殿,贾粲就把肃宗扶到东厢房里,在显阳殿前抵御,又返回来把灵太后关在宣光殿里。

贾粲既然是元叉的党羽,其权势也震撼京城。贾粲说自己原籍武威,是曹魏太尉贾翊的后代,随即把家搬到酒泉。当时,武威太守韦景秉承贾粲的意旨,让他的哥哥贾绪担任功曹,贾绪那时将近七十岁。不久,韦景又让贾绪担任西平太守。及至韦景调离时,贾绪已经改任武威太守了。

灵太后重新主政,想杀贾粲,由于元叉、刘腾的党羽并不相同,恐怕使朝廷内外受到惊动,便没下手。灵太后外放贾粲为济州刺史,不久又派武卫将军刁宣火速骑离驿马赶去将他杀死,由县官没收他的资财。

王温传

【题解】

王温，字桃汤，赵郡栾城人。因父亲犯罪被杀而被收没为宦官，孝文帝、宣武帝朝稍得进用。参与扶立孝明帝有功，但冢宰元雍担心宦官结成朋党，外放他为钜鹿太守。不久灵太后临朝主政，遂累加升迁。

【原文】

王温。字桃汤，赵郡栾城人。父冀，高邑令，坐事被诛。温与兄继叔俱充宦者。高祖以其谨慎，补中谒者、小黄门，转中黄门、钩盾令，稍迁中尝食典御、中给事中，给事东宫，加左中郎将。

世宗之崩，群官迎肃宗于东宫。温于卧中起肃宗，与保母扶抱肃宗，入践帝位。高阳王雍既居冢宰，虑中人朋党，出为钜鹿太守，加龙骧将军。

灵太后临朝，征还为中常侍、光禄大夫，赐爵栾城伯，安南将军领崇训太仆少卿，特除使持节、散骑常侍，抚军将军、瀛洲刺史。还，除中侍中，进号镇东将军、金紫光禄大夫，迁车骑将军，左光禄大夫、光禄勋卿，侍中如故。孝昌二年，封栾城县开国侯，邑六百户。温后自陈本阳平武阳人，于是改封武阳县开国侯，邑如故。

建义初，于河阴遇害，年六十六。永安初，赠骠骑大将军、仪同三司、雍州刺史。养子囧哲，袭、齐受禅，例降。

【译文】

王温，字桃汤，赵郡栾城人。父亲王冀担任高邑县令，因事犯罪被杀，王温与哥哥王继叔都当了宦官。高祖因王温谨慎，补授中谒者、小黄门，改任中黄门、钩盾令，逐渐升任中尝食典御、中给事中，供职东宫，加任左中郎将。

世宗去世时，百官到东宫去迎接肃宗。王温从卧室中叫起肃宗，与保姆一个抱着肃宗，一个扶着肃宗，进宫登上帝位。高阳王元雍担任冢宰后，担心宦官结党营私，将王温外放为钜鹿太守，加授龙骧将军。

灵太后临朝主政，征召王温回朝担任中常侍、光禄大夫，赐爵栾城伯，领崇训太仆少卿，破格任命他为使持节、散骑常侍、抚军将军、瀛洲刺史。由瀛洲回朝后，任命他为中侍中，进升封号为镇东将军、金紫光禄大夫，升任车骑将军、左光禄大夫、光禄勋卿，仍然担任侍中。孝昌二年，王温被封为栾城县开国侯，食邑六百户。后来，王温说自己原来是阳平武阳人，于是朝廷改封他为武阳县开国侯，食邑仍旧。

建义初年，王温在河阴遇害，当时六十六岁。永安初年，朝廷追赠他为骠骑大将军、仪同三司、雍州刺史。养子王囧哲承袭爵位，北齐接受帝位禅让，照例降顺北齐。

释老志

【题解】

《魏书·释老志》是正史中第一篇全面系统反映一朝一代佛、道两教发展的经典文献，在后来的正史中，只有《元史·释老传》可与之相提并论。全《志》分佛、道两部分，佛教所占部分较大，对大同、洛阳等地的佛教发展记述尤详，且对佛教传入中国及至北魏的发展、朝廷与佛教的关系及佛教经济都有详细记述。道教部分主要记述道教的发展和寇谦之的道教改革过程。由于内容全面、价值独特，特作收录。

【原文】

大人有作，司牧生民，结绳以往，书契所绝，故靡得而知焉。自羲轩已还，至于三代，其神言秘策，蕴图纬之文，范世率民，垂坟典之迹。秦肆其毒，灭于灰烬；汉采遗籍，复若丘山。司马迁区别异同，有阴阳、儒、墨、名、法、道德六家之义。刘歆著《七略》，班固志《艺文》，释氏之学，所未曾纪。

案汉武元狩中，遣霍去病讨匈奴，至皋兰，过居延，斩首大获。昆邪王杀休屠王，将其众五万来降。获其金人，帝以为大神，列于甘泉宫。金人率长丈余，不祭祀，但烧香礼拜而已。此则佛道流通之渐也。

及开西域，遣张骞使大夏还，传其旁有身毒国，一名天竺，始闻有浮屠之教。哀帝元寿元年，博士弟子秦景宪受大月氏王使伊存口授浮屠经。中土闻之，未之信了也。后孝明帝夜梦金人，项有日光，飞行殿庭，乃访群臣，傅毅始以佛对。帝遣郎中蔡愔、博士弟子秦景等使于天竺，写浮屠遗范。愔仍与沙门摄摩腾、竺法兰东还洛阳。中国有沙门及跪拜之法，自此始也。愔又得佛经《四十二章》及释迦立像。明帝令画工图佛像，置清凉台及显节陵上，经缄于兰台石室。愔之还也，以白马负经而至，汉因立白马寺于洛城雍门西。摩腾、法兰咸卒于此寺。

浮屠正号曰佛陀，佛陀与浮图声相近，皆西方言，其来转为二音。华言译之则谓净觉，言灭秽成明，道为圣悟。凡其经旨，大抵言生生之类，皆因行业而起。有过去、当今、未来，历三世，识神常不灭。凡为善恶，必有报应。渐积胜业，陶冶粗鄙，经无数形，澡练神明，乃致无生而得佛道。其间阶次心行，等级非一，皆缘浅以至深，藉微而为著。率在于积仁顺，蠲嗜欲，习虚静而成通照也。故其始修心则依佛、法、僧，谓之三归，若君子之三畏也。又有五戒，去杀、盗、淫、妄言、饮酒，大意与仁、义、礼、智、信同，名为异耳。云奉持之，则生天人胜处，亏犯则坠鬼畜诸苦。又善恶生处，凡有六道焉。

诸服其道者，则剃落须发，释累辞家，结师资，遵律度，相与和居，治心修净，行乞以自给。谓之沙门，或曰桑门，亦声相近，总谓之僧，皆胡言也。僧，译为和命众，桑门为息心，比丘为行乞。俗人之信凭道法者，男曰优婆塞，女曰优婆夷。其为沙门者，初修十诫，曰沙弥，而终于二百五十，则具足成大僧。妇人道者曰比丘尼。其诫至于五百，皆以阙为本，随事增数，在于防心、摄身、正口。心去贪、忿、痴，身除杀、淫、盗，口断妄、杂、诸非正言,总谓之十善道。能具此,谓之三业清净。凡人修行粗为极。云可以达恶善报,渐阶圣迹。初阶圣者,有三种人,其根业各差,谓之三乘,声闻乘、缘觉乘、大乘。取其可乘运以至道为名。此三人恶迹已尽,但修心荡累,济物进德。初根人为小乘,行四谛法;中根人为中乘,受十二因缘;上根人为大乘,则修六度。虽阶三乘,而要由修进万行,拯度亿流,弥历长远,乃可登佛境矣。

所谓佛者,本号释迦文者,译言能仁,谓德充道备,堪济万物也。释迦前有六佛,释迦继六佛而成道,处今贤劫。文言将来有弥勒佛,方继释迦而降世。释迦即天竺迦维卫国王之子。天竺其总称,迦维别名也。初,释迦于四月八日夜,从母右胁而生。既生,姿相超异者三十二种。天降嘉瑞以应之,亦三十二。其《本起经》说之备矣。释迦生时,当周庄王九年。《春秋》鲁庄公七年夏四月,恒星不见,夜明,是也。至魏武定八年,凡一千二百三十七年云。释迦年三十成佛,道化群生,四十九载,乃于拘尸那城娑罗双树间,以二月十五日而入般涅磐。磐译云灭度,或言常乐我净,明无迁谢及诸苦累也。

诸佛法身有二种义,一者真实,二者权应。真实身,谓至极之体,妙绝拘累,不得以方处期,不可以形量限,有感斯应,体常湛然。权应身者,谓和光六道,同尘万类,生灭随时,修短应物,形由感生,体非实有。权形虽谢,真体不迁,但时无妙感,故莫得常见耳。明佛生非实生,灭非实灭也。佛既谢世,香木焚尸。灵骨分碎,大小如粒,击之不坏,焚亦不燋,或有光明神验,胡言谓之“舍利”。弟子收奉,置之宝瓶,竭香花,致敬慕,建宫宇,谓为“塔”。塔亦胡言,犹宗庙也,故世称塔庙。于后百年,有王阿育,以神力分佛舍利,役诸鬼神,造八万四千塔,布于世界,皆同日而就。今洛阳、彭城、姑臧、临淄皆有阿育王寺,盖承其遗迹焉。释迦虽般涅槃,而留影迹爪齿于天竺,于今犹在。中土来往,并称见之。

初,释迦所说教法,既涅槃后,有声闻弟子大迦叶、阿难等五百人,撰集著录。阿难亲承嘱授,多闻总持,盖能综核深致,无所漏失。乃缀文字,撰载三藏十二部经,如九流之异统,其大归终以三乘为本。后数百年,有罗汉、菩萨相继著论,赞明经义,以破外道,《摩诃衍》《大、小阿毗昙》《十二门论》《百法论》《成实论》等是也。皆傍诸藏部大义,假立外问,而以内法释之。

汉章帝时,楚王英喜为浮屠斋戒,遣郎中令奉黄缣白纨三十匹,诣国相以赎愆。诏报曰:“楚王尚浮屠之仁祠,洁斋三月,与神为誓,何嫌何疑,当有悔吝。其还赎,以助伊蒲塞、桑门之盛馔。”因以班示诸国。桓帝时,襄楷言佛陀、黄老道以谏,欲令好生恶杀,少嗜欲,去奢泰,尚无为。魏明帝曾欲坏宫西佛图。外国沙门乃金盘盛水,置于殿前,以佛舍利投之于水,乃有五色光起,于是帝叹曰:“自非灵异,安得尔乎?”遂徙于道东,为作周阁百间。佛图故处,凿为濛汜池,种芙蓉于中。后有天竺沙门昙柯迦罗入洛,宣译戒律,中国戒律之始也。自洛中构白马寺,盛饰佛图,画迹甚妙,为四方式。凡宫塔制度,犹依天竺旧状而重构之,从一级至三、五、七、九。世人相承,谓之“浮图”,或云“佛图”。晋世,洛中佛图有四十二所矣。汉世沙门,皆衣赤布,后乃易以杂色。

晋元康中,有胡沙门支恭明译佛经《维摩》《法华》《本起》等。微言隐义,未之能究。后有沙门常山卫道安性聪敏,日诵经万余言,研求幽旨,慨无师匠,独坐静室十二年,覃思构精,神悟妙赜,以前所出经,多有舛驳,乃正其乖谬。石勒时,有天竺沙门浮图澄,少于乌苌国就罗汉入道,刘曜时到襄国。后为石勒所宗信,号为大和尚,军国规谟颇访之,所言多验。道安曾至邺候澄,澄见而异之。澄卒后,中国纷乱,道安乃率门徒,南游新野。

欲令玄宗在所流布，分遣弟子，各趣诸方。法汰诣扬州，法和入蜀，道安与慧远之襄阳。道安后入苻坚，坚素钦德问，既见，宗以师礼。时西域有胡沙门鸠摩罗什，思通法门，道安思与讲释，每劝坚致罗什。什亦承安令问，谓之东方圣人，或时遥拜致敬。道安卒后二十余载而罗什至长安，恨不及安，以为深慨。道安所正经义，与罗什译出，符会如一，初无乖舛。于是法旨大著中原。

魏先建国于玄朔，风俗淳一，无为以自守，与西域殊绝，莫能往来。故浮图之教，未之得闻，或闻而未信也。及神元与魏、晋通聘，文帝久在洛阳，昭成又至襄国，乃备究南夏佛法之事。太祖平中山，经略燕赵，所迳郡国佛寺，见诸沙门、道士，皆致精敬，禁军旅无有所犯。帝好黄老，颇览佛经。但天下初定，戎车屡动，庶事草创，未建图宇，招延僧众也。然时时旁求。先是，有沙门僧朗，与其徒隐于泰山之琨瑞谷。帝遣使致书，以缯、素、旃、罽、银钵为礼。今犹号曰朗公谷焉。天兴元年，下诏曰："夫佛法之兴，其来远矣。济益之功，冥及存没，神踪遗轨，信可依凭。其敕有司，于京城建饰容范，修整宫舍，令信向之徒，有所居止。"是岁，始作五级佛图、耆阇崛山及须弥山殿，加以缋饰。别构讲堂、禅堂及沙门座，莫不严具焉。太宗践位，遵太祖之业，亦好黄老，又崇佛法，京邑四方，建立图像，仍令沙门敷导民俗。

初，皇始中，赵郡有沙门法果，诚行精至，开演法籍。太祖闻其名，诏以礼征赴京师。后以为道人统，绾摄僧徒。每与帝言，多所惬允，供施甚厚。至太宗，弥加崇敬，永兴中，前后授以辅国、宜城子、忠信侯、安成公之号，皆固辞。帝常亲幸其居，以门小狭，不容舆辇，更广大之。年八十余，泰常中卒。未殡，帝三临其丧，追赠老寿将军、赵胡灵公。初，法果每言，太祖明睿好道，即是当今如来，沙门宜应尽礼，遂常致拜。谓人曰："能鸿道者人主也，我非拜天子，乃是礼佛耳。"法果四十，始为沙门。有子曰猛，诏令袭果所加爵。帝后幸广宗，有沙门昙证，年且百岁。邀见于路，奉致果物。帝敬其年老志力不衰，亦加以老寿将军号。

是时，鸠摩罗什为姚兴所敬，于长安草堂寺集义学八百人，重译经本。罗什聪辩有渊思，达东西方言。时沙门道肜、僧略、道恒、道标、僧肇、昙影等，与罗什共相提挈，发明幽致。诸深大经论十有余部，更定章句，辞义通明，至今沙门共所祖习。道肜等皆识学洽通，僧肇尤为其最。罗什之撰译，僧肇常执笔，定诸辞义，注《维摩经》，又著数论，皆有妙旨，学者宗之。

又沙门法显，慨律藏不具，自长安游天竺。历三十余国，随有经律之处，学其书语，译而写之。十年，乃于南海师子国，随商人泛舟东下。昼夜昏迷，将二百日。乃至青州长广郡不其劳山，南下乃出海焉。是岁，神瑞二年也。法显所迳诸国，传记之，今行于世。其所得律，通译未能尽正。至江南，更与天竺禅师跋陀罗辩定之，谓之《僧祇律》，大备于前，为今沙门所持受。先是，有沙门法领，从扬州入西域，得《华严经》本。定律后数年，跋陀罗共沙门法业重加译撰，宣行于时。

世祖初即位，亦遵太祖、太宗之业，每引高德沙门，与共谈论。于四月八日，舆诸佛像，行于广衢，帝亲御门楼，临观散花，以致礼敬。

先是，沮渠蒙逊在凉州，亦好佛法。有罽宾沙门昙摩谶，习诸经论于姑藏，与沙门智嵩等译《涅槃》诸经十余部。又晓术数、禁叽，历言他国安危，多所中验。蒙逊每以国事咨之，神麃中，帝命蒙逊送谶诣京师，惜而不遣。既而，惧魏威责，遂使人杀谶。谶死之日，谓门徒曰："今时将有客来,可早食以待之。"食讫而走使至。时人谓之知命。智嵩亦爽悟,笃志经籍。后乃以新出经论,于凉土教授。辩论幽旨,著《涅槃义记》。戒行峻整,门人齐肃。知凉州将有兵役,与门徒数人,欲往胡地。道路饥馑,绝粮积日,弟子求得禽兽肉,请嵩强食。嵩以戒自誓,遂饿死于酒泉之西山。弟子积薪焚其尸,骸骨灰烬,唯舌独全,色状不变。时人以为诵说功报。凉州自张轨后,世信佛教。敦煌地接西域,道俗交得其旧式,村坞相属,多有塔寺。太延中,凉州平,徙其国人于京邑,沙门佛事皆俱东,象教弥增矣。寻以沙门众多,诏罢年五十已下者。

世祖初平赫连昌,得沙门惠始,姓张。家本清河,闻罗什出新经,遂诣长安见之,观习经典。坐禅于白渠北,昼则入城听讲,夕则还处静坐。三辅有识多宗之。刘裕灭姚泓,留子义真镇长安,义真及僚佐皆敬重焉。义真之去长安也,赫连屈丐追败之,道俗少长咸见坑戮。惠始身被白刃,而体不伤。众大怪异,言于屈丐。屈丐大怒,召惠始于前,以所持宝剑击之,又不能害,乃惧而谢罪。统万平,惠始到京都,多所训导,时人莫测其迹。世祖甚重之,每加礼敬。始自习禅,至于没世,称五十余年,未尝寝卧。或时跣行,虽履泥尘,初不污足,色愈鲜白,世号之曰白脚师。太延中,临终于八角寺,齐洁端坐,僧徒满侧,凝泊而绝。停尸十余日,坐既不改,容色如一,举世神异之。遂瘗寺内。至真君六年,制城内不得留瘗,乃葬于南郊之外。始死十年矣,开殡俨然,初不倾坏。送葬者六千余人,莫不感恸中书监高允为其传,颂其德迹。惠始冢上,立石精舍,图其形像。经毁法时,犹自全立。

世祖即位,富于春秋。既而锐志武功,每以平定祸乱为先。虽归宗佛法,敬重沙门,而未存览经教,深求缘报之意。及得寇谦之道,帝以清净无为,有仙化之证,遂信行其术。时司徒崔浩,博学多闻,帝每访以大事。浩奉谦之道,尤不信佛,与帝言,数加非毁,常谓虚诞,为世费害。帝以其辩博,颇信之。会盖吴反杏城,关中骚动,帝乃西伐,至于长安。先是,长安沙门种麦寺内,御驺牧马于麦中,帝入观马。沙门饮从官酒,从官入其便室,见大有弓矢矛盾,出以奏闻。帝怒曰："此非沙门所用,当与盖吴通谋,规害人耳!"命有司案诛一寺,阅其财产,大得酿酒具及州郡牧守富人所寄藏物,盖以万计。又为屈室,与贵室女私行淫乱。帝既忿沙门非法,浩时从行,因进其说。诏诛长安沙门,焚破佛像,敕留台下四方,令一依长安行事。又诏曰:"彼沙门者,假西戎虚诞,妄生妖孽,非所以一齐政化,布淳德于天下也。自王公已下,有私养沙门者,皆送官曹,不得隐匿。限今年二月十五日,过期不出,沙门身死,容止者诛一门。"

时恭宗为太子监国,素敬佛道。频上表,陈刑杀沙门之滥,又非图像之罪。今罢其道,杜诸寺门,世不修奉,土木丹青,自然毁灭。如是再三,不许。乃下诏曰:"昔后汉荒君,信惑邪伪,妄假睡梦,事胡妖鬼,以乱天常,自古九州之中无此也。夸诞大言,不本人情。叔季之世,暗君乱主,莫不眩焉。由是政教不行,礼义大坏,鬼道炽盛,视王者之法,蔑如也。自此以来,代经乱祸,天罚亟行,生民死尽,五服之内,鞠为丘墟,千里萧条,不见人迹,皆由于此。朕承天绪,属当穷运之弊,欲除伪定真,复羲农之治。其一切荡除胡神,灭其踪迹,庶无谢于风氏矣。自今以后,敢有事胡神及造形像泥人、铜人者,门诛。虽言胡神,问今胡人,共云无有。皆是前世汉人无赖子弟刘元真、吕伯强之徒,接乞胡之诞言,用老庄之虚假,附而益之,皆非真实。至使王法废而不行,盖大奸之魁也。有非常之人,然后能行非常之事。非朕孰能去此历代之伪物!有司宣告征镇诸军、刺史,诸有佛图形像及胡经,尽皆击破焚烧,沙门无少长悉坑之。"是岁,真君七年三月也。恭宗言虽不用,然犹缓宣诏书,远近皆豫闻知,得各为计。四方沙门,多亡匿获免,在京邑者,亦蒙全济。金银宝像及诸经论,大得秘藏。而土木宫塔,声教所及,莫不毕毁矣。

始谦之与浩同从车驾,苦与浩诤,浩不肯,谓浩曰:"卿今促年受戮,灭门户矣。"后四年,浩诛,备五刑,时年七十。浩既诛死,帝颇悔之。业已行,难中修复。恭宗潜欲兴之,未敢言也。佛沦废终帝世,积七八年。然禁稍宽弛,笃信之家,得密奉事,沙门专至者,犹窃法服诵习焉。唯不得显行于京都矣。

先是,沙门昙曜有操尚,又为恭宗所知礼。佛法之灭,沙门多以余能自效,还俗求见。曜誓欲守死,恭宗亲加劝喻,至于再三,不得已,乃止。密持法服器物,不暂离身,闻者叹重之。

高宗践极,下诏曰:"夫为帝王者,必祗奉明灵,显彰仁道,其能惠著生民,济益群品者,虽在古昔,犹序其风烈。是以《春秋》嘉崇明之礼,祭典载功施之族。况释迦如来功济大千,惠流尘境,等生死者叹其达观,觉文义者贵其妙明,助王政之禁律,益仁智之善性,排斥群邪,开演正觉。故前代已来,莫不崇尚,亦我国家常所尊事也。世祖太武皇帝,开广边荒,德泽遐及。沙门道士善行纯诚,惠始之伦,无远不至,风义相感,往往如林。夫山海之深,怪物多有,奸淫之徒,得容假托,护寺之中,致有凶党。是以先朝因其瑕衅,戮其有罪。有司失旨,一切禁断。景穆皇帝每为慨然,值军国多事,未遑修复。朕承洪绪,君临万邦,思述先志,以隆斯道。今制诸州郡县,于众居之所,各听建佛图一区,任其财用,不制会限。其好乐道法,欲为沙门,不问长幼,出于良家,性行素笃,无诸嫌秽,乡里所明者,听其出家。率大州五十,小州四十人,其郡遥远台者十人。各当局分,皆足经化恶就善,播扬道教也。"天下承风,朝不及夕,往时所毁图寺,仍还修矣。佛像经论,皆复得显。

京师沙门师贤,本罽宾国王种人,少入道,东游凉城,凉平赴京。罢佛法时,师贤假为医术还俗,而守道不改。于修复日,即反沙门,其同辈五人。帝秘亲为下发。师贤仍为道人统。是年,诏有司为石像,令如帝身。既成,颜上足下,各有黑石,冥同帝体上下黑子。论者以为纯诚所感。兴光元年秋,敕有司于五级大寺内,为太祖已下五帝,铸释迦立像五,各长一丈六尺,都用赤金二十五万斤。太安初,有师子国胡沙门邪奢遗多、浮陀难提等五人,奉佛像三,到京都。皆云,备历西域诸国,见佛影迹及肉髻,外国诸五相承,咸遣工匠,摹写其容,莫能及难提所造者,去十余步,视之炳然,转近转微。又沙勒胡沙,赴京师致佛钵并画像迹。

和平初,师贤卒。昙曜代之,更名沙门统。初昙曜以复佛法之明年,自中山被命赴京,值帝出。见于路,御马前衔曜衣,时以为马识善人。帝后奉以师礼。昙曜白帝,于京城西武州塞,凿山石壁,开窟五所,镌建佛像各一。高者七十尺,次六十尺。雕饰奇伟,冠于一世,昙曜奏:平齐户及诸民,有能岁输谷六十斛入僧曹者,即为"僧祇户",粟为"僧祇粟",至于俭岁,赈给饥民。又请民犯重罪及官奴以为"佛图户",以供诸寺扫洒,岁兼营田输粟。高宗并许之。于是僧祇户、粟及寺户,遍于州镇矣。昙曜又与天竺沙门常那邪舍等,译出新经十四部。又有沙门道进、僧超、法存等,并有名于时,演唱诸异。

显祖即位,敦信尤深,览诸经论,好老庄。每引诸沙门及能谈玄之士,与论理要。初,高宗太安末,刘骏于丹阳中兴寺设斋。有一沙门,容止独秀,举众往目,皆莫识焉。沙门惠璩起问之,答名惠明。又问所住,答云,从天安寺来。语讫,忽然不见。骏君臣以为灵感,改中兴为天安寺。是后七年而帝践祚,号天安元年。是年,刘彧徐州刺史薛安都始以城地来降。明年,尽有淮北之地。其岁,高祖诞载。于时起永宁寺,构七级佛图,高三百余尺,基架博敞,为天下第一。又于天宫寺,造释迦立像。高四十三尺,用赤金十万斤,黄金六百斤。皇兴中,又构三级石佛图。榱栋楣楹,上下重结,大小皆石,高十丈。镇固巧密,为京华壮观。

高祖践位,显祖移御北苑崇光宫,觉习玄籍。建鹿野佛图于苑中之西山,去崇光右十里,严房禅堂,禅僧居其中焉。

延兴二年夏四月,诏曰:"比丘不在寺舍,游涉村落,交通奸猾,经历年岁。令民间五五相保,不得容止。无籍之僧,精加隐括,有者送付州镇,其在畿郡,送付本曹。若为三宝巡民教化者,在外赍州镇维那文移,在台者赍都维那等印牒,然后听行。违者加罪。"又诏曰:"内外之人,兴建福业,造立图寺,高敞显博,亦足以辉隆至教矣。然无知之徒,各相高尚,贫富相竞,费竭财产,务存高广,伤杀昆虫含生之类。苟能精致,累土聚沙,福钟不朽。欲建为福之因,未知伤生之业。朕为民父母,慈养是务。自今一切断之。"又诏曰:"夫信诚则应远,行笃则感深,历观先世灵瑞,乃有禽兽易色,草木移性。济州东平郡,灵像发辉,变成金铜之色。殊常之事,绝于往古;熙隆妙法,理在当今。有司兴沙门统昙曜令州送像达都,使道俗咸睹实相之容,普告天下,皆使闻知。"

三年十二朋,显祖因田鹰获鸳鸯一,其偶悲鸣,上下不去。帝乃恻然,问左右曰:"此飞鸣者,为雌为雄?"左右对曰:"臣以为雌。"帝曰:"何以知?"对曰:"阳性刚,阴性柔,以刚柔推之,必是雌矣。"帝乃慨然而叹曰:"虽人鸟事别,至于资识性情,竟何异哉!"于是下诏,禁断鸷鸟,不得畜焉。

承明元年八月,高祖于永宁寺,设太法供,度良家男女为僧尼者百有余人,帝为剃发,施以僧服,令修道戒,资福于显祖。是月,又诏起建明寺。太和元年二月,幸永宁寺设斋,赦死罪囚。三月,又幸永宁寺设会,行道听讲,命中、秘二省与僧徒讨论佛义,施僧衣服、宝器有差。又于方山太祖营垒之处,建思远寺。自兴光至此,京城内寺新旧且百所,僧尼二千余人,四方诸寺六千四百七十八,僧尼七万七千二百五十八人。四年春。诏以鹰师为报德寺。九年秋,有司奏,上谷郡比丘尼惠香,在北山松树下死,尸形不坏。尔来三年,士女观者有千百。于时人皆异之。十年冬,有司又奏:"前被敕以勒籍之初,愚民侥幸,假称入道,以避输课,其无籍僧尼罢遣还俗。重被旨,所检僧尼,寺主、维那当寺隐审。其有道行精勤者,听仍在道,为行凡粗者,有籍无籍,悉罢归齐民。今依旨简遣,其诸州还俗者,僧尼合一千三百二十七人。"奏可。十六年诏:"四月八日、七月十五日,听大州度一百人为僧尼,中州五十人,下州二十人,以为常准,著于令。"十七年,诏立《僧制》四十七条。十九年四月,帝幸徐州白塔寺。顾谓诸王及侍官曰:"此寺近有名僧嵩法师,受《成实论》于罗什,在此流通。后授渊法师,渊法师授登、纪二法师。朕每玩《成实论》,可以释人染情,故至此寺焉。"时沙门道登,雅有义业,为高祖眷赏,恒侍讲论。曾于禁内与帝夜谈,同见一鬼。二十年卒,高祖甚悼惜之,诏施帛一千匹。又设一切僧斋,并命京城七日行道。又诏:"朕师登法师奄至徂背,痛怛摧恸,不能已已。比药治慎丧,未容即赴,便准师义,哭诸门外。"缁素荣之。又有西域沙门名跋陀,有道业,深为高祖所敬信。诏于少室山阴,立少林寺而居之,公给衣供。二十一年五月,诏曰:"罗什法师可谓神出五才,志入四行者也。今常住寺,犹有遗地,钦悦修踪,情深遐远,可于旧堂所,为建三级浮图。又见逼昏虐，为道殄躯，既暂同俗礼，应有子胤，可推访以闻，当加叙接。"

先是，立监福曹，又改为昭玄，备有官属，以断僧务。高祖时，沙门道顺、惠觉、僧意、惠纪、僧范、道弁、惠度、智诞、僧显、僧义、僧利，并以义行知重。

世宗即位，永平元年秋，诏曰："缁素既殊，法律亦异。故道教彰于互显，禁劝各有所宜。自今已后，众僧犯杀人已上罪者，仍依俗断，余犯悉付昭玄，以内律僧制治之。"二年冬，沙门统惠深上言："僧尼浩旷，清浊混流，不遵禁典，精粗莫别。辄与经律法师群议立制：诸州、镇、郡维那、上坐、寺主，各令戒律自修，咸依内禁，若不解律者，退其本次。又，出家之人，不应犯法，积八不净物。然经律所制，通塞有方。依律，车牛净人、不净之物不得为己私畜。唯有老病年六十以上者，限听一乘。又，比来僧尼，或因三宝，出贷私财缘州外。又，出家舍著，本无凶仪，不应废道从俗。其父母三师，远闻凶问，听哭三日。若在见前，限以七日。或有不安寺舍，游止民间，乱道生过，皆由此等。若有犯者，脱服还民。其有造寺者，限僧五十以上，启闻听造。若有辄营置者，处以违敕之罪，其寺僧众摈出外州。僧尼之法，不得为俗人所使。若有犯者，还配本属。其外国僧尼来归化者，求精检有德行合三藏者听住，若无德行，遣还本国，若其不去，依此僧制治罪。"诏从之。

先是，于恒农荆山造珉玉丈六像一。三年冬，迎置于洛滨之报德寺，世宗躬观致敬。

四年夏，诏曰："僧祇之粟，本期济施，俭年出贷，丰则收入。山林僧尼，随以给施；民有窘弊，亦即赈之。但主司冒利，规取赢息，及其征责，不计水旱，或偿利过本，或翻改券契，侵蠹贫下，莫知纪极。细民嗟毒，岁月滋深。非所以矜此穷乏，宗尚慈拯之本意也。自今已后，不得专委维那、都尉，可令刺史共加监括。尚书检诸有僧祇谷之处，州别列其元数，出入赢息，赈给多少，并贷偿岁月，见在未收，上台录记。若收利过本，及翻改初券，依律免之，勿复征责。或有私债，转施偿僧，即以丐民，不听收检。后有出贷，先尽贫穷，征债之科，一准旧格。富有之家，不听辄贷。脱仍冒滥，依法治罪。"

又尚书令高肇奏言："谨案：故沙门统昙曜，昔于承明元年，奏凉州军户赵苟子等二百家为僧祇户，立课积粟，拟济饥年，不限道俗，皆以拯施。又依内律，僧祇户不得别属一寺。而都维那僧暹、僧频等，进违成旨，退乖内法，肆意任情，奏求逼召，致使吁嗟之怨，盈于行道，弃子伤生，自缢溺死，五十余人。岂是仰赞圣明慈育之意，深失陛下归依之心。遂令此等，行号巷哭，叫诉无所，至乃白羽贯耳，列讼宫阙。悠悠之人，尚为哀痛，况慈悲之士，而可安之。请听苟子等还乡课输，俭乏之年，周给贫寡，若有不虞，以拟边捍。其暹等违旨背律，廖奏之愆，请付昭玄，依僧律推处。"诏曰："暹等特可原之，余如奏。"

世宗笃好佛理，每年常于禁中，亲讲经纶，广集名僧，标明义旨。沙门条录，为《内起居》焉。上既崇之，下弥企尚。至延昌中，天下州郡僧尼寺，积有一万三千七百二十七所，徒侣逾众。

熙平元年，诏遣沙门惠生使西域，采诸经律。正光三牟冬，还京师。所得经论一百七十部，行于世。

二年春，灵太后令曰："年常度僧，依限大州应百人者，州郡于前十日解送三百人，其中州二百人，小州一百人。州统、维那与官及精练简取充数。若无精行，不得滥采。若取非人，刺史为首，以违旨论，太守、县令、纲僚节级连坐，统及维那移五百里外异州为僧。自今奴婢悉不听出家，诸王及亲贵，亦不得辄启请。有犯者，以违旨论。其僧尼辄度他人奴婢者，亦移五百里外为僧僧尼多养亲识及他人奴婢子，年大私度为弟子，自今断之。有犯还俗，被养者归本等。寺主听容一人，出寺五百里，二人千里。私度之僧，皆由三长罪不及已，容多隐滥。自今有一人私度，皆以违旨论。邻长为首，里、党各相降一等。县满十五人，郡满三十人，州镇满三十人，免官，僚吏节级连坐。私度之身，配当州下役。"时法禁宽褫，不能改肃也。

景明初，世宗诏大长秋卿白整准代京灵严寺石窟，于洛南伊阙山，为高祖、文昭皇太后营石窟二所。初建之始，窟顶去地三百一十尺。至正始二年中，始出斩山二十三丈。至大长秋卿王质，谓斩山太高，费功难就，奏求下移就平，去地一百尺，南北一百四十尺。永平中，中尹刘腾奏为世宗复造石窟一，凡为三所。从景明元年至正光四年六月已前，用功八十万二千三百六十六。肃宗熙平中，于城内太社西，起永宁寺。灵太后亲率百僚，表基立刹。佛图九层，高四十余丈，其诸费用，不可胜计。景明寺佛图，亦其亚也。至于官私寺塔，其数甚众。

神龟元年冬，司空公、尚书令、任城王澄奏曰：

仰惟高祖，守鼎嵩瀍；卜世悠远。虑括终始，制洽天人，造物开符，垂之万叶。故都城制云，城内唯拟一永宁寺地，郭内唯拟尼寺一所，余悉城郭之外。欲令永遵此制，无敢逾矩。逮景明之初，微有犯禁。故世宗仰修先志，爰发明旨，城内不造立浮图、僧尼寺舍，亦欲绝其希觊。文武二帝，岂不爱尚佛法，盖以道俗殊归，理无相乱故也。但俗眩虚声，僧贪厚润，虽有显禁，犹自冒营。至正始三年，沙门统惠深有违景明之禁，便云："营就之寺，不忍移毁，求自今已后，更不听立。"先旨含宽，抑典从请。前班之诏，仍卷不行，后来私谒，弥以奔竞。永平二年，深等复立条制，启云："自今已后，欲造寺者，限僧五十已上，闻彻听造。若有辄营置者，依俗违敕之罪，其寺僧众，摈出外州。"尔来十年，私营转盛，罪摈之事，寂尔无闻。岂非朝格虽明，恃福共毁，僧制徒立，顾利莫从者也。不俗不道，务为损法，人而无厌，其可极乎！

夫学迹冲妙，非浮识所辩；玄门旷寂，岂短辞能究。然净居尘外，道家所先，功缘冥深，匪尚华遁。苟能诚信，童子聚沙，可迈于道场；纯陀俭设，足荐于双树。何必纵其盗窃，资营寺观。此乃民之多幸，非国之福也。然比日私造，动盈百数。或乘请公地，辄树私福；或启得造寺，限外广制。如此欺罔，非可稍计。臣以才劣，诚添工务，奉遵成规，裁量是总。所以披寻旧旨，研究图格，辄遣府司马陆昶、属崔孝芬，都城之中及郭邑之内检括寺舍，数乘五百，空地表刹，未立塔宇，不在其数。民不畏法，乃至于斯！自迁都已来，年逾二纪，寺夺民居，三分且一。高祖立制，非徒欲使缁素殊途，抑亦防微深虑。世宗述之，亦不锢禁营福，当在杜塞未萌。今之僧寺，无处不有。或比满城邑之中，或连溢屠沽之肆，或三五少僧，共为一寺。梵唱屠音，连檐接响，像塔缠于腥臊，性灵没于嗜欲，真伪混居，往来纷杂。下司因习而莫非，僧曹对制而不问。其于汙染真行，尘秽练僧，有法秀之谋；近日冀州，遭大乘之变。皆初假神教，以惑众心，薰获同器，不亦甚欤！往在北代，终设奸诳，用逞私悖。太和之制，因法秀而杜远；景明之禁，虑大乘之将乱。始知祖宗睿圣，防遏处深。履霜坚冰，不可不慎。

昔如来阐教，多依山林，今此僧徒，恋著城邑。岂湫隘是经行所宜，浮宣必栖禅之宅，当由利引其心，莫能自止。处者既失其真，造者或损其福，乃释氏之糟糠，法中之社鼠，内戒所不容，王典所应弃矣。非但京邑如此，天下州、镇僧寺亦然。侵夺细民，广占田宅，有伤慈矜，用长嗟苦。且入心不同，善恶亦异。或有栖心真趣，道业清远者；或外假法服，内怀悖德者。如此之徒,宜辨泾渭。若雷同一贯,何以劝善。然觌法赞善,凡人所知;矫俗避嫌,物情同趣。臣独何为,孤议独发。诚以国典一废,追理至难,法纲暂失,条纲将乱。是以冒陈愚见,两顾其益。

臣闻设令在于必行,立罚贵能肃物。令而不行,不如无令。罚不能肃,孰与亡罚。顷明诏屡下,而造者更滋,严限骤施,而违犯不息者,岂不以假福托善,幸罪不加。人殉其私,吏难苟劾,前制无追往之辜,后旨开自今之恕,悠悠世情,遂忽成法。今宜加以严科,特设重禁,纠其来违,惩其往失。脱不峻检,方垂容借,恐今旨虽明,复如往日。又旨令所断,标榜礼拜之处,悉听不禁。愚以为,树榜无常,礼处难验,欲云有造,立榜证公,须营之辞,指言尝礼。如此则徒有禁名,实通造路。且徒御已后,断诏四行,而私造之徒,不惧制旨。岂是百官有司,怠于奉法?将由网漏禁宽,容托有他故耳。如臣愚意,都城之中,虽有标榜,营造粗功,事可改立者,请依先制。在于郭外,任择所便。其地若买得,券证分明者,听其转之。若官地盗作,即令还官。若灵像既成,不可移撤,请依今敕,如旧不禁,悉令坊内行止,不听毁坊开门,以妨里内通巷。若被旨者,不在断限。郭内准此商量。其庙像严立,而逼近屠沽,请断旁屠杀,以洁灵居。虽有僧数,而事在可移者,令就闲敞,以避隘陋。如今年正月赦后造者,求依僧制,案法科治。若僧不满五十者,共相通容,小就大寺,必令充限。其地卖还,一如上式。自今外州,若欲造寺,僧满五十已上,先令本州表列,昭玄量审,奏听乃立。若有违犯,悉依前科。州郡已下,容而不禁,罪同违旨。庶仰遵先皇不朽之业,俯奉今旨慈悲之令,则绳墨可全,圣道不坠矣。

奏可。尔朱荣之乱,天下丧乱,加以河阴之酷,朝士死者,其家多舍居宅,以施僧尼,京邑第舍,略为寺矣。前日禁令,不复行焉。

元象元年秋,诏曰:"梵境幽玄,义归清旷,伽蓝净土,理绝嚣尘。前朝城内,先有禁断,自肆来迁邺,率由旧章。而百辟士民,届都之始,城外新城,并皆给宅。旧城中暂时普借,更拟后须,非为永久。如闻诸人,多以二处得地,或舍旧城所借之宅,擅立为寺。知非己有,假此一名。终恐因习滋甚,有亏恒式。宜付有司,精加隐括。且城中旧寺及宅,并有定帐,其新立之徒,悉从毁废。"冬,又诏:"天下牧守令长,悉不听造寺。若有违者,不问财之所出,并计所营功庸,悉以枉法论。"兴和二年春,诏以邺城旧宫为天平寺。

世宗以来至武定末,沙门知名者,有惠猛、惠辨、惠深、僧暹、道钦、僧献、道晞、僧深、惠光、惠显、法荣、道长,并见重于当世。

魏有天下,至于禅让,佛经流通,大集中国,凡有四百一十五部,合一千九百一十九卷。正光已亥,天下多虞,王役尤甚,于是所在编民,相与入道,假慕沙门,实避调役,猥滥之极,自中国之有佛法,未之有也。略而计之,僧尼大众二百万矣,其寺三万有余。流弊不归,一至于此,识者所以叹息也。

道家之原,出于老子。其自言也,先天地生,以资万类。上处玉京,为神王之宗;下在紫微,为飞仙之主。千变万化,有德不德,随感应物,厥迹无常。授轩辕于峨嵋,教帝喾于牧德,大禹闻长生之决,尹喜受道德之旨。至于丹书紫字,升玄飞步之经;玉石金光,妙有灵洞之说。如此之文,不可胜纪。其为教也,咸蠲去邪累,澡雪心神,积行树功,累德增善,乃至白日升天,长生世上。所以秦皇、汉武,甘心不息。灵帝置华盖于濯龙,设坛场而为礼。及张陵受道于鹄鸣,因传天官章本千有二百,弟子相授,其事大行。斋祠跪拜,各成法道,有三元九府、百二十官,一切诸神,咸所统摄。又称劫数,颇类佛经。其延康、龙汉、赤明、开皇之属,皆其名也。及其劫终,称天地俱坏。其书多有禁秘,非其徒也,不得辄观。至于化金销玉,行符敕水,奇方妙术,万等千条,上云羽化飞天,次称消灾减祸。故好异者往往而尊事之。

初文帝入宾于晋,从者务勿尘,姿神奇伟,登仙于伊阙之山寺。识者咸云魏祚之将大。太祖好老子之言,诵咏不倦。天兴中,仪曹郎董谧因献服食仙经数十篇。于是置仙人博士,立仙坊,煮练百药,封西山以供其薪蒸。令死罪者试服之,非其本心,多死无验。太祖犹将修焉。太医周澹,苦其煎采之役,欲废其事。乃阴令妻货仙人博士张曜妾,得曜隐罪。曜惧死,因请辟谷。太祖许之,给曜资用,为造静堂于苑中,给洒扫民二家。而练药之官,仍为不息。久之,太祖意少懈,乃止。

世祖时,道士寇谦之,字辅真,南雍州刺史赞之弟,自云寇恂之十三世孙。早好仙道,有绝俗之心。少修张鲁之术,服食饵药,历年无效。幽诚上达,有仙人成公兴,不知何许人,至谦之从母家佣赁。谦之尝观其姨,见兴形貌甚强,力作不倦,请回赁兴代己使役。乃将还,令其开舍南辣田。谦之树下坐算,兴垦发致勤,时来看算。谦之谓曰:"汝但力作,何为看此?"二三日后,复来看之,如此不已。后谦之算七曜,有所不了,惆然自失。兴谓谦之曰:"先生何为不怪?"谦之曰:"我学算累年,而近算《周髀》不合,以此自愧。且非汝所知,何劳问也。"兴曰:"先生试随兴语布之。"俄然便决。谦之叹伏,不测兴之深浅,请师事之,兴固辞不肯,但求为谦之弟子。未几,谓谦之曰:"先生有意学道,岂能与兴隐遁?"谦之欣然从之。兴乃令谦之洁斋三日,共入华山。令谦之居一石室,自出采药,还与谦之食药。不复饥。乃将谦之入嵩山。有三重石室,令谦之住第二重。历年,兴谓谦之曰:"兴出后,当有人将药来。得但食之,莫为疑怪。"寻有人将药而至,皆是毒虫臭恶之物,谦之大惧出走。兴还问状,谦之具对,兴叹息曰:"先生未便得仙,政可为帝王师耳。"兴事谦之七年,而谓之曰:"兴不得久留,明日中应去。兴亡后,先生幸为沐浴,自当有人见迎。"兴乃入第三重石室而卒。谦之躬自沐浴。明日中,有叩石室者,谦之出视,见两单子,一持法服,一持钵及锡杖。谦之引入,至兴尸所,兴欻然而起,著衣持钵、执杖而去。先是,有京兆灞城人王胡儿,其叔父亡,颇有灵异。曾将胡儿至嵩高别岭,同行观望,见金室玉堂,有一馆尤珍丽,空而无人,题曰"成公兴之馆"。胡儿怪而问之,其叔父曰:"此是仙人成公兴馆,坐失火烧七间屋,被谪为寇谦之作弟子七年。"始知谦之精诚远通,兴乃仙者谪满而去。

谦之守志嵩岳,精专不懈,以神瑞二年十月乙卯,忽遇大神,乘云驾龙,道从百灵,仙人玉女,左右侍卫,集止山顶,称太上老君。谓谦之曰:"往辛亥年,嵩岳镇灵集仙宫主,表天曹,称自天师张陵去世已来,地上旷诚,修善之人,无所师授。嵩岳道士上谷寇谦之,立身直理,行合自然,才任轨范,首处师位,吾故来观汝,授汝天师之位,赐汝《云中音诵新科之诫》二十卷。号曰《并进》。"言:"吾此经诫,自天地开辟已来,不传于世,今运数应出。汝宣吾《新科》,清整道教,除去三张伪法,租米钱税,及男女合气之术。大道清虚,岂有斯事。专以礼度为首,而加之以服食闭练。"使王九疑人长客之等十二人,授谦之服气导引口诀之法。遂得辟谷,气盛体轻,颜色殊丽。弟子十余人,皆得其术。

泰常八年十月戊戌,有牧土上师李谱文来临嵩岳,云:老君之玄孙,昔居代郡桑乾,以汉武之世得道,为牧土宫主,领治三十六土人鬼之政。地方十八万里有奇,盖历术一章之数也。其中为方万里者有三百六十方。遣弟子宣教,云嵩岳所统广汉平土方万里,以授谦之。作诰曰："吾处天宫,敷演真法,处汝道年二十二岁,除十年为竟蒙,其余十二年,教化虽无大功,且有百授之劳。今赐汝迁入内宫,太真太宝九州真师、治鬼师、治民师、继天师四录。修勤不懈,依劳复迁。赐汝《天中三真太文录》,劾召百神,以授弟子。《文录》有五等,一曰阴阳太官,二曰正府真官,三曰正房真官,四曰宿宫散官,五曰并进录主。坛位、礼拜、衣寇仪式各有差品。凡六十余卷,号曰《录图真经》。付汝奉持,辅佐北方泰平真君,出天宫静输之法。能兴造克就,则起真仙矣。又地上生民,末劫垂及,其中行教甚难。但令男女立坛宇,朝夕礼拜,若家有严君,功及上世。其中能修身练药,学长生之术,即为真君种民。"药别授方,销练金丹、云英、八石、玉浆之法,皆有决要。上师李君手笔有数篇,其余,皆正真书曹赵道覆所书。古文鸟迹,篆隶杂体,辞义约辩,婉而成章。大自与世礼相准,择贤推德,信者为先,勤者次之。又言二仪之间有三十六天,中有三十六宫,宫有一主。最高者无极至尊,次曰大至真尊,次天覆地载阴阳真尊。次洪正真尊,姓赵名道隐,以殷时得道,牧土之师也。牧土之来,赤松、王乔之伦,及韩终、张安世、刘根、张陵,近世仙者,并为翼从。牧土命谦之为子,与群仙结为徒友。幽冥之事,世所不了,谦之具问,一一告焉。《经》云:佛者,昔于西胡得道,在三十二天,为延真宫主。勇猛苦教,故其弟子皆髡形染衣,断绝人道,诸天衣服悉然。

始光初,奉其书而献之,世祖乃令谦之止于张曜之所,供其良物。时朝野闻之,若存若亡,未全信也。崔浩独异其言,因师事之,受其法术。于是上疏,赞明其事曰:"臣闻圣王受命,则有大应。而《河图》《洛书》,皆寄言于虫兽之文。未若今日人神接对,手笔粲然,辞旨深妙,自古无比。昔汉高虽复英圣,四皓犹或耻之,不为屈节。今清德隐仙,不召自至。斯诚陛下伴踪轩黄,应天之符也,岂可以世俗常谈,而忽上灵之命。臣窃惧之。"世祖欣然,乃使谒者奉玉帛牲牢,祭嵩岳,迎致其余弟子在山中者。于是崇奉天师,显扬新法,宣布天下,道业大行。浩事天师,拜礼甚谨。人或讥之,浩闻之曰:"昔张释之为王生结菝。吾虽才非贤哲,今奉天师,足以不愧于古人矣。"及嵩高道士四十余人至,遂起天师道场于京城之东南,重坛五层,遵其新经之制。给道士百二十人衣食,齐肃祈请,六时礼拜,月设厨会数千人。

世祖将讨赫连昌,太尉长孙嵩难之,世祖乃问幽征于谦之。谦之对曰:"必克。陛下神武应期,天经下治,当以兵定九州,后文先武,以成太平真君。"真君三年,谦之奏曰:"今陛下以真君御世,建静轮天宫之法,开古以来,未之有也。应登受符书,以彰圣德。"世祖从之。于是亲至道坛,受符录。备法驾,旗帜尽青,以从道家之色也。自后诸帝,每即位皆如之。恭宗见谦之奏造静轮宫,必令其高不闻鸡鸣狗吠之声,欲上与天神交接,功役万计,经年不成。乃言于世祖曰:"人天道殊,卑高定分。今谦之欲要以无成之期,说以不然之事,财力费损,百姓疲劳,无乃不可乎? 必如其言,未若因东山万仞之上,为功差易。"世祖深然恭宗之言,但以崔浩赞成,难违其意,沉吟者久之,乃曰:"吾亦知其无成,事既尔,何惜五三百功。"

九年,谦之卒,葬以道士之礼。先于未亡,谓诸弟子曰:"及谦之在,汝曹可求迁录。吾去之后,天宫真难就。"复遇设会之日,更布二席于上师坐前。弟子问其故,谦之曰:"仙官来。"是夜卒。前一日,忽言"吾气息不接,腹中大痛",而行止如常,至明旦便终。须臾,口中气状若烟云,上出窗中,至天半乃消。尸体引长,弟子量之,八尺三寸。三日已后,稍缩,至敛量之,长六寸。于是诸弟子以为尸解变化而去,不死也。

时有京兆人韦文秀，隐于嵩高，刘诣京师。世祖曾问方士金丹事，多日可成。文秀对曰："神道幽昧，变化难测，可以暗遇，难以豫期。臣昔者受教于先师，曾闻其事，未之为也。"世祖以文秀关右豪族，风操温雅，言对有方，遣与尚书崔颐诣王屋山合丹，竟不能就。时方士至者前后数人。河东祁纤，好相人。世祖贤之，拜纤上大夫。颍阳绛略、闻喜吴劭，道引养气，积年百余岁，神气不衰。恒农阎平仙，博览百家之言，然不能达其意，辞占应对，义旨可听。世祖欲授之官，终辞不受。扶风鲁祈，遭赫连屈子暴虐，避地寒山。教授弟子数百人，好方术，少嗜欲，河东罗崇之，常饵松脂，不食五谷，自称受道于中条山。世祖令崇还乡里，立坛祈请。崇云："条山有穴，与昆仑、蓬莱相属。入穴中得见仙人，与之往来。"诏令河东郡给所须。崇入穴，行百余步，遂穷。后召至，有司以崇诬罔不道，奏治之。世祖曰："崇修道之人，岂至欺妄以诈于世，或传国不审，而至于此。古之君子，进人以礼，奶人以礼。今治之，是伤朕待贤之意。"遂赦之。又有东莱人王道翼，少有绝俗之志，隐韩信山，四十余年，断粟食荄，通达经章，书符录。常隐居深山，不交世务，年六十余。显祖闻而召焉。青州刺史韩颓遣使就山征之，翼乃赴都。显祖以其仍守本操，遂令僧曹给衣食，以终其身。

太和十五年秋，诏曰："夫至道无形，虚寂为主。自有汉以后，置立坛祠，先朝以其至顺可归，用立寺宇。昔京城之内，居舍尚希。今者里宅栉比，人神猥凑，非所以祇崇至法，清敬神道。可移于都南桑乾之阴，岳山之阳，永置其所。给户五十，以供斋祀之用，仍名为崇虚寺。可召诸州隐士，员满九十人。"

迁洛移邺，踬如故事。其道坛在南郊，方二百步，以正月七日、七月七日、十月十五日，坛主、道士、哥人一百六人，以行拜祠之礼。诸道士罕能精至，又无才术可高。武定六年，有司执奏罢之。其有道术，如河东张远游、河间赵静通等，齐文襄王别置馆京师而礼接焉。

【译文】

自从上天造就了人类，管理着民众一直到结绳记事以前的历史，由于没有书本龟契等文字记载，所以无从知道了。自从伏羲、轩辕以后，一直到三代，他们的神言秘策，蕴藏在图书纬文之中；训范世人、引导民众，也载在经典文献之中。秦始皇放肆荼毒，把这些经典、图籍都化为灰烬了，汉代采集到遗书秘籍，恢复得象山一样多。司马迁区分它们各自的不同，归纳为阴阳、儒、墨、名、法、道德六家。刘歆著《七略》，班固撰写《汉书·艺文志》，释氏的学问，还没有著录记载。

汉武帝元狩年中，派霍去病讨伐匈奴，到皋兰，经过居延，斩敌甚多，大获胜利，昆邪王杀休屠王，率领五万多人来投降，并获得了他们的金人。武帝认为金人是大神，把它放在甘泉宫。金人大概有一丈多长，但没有对金人祭祀，只不过烧烧香，礼拜礼拜罢了，这就是佛教流行中国的开始。

等到开辟了西域，派遣张骞出使大夏回来，传说大夏国边上有一个身毒国，又名天竺，才开始听说有浮屠之教。汉哀帝元寿元年，博士弟子秦景宪传授了大月氏王的使者伊存口头传授的浮屠经典，中土的人听了以后，没有多少人相信、明白。后来孝明帝夜里梦见金人，头顶有太阳光，在宫廷中飞翔，于是征问众大臣，傅奕开始回答是佛。明帝派遣郎中蔡愔、博士弟子秦景等人出使到天竺，抄写浮屠流传下来的文献。蔡愔于是与沙门摄摩腾、竺法兰回到洛阳，中国有沙门以及行跪拜之礼，是从这时开始的。蔡愔又得到佛经《四十二章》及释迦的立像，明帝命令画工写佛像，放在清凉台及显节陵上，经书则封起来放在石室兰台。蔡愔回来的时候，用白马背着经书回来，汉朝因此在洛城雍门西建立白马寺，摄摩腾、竺法兰都死在这座寺中。

　　浮屠正号叫佛陀，佛陀和浮图声音相近，都是西方的话，他们传过来以后变成了两个音，用汉语翻译的意思是叫净觉，讲的是除去污秽，成就光明，大道为圣明者所悟。大凡佛典经书意旨，大多讲的是人生命运一类的事情，都是由于其品行、德业所决定的。佛教讲人生有过去、现在、未来，一共经历三世，智识、精神都不灭。只要行善或为恶，一定会有报应。慢慢积德修行，去掉粗俗鄙浅的东西，经过无数阶段，洗涤炼冶神行，于是可以达到形灭而神存，得到佛道。这中间的阶段及心路历程，程序等级不止一个，都是从浅到深，从小到大。大率在于积累仁行善举，剔除嗜欲，坚守虚静而渐成通观内照。所以他们开始修行就按佛、法、僧三事，称作三归，譬如君子的三件敬畏之事。又有五戒：戒去杀生、偷盗、奸淫、妄言、饮酒五件事，五戒的大意与儒家仁、义、礼、智、信相同，而名称有所差异罢了。说只要奉持了五戒，就会生活在天人胜处，损坏差失就会掉进鬼、畜之苦中。还有善恶的产生，总共有六条途径。

　　凡是信奉佛道的，必须剃除须发，去除家累，出家修行，师徒聚集一块，遵守戒律法度，共同一起清居，诚心修炼清静洁身，靠行乞来自足，这些人被称作沙门，又称作桑门，也是声音相近的缘故，总称之为僧，都是胡人的语言。僧，翻译成汉意为和合众人之命，桑门意思为静心，比丘之意则为行乞。世俗之人信奉道法的，男的被称作优婆塞，女的则叫优婆夷。那些想成为沙门的人，开始修炼十种戒规，叫作沙弥，最终有二百五十诫，修成后就可以成为大僧人了。女性入道者称作比丘尼，修诫一共有五百条，都以戒条为本。根据事情而增加数目，目的在于防心，控制身体，端正言语。心中应去除贪、忿、痴之心，身体应去掉杀、淫、盗之行，口中应了断妄说、杂说以及其他非正道之言，总括叫作十善道。能达到这些，就可称作心、身、口都清静。普通人修行可以达到善恶相报，并慢慢达到圣明之境。初步达到圣贤之境的有三种人，他们的佛根品业各有差别，称作三乘：声闻乘、缘觉乘、大乘，取的是可以修道进而达到最高道行而得名。这三种人为恶之迹已经干净，只要修身养性、洗荡心累、救济世人、加强品德。初根人为小乘，施守四谛法；中根人叫中乘，受十二因缘；上根人为大乘，那么就修行六度。虽然经历了三乘，而实质上是要修炼一切品行，拯救自己的意念，从不间断以至永远，这样才可成佛了。

　　所谓佛，本来称作释迦，意译为能仁，是说道德充沛周备，能够济度万事万物。释迦以前有六世佛，释迦继承六世佛而成道，处于今贤劫。有的书上说又称将来有弥勒佛，正继释迦而降生。释迦即天竺迦维卫国王之子。天竺是他的总称，迦维是别名。开始，释迦在四月八日夜从母亲的右肋生下来，生下来以后，姿态长相超乎寻常之处有三十二种，上天降下来吉祥的征兆以感应他的降生，也有三十二种。《本起经》叙述这些已很详备了。释迦出生的时候，当时为中国周庄王九年。《春秋》上记载鲁庄公七年夏四月，恒星不见、夜明，就是这个时间。到北魏武定八年，一共一千二百三十七年。释迦三十岁成佛，教导化育万物民众，四十九年，在拘尸那城婆罗双树间，在二月十五日而入涅槃，涅槃译为灭度，有的说法是常乐我净，没有变化衰谢及其他诸多痛苦累赘。

　　众佛法身有两种意义：一是"真实"；二是"权应"。真实身讲的是最高之体，什么至累也奇妙地断绝了，不可能按正规的期待，也不可能用形式去丈量规定，有感动就有感应，本体很清静。"权应身"的意思讲的是六道相合相和，与尘灰及万物相同，随时生存或毁灭，长和短者与物相融，外形是由触感而产生，本体并不是实有。暂存之体虽然凋谢，长存之真实际上不变。但是有时没有灵妙之感，所以不得以经常见到罢了。知道佛的生存并非实在的生存，灭逝也并不是实际的灭逝，佛既然离开世界，香木焚烧尸体。灵骨也分开碎掉，大小象颗粒一样，敲击它也不坏，焚烧也不变焦，有的产生光明神验，西方的说法把它叫"舍利"。弟子收藏敬奉，放置在宝瓶之中，送香花，表达礼敬爱慕，建立宫宇，即称作塔。塔也是西方的语言，象宗庙一样，所以俗世称作塔庙。在后来的百年，有个国王叫阿育，因为用神力分开佛祖的舍利，调动鬼神之力，建造八万四千个塔，遍布在全世界，都是同一天建成。现在洛阳、彭城、姑臧、临淄都有阿育王寺，大概是承袭他的遗迹。释迦虽然涅槃，但留有影迹在天竺，到现在还在。来往中土的人，都说见过。

开始，释迦所说的教义法术，在涅槃后，有声闻弟子大迦叶、阿难等五百人，撰集著录，阿兰亲自接受佛祖传授多，就主持这事，大概能综合研核佛祖深旨大意，没有什么遗漏散失。于是缀合文字，撰集而成三藏十二部经，象九流的不同流派，它的大致归承仍以大乘、中乘、小乘为本。后来数百年，有罗汉、菩萨相继著述论述，阐明经义，用来破除异道，《摩诃衍》《大、小阿毗昙》《中论》《十二门论》《百法论》《成实论》等即是，都是依傍几部大藏的意义，假借外人问答的疗式，而用内法解释它。

汉章帝时，楚王英喜欢做浮屠斋戒，派郎中令奉黄缣白纨三十匹，让相国去用来赎罪。下诏回答说："楚王喜欢浮屠的斋祠，沐浴清洁斋戒三个月，对神发誓，有什么怀疑和嫌弃的，应当有所悔改，他的贡品送还，用来帮助伊蒲塞、桑门的宴请。"因此把贡品公布给众国。桓帝时，襄楷用佛陀、黄老之道去进谏皇上，想让他爱护生命，不要妄杀，减少嗜欲，除去奢侈与浮华，讲求无为。魏明帝曾想破坏宫西的佛画，外国来的沙门于是用金制杯子装水，放在佛殿前，把佛的舍利投入水中，于是水中出现了五色光。这时明帝感叹说："假若不是灵异，怎么会这样?"于是就把佛画搬到了路的东面，并为佛画造了百间房屋。佛图的原址，则凿了一个濛氾池，并在水池中种上芙蓉。后来有一位天竺沙门昙柯迦罗来到洛阳，宣传译述戒律，这是中国有戒律的开始。自从洛阳建造白马寺，浓厚地用佛画装饰，画像十分奇妙，为四方形式。所有宫塔形制，仍然按照印度的旧样而加以重构，从一级到三、五、七、九级。世人相沿袭，称之为"浮图"，又叫作"佛图"。晋代，洛中地方佛教壁图达四十二所。汉代的沙门都穿红布，后代才改易为其他颜色。

晋元康年中，有一位胡沙门支恭明翻译佛经《维摩》《法华》，三部《本起》等，经中的微言大义，深奥理论没有能够探究明白。后来有一位沙门常山卫道安禀性聪明敏锐，一天能背诵经书万余字，研究探求经书旨意，感叹没有老师法匠可以请教，于是独坐静室十二年，精思细研，神悟妙理。从前所译佛经，大多有些错误纰漏，于是对这些经书错误加以纠正。石勒的时候，有一位天竺沙门浮图澄，从小的时候在乌苌国跟随罗汉学道，刘曜时来到襄国。后来被石勒所信赖，号称为大和尚，国家大事多向他咨询，所说大多灵验。卫道安曾经到过邺地候见浮图澄，浮图澄见到他以后十分惊异。浮图澄死后，中国战乱纷繁，卫道安于是率领门徒，出游到南方的新野，想让佛教广为流传，分别派遣弟子，各去一个方向。法汰到扬州，法和到四川，卫道安与慧远到襄阳。卫道安后来到了苻坚处。苻坚本来十分钦佩他的名声，见到以后，用老师之礼拜见。当时西域有一位胡人沙门鸠摩罗什，精通法门，卫道安想和鸠摩罗什讲论探讨，经常劝苻坚邀请鸠摩罗什。鸠摩罗什也听说了卫道安的大名，并称其为东方圣人，有时遥远地致意相拜。卫道安死二十余年后，鸠摩罗什到长安，遗憾没有见到卫道安，认为这是最大的遗憾。卫道安所改正的佛书经典语言，和鸠摩罗什所译就像符契相会，完全一致，没有一点差错。于是佛法宗旨在中土广为流传开来。

北魏开始建国在北方地带，风俗淳朴单一，清静无为用来自我保护，和西方地区相隔很遥远，没有什么交往。所以浮图作为宗教，没有谁听说过，即使听说过的人也不相信，等到神元年间和魏、晋通聘后，文帝久在洛阳，昭成又到过襄国，于是才详细地了解了南夏佛法之事。太祖平定中山，经营统治燕赵地区，所管辖的郡县国家里的佛寺，看到众多的沙门、道士，都精诚地加以敬重，禁军军队也不敢侵犯。太祖皇帝喜欢黄老之学，阅读了一些佛经，但是天下刚刚安定，战车经常出动，许多事情刚刚草创，没有建成浮图寺宇，用来招揽延请僧徒佛众。但是仍然不时地抽暇访求。在这以前，有位沙门叫僧朗，和他的徒弟隐居在泰山的琨瑞谷中。太祖皇帝派使者送信，用丝缯、素丝、旃罽、银钵等作为礼物，现在仍然称他所住地作朗公谷。天兴元年，下诏书说："佛法的兴起，它的来源很悠久，济世辅益的功劳，都达及了生存与死的人。神灵的踪迹，遗存的轨则，确实可以依据凭靠。敕令百官，在京城中建立庙宇，修饰整顿宫殿寺舍，使信仰归化的人有居住的地方。"这一年，才开始造五级佛图、耆阇崛山及须弥山大殿，都加以修饰，另外建造了讲堂、禅堂以及沙门座，没有不严肃设置的。太宗即位后，遵照太祖的事业，也喜欢黄老之学，崇尚佛法，京城及四方，建立佛图佛像，仍然命令沙门宣传教化、民众习俗。

开始，皇始年中，赵郡地方有沙门法果，传戒行为至为精诚，开讲演说佛法经义。太祖听说他的名字，下诏用礼节征请他赴京师，后来做了道人总领，统管约束僧徒。每次和皇帝讲论，皇帝心里都感到十分高兴，对他供奉布施很优厚。到太宗时，更加对他崇拜礼敬。永兴年中，前前后后被授予辅国、宣城子、忠信侯、安成公等称号，都坚决地推辞。太宗皇帝曾亲自到他住的地方，因为门太小，无法容纳皇帝车队，于是扩大增广其门。八十多岁，泰常年间逝世。没有埋葬的时候，皇帝三次去吊丧，追赠老寿将军、赵胡灵公。开始，法果每次说，太祖圣明聪慧，喜欢佛道，就是现世的如来，沙门应该行跪拜之礼。于是经常拜敬皇帝，对人说："能弘扬光大佛道的是皇帝，我不是在礼拜皇帝，实际是在礼拜佛。"法果四十岁，才成为沙门。他有个儿子叫猛，下诏让他袭承法果所封的爵位。太宗皇帝后来到广宗寺，有一位沙门叫昙证，年龄百岁了，在路上相见邀请敬奉送呈水果、物品。太宗皇帝尊敬他年老而志向体力不衰，也加封了一个老寿将军的称号。

这个时期，鸠摩罗什被姚兴所礼敬，在长安草堂寺聚集了八百余人，重新翻译经典。鸠摩罗什聪明善辩思想深沉，通晓东西文字。当时沙门道肜、僧略、道恒、道禤、僧肇、昙影等人，和鸠摩罗什共同互相提挈，阐发彰明经旨。各种经书有十多部，他们都重新确定章节、句读，文辞意义通达明白，到现在的沙门都还沿用学习。道肜等人见识学问博洽通达，僧肇尤其突出，鸠摩罗什的撰述翻译，僧肇经常执笔，确定所要表达的文辞和意义，注释《维摩经》，又写了几种论著，都有精妙的论述，学者们都宗法他们的学说。

又有一个沙门叫法显，感慨经律典籍不完备，从长安到天竺游学，经历了三十多个国家，凡是有经籍的地方，学习他们的语言典籍，翻译并抄写过来。过了十年，又在南海的师子国，跟随商人船队东下，昼夜昏迷将近二百多天，才到青州长广郡不其劳山，南下才出海。这年是神瑞二年。法显所经过的国家,用传记体记载,现在流传在世。他所得到的经律,通译没有完全表达原意。到江南,又和天竺的禅师跋陀罗辩论审定,称作《僧祇律》,比以前大大的完备了,被现在的沙门所守持接受。从前有沙门法领,从扬州到西域,得到《华严经》,译定后数年,跋陀罗和沙门法业重新加以译述撰写,流传于当时。

世祖刚开始即位,也遵从太祖、太宗的遗业,经常引见有高德的沙门,和他们一起谈论。在四月八日,抬着许多佛像,行走在大街通道上,世祖皇帝亲自登上城门高楼,在楼台上散花,用来表达对佛教的礼敬。

从前,沮渠蒙逊在凉州,也喜欢佛法,有罽宾沙门昙摩谶,学习许多经典律论,和沙门智嵩等,翻译《涅槃》等经十多部,又通晓术数、禁祝,屡次讲到别国的安危,每每被他言中。蒙逊经常向他咨询国家大事,神䴥中,世祖皇帝命令蒙逊护送昙摩谶到京城,蒙逊爱惜而不想送。不久,又害怕魏国的威胁责难,于是派人杀掉昙摩谶。昙摩谶死的那天,对弟子们说:"今天会有客人来,可以早吃饭来等他们。"刚吃完饭就有使者来了,当时人认为他能知道天命。智嵩也很颖悟,专心致志在经典上。后来就把新译出的经律论,在凉州地区教授传诵,辩论其中深义,并著有《涅槃义记》。守戒严肃整齐,弟子都严格遵守。知道凉州将会发生兵役,和门徒数人,想逃到胡地。路上发生了饥荒,断粮好几天,弟子求到了动物禽兽的肉,请求智嵩勉强吃一顿。智嵩遵守发誓的戒律,于是就饿死在酒泉的西山之中。弟子们堆积柴火焚烧他的尸体,骨头都成了灰,独独舌头完整、颜色形状不变。当时人认为是讲诵宣说之功的报应。凉州自从张轨以后,世世代代都信奉佛教。敦煌地方连接西域,佛道正根据它们的旧状,村落之间,大多都有佛塔寺院。太延中,凉州平定,迁徙凉州地方的人到京城,沙门佛事都向东发展,佛教更加发展。不久因为沙门人数太多,下诏罢免五十岁以下者。

世祖刚刚平定赫连昌,得到沙门惠始,俗姓张,家本清河,听说鸠摩罗什译出新经,于是到长安去拜见他,观摩学习经典,并在白渠北坐禅。白天进城去听讲,晚上则回来静坐。三辅有学识的人多效法他。刘裕灭掉姚泓,留下儿子义真镇守长安,义真和幕僚都很敬重他。义真离开长安后,赫连屈丐追杀失败了,佛徒老少都被坑埋杀戮。惠始受到刀刺,而身体没有受伤。大家感到很奇怪,对屈丐说了这件事。屈丐大为发怒,下令惠始前来,用他所带的宝剑杀他,也不能伤害,于是感到害怕而请求宽恕。统万平定后,惠始到京都,对他有些训教,当时人不能推测他的行踪。世祖十分看重他,经常加以礼敬。惠始从习禅一直到逝去,声称五十多年中间,从没有坐下来睡过觉。有时光着脚走路,虽然走在泥坑灰尘之上,开始不会弄脏了脚,走得越久脚越干净,世人号称为白脚先生。太延中,在八角寺逝去,整齐清洁正襟而坐,和尚徒弟立满身旁,平平静静地气绝。停尸十多天,坐式没有改变,颜色同平时一样,所有人都对此感到神异。于是掩埋在寺内。到真君六年,按规定城内不能保留坟墓,于是改葬在南郊之外,这是距惠始死已经十年了,打开棺材仍很端肃,和当初一样没有歪倒。替他送葬的六千多人,没有不受感动的,中书监高允为他写传,歌颂赞述他的品德事迹。惠始的墓冢上,建了一座石制精舍,绘上了他的形象,经过毁法运动,仍然独自保全。

世祖即位时,青春年少,立志建立武功,经常把平定祸乱作为重大事情。虽然归依佛法,敬重沙门,却没有阅读过佛经教义,更没有详细地考求因缘报应的意义。等到得到了寇谦之的道法,世祖皇帝认为道教清静无为,有登仙化去的证验,于是就信奉他的方术,当时司徒崔浩,博学多闻,世祖皇帝经常向他咨询国家大事。崔浩信奉寇谦之的道教,很不喜欢佛教,和皇帝谈话,多次对佛教加以非难诋毁,经常说佛教虚空荒诞,给世上带来浪费与危害。皇帝因为他善辩而且博览,很相信他的说法。正赶上盖吴在杏城造反,关中骚动。世祖皇帝于是西去讨伐,来到长安。以前,长安沙门在寺内种麦。皇帝的看马人在寺中喂马,皇帝进去观看。沙门喝了侍从官的酒,侍从进入他的便室,看到了许多弓箭、长矛、盾牌,出来后向皇帝回奏。皇帝发怒说:"这不是沙门所使用的东西,应该是和盖吴共同计划来残害人们。"命令管事的人把全寺的人都杀掉,清点并没收其财产,结果得到了许多酿酒的酒具以及州郡官和富人寄存的藏品数以万计。又制造暗室,和贵族家的女子私自淫乱。皇帝既十分愤怒沙门干非法之事,崔浩当时随行,因此大讲他的言论。下诏诛杀长安的所有沙门,焚毁破坏佛像,下敕传下四方,都按长安的办法办理。又下诏说:"那些沙门,假借西方虚诞之说,妄自制造妖孽,不是用来整齐政治教化民众,传布厚德于天下。自王公以下,有私自收养沙门的,都送到官府,不得隐蔽藏匿。限令今年二月十五日,超过期限不送出,沙门杀掉,收留者也一族都杀掉。"

当时恭宗做太子监国,平素敬重佛道,多次上表,陈述用刑法杀害沙门的过滥,指出这不是图画佛像的罪过。现在废除佛道,把那些寺院关起来,世代不奉祀守持,建筑装饰自然会毁弃掉。象这样申辩三番五次,皇帝不同意。于是下诏令说:"从前后汉的国君荒唐,信奉邪恶虚伪,胡妄地假托睡梦,事奉西方的妖鬼,因而变乱了天理伦常,自古以来中州大地没有比这更严重的。夸妄荒诞之言,不本乎人理之情。衰弱的时代,昏暗胡乱的君主,没有不被佛教所迷惑的。从此以后政治教化不实行,礼义大坏,鬼道高涨兴盛,对于王权法律,没有放在眼里。从此以后,每代都经受了战乱和祸害,上天的惩罚经常施行,民众都死光了。从曾祖到曾孙五代之内,都变成了坟墓废墟了,千里萧条,见不到人的踪迹,都是由于这个原因。我承上天之命,多次遇到时运不利的弊病,想除掉伪假而确定真的东西,恢复伏羲神农的天下大治,扫除掉一切西方的神灵,毁灭他们的痕迹,那样或许无愧于风后氏了。从今以后,胆敢有事奉西方神灵以及制造神像泥人、铜人的,满门皆杀。虽说是西方之神,询问现在的西方人,都说没有,都是前代汉人无赖子弟刘元真、吕伯强一类的人物,听从西方人的胡言怪语,借用老子、庄子的虚假附会而设立,都不是真正的事实。致使王法废弃而不施行,大概是大奸的魁首了。有非常特出的人,然后才能做非常特出的事。不是皇帝我怎能除去这个历代的伪物呢?地方官宣传告诉征镇诸军、刺史,凡是有画佛形象以及佛经,都要击破焚烧,沙门不论年长老少都坑杀掉。"这一年,是真君七年三月。恭帝的言语虽然没有接受,但是仍然得以缓迟宣布诏书,远远近近都提前听说知道了,得以各自打算安排。四面八方的沙门和尚,都逃亡得以幸免。在京城的,也得以全部获救。金银制造的宝物佛像以及许多佛经经论,大多得以秘密收藏。但是有关佛教的建筑佛寺佛塔,诏书命令所及,没有不被销毁的。

开始寇谦之和崔浩一起跟从皇帝车队,苦苦地与崔浩相争,崔浩不肯。对崔浩说:"你现在在走绝路,将会满门杀戮。"后四年,崔浩被杀,备受五刑,时年七十。崔浩既被杀掉,皇帝心里十分悔恨毁佛之事,但已实行,难以修复。恭帝暗地里想要恢复佛教,不敢说。佛教沦丧废弃,直到皇帝去世,长达七八年。但是禁令稍微宽松一些,诚信的人,得以秘密奉行事佛。沙门专门从事佛教的人,仍然私自偷偷地穿着法服诵读佛经,独独不能明显地流行在京中。

以前,沙门昙曜具有节操品行,又被恭帝所了解礼敬。佛教废灭后,沙门大多靠其他方面的能力自己养活自己,还俗求得自存。昙曜发誓想坚守到死,恭帝亲自加以劝谕,以至于再三,不得已才停止。秘密地穿着法服拿着法物,一点也不离开身边,听说的人对他很敬重。

高宗登上皇位,下命令说:"作为帝王,一定要敬奉神明灵魂,昭显彰明仁义之道,神明能把恩惠带给民众,救济补益万物,虽然从前往古,仍然叙说他们的丰功伟业。所以《春秋》赞叹崇敬神明的礼数,祭祀的典礼记载着布功施力的氏族。更何况释迦如来功力救济大千世界,恩惠流布到尘世。把生和死看得相同的人感叹他的通达博观,披览文章义理的人,以为义理宝贵奇妙,有助于政教的禁律,更有益于仁智者的善良本性,排斥群邪,开导演示真正的觉悟。所以前代以来,没有不崇尚的,也是我们国家所经常尊敬的事情。世祖太武皇帝,开拓广大边疆荒域,恩德泽润施及很远。沙门道士品纯行善,诚实可靠。惠始这样的人,再远的地方也去,风气意义所感化,往往象林木一样多,山和海由于深广,怪物就多,奸淫之徒,得以借身栖命,讲堂佛寺之中,以至于也有凶党之族。因此前代朝廷因为他们的缺失与过错,杀戮那些有罪的人。管事的人有违背旨意的地方,把一切都禁止废弃了。景穆皇帝每次为此而感慨,正赶巧国家多事,没来得及修理恢复。我承接大业,统帅天下万邦,想继承前代的志向,用来弘扬佛道。现在命令所有的州郡县,在民众居住的地方,都准许建一座佛图,随便花多少钱财,不加以限制。那些喜欢佛道,想作沙门的,不管他年长年幼,只要出身良家子弟,本性品行朴实敦厚,没有什么嫌疑污秽,乡村中比较明智的,听从他出家入道。大致大的州五十人,小的州四十人,其中边远地带十个人。各个应当按区分布,都可能够除去恶迹,追求好的,弘扬佛教之道。"天下听到这个意旨,早上听到还等不到晚上,以前所有毁掉的浮图佛寺,都还原修复了。佛像经典,都得以显扬。

京师沙门师贤,本来是罽宾国王种人,从小入门修道,东游凉城。凉城平定后到京城。废除佛法的时候,师贤假借医术还俗为医,但坚守佛道没有改变。在恢复佛教的时候,又重入沙门。他的同辈五个人都一起入佛,皇帝亲自为他剃发。师贤于是做了佛道头领。这一年,命令执事的人雕一个石像,形象像皇帝身体一样。雕成以后,眉毛和脚下,每处一个黑石,和皇帝身体的黑子相同,论说的人认为是真诚所感动的缘故。兴光元年的秋天,命令管事的人在五级大寺内,替太祖以下五位皇帝,铸造五个释迦的立像,每个长一丈六尺,都用赤金二十五万斤。太安初年,有师子国的西方沙门邪奢遗多、浮陀难提等五个人,奉持三个佛像来到京都,都说:经历了西方所有的国家,见到了佛的影迹以及肉身发髻,外国诸王相继承,都派遣工匠,摹绘他的形象,没有人能够达到浮陀难提所制造的境界,离十余步远,看上去仍神采光辉,越近越惟妙惟肖。又有沙勒西方沙门,到京城送佛教的钵及画像。

和平初年,师贤逝去,昙曜代替他,换名字叫沙门统。开始昙曜在恢复佛法的第二年,从中山受命到京城,赶巧皇帝外出,在路上碰见了,皇帝的马往前衔着昙曜的衣服,当时认为马认识好人。皇帝后来以老师之礼对待他。昙曜告诉皇帝,在京城的西面武州塞,开凿一座山的石壁,开凿五所,每一座雕刻佛像一个。高的七十尺,其次的六十尺,雕的形饰奇伟壮观,冠于一世。昙曜上奏:平齐的民户及广大民众,有能够每年送粮食六十斛到僧人中的,就是僧人的役户,粮食称作"僧祇粟"。至于到了歉收的年岁,救济饥荒的人，又请求民众中犯有重罪的人以及那些官奴户作为佛图户，用来供给各个寺院的打扫，每年兼作种田和运输粮食。高宗都同意，就这样僧祗户、粟以及寺户，遍及每个州和镇了。昙曜又和天竺沙门常那邪舍等一起，翻译出新的佛经十四部，还有沙门道进、僧超、法存等，都在当时很有名气，说经演义都很特别。

显祖即位后，信佛尤其之深，披览众多佛经，喜欢老子、庄子。每次同沙门及能够谈论玄学的人，一起讨论精要之道。开始高宗太安末年，刘骏在丹阳中兴寺设斋，有一个沙门，举止行为特别突出，大家一齐看到，但都没有谁认识他。沙门惠琚起身询问，回答说是惠明。又问从哪儿来。回答说，从天安寺来。说完，突然不见了。刘骏君臣认为是神灵感应，改中兴寺为天安寺。从此七年之后刘骏便登上了帝位，建号天安元年。这一年，刘彧和徐州刺史薛安都开始拿城来投降。第二年，完全拥有了淮北的土地。这一年，高祖生下来了。在这个时候建起了永宁寺，构造七级佛图，高三百多尺，基址构架都很宽阔，为天下第一。又在天宫寺，建造释迦的立像，高四十三尺，花了赤金十万斤，黄金六百斤。皇兴中，又建三级石佛图。雕梁画栋，上下重结，大小都是石头，高十多丈。镇固精巧细密，称为京城中的壮观景象。

高祖登位后，显祖迁移住到北苑崇光宫，观览学习佛典，在苑中的西山，建造鹿野佛图，离崇光宫右边十里地，岩房是禅房，禅僧住在中间。

延兴二年夏四月，下诏书说："比丘不住在佛寺房舍中，游历经过村庄，和奸猾的人往来，过了些年头，命令二十五户相结为保，不得让比丘居住。没有籍属的和尚，严格加以检查，发现有的话送给州镇，如果在郡县，送给本官，假若是佛、法、僧三宝巡民教化的，在外地带着镇维那等的文书印牒，在本地则带着都维那的印牒，然后随便行走，违犯的加重罪责。"又下诏说："教内教外的人，兴建造福的事情，建造佛图塔寺，高大宽敞显耀广博，也能够弘扬佛教了。但是无知之徒，各自竞相攀比，贫困富裕互相比阔，花费用尽了财产，仅存下一个高大和广崇，伤害昆虫及有生命的人。假若能诚心尽意，把沙土堆起来，造福也是不朽的。想建造有造福的根本，无知是伤害生命的事情。我作为民众的父母，我的任务是力求慈祥地抚养。从今以后一切都斩断掉。"又下诏书说："信仰诚实那么报应很远，行为诚实就感动深刻，历观先世的灵验瑞应，就有禽兽变色，草木变性的。济州东平郡，灵像生辉变成金铜一样的颜色，非常不平常的事情，与从前大不相同，特别隆重的妙法，按理应该在现在。执事的人和沙门统昙曜命令送佛像到京都，让道徒及俗众都看到真正的面貌，普告天下，都让他们听说知道。"

三年十二月，显祖因为打猎获得一只鸳鸯，它的配偶很悲哀的哭着，飞上飞下不离开，皇帝于是心中警觉，问左右说："这个飞叫的鸳鸯，是雄性还是雌性？"帝身边有人回答说："我以为是雌性的。"皇帝说："怎么知道的？"回答说："雄的阳性刚烈，雌的阴性柔和，按刚烈和柔和推断，一定是雌性。"皇帝感慨地叹息说："即使是人和鸟的事情有差别，至于说到天资禀性情感，又有什么差异！"于是下命令，禁止断绝猛禽，不得养育。

承明元年八月，高祖在永宁寺设大法会供奉，剃度良家男女僧尼一百多人，皇帝为他们剃发，施赏他们和尚衣服，让他们修道守戒，为显祖求福。这个月，又下诏建建明寺。太和元年二月，到永宁寺设斋，大赦死犯的罪。三月，又到永宁寺设法会，布道听讲，命令中、秘二省和僧徒一起讨论佛义，施给僧衣服、宝器。又在方山太祖建坟的地方，建造思远寺，从兴光到这所佛寺，京城内佛寺新旧有将近一百所，僧及比丘尼二千多人。全国寺庙共六千四百七十八，僧及比丘尼七万七千二百五十八人。四年春，下诏在鹰师故里建立报德寺。九年秋，执事上奏，上谷郡比丘尼惠香，在北山松树下死去，尸体不坏，已经三年，士女观看者成千上万。当时的人都惊叹奇异这件事。十年冬天，执事者又向上报告："从前接受皇帝敕封强迫入籍的愚民开始怀着侥幸，假借号称入道，用来躲避输役征课，那些没有凭借的僧徒比丘尼都让他们还俗，重新授受皇帝的诏令，所检核的僧徒、比丘尼、寺主、维那等应当在寺中暗暗审核，其中修道品行精严勤奋的，听从他在佛道中；行为粗鄙庸俗的，无伦有凭借无凭借，都罢免为民。现在按照圣旨选择送遣，各个州中那些还俗的，僧徒比丘尼共一千三百二十七人。"奏书被批准。十六年下诏书说："四月八日，七月十五日，听从大的州剃度一百人为僧尼，中等州郡五十人，小州二十人，作为正常的准则。颁布在市中。"十七年，下诏确立《僧制》四十七条，十九年四月，皇帝到徐州白塔寺，对众王及侍从官说："这座佛寺最近有位名僧嵩法师，从鸠摩罗什处接受《成实论》，在这里流通。后传授渊法师，渊法师传授登、纪二法师。我每次玩味《成实论》，可以去掉人心上的俗情，所以来到这座寺中。"当时沙门道登，很有学问法术，为高祖所赏识，经常带在一起讲说讨论。曾经在宫中和皇帝晚上谈话，一块看见一鬼。二十多岁死的，高祖十分哀痛惋惜他，下诏施给丝帛一千匹。又设一切僧斋，并且命令京城七天行道。又下诏说："我的老师登法师突然逝世，痛苦伤心，不能停止，近来吃药治疗，要注意丧事，不能够赴丧，只好准备老师之义，在门外兴吊。"僧徒及百姓均感到很荣幸，又有西方的沙门叫跋跎，有道业，很为高祖所敬仰信赖，下诏在少室山的南面，建少林寺住下来，公家供给衣食。二十一年五月，下诏说："鸠摩罗什法师可以称得上神化超出智、勇、仁、信、忠五才，志节进入仁、义、礼、智四行的人，现在经常住在寺中，仍然还有空余之地。敬顺地修道、志向情感很深很远，可以在旧的堂所，为他建造三级浮图。又被昏虐所逼，为佛道而亡身，既然暂时和俗体相同，应该有子孙后代，可以推求访问报告上来，可以加以接续。"

以前，立监福曹，又改为昭玄，配有官职，用来处理佛僧的事情，高祖时，沙门道顺、惠觉、僧意、惠纪、僧范、道弁、惠度、智诞、僧显、僧义、僧利，都因为德义道行而被推重。

世祖即位，永平元年秋天，下诏说："佛徒与百姓虽然不同，法律也应该相异，所以道德与教义在互相显明中更为明白，禁令与劝助各有各的适宜。从今以后，僧人犯了杀人以上的罪，仍然按照普通的断法，其余的犯罪都交给昭玄，按内部法律制断治理他们。"二年冬天，沙门统惠深上奏说："僧徒以丘尼众多、清浊混杂，有的不遵守禁律典则，好的和坏的没法分辨，于是和经律法师一起商议建立制度：每个州、镇、郡维那、上坐、寺主，都让他们自己修持戒律，都要按照内部禁分，假若有不懂律条的，退至本次。又说：出家的人，不应该犯法，积累八种不净物。但是经律所规定的，通达与否各有差别。按律条：车牛及寺院仆役，是不净的东西，不应该为自己所私养，只有年老多病满六十岁以上的人，限制乘坐一辆。又：近来僧尼，有的因为佛、法、僧三宝，出借财产，化缘州外，又：出家人舍开家庭，本来没有凶仪之事，不应该废弃佛道而随从习俗。父母或三师之丧，远远听说凶讯，任他哭三天，假若在眼前看到见到，限定在七日。有的不安于在寺舍中，游在民众中，违乱佛道制造过失，都是因为这些事情。假若有犯的，脱掉僧服还民。那些建造佛寺的限制收僧五十人以上，报告诉听他们建造。假若有随便建造营制的，按违犯敕制之罪论处，该寺中的僧徒都被赶出外州，僧尼的法规，不应该为普通人所使用。假若有违犯法规的，返还原籍。那些外国僧尼来归化的，寻求那些有高德的高僧符合三藏的听他居住，假若没什么德行，遣送回本国，假若他不离去，按这种僧律治罪。"下诏听从。

从前，在恒农荆山制造珉玉一丈六的塑像一个，三年冬天，迎送放置在洛水河边的报德寺，世宗亲自向它致敬。

四年夏天，下诏说："僧祇的粮食，本来是期待救济布施，歉收之年出借，丰收之年则收藏。山林僧尼，随时用来补给布施；人民有困难或弊病，也给予救济。但主持事情的官吏贪图利益，从中求得赢利，等到征用不计较水灾旱情，有的偿还的利息超过本金，有的改动券契，侵害贫困的民众，没有谁知道记录他们的极责。普通民众受苦受难，日子一天比一天艰难。这并不是因此可怜他们的贫困与穷苦，宗法追求慈善拯灾的本来意思，从今以后，不应该专门交给维那、都尉，可以让刺史一起加以监督检查。尚书检核那些有僧祇的地方，州别外列出它们的基数，收进与放出的收入利息，救济的多少以及借贷放债的年岁月份，现存的以及没有收购的，都存簿记录。假若收到的利息超过本粮，以及翻改账本契券，根据法律免去罪过，不复再加罚罪。有的有私人债务，反过来施舍赏给僧人，便用此来救济民众，不听收检，后来有出借放贷，首先尽量救济贫困穷苦，征粮还债的科条，一律按照旧的规定，富裕的家庭，不能任其放债，假若泛滥冒犯，按法律加以治罪。

又尚书令高肇上奏说："小心地说：亡故的沙门统县曜，以前在承明元年，上凉家州军户赵荀子等二百家为僧祇户，建立课税积累粮食，拟定救济饥民，不限制道徒或俗民，都用来拯救布施，又按内律，僧祇户不得另外属于一寺，但请求强谓诏令，致使叹息的怨恨满路都是，抛弃儿子伤害生灵，跳河自杀的，达五十多人。难道是敬仰赞叹圣明慈育的心意，严重地丧失了皇帝陛下归依民众的心里。因此让这些人，在路上巷中高喊叫唤，没有地方可以安顿，以至于白羽贯过耳朵，在宫廷官府中打官司。普通的人，尚且感到哀叹痛惜，更何况慈祥悲悯的人，怎么可以安心、请听从荀子等回家征役借役，歉收之年，借给贫困的人。假若有意料之外的事情，用来巩固捍卫边疆。象僧暹一样的建反旨意背叛法律，荒谬上奏的罪过，请交给昭玄，按照僧律处罚。"下诏说："僧暹等人特别可原谅，其他按奏折办。"

世宗特别喜欢佛理，每年经常在禁城中亲自讲解经论，广集名僧，称明义旨，沙门担任记录，编成《内起居》一书的。皇上既然尊崇，民间更加追尚。到延昌年中，天下州郡僧尼寺，一共有一万三千七百二十七所，僧徒更加众多。

熙平元年，下诏派沙门惠生出使西域，采访经书律论，正光二年冬，回到京师，所得经书律令一百七十部，流传于世。

二年春，灵太后下令说："往常剃度僧人，根据限制大州应该一百人，州郡在前十天里送了三百人，其中中州二百人，小州一百人，州统、维那和官吏应精择严选以充数。假若没有精洁之人，不应该胡乱保送选取。假若取择不得其人，刺史作为负责者，按违犯旨意论处，太守、县令、纲僚都按级相连论罪，沙门统和维那送到五百里以外的其他州做和尚。从今以后奴婢都不让出家为僧，诸王族以及亲友贵族，也不能随便请求，有违犯的，按违反圣旨论罪。那些僧徒比丘尼随便剃度他人奴婢的，也移到五百里以外的地方做僧徒，僧民养很多亲朋以及其他人奴婢的孩子，年纪大并私自剃度为弟子的，从今以后取消。有违犯的还俗，被供奉地回到原来的地方，从今有一个人私自剃度，都按违反圣旨论罪。邻长为首，里、党各自都降一级，县里超过五十人、郡里超过三十人，州镇超过三十人，免除官职，慕僚及从吏按级论罪。私自剃度的人，配发所在州充役。"当时法律禁令宽松，不能改变归化。

景明初，世宗下诏大长秋卿白整准代京灵岩寺石窟，在洛南伊阙山，为高祖、文昭皇太后建造石窟三座。刚建的时候，石窟的顶离地三百一十尺。到正始二年中，开始出高山二十三丈，到大长秋卿王质，说开山大高，费力难以成功，上奏请求往下移动接近平地，离地一百尺，南北一百四十尺。永平中，中尹刘腾上奏为世宗再造一石窟，一共三所。从景明元年至正光四年六日以前，花了八十万二千三百六十六个工。肃宗熙平中，在城内太社西边，建造永宁寺，灵大后亲自率领百官群臣，奠基建刹，佛图共九层，高四十余丈，它所花费的费用，不可胜计。景明寺佛图，仅是居第二，至于官方私人的佛寺佛塔，数目很多。

神龟元年冬天，司空公、尚书令任城王澄上奏说：

尊敬的高祖皇帝，建立基业在嵩瀍之间，占卜世事悠远，考虑计划从头到尾，创造符合天人，造物开符，垂流万世，故都的都城规定说，城内只建一座永宁寺的地方，城郭内只设尼寺一所，其他都在城郭之外。想让永远遵照这一规定，不敢超过这个规矩。到景明初年，稍有违犯禁令。所以世宗遵从修持先代之志，于是发布圣明之旨，城内不建立设造浮图，僧尼等寺，也是想断绝他们觊觎。文武二帝，难道不喜欢追尚佛法，大概因为佛道与习俗道路不同，按理应该不相违乱的缘故。但是世俗眩惑佛教的声势，僧徒贪恋丰厚的利润，虽然有明显的禁令，仍然私自建造。至正始三年，沙门总管惠深违犯景明的禁令，于是说："营建的佛寺，不忍心搬动毁掉，求得从今以后，不再随便建造。"先帝心中宽厚，把典制放宽听从其请。前代颁行的诏令，仍然不能得以遵守，后来私下请求的，更加追求竞争。永平二年，惠深等人再立条例，向皇上报告说："从今以后，想建造佛寺的，限制在僧尼五十岁以上的人，听他们随意建造；假如有随意建造的，按照普通违犯赦令的罪过处罚，寺中的僧人，赶出外州。"近来十多年，私人建造佛寺越来越兴盛，论罪赶去外州的事情，一点也没听说过。难道不是朝廷规定虽然严明，依靠福降一起毁弃制度。僧制白白地建立，因为考虑到利益而不遵从？既非俗人又不是道人一定有损于法制，作为一个人而没有什么满足，这还有止境吗？

学问很深很远，不是一般浮识之士所能分清；佛门广阔安静，难道是简短的言辞所能说明的。但是安静地生活在红尘之外，这在道家已开先例，功业因缘既冥且深，并非追求奢华或隐遁。假若能真正诚信，童子堆沙，可以超过设道场，纯粹节俭的设置，足可推荐给双树。哪里用得着去放纵盗窃，资助建造佛寺观宇？这实是民众之幸，而不是国家之福，但是近日私人建造，动不动就满百，有的趋机请求公家地址，于是为自己谋福；有的报告造寺，在规定的范围外扩大规模，如此这样欺骗不可以一点点计较。臣子因为才华鄙劣，诚恳地担任工务，奉命遵守成规，总体起来裁定规量。因此所以翻看旧有的旨意，研究图格，于是派府司马陆昶、缘属崔孝芬，都城之中及城郭郡邑之内调查寺庙，总数超过五百，凭空起刹，没有建立塔寺，不在这个数之中。民众不害怕法律，竟然到了这个地步。自从迁都以来，时代超过了二十四年，佛寺夺去了民间的居地，三分占了一分，高祖建立制度，并不是白白地想让僧徒与民众这样大的分别，也是考虑很深，防止很远。世宗祖述，也不禁锢造营福业，应当在没有萌芽之时便防止了。现在的僧寺没有一处地方没有，有的连接着满城都是，有的接连着占满了屠场，卖酒的市场，有的三五个小和尚，共同主持着一个佛寺。诵佛的梵语和卖肉的声音，交错在同一檐下，佛塔被腥臊味所缠绕，嗜欲把性灵冲没了。真的和假的混在一起,来来往往很杂乱。下面的官吏因习以为常而没有责难,僧徒互相不问。这对于污染真性,弄脏真正的僧徒,香草与杂草同在一个器皿中,不是更加过分吗?从前在北方代国,有法秀谋乱;近日在冀州,碰到大乘的变化,开始都借助于神教,用来蛊惑民心,终于设立奸诳,用来逞纵自己的欲。大和的制度,因为法秀的事情而杜绝干净;景明的设禁,考虑到大乘即将发生变乱。才开始知道祖宗睿智圣明,防止制断考虑很深,走在带霜的坚冰之上,不可以不慎重。

从前如来阐扬教义,大多靠在山林,现在的僧徒,眷依着大城都邑。难道污水涨满是讲经所适宜,杂乱浮喧是栖息讲禅的地方,大概是由于利益吸引着他们的心,不能够自己控制。居住者既然失去他们真正的一面,建造的人也就有可能有损福业。这是释氏的糟糠,法中的社鼠,法内之戒所不能容忍,王法国典所应抛弃的。不仅京城之中这样,天下州、镇僧寺都是这样。侵害剥夺普通民众,广泛占有田土住宅,伤害慈祥老弱,值得长嗟苦叹。况且人的想法不同,善恶也不一样,有的栖心在真趣之中,道业清远,有的则外在假借法服,心中怀着歹心。象这样的人,应该分清泾渭。假若都看成一样,怎样才能劝民为善?然而看到佛法表彰善行,这是普通人所知道的;矫正习俗回避嫌疑,人的情趣相同。下臣独独想干什么?一个人的议论私下发表。确实因为国家之典一旦废弃,正本清源特别艰难;法网一旦失去,条纲就会混乱,因此所以冒昧地陈述自己的想法,希望僧俗均得其益。

我听说设立法令一定要实行,建立处罚就能严肃,有令不执行,不如没有法令;处罚而不严肃,还不如不处罚。最近圣明诏书多次发下,但是建造的人更加多;严格的限制突然放松,但违犯不停的人,难道不是靠借福,苟幸不加罪于身吗?人追求私心,官吏难道可以严格追查。前代的制度没有追求以前的不幸,后来的圣旨放开了今天的宽恕。世情啊世情,竟然变成了常法。现在应该加以严格的惩罚,特别设立严重的禁令,来纠正那些违犯者,并惩罚那些过失之事。假若不严峻加以检束,现在允许宽容,担心现在圣明虽然明白,但实施又如以前,而且圣命命令所规定的,榜示礼拜的地方,都任其放松而不禁止。我认为,设立榜示没有一定礼信就很难证验。想说建造,张榜公布,应该建造的话,的确讲明应该礼信,如此这样则白白地只有禁止的名声,实际打通了营造的道路。况且迁移改变御旨之后,割断的诏书四处流行,但私人建造者,不害怕规定的旨意。难道是百官执事者,对奉法守法有差失?恐怕是法网疏漏禁令不严,抑或有其他缘故。按照下臣的想法,都城之中,即使有标示榜文,营建的大致工夫,事情可以改建的,请按以前的制度办。处在城廓之外的,随便他们选择什么地方,他的地盘假若是买到的,文券契证很清楚的,听从随便转让。假若是官府的地盘而偷偷地建造的,马上让他们还给官吏。假若灵象已经建成,不可能移动改换,请求按照现在的赦令。城廓之内按此进行商量。那些寺庙塑像威严耸立、靠近屠场卖酒地很近的,请求搬掉旁边的屠场或酒店,用来清洁神灵之居。虽然有僧徒之数,但事情可以变移的,让他们到空闲宽敞之地,以躲避狭隘、简陋之苦,如果是今年正月下赦令以后建造的,请求按照旧有之制,根据法律治理。假若僧人不满五十个,互相通融,小的合并到大的去,一定让他们满额,地盘买卖归属,一律按照上面的原则,从今以后外州之地,想要建造亲庙,僧人五十以上的,首先让本州上表报告,昭玄考虑审查,上奏允许才准建造。假若有违犯,都按照前面的规定。州郡以下,允许而不禁止,罪过与违背圣旨相同。大概可以上遵照先代皇帝不朽的事业,下可以奉行现在圣旨慈悲之意,那么规定可以全保,圣治之道不远了。

上奏被批准,不久,天下丧乱,加上河阴的严酷,朝廷官吏死去的,他们的家属多把旧宅捐献,以施舍给僧尼。京城中的宅第,大多成了佛寺了。以前的禁令,不再实行了。

元象元年秋天,下诏说:"梵境幽玄,本义是归于清静广阔,伽兰净土世界,理应绝弃热闹的尘世。前朝的城内,首先有禁令制断,自从迁来邺城,都按照旧规矩办。但是百官及士民,筑都的开始,城外的新城,都给一住宅。旧城中暂时都是借用,并打算后来借用,不时成为永久之规。听说有许多人,都在二处得到地方,有的舍弃旧城所借的屋宅,擅自立为寺庙,知道不属于自己所有,假借这一名声。终究担心因袭而更加发展,有亏旧式,应该交给执事者,认真加以统计。况且城中旧寺和住宅,一定都有旧账,那些新立的,都应该毁弃废掉。"冬天,又下诏说:"天下的牧守及令长官员,都不准建造佛寺,假若有违犯的,不追问财产从何而来,包括所用的功费,都按违犯法律论罪。"兴和二年春天,下诏用邺城旧宫为天平寺。

世宗以来到武定末年,沙门中著名的有惠猛、惠辩、惠深、僧暹、道钦、僧献、道晞、僧深、惠光、惠显、法荣、道长,都为当世所敬重。

魏国拥有天下,一直到禅让,佛经流通,大集于中国,共有四百一十五部,合计一千九百一十九部。正光已亥,天下多乱,征役尤其多,于是所在的编户齐民,都一起入佛为僧,假借仰慕沙门,实际是逃避征调兵役,猥恶泛滥的极限,自从中国有一佛法,从来没有过。总略计算,僧尼一共有二百万了,佛寺三万多,流俗积弊不归,以至于这地步,有识的人因此而叹息。

道家的本源,出自老子,它们自己说,产生在天地形成以前,用来化育万事万物。在上居住在玉京,作为神王之宗;在下紫微,是飞仙的主宰。千变万化,有道德而不认为有道德,随着万物的变化而感应变化,它的影迹没有什么正常之态,在峨眉传授轩辕,教授帝喾以统治之德,大禹听说了长生不死之诀,尹喜接受了道德的意旨。至于丹书紫字,是升玄飞仙的经典;玉石金光,是妙有灵洞的学说。象这样的文字,不可以记尽。它作为一种宗教,都是除去邪恶秽迹,清洁心神,积累善行道德,建立功勋事业,于是就会白日升天,长生在世上。所以秦始皇、汉武帝,心甘情愿而不停止。灵帝把华盖放在濯龙之上,设立坛场以为礼敬。等到张陵在鹄鸣山授道,因此传授天官章本一千二百人,弟子相互传授,事情大为流行。斋戒祭祀跪拜,都成为法道,有三元九府,百二十官,一切诸神都归其统领管理。又称"劫数",与佛经很相似。象延康、龙汉、赤明、开皇一类,都是它的名字,等到他们劫数终止,称作是天和地都坏了。它们的书籍中有很多禁秘之事,不是道徒,不得随便观看。至于销化金子玉石,用符化水,奇妙的方术有万样千条。最上称羽化飞天,其次称消灾灭祸,所以喜欢奇异的人往往尊重并习行之。

开始文帝到晋朝为贵宾,跟从的人叫务勿尘,姿态神奇壮伟,在伊阙之山寺登道成仙道。知道的人都说魏国的神祚将会壮大。太祖喜欢老子的学说,讲诵吟咏不废倦。天兴年中,仪曹郎董谧因献服食仙经数十篇,于是建立仙人博士,建立仙坊,煮炼各种药物,封肓西山用来供奉烧薪蒸药。让犯有死罪的人试着服用,因为那些人都不是本心,大多死去而没有效验。太祖仍然修持。太医周澹,认为道教煎煮开采的事情很苦,想废除这件事,于是暗地里让妻子买得仙人博士张曜的小妾,得到张曜隐藏的罪责。曜害怕处死,因此请求辟谷,太祖同意,供给张曜器具费用,在宫苑中建造静室,并拨给打扫二家的人。

而炼药的官吏,仍然没有停止,过了很久,太祖心中有些松懈,才停止。

世祖的时候,道士寇谦之,字辅真,南雍州刺史寇赞的弟弟,自称是寇恂之的十三世孙,早年喜欢仙道,有与世俗相绝的心愿。从少修炼张鲁的道术,服寒食散,吃炼丹药,经历多年而没有作用。他的诚心感动了上天,有位仙人叫成公兴,不知道是什么人,至寇谦之叔母家里做用人。谦之去探望他的姨,看见成公兴形象状貌很强壮,辛苦地劳动而不显疲倦,请求让成公兴去为自己帮佣,等到要回家,让成公兴打开房舍南边的辣田。寇谦之在树下坐算,成公兴勤奋地开垦,当时来看寇谦之坐算。寇谦之说:"你只管拼命干活,为什么来看这些。"三天之后,又来看坐算,象这样没有停止。后来寇谦之计算七曜,有时不清楚,心中很失望。成公兴向谦之说:"先生为何不高兴?"谦之说:"我学算多年,但近来计算《周髀》不相合,因此而感到惭愧,但事情不是你所知道的,哪里用得着问?"成公兴说:"先生试告诉成公兴,让我来演算一下。"一会儿就算清了。谦之感叹并佩服,不知道成公兴的深浅,请求他当自己的老师。成公兴坚决推辞不肯,只愿意当寇谦之弟子。不久,对寇谦之说:"先生有意学道,能不能和成公兴一起归隐?"寇谦之很高兴地同意了。成公兴于是让寇谦之斋戒三天,一起到华山,让谦之住石室,自己外出采药,回来让寇谦之吃药,不再饥饿。于是带着寇谦之到嵩山,有三重石室,让寇谦之住第二重,过了年,成公兴对寇谦之说:"成公兴出去后,将会有人送药来,得到后只管吃,不要感到奇怪。"不久有人送药来了,都是些毒虫腐臭之类的东西,寇谦之十分害怕地逃走了。成公兴回来后问情况,谦之把情况说了,成公兴叹息说:"先生不可能做神仙,只可作为帝王的老师了。"成公兴事奉寇谦之七年,于是对他说:"成公兴不能久留,明天中年应该离去。成公兴死后,先生自己沐浴,会有人迎接。"成公兴于是进入第三重石室逝去了。寇谦之自己沐浴,第二天中午,有叩石室门的,谦之出去看,看见两个童子,一个拿着法服,一个拿着钵和锡杖。谦之引进门,到成公兴尸体之处,成公兴慢悠悠地起来,穿上法服带着钵,拿着锡杖走了。以前,京北灞城人王胡儿,他的叔父死了,很有些灵异,曾经将胡儿放在嵩高别岭上,同行的人观望,看见金室玉堂,有一个馆尤其珍贵华丽,里面是空的,于是进入,题名为"成兴公之馆。"胡儿奇怪地问他的叔父说:"这是仙人成公兴的馆,因为犯了火烧七间屋的罪过,被下谪作寇谦之七年的弟子。"才开始知道谦之精诚通达甚远,成兴公是神仙被谪满以后才离开的。

寇谦之守志在嵩岳,精诚专门没有松懈,在神瑞二年十月乙卯,突然碰到大神,乘云驾龙,百灵带路,仙人玉女,左右侍卫,停集在山顶上,称为太上老君者对寇谦之说:"以前辛亥年,嵩岳镇灵集仙宫主,上表天曹,告诉自从天师张道陵去世以后,地上很久没有职位了,修善的人,没有什么师承传授。嵩岳道士上谷寇谦之,立身端直合理,行为和自然相合,才能可当轨则师范,处于老师之首。所以我来看你,授给你天师的位置,赐给《云中音诵新科之诫》二十卷,号称'并述'。"又说:"我这个经诚,自从天地开辟以来,没有传于世,现在是运数应该出来了。你宣传我的《新科》,用来清理整顿道教,除掉三张的伪旧之法,以及租米钱税,男女合气的法术。大道贵清虚,难道有这种事。应该专门以礼度为首务,而辅以服食闭练。"让王九疑人长客之等十二人,传授寇谦之服气导引口诀之法,于是得以辟谷,气盛体轻,颜色十分美丽,弟子十多人,都得到他的法术。

泰常八年十月戊戌,有牧士上师李谱文来到嵩高,说:老君的后代孙子,以前住在代郡桑乾,在汉武之世得道,成为牧土官主,统领三十六土人鬼的政务。地方圆十八里多,大概是历术一章的数字。其中为方万里的有三百六十方,派弟子宣传教义,说嵩岳所统的广汉平土方万里,用来授予寇谦之。作诰文说:"我住在天宫,敷演真法,考虑到你布道二十二年,除去十年为启蒙,其余十二年,教化虽然没有什么大功,但有传授的苦劳,现在赐给你《天中三真太文录》,召致百神,以传授弟子。《文录》有五等,一叫阴阳太官,二叫正府真官,三叫正房真官,四叫宿宫散官,五叫并进录主。坛位、礼拜、衣冠仪式都有差级品位,总共六十卷,号称《录图真经》,交付你奉持,辅佐北方泰平真君。出天宫静轮之法。能兴造建就,则是真仙了。又地上的生民,末劫将来,在其中行教很困难。只有命令男男女女建立坛宇,从早到晚礼拜,象家里有父亲,功业能达到上一代。其中能够修身炼药,学习长生之术,就是真君种民。"药另外传授有方,销炼金丹、云英、八石、五浆的方法,都有要诀,上师李君手笔有数篇,其他都是楷书官赵道覆所写,古文鸟迹,篆隶杂体,辞旨意义简约说理,委婉成章,大致和世俗之礼相同,选择贤明有德的人,信仰的优先,勤奋的居次,又说天地二仪之间有三十六天,其中有三十六宫,每宫有一宫主,最高的称无极至尊,其次称大至真尊,再次天覆地载阴阳真尊,次洪正真尊,姓道名道隐,在殷时得道,牧土的老师。牧土为了以后,赤松、王乔一类的人物,以及韩终、张安世、刘根、张陵,近代成仙的,都跟随附从。牧士把寇谦之当作儿子,让他和群仙结为学徒朋友。幽冥之间的事情,世上不一定清楚,谦之详细问询,都一一回答。《经》说:佛,从前在西胡得道,在三十二天,是延真宫主,勇猛苦救,他的弟子都剃发染衣,断绝正常人道,诸天衣服都是这样。

始光初年,奉持他的书向上贡献,世祖于是让谦之住在张曜的地方,供给他食物,当时朝廷、民间听说,或存或亡,没有全部相信。崔浩独独感到奇异,因此师事寇谦之,并接受他的法术。于是上疏,赞叹表明这事说:"我听说圣上受命,就有天人感人。因此《河图》《洛书》,都把文字寄存在虫兽一类的文字上,不象今天人和神仙相接对,笔迹都很明白,文辞意义很深远,从古都没有人可以相比。从前汉高虽然很英圣,四皓仍然感到耻辱,不向他屈膝。现在清明之德的隐逸神仙,不用召唤而亲自来到,这确实是陛下可以赶上轩辕、黄帝,是感应上天的符瑞,怎么可以当作普通世俗之谈,却忽略上灵的命令,下臣私下里感到害怕。"世祖听了很高兴,于是派使者带着玉帛及牲畜太牢等祭品,祭祀嵩岳,迎请在山中的其他弟子。于是崇敬信奉天神,显扬新的道法,宣布天下,道业大行。崔浩事奉天师,拜敬礼信很严。有的人讥笑他,崔浩听说后讲:"从前张释之为王先生织袜子,我虽然才华并不是什么贤者哲人,现在敬奉天师,也可以不愧对古人了。"等到嵩高道士四十多人来到,于是设立天师道场在京城的东南,重叠有五层,按照新出经典的制度。供给道士一百二十多人衣服食用,一齐严肃地祈求,六时礼拜,每月设厨会时有数千人。

世祖要讨伐赫连昌,大尉长孙嵩阻拦他,世祖于是向寇谦之询问事情的征兆,寇谦之说:"一定会胜利。陛下神武应天期,天经地义地统治天下,应当用兵平定九州,先用武功后施文治,用来成为太平真君。"真君三年,寇谦之上奏说:"现在陛下您以真君统治天下,建立静轮天宫之法,开古以来,从来没有过。应该马上接受符书,用来彰明圣德。"世祖听从,于是亲自到道场,接受符箓,准备法驾,旗帜都是青色的,用来顺从道家的颜色。这以后的几位皇帝,每次即位都按这套办,恭宗看见寇谦之上奏建造静轮宫,一定想让宫高到听不到鸡狗的声音,想从上和天神相接,费工征役按万计过一年还建不成。于是对世祖说:"人和天道不同,高和低有定分。现在寇谦之想要无法成功的期限,说是不可能的事情,财产物力损耗花费,百姓疲劳,不是太不应该吗?一定象他所说的,不如借助东山万仞之高,作办道功也就差不多了。"世祖深深地感到恭宗的话很对,但是因为崔浩赞成,难以违背他的意思,沉默了许久,才说:"我也知道这件事情不成,事情既然这样了,何必爱惜那三五百个工?"

九年,寇谦之逝去,按道士的礼节安葬。在没有逝世的时候,对众弟子说:"我谦之在世,你们可以请求迁录,我逝世以后,天宫真是难说。"又碰到设会之日,又设二桌在上师座前,弟子问是什么缘故,谦之说:"仙官要来。"当夜逝去。前一天,实然说:"我出气闭气接不上,腹中很痛。"但是行为举止正常,至第二天便寿终了。不久,口中气状象烟云,向上从窗中出,至半天中才消失。尸体变长了,弟子量他,达八尺三寸。三天以后,稍微缩少一点,到装敛时量他,才长六尺六寸,于是弟子认为是尸解变化离去了,没有死。

当时京兆人韦文秀,隐藏在嵩高,征到京师。世祖曾经询问方术金丹之事,都说可以成功。文秀回答说:"神道幽深,变化难测,可以暗地里碰到,难以预先期待。我以前受学于先师,曾听说过这事,但没有做过。"世祖因为文秀是关右豪族,风操温雅,回答很有方法,派他和尚书崔赜到王屋山合丹,竟然不能成功,当时方士到来的前后数人,河东祁纤,喜欢相人,世祖认为贤明,封祁纤为上大夫。颍阳绛略,闻喜吴劭,导引养气,活到一百多岁,神态气息没有衰减。恒农阎平仙,博览百家之言,但不能知道真正的意义,言辞占卜回答,意思可以接受。世祖想封他官吏,最终辞职不接受。扶风鲁祈,赶上赫连屈子的暴虐,躲避在寒山之中,教授弟子数百人,喜欢方术,没有嗜好。河东罗崇之,经常吃松脂,不吃五谷粮食,自称是从中条山授道。世祖命令罗崇同到乡里,建坛祈求请愿,罗崇说:"条山有一穴,和昆仑、蓬莱相连,进入洞中可以见到仙人,并和他们往来,下诏让河少郡借给他所需要的。罗崇进入洞穴,走了百多步,洞就到了尽头。后来被征召,掌事者认为罗崇诬罔不守道,上奏治其罪。世祖说:"罗崇是修道人,难道欺骗妄说用来诈行于世,或许是传闻不确,因此这样。古代的君子,用礼进人,也用礼退人,现在治他罪,实在是伤害我对待贤者的心意。"于是赦免了他,又有东莱人王道翼,从少有不同世俗的志向,隐居韩信山四十多年,断绝粮食只坐吃香草,通晓明白经书,书写符录,经常隐居深山,不和世事相交,活了六十多岁。显祖听说就召见他。青州刺史韩颓派使者到山上去征求他,王道翼于是到郡。显祖认为他守住本业,于是让僧人供给他衣服,以养终年。

太和十五年秋,下诏说:"最好的道没有形,以虚无寂静为主。自从汉代以来,设置建立坛祠,前朝认为最为归顺可以利用,因此建立寺宇。从前京城之内,住的房屋都很少,现在房屋一栋挨一栋,人和神杂处,并不是在崇仰佛法,清静尊敬神道,可移到都城南的桑乾之北、岳山之南,永远设置场所,给予五十户,用来供给斋戒祭礼应用,仍然命名为崇虚寺,可以召名州隐士人数满九十人。

从洛移到邺,办事还同以前,道坛在南郊,方二百步,在正月七日,七月七日,十月十五日、坛主、道士、哥人一百六人,用来施行拜祠之礼。众道士很少能精诚,又没有高才法术。武定六年,执事者上奏罢掉。其中有道术的,象河东张远游,河间赵静通等,齐文襄王在京师别设馆礼貌地对待。

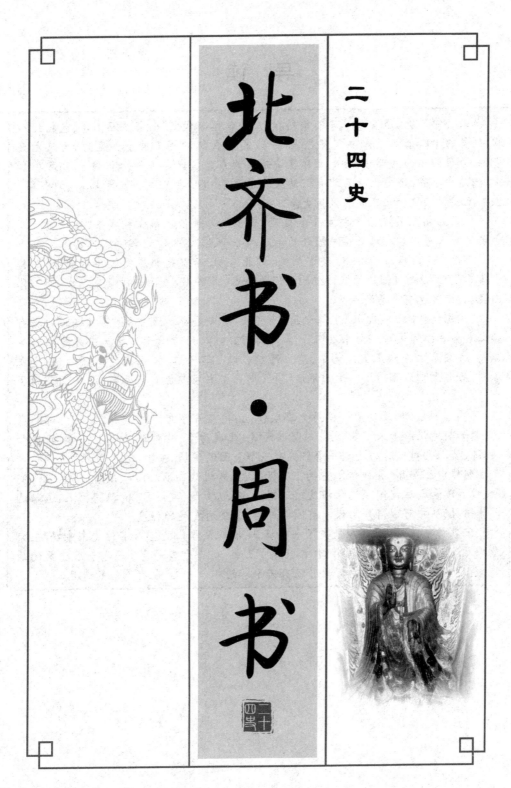

二十四史

北齐书·周书

导　读

　　《北齐书》为唐朝史学家李百药所撰,属纪传体断代史,全书共五十卷,包括纪八卷,列传四十二卷。魏永熙三年(534年),高欢立魏清河王世子善见为帝,改元天平,魏分裂为东西两部分,历史上称善见政权为东魏。武定八年(550年),高洋推翻东魏,建立了齐,历史上称为北齐。幼主承光元年(577年),北齐亡于周。《北齐书》主要记载了东魏和北齐的这段历史。

　　北齐王朝上层统治者之间斗争激烈,皇族内部叔侄兄弟互相残杀,致使短短二十多年间六易其君。对上层统治者的矛盾和斗争,《北齐书》记载得比较具体。

　　唐代中叶以后,《北齐书》逐渐残缺,到北宋初,李百药的原文仅存留十七卷,其余各卷是后人拿《北史》等书补配的。因为今本《北齐书》是由众手杂集而成,所以体例混乱,记事也有矛盾的地方。

　　《周书》是中国历代正史《二十五史》之一,唐朝令狐德棻主编,参加编写的还有岑文本和崔仁师等人。全书共五十卷,包括纪八卷,列传四十二卷。东魏建立的第二年,宇文泰立南阳王宝炬为帝,建立西魏。过了二十二年,宇文觉取代西魏,建立了周,历史上称为北周。二十四年后,隋灭周。本书主要记载了西魏、北周两朝的历史。

　　《周书》较多地反映了一些历史真实情况,把宣帝宇文赟的淫暴,宫廷内部的靡乱,都如实地记录下来。《周书》本纪以西魏、北周为主,此外还兼述了东魏、北齐和梁、陈,使人们对当时的政治斗争形势有一个全面的了解。

　　列传中有一篇《异域传》,分为上下两卷,上卷记载高丽、百济、氐等,下卷叙述突厥、吐谷浑和西域诸国。内容涉及政治制度、各地物产、风俗习惯、朝聘往来、道路远近等情况,从中可以得知唐代以前国内外商业、交通发展的程度。

　　宋朝初年,《周书》已经散失了一些篇章,有人截取《北史》和其他史书来补缺,又多所篡改。今本卷十八、二十四、二十六、三十一、三十二等卷,不是令狐德棻的原作,是后人从别的书移植的。此外还有若干卷的部分史文,也有类似的情况。

神武娄后传

【题解】

神武明皇后娄氏（501~562年），名昭君，鲜卑族人。初自许与高欢为婚，并助其创立功业，高欢受封为渤海王，娄氏被册封为王妃，凡生六男二女。其子高洋代东魏建北齐，尊之为皇太后。高洋死，尚书令杨愔等执政，辅洋子高殷，尊之为太皇太后。及愔等排抑宗室诸王，娄氏与其子高演等密谋杀杨愔等人，高演即位，复尊以为皇太后。高演死，娄又诏令其子高湛即位。娄氏性俭朴，识大体，但颇嫉恨汉人。卒谥"明"。

【原文】

神武明皇后娄氏，讳昭君，赠司徒内干之女也。少明悟，强族多聘之，并不肯行。及见神武于城上执役，惊曰："此真吾夫也。"乃使婢通意，又数致私财，使之聘己，父母不得已而许焉。神武既有澄清之志，倾产以结英豪，密谋秘策，后恒参预，及拜渤海王妃，阃阃之事悉决焉。

后高明严断，雅尊俭约，往来外舍，侍从不过十人。性宽厚，不妒忌，神武姬侍，咸加恩待。神武尝将西讨出师，后夜孪生一男一女，左右以危急，请追告神武。后弗听曰："王出统大兵，何得以我故轻离军幕。死生命也。来复何为！"神武闻之，嗟叹良久。沙苑败后，侯景屡言请精骑两万，必能取之。神武悦，以告于后。后曰："若如其言，岂有还理，得獭失景，亦有何利。"乃止。神武逼于茹茹，欲娶其女而未决。后曰："国家大计，愿不疑也。"及茹茹公主至，后避正室处之。神武愧而拜谢焉，曰："彼将有觉，愿绝勿顾。"慈爱诸子，不异己出，躬自纺绩，人赐一袍一袴。手缝戎服，以帅左右。弟昭，以功名自达，其余亲属，未尝为请爵位。每言有材当用，义不以私乱公。文襄嗣位，进为太妃。文宣将受魏禅，后固执不许，帝所以中止。天保初，尊为皇太后，宫曰宣训。济南即位，尊为太皇太后。尚书令杨愔等受遗诏辅政，疏异诸王。太皇太后密与孝昭及诸大将定策诛之，下令废立。孝昭即位，复为皇太后。孝昭帝崩，太后又下诏立武成帝。大宁二年春，太后寝疾，衣忽自举，用巫媪言改姓石氏。四月辛丑，崩于北宫，时年六十二。五月甲申，合葬义平陵。

太后凡孕六男二女，皆感梦。孕文襄则梦一断龙；孕文宣则梦大龙，首尾属天地，张口动目，势状惊人；孕孝昭则梦蠕龙于地；孕武成则梦龙浴于海；孕魏二后并梦月入怀；孕襄城、博陵二王梦鼠入衣下。后未崩，有童谣曰："九龙母死不做孝。"及后崩，武成不改服，绯袍如故。未几，登三台，置酒作乐。帝女进白袍，帝怒，投诸台下。和士开请止乐，帝大怒，挞之。帝与昆季次实九，盖其征验也。

【译文】

北齐神武帝高欢皇后娄氏，名叫昭君，是赠司徒娄内干的女儿。她小时候聪明懂事理，大族子弟许多都想娶她为妻，她都不答应。后来看见神武帝在城上服役，惊叹说："这人才真正是我的夫君啊。"于是让自己的婢女把心意告诉神武帝,而且多次把自己的私房钱给神武帝,好让神武帝迎娶自己,她的父母双亲没有办法,只好答应这门亲事。神武帝有平定天下的志向,拿出全部家财以交结英雄豪杰,暗中商量策划,娄后经常参与。后神武帝封渤海王,娄后拜为渤海王妃,家里的事全都由她裁决。

娄后性格爽朗善断,平生节俭朴素。到父母家来往,侍从的不过十人。她生性宽宏大量,不妒忌,对神武帝的侍女,她都加以恩待。神武帝曾经即将带军进攻西魏,娄后晚上孪生一儿一女,在她身边服侍的人认为有生命危险,请求追上神武帝,把情况告诉他。娄后不许,说:"渤海王统率大军出征,哪能因我的缘故轻率地离开军营。是死是活是命中注定的,他即使来了又能怎样呢!"神武帝听说这事件,感叹了许久。神武帝在沙苑大败于西魏后,侯景多次向神武帝说,如允许他率领两万精锐骑兵出战,肯定能消灭西魏。神武帝很高兴,把这事告诉娄后。娄后说:"如果真像他说的那样,他哪有再回来臣事于你的道理,得到个宇文泰,跑了个侯景,又有什么好处。"神武帝才没让侯景出军。神武帝受到北方柔然的威胁,想娶柔然可汗的女儿为妻以和亲,但未做出决定。娄后说:"这是关系国家存亡的大计,希望你不要有什么顾虑。"当柔然公主来到后,娄后让她作正妻。神武帝内心惭愧,向她致礼道歉,娄后说:"她将会有所察觉,希望你不要再来看我。"她爱护神武帝所有的儿子,都像自己亲生的一样。亲自纺线织布,给每个做了一件长袍,一条裤子。她还亲手为战士缝制服装,以此给身边的妇女做出榜样。娄后的弟弟娄昭,因功勋自个儿当上大官,其他亲属,娄后从未为他们请求过官爵。她常说亲戚中如有人有才干,自会被任用,要明大义,不要因私利而扰乱公法。

神武帝死后,文襄帝高澄继承他渤海王爵,娄后被尊为渤海王太妃。文宣帝高洋将取代东魏自为皇帝,娄后坚决不让他这样做,文宣帝因此一度中止其行动。文宣帝天保初年,尊娄后为皇太后。皇太后所住的宫叫"宣训"。济南王高殷继位后,尊娄后为太皇太后。尚书令杨愔等人接受了文宣帝临终命令,辅济南王执政,疏远猜忌宗室诸王。太皇太后暗中与孝昭帝高演及各位大将制定策略,将杨愔等杀掉,并下令废掉济南王的帝位。孝昭帝即皇帝位后,再改尊娄后为皇太后。孝昭帝逝世,太后又下令让武成帝高湛当皇帝。太宁二年的春天,娄太后卧病在床,衣裳忽然自然飘起,按照巫婆的话改姓石。四月辛丑日,娄太后在北宫逝世,当时六十二岁。五月甲申日。在义平陵与神武帝安葬在一起。

娄太后总共怀过六个儿子、两个女儿,怀上他们时都做过一个梦:怀文襄帝高澄时梦见一条断了身子的龙;怀文宣帝高洋时梦见一条大龙,头尾连接天地,嘴巴大张,双眼转动,形状吓人;怀上孝昭帝高演时梦见一条龙在地上爬动;怀上武成帝高湛时梦见一条龙在大海中游动;怀上魏帝的两个皇后时都梦见月亮进入自己的怀中;怀上襄城王高淯、博陵王高济二人时梦见老鼠窜进自己的衣服中。娄太后后去世时,曾有童谣说:"九龙母死不作孝。"后来娄太后去世,武成帝不穿孝服,照旧穿着红色的袍子。没过多久,登上铜雀等三台,摆开宴帝,奏起音乐。武成帝女儿送来白色的孝袍,武成帝发火,将它扔到台下。和士开请求停止奏乐,武成帝大怒,加以鞭打。武成帝在兄弟中排行确实是老九,这大概是童谣的应验吧。

后主穆后传

【题解】

后主皇后穆氏，名邪利，小名黄花，又名舍利。先为人奴婢，后充入宫，为北齐后主高纬爱幸，生皇子高恒，赐姓穆氏，册封为皇后。不久高纬复宠幸他人，穆后失宠，不知所终。

【原文】

后主皇后穆氏，名邪利，本斛律后从婢也。母名轻霄，本穆子伦婢也，转入侍中宋钦道家，奸私而生后，莫知氏族，或云后即钦道女子也。小字黄花，后字舍利。钦妇妒，黥轻霄而为"宋"字。钦道伏诛，黄花因此入宫，有幸于后主，宫内称为舍利太监。女侍中陆太姬知其宠，养以为女，荐为弘德夫人。武平元年六年，生皇子恒。于时后主未有储嗣，陆阴结待，以监抚之任不可无主，时皇后斛律氏，丞相光之女也，虑其怀恨，先令母养之，立为皇太子。陆以国姓之重，穆、陆相对，又奏赐姓穆氏。胡庶人之废也，陆有助焉，故遂立为皇后，大赦。初，有折冲将军元正烈于邺城东水中得玺以献，文曰："天王后玺"，盖石氏所作。诏书颁告，以为穆后之瑞焉。武成时，为胡后造真珠裙裤，所费不可称计，被火所烧。后主既立穆皇后，复为营之。属周武遭太后丧，诏侍中薛孤，康买等为吊使，又遣商胡赍锦彩三万匹与吊使同往，欲市真珠为皇后造七宝车，周人不与交易，然而竟造焉，先是童谣曰："黄花势欲落，清觞满杯酌。"言黄花不久也，后主自立穆后以后，昏饮无度，故云清觞满杯酌。陆息骆提婆诏改姓为穆，陆，太姬。皆以皇后故也。后既以陆为母，提婆为家，更不采轻霄。轻霄后自疗面，欲求见，太后，陆媪使禁掌之，竟不得见。

【译文】

北齐后主高纬皇后穆氏，名叫邪利，原本是后主斛律皇后的侍婢。她的母亲叫轻霄，原来是穆子伦的婢女，后来转入侍中宋钦道家为婢。和人发生私情，生下穆皇后，不知情夫姓甚名谁，有的人说穆皇后就是宋钦道的女儿。穆皇后小名叫黄花，后来改叫舍利。宋钦道的妻子很妒忌，在轻霄的脸上划了个"宋"字。宋钦道犯罪被处死后，黄花因此充进后宫为侍女，得到后主的宠爱，后宫里的人称他为舍利太监。女侍中陆太姬知道她受后主宠爱，将她收养为自己的女儿，推荐给后主，被册封为弘德夫人。武平元年六月，生下皇子高恒。当时后主还没有太子，陆太姬暗中巴结弘德夫人，认为不能没有监国抚军的太子，当时的皇后斛律氏，是丞相斛律光的女儿，陆太姬担心她心中恨自己，让她充当母亲养育高恒，并立高恒为皇太子。陆太姬又因国家尊贵的姓氏中，穆、陆地位相当，又奏请朝廷赐弘德夫人姓穆。后主胡皇后被废黜为平民百姓一事中，陆太姬出不了少力，因此便将弘德夫人册封为皇后，在全国进行大赦。起先，有个叫元正烈的折冲将军在邺城东边的水渠中得到一方玉玺献给朝廷，铭文为"天王后玺"，大概是十六国石赵时制作的。后主下诏书遍告天下百姓，把它当成穆皇后被册封的祥瑞。武成帝时，曾为胡皇后制造用真正的珍珠连缀而成的裙裤,花费的财物说不清有多少,后被火烧毁。后主册封穆皇后以后,又给她制作。刚好周武帝的母亲皇太后去世,后主令侍中薛孤、康买等人担任吊唁的使节,又派经商的西域人带着彩锦三万匹和吊唁的使节一同前往,想购买珍珠为穆皇后造七宝车,周朝的人不同他们贸易,但终究还是造成了。在此以前流传一句童谣说:"黄花势欲落,清觞满杯酌。"这说的是黄花皇后当不长久。后主自从册封穆皇后以后,常无节制地喝得烂醉,所以说清觞满杯酌。陆太姬的儿子骆提婆经后主下令改姓为穆,陆氏号称太姬,都是因为穆皇后的缘故。穆皇后既把陆氏当成母亲,把穆提婆的家当成自己的娘家,再也不搭理自己的亲生母亲轻霄。轻霄后来自己把脸上刺的字迹治好,想求见穆皇后,陆太姬派人加以禁止,竟不能与女儿相见。

高长恭传

【题解】

高长恭,齐文襄高澄第四子。封兰陵王,累迁并州刺史、太尉,钜鹿、高阳等郡公。高长恭貌心壮,骁勇善战,曾在邙山(今河南洛阳北)大败周军。齐后主高纬忌其威名,使人酖之,遂亡。

【原文】

兰陵武王长恭,一名孝瓘,文襄第四子也。累迁并州刺史。突厥入晋阳,长恭尽力击之。邙山之败,长恭为中军,率五百骑再入周军,遂至金墉之下,被围甚急,城上人弗识,长恭免胄示之面,乃下弩手救之,于是大捷。武士共歌谣之,为《兰陵王入阵曲》是也。历司州牧、青瀛二州,颇受财货。后为太尉,与段韶讨柏谷,又攻定阳。韶病,长恭总其众。前后以战功别封钜鹿、长乐、乐平、高阳等郡公。

高长恭雕像

邙山之捷,后主谓长恭曰:"入阵太深,失利悔无所及。"对曰:"家事亲切,不觉遂然。"帝嫌其称家事,遂忌之。及在定阳,其属尉相愿曰:"王既受朝寄,何得如此贪残?"长恭未答。相愿曰:"岂不由邙山大捷、恐以威武见忌,欲自秽乎?"长恭曰:"然。"相愿曰:"朝廷若忌王,于此犯便当行罚,求福反以速祸。"长恭泣下,前膝请以安身术。相愿曰:"王前既有勋,今复告捷,威声太重,宜属疾在家,勿预事。"长恭然其言,未能退。及江淮寇扰,恐复为将,叹曰:"我去年面肿,今何不发!"自是有疾不疗。武平四年五月,帝使徐之范饮以毒药。长恭谓妃郑氏曰:"我忠以事上,何辜于天,而遭鸩也?"妃曰:"何不求见天颜?"长恭:"天颜何由可见!"遂饮药薨。赠太尉。

长恭貌柔心壮,音容兼美。为将躬勤细事,每得甘美,虽一瓜数果,必与将士共之。

初在瀛洲，行参军阳士深表列其赃，免官。及讨定阳，阳士深在军，恐祸及。长恭闻之曰：“吾本无此意。”及求小失，杖士深二十以安之。尝入朝而仆从尽散，唯有一人，长恭独还，无所谴罚。武成赏其功，命贾护为买妾二十人，唯受其一。有千金责券，临死日，尽燔之。

【译文】

兰陵武王高长恭，一名孝瓘，文襄皇帝高澄的第四个儿子。累迁为并州刺史。突厥侵入晋阳，高长恭率军尽全力反击。齐军在邙山之役中失败时，高长恭在中军，率领五百骑兵再次杀入周军，冲到金墉城下，被周军包围，形势十分危急，而城上的齐军不认识高长恭。高长恭脱去头盔，露出脸来，城上的齐军认出是他，才派出弩手下城救援，将周军打得大败。齐军将士一起歌颂此事，成为一曲，即《兰陵王入阵曲》。以后历任司州牧、青州、瀛洲二州刺史，纳了不少贿赂。后来为太尉，和段韶率军攻柏谷，又攻定阳。段韶生病，高长恭总统其军。前后以战功分别封为钜鹿、长乐、乐平、高阳等郡公。

齐军在邙山获大捷时，齐后主高纬对高长恭说：“入敌阵太深，一旦失利，后悔也来不及。”高长恭说：“家事切身，不自觉就冲了进去。”后主嫌高长恭称家事，从此对他忌惮起来。及高长恭在定阳，其部下尉相愿对高长恭说：“大王既然受朝廷重任，为什么如此贪婪？”高长恭未回答。尉相愿说：“莫不是因为邙山大捷，恐怕以威武被忌恨，便自我污秽吗？”高长恭说：“是。”尉相愿说：“朝廷如果忌恨大王，在这些事情上就可以行罚，您本为求福，反而易招来祸害。”高长恭的泪流了下来，向前跪下，向尉相愿请教安身之术。尉相愿说：“大王以前既有功勋，现在又获大捷，威声太重，应当借口生病在家，不要干预世务。”高长恭认为此言有理，但未能实行。及陈朝进攻江淮土地区，高长恭害怕重又为将带兵作战，叹息说：“我去年脸肿，现在为何不发病。”从此以后，有病也不治疗。武平四年五月，后主派徐之范让高长恭喝毒药。高长恭对自己的妃子郑氏说：“我尽忠事上，什么事辜负了上天，而让我遭此毒手？”郑氏说：“你为何不求见皇上？”高长恭说：“我哪里能够见到皇上！”便饮药而死，死后追赠太尉。

高长恭容貌柔和，但心气雄壮，声音和容貌都很美。在军中为将，亲自处理小事。每次得到甘美的物品，哪怕是一个瓜几个水果，也一定和将士们分着吃。当初在瀛洲时，行参军阳士深上表告发高长恭贪赃枉法，高长恭被免官。及进攻定阳，阳士深也在军中，害怕高长恭借机杀了自己。高长恭听说后，说：“我本来就没有这意思。”便找了一个小过失，把阳士深打了二十杖，使他放心。一次，高长恭入朝，仆从都散走了，只有一个人跟在身边。高长恭回来后，谁也没有责罚。武成皇帝高湛奖赏高长恭的功劳，命贾护为高长恭买了二十个小妾，高长恭只要了一个。家中有上千金的债券，临死的那天，高长恭将它们全都烧掉了。

高延宗传

【题解】

高延宗，齐文襄帝高澄第五子，封安德王。幼骄纵不法。及长，抑节改行。历司徒、太尉。周武帝字文邕率军攻齐，两军相战于平阳（今山西临汾），齐军败。齐后主高纬遁走，使高延宗守并州（今山西太原）。高延宗即自立为帝，一天后即为周军所败。齐亡后，赐死于周。

【原文】

安德王延宗，文襄第五子也。母陈氏，广阳王妓也。延宗幼为文宣所养，年十二，犹骑置腹上，令溺己脐中，抱之曰："可怜只有此一个。"问欲作何王，对曰："欲作冲天王。"文宣问杨愔，愔曰："足下无此郡名，愿使安于德。"于是封安德焉。为定州刺史，于楼上大便，使人在下张口承之。以蒸猪糁和人粪以饲左右，有难色者鞭之。孝昭帝闻之，使赵道德就州杖之一百。道德以延宗受杖不谨，又加三十。又以囚试刀，验其利钝。骄纵多不法。武成使挞之，杀其昵近九人，从是深自改悔。兰陵王邙山凯捷，自陈兵势，诸兄弟咸壮之。延宗独曰："四兄非大丈夫，何不乘胜径入？使延宗当此势，关西岂得复存？"及兰陵死，妃郑氏以颈珠施佛，广宁王使赎之。延宗手书以谏，而泪满纸。河间死，延宗哭之泪亦甚。又为草人以像武成，鞭而讯之曰："何故杀我兄！"奴告之，武成覆卧延宗于地，马鞭挝之二百，几死。后历司徒、太尉。

及平阳之役，后主自御之，命延宗率右军先战，城下擒周开府宗挺。及大战，延宗以麾下再入周军，莫不披靡。诸军败，延宗独全军。后主将奔晋阳，延宗言："大家但在营莫动，以兵马付臣，臣能破之。"帝不纳。乃至并州，又闻周军已入雀鼠谷，乃以延宗为相国、并州刺史、总山西兵事，谓曰："并州，阿兄自取，儿今去也。"延宗曰："陛下为社稷莫动，臣为陛下出死力战。"骆提婆曰："至尊计已成，王不得辄沮。"后主竟奔邺。在并将率咸请曰："王若不作天子，诸人实不能出死力。"延宗不得已，即皇帝位，下诏曰："武平孱弱，政由宦竖，衅结萧墙，盗起疆场，斩关夜遁，莫知所之。则我高祖之业将坠于地。王公卿士，猥见推逼，令便祗承宝位。可大赦天下，改武平七年为德昌元年。"以晋昌王唐邕为宰辅，齐昌王莫多娄敬显、沭阳王和阿于子、右卫大将军段畅、武卫将军相里僧伽、开府韩骨胡、候莫陈洛州为爪牙。众闻之，不召而至者，前后相属。延宗容貌充壮，坐则仰、偃则伏，人笑之，乃赫然奋发。气力绝异，驰骋行阵，劲捷若飞。倾覆府藏及后宫美女，以赐将士，籍没内参千余家。后主谓近臣曰："我宁使周得并州，不欲安德得之。"左右曰："理然。"延宗见士毕，皆亲执手，陈辞自称名，流涕呜咽。众皆争为死，童儿女子亦乘屋攘袂，投砖瓦以御周军。特进、开府那卢安生守太谷，以万兵叛。周军围晋阳，望之如黑云四合。延宗命莫多娄敬显、韩骨胡拒城南，和阿于子、段畅拒城东，延宗亲当周齐王于城北，奋大稍，往来督战，所向无前。尚书令史沮山亦肥大多力，捉长刀步从，杀伤甚多。武卫兰芙蓉、綦连延长皆死于阵。

和阿于子、段畅以千骑投周。周军攻东门，际昏，遂入。进兵焚佛寺门屋，飞焰照天地。延宗与敬显自门入，夹击之，周军大乱，争门相填压，齐人从后斫刺，死者二千余人。周武帝左右略尽，自跋无路，承御上士张寿辄牵马头，贺拔佛恩以鞭拂其后，崎驱仅得出。齐人奋击，几中焉。城东轭曲，佛恩及降者皮子信为之导，仅免，时四更也。延宗谓周武帝崩于乱兵，使于积尸中求长鬣者，不得。时齐人既胜，入坊饮酒，尽醉卧，延宗不能复整。周武帝出城，饥甚，欲为遁逸计。齐王宪及柱国王谊谏，以为击必不免。延宗叛将段畅亦盛言城内空虚。周武帝乃驻马，鸣角收兵，俄顷复振。诘旦，还攻东门，克之，又入南门。延宗战,力屈,走至城北,于人家见禽。周武帝自投下马,执其手。延宗辞曰:"死人手何敢迫至尊。"帝曰:"两国天子,有何怨恶? 直为百姓来耳。勿怖,终不相害。"使复衣帽,礼之。先是,高都郡有山焉,绝壁临水,忽有黑书见,云:"齐亡延宗",洗视逾明,帝使人就写,使者改亡为上。至是应焉。延宗败前,在邺听事,见两日相连置,以十二月十三日晡时受勅守并州,明日建尊号,不间日而被围,经宿,至食时而败。年号德昌,好事者言其得二日云。既而周武帝问取邺计,辞曰:"亡国大夫不可以图存,此非臣所及。"强问之,乃曰:"若任城王援邺,臣不能知;若今主自守,陛下兵不血刃。"

及至长安,周武与齐君臣饮酒,令后主起舞,延宗悲不自持。屡欲仰药自裁,传婢苦执谏而止。未几,周武诬后主及延宗等,云遥应穆提婆反,使并赐死。皆自陈无之,延宗攘袂,泣而不言。皆以椒塞口而死。明年,李妃收殡之。

后主之传位于太子也,孙正言窃谓人曰:"我武定中为文州士曹,闻襄城人曹普演有言,高王诸儿,阿保当为天子,至高德之承之,当灭。"阿保谓天保,德之谓德昌也,承之谓后主年号承先,其言竟信云。

【译文】

安德王高延宗,文襄帝高澄的第五个儿子。母亲陈氏,原为广阳王歌妓。高延宗小时候为文宣帝高洋所抚养,很受宠爱。十二岁时,高洋还让高延宗骑到自己的肚子上,让他尿到自己的肚脐之中,还抱着说:"只有这一个乖孩子。"问高延宗想当什么王,高延宗回答说:"想当冲天王。"高洋问杨愔,杨愔说:"天下没有这个郡名,愿使他安于道德。"于是封高延宗为安德王。高延宗为定州刺史,在楼上大便,要使人在楼下张着嘴接着。在蒸猪肉里掺上人粪,然后让左右的人去吃,谁不想吃就用鞭子抽。孝昭帝高演听说后,派赵道德到定州去,杖打高延宗一百下。赵道德因为高延宗挨打时态度不恭,又加了三十下。高延宗又用囚徒试刀,以此检验刀是否锋利。武成帝高湛派人责打高延宗,并杀其左右亲近九人。从此之后,高延宗深自改悔。兰陵王高长恭在邙山打了大胜仗,自己陈说当时形势,兄弟们都觉得高长恭英武过人。高延宗却说:"四哥不是大丈夫,为什么不乘胜直道? 如果换了我,哪里还能让关西留到现在!"及高长恭死,高长恭的妃子郑氏把脖子上挂的珠串施舍给佛寺,广宁王高孝珩使人赎了回来。高延宗写书相劝,泪流满纸。河间王高孝琬死时,高延宗哭得很厉害。又做了个草人像武成帝高湛,用鞭子抽打,讯问道:"为什么要杀我的哥哥?"高延宗的家奴将此事告发,武成帝高湛让高延宗趴在地上,用马鞭抽了二百鞭,几乎将他打死。后来,高延宗历任司徒、太尉。

及与周军在平阳作战,后主高纬亲自率军抵御,命高延宗率领右军先战。高延宗首战告捷,在城下擒获周军开府宗挺。及双方大战,高延宗率所部二次冲入周军,所向披靡。齐军各军战败,只有高延宗部未受损失。后主将要退奔晋阳,高延宗说:"大家只要在营中不动,将兵马交给我,我能击败敌人。"后主不听。等到达并州,又听说周军已进入雀鼠谷,后主便以高延宗为相国、并州刺史,总管山西兵事,对高延宗说:"并州,阿兄好自坚守,我走了。"高延宗说:"为了社稷,陛下请不要走,臣为陛下出死力战。"骆提婆说:"至尊主意已定,王不要再阻拦。"后主还是奔邺城而去。在并州的将帅都请求说:"王如果不当天子,我们实在不能出死力与敌作战。"高延宗迫不得已,即了皇帝之位,下诏说:"武平皇帝孱弱无能,政权操于宦竖之手,使衅结萧墙之下,盗贼起于疆场。此刻又斩关夜遁,不知逃向何方，使我高祖所开创的鸿业将坠于地。王公卿士，不以我才浅德薄而见推，现在我敬登帝位。大赦天下，改武平七年为德昌元年。"以晋昌王唐邕为宰辅、齐昌王莫多娄敬显、沐阳王和阿于子、右卫大将军段畅、武卫将军相里僧加、开府韩骨胡、候莫陈洛州等人为将领。众人听说后，不召而来者前后相继于路。高延宗容貌充壮，坐下则仰面朝天，休息则伏地而卧，别人笑话，他便赫然奋起。高延宗力大无比，驰骋战场，劲捷如飞。下令尽府藏所有和后宫美女以赐将士，又籍没宦者财物人口一千多家。后主高纬听说后，对近臣们说："我宁愿让周人得到并州，也不愿让安德王得到。"左右回答说："理所当然。"高延宗见了士卒，都亲执其手，说话时自称己名，流泪呜咽不止，士众都争着效死，连儿童和女子也上到房上，挽营袖子、投掷砖瓦石块以抵御周军。特进、开府那卢安生镇守太谷，率一万士兵投降周军。周军乘胜包围晋阳，旌旗蔽野，望去如黑云四合，声势浩大。高延宗命莫多娄敬显、韩骨胡拒城南，和阿于子、段畅拒城东，高延宗亲自在城北和周齐王宇文宪对阵。他手持大稍，往来督战，所向无前。尚书令史沮山也胖大而有气力，手提长刀，步行跟在高延宗马后，杀伤了很多敌人。武卫兰芙蓉，綦连延长二人都在阵中战死。

　　和阿于子、段畅二人率一千名骑兵投降了周军。周军进攻东门，在黄昏时攻了进去，进兵焚烧佛寺的门屋，火光照彻天地。高延宗和莫多娄敬显率军从城门退入城中，夹击入城的周军。周军大乱，争相夺门逃跑，互相拥挤，乱作一团。齐军从背后砍杀，杀死二千多人。周武帝宇文邕的卫兵被杀殆尽，走投无路，幸亏承御上士张寿拉着他的马头，贺拔佛恩以鞭抽马后，才勉强出城。齐军奋击，几乎击中周武帝。城东一带地势崎岖，贺拔佛恩和降者皮子信在前引路，周武帝才逃出险境。这时，已是晚上四更天。高延宗以为周武帝已死在乱军之中，派人在周军士兵的尸体中找长胡子的人，没有找到。而齐军打了胜仗之后，跑到坊中去喝酒庆贺，都喝得醉卧在地，高延宗由此不能复整部伍。周武帝出城后，十分饥饿，想引军撤退。齐王宇文宪和柱国王谊劝阻，认为若此时撤军，必然失败。高延宗的叛将段畅也反复说城内空虚，周武帝才驻马不行，鸣角收兵，不久，兵势得振。黎明时，周军又还攻东门，将其攻克，又攻入南门。高延宗率军巷战，气力用尽，逃到城北，在百姓家中被周军俘获。周武帝见了高延宗，立刻从马上下来，拉着高延宗的手。高延宗辞谢说："死人的手，哪里敢让至尊来握。"周武王说："两国的天子，又有什么怨仇？只是为百姓而来。不要害怕，我不会害你。"让高延宗穿好衣服，以礼待之。在此之前，高都郡有一座山，山中临水的一块峭壁上，忽然有几个黑字出现，写着"齐亡延宗"四字，越洗越清楚。高延宗派人改写，使者把"亡"字改成了"上"字，到这时应验了。高延宗失败以前，在邺城处理政事，看见两个太阳相连在一起。他以十二月十三日受后主之命守并州，第二天即皇帝位，不到一天即被包围，经过一个晚上，到第二天中午失败。年号德昌，好事的人说他得二天之运。被俘后，周武帝问高延宗该怎样攻克邺城，高延宗推辞说："亡国的大夫不可以图存，这不是臣所能料的。"周武帝坚持要问，高延宗才说："如果任城王增援邺城，臣就不能预料了。如果现在的皇上自己守城，陛下兵不血刃即成功。"

　　等到了长安，周武帝和被俘的齐国君臣饮酒，令齐后主高纬起来跳舞，高延宗悲伤得不能自持。几次想喝毒药自杀，被传婢们苦劝拦阻而止。不久，周武帝诬蔑后主高纬和高延宗等，说他们响应穆提婆造反，全部赐死。别人都为自己辩解说没有此事，只有高延宗攘袂而起，哭着不说话。他们都被用花椒塞嘴而死。第二年，高延宗的妻子李妃把他收葬。

后主高纬传位于太子的时候,孙正言偷偷对别人说:"我武定年间当文州士曹,听襄城人曹普演说,高王的儿子中,阿保应该当天子,到高德之承之,就要灭亡。"阿保说的是天保,德之说的是德昌,承之说的是后主的年号承光,他的话竟然成为事实。

斛律金传

【题解】

斛律金(488~567),字阿六敦,北齐朔州(治今山西朔县)人。高车族。善骑射。初为军主,北魏末曾投奔起义军破六韩拔陵,后率部向北魏投降。曾因镇压葛荣等功,升为镇南大将军。尔朱兆等作乱,投靠高欢,参与消灭尔朱兆的斗争,任汾州刺史。东西魏对峙时,参加与西魏宇文泰的斗争,任大司马。北齐建立后,封咸阳郡王,任太师。进位右丞相。斛律金是东魏北齐的元勋、佐命功臣、大将,受到尊崇。他不识文字,在高欢为周军所败时曾唱《敕勒歌》以激励士气,成为流传千古的北朝民歌。可参见《北史》卷五四本传。

【原文】

斛律金,字阿六敦,朔州教勒部人也。高祖倍侯利,以壮勇有名塞表,道武时率户内附,赐爵孟都公。祖幡地斤,殿中尚书。父大那环,光禄大夫、第一领民酋长。天平中,金贵,赠司空公。

金性敦直,善骑射,行兵用匈奴法,望尘识马步多少,嗅地知军度远近。初为军主,与怀朔镇将杨钧送茹茹主阿那环还北。环见金射猎,深叹其工。后环入寇高陆,金拒击破之。正光末,破六韩拔陵构逆,金拥众属焉,陵假金王号。金度陵终败灭,乃统所部万户诣云州请降,即授第二领民酋长。稍引南出黄瓜堆,为杜洛周所破,部众分散,金与兄平二人脱身归尔朱荣。荣表金为别将,累迁都督。孝庄立,赐爵阜城县男,加宁朔将军、屯骑校尉。从破葛荣、元颢,频有战功,加镇南大将军。

及尔朱兆等逆乱,高祖密怀匡复之计,金与娄昭、厍狄干等赞成大谋,仍从举义。高祖南攻邺。留金守信都,领恒、云、燕、朔、显、蔚六州大都督,委以后事。别讨李修,破之,加右光禄大夫。会高祖于邺,仍从平晋阳,追灭尔朱兆。太昌初,以金为汾州刺史、当州大都督,进爵为侯。从高祖破纥豆陵于河西。天平初,迁邺,使金领步骑三万镇风陵以备西寇,军罢,还晋阳。从高祖战于沙苑,不利班师,因此东雍诸城复为西军所据,遣金与尉景、厍狄干等讨复之。元象中,周文帝复大举向河阳。高祖率众讨之,使金径往太州,为掎角之势。金到晋州,以军退不行,仍与行台薛修义共围乔山之寇。俄而高祖至,仍共讨平之,因从高祖攻下南绛、邵郡等数城。武定初,北豫州刺史高仲密据城西叛,周文帝入寇洛阳。高祖使金统刘丰、步大汗萨等步骑数万守河阳城以拒之。高祖到,仍从破密。军还,除大司马,改封石城郡公,邑一千户,转第一领民酋长。三年,高祖出军袭山胡,分为二道。以金为南道军司,由黄栌岭出。高祖自出北道,度赤磵岭,会金于乌突戍,合击

破之。军还，出为冀州刺史。四年，诏金率众从乌苏道会高祖于晋州，仍从攻玉壁。军还，高祖使金总督大众，从归晋阳。

世宗嗣事，侯景据颍川降于西魏，诏遣金帅潘乐、薛孤延等固守河阳以备。西魏使其大都督李景和、若干宝领马步数万，欲从新城赴援侯景。金率众停广武以要之，景和等闻而退走。还为肆州刺史，仍率所部于宜阳筑杨志、百家、呼延三戍，置守备而还。侯景之走南豫，西魏仪同三司王思政入据颍川。世宗遣高岳、慕容绍宗、刘丰等率众围之。复诏金督彭乐、可朱浑道元等出屯河阳，断其奔救之路。又诏金率众会攻颍川。事平，复使金率众从嵯坂送米宜阳。西魏九曲戍将马绍隆据险要斗，金破之，以功别封安平县男。

显祖受禅，封咸阳郡王，刺史如故。其年冬，朝晋阳宫。金病，帝幸其宅临视，赐以医药，中使不绝。病愈还州。三年，就除太师。帝征奚贼，金从帝行。军还，帝幸肆州，与金宴射而去。四年，解州。以太师还晋阳。车驾复幸其弟，六宫及诸王尽从，置酒作乐，极夜方罢。帝忻甚，诏金第二子丰乐为武卫大将军，因谓金曰："公元勋佐命，父子忠诚，朕当结以婚姻，永为蕃卫。"仍招金利、武都尚义宁公主。成礼之日，帝从皇太后幸金宅。皇后，太子及诸王等皆从，其见亲待如此。

北齐陶武俑

后以茹茹为突厥所破，种落分散，虑其犯塞，惊扰边民，乃诏金率骑两万屯白道以备之。而虏帅豆婆吐久备将三千余户密欲西过，候骑还告，金勒所部追击，尽俘其众。茹茹但钵将举国西徙，金获其候骑送之，并表陈虏可击取之势。显祖于是率众与金共讨之于吐赖，获两万余户而还。进位右丞相，食齐州干，迁左丞相。

肃宗践阼，纳其孙女为皇太子妃。又诏金朝见，听步挽车至阶。世祖登极，礼遇弥重，又纳其孙女为太子妃。金长子光大将军，次子羡及孙武都并开府仪同三司，出镇方岳，其余子孙皆封侯贵达。一门一皇后，二太子妃，三公主，尊宠之盛，当时莫比。金尝谓光曰："我虽不读书，闻古来外戚梁冀等无不倾灭。女若有宠，诸贵妒人；女若无宠，天子嫌人。我家直以立勋抱忠致富贵，岂可藉女也？"辞不获免，常以为忧。天统三年薨，年八十。世祖举哀西堂，后主又举哀于晋阳宫，赠假黄钺、使持节、都督朔定冀并瀛青齐沧幽肆晋汾十二州诸军事、相国、太尉公、录尚书、朔州刺史、酋长、王如故，赠钱百万，谥曰武。子光嗣。

【译文】

斛律金，字阿六敦，朔州人，高车族。高祖倍侯利因威武勇敢而在塞上有名。北魏道武帝时他率领部落内迁依附鲜卑拓跋部，被赐爵为孟都公。祖父幡地斤，任官为殿中尚书。父亲大那环，任官为光禄大夫、第一领民酋长。孝静帝天平年间，斛律金贵盛时，被赠官司空公。

斛律金性格敦厚直率，善于骑马射箭，行军打仗用匈奴战法，看尘土能知马跑的路程多少，从地上听马步声音可知军队的远近。最初被任为军主，与北魏怀朔镇将相钧护送柔然族首领阿那环回北方。阿那环见斛律金射猎，深深叹服他功夫之深。后来阿那环入侵高陆，斛律金击败了他。孝明帝正光末年，破六韩拔陵谋反，斛律金带领部众投奔他。破六韩拔陵授予他王的称号。斛律金预料破六韩拔陵最终会失败，就统率所部一万户到云州向北魏政府投降，北魏授予他第二领民酋长。不久引兵南出黄瓜堆，被杜洛周打败，部众分散，斛律金与其兄斛律平两人单身投归尔朱荣，尔朱荣上表请任斛律金为别将，后逐步升为都督。孝庄帝即位后，赐封爵为阜城县男，加号宁朔将军、屯骑校尉。随从官军击败葛荣、元颢，多次建有战功，加号镇南大将军。

尔朱荣叛逆作乱，高欢暗中有夺取天下的志向和谋划，斛律金与娄昭、库狄干等都赞成高欢的大计谋，于是跟着他树起义旗。高欢南攻邺城，留斛律金守信都，兼任恒、云、燕、朔、显、蔚六州大都督，委托他处理后方的事宜。斛律金另外又讨伐李修，打败了他，加官右光禄大夫。刚好高欢到了邺，于是斛律金随从他平定晋阳，追击消灭了尔朱兆。孝武帝太昌初年，朝廷任命斛律金为汾州刺史、当州大都督，晋封为侯爵，跟从高欢在河西打败纥豆陵伊利。东魏孝静帝天平初年，迁都于邺，朝廷命斛律金领步骑三万镇守风陵以防备西魏进攻，任务完成后，回到了晋阳。他又随从高欢与西魏在沙苑大战，失利后回师，由此东雍州诸城重新被西魏军所占据，后高欢派斛律金与尉景、库狄干等人讨伐收复了它。孝静帝元象年间，宇文泰重新向河阳大举进攻，高欢率部队讨伐抵抗，他派斛律金直往太州，成夹击的态势。斛律金到晋州，因军队退兵不再前行，就与行台薛修义共同包围乔山的敌人。不久高欢到达，于是共同讨平了它。接着随从高欢攻下南绛、邵郡等数城。孝静帝武定初年，北豫州刺史高仲密据城叛入西魏，宇文泰进攻洛阳，高欢派斛律金统率刘丰，步大汗萨等共有数万步兵骑兵守卫河阳城抗拒他。高欢到后，斛律金与他一起打败了高仲密。回军后，授官做大司马，改封石城郡公，食邑一千户，转为第一领民酋长。武定三年，高欢出兵袭击山胡，分为两道，以斛律金为南道军司，由黄栌岭出击；高欢自己从北道出击，度赤𪨗岭，与斛律金会合于乌突戍，联合击败了它。军队归来后，出任为冀州刺史。武定四年，下诏命斛律金率领部队从乌苏道与高欢在晋州会合，接着一起进攻玉璧。军队归来时，高欢让斛律金总督全军，一起回到了晋阳。

世宗高澄继承高欢的皇位后，侯景占据颍川向西魏投降，朝廷下诏书派斛律金统领潘乐、薛孤延固同守河阳来防备。西魏指使它的大都督李景和、若干宝领数万骑兵和步兵打算从新城出发去支援侯景。斛律金率领部队停顿在广武等待袭击它，李景和等听到消息后退走。回军后，斛律金被任命为肆州刺史，仍然率领自己的部队在宜阳修筑杨志、百家、呼延三个戍，安置了守备而回。侯景走向南豫州，西魏仪同三司王思政进入和占据了颍川。高澄派高岳、慕容绍宗、刘丰等率领部队包围它，再次命斛律金统领彭乐、可朱浑道元等军屯兵到河阳，以切断他的逃走和来救援的道路。又诏命他率领部队会攻颍川。此事平定后，再命斛律金率领部队从嵫坂送米到宜阳，西魏九曲戍将马绍隆占据险要阻击，斛律金打败了他，因功另封安平县男。

显祖文宣帝高洋即帝位，封斛律金为咸阳郡王，刺史照旧不变。这一年冬天，到晋阳

宫上朝。斛律金病,皇帝亲自到他家中看望,赐给医药,宫中使者常来不断。病愈后回到肆州。文宣帝天保三年,授任为太师。高洋征伐奚贼,斛律金随从。回军后,高洋到肆州,与斛律金聚宴练习射箭后回去。天保四年,斛律金被解除州刺史,以太师身份回到晋阳。皇帝高洋再次亲临他家,六宫和诸王也随着去,在那里置酒作乐,直到深夜才结束。高洋十分高兴,诏命斛律金次子斛律丰乐为武卫大将军,掺着对斛律金说:"您老是开国元勋和佐命大臣,父子都对王室忠诚,朕当与你家结为婚姻,使你家永远成为蕃卫。"于是诏命斛律金的孙子斛律武都娶义宁公主。在婚礼的日子里,皇帝跟随皇太后亲临斛律金家,皇后、太子及诸王等都跟随而去,斛律金就是这样被皇帝所亲近看重。

后来由于柔然被突厥打败,种落分散,高洋怕柔然侵犯边塞,惊扰边境上百姓,就诏命斛律金率两万骑兵驻屯在白道来防备。而柔然首领豆婆吐久备统领三千余户打算秘密向西通过,侦察骑兵回来报告,斛律金就统率部众追击,把他们都俘虏了。柔然首领但钵将要带领其全国上下向西迁徙,斛律金获得他们的侦察兵,送到了朝廷,并上表陈述对柔然可以击获的形势。高洋就率领部队与斛律金一起出讨至吐赖,俘获茹茹两万余户而归。斛律金进位右丞相,食齐州干禄,后又升为左丞相。

肃宗高演即位,把斛律金的孙女作为皇太子的后妃。又诏命斛律金在上朝时,可以坐步挽车到台阶,世祖高湛即位,对斛律金更加礼敬尊重,又把他的孙女作为太子的后妃。斛律金的长子斛律光任为大将军,次子斛律羡和孙子斛律武都并为开府仪同三司,出镇到地方上,其余子孙都封了侯而十分显达。斛律金一门有一个皇后,两个太子妃,三个公主,他的受尊崇,当时没有人可以相比。斛律金曾对斛律光说:"我虽然不读书,但听说从古以来外戚梁冀等没有一个不最后倾覆灭门。女儿如果受到皇帝宠爱,其他贵妃就会妒忌;女儿如果失宠,皇帝就讨嫌她。我们家族一直以功勋和尽忠来得到富贵,岂可以依靠女儿呢?"他的话没有得到重视,因此常为此担忧。后主天统三年死,年龄八十岁。世祖武成帝在西堂举哀。后主又在晋阳宫举哀。赠官假黄铖、使持节、都督朔定冀并瀛青齐沧幽肆晋汾十二州诸军事、相国、太尉公、录尚书、朔州刺史、酋长、王不变,赠赐丧葬钱百万,谥号为"武"。儿子斛律光继承爵位。

高昂传

【题解】

高昂(491~538),字敖曹,渤海修县(今河北景县)人。出身豪族家庭。幼时胆力过人,爱骑马。北魏末尔朱荣发动"河阴之变",与兄高乾起兵反,后降孝庄帝,尔朱荣认为此两人不宜在朝中,于是归乡里。孝庄帝杀尔朱荣后又被孝庄帝重用,在洛阳击退尔朱世隆军队。尔朱兆杀孝庄帝后,在信都起兵反尔朱氏势力。后以信都投靠高欢,与高欢一起在韩陵之战中大破尔朱氏集团。成为高欢建立东魏的一支重要依靠力量(另有六镇鲜卑和李元忠等)。当时鲜卑人轻视汉人,但高欢对高昂这支汉人军队很尊重。高昂在东魏官至侍中、司徒公、大都督。最后在与西魏的河桥之战中战死。

高昂,字敖曹,乾第三弟。幼稚时,便有壮气。长而倜傥,胆力过人,龙眉豹颈,姿体雄异。其父为求严师,令加捶挞。昂不遵师训,专事驰骋,每言男儿当横行天下,自取富贵,谁能端坐读书,作老博士也。与兄乾数为劫掠,州县莫能穷治。招聚剑客,家资倾尽,乡闾畏之,无敢违连。父翼常谓人曰:"此儿不灭我族,当大吾门,不直为州豪也。"

建义初,兄弟共举兵,既而奉旨散众,仍除通直散骑侍郎,封武城县伯,邑五百户。乾解官归,与昂俱在乡里,阴养壮士。尔朱荣闻而恶之,密令刺史元仲宗诱执昂,送于晋阳。永安末,荣入洛,以昂自随,禁于驼牛署。既而荣死,魏庄帝即引见劳勉之。时尔朱世隆还逼宫阙,帝亲临大夏门指麾处分。昂既免缧绁,被甲横戈,志凌劲敌,乃与其从子长命等推锋径进,所向披靡。帝及观者莫不壮之。即除直阁将军,赐昂千疋。

昂以寇难尚繁,非一夫所济,乃请还本乡,招集部曲。仍除通直常侍,加平北将军。所在义勇,竞来投赴。寻值京师不守,遂与父兄据信都起义。殷州刺史尔朱羽生潜军来袭,奄至城下,昂不暇擐甲,将十余骑驰之,羽生退走,人情遂定。后废帝立,除使持节、冀州刺史以终其身。仍为大都督,率众从高祖破尔朱兆于广阿。及平邺,别率所部领黎阳。又随高祖讨尔朱兆于韩陵,昂自领乡人部曲王桃汤、东方老、呼延族等三千人。高祖曰:"高都督纯将汉儿,恐不济事,今当割鲜卑兵千余人共相参杂,于意如何?"昂对曰:"敖曹所将部曲,练习已久,前后战斗,不减鲜卑,今若杂之,情不相合,胜则争功,退则推罪,愿自领汉军,不烦更配。"高祖然之。及战,高祖不利,军小却,兆等方乘之。高岳、韩匈奴等以五百骑冲其前,斛律敦收散卒蹑其后,昂与蔡俊以千骑自栗园出,横击兆军,兆众由是大败。是日微昂等,高祖几殆。

太昌初,始之冀州。寻加侍中、开府,进爵为侯,邑七百户。兄乾被杀,乃将十余骑奔晋阳,归于高祖。及斛斯椿衅起,高祖南讨,令昂为前驱。武帝西遁,昂率五百骑倍道兼行,至于崤陕,不及而还。寻行豫州刺史,仍讨三荆诸州不附者,并平之。天平初,除侍中、司空公。昂以兄乾薨于此位,固辞不拜,转司徒公。

时高祖方有事关陇,以昂为西南道大都督,径趣商洛。山道峻隘,已为寇所守险,昂转斗而进,莫有当其锋者。遂攻克上洛,获西魏洛州刺史泉企,并将帅数十人。会窦泰失利,召昂班师。时昂为流矢所中,创甚,顾谓左右曰:"吾以身许国,死无恨矣,所可叹息者,不见季式作刺史耳。"高祖闻之,即驰驿启季式为济州刺史。

昂还,复为军司大都督,统七十六都督,举行台侯景治兵于武牢。御史中尉刘贵时亦率众在北豫州,与昂小有忿争,昂怒,鸣鼓会兵而攻之。侯景与冀州刺史万俟受洛干救解乃止。其侠气凌物如此。于时,鲜卑共轻中华朝士,唯惮服于昂。高祖每申令三军,常鲜卑语,昂若在列,则为华言。昂尝诣相府,掌门者不纳,昂怒,引弓射之。高祖知而不责。

元象元年,进封京兆郡公,邑一千户。与侯景等同攻独孤如愿于金墉城,周文帝率众救之。战于邙阴,昂所部失利,左右分散,单马东出,欲趣河梁南城,门闭不得入,遂为西军所害,时年四十八。赠使持节、侍中、都督冀定沧瀛殷五州诸军事、太师、大司马、太尉公、录尚书事、冀州刺史,谥忠武。子突骑嗣,早卒。世宗复召昂诸子,亲简其第三子道豁嗣。皇建初,追封昂永昌王。道豁袭,武平末,开府仪同三司。入周,授仪同大将军。开皇中,卒于黄州刺史。

　　高昂，字敖曹，高乾的三弟。幼年时，便有胆量。长大后，才能卓著，胆识力气都超过常人。龙眉豹颈，容貌堂堂，体格强壮。他的父亲高翼为他请了严厉的老师，嘱咐要严加管教，但高昂不遵守老师的教导，专门骑马到处跑。他常说男子汉应当横行天下，靠自己去争取富贵，谁能够老是端坐读书，做个老博士！高昂与兄高乾多次外出抢劫，州县的官吏对他们不敢过分追究。他们为了招聚会武艺的宾客，几乎把家财也花光了。乡里的人们见他们都害怕，没有人敢违背他们意旨。他父亲高翼常对人说："这个儿不是灭我家族，就是光宗耀祖，不单是做个州豪。"

　　孝庄帝建义初年，高乾高昂兄弟一起起兵反尔朱荣，后来奉孝庄帝旨意解散了部众，高昂仍被任命为通直散骑侍郎，封武城县伯，食邑五百户。高乾被解除官职回到家乡，他与高昂都在乡里，暗中收买聚集壮士。尔朱荣得知消息后很厌恶，秘密命令刺史元仲宗诱捕了高昂，送到了晋阳自己身边。永安末年，尔朱荣到洛阳时，也带着高昂，把他监禁在驼牛署。后来尔朱荣被孝庄帝杀死，孝庄帝引见高昂，慰劳勉励他。当时尔朱世隆来到洛阳，逼近宫阙，孝庄帝亲自到洛阳城北大夏门安排布置对付他。高昂既然已不再受监禁，就披甲执戈，气势盖敌，与他的侄子高长命一起出击，所向披靡。孝庄帝和其他人看了都认为他们十分英勇。随即任命高昂为直阁将军，赏帛一千匹。

　　高昂认为敌寇的威胁还很大，不是一个人所能解决的，于是请求回本乡，招募士兵。即授官为通直常侍，加号平北将军。所在地区忠义勇武之士，争先恐后前来应征。不久京师洛阳被尔朱兆攻破，高昂就与父兄在信都起兵。殷州刺史尔朱羽生率领军队来袭击，突然到了城下，高昂顾不上穿甲，就率领十余骑兵冲出作战，尔朱羽生退走，人情才稍安定。后废帝即位，授官为使持节、冀州刺史以终其身。他仍任为大都督，率领部众随从高欢在广阿打败尔朱兆。平定邺城后，另率部众镇守黎阳，又随高欢在韩陵讨伐尔朱兆，高昂自领本乡人的部队王桃汤、东方老、呼延族等三千人。高欢说："高都督统率纯是汉人的部队，恐怕不济事，现在想分配鲜卑兵千余人来掺杂，不知意下如何？"高昂答道："敖曹所统率的部队，练习已很久，前后战斗并不比鲜卑兵差，现在如果掺杂在一起，感情上很难融合，胜利了则争功，败退时则推卸罪责，我愿意自领汉人的军队，不烦来相掺杂。"高欢同意。当战争发生后，高欢的军队失利，稍稍后退，尔朱兆趁机进攻。高岳、韩匈奴等带五万骑兵冲在前面，斛律敦收散兵追踪在后面，高昂与蔡儁带领千骑兵从粟园冲出，横击尔朱兆军，因此尔朱兆大败。这天如果没有高昂等出击，高欢几乎丧命。

　　孝武帝太昌初年，开始设置冀州。不久，高昂被加官侍中、开府、晋爵为侯，食邑七百户。他的哥哥高乾被孝武帝杀死后，高昂带领十余人骑马逃奔晋阳，投归高欢。后斛斯椿劝孝武帝反高欢事发生，高欢向南讨伐，命令高昂为前锋。孝武帝向西逃跑，高昂率五百骑兵用加倍速度追赶，到了崤、陕，没有赶上而回来了。不久代行豫州刺史，仍讨伐三荆地区不肯归附的各州，都平定了它们。孝静帝天平初年，授高昂侍中、司空公。高昂因其兄高乾死时任此位，坚辞不受，于是转官司徒公。

　　当时高欢正好在关陇地区有事，就任命高昂为西南道大都督，直接到商洛地区。山路峻险狭隘，敌寇已经占据险要地形而守卫，高昂边战斗边前进，敌人无法抵挡他。于是攻下了上洛，擒获西魏洛州刺史泉企以及将帅数十人。刚好窦泰战斗失利，高欢就召高昂回师。当时高昂被流矢射中，创伤严重，他回头对左右说："我以身许国，死无所恨，所可叹息的是没看到弟弟高季式当刺史呀。"高欢听说后，就立即派人骑马去启奏和任命高季式为济州刺史。

高昂回来后，重新任军司大都督，统领七十六都督，与行台侯景在虎牢训练士兵。御史中尉刘贵当时也率领部众在北豫州，与高昂有些矛盾，高昂怒，鸣鼓聚召士兵进攻他。侯景与冀州刺史万俟受洛干调解后总算平息了这件事。高昂侠义倔强的性格就是这样的。当时，鲜卑人都轻视汉族人士，只是对高昂害怕和服贴。高欢每次对三军发布命令，常讲鲜卑语，如果高昂在队伍中，就用汉语。高昂曾到相府中去，门房卫士不肯通报，高昂大怒，引弓射门卫。高欢知道后也不责备他。

孝静帝元象元年，进封高昂为京兆郡公，食邑一千户。与侯景等一同进攻被西魏独孤如愿占领的洛阳金墉城，宇文泰率领部众来救，在邙山北部发生战斗，高昂所部失利，左右分散，高昂只身骑马向东，想去黄河河桥南岸的南城，守门者闭门不开，结果高昂被西魏军所杀害，当时年龄才四十八岁。下诏赠官使持节、侍中、都督冀定沧瀛殷五州诸军事、太师、大司马、太尉公、录尚书事、冀州刺史，谥号为忠武。儿子高突骑继承爵位，早死。世宗高澄重新召高昂的几个儿子，亲自挑选他第三子高道豁继承爵位。北齐孝昭帝皇建初年，追封高昂为永昌王。道豁继承爵位，在后主武平末年，授为开府仪同三司。北齐被北周灭亡后，道豁在北周被任官为仪同大将军。隋开皇中，在黄州刺史任上去世。

魏收传

【题解】

魏收（507~572 年），字伯起，钜鹿下曲阳（今河北晋州市西）人，北朝著名史学家。他多次担任史职，直接参与修国史的工作，最终完成了《魏书》。其书主要记述了自北魏道武帝登国元年（386 年）至东魏孝静帝武定八年（550 年）这一时期的历史，共一百三十卷，包括十二本纪、九十二列传，以及天象、地形、律历、礼、乐、食货、刑罚、灵征、官氏、释老等十志。因系当代人修当代史，《魏书》刚完成，即引起轩然大波，被称为"秽史"，历代多因此相仍。究其原因，主要是由于魏收直笔无隐而褐人阴私所致，另外，他恃才傲物，难免评品标准树立太高，有求全责备之处。全面看，《魏书》不能称为"秽史"，但缺点不少：它以东魏为主，于是每多挂漏，突出表现在《地形志》中；对高欢事溢美太多；津津乐道轮回报应之事。但《魏书》详细而较全面地记叙了北魏自鲜卑拓拨部到东魏的历史过程，有关材料，大部分赖以保存，是仅存的一部完整的魏史，其史料价值是不容忽略的。

【原文】

魏收，字伯起，小字佛助，钜鹿下曲阳人也。曾祖缉，祖韶。父子建，字敬忠，赠仪同、定州刺史。收年十五，颇已属文。及随父赴边，好习骑射，欲以武艺自达。荥阳郑伯调之曰："魏郎弄戟多少？"收惭，遂折节读书。夏月，坐板床，随树阴讽诵，积年，板床为之锐减，而精力不辍。以文华显。

初除太学博士。及尔朱荣于河阴滥害朝士，收亦在围中，以日晏获免。吏部尚书李神㑺重收才学，奏授司徒记室参军。永安三年，除北主客郎中，节闵帝立，妙简近侍，诏试收为《封禅书》，收下笔便就，不立稿草，文将千言，所改无几。时黄门郎贾思同侍立，深奇之，白帝曰："虽七步之才，无以过此。"迁散骑侍郎，寻敕典起居注，并修国史。兼中书侍郎，时年二十六。

孝武初，又诏收摄本职，文诰填积，事咸称旨。黄门郎崔㥄从齐神武入朝，熏灼于世，收初不诣门，㥄为帝登阼赦，云"朕托体孝文"，收嗤其率直。正员郎李慎以告之，㥄深愤忌。时节闵帝殂，令收为诏。㥄乃宣言："收普泰世出入帏幄，一日造诏，优为词旨，然则义旗之士尽为逆人。"又收父老，和解官归侍。南台将加弹劾，赖尚书辛雄言于中尉綦㑺，乃解。收有贱生弟仲同，先未齿，因此怖惧，上籍，遣还乡扶侍。孝武尝大发士卒，狩于嵩少之南旬有六日。时天寒，朝野嗟怨。帝与从官及诸妃主，奇伎异饰，多非体度。收欲言则惧，欲默不能已，乃上《南狩赋》以讽焉，时年二十七，虽富言淫丽，而终归雅正。帝手诏报焉，甚见褒美。郑伯谓曰："卿不遇老夫，就应逐兔。"

初神武固让天柱大将军，魏帝敕收为诏，令遂所请。欲加相国，问品秩，收以实对，帝遂止。收既未测主相之意，以前事不安，求解，诏许焉。久之，除帝兄子广平王赞开府从事中郎，收不敢辞，乃为《庭竹赋》以致己意。寻兼中书舍人，与济阴温子升、河间邢子才齐誉，世号三才。时孝武情忌神武，内有间隙，收遂以疾固辞而免。其舅崔孝芬怪而问之，收曰："惧有晋阳之甲。"寻而神武南下，帝西入关。

收兼通直散骑常侍，副王昕使梁，昕风流文辩，收辞藻富逸，梁主及其群臣咸加敬畏。先是南北初和，李谐、卢元明首通使命，二人才器，并为邻国所重。至此，梁主称曰："卢、李命世，王、魏中兴。未知后来复何如耳？"收在馆，遂买吴婢入馆，其部下有买婢者，收亦唤取，遍行奸秽，梁朝馆司皆为之获罪。人称其才而鄙其行。在途作《聘游赋》，辞甚美盛。使还，尚书右仆射高隆之求南货于昕、收，不能如志，遂讽御史中尉高仲密禁止昕、收于其台，久之得释。

及孙搴死，司马子如荐收，召赴晋阳，以为中外府主簿。以受旨乖忤，频被嫌责，加以捶楚，久不得志。会司马子如奉使霸朝，收假其余光。子如因宴戏言于神武曰："魏收天子中书郎。一国大才，愿大王借以颜色。"由此转府属，然未甚优礼。

收从叔季景，有才学，历官著名，并在收前，然收常所欺忽。季景、收初赴并，顿丘李庶者，故大司农谐之子也，以华辩见称，曾谓收曰："霸朝便有二魏。"收率尔曰："以从叔见比，便是耶输之比卿。"耶输者，故尚书令陈留公继伯之子也，愚疾有名，好自入市肆，高价买物，商贾共所嗤玩。收忽季景，故方之，不逊例多如此。

收本以文才，必望颖脱而知，位既不遂，求修国史。崔暹为言于文襄曰："国史事重，公家父子霸王功业，皆须具载，非收不可。"文襄启收兼散骑常侍，修国史。武定二年，除正常侍，领兼中书侍郎，仍修史。魏帝宴百僚，问何故名'人日'，皆莫能知。收对曰："晋议郎董勋《答问礼俗》云：'正月一日为鸡，二日为狗，三日为猪，四日为羊，五日为牛，六日为马，七日为人。'"时邢邵亦在侧，甚恶焉。自魏、梁和好，书下纸每云："想彼境内宁静，此率土安和。"梁后使，其书乃去"彼"字，自称犹著"此"，欲示无外之意。收定报书云："想境内清晏，今万国安和。"梁人复书，依以为体。后神武入朝，静帝授相国，固让，令收为启。启成呈上，文襄时侍侧，神武指收曰："此人当复为崔光。"四年，神武于西门豹祠宴集,谓司马子如曰:"魏收为史官,书吾等善恶,闻北伐时,诸贵党饷史官饮食,司马仆射颇曾饷不?"因共大笑。仍谓收曰:"卿勿见元康等在吾目下趋走,谓吾以为勤劳,我后世身名在卿手,勿谓我不知。"寻加兼著作郎。

收昔在洛京,轻薄尤甚,人号云"魏收惊蛱蝶"。文襄曾游东山,令给事黄门侍郎颢等宴。文襄曰:"魏收侍才无宜适,须出其短。"往复数番,收忽大唱曰:"杨尊彦理屈已倒。"愔从容曰:"我绰有余暇,山立不动,若遇当涂,恐翩翩遂逝。"当涂者,魏;翩翩者,蛱蝶也。文襄先知之,大笑称善。文襄又曰:"向语犹微,宜更指斥。"愔应声曰:"魏收在并作一篇诗,对众读讫,云'打从叔季景出六百斛米,亦不辨此。'远近所知,非敢妄语。"文襄喜曰:"我亦先闻。"众人皆笑。收虽自申雪,不复抗拒,终身病之。

侯景叛入梁,寇南境,文襄时在晋阳,令收为檄五十余纸,不日而就。又檄梁朝,令送侯景,初夜执笔,三更便成,文过七纸。文襄善之。魏帝曾季秋大射,普令赋诗,收诗末云:"尺书征建邺,折简召长安。"文襄壮之,顾诸人曰:"在朝今有魏收,便是国之光彩,雅俗文墨,通达纵横。我亦使子才、子升时有所作,至于词气,并不及之。吾或意有所怀,忘而不语,语而不尽,意有未及,收呈草皆以周悉,此亦难有。"又勅兼主客郎接梁使谢珽、徐陵。侯景既陷梁,梁鄱阳王范时为合州刺史,文襄勅收以书喻之。城得书,仍率部伍西上,刺史崔圣念入据其城。文襄谓收曰:"今定一州,卿有其力,犹恨'尺书征建邺'未效耳。"

文襄崩,文宣如晋阳,令与黄门郎崔季舒、高德正,吏部郎中尉瑾于北第掌机密。转秘书监,兼著作郎,又除定州大中正。时齐将受禅,杨愔奏收置之别馆,令撰禅代诏册诸文,遣徐之才守门不听出。天保元年,除中书令,仍兼著作郎,封富平县子。

二年,诏撰魏史。四年,除魏尹,故优以禄力,专在史阁,不知郡事。初帝令群臣各言尔志,收曰:"臣愿得直笔东观,早成《魏书》。"故帝使收专其任。又诏平原王高隆之总监之,署名而已。帝勅收曰:"好直笔,我终不作魏太武诛史官。"始魏初邓彦海撰《代记》十余卷,其后崔浩典史,游雅、高允、程骏、李彪、崔光、李琰之徒世修其业。浩为编年体,彪始分作纪、表、志、传,书犹未出。宣武时,命邢峦追撰《孝文起居注》,书至太和十四年,又命崔鸿、王遵业补续焉。下讫孝明,事甚委悉。济阴王晖业撰《辨宗室录》三十卷。收于是部通直帝侍房延佑、司空司马辛元植、国子博士刁柔、裴昂之,尚书郎高孝干专总斟酌,以成《魏书》。辨定名称,随条甄举,又搜采亡遗,缀续后事,备一代史籍,表而上闻之,勒成一代大典。凡十二纪,九十二列传,合一百一十卷。五年三月奏上之。秋,除梁州刺史。收以志未成,奏请终业,许之。十一月,复奏十志:《天象》四卷,《地形》三卷,《律历》二卷,《礼乐》四卷,《食货》一卷,《刑罚》一卷,《灵征》二卷,《官氏》二卷,《释老》一卷,凡二十卷,续于纪传,合一百三十卷,分为十二帙。其史三十五例,二十五序,九十四论,前后二表一启焉。

所引史官,恐其凌逼,唯取学流先相依附者。房延佑、辛元植、眭仲让虽凤涉朝位,并非史才。刁柔、裴昂之以儒业见知,全不堪编辑。高孝干以左道求进。修史诸人祖宗姻戚多被书录,饰以美言。收性颇急,不甚能平,凤有怨者,多没其善。每言:"何物小子,敢共魏收作色,举之则使上天,按之当使入地。"初收在神武时为太常少卿修国史,得阳休之助,因谢休之曰:"无以谢德,当为卿作佳传。"休之父固,魏世为北平太守,以贪虐为中尉李平所弹获罪,载在《魏起居注》。收书云:"固为北平,甚有惠政,坐公事免官。"又云:

"李平深相敬重。"尔朱荣于魏为贼,收以高氏出自尔朱,且纳荣子金,故减其恶而增其善,论云:"若修德义之风,则韦、彭、伊、霍夫何足数?"

时论既言收著史不平,文宣诏收于尚书省与诸家子孙共加讨论,前后投诉百有余人,云遗其家世职位,或云其家不见记录,或云妄有非毁,收皆随状答之。范阳卢斐父同附出族祖玄《传》下,顿丘李庶家《传》称其本是梁国蒙人,斐、庶讥议云:"史书不直。"收性急,不胜其愤,启诬其欲加屠害。帝大怒,亲自诘责。斐曰:"臣父仕魏,位至仪同,功业显著,名闻天下,与收无亲,遂不立传。博陵崔绰,位止本郡功曹,更无事迹,是收外亲,乃为《传》首。"收曰:"绰虽无位,名义可嘉,所以合传。"帝曰:"卿何由知其好人?"收曰:"高允曾为绰赞,称有道德。"帝曰:"司空才士,为人作赞,正应称扬。亦如卿为人作文章,道其好者岂能皆实?"收无以对,战粟而已。但帝先重收才,不欲加罪。时太原王松年亦谤史,及斐、庶并获罪,各被鞭配甲坊,或因以致死,卢思道亦抵罪。然犹以群口沸腾,勅魏史且勿施行,令群官博议。听有家事者入署,不实者陈牒。于是众口喧然,号为"秽史",投牒者相次,收无以抗之。时左仆射杨愔、右仆射高德正二人势倾朝野,与收皆亲,收遂为其家并作传。二人不欲言史不实,抑塞诉辞,终文宣世更不重论。又尚书陆操尝谓愔曰:"魏收《魏书》可谓博物宏才,有大功于魏室。"愔谓收曰:"此谓不刊之书,传之万古。但恨论及诸家枝叶亲姻,过为繁碎,与旧史体例不同耳。"收曰:"往因中原丧乱,人士谱牒,遗逸略尽,是以具书其支流。望公观过知仁,以免尤责。"

八年夏,除太子少傅、监国史,复参议律令。三台成,文宣曰:"台成须有赋。"愔先以告收,收上《皇居新殿台赋》,其文甚壮丽。时所作者,自邢邵已下咸不寻逮焉。收上赋前数日乃告邵。邵后告人曰:"收甚恶人,不早言之。"帝曾游东山,敕收作诏,宣扬威德,譬喻关西,俄顷而讫,词理宏壮。帝对百僚大嗟赏之。仍兼太子詹事。

收娶其舅女,崔昂之妹,产一女,无子。魏太常刘芳孙女,中书郎崔肇师女,夫家坐事,帝并赐收为妻,时人比之贾充置左右夫人。然无子。后病甚,恐身后嫡媵不平,乃放二姬。及疾瘳追忆,作《怀离赋》以申意。

文宣每于酣宴之次,云:"太子性懦,宗社事重,终当传位常山。"收谓杨愔曰:"古人云,太子国之根本,不可动摇。至尊三爵后,每言传位常山,令臣下疑贰。若实,便须决行。此言非戏。魏收既忝师傅,正当守之以死,但恐国家不安。"愔以收言白于帝,自此便止。帝数宴喜,收每预侍从。皇太子之纳郑良娣也,有司备设牢馔,帝既酣饮,起而自毁覆之。仍诏收曰:"知我意不?"收曰:"臣愚谓良娣既东宫之妾,理不须牢,仰惟圣怀,缘此毁去。"帝大笑,握收手曰:"卿知我意。"安德王延宗纳赵郡李祖收女为妃,后帝幸李宅宴,而妃母宋氏荐二石榴于帝前。问诸人莫知其意,帝投之。收曰:"石榴房中多子,王新婚,妃母欲子孙众多。"帝大喜,诏收"卿还将来",仍赐收美锦二疋。十年,除仪同三司。帝在宴席,口敕以为中书监,命中书郎杨愔于树下造诏。愔以收一代盛才,难于率尔,久而未讫。比成,帝已醉醒,遂不重言,愔仍不奏,事竟寝。

及帝崩于晋阳,驿召收及中山太守阳休之参议吉凶之礼,并掌诏诰。仍除侍中,迁太常卿。文宣谥及庙号、陵名,皆收议也。及孝昭居中宰事,命收禁中为诸诏文,积日不出。转中书监。皇建元年,除兼侍中、右光禄大夫,仍仪同、监史。收先副王昕使梁,不相协睦。时昕弟晞亲密。而孝昭别令阳休之兼中书,在晋阳典诏诰,收留在邺,盖晞所为。收大不平,谓太子舍人卢询祖曰:"若使卿作文诰,我亦不言。"又除祖珽为著作郎,欲以代收。司空主簿李翥，文词士也。闻而告人曰："诏诰悉归阳子烈，著作复遣祖孝征，文史顿失，恐魏公发背。"于是诏议二王三恪，收执王肃、杜预义，以元、司马氏为二王，通曹备三恪。诏诸礼学之官，皆执郑玄五代之议。孝昭后姓元，议恪不欲广及，故议从收。又除兼太子少傅，解侍中。

帝以魏史未行，诏收更加研审。收奉诏，颇有改正。及诏行魏史，收以直置秘阁，外人无由得见。于是命送一本付并省，一本付邺下，任人写之。

大宁元年，加开府。河清二年，兼右仆射。时武成酖饮终日，朝事专委侍中高元海。元海凡庸，不堪大任，以收才名振俗，都官尚书毕义云长于断割，乃虚心倚仗。收畏避不能匡救，为议者所讥。帝于华林别起玄洲苑，备山水台观之丽，诏于阁上画收，其见重如此。

始收比温子升、邢邵稍为后进，邵既被流出，子升以罪幽死，收遂大被任用，独步一时。议论更相訾毁，各有朋党。收每议陋邢邵文。邵文云："江南任昉，文体本疏，魏收非直横拟，亦大偷窃。"收闻乃曰："伊常于《沈约集》中作贼，何意道我偷任昉。"任、沈具有重名。邢、魏各有所好。武平中，黄门郎颜之推以二公意问仆射祖珽，珽答曰："见邢、魏之臧否，即是任、沈之优劣。"收以温子升全不作赋，邢虽有一两首，又非所长，常云："会须作赋，始成大才士。唯以章表碑志自许，此外更同儿戏。"自武定二年已后，国家大事诏命，军国文词，皆收所作。每有警急，受诏立成，或时中使催促，收笔下有同宿构，繁速之工，邢、温所不逮，其参议典礼与邢相埒。

既而赵郡。公。增年获免，收知而过之，事发除名。其年又以托附陈使封孝琰，牒令其门客与行，遇昆仑舶至，得奇货猩然褥表、美玉盈尺等数十件，罪当流，以赎论。三年，起除清都尹。寻遣黄门郎元文遥敕收曰："卿旧人，事我家最久，前者之罪，情在可恕。比令卿为尹，非谓美授，但初起卿，斟酌如此。朕岂可用卿之才而忘卿身，待至十月，当还卿开府。"天统元年，除左光禄大夫。二年，行齐州刺史，寻为真。

收以子侄少年，申以戒厉，著《枕中篇》，其词曰：

吾曾览管子之书，其言曰："任之重者莫如身，途之畏者莫如口，期之远者莫如年。以重任行畏途，至远期，惟君子为能及矣。"迨而味之，喟然长息。若夫岳立为重，有潜藏而不倾；山藏称固，亦趋负而弗停；吕梁独浚，能行歌而匪惕；焦原作险，或跻踵而不惊；九陔方集，故眇然而迅举；王纪当定，想宵乎而上征。苟任重也有度，则任之而愈固；乘危也有术，盖乘之而靡恤。被期远而能通，果应之而可必。岂神理之独尔，亦人事其如一。呜呼！处天壤之间，劳死生之地，攻之以嗜欲，牵之以名利，梁肉不期而共臻，珠玉无足而俱致；于是乎骄奢仍作，危亡旋至。然则上知大贤，唯几唯哲，或出或处，不常其节。其舒也济世成务，其卷也声销迹灭。玉帛子女，椒兰律吕，谄谀无所先；称肉度骨，膏唇挑舌，怨恶莫之前。勋名共山河同久，志业与金石比坚。斯盖厚栋不桡，游刃恚然。逮于厥德不常，丧其金璞。驰骛人世，鼓动流俗。挟汤日而畏寒，包崤壑而未足。源不清而流浊，表不端而影曲。嗟乎！胶漆讵坚，寒暑甚促。反利而成害，化荣而就辱。欣戚更来，得丧仍续。至有身御魑魅，魂沉狴狱。讵非足力不强，迷在当局，孰可谓车戒前倾，人师先觉。

闻诸君子，雅道之士，游遨经术，厌饫文史。笔有奇锋，谈有胜理。孝悌之至，神明通矣。审道而行，量路而止。自我及物，先人后己。情无系于荣悴，心靡滞于愠喜。不养望于丘壑，不待价于城市。言行相顾，慎终犹始。有一于斯，郁为羽仪。恪居展事，知无不

为。或左或右，则耄士攸宜；无悔无吝，故高而不危。异乎勇进忘退，苟得患失，射千金之产。邀万钟之秩，投烈风之门，趣炎火之室，载蹶而坠其贻宴，或蹲乃丧其贞吉。可不畏欤！可不戒欤！

门有倚祸，事不可不密；墙有伏寇，言不可而失。宜谛其言，宜端其行。言之不善，行之不正。鬼执强梁，人囚径廷。幽夺其魄，明夭其命。不服非法，不行非道。公鼎为己信，私玉非身宝。过涅为绀，逾蓝作青。持绳视直，置水观平。时然后取，未若无欲。知止知足，庶免于辱。

是以为必察其几，举必慎于微。知几虑微，斯亡则稀。既察且慎，福禄攸归。昔蘧瑗识四十九非，颜子几三月不违。跬步无已，至于千里。覆一篑进，及于万仞。故云行远自迩，登高自卑，可大可久，与世推移。月满如规，后夜则亏。槿荣于枝，望暮而萎。夫奚益而非损，孰有损而不害？益不欲多，利不欲大。唯居德者畏其甚，体真者惧其大。道尊则群谤集，任重而众怨会。其达也则尼父栖遑，其忠也而周公狼狈。无曰人之我狭，在我不可而覆。无曰人之我厚，在我不可而咎。如山之大，无不有也；如谷之虚，无不受也；能刚能柔，重可负也；能信能顺，险可走也；能知能愚，期可久也。周庙之人，三缄其口。漏卮在前，欹器留后。俾诸来裔，传之坐右。

其后群臣多言魏史不实，武成重敕更审，收又回换。遂为卢同立传，崔绰返更附出。杨愔家《传》，本云"有魏以来一门而已"，至是改此八字；又先云"弘农华阴人"，乃改"自云弘农"，以配王慧龙自云太原人。此其失也。

寻除开府、中书监。武成崩，未发丧。在内诸公以后主即位有年，疑于赦令。诸公引收访焉，收固执宜有恩泽，乃从之。掌诏诰，除尚书右仆射，总议监五礼事，位特进。收奏请赵彦深、和士开、徐之才共监。先以告士开，士开惊辞以不学。收曰："天下事皆由王，五礼非王不决。"士开谢而许之。多引文士令执笔，儒者马敬德、熊安生、权会实主之。武平三年薨。赠司空、尚书左仆射，谥文贞。有集七十卷。

收硕学大才，然性褊，不能达命体道。见当途贵游，每以言色相悦。然提奖后辈，以名行为先，浮华轻险之徒，虽有才能，弗重也。初河间邢子才及季景与收并以文章显，世称大邢小魏，言尤俊也。收少子才十岁，子才每曰："佛助寮人之伟。"后收稍与子才争名，文宣贬子才曰："尔才不及魏收。"收益得志，自序云："先称温、邢，后曰邢、魏。"然收内陋邢，心不许也。收既轻疾，好声乐，善胡舞。文宣末，数于东山与诸优为猕猴与狗斗，帝宠狎之。收外兄博陵崔岩尝以双声嘲收曰："愚魏衰收。"收答曰："颜岩腥瘦，是谁所生，羊颐狗颊，头团鼻平，饭房笒笼，著孔嘲玎。"其辩捷不拘若是。既缘史笔，多憾于人，齐亡之岁，收冢被发，弃其骨于外。先养弟子仁表为嗣。位至尚书膳部郎中，隋开皇中卒于温县令。

【译文】

魏收，字伯起、乳名佛助，钜鹿下曲阳人。他的曾祖名缉，祖父名韶。他的父亲名子建，字敬忠，赠官仪同三司，定州刺史。

魏收十五岁时，就已经写了好些文章了。他跟随父亲到边疆去后，就喜欢学习骑马射箭，想凭武艺取得显贵。荥阳的郑伯调侃说："魏郎您能弄多少载？"魏收惭愧，于是就改变志向而专心读书。夏天，他坐在板床上，随着树荫的移动而移动诵读诗书，一年下来，板床因此而木板大减，但魏收读书的精神却不减。这样，魏收就以文章华丽著名当世。

开始，魏收被任命为太学博士。尔朱荣在河阴滥害朝廷士人的时候，魏收也在其迫害的范围之中，因为已到黄昏所以得以幸免。吏部尚书李神俊重视魏收的才学，上奏皇上授予了魏收司徒记室参军的职务。永安三年，任命他为北主客郎中职。节闵帝即位后，用巧妙的方法精简近侍，下诏考试魏收以《封禅书》为题。魏收下笔便写成了，连草稿也不打，将近千字的文章，所修改的地方没有几处。当时黄门郎贾思同侍立一旁，大为惊奇，就对皇上说："虽然是曹植七步为诗的才能，也超不过魏收写这《封禅书》。"这样，魏收升任为散骑侍郎，不久皇上又下令让他典起居注，并参加修国史，兼任中书侍郎，当时魏收二十六岁。

孝武帝初年，又下诏魏收兼管本职，公文制诰尽管堆积很多，魏收处理下来都符合皇上的意图。黄门郎崔悛跟从齐神武帝入朝觐见皇上，气焰逼人，魏收开始不上门去拜访。崔悛是皇上登基作赦书，说："朕托体孝文"，魏收嗤笑这句话率直。正员外郎李慎把这事告诉了崔悛，崔悛深为愤慨忌恨。当时节闵帝逝世，命令魏收写诏书。崔悛就散布说，魏收在节闵帝在世时出入帏幄，每天写诏书，文辞和主旨都很优秀，但是举义旗的士人全变成了叛逆；再有，魏收的父老，符合解除官职归侍乡里。南台将要对魏收加以弹劾，全靠尚书辛雄给中尉綦儁加以解释，才化解了。魏收有个同父异母弟名仲同，原先没有登记，因此恐惧，上了户籍后，就遣送他回乡帮助那里做事去了。孝武帝曾发动大批的士兵，在嵩少之南打猎十六天。当时天寒，朝野都埋怨叹息。皇上与跟从的官员及各位妃子，奇装异饰，多不合礼的规定。魏收想说但又害怕，想沉默又按捺不住，就上了《南狩赋》作为讽谏，当时他二十七岁，虽然文辞丰富淫丽，但都归于典雅淳正。皇上亲笔回信，信中到处是表扬赞美的话，郑伯对他说："您不遇到老夫，也应该去追逐兔子了。"

当初齐神武帝（高欢）坚持推辞天柱大将军的封号，魏帝令魏收草诏，命令允许齐神武帝的请求。皇上想加齐神武帝为相国，问给他什么品秩，魏收据实回答，皇上才停止下达这一命令。魏收既然推测不了主相的意图，因为以前的事就不安心，于是请求解除自己的职务，皇上下诏同意了。过了很久，任命魏收为皇上兄长的儿子广平王元赞的开府从事中郎，魏收不敢推辞，就写了篇《庭竹赋》抒发自己的情怀。不久，他又兼任中书舍人。他与济阴的温子升、河南的邢子才齐名，当世号称三才。当时孝武帝猜忌高欢，内部有矛盾，魏收于是托病坚持辞官而免除了职务。他的舅舅崔孝芬感到奇怪就问他（为什么辞官），魏收回答："害怕有晋阳那样的兵事。"不久齐神武帝南上，皇上就西入潼关了。

魏收兼任通直散骑侍，作为王昕的副手出使梁，王昕文辞辩论风流，魏收辞藻富逸，梁帝及其群臣都对他们恭敬异常。原先南北刚刚和解，李谐、卢元明首次承担通好的使命，两人的才能气度，同为邻国所重视。到这时候，梁帝称赞说："卢、李著称于当世，王、魏又继而兴起，不知后来的情况还会怎样？"魏收在客馆，买了吴地婢女进入客馆，他的部下有买婢女的，魏收也召唤这些婢女来，遍行奸秽，梁朝客馆的主管官员都因此而获罪。人们称赞他的才能而鄙视他的行为。他在出使途中作了篇《聘游赋》，辞藻十分优美丰富。出使回来后，尚书右仆射高隆之向王昕和魏收要南方的特产，未能如愿，于是就委婉地告诉御史中尉高仲密把二人拘留在御史台，过了很久才得到释放。

孙搴死后，司马子如推荐魏收，召他到晋阳，让他担任中外府主簿。因为接受旨意有抵触，受到鞭打，很久不得志。遇到司马子如奉命出使参与朝廷大事，魏收就借他的光。司马子如借宴会的机会开玩笑似的对齐神武帝说："魏收是天子的中书郎，是一国的大才，愿大王给他点面子。"这样才将魏收转为王府的属官，但没有什么优厚的礼遇。

魏收的伯父季景，有才学，官职和名声都在魏收之上，但魏收常常欺压他。季景、魏收当初赴并州时，顿丘的李庶，是已故大司农李谐的儿子，因为辩论华美而著称，他曾跟魏收说："参与朝政便有两个姓魏的。"魏收直截了当地说："把我和我伯父相提并论，就像把耶输与您相比一样。"所谓耶输，是已故尚书令陈留公继伯的儿子，他愚蠢痴呆是有名的，喜欢自己到市场去，高价买东西，商人们都嗤笑他，把他当作玩物。魏收小看季景，所以用此作比，不尊敬伯父的例子大多和这件事差不多。

魏收以文才为本，一定要希望以文才脱颖而出、表现自己的智慧，在官场上不顺当，就请求修国史。崔暹在高澄那里帮魏收说话（想让魏收实现愿望），他说："修国史是件大事，公家父子霸王功业，都须完全写出来，这事非魏收不能完成。"高澄就启用魏收兼任散骑常侍，修撰国史。武定二年，任命魏收为正常侍，兼中书侍郎，仍旧修史。魏静帝宴请百官，问为什么叫"人日"，别人都不知道。魏收回答说："晋朝的议郎董勋在《答问礼俗》中说：'正月一日为鸡，二日为狗，三日为猪，四日为羊，五日为牛，六日为马，七日为人。'"当时邢邵也在魏静帝旁边，感到很惭愧。自从东魏与梁朝和好后，东魏给梁朝的信件中每次都有一句话："想彼境内宁静，此率土安和。"梁朝后来派使者来，他们带来的信件就去掉了"彼"字，自称还是使用"此"字，想表示梁朝与东魏是不以内外分的。魏收拟定回信说："想境内清晏，今万国安和。"梁朝以后回信，就依照这样的写法了。后来齐神武帝入朝，魏静帝授予他相国，他坚决推让，就命令魏收写信（辞让）。写好信后呈上魏静帝，当时高澄正在旁侍立，齐神武帝指着魏收说："这人当是又一个崔光。"武定四年，齐神武帝在西门豹祠设宴集会，对司马子如说："魏收担任史官，写我们这些人的善恶之事。我听说北伐的时候，诸位贵人经常馈赠给史官饮食，请问您司马仆射是否馈赠得很多呢？"引起了众人一阵大笑。接着又对魏收说："您不要看元康等人在我的眼前奔走，就说我认为他们勤劳，我死后的名声在您的手中，不要认为我不知道。"不久就又让魏收兼任了著作郎。

魏收以前在洛阳时，表现特别轻薄，人们称他"魏收惊蛱蝶"。高澄曾游东山，命令给事黄门侍郎颢参加宴会。高澄说："魏收倚仗才能不分时候，必然揭他的短。"（众人与魏收舌战）往复数次，魏收忽然大叫道："杨遵彦理屈，已经被驳倒了！"杨遵彦从容回答："我的闲功夫绰绰有余，山立不动，不过倘若遇上了面对大路的东西，恐怕就会翩翩飞舞而消逝了。"面对大路的，就是魏（阙），翩翩飞舞的，就是蝴蝶。高澄首先理解了这话的意思，大笑着称赞这话说得妙。高澄又说："刚才说的（魏收的短处）还是些细微的，应该再指斥（他大的短处）。"杨遵彦应声说："魏收在并州作了篇诗，对众人宣读完后，他说：'即使给我伯父季景六百斛米，他也不理解这首诗的意思。'这事远远近近都知道，我不敢瞎说。"高澄高兴地说："我也早听到了。"众人都笑了。魏收虽然自己加以申辩，但不再坚持抗拒，不过他终身都记恨此事。

侯景叛乱后进入梁朝地界。高澄当时在晋阳，命令魏收写五十多张纸长的檄文，魏收不到一天就写完了。又写讨伐梁朝的檄文，命令送给侯景，魏收天黑后不久开始执笔，三更就写成了，檄文长超过了七张纸。高澄称赞他文章写得好。魏静帝曾在季秋举行大射，令大家都写诗，魏收写的诗末尾说："尺书征建邺，折简召长安。"高澄认为写得很雄壮，环视众人说："朝廷中现在有魏收，这便是国家的光彩，他为文高雅易懂，通达纵横。我也让邢子才、温子升经常写些诗，（其中也有好的）至于词气，都赶不上魏收。我有时候想到些什么，忘记了没有说出来，或者说得不完全，意思有没有说到的，魏收呈上的草稿都加以完善，这也是难得的。"又下令魏收兼主客郎迎接梁朝使臣谢珽、徐陵。侯景陷落了梁朝以后，梁朝的鄱阳王萧范当时为合州刺史，高澄下敕书给魏收让他写信去晓谕萧范，就入据了萧范原占的城池。高澄对魏收说："现在安定了一州，您出了力，我还恨'尺书征建邺'这句诗没有成为现实。"

高澄驾崩后，文宣帝到了晋阳，令魏收与黄门郎崔季舒、高德正，以及吏部郎中尉瑾在北第掌管机密。后转秘书监，兼著作郎，又升他为定州大中正。当时北齐将接受禅让，杨遵彦奏请将魏收安置在一个专门的屋中，令他撰写有关禅让的诏书册命等文字，遣派徐之才守住房门不让魏收出来。天保元年，北齐文宣帝任命魏收为中书令，仍兼著作郎，封他为"富平县子"。

天保二年，下诏魏收撰写魏朝史。天保四年，升任魏郡尹，有意给他优厚的俸禄、更多的精力，让他一心放在史馆，不问郡中事务。当初，文宣帝令群臣各自陈说自己的志向，魏收说："臣下我愿得以在史馆中直笔写史，早些完成魏书。"所以文宣帝让魏收专心他的任务。又下诏平原王高隆之总监修魏史，他只是署名罢了。文宣帝下令魏收说："您尽管直笔写史，我终究不做魏太武帝诛杀史官那样的事。"开始的时候，北魏初年邓彦海撰写了《代记》十多卷，此后崔浩主管修史，游雅、高允、程骏、李彪、崔光、李琰等人继承这一事业。崔浩采用编年体，李彪首先用它分别做了纪、表、志、传，这书还没有传出来。宣武帝时，命邢峦补写了《孝文起居注》，写到了太和十四年，又命崔鸿、王遵业补续它，写到了孝明帝，事情写得很详细。济阴王元晖业撰写了《辨宗室录》三十卷。魏收于是组织通直常侍房延佑、司空司马辛元植、国子博士刁柔、裴昂之、尚书郎高孝干一起广泛收集、斟酌以上的材料，用以完成《魏书》。于是分辨、拟定名称，随每条之后加以鉴别说明，又搜集采录流散（的材料），续写补作孝明帝以后之事，使元魏一代的史书得以完整，魏收上表报告了此事：写成了一代大典，总计十二本纪，九十二列传，共一百一十卷。这事是在天保五年上奏的。这一年秋，任命魏收为梁州刺史。魏收因为《魏书》的志没有完成，上奏请求让他全部写完，得到了允许。这年的十一月，再奏上了十志：《天象》四卷、《地形》三卷、《律历》二卷、《礼乐》四卷、《食货》一卷、《刑罚》一卷、《灵征》二卷、《官氏》二卷、《释老》一卷，共二十卷，加上原写的纪传部分，共一百三十卷，分为十二帙。这部史书有凡例三十五条，二十五个序文，九十四段论说，魏收前后所上的两个表文和一封信。

魏收带领的史官，因为怕（用人不当而）欺凌威逼自己，就只选取原先依附自己的学人。房延佑、辛元植、睦仲让虽然一直在朝做官，并非史才；刁柔、裴昂之因为儒学知名，完全不能承担编辑史书的工作；高孝干用不正当手段求取进入了修史班子。参加修史的这些人的祖宗姻戚多被写入了《魏书》，并用好话美化他们。魏收性情很急，不怎么能公允写史，对与他一直有怨恨的人，多数都将他们的好事埋没（不写）。他经常说："什么东西，敢与魏收作对？我魏收抬举他就会让他上天，按一下他就一定使他入地。"当初魏收在神武帝时为太常少卿修国史，得到过阳休之的帮助，所以魏收感谢他说："没有什么感谢您的恩德，我当为先生您作一篇好的传记。"阳修之的父亲阳固，在元魏时任北平太守，因为贪虐被中尉李平弹劾而被治罪，记载在《魏起居注》中。魏收在《魏书》中却写道："阳固为北平太守，惠政很多，因公事牵连被免去了官职。"又说："李平（对阳固）深相敬重。"对于元魏来说尔朱荣是奸贼，魏收因为高氏是从尔朱荣那里出来的，而且接受了尔朱荣儿子送的金银，所以减少了尔朱荣的恶行而增写了他的善事，并议论说："若说到培养德义的风气，那么豕韦、大彭、伊尹、霍光这些人哪里谈得上呢？"

当时的议论已经说魏收写史书不公平，文宣帝就下诏魏收让他在尚书省与各家的子孙共同讨论，前后来投诉的有一百多人，有的说遗漏了他家的世系职位，有的说他家没有被写入史书，有的说对他家妄加非议攻击。魏收都在状纸上一一做了回答。范阳卢斐的父亲卢同附在他所出之族祖卢玄传记的后面，顿丘李庶家的传记说他家本是梁国蒙县人，卢斐、李庶就讥讽说："这是史官没有据实记载。"魏收性急，抑制不住愤怒，写信给皇上诬告说卢、李等人想加害他。皇上大怒，亲自追究责任。卢斐说："臣下的父亲在元魏做官，职位到了仪同三司，功业显著，名闻天下，但与魏收没有亲戚关系，于是他不给我父亲立传。博陵的崔绰，官位只到了本郡的功曹，更没有事迹，只是他是魏收的外亲，就把他安排到了传记的最前面。"魏收说："崔绰虽然没有高位，名义可嘉，所以应该写传。"皇上说："您根据什么知道他是好人？"魏收说："高允曾经当过崔绰的助理，他说他有道德。"皇上说："司空是才士，当人的助理，当然要称赞他助理的人。这也如您为别人做文章，您说他好的难道都符合事实？"魏收无话对答，只有恐惧颤抖。但皇上原先就看重魏收的才干，不想加罪于他。当时太原的王松年也攻击《魏书》，和卢斐、李庶一起被判了罪，各自被鞭打后发配到工场，有的因此而致死，卢思道也被判了相应的罪。但是皇上还是因为众人议论纷纷，下令《魏书》姑且不要公开，让百官进行广泛的讨论；听任有家事（与《魏书》相关的人）进官署（申说），认为记载不符合事实的写信陈述。这样一来众口喧嚷，称《魏书》为"秽史"，投书的人一个接一个，魏收无法抵抗。当时左仆射杨愔、右仆射高德正两人势倾朝野，与魏收都是亲戚，魏收都为他们家作了传记。这两人不想说《魏书》不实，就压制搪塞诉辞，终文宣帝之世也没有重新提出来议论。又有尚书陆操曾经对杨愔说："魏收的《魏书》可以说是见识广博的大才手笔，对元魏立了大功。"杨愔对魏收说："这是说《魏书》是无须修改的书，会流传万占。只是遗憾其中说到各家后裔、婚姻过于繁琐细碎，与过去史书的体例不同罢了。"魏收说："过去因为中原丧乱，各家的谱牒资料，大略都遗失流散完了，所以《魏书》把各家的支系全写出来。希望大人从缺点中体知我的好心，以免更多地责备我。"

天保八年夏季，任命魏收为太子少傅、监修国史，恢复了参议律令。（铜雀、金兽、冰井）三台建成后，文宣帝说："三台落成须有赋。"杨愔先将这话告诉了魏收，魏收就上了《皇居新殿台赋》，文章写得十分壮丽。当时有写这一题目的作者，自邢邵以下都赶不上魏收。魏收在呈上自己的赋以前就将此事告诉了邢邵。邢邵后来告诉人说："魏收实在可恶，不早些说这事。"皇上曾游东山，下令魏收作诏书，（魏收在诏书中）宣扬威德，以关西为譬喻，不一会儿就完成了，词宏理壮。皇上当着百官大大地赞叹了一番，让魏收继续担任太子詹事。

魏收娶她舅父的女儿，即崔昂的妹妹，生了一个女儿，没有儿子。魏太常刘芳的孙女，中书郎崔肇师的女儿，因为丈夫家受连坐，皇上把她们都赐予魏收为妻，当时的人把魏收与贾充置左右夫人相比。但是也没有生下儿子。魏收后来病重，怕死后妻妾不能相处，就让后来的两个妾回自己娘家去了。后来魏收疾病痊愈追忆此事，写了《怀离赋》来抒发自己的怀念之意。

文宣帝每次在宴会上酒酣之后，就说："太子性情懦弱，宗庙社稷的事情重大，最后将传位给常山王。"魏收对杨愔说："古人说，太子是国家的根本，不可动摇。皇上三杯酒后，每次都说传位给常山王，让臣下们怀疑不定。倘若说的是实话，便必须决定实行。这话可不能儿戏。魏收我既然忝为师傅，按照道理当以死坚持(太子的继承权)，只是担心会造成国家不安定罢了。"杨愔把魏收的话告诉了文宣帝，文宣帝从此便不再说立常山王的事了。皇上多次举行喜宴，魏收每次都参与侍从。皇太子纳郑良娣为妾那一次，主管部门完备地设置了牛羊等祭品，皇上畅饮之后，起身动手将祭品掀翻了，顺势问魏收："知不知道我的意思？"魏收回答说："臣愚蠢地认为良娣既是太子的妾，按理不须使用牛羊祭品，我仰度皇上的思想，是因为这个原因而掀翻祭品的。"文宣帝大笑，握住魏收的手说："您知道我的意思。"安德王延宗纳赵郡李祖收的女儿为妃，后来皇上亲自到李祖收的宅第宴会，而妃子的母亲献了两只石榴在皇上面前。皇上问大家这是什么意思，竟没人知道。皇上就把石榴掷在地上。魏收说："石榴中多籽，安德王新婚，王妃的母亲想子孙众多。"皇上大喜，命魏收说："您到我这里来。"为此事赐给魏收美锦两疋。天保十年，任命魏收为仪同三司。皇帝在宴席上，口命魏收为中书监，命令中书杨愔在树下起草诏书，杨愔因为魏收是一代盛才，不敢草率，很久没写完。至杨愔诏书写成之时，皇上已从醉梦中醒来，就不再说起这事，杨愔因此不将诏书上奏，这事就搁置下来了。

文宣帝在晋阳驾崩时，用驿传召魏收和中山太守阳休之参加议论吉凶礼仪，并掌诏诰。仍任命魏收为侍中，提升为太常卿。文宣帝的谥号及庙号、陵寝的名，都是采用的魏收的意见。孝昭帝位居中宰那件事，命令魏收在宫内写各种诏书，好几天都没有出宫门。转调他为中书监。皇建元年，任命魏收兼侍中、右光禄大夫，仍仪同三司、监国史。魏收原先作为王昕的副手出使梁朝，互不协调和睦。当时王昕的弟弟王晞与王昕亲密。而孝昭帝另外任命阳休之兼中书，在晋阳典诏诰，魏收留在邺，大概是王昕所做的工作，魏收心中很不平，对太子舍人卢询祖说："假如让您去作文诰，我也没有说的了。"又任命祖珽为著作郎，想用他代替魏收。司空主簿李纛，是个文辞好的士人，听说这些事后就告诉人说："典诏诰都归了阳休之，著作郎又让祖珽去担任，文史立刻都抛弃了，怕魏收大人会背上流汗吧！"当时下诏让百官议论确定(封前两朝的王族后裔为诸侯国君)二王和(前代三个王朝的子孙)三恪，魏收持王肃、杜预的标准，以元、司马氏为二王，所有曹姓为三恪。受诏参议的诸位礼学之官，都持郑玄关于确立二王三恪标准的议论。孝昭皇后姓元，认为确定三恪不想涉及的人太广，所以同意了魏收的议论。又任命魏收担任了太子少傅，解除了侍中职务。

皇上因为《魏书》尚未公开，下诏魏收更加研究审查。魏收奉诏后，改正得不少。到下诏公开魏史之时，魏收认为总把《魏书》置于秘阁，外人没有机会看见，于是皇上命令送一套给并省，一套给邺下，任人抄写。

大宁元年，加魏收为开府仪同三司。河清二年，兼右仆射。当时武成帝终日酣饮，朝中之事专门委托给侍中高元海。高元海平凡庸俗，不堪大任，因为魏收才名振俗，都官尚书毕义云长于决断，就虚心倚仗他们两人。魏收畏惧，想逃避不能匡救时局之罪，被议论的人所讥讽。武成帝在华林另外盖了玄洲苑，充满了山水台观的美丽，下诏在阁下画上魏收的像,皇上就是这样看重他。

开始魏收比温子升、邢邵稍微升迁得慢些,邢邵被逐放,温子升因罪死于监牢,魏收于是就大被任用,独步一时。议论更相互诋毁,各自都有朋党。魏收经常批评贬低邢邵的文章。邢邵又说:"江南的任昉,文体本于疏,魏收不是直接模拟,也是大大地剽窃他的。"魏收听到这话后说:"他常在《沈约集》中做贼,有什么脸说我偷任昉。"任昉、沈约都有大名声,邢邵、魏收各有所好。武平年间,黄门郎颜之推将邢、魏二人的意见拿去问仆射祖珽,祖珽回答说:"知道邢邵、魏收两人所肯定的和否定的,那就是任昉和沈约的优劣。"魏收因为温子升完全不做赋,邢邵虽然有一两首,但作赋不是他的长处。就说:"有集会就须作赋,才能成为大才士。仅以章表、碑志自许,这就是儿戏了。"自武定二年以后,国家大事、诏命、军事的文件,都是魏收所作。每有军情急事,魏收受诏立即就写成,有时宦官催促,魏收笔下如同早就有已写成的一样,敏捷迅速,是邢邵、温子升所赶不上的,他参汶典礼表现的才能与邢邵不相上下。

(以上有脱文)几年后得以赦免,魏收知道后就怪罪他,事情暴露后除去了魏收的官爵。这一年又因为托付陈朝使臣封孝琰,魏收书面命令他的门客与封孝琰一起走,遇上昆仑来的船到了,得到了似猴的猓然皮做的褥面、盈尺的美玉等奇货数十件,按所犯罪应当处以流放,最后以金赎罪论处。武定三年,起用魏收任命为清都尹。不久皇上派遣黄门郎元文遥下敕书给魏收说:"您是本朝的老人,帮我家做事最久,前次您的罪过,按情理在可恕之列。最后令您为尹,不是说这是个好的授职,但是刚起用您,斟酌后只好如此决定,朕岂可以使用您的才而忘了您这个人,等到十月,当归还您开府的职务。"天统元年,任命魏收为左光禄大夫。二年,代理齐州刺史,不久就正式任命他为齐州刺史了。

魏收因为侄子年少,就严厉地对他们进行管教,著了一篇《枕中篇》(略)。

这以后群臣多说《魏书》不实,武成帝再次下令重新审察,魏收又将《魏书》收回修改。这样,就为卢同立了传,崔绰的传变为了附传。杨愔家的传,本来说"有魏以来一门而已",到这时就改了这八个字;又,原先说"弘农华阴人",改成了"自己说是弘农人",用它来配王慧龙的"自云太原人"。这是魏收的失误。

不久任命魏收为开府、中书监。武成帝驾崩,还未发丧。在朝诸公认为后主即位有将近一年了,对下赦令迟疑不决。诸公引魏收去见后主,魏收坚持(新皇帝即位)应当有恩泽的表示,就听从了他的意见。魏收掌诏诰,任命为尚书右仆射,总议监五礼事,位至特进。魏收上奏请求让赵彦深,和士开、徐之才共监五礼事。上奏之前,魏收先将此事告诉了和士开,和士开十分吃惊,推辞说自己不学无术。魏收说:"天下事都取决于王,五礼不是王决定不了。"和士开表示感谢并同意了此事。魏收还荐引了不少文士让他们参加写作,儒学学者马敬德、熊安生、权会是实际上的主持人。武平三年,魏收去世。朝廷赠给他司空、尚书左仆射官,谥号文贞。魏收有文集七十卷。

魏收是个饱学之士、盖世大才,但生性偏持,不能够充分把握命运体现道义。他遇见掌握大权的贵人,每次都以言、色取悦。但他提拔奖掖后辈,则以他们的名声和行为作为首要条件,对那些浮华轻薄奸猾的人,虽然他们有才能,也不予重用。最初河间的邢子才和季景与魏收都因为文章好而显达,世称"大邢小魏",说他们才智特别出众。魏收比邢子才小十岁,邢子才每每说:"魏收是同僚中的伟人。"后来魏收的名气刚刚能与邢子才相比,文宣帝就贬邢子才说:"您的才不及魏收。"魏收就愈发志得意满了。他在《魏书·自序》中说："早先温、邢并称，后来邢、魏并提。"然而魏收内心认为邢子才浅陋，心里对他不服气。魏收既是个轻率性急之人，所以好声乐，善跳胡舞。文宣帝末，数次在东山与诸多优伶一起搞猕猴与狗斗，皇上对他很溺爱亲近。魏收的妻兄博陵崔岩曾用双声词嘲弄魏收说："愚魏衰收。"魏收回答说："颜岩腥瘦，是谁所生，羊颐狗颊，头团鼻平，饭房笒笼，著孔嘲玎。"他辩论的迅捷毫不拘谨就是这样。他既然掌握了史笔，就对人多有得罪，齐被亡的那一年，魏收的坟墓被挖，把他的骨头抛到了外面。原先魏收过继了弟弟的儿子魏仁表作为继嗣。魏仁表职位到了尚书膳部郎中，隋朝开皇年间在温县令任上去世。

苏琼传

【题解】

苏琼字珍之，长乐武强人。他在东魏时出仕，曾任高澄的刑狱参军，因平反并州府的一起冤狱，捉获真凶而闻名。后任南清河郡太守，又将郡中原有盗贼百余人控制在身边，驾驭得当，使郡界安定，百姓无抢掠之忧。他清廉谨慎，从不接受别人的礼物，连瓜果等一概拒绝。在郡大兴儒学，命令郡中官吏在公务之暇都去读书，教导百姓在婚姻丧葬上要符合礼仪而尽量从俭。北齐文宣帝天保（550~559年）中，郡中遭大水灾，苏琼自己向富人借粮后再分发给饥民，使一千余户百姓安然度过荒年。后调任廷尉正，不顾别人威胁，屡次平反冤案。在任行台左丞、行徐州事时，破除不许随意渡准的禁令，使南、北物资得以交流。后任大理卿。北齐灭亡后出仕北周，为博陵太守。死于隋文帝开皇（581~600年）初。

【原文】

苏琼，字珍之，武强人也。父备，仕魏至卫尉少卿。琼幼时随父在边，尝谒东荆州刺史曹芝。芝戏问曰："卿欲官不？"对曰："设官求人，非人求官。"芝异其对，署为府长流参军。文襄以仪同开府，引为刑狱参军，每加勉劳。并州尝有强盗，长流参军推其事，所疑贼并已拷伏，失物家并认识，唯不获盗赃。文襄付琼更令穷审，乃别推得元景融等十余人，并获赃验。文襄大笑，语前妄引贼者曰："尔辈若不遇我好参军，几致枉死。"

除南清河太守，其郡多盗，及琼至，民吏肃然，奸盗止息，或外境奸非，辄从界中行过者，无不捉送。零县民魏双成失牛，疑其村人魏子宾，送至郡，一经穷问，知宾非盗者，即便放之，双成诉云："府君放贼去，百姓牛何处可得？"琼不理，密走私访，别获盗者。从此牧畜不收，多放散，云："但付府君。"有邻郡富豪将财物寄置界内以避盗，为贼攻急，告曰："我物已寄苏公矣。"贼遂去。平原郡有妖贼刘黑狗，构结徒侣，通于沧海。琼所部人连接村居，无相染累，邻邑于此伏其德。郡中旧贼一百余人，悉充左右，人间善恶，及长吏饮人一杯酒，无不知。琼情清慎，不发私书。道人道研为济州沙门统，资产巨富，在郡多有出息，常得郡县为征。及欲求谒，度知其意，每见则谈问玄理，应对肃敬，研虽以债数来。无由启口。其弟子问其故，研曰："每见府君，径将我入青云间，何由得论地上事。"郡民赵颖曾为乐陵太守，八十致事归。五月初，得新瓜一双自来送。颖恃年老，苦请，遂便为留，仍致于听事梁上，竟不剖，人遂竞贡新果，至门间，知颖瓜犹在，相顾而去。有百姓乙普明兄弟争田，积年不断，各相援引，乃至百人，琼召普明兄弟对众人谕之曰："天下难得者兄弟，易求者田地，假令得地，失兄弟心，如何？"因而下泪，众人莫不洒泣，普明弟兄叩头乞外更思，分异十年，遂还同住。每年春，总集大儒卫觊隆、田元凤等讲于郡学，朝吏文案之暇，悉令受书，时人指吏曹为学生屋。禁断淫祠，婚姻丧葬皆令俭而中礼。又蚕月预下绵绢度样于部内，其兵赋次第并立明式，至于调役，事必先办，郡县长吏常无十杖稽失。当时州郡无不遣人至境，访其政术。天保中，郡界大水，人灾，绝食者千余家。琼普集郡中有粟家，自从贷粟以给付饥者。州计户征租，复欲推其贷粟。纲纪谓琼曰："虽矜饥馁，恐罪累府君。"琼曰："一身获罪，且活千室，何所怨乎"？遂上表陈状，使检皆免，人户保安。此等相抚儿子，咸言府君生汝。在郡六年，人庶怀之，遂无一人经州，前后四表，列为尤最。遭忧解职，故人赠遗，一无所受。寻起为司直、廷尉正，朝士嗟其屈。尚书辛述曰："既直而正，名以定礼，不虑不申。"

初琼任清河太守，裴献伯为济州刺史，酷于用法，琼恩于养人。房延佑为乐陵郡，过州。裴问其外声，佑云："唯闻太守善，刺史恶。"裴云："得民誉者非至公。"佑答言："若尔，黄霸，龚遂君之罪人也。"后有赦，州各举清能。裴以前言，恐为琼陷，琼申其枉滞，议者尚其公平。毕义云为御史中丞，以猛暴任职，理官忌惮，莫敢有违。琼推察务在公平，得雪者甚众，寺署台案，始自于琼。迁三公郎中。赵州及清河、南中有人频告谋反，前后皆付琼推检，事多申雪。尚书崔昂谓琼曰："若欲立功名，当更思余理，仍数雪反逆，身命何轻？"琼正色曰："所雪者怨枉，不放反逆。"昂大惭。京师为之语曰："断决无疑苏珍之。"

迁左丞，行徐州事。徐州城中五级寺忽被盗铜像一百躯，有司征检，四邻防宿及纵迹所疑，逮系数十人，琼一时放遣。寺僧怨诉不为推贼，琼遣僧，谢曰："但且还寺，得像自送。"尔后十日，抄贼姓名及贼处所，径收掩，悉获实验，贼徒款引，道俗叹服。旧制以淮禁，不听商贩辄度。淮南岁俭，启听淮北取籴。后淮北人饥，复请通籴淮南，遂得商贾往还，彼此兼济，水陆之利，通于河北。后为大理卿而齐亡，仕周为博陵太守。

【译文】

苏琼，字珍之，是武强人。父亲苏备，出仕北魏，官至卫尉少卿。苏琼幼年跟随父亲在边境，曾去拜见东荆州刺史曹芝，曹芝与他开玩笑说："你想要当官吗？"他回答说："设置官职要寻求合适的人来充任，不是人来要求做官。"曹芝很赏识他的答复，即委任他为府长流参军。高澄以仪同三司的职位开建府署，以他为刑狱参军，经常对他加以勉励。并州曾发生抢掠案，州府长流参军审理此事，所怀疑的贼人在拷打下都已供认，被抢的失主家也进行过辨认，只是没能起获贼赃。高澄交给苏琼命令他再加审理，于是另外查获到元景融等十余人，并获得赃证。高澄大笑，对以前被误指为贼的人说："你们如果不是遇上我的好参军，几乎被冤枉死。"

苏琼出任南清河太守，这个郡盗贼很多，但苏琼来到后，吏民恭敬，奸盗平息。境外有奸贼从郡界中经过，无不被捉获，送到郡里。零县百姓魏双成家丢失牛，怀疑是同村人魏子宾干的，将他送到那里，苏琼一经审问，知道魏子宾不是盗贼，即将他放回。魏双成上告说："府君把贼放走。百姓家的牛到哪里去找？"苏琼不理，秘密巡视私访，另外捉到偷牛者。从此以后,百姓家的牲畜都不再收圈,只是放散在外,说:"只管交付给府君。"有邻郡的富豪将财物放到南清河郡界内以躲避盗贼,受到贼人进攻,形势危急,富豪就说:"我的财物已寄放到苏公那里了。"贼人于是就离去。平原郡有妖贼刘黑狗,煽惑徒众,直通于沧海。苏琼郡内的百姓与那些人村落相邻,但无人牵连在内,邻近郡、县的人因此深服苏琼的恩德。郡中原有盗贼一百余人,苏琼把他们都安排在自己左右,民间的善恶,甚至是官吏饮别人一杯酒,苏琼无不立即知晓。苏琼性格清廉谨慎,从不接收私人信件。僧人道研为济州沙门统,资产巨富,在郡内放有许多高利贷,经常要郡里协助他征收。当道研来请求拜见时,苏琼知道他的来意,每次见到就与他谈论并询问佛教经义,苏琼态度十分恭敬,道研虽为催债来了数次,但无从开口谈起此事。道研的弟子询问缘故,道研说:"每次见到府君,直接将我捧入青云间,没机会来谈论人间的事。"郡民赵颖曾任乐陵太守,八十岁退休还乡。五月初,赵颖得到一对新瓜,亲自来送,他倚仗年纪大,苦苦相请,于是苏琼就将瓜留下,放在厅堂的大梁上,竟不打开。别人听说收下赵颖的瓜,于是争相进献新果,到郡府大门处,知道赵颖的瓜还在,互相看看就离去了。有百姓乙普明兄弟争夺田地,多年未能断清,他们各自提供证人。竟然有一百来人为他们双方作证。苏琼召集乙普明兄弟,当着众人劝告他们说:"天下难以得到的是兄弟,容易寻求的是田地,假如让你们得到田地而失去兄弟之心,将会怎样?"苏琼说着就掉下泪来,众人无不哭泣。乙普明兄弟叩头请求到外面去再加考虑,他们兄弟已分居十年,于是又搬到一起居住。每年春天,苏琼就召集儒学大师卫觊隆、田元凤等到郡学讲授经义,官吏在处理公务处的空暇时间,苏琼都命令他们去读书,当时人指着吏曹称为学生屋。苏琼下令禁止百姓进行不合国家规定及儒学经典的祭祀,教导百姓在婚姻丧葬方面俭朴而合于礼仪。另外,在养蚕的月份就将绵、绢的尺度及样式预先发到下面,征兵、收赋的顺序都建立起明确的规定,至于调役,他都事先就加以操办,因此郡县的有关官吏极少因延误时间而受到处罚。当时各州郡无不派人到他境内,访求他处理公务的方法。北齐文宣帝天保中,郡内发生大水灾,百姓断绝粮食的有一千余家。苏琼把郡中有粮的人家都召集到一起,自己向他们借粮,再分发给饥民。州里按户征收田租,又要审查他借粮的情况。郡中的僚佐对苏琼说:"虽然是怜惜这些饥民,但恐怕这样做会连累府君您。"苏琼说:"我一人获罪,而能救活一千户人家,还有什么可抱怨的。"于是他上表讲明情况,朝廷下令免于派使检查灾情及借贷之事,百姓们平安度过荒年。这些人都抚摸着儿子,告诉儿子说,是府君救活了你们。苏琼在南清河郡六年,百姓受他的恩德感召,从来没有一个人到州里申诉。州里前后四次上表,都把他列为最佳。他因父亲去世而离职,对于朋友的赠送,他一无所受。不久,他被起用为司直、廷尉正,朝士都叹息他有些受屈。尚书辛述说:"既直且正,依名以定体,不必忧虑他将来不升迁。"

起初,苏琼任清河太守,裴献伯为济州刺史,裴献伯用法严酷,而苏琼则以恩义养民。房延佑任乐陵郡太守,路过济州,裴献伯问他外界的反应,房延佑说:"只听到讲太守善,刺史恶。"裴献伯说:"得到百姓称赞的并不是完全奉公为国。"房延佑回答说:"如果这样,黄霸、龚遂就是你所讲的罪人了。"后来朝廷有诏,要州里各举荐清廉能干的官员,裴献伯因为先前的话,恐怕被苏琼所陷害,而苏琼去为他申诉冤枉与滞留,议论的人都很称许苏琼的公平。毕义云为御史中丞,任职以凶猛暴虐著称,掌管司法的官员怕他,不敢有不同意见。苏琼审察案务在公平,许多冤案得以昭雪,由廷尉寺来复查御台的案件,是从苏琼开始的。他又迁任三公郎中。赵州及清河、南中郎府管区内不断有人来告发谋反的逆谋,前后都交付苏琼审理,事情多得到申雪。尚书崔昂对苏琼说:"你如果想要立功名,应当再从别的地方考虑一下,要还是经常为反叛的逆贼洗清罪责,莫非把自己的身家性命看得如此轻?"苏琼正颜厉色地说:"我所昭雪的都是被冤枉的人,从来没有放过反逆。"崔昂十分惭愧。京师的人流传说:"断决无疑苏珍之。"

苏琼后迁任徐州行台左丞、行徐州事。徐州城中五级寺突然被盗走铜像一百个,有关部门查问搜检,四邻防宿以及有些被捕风追影而受怀疑的,一共逮捕了数十人,苏琼一下把这些全部释放回家。寺院的僧人抱怨而且诉说不为他们追寻贼人,苏琼让僧人回去,并对他们说:"你们暂且还寺,得到佛像自会送来。"过后十天,了解到贼人姓名及其收存赃物的地方,直接去搜捕,人赃俱获,贼人全部供认,僧人与百姓叹服不已。以前的制度以淮河为禁区,不允许商贩随意往来。淮南地区遭灾,苏琼上表清求到淮北去籴粮。以后淮北百姓发生饥荒,他又请求允许淮南籴粮,于是商人得以往来,使淮河两岸货物得以流通,彼此都得到好处,通过水陆运输,有些货物直达黄河以北。后来苏琼出任大理卿,北齐灭亡后,他出仕北周,为博陵太守。

武帝阿史那皇后传

【题解】

武帝阿史那皇后(451~482 年),突厥族人,木杆可汗之女。北周时,突厥据有大漠草原,威胁中原,北齐、北周争与和亲,以结强援。北周武帝宇文邕遂迎娶阿史那氏,以为皇后。宣帝宇文赟先后尊以为皇太后、天元皇太后、天元上皇太后,静帝宇文衍尊以为太皇太后。隋时去世,与周武帝合葬。

【原文】

武帝阿史那皇后,突厥木杆可汗俟斤之女。突厥灭茹茹之后,尽有塞表之地,控弦数十万,志陵中夏。太祖方与齐人争衡,结以为援。俟斤初欲以女配帝,即而悔之。高祖即位,前后累遣使要结,乃许归后于我。保定五年二月,诏陈国公纯、许国公宇文贵、神武公窦毅、南安公杨荐等,奉备皇后文物及行殿,并六宫以下百二十人,至俟斤牙帐所,迎后。俟斤又许齐人以婚,将有异志。纯等在彼累载,不得反命。虽谕之以信义,俟斤不从。会大雷风起,飘坏其穹庐等,旬日不止。俟斤大惧,以为天谴,乃备礼送后。纯等设行殿,列羽仪,奉之以归。天和三年三月,后至,高祖行亲迎之礼。后有资貌,善容止,高祖深敬焉。

宣帝即位,尊为皇太后。大象元年二月,改为天元皇太后。二年二月,又尊为天元上皇太后。册曰:"天元皇帝臣赟,奉玺绶册,谨上天元皇太后尊号曰天元上皇太后,伏惟穷神尽智,含弘载物,道洽万邦,仪刑四海。圣慈训诱,恩深明德,虽册徽号,未极尊严。是用增奉鸿名,光缛常礼。俾诚敬有展,欢慰在慈,福祉无疆,亿兆斯赖。"宣帝崩,静帝尊为太皇太后。隋开皇二年殂,年三十二。隋文帝诏有司备礼册,祔葬于孝陵。

【译文】

　　周武帝宇文邕阿史那皇后是突厥木杆可汗的女儿。突厥消灭茹茹汗国以后,全部据有塞北草原地区,能骑马射箭的有几十万人,企图进犯中原。太祖宇文泰正和齐朝征战,联络突厥作为援兵。木杆可汗俟斤开始想把女儿嫁给太祖,不久又翻悔。武帝即位以后,先后多次派使节到突厥请求结亲,俟斤才答应将阿史那皇后嫁给武帝。保定五年二月,武帝令陈国公宇文纯、许国公宇文贵、神武公窦毅、南安公杨荐等人,携带全部皇后使用的仪帐器物及能够移动的宫殿,加上后宫以下各级人员共一百二十多人,到俟斤居住的军帐那儿,迎接阿史那皇后。俟斤又答应将女儿嫁给齐朝皇帝,将有别的图谋。宇文纯等人在突厥汗国中待了好几年,都不能完成使命回国。虽然他用信义劝说俟斤,俟斤还是不加听从。恰好遇到响雷大风,俟斤居住的毡帐及其他物品被大风刮毁,十天后还不停止。俟斤极为恐惧,认为这是上天因为他不讲信义而降下的惩罚,于是按礼仪将阿史那皇后送到宇文纯等人的住处。宇文纯等张开可以移动的宫殿,摆上旌旗仪帐,拥戴阿史那皇后回国。天和三年三月,皇后到达长安,武帝举行亲自迎娶的仪式。阿史那皇后容貌美丽,善于修饰自己的容貌举动。武帝对她极尊重。

　　宣帝宇文赟即帝位后,尊奉阿吏那皇后为皇太后。大象元年二月,改尊为天元皇太后。大象二年二月,又改尊为天元上皇太后。册封尊号的文书说:“天元皇帝臣赟奉上印信和册文,谨上天元皇太后的尊号为天元上皇太后。我敬思太后竭尽神智,胸怀博大,抚育百姓,德行传遍万国,为天下百姓的楷模。英明仁慈,给我以教诲,恩情超过明德皇后,虽曾册奉美好的称号,但还不能完全表达她的庄重和威严。所以再奉上这一美名,使她享受高于平常礼仪的荣光。使我敬重她的诚心得以表达,并使她因此高兴,百年长寿,百姓有所依靠。”宣帝逝世后,静帝宇文衍改尊她为太皇太后。隋开皇二年,阿史那皇后去世,终年三十二岁。隋文帝命令有关机构设全部礼仪及册文,将她合葬于安葬北周武帝的孝陵中。

宣帝杨皇后传

【题解】

　　宣帝杨皇后(461~609 年),名丽华,隋文杨坚女。初嫁周武帝皇太子宇文赟为妃,宇文赟即位,是为北周宣帝,丽华被册封为皇后,后又册封为天元皇后、天元大皇后。579年,宣帝去世,静帝宇文衍即位,尊以为太皇太后。及杨坚辅政,谋夺帝位,丽华深以为恨。隋文帝后封以为乐平公主,欲令改嫁,丽华誓死不从。死后与宇文赟合葬。

【原文】

　　宣帝杨皇后名丽华,隋文帝长女。帝在东宫,高祖为帝纳后为皇太子妃。宣政元年闰六月,立为皇后。帝后自称天元皇帝,号后为天元皇后。寻又立天皇后及左右皇后,与后为四皇后焉。二年,诏曰:“帝降二女,后德所以俪君;天列四星,妃象于焉垂耀。朕取法上玄，稽诸令典，爰命四后，内正六宫，庶弘赞柔德，广修粢盛。比殊礼虽降，称谓曷宜，其因天之象，增锡嘉名。"于是后与三皇后并加大焉。帝遣使持节册后为天元大皇后曰："咨尔含章载德，体顺居贞，肃恭享祀，仪刑邦国，是用嘉兹显号，式畅徽音。尔其敬践厥猷，寅答灵命，对扬休烈，可不慎欤。"寻又立天中大皇后，与后为五皇后。

后性柔婉，不妒忌，四皇后及嫔御等咸爱而仰之。帝后昏暴滋甚，喜怒乖度。尝谴后，欲加之罪，后进止详闲，辞色不挠。帝大怒，遂赐后死，逼令引决。后母独孤氏闻之，诣阁陈谢，叩头流血，然后得免。帝崩，静帝尊后为皇太后，居弘圣宫。

初，宣帝不豫，诏后父入禁中侍疾。及大渐，刘昉、郑译等因矫诏以后父受遗辅政。后初虽不预谋，然以嗣主幼冲，恐权在他族，不利于己，闻昉、译已行此诏，心甚悦之。后知其父有异图，意颇不平，形于言色。及行禅代，愤惋逾甚。隋文帝即不能谴责，内甚愧之。开皇六年，封后为乐平公主。后又议夺其志，后誓不许，乃止。大业五年，从炀帝幸张掖，殂于河西。年四十九。炀帝还京，诏有司备礼，祔葬后于定陵。

【译文】

北周宣帝宇文赟杨皇后名叫丽华，是隋文帝的大女儿。宣帝当皇太子时，周武帝做主让他娶杨皇后为皇太子妃。宣政元年闰六月，将她册封为皇后。宣帝后来自称为天元皇帝，称杨皇后天元皇后。不久又册封了天皇后与左右皇后，同杨皇后共有四位皇后。宣政二年，宣帝下诏说："上天降下二女作舜的妃子，从此皇后的德行便与君王交相辉映；天上排列着四颗代表嫔妃的星星，从而向人世显示上帝的原则。我效法上苍，考察古代的法则，封立四位皇后。使后宫制度符合正确的准则，希望借此发扬柔美的德行，增加祭献祖先的子嗣。近来虽然赐予特殊的礼仪，名称还不太适合，现在根据天象，进一步赐予美好的名称。"因此杨皇后与其他三个皇后前都加上"大"字。宣帝派人手持皇帝符节册封杨皇后为天元大皇后说："你内含美质，德行显扬，行为正确，遵循正道，使祭礼宴飨庄严肃穆，成为全国学习的榜样，所似用这一显耀的名号嘉奖你，以宣扬你的美名。希望你恭敬地实践你的美德，以报答这一神圣的任命，和我一起共同把事情办好，难道还不应该慎重吗？"不久又册封了天中大皇后。同杨皇后一共有五个皇后。

杨皇后性格温和，不妒忌，其他四个皇后及嫔妃们都喜欢她并敬重她。宣帝后来越来越昏庸残暴，喜怒没有节制。曾经指责杨皇后，想办她的罪，杨皇后举动安详，言语和表情都不屈服。宣帝大怒，于是让杨皇后去死，逼着她自杀。杨皇后的母亲独孤氏听说这个消息后，到宫门前向宣帝道歉，叩头不止，直到头上的血都流了出来。杨皇后才得以免遭杀害。宣帝去世后，静帝宇文衍尊奉她为皇太后，住在弘圣宫。

起先，宣帝患病，令杨皇后的父亲到禁省中服侍。当宣帝病危时，刘昉、郑译等人趁机谎称宣帝下诏，让杨皇后的父亲接受遗诏辅佐静帝执政。杨皇后开始虽没有参与谋划，但因静帝年龄幼小，担心朝廷大权落到其他人手中，对自己不利，听说刘昉、郑译已经发布这一诏令，心里为此很高兴。后来知道他的父亲有别的阴谋，心中很不服，并在语言和表情上显示出来。当隋文帝代周建隋时，她更加愤怒痛惜。隋文帝又不能为此指责她，心中很有些惭愧。开皇六年，隋文帝封她为乐平公主。后来又商量想让她改嫁，杨皇后发誓不答应，于是不再提这事。大业五年，她跟随隋炀帝到张掖，在黄河西边去世，终年四十九岁。隋炀帝回到京城长安后，下令有关机构配备礼仪，将她安葬在宣帝的定陵。

宇文宪传

【题解】

宇文宪,北周太祖宇文泰第五子,幼即敏捷通达而有度量。魏恭帝元年(公元554)进封安城郡公。孝闵帝宇文宪觉即位,拜骠骑大将军、开封仪同三司。世宗即位,授大将军,封齐国公。建德三年(公元574),晋爵为王。五年(公元576),武帝宇文邕率军东伐,宇文宪为前锋,克北齐王高纬于晋州(今山西太原)。第二年,为前驱攻克邺城(今河北临漳),灭北齐,并败齐任成王高谐于信都。宇文宪善谋划,多算略,雄姿英发,骁勇善战,当时威名日盛,天下报之。周宣帝宇文赟深忌惮之,大成元年(公元578),将宇文宪杀害,时年三十五。宇文宪死,北周自毁长城,如折栋梁。不久,印为隋文帝杨坚所篡夺。

【原文】

齐炀王宪字毗贺突,太祖第五子也。性通敏,有度量,虽在童龀,而神采嶷然。初封涪城县公。少与高祖俱受《诗》《传》,咸综机要,得其旨归。太祖尝赐诸子良马,惟其所择。宪独取驳马。太祖问之,对曰:"此马色类既殊,或多骏逸。若从军征伐,牧围易分。"太祖喜曰:"此儿智识不凡,当成重器。"后从猎陇上,经官马牧,太祖每见驳马,辄曰:"此我儿马也。"命左右取以赐之。魏恭帝元年,进封安城郡公。孝闵帝践阼,拜骠骑大将军、开府仪同三司。

世宗即位,授大将军。武成初,除益州总管、益宁巴泸等二十四州诸军事、益州刺史,进封齐国公,邑万户。初,平蜀之后,太祖以其形胜之地,不欲使宿将居之。诸子之中,欲有推择。遍问高祖以下,谁能此行。并未及对,而宪先请。太祖曰:"刺史当抚众治民,非尔所及。以年授者,当归尔兄。"宪曰:"才用有殊,不关大小。试而无效,甘受面欺。"太祖大悦,以宪年尚幼,未之遣也。世宗追遵先旨,故有此授。宪时年十六,善于抚绥,留心政术,辞讼辐凑,听受不疲。蜀人怀之,共立碑颂德。寻进位柱国。

保定中,征还京,拜雍州牧。及晋公护东伐,以尉迟迥为先锋,围洛阳。宪与达奚武、王雄等军于邙山。自余诸军,各分守险要。齐兵数万,奄出军后,诸军惶骇,并各退散。唯宪与王雄、达奚武率众拒之。而雄为齐人所毙,三军震惧。宪亲自督励,众心乃安。时晋公护执政,雅相亲委,赏罚之际,皆得预焉。

天和三年,以宪为大司马,治小冢宰,雍州牧如故。四年,齐将独孤永业来寇,盗杀孔城防主能奔达,以城应之。诏宪与柱国李穆将兵出宜阳,筑崇德等五城,绝其粮道。齐将斛律明月率众四万,筑垒洛南。五年,宪涉洛邀之,明月遁走。宪追之,及于安业,屡战而还。是岁,明月又率大众于汾北筑城,西至龙门。晋公护谓宪曰:"寇贼充斥,戎马交驰,遂使疆场之间,生民委弊。岂得坐观屠灭,而不思救之?汝谓计将安出?"曰:"如宪所见,兄宜暂出同州,以为威势,宪请以精兵居前,随机攻取。非惟边境清宁,亦当别有克获。"护然之。

六年,乃遣宪率众两万,出自龙门。齐将新蔡王王康德以宪兵至,潜军宵遁。宪乃西归。仍掘移汾水,水南堡壁,复入于齐。齐人谓略不及远,遂驰边备。宪乃渡河,攻其伏龙等四城,二日尽拔。又进攻张壁,克之,获其军实,夷其城垒。斛律明月时在华谷,弗能救也,北攻姚襄城,陷之。时汾州又见围日久,粮援路绝。宪遣柱国宇文盛运粟以馈之。宪自入两乳谷,袭克齐柏社城,进军姚襄。齐人婴城固守。宪使柱国、谭公会筑石殿城,以为汾州之援。齐平原王段孝先、兰陵王高长恭引兵大至,宪命将士阵而待之。大将军韩欢为齐人所乘,遂以奔退,宪身自督战,齐众稍却。会日暮,乃各收军。

及晋公护诛,高祖召宪入,宪免冠拜谢。帝谓之曰:"天下者,太祖之天下,吾嗣守鸿基,常恐失坠,冢宰无君凌上,将图不轨,吾所以诛之,以安社稷。汝亲则同气,休戚共之,事不相涉,何烦致谢。"乃诏宪往护第,收兵符及诸薄书等。

寻以宪为大冢宰。时高祖既诛宰臣,亲览朝政,方欲导之以政,齐之以刑,爰及亲亲,亦为刻薄。宪既为护所委任,自天和之后,威势渐隆。护欲有所陈,多令宪闻奏。其间或有可不,宪虑主相嫌隙,每曲而畅之。高祖亦悉其心,故得无患。然犹以威名过重,终不能平,虽遥授冢宰,实夺其权也。

开府裴文举,宪之侍读,高祖常御内殿,引见之。谓曰:"晋公不臣之迹,朝野所知,朕所以泣而诛者,安国家,利百姓耳。昔魏末不纲,太祖匡辅元氏;有周受命,晋公复执威权。积习生常,便谓法应须尔。岂有三十岁天子而可为人所制乎?且近代以来,又有一弊,暂经隶属,便即礼若君臣。此乃乱代之权宜,非经国之治术。《诗》云:'夙夜匪解,以事一人。'一人者,止据天子耳。虽陪侍齐公,不得即同臣主。且太祖十儿,宁可悉为天子?卿宜规以正道,劝以义方,辑睦我君臣,协和我骨肉。无令兄弟,自致嫌疑。"文举拜谢而出,归以白宪。宪指心抚几曰:"吾之夙心,公宁不悉?但当尽忠竭节耳,知复何言。"

建德三年,晋爵为王。宪友刘休征献《王箴》一首,宪美之。休征后又以此箴上高祖。高祖方剪削诸弟,甚悦其文。宪常以兵书繁广,难求旨要,乃自刊定为《要略》五篇,至是表陈之。高祖览而称善。

其秋,高祖幸云阳宫,遂寝疾。卫王直于京师举兵反。高祖召宪谓曰:"卫王构逆,汝知之乎?"宪曰:"臣初不知,今始奉诏。直若逆天犯顺,此则自取灭亡。"高祖曰:"汝即为前军,吾亦续发。"直寻败走。高祖至京师,宪与赵王招俱入拜谢。高祖曰:"管蔡为戮,周公作辅,人心不同,有如其面。但愧兄弟亲寻干戈,于我为不足耳。"初,直内深忌宪,宪隐而容之。且以帝之母弟,每加友敬。晋公护之诛也,直固请及宪。高祖曰:"齐公心迹,吾自悉之,不得更有所疑也。"及文宣皇后崩,直又密启云:"宪饮酒食肉,与平日不异。"高祖曰:"吾与齐王异生,俱非正嫡,特为吾意,今祖括是同。汝当愧之,何论得失。汝亲太后之子,偏荷慈爱。今但须自勖,无假说人。"直乃止。

四年,高祖将欲东讨,独与内史王谊谋之,余人莫得知也。后以诸弟才略,无出于宪右,遂告之。宪即赞成其事。及大军将出,宪表上私财以助军费曰:"臣闻抚机适运,理借时来,兼弱攻昧,军资权道。伏惟陛下继明作圣,阐业弘风,思顺天心,用恢武略。方使长蛇外翦,宇宙大同,军民内向,车书混一。窃以龙旗雷动,天网云布,刍粟粮饩,或须周给。昔边隅未静,卜式愿上家财;江海不澄,卫兹请献私粟。臣虽不敏,敢忘景行!谨上金宝等一十六件,少助军资。"诏不纳,而以宪表示公卿曰:"人臣当如此,朕贵其心耳,宁须物乎!"及诏宪率众两万为前军,趣黎阳。高祖亲围河阴,未克。宪攻拔武济,进围洛口,收其东西二城。以高祖疾,班师。是岁,初置上柱国官,以宪为之。

五年，大举东讨，宪率精骑两万，复为前锋，守雀鼠谷。高祖亲围晋州。宪进兵克洪同、永安二城，更图进取。齐人焚桥守险，军不得进，遂屯于永安。齐主闻晋州见围，乃将兵十万，自来援之。时柱国、陈王纯屯兵千里径，大将军、永昌公椿屯鸡楼原，大将军宇文盛守汾水关，并受宪节度。宪密谓椿曰："兵者诡道，去留不定，见机而作，不得遵常。汝今为营，不须张幕，可伐柏为庵，示有形势。令兵去之后，贼犹致疑也。"时齐主分军万人向千里径，又令其众出汾水关，自率大军与椿对阵。宇文盛驰骑告急，宪自以千骑救之。齐人望谷中尘起，相率遽退。盛与柱国侯莫陈芮涉汾逐之，多有斩获。俄而椿告齐众稍逼，宪又回军赴之。会椿被救追还，率兵夜返。齐人果谓柏庵为帐幕也，不疑军退，翌日始悟。

时高祖已去晋州，留宪为后拒。齐主自率众来追，至于高梁桥。宪以精骑二千，阻水为阵。齐领军段畅直进至桥。宪隔水招畅与语，语毕，宪问畅曰："若何姓名？"畅曰："领军段畅也。公复为谁？"宪曰："我虞侯大都督耳。"畅曰："观公言语，不是凡人，今日相见，何用隐其名位？"陈王纯、梁公侯莫陈芮、内史王谊等并在宪侧。畅固问不已。宪乃曰："我天子太弟齐王也。"指陈王以下，并以名位告之。畅鞭马而去，宪即命旋军，而齐人遽追之，戈甲甚锐。宪与开府宇文忻各统精卒百骑为殿以拒之，斩其骁将贺兰豹子、山褥瑰等百余人，齐众乃退。宪渡汾而及高祖于玉壁。

高祖又令宪率兵六万，还援晋州。宪遂进军，营于涑水。齐主攻围晋州，昼夜不息。间谍还者，或云已陷。宪乃遣柱国越王盛、大将军尉迟迥、开府宇文神举等轻骑一万夜至晋州。宪进军据蒙坑，为其后援，知城未陷，乃归涑川。寻而高祖东辕，次于高显，宪率所部，先自晋州。明日，诸军总集，稍逼城下。齐人亦大出兵，阵于营南。高祖诏宪驰往观之。宪返命曰："是易与耳，请破之而后食。"帝悦曰："如汝所言，吾无忧矣。"宪退，内史柳虬私谓宪曰："贼亦不少，王安得轻之？"宪曰："宪受委前锋，情兼家国，扫此逋寇，事等摧枯。商周之事，公所知也，贼兵虽众，其如我何？"既而诸军俱进，应时大溃。其夜，齐主遁走，宪轻骑追之。既及永安，高祖续至。齐人收其余众，复据高壁及洛女砦。高祖命宪攻洛女，破之。明日，与大军会于介休。

时齐主已走邺，留其从兄安德王延宗据并州。延宗因僭伪号，出兵拒战。高祖进围其城，宪攻其西面，克之。延宗遁走，追而获之。以功进封第二子安城公质为河间王，拜第三子寅为大将军。仍诏宪先驱趋邺。明年，进克邺城。

齐任城王湝、广宁王孝珩等据守信都，有众数万。高祖复诏宪讨之。仍令齐主手书与湝曰："朝廷遇纬甚厚，诸王无恙。叔若释甲，则无不优待。"湝不纳，乃大开赏募，多出金帛，沙门求为战士者，亦数千人。宪军过赵州，湝令间谍二人觇窥形势，候骑执以白宪。宪乃集齐之旧将，遍示之。又谓之曰："吾所争者大，不在汝等。今放汝还，可即充我使。"乃与湝书曰：

"山川有间，每深劳伫，仲春戒节，纳履惟宜。承始届两河，仍图三魏，二者交战，想无亏德。昔魏历云季，海内横流，我太祖抚运乘时，大庇黔首。皇上嗣膺下武，武隆景业，兴稽山之会，总盟津之师。雷骇唐郊，则野无横阵；云腾晋水，则地靡严城。袭伪之酋，既奔窜于草泽，窃号之长，亦委命于旌门。德义振开无垠，威风被于有截。彼朝宿将旧臣，良家戚里，俱升荣宠，皆縻好爵。是使临漳之下，效死争驱；营丘之前，奋身毕命。此岂惟人事？抑亦天时。宜访之道路，不俟傍说。

吾以不武，任总元戎，受命安边，指路幽、冀。列邑名藩，莫不屈膝，宣风导礼，皆荷来苏。足下高氏令王，英风夙著，古今成败，备诸怀抱，岂不知一木不维大厦，三谏可以逃身哉！且殷微去商，侯服周代；项伯背楚，赐姓汉朝。去此弗图，苟徇亡辙，家破身殒，为天下笑。又足下谍者为候骑所拘，军中情实，具诸执事。知以弱卒琐甲，欲抗堂堂之师；萦带污城，冀保区区之命。战非上计，无待卜疑；守乃下策，或未相许。已勒诸军，分道并进，相望非远，凭轼有期。兵交命使，古今通典，不俟终日，所望知几也。"

宪至信都，潜阵于城南，宪登张耳冢以望之。俄而湝所署领军尉相原伪出略阵，遂以众降。相愿，湝心腹也。众甚骇惧。湝大怒，杀其妻子。明日复战，遂破之，俘斩三万人，擒湝及孝珩等。宪谓湝曰："任城王何苦至此？"湝曰："下官神武帝子，兄弟十五人，幸而独存。逢宗社颠覆，今日得死，无愧坟陵。"宪壮之，命归其妻子，厚加资给。又问孝珩。孝珩布陈国难，辞泪俱下，俯仰有节，宪亦为之改容。

宪素善谋，多算略，尤长于抚御，达于任使，摧锋陷阵，为士卒先，群下感悦，咸为之用。齐人夙闻声威，无不惮其勇略。及并州之捷，长驱敌境，乌牧不挠，军无私焉。

先是，稽胡刘没铎自称皇帝，又诏宪督赵王招等讨平之。语在《稽胡传》。

宪自以威名日重，潜思屏退。及高祖欲亲征北蕃，乃辞以疾。高祖变色曰："汝若惮行，谁为吾使？"宪惧曰："臣陪奉銮舆，诚为本愿，但身婴疹疾，不堪领兵。"帝许之。

寻而高祖崩，宣帝嗣位，以宪属尊望重，深忌惮之。时高祖未葬，诸王在内治服。司卫长孙览总兵辅政，而诸王有异志，奏令开府于智察其动静。及高祖山陵还，诸王归第。帝又命智就宅候宪，因是告宪有谋。帝乃遣小冢宰宇文孝伯谓宪曰："三公之位，宜属亲贤，今欲以叔为太师，九叔为太傅，十一叔为太保，叔以为何如？"宪曰："臣才轻位重，满盈是惧。三师之任，非所敢当。且太祖勋臣，宜膺此举。若专用臣兄弟，恐乖物议。"孝伯反命，寻而复来曰："诏王晚共诸王俱至殿门。"宪独被引进，帝先伏壮士于别室，至即执之。宪辞色不挠，固自陈说。帝使于智对宪。宪目光如炬，与智相质。或谓宪曰："以王今日事势，何用多言？"宪曰："我位重属尊，一旦至此，死生有命，宁复图存。但以老母在堂，恐留兹恨耳。"因掷笏于地。乃缢之。时年三十五。以于智为柱国，封齐国公。又杀上大将军安邑公王兴、上开府独孤熊、开府豆卢绍等，皆以昵于宪也。帝既诛宪，无以为辞，故托兴等与宪结谋，遂加其戮。时人知其冤酷，咸云伴宪死也。

宪所生母达步干氏，茹茹人也。建德三年，册为齐国太妃。宪有至性，事母以孝闻。太妃旧患风热，屡经发动，宪衣不解带，扶持左右。宪或东西从役，每心惊，其母必有疾，乃驰使参问，果如所虑。宪六子：贵、质、寅、贡、乾禧、乾洽。

贵字乾福，少聪敏，涉猎经史，尤便骑射。始读《孝经》，便谓人曰："读此一经，是为立身之本。"天和四年，始十岁，封安定郡公，邑一千五百户。太祖之初为丞相也，始封此郡，未尝假人，至是封贵焉。年十一，从宪猎于盐州，一围之中，手射野马及鹿十有五头。建德二年，册拜齐国世子。四年，授车骑大将军、仪同三司。寻出为幽州刺史。贵虽出自深宫，而留心庶政。性聪敏，过目辄记。尝道逢二人，谓其左右曰："此人是县党，何因辄行？"左右不识，贵便说其姓名，莫不嗟伏。白兽烽经为商人所烧，烽帅纳货，不言其罪。他日，此帅随例来参，贵乃问云："商人烧烽，何因私放？"烽帅愕然，遂即首服。其明察如此。五年四月卒，年十七。高祖甚痛惜之。

质字乾祐，初封安城公。后以宪勋，进封河间郡王。寅字乾礼，大将军、中坝公。贡出后莒庄公。乾禧,安城公。乾洽,龙涧公。并与宪俱被诛。

【译文】

　　齐炀王宇文宪,字毗贺突,太祖字文泰的第五子。性通达敏捷,有度量,年纪很小时就神采焕发。初封为涪城县公。少年时,与高祖宇文邕一起诵习《诗经》《左传》,都能综其机要,得其旨归。太祖曾赐给几个儿子良马,让他们自由选择,只有宇文宪选择了驳马(杂色马)。太祖问他为何要选驳马,宇文宪回答说:"这匹马色类既不同于别的马,或许更为骏逸。若从军征伐,自易见分晓。"太祖高兴地说:"这孩子智识不凡,当成大器。"后跟从太祖到陇上狩猎,经过官马牧,太祖每次见到驳马,总是说:"这是我孩子的马。"即命左右取来赐给宇文宪。魏恭帝元年,宇文宪晋封为安城郡公。孝闵帝即位后,拜骠骑大将军、开府仪同三司。

　　世宗即位后,宇文宪授大将军。武成初年,除为益州总管、益、宁、巴、泸等二十四州诸军事、益州刺史,晋封为齐国公,邑万户。当初,平定蜀地之后,太祖以蜀地山川险要富足,不想让宿将居守,想在几个儿子中选择,并遍问高祖宇文邕以下,谁能担当此任。别人尚未回答,而宇文宪先请求自己出任。太祖说:"刺史应当抚众治民,这不是你所能干的。以年龄大小而论,当让你的哥哥们去。"宇文宪说:"才用有殊,不关大小。若试而无效,甘受面欺之罪。"太祖大为高兴,但以宇文宪年纪尚小,没有派任。世宗即位后,追遵太祖先前旨意,所以有此项任命。宇文宪当时只有十六岁,到任之后,善于抚绥,留心政治,不论有多少辞讼,都处理得有条有理。蜀地人怀念他,共同立碑颂德。不久,宇文宪进位上柱国。

　　保定年间,宇文宪被征还京师,拜为雍州牧。及晋公宇文护率军东伐北齐,以尉迟迥为先锋,包围洛阳,宇文宪和达奚武、王雄等在邙山扎营,其余诸军各分守险要。齐军数万突然出现在周军背后,周军大为惊慌,纷纷退散。只有宇文宪和王雄、达奚武率军拒战,而王雄为齐军所杀,三军震惧。宇文宪亲自督战,鼓励士气,众心方安。当时,晋公宇文护执政,对宇文宪非常亲近,赏罚之际,宇文宪都得以参与其间。

　　天和三年,以宇文宪为大司马,治小冢宰,雍州牧如故。天和四年,齐军将领独孤永业来袭击,盗贼杀害孔城防主能奔达,以城响应齐军。有诏令宇文宪和柱国李穆率军出宜阳,修筑崇德等五座城垒,切断齐军粮道。齐将斛律明月率军四万在洛水南岸筑垒以拒周军。天和五年,宇文宪率军涉过洛水,邀击齐军。斛律明月逃走。宇文宪率军追击,到达安业城,在多次作战后退军。同年,斛律明月又率大军在汾水北岸修筑城垒,向西直到龙门。晋公宇文护对宇文宪说:"寇贼充斥,烽火不断,遂使疆场之间,百姓生业委弊,难道能坐观百姓被屠灭,而不想着拯救他们?你说我们该怎么办?"宇文宪说:"依我之见,兄当暂时出据同州,以为威势,我请求率精兵居前,相机攻取。这样不但边境清静,也应当另有克获。"宇文护认为有理。

　　天和六年,派宇文宪率军两万,出自龙门。齐将新蔡王王康德见宇文宪率军到来,率军连夜撤退。宇文宪也率军西归,并遣军掘河道使汾水改道,汾水南岸一些堡垒,又被齐人占领。北齐认为宇文宪此举缺乏谋略,边备遂松弛下来。宇文宪乘机率军渡过黄河,进攻北齐的伏龙等四座城垒,两天之内全部攻克。又进攻张壁而克之,缴获其军实,夷平其城垒而还。此时,齐将斛律明月在华谷,来不及援救,便北攻周的姚襄城而克之。当时,汾州被齐军包围已经很久,粮道和援军之路被切断。宇文宪派柱国宇文盛运送粮食以馈汾州,自己率军入两乳谷,袭击并攻克了齐的柏社城,并进军姚襄城下。齐军据城固守。宇文宪派柱国、谭公宇文会修筑石殿城,以为汾州声援。齐平原王段孝先、兰陵王高长恭率大军来攻,宇文宪命将士结阵以待。大将军韩欢所部被齐军袭击,士兵溃散奔退,宇文宪亲自率军督战,齐军攻势被遏止。天黑之后,双方各自收兵。

及晋公宇文护被杀,高祖宇文邕召宇文宪入朝,宇文宪免冠拜谢。高祖对他说:"天下是太祖的天下,我继守鸿业,常常害怕丢失。冢宰(指宇文护)目无君长,以下犯上,将图谋不轨,所以我才杀了他,以安定社稷。你是我的弟弟,同气连声,休戚与共,事不相涉,用不着谢罪。"并诏令宇文宪前往宇文护的府第,收取兵符和各种薄书。

不久,以宇文宪为大冢宰。此时,高祖既诛杀宰臣,亲览朝政,正想整顿政治,严肃纲纪,就是对待亲人也非常刻薄。宇文宪既为宇文护所信任,从天和年间以后,威权逐渐兴隆。宇文护想有所陈述,多让宇文宪上奏,其间或有可否,宇文宪为

宇文宪

避免互相嫌疑,总是设法疏通。高祖也真心待之,所以才没有祸患。然而因宇文宪威名过重,高祖心中终不放心,虽升宇文宪为冢宰,实际上加是削夺了他的权力。

开府裴文举是宇文宪的侍读,高祖常在内殿中引见他,对他说:"晋公不臣的行径,朝野都知道,朕所以流泪杀掉他,是为安国家,利百姓。过去魏室末年纲纪不振,太祖匡辅元氏;周室受命,晋公又执威权。积习生常,便谓本应如此。哪里有三十岁的天子而被别人所制约的呢!而且近代以来,又有一弊,暂时经过隶属,便即礼若君臣。这是乱世时的权宜之计,而不是经国理天下的治术。《诗经》说:'夙夜匪解,以事一人。'所谓一人,只指天子。你虽陪侍齐公,不能便像臣子与君主一般。而且太祖有十个儿子,难道个个都要当天子吗?你应该以正道规劝,以义方诱导,让我君臣和睦,骨肉相亲,而不要令亲兄弟自相嫌疑。"裴文举拜谢而出,回去以后,告诉了宇文宪。宇文宪指着心口说:"我的心思你还不知道吗?我只应当尽忠尽节就是了,不用说别的。"

建德三年,宇文宪晋爵为王。宇文宪的朋友刘休征献《王箴》一首,宇文宪非常欣赏。刘休征后来又将此箴上奏高祖。高祖正在削弱弟弟们的权力,非常喜欢这篇文章。宇文宪常觉得兵书太繁杂,难以得其精要,便自己刊定为《要略》五篇,并上奏给高祖,高祖读后,称赞写得好。

这年秋天,高祖行幸云阳宫,得了重病。卫王宇文直乘机在京师举兵造反。高祖召

来宇文宪,对他说:"卫王造反,你知道吗?"宇文宪说:"我开始不知道,现在奉诏才知道。宇文直若逆天犯顺。便是自取灭亡。"高祖说:"你立即率前军出发,我随后就来。"宇文直不久便败走了。高祖到京师,宇文宪和赵王宇文招一起入宫拜谢。高祖说:"管公、蔡公被杀,而周公为辅,人心不同,如人面不同一般。但惭愧见弟亲人自寻干戈,这是我美中的不足。"当初,宇文直内心十分忌惮宇文宪,宇文宪隐忍宽容了他,而且因为他是高祖的同母弟,对他礼敬有加。晋公宇文护被杀时,宇文直坚持连宇文宪也杀了。高祖说:"齐公的心迹我自己知道,不要再有什么怀疑。"及文宣皇后去世,宇文直又秘密上奏:"宇文宪饮酒吃肉,和平日无异。"高祖说:"我和齐王非一一母所生,都不是正妻之子。他特地为了我而支持我,你应感到惭愧,还论他的得失?你是亲太后的儿子,得到许多偏爱,只要管好自己就行,不要再说别人。"宇文直才不说了。

建德四年,高祖将要率军东攻北齐,只和内史王谊暗中谋划,别的人一概不知。后来因为几个弟弟的才略没有得上宇文宪的,才将东伐之事告诉了宇文宪,宇文宪立即赞成其事。等大军即将出发,宇文宪上表高祖,请以私财助军费,说:"臣听说抓住进机、适合运会,兼并弱者,进攻愚昧者,这一切都要借助于权道。陛下继明作圣,弘大基业,思顺天心,用恢武略,方求天下一统,海内混一。窃以龙旗雷动,天网云布,刍粟粮饷,或须周给。过去边境未安,卜式愿上家财;江海不澄,卫兹请献私粟。臣虽不敏,不敢忘前人之景行。谨上金宝等十六件,稍稍助一下军资。"高祖不同意,而以宇文宪的奏表向公卿宣示,说:"人臣应当如此。朕看重的是他的心意,而不是真的需要他的财物。"下诏让宇文宪率军两万为前锋,进趋黎阳。高祖亲自率军围攻河阴,未能攻克。宇文宪军攻克武济,进围洛口,收其东西二城。因为高祖患了病,周军班师。这一年,初置上柱国官,而以宇文宪为之。

建德五年,周军大举东征,宇文宪率精锐骑兵两万又为前锋,守雀鼠谷。高祖亲自率军围攻晋州。宇文宪攻克了洪同、永安两座城,准备进一步进攻。齐军焚烧桥梁,据守险要,周军不能前进,遂屯驻在永安。齐主听说晋州被围,便率军十万,前来救援。此时,柱国、陈王宇文纯屯军于千里径,大将军、永昌公宇文椿屯驻鸡楼原,大将军宇文盛守汾水关,都受宇文宪节度指挥。宇文宪秘密对宇文椿;"用兵作战是诡诈之道,去留不定,见机而作,不必遵守常规。你现在修筑营垒,不必支架帐幕,可以砍伐柏树搭成庵房,以示形势。使我军离去之后,敌军还以为我军仍在原地。"这时,齐主分军一万向千里径,又命齐军一部出汾水关,而自率大军和宇文椿对阵。宇义盛遣骑告急,宇文宪自率一千骑兵救援。齐军望见谷中尘土扬起,即相继撤退。宇文盛和柱国侯莫陈芮乘机率军涉过汾水追击,多有斩获。不久,宇文椿报告齐军攻势凶猛,宇文宪又回军援救。正好宇文椿奉高祖之令还军,率军乘夜撤退。齐军果然认为柏庵是周军帐幕,没想到周军已退,直到第二天才醒悟。

此时,高祖已离开晋州,留宇文宪率军殿后。齐主亲自率军来追,到达高梁桥。宇文宪率精骑两千,阻水为阵。齐领军段畅直进至桥边。宇文宪隔水招段畅和他谈话,说完以后,宇文宪问段畅:"你叫什么名字?"段畅说:"我是领军段畅,你是谁?"宇文宪说:"我是虞侯大都督。"段畅说:"看你言谈,不是一般人。今日相见,何必隐瞒名位?"陈王宇文纯、梁公侯莫陈芮、内史王谊等都在宇文宪的旁边。段畅固问不止。宇文宪才说:"我是天子太弟齐王。"又指着陈王等,把他们的姓名、爵位都告诉了段畅。段畅听后,策马离去,宇文宪立即下令撤军,而齐军也立即追击,兵甲精锐。宇文宪和天府宇文忻各率一百精锐骑兵为殿后以拒之,杀齐军骁将贺兰豹子、山裸瑰等一百多人,齐军才退走。宇文宪率军渡过汾水,在玉璧赶上了高祖。

高祖又令宇文宪率军六万,还援晋州。宇文宪遂率军前进,扎营于涑水。齐主率军围攻晋州,昼夜不息。回来报告的间谍,有的说晋州已经被攻陷。宇文宪遣柱国越王宇文盛、大将军尉迟迥、开府宇文神举等率轻骑一万连夜进至晋州。宇文宪进军据蒙坑,为大军后援,知道晋州未被攻陷,便归还涑川。不久,高祖向东行进,驻扎在高显,宇文宪率所部先向晋州。第二天,诸军汇集,稍稍进逼城下。齐军也派出大军,在周军营南为阵。高祖命宇文宪骑马往观其阵,宇文宪回来说:"敌人容易对付,请击败他们然后再吃饭。"高祖高兴地说:"如果象你所说的,我就不担心了。"宇文宪退下后,内史柳虬私下对宇文宪说:"敌军也不少,您怎么轻视他们呢?"宇文宪说:"我受命为前锋,情兼家国。扫除敌寇,事同摧枯。商朝和周朝的事是你所知道的。敌兵虽众,又能奈我何!"一会儿,周军各路俱进,敌军立即崩溃。当天夜里,齐主逃走,宇文宪率轻骑追击。到达永安之后,高祖也率军赶到。齐军收集余众,又据守高壁和洛女砦。高祖命宇文宪进攻洛女砦,将其攻克。第二天,与大军在介休会合。

这时,齐主已还邺都,留其从兄安德王高延宗据守并州。高延宗乘机即位称帝,并出兵拒战。高祖率军进围度州,宇文宪进攻城西,将其攻克。高延宗逃走,被周军追击俘虏。以宇文宪之功,宇文宪的第二个儿子安城公宇文质被晋封为河间王,第三个儿子宇文寅被拜为大将军。高祖仍令宇文宪为前驱,率军向邺城进军。第二年,进克邺城。

齐任城王高潜、广宁王高孝珩等据守信都,有数万军队。高祖又诏宇文宪率军讨伐,并让被俘的齐主高纬亲笔写信给高潜说:"朝廷待我很好,诸王也无恙。叔叔若释甲投降,也无不优待。"高潜不听。高祖便大开赏募,多出金帛,沙门求为战士的也有数千人。宇文宪军过赵州,高潜令两个间谍侦察形势,被周军巡逻骑兵抓获,遂交宇文宪。宇文宪将齐国的旧将领投降者全部集合起来,让间谍看,又对他们说:"我争的是大的,不在你们这些小人物。现在放你们回去,你们要为我做事。"并写信给高潜说:

"山川相间,每使人劳,仲春戒节,纳履惟宜。承始届两河,仍图三魏,双方交战,想无亏德。昔在魏末季世,海内横流,我家太祖抚运乘时,大庇百姓。皇上嗣位,纪其文武隆业,兴稽山之会,总盟津之师。雷骇唐郊,则野无横阵;云腾晋水,则地无严城。袭伪之酋,既奔窜于草泽;窃号之长,亦委命于旌门。德义振于无垠,威风被于有截。彼朝宿将旧臣,良家戚里,俱升荣宠,皆享好爵。所以使临漳之下,效死争驱;营丘之前,奋身毕命。此岂唯人事?抑亦天时。你应访之道路,不须傍人道说。

我以不武,任总元戎,受命安边,路指幽、冀。列邑名藩,莫不屈膝;宣风导礼,皆荷来苏。足下为高氏令王,英风凤著,古今成败,备诸怀抱,岂不知一木不维大厦,三谏可以逃身吗!而且殷朝微子去商,侯服周代;项伯背楚,赐姓汉朝。去此而弗图,苟徇亡辙,家破身殒,为天下笑。又足下的间谍为我候骑所拘,军中情实,我已尽知。知你以弱卒琐甲,欲抗堂堂之师;萦带污城,冀保区区之命。战非上计,不待卜疑;守乃下策,或未相许。我已分勒诸军,分道并进,相望非远,凭轼式有期,兵交命使,乃古今通典,不俟终日,所望知几也。"

宇文宪进至信都,高潜阵于城南,宇文宪登上张耳的墓冢眺望齐军。一会儿,高潜所署领军尉相愿假装出来略阵，遂以其众投降。尉相原是高湝的心腹，他一投降，全军骇惧。高湝大怒，杀了尉相原的妻子和孩子。第二天，双方又战，遂大败高湝，俘斩三万人，擒获了高湝和高孝珩等。宇文宪对高湝说："任城王何苦至此?"高湝说："下官是神武皇帝(指高欢)之子，兄弟十五人，只有我还活着。逢上社稷颠覆，今日得死，无愧坟陵。"宇文宪壮之，下令放还其妻子，厚加资给。又问高孝珩，高孝珩布陈国难，声泪俱下，亢而不卑，宇文宪也为之肃然起敬。

宇文宪平素善谋划，多算略，尤其长于抚御，达于任使。打仗冲锋陷阵，身先士卒，部下感奋，都乐意听其指挥。齐人凤闻其声威，无不惧惮其勇略。及并州大捷，率军长驱敌境，刍牧不挠，百姓安堵，军中无私。

在此之前，稽胡刘没铎自称皇帝，又诏令宇文宪督赵王宇文招等率军讨平之，详情在《稽胡传》中。

宇文宪自以威名日重，暗中考虑屏迹退隐。等高祖想亲自率军出征突厥，宇文宪便推托有病在身，不想从征。高祖一听，变了脸色说："你若害怕出征，谁还听我调遣?"宇文宪紧张地说："臣奉陪銮驾，确实是出自本心，但身有疾病，不堪领兵作战。"高祖答应了。

不久，高祖去世，宣帝即位，因宇文宪位尊望重，对他非常忌惮。此时，高祖还未下葬，诸王都在内服丧。司卫长孙览总握军权辅政，而诸王心怀异志，奏令开府于智观察其动静。等高祖下葬完毕，诸王还第，宣帝又命于智在宇文宪家中等候宇文宪，于智借机告发宇文宪心怀异谋。宣帝派小冢宰宇文孝伯对宇文宪说："三公之位，应由亲贤担当。现在想以叔叔为太师，九叔为太傅，十一叔为太保，叔叔认为怎么样?"宇文宪说："臣才轻位重，惧怕满盈之理。三师之任，不是我敢承当的。而且太祖的勋臣应当担当此任。如果专用臣等兄弟，恐怕有违众议。"宇文孝伯返回去报告，不久又回来说："有诏令王晚上与诸王都到殿门汇集。"到晚上，只有宇文宪先被领了进去，宣帝先在别的房子里埋下伏兵，宇文宪一来，立即被抓了起来。宇文宪面色不改，镇定自若，固自陈说。宣帝让于智审问宇文宪，宇文宪双目如炬，直视于智。有人对宇文宪说："大王今日事已至此，何必多言?"宇文宪说："我位重属尊，一旦至此，死生有命，还想什么活着? 但以老母在堂，恐怕她老人家伤心。"说着将笏板扔在地上。宣帝下令将宇文宪缢杀，时年仅三十五岁。之后，以于智为柱国，封齐国公。宣帝又杀了上大将军安邑公王兴、上开府独孤熊、开府豆卢绍等，因为他们和宇文宪私交很好。宣帝即杀害了宇文宪，又找不出恰当的理由，所以声称王兴等和宇文宪结谋，而将他们都杀害。当时的人知道他们冤枉，都说他们是伴宇文宪而死的。

宇文宪的生母达步干氏，是茹茹族人。建德三年，册封为齐国太妃。宇文宪对母亲非常孝顺，闻名于时。太妃原来患有风热病，经常发作，宇文宪衣不解带，扶持左右。宇文宪在外东征西伐，每次心惊，其母必有疾病。派人回去参问，果然如宇文宪所虑。

宇文宪有六个儿子：宇文贵、宇文质、宇文寅、宇文贡、宇文乾禧、宇文乾洽。

宇文贵字乾福，小时非常聪敏，涉猎经史，尤其善于骑射。刚开始读《孝经》，便对人说："读了这一经，便足为立身之本。"天和四年，刚满十岁，封安定郡公，邑一千五百户。太祖宇文泰刚当丞相时，始封此郡，以后未曾封给别人，到这时封给宇文贵。十一岁时，跟从宇文宪在盐州打猎，一围之中，亲手射的野马和鹿有十五头。建德二年，册拜为齐国世子。四年，授车骑大将军、仪同三司。不久出为豳州刺史。宇文贵虽出自深宫，而留心治民之政。天性聪敏，过目不忘。一次在途中遇见两人，宇文贵对左右的人说："这两人是县党，为什么在这里行走？"左右的人不认识，宇文贵便说出了两人的姓名，莫不叹服。白兽烽被商人的火烧毁，烽帅接受了商人的贿赂而免治其罪。后来，这个烽帅随例前来参见，宇文贵问道："商人烧坏了烽台，你为何私自释放他们？"烽帅大惊，随即服罪。宇文贵明察的本领就是如此。天和五年四月死，年仅十七岁。高祖宇文邕非常痛惜。

宇文质字乾祐，初封为安城郡公。后因宇文宪的功勋，晋封为河间郡王。宇文寅字乾礼，大将军、中坝公。宇文贡出后莒庄公。宇文乾禧为安城公；宇文乾洽为龙涸公。他们都和宇文宪同时被害。

庾信传

【题解】

庾信(513～581)，南北朝文学家。字子山，南阳新野(今属河南)人。与其父庾肩吾出入梁朝宫廷，深受宠幸。他们同徐摛、徐陵父子都是"宫体诗"的倡导者。梁元帝时，庾信出使西魏，被扣留长安。梁亡后，在西魏、北周为官，官到骠骑大将军、开府仪同三司。

庾信在梁朝时的诗作，绮艳轻靡，讲究形式和技巧，内容较为贫乏，未能跳出宫廷文学的圈子。暮年的作品，思想和内容上有了明显变化，多写身世之叹、乡关之恩，风格也随之一变，艺术造诣远远超过前期作品。庾信在辞赋、骈文方面的成就也很高，他讲究对仗和用典，《哀江南赋》是其代表作。后人辑有《庾子山集》。

【原文】

庾信字子山，南阳新野人也。祖易，齐徵士。父肩吾，梁散骑常侍、中书令。

信幼而俊迈，聪敏绝伦。博览群书，尤善《春秋左氏传》，身长八尺，腰带十围，容止颓然，有过人者。起家湘东国常侍，转安南府参军。时肩吾为梁太子中庶子，掌管记。东海徐摛为左卫率。摛子陵及信，立为抄撰学士。父子在东宫，出入禁闼，恩礼莫与比隆。既有盛才，文并绮艳，故世号为徐、庾体焉。当时后进，竞相模范。每有一文，京都莫不传诵。累迁尚书度支郎中、通直正员郎。出为郢州别驾。寻兼通直散骑常侍，聘于东魏。文章辞令，盛为邺下所称。还为东宫学士，领建康令。

侯景作乱，梁简文帝命信率宫中文武千余人，营于朱雀航。及景至，信以众先退。台城陷后，信奔于江陵。梁元帝承制，除御史中丞。及即位，转右卫将军，封武康县侯，加散骑常侍，来聘于我。属大军南讨，遂留长安。江陵平，拜使持节、抚军将军、右金紫光禄大夫、大都督，寻进车骑将军、仪同二司。

孝闵帝践阼，封临清县子，邑五百户，除司水下大夫。出为弘农郡守，迁骠骑大将军、开府仪同三司、司宪中大夫，进爵义城县侯。俄拜洛州刺史。信多识旧章，为政简静，吏民安之。时陈氏与朝廷通好，有北流寓之士，各许还其旧国，陈氏乃请王褒及信等十数人。高祖唯放王克、殷不害等，信及褒并留而不遣。寻徵为司宗中大夫。

世宗、高祖并雅好文学，信特蒙恩礼。至于赵、腾诸王，周旋款至，有若布衣之交。群公碑志，多相请托。唯王褒颇与信相埒，自余文人，莫有逮者。

信虽位望通显，常有乡关之思。及作《哀江南赋》以致意云。其辞曰：

粤以戊辰之年，建亥之月，大盗移国，金陵瓦解。余乃窜身荒谷，公私涂炭。华阳奔命，有去无归，中兴道消，穷于甲戌。三日哭于都亭，三年囚于别馆。天道周星，物极不反。傅燮之但悲身世，无所求生；袁安之每念王室，自然流涕。昔桓君山之志事，杜元凯之生平，并有著书，咸能自序。潘岳之文彩，始述家风；陆机之词赋，多陈世德。信年始二毛，即逢丧乱，藐是流离，至于暮齿。《燕歌》远别，悲不自胜，楚老相逢，泣将何及。畏南山之雨，忽践秦庭；让东海之，遂餐周粟。下亭漂泊，皋桥羁旅，楚歌非取乐之方，鲁酒无忘忧之用。追为此赋，聊以记言，不无危苦之辞，唯以悲哀为主。

日暮途远，人间何世。将军一去，大树飘零；壮士不还，寒风萧瑟。荆璧睨柱，受连城而见欺；载书横阶，捧珠盘而不定。钟仪君子，入就南冠之囚；季孙行人，留守西河之馆。申包胥之顿地，碎之以首；蔡威公之泪尽，加之以血。钓台移柳，非玉关之可望；华亭唳鹤，岂河桥之可闻。

孙策以天下为三分，众裁一旅；项羽用江东之子弟，人唯八千。遂乃分裂山河，宰割天下。岂有百万义师，一朝卷甲，芟夷斩伐，如草木焉。江、淮无涯岸之阻，亭壁无藩篱之固。头会箕敛者，合纵缔交；锄櫌棘矜者，因利乘便。将非江表王气，应终三百年乎？是知并吞六合，不免轵道之灾；混一车书，无救平阳之祸。呜呼！山岳崩颓，既履危亡之运；春秋迭代，必有去故之悲。天意人事，可以凄怆伤心者矣。况复舟楫路穷，星汉非乘槎可上；风飚道阻，蓬莱无可到之期。穷者欲达其言，劳者须歌其事。陆士衡闻而抚掌，是所甘心；张平子见而陋之，固其宜矣。

我之掌庾承周，以世功而为族；经邦佐汉，用论道而当官。禀嵩、华之玉石，润河、洛之波澜。居负洛而重世，邑临河而晏安。逮永嘉之艰虞，始中原之乏主。民枕倚于墙壁，路交横于豺虎。值五马之南奔，适三星之东聚。彼凌江而建国，此播迁于吾祖。分南阳而赐田，袭东岳而胙土。诛茅宋玉之宅，穿径临江之府。水木交运，山川崩竭。家有直道，人多全节。训子见于纯深，事君彰于义烈。新野有生祠之庙，河南有胡书之碣。况乃少微真人，天山逸民。阶庭空谷，门巷蒲轮。移谈讲树，就简书筠。降生世德，载诞贞臣。文词高于甲观，模楷盛于漳滨。嗟有道而无凤，叹非时而有麟。既奸回之焱匿，终不悦于仁人。

王子洛滨之岁，兰成射策之年，始含香于建礼，仍矫翼于崇贤。游洊雷之讲肆，齿明离之胄筵。既倾蠡而酌海，遂侧管以窥天。方塘水白，钓渚池圆。侍戎韬于武帐，听雅曲于文弦。乃解悬而通籍，遂崇文而会武。居笠毂而掌兵，出兰池而典午。论兵于江汉之君，拭圭于西河之主。

于时朝野欢娱，池台钟鼓。里为冠盖，门成邹鲁。连茂苑于海陵，跨横塘于江浦。东门则鞭石成桥，南极则铸铜为柱。树则园植万株，竹则家封千户。西赆浮玉，南琛没羽。吴歈越吟，荆艳楚舞。草木之藉春阳，鱼龙之得风雨。五十年中，江表无事。王歇为和亲之侯，班超为定远之使。马武无预于兵甲，冯唐不论于将帅。岂知山岳暗然，江湖潜沸。渔阳有闾左戍卒，离石有将兵都尉。

天子方删诗书，定礼乐。设重云之讲，开士林之学。谈劫烬之灰飞，辨常星之夜落。地平鱼齿，城危兽角。卧刁斗于荥阳，绊龙媒于平乐。宰衡以干戈为儿戏，缙绅以清谈为庙略。乘渍水而胶船，驭奔驹以朽索。小人则将及水火，君子则方成猿鹤。敝箄不能救盐池之咸，阿胶不能止黄河之浊。既而鲂鱼赪尾，四郊多垒。殿狎江鸥，宫鸣野雉。湛卢去国，馀皇失水。见被发于伊川，知其时为戎矣。

彼奸逆之炽盛，久游魂而放命。大则有鲸有鲵，小则为枭为獍。负其牛羊之力，凶其水草之性。非玉烛之能调，岂璇玑之可正。值天下之无为，尚有欲于羁縻。饮其琉璃之酒，赏其虎豹之皮。见胡桐于大夏，识鸟卵于条支。豺牙密厉，虺毒潜吹。轻九鼎而欲问，闻三川而遂窥。

始则王子召戎，奸臣介胄。既官政而离逖，遂师言而泄漏。望廷尉之逋囚，反淮南之穷寇，飞狄泉之苍鸟，起横江之困兽。地则石鼓鸣山，天则金精动宿。北阙龙吟，东陵麟斗，尔乃桀黠构扇，凭陵畿甸。拥狼望于黄图，填卢山于赤县。青袍如草，白马如练。天子履端废朝，单于长围高宴。两观当戟，千门受箭。白虹贯日，苍鹰击殿。竞遭夏台之祸，遂视尧城之变。官守无奔问之人，干戚非平戎之战。陶侃则空装米船，顾荣则虚摇羽扇。将军死绥，路绝重围。烽随星落，书逐鸢飞。遂乃韩分赵裂，鼓卧旗折。失群班马，迷轮乱辙。猛士婴城，谋臣卷舌。昆阳之战象走林，常山之阵蛇奔穴。五郡则兄弟相悲，三州则父子离别。

护军慷慨，忠能死节。三世为将，终于此灭。济阳忠壮，身参末将。兄弟三人，义声俱唱。主辱臣死，名存身丧。狄人归元，三军凄怆。尚书多算，守备是长。云梯可拒，地道能防。有齐将之闭壁，无燕师之卧墙。大事去矣，人之云亡。申子奋发，勇气呃勃。实总元戎，身先士卒。胄落鱼门，兵填马窟。屡犯通中，频遭刮骨。功业夭枉，身名埋没。或以隼翼鷃披，虎威狐假。沾渍锋镝，脂膏原野。兵弱虏强，城孤气寡。闻鹤唳而虚惊，听胡笳而泪下。据神亭而亡戟，临横江而弃马。崩于钜鹿之沙，碎于长平之瓦。于是桂林颠覆，长洲麋鹿。溃溃沸腾，茫茫惨黩。天地离阻，人神怨酷。晋郑靡依，鲁卫不睦。竞动天关，争回地轴。探雀彀而未饱，待熊蹯而诅熟。乃有车侧郭门，筋悬庙屋。鬼同曹社之谋，人有秦庭之哭。

余乃假刻玺于关塞，称使者之酬对。逢鄂坂之讥嫌，值耏门之征税。乘白马而不前，策青骡而转碍。吹落叶之扁舟，飘长帆于上游。彼锯牙而勾爪，又巡江而习流。排青龙之战舰，斗飞燕之船楼。张辽临于赤壁，王浚下于巴丘。乍风惊而射火，或箭重而回舟。未辨声于黄盖，已先沈于杜侯，落帆黄鹤之浦，藏船鹦鹉之洲。路已分于湘汉，星犹看于斗牛。若乃阴陵失路，钓台斜趣。望赤岸而沾衣，舣乌江而不度。雷池栅浦，鹊陵焚戍。旅舍无烟，巢禽失树。谓荆、衡之杞梓，庶江、汉之可恃。淮海维扬，三千余里。过漂渚而寄食，托芦中而度水。届于七泽，滨于十死。嗟天保之未定，见殷忧之方始。本不达于危行，又无情于禄仕。谬掌卫于中军，滥尸丞于御史。

信生世等于龙门，辞亲同于河洛。奉立身之遗训，受成书之顾托。昔三世而无惭，今七叶而始落。泣风雨于《梁山》，惟枯鱼之衔索。入欹斜之小径，掩蓬藋之荒扉。就汀洲之杜若，待芦苇之单衣。

于时西楚霸王，剑乃繁阳。鏖兵金匮，校战玉堂。苍鹰赤雀，铁舳牙樯。沈白马而誓众，负黄龙而渡湘。海潮迎舰，江萍送王。戎车屯于石城，戈船掩于淮、泗。诸侯则郑伯前驱，盟主则荀莹暮至。剖巢熏穴，奔魑走魅。埋长狄于驹门，斩蚩尤于中冀。然腹为灯，饮头为器。直虹贯垒，长星属地。昔之虎据龙盘，加以黄旗紫气，莫不随狐兔而窟穴，与风尘而殄瘁。

西瞻博望,北临玄圃。月榭风台,池平树古。倚弓于玉女窗扉,系马于凤凰楼柱。仁寿之镜徒悬,茂陵之书空聚。若夫立德立言,谟明寅亮。声超于系表,道高于河上。既不遇于浮丘,遂无言于师旷。指爱子而托人,知西陵而谁望。非无北阙之兵,犹有云台之仗。司徒之表里经纶,狐偃之惟王实勤。横雕戈而对霸主,执金鼓而问贼臣。平吴之功,壮于杜元凯;王室是赖,深于温太真。始则地名全节,终以山称枉人。南阳校书,去之已远。上蔡逐猎,知之何晚。镇北之负誉矜前,风飚憛然。水神遭箭,山灵见鞭。是以蛰熊伤马,浮蛟没船。才子并命,俱非百年。

中宗之夷凶静乱,大雪冤耻。去代邸而承基,迁唐郊而纂祀。反旧章于司隶,归余风于正始。沉猜则方逞其俗,藏疾则自矜于己。天下之事没焉,诸侯之心摇矣。既而齐交北绝,秦患西起。况背关而怀楚,异端委而开吴。驱绿林之散卒,拒骊山之叛徒。营军梁浚,搜乘巴渝。问诸淫昏之鬼,求诸厌劾之巫。荆门遭廪延之戮,夏首滥逵泉之诛。蔑因亲于教爱,忍和乐于弯孤。慨无谋于肉食,非所望于《论都》。未深思于五难,先自擅于二端。登阳城而避险,卧底柱而求安。既言多于忌刻,实志勇于刑残。但坐观于时变,本无情于急难。地为黑子,城犹弹丸。其怨则黩,其盟则寒。岂冤禽之能塞海,非愚叟之可移山。况以沴气朝浮,妖精夜殒。赤鸟则三朝夹日,苍云则七重围轸。亡吴之岁既穷,入郢之年斯尽。

周含郑怒,楚结秦冤。有南风之不竞,值西邻之责言。俄而梯冲乱舞,冀马云屯。栈秦车于畅毂,沓汉鼓于雷门。下陈仓而连弩,度临晋而横船。虽复楚有七泽,人称三户。箭不丽于六麋,雷无惊于九虎。辞洞庭兮落木,去涔阳兮极浦。炽火兮焚旗,贞风兮害蛊。乃使玉轴扬灰,龙文斫柱。下江余城,长林故营。徒思箝马之秣,未见烧牛之兵。章曼支以毂走,宫之奇以族行。河无冰而马度,关未晓而鸡鸣。忠臣解骨,君子吞声,章华望祭之所,云梦伪游之地。荒谷缢于莫敖,冶父囚乎群帅。硎阱折拉,鹰鹯批攒。冤霜夏零,愤泉秋沸。城崩札妇之哭,竹染湘妃之泪。

水毒秦泾,山高赵陉。十里五里,长亭短亭。饥随蛰燕,暗逐流萤。秦中水黑,关上泥青。于时瓦解冰泮,风飞电散。浑然千里,淄、渑一乱。雪暗如沙,冰横似岸。逢赴洛之陆机,见离家之王粲。莫不闻陇水而掩泣,向关山而长叹。况复君在交河,妾在清波。石望夫而逾远,山望子而逾多。才人之忆代郡,公主之去清河。栩阳亭有离别之赋,临江王有愁思之歌。别有飘摇武威,羁旅死而思归。李陵之双凫永去,苏武之一雁空飞。

昔江陵之中否,乃金陵之祸始。虽借人之外力,实萧墙之内起。拔乱之主忽焉,中兴之宗不祀。伯兮叔兮,同见戮于犹子。荆山鹊飞而玉碎,随岸蛇生而珠死。鬼火乱于平林,殇魂惊于新市。梁故丰徙,楚实秦亡。不有所废,其何以昌。有妫之后,遂育于姜。输我神器,居为让王。天地之大德曰生,圣人之大宝曰位。用无赖之子孙,举江东而全弃。惜天下之一家,遭东南之反气。以鹑首而赐秦,天何为而此醉!

且夫天道回旋,民生预焉。余烈祖于西晋,始流播于东川。泊余身而七叶,又遭时而北迁。提挈老幼,关河累年。死生契阔,不可问天。况复零落将尽,灵光巍然。日穷于纪,岁将复始。逼切危虑,端忧暮齿。践长乐之神皋,望宣平之贵里。渭水贯于天门,骊山回于地市。幕府大将军之爱客,丞相平津侯之待士。见钟鼎于金、张,闻弦歌于许、史。岂知灞陵夜猎,犹是故时将军;咸阳布衣,非独思归王子。

大象初，以疾去职，卒。隋文帝深悼之，赠本官，加荆淮二州刺史。子立嗣。

【译文】

庾信，字子山，南阳新野(今河南新野)人。祖父庾易是南朝齐代的隐士。父亲庾肩吾，任过南朝梁朝散骑常侍、中书令。

庾信少年时代就长得英俊出众，聪明绝伦。他博览群书，特别精通《春秋左氏传》，身高八尺，腰带长十围，容貌举止恭顺，有超过凡人之处。起初，他任湘东(今湖南衡阳)国常侍，后转任安南府参军。当时，庾肩吾任梁太子中庶子，主持管记的工作，东海(今江苏东海沐阳连水以东、淮水以北地区)人徐摛任左卫率，徐摛的儿子徐陵和庾信一齐任抄撰学士。父子在太子的宫室里，出入于皇宫禁地，深受恩宠礼遇的荣耀，无人可以相比。他们都极具才华，文采显得绮丽华艳，因此世称为"徐庾体"。当时，后辈们都竞相模仿学习，他们每有一篇文章问世，便在京城广为传诵。后来，庾信升任为尚书度支郎中、通直正员郎，又出任郢州别驾。接着又兼任通直散骑常侍，出使东魏。他的诗文和应酬的言辞广泛地为邺下(今河北临漳县境)人士所赞许。从东魏回梁朝后，他又出任东宫学士、建康令。

侯景反叛作乱时，梁朝简文帝命令庾信率领宫中文武官员一千多人扎营于朱雀航(在今江苏南京镇淮桥东)。及至侯景兵到，他因敌军众多而先行撤退。台城(今南京玄武湖边)沦陷后，庾信逃到江陵(今属湖北)。梁元帝继承王位，授予他御史中丞之职。元帝登基时，转授右卫将军，并封他为武康县侯，又加授散骑常侍，奉命出使西魏。适值西魏大军进攻南朝，他便留在长安(今陕西西安)。江陵陷落后，他在西魏任使持节、抚军将军、右金紫光禄大夫、大都督。继之，又被引荐为车骑大将军、仪同三司。

孝闵帝即位后，封庾信为临清县子，赐给五百户的封地；授予司水下大夫。他还离京任弘农郡太守。又升迁为骠骑大将军、开府仪同三司、司宪中大夫，提升爵位为义城县侯。不久，任洛州(今河南洛阳)刺史。庾信精通以往的典章制度，为政简约沉静，下属官吏和百姓很安定。当时，陈朝和北周和好交往，羁留在对方国家的人士都被允许返回故国。陈朝便请王褒、庾信等十几个人回去。高祖只放走王克、殷不害等人。庾信和王褒俩都被留下而不遣返。接着，庾信被征召为司宗中大夫。

周世宗、高祖都很爱好文学，庾信特别蒙受恩宠礼遇。乃至赵王、腾王几位王侯，对他更是多所应酬，款待备至，犹

西魏加彩文、武官吏陶俑

如百姓间的平等交往。众多王公的碑铭文志，多半拜托他撰写。只有诗人王褒和他不相上下，其余的文人就没有比得上他的了。

庾信虽然官位显达，名望显赫，但仍然经常怀有思乡的深情。于是，创作了《哀江南赋》表达自己的这种情绪。赋是这样写的：

戊辰年(548)十月，窃国大盗侯景反叛篡国，京城金陵沦陷，国家土崩瓦解。我于是逃窜于荒山野谷。朝廷与百姓都陷于泥潭炭火之中。从江陵奉命出使西魏，羁留北方，不得南归。复兴梁朝的希望在甲戌之年(554)便彻底破灭了。国家灭亡，我在长安亭舍遥哭了三天，在异国别馆被囚禁了三年。天理本如岁星运行一样周而复始，但梁朝销亡却不再复兴。我如同傅燮，只以悲叹身世而无处可以求生；又像袁安，每每思念先朝，自然而然地涕流满面。从前，桓谭有志于事业，杜预一生好运，两人都有著述，都在书中作序叙平生志向。潘岳的诗篇，最早叙述家族的风尚；陆机的辞赋，大多陈说祖先的功德。我从中年开始，便遭到丧国的变乱，遥远地离开故国，流落他邦，直到如今已届晚年。吟咏着《燕歌》远别家国，悲伤得无法忍受。遇到了故国遗老，哭泣又有什么用处？本来想隐居避害，却忽然奉命出使而失节于西魏，本以谦让自守，便又不能如伯夷、叔齐以身殉义。漂泊在路旁的亭舍，寄身于异邦的篱下。唱唱怀乡的悲歌，不是取乐的办法；喝喝乏味的薄酒，没起忘忧的效果。如今，追写这篇辞赋，姑且用来记述一朝兴亡之事，其中虽不乏个人危难悲苦的词句，但还是以国家的悲哀为重。

年老岁残，乡关路远，这混乱多变的世道成了什么世界？冯异将军一旦离去，那大树自然凋零，荆轲壮士一去不返，寒风更加凄凉。蔺相如手持和氏璧斜视庭柱，为换回赵国十五城直面秦王的欺凌，终于完璧归赵；毛遂登上石阶，逼使楚王订立盟约，而我出使魏国，手捧珠盘，却未能使梁朝和西魏结盟。钟仪是楚国的君子，被俘而成了头戴南方楚帽的囚徒；季孙为国的使臣，被晋人拘留在西河的使馆里。申包胥为救楚国向秦王叩头，把头叩破；蔡威公因亡国哭干了眼泪，泪尽泣血。钓台的移柳，不是漂泊玉门关的游子所能望得见的；华亭的鹤鸣，岂是遭河桥之难的人所能听得着？

孙策用以三分天下的士卒，起初只有五百；项羽起兵所带的江东子弟，也只有八千之众。他们就这样割据山河，主宰天下。哪有过百万义军一时丢盔弃甲，一败涂地，以致敌军滥杀百姓如同割草伐木？长江、淮河起不了普通河岸阻挡敌兵的作用，军营壁垒还不如一道篱笆的牢固坚实。征税敛赋的各州官吏乘乱纠集起来，缔结盟约；出身卑微的人趁机窃取了国柄。莫非金陵的天子气数历经三百年理当完结了？由此可知，秦虽打败六国，吞并了天下，仍不能避免于轵道(今陕西西安东北)投降之灾，西晋虽统一了国家，也挽救不了国君于平阳(今山西临汾)丧身之祸。呜呼！大山崩塌，萧梁已走上灭亡的命运，改朝换代，必然会有典午(晋朝)前朝的哀伤。上天的意旨，朝代的更迭，足以使人感到凄凉悲怆，伤心不已。更何况行船到了航道的尽头，天河不是乘木筏可以上去的；暴风阻拦了仙境之路，蓬莱没有可以到达之日。不得志的人要做赋表达心头哀曲，困顿的人要咏唱所做之事。陆机听到我的吟咏会拍手取笑，这是我心甘情愿的；张衡看到这篇辞赋定要加以鄙辱，这本来就是理所当然的事。

我出身于周朝掌庾大夫的世家，因世代功勋而成为官族。辅佐汉室治理国家，凭学识而居官受职。秉承嵩山、华山玉石的灵气，浸润着黄河、河水的波澜。迁居新野，背倚洛阳古都重新处世。城邑面临晏水，倒也优雅、安静。及至永嘉(307~313)年间，国事艰难多舛,国家失去主心骨,百姓苟延在断壁残垣之间,虎豹豺狼横行于道路之上。适逢中原五大姓南迁,三星聚会在东南,晋元帝迁都金陵,重建国家。我的八世祖也徙居江陵。他受封为遂昌侯而得到赐予的田产,侍奉天子而得到赐封的土地。铲锄茅草,住上了宋玉旧宅,穿路寻径,定居于江陵。

又适逢水、木运数相交接,山崩水竭,国家衰亡。但庾家属守忠直道义,家人多半保持了气节。以淳其深挚训示子孙,以鲜明的仁义忠烈侍奉君王。在新野,有为活着的人所立的祠庙,在河南,有古字撰写的碑碣。况且家祖是在大夫之才,隐士遁于深山的贤能。居处置于空旷的幽谷中,门前小巷滚动着轮子裹着落草的车子,前来接他出山。他像古人一样倚着大树高谈阔论,下笔洋洋洒洒。家父则承受祖上的美德,秉承臣子的忠贞。文才辞采超过藏书馆的文士,成为士人典范的美名盛传于漳水之滨。叹徒有世道,凤鸟不至,恨生不逢时,麒麟见害。奸贼忤逆,暗中加害,终不能使这仁义之人悦服。

如太子晋游伊、洛时的年龄,我也在十五岁时高中射策甲科。起先,在建礼门任尚书郎,满含芒名,接着,在太子门为东宫学士,羽翼正矫健。游说于皇太子的讲舍,雄辩于帝胄的座席。既如以蠡测天高,池塘水色清纯,洲渚正宜垂钓。在帅帐中以兵戎韬略侍奉君王,在宫廷里听文人的琴弦奏出雅乐歌曲。于是,走出困境,为官作宦,继而又进崇文观为春宫兵马兼任文武大臣。前呼后拥立于战事上执掌重兵,兵出兰池宫已拜受司马。与湘东王谈论军机,在北魏王面前显露了玉石的纯清。

当时,朝廷和民间都欢欣娱乐,高台深池掸钟鸣鼓。里巷冠盖如云,门庭尽是邹鲁大儒。在海陵兴建了连绵的花苑,在江边筑起了横塘大堤。国家的东门有神人鞭子抽打过的石横桥,南端有金铜铸成的巨柱。蜀、江、江陵辟园遍植万株橘树,渭川人家有千亩竹林堪称千户侯。西方礼赠浮玉,南方进贡珍贵的"没羽"宝剑。吴国的曲子,越国的歌吟,荆州的美女,楚国的舞蹈。世人的欢乐有如草木遇上阳春,蛟龙适逢风雨。五十年中间,江南一带安平无事。有如王歙那样和亲的王侯,如班超那样安定远邦的使臣。没有马武这样的人物提起兴兵之事,没有冯唐这样的人物谈论将帅韬略。哪里知道山岳黯然失色,江湖沸扬汹涌。渔阳有造反的北镇戍兵,离石有拥兵自重的都尉。

天子梁武帝正在删改诗书,制定礼乐。开设重云殿讲坛,建立士林学馆。奢谈大劫焚烧灰烬飘飞的原因,阔论恒星在夜空中消逝的缘故。守地没有鲁齿山(今河南宝丰东南)可以凭借,城防没有猛兽之角可以倚恃。刁斗躺臣在荥阳(今属河南兵库里),龙驹被拘律在平乐馆时。掌政的朱异视兵戎士戈如同儿戏。王公大臣以清谈作为定国安邦之方。乘坐用胶粘合的船只,用腐烂的绳索驾驭奔驰的壮马。于是,小民陷于水火之中,君子成了猿猴水鹤。坏了的箄子不能阻止盐池的咸,阿胶不能改变黄河的浑混。于是,鲂鱼有病,其尾变赤,城郊四野,营垒无数。江鸥在殿堂上亲昵,野雉在宫廷中鸣叫,湛卢宝剑离开了故国,艎皇名船沉落在水中。看见有披发的人在伊水祭奠,知道升平不足百年又有了兵灾!

那奸逆侯景气焰嚣张,反叛之心由来已久。其罪行,大则蚕食诸国,凶如鲸、鲵;小则残灭己类,恶如枭、獍。任它牛羊一般的蛮力,肆虐它啃食水草的野性。这不是四季的和气所能调剂,也非北斗魁四星所能校正。乘天下尊奉释教无为而作乱,还有野心企图控制四方。天子却还请他痛饮精醇美酒,又赏给虎豹之皮。如同在大夏国(在今阿富汗北部一带)见到了胡杨树,在条支(在今底格里斯、幼发拉底两河之间)见到了鸟蛋。奸逆的豺狼牙齿密而厉，毒蛇之气暗中吹出。竟轻狂地举起九鼎，还侧耳窥视京都，妄图篡国称事。

开始，临川王萧宏之子（萧正德）引贼兵进入帝城，奸臣成了披甲戴盔的统兵之将。他先被奸逆侯景立为天子执政，马上又被降为侍中。于是，他密修书信、图求授兵，但又为贼兵截得，天机泄漏。奸逆侯景是觊觎廷尉之职的逃亡之囚，盘踞淮南造反的败兵我，如从狄泉（在今河南洛阳）飞起的苍鸟，如从横江（在今安徽和县东南）挣脱的困兽。于是，地上石鼓鸣叫，震撼山岳，天上太白行空，星宿移动。朝廷群龙吟鸣，东陵（在今湖北广济东北及黄梅境内）麒麟相斗。贼兵凶残狡诈，横行滥杀，侵凌天子住处。如将匈奴的狼烟侯望之地移入京畿版图，把北庭的庐山搬至中原大地。贼兵青袍犹如绿草，白马好像系练。天子梁武帝正月不能上朝，奸逆筑长围置酒宴乐。宫前两座高台横遭刀兵攻击，宏伟的宫殿大门饱受箭矢射击。晕圈包围着太阳，苍鹰击拍着殿堂。天子竟然招致了被囚夏台（在今河南禹县南）的灾祸，也终于看到了被囚尧城的变故。为官有责却没有勤王的人，空有盾斧却不能平定贼兵。王琳无陶侃的机遇，只好自沉米船，羊鸦仁无顾荣的善战，不能挥摇羽扇破敌。将军败退，台城被围，通路断绝。烽火随着星辰下落而熄灭，诏书随着纸鸢被射而飞落。于是，韩国割据，赵国分裂，成鼓倒卧，牙旗折断。战马失群嘶鸣，败兵轮辙混乱。猛士倚城自守，谋臣瞠目结舌。昆阳（今河南叶县）的战斗如同大象奔逃山林，常山（在今山西浑源县）的战阵好像长蛇逃回洞穴。据有五郡的王子们相向悲泣，拥有三州强兵的儿子也只好与父王遥遥诀别。

护军将军慷慨勤王，忠贞不屈，战死阵前。他祖孙三代都为将领，却在此战中灭绝。济阳（在今河南兰孝）的忠勇壮士身为末将，他们兄弟三人开城出战而死，同唱了一曲忠义之歌。天子蒙受耻辱，臣子忠贞而死。身体虽亡，英名永存。贼兵感其忠勇，归还遗体，三军怆然悲泣。都官尚书羊侃足智多谋，善于筹策，多方守城御敌。抵御了贼兵云梯攻城，又以地道挖陷了敌人临城而筑的土山。直如有坚壁固守的齐国将军，但他不幸病卒，失去了可以防护燕昌城的燕国军队。随之，台城沦陷，大势已去，这就是人所说的国家灭亡了！柳仲礼精神振奋，怒勇冲天，统帅前军，身先士卒与奸逆交战。头盔掉在邾城门，青塘败北，兵士陷入了马窟，他身负创伤，中气每每受抑，屡遭刮骨疼痛。以后他又降贼，以致功业短暂夭亡，身名两失。有时，贼兵如鸷鸟披上隼翼，狐狸假借虎威，滥杀无忌，刀刃箭矢满沾血渍，脂膏涂地，横尸原野。我兵转弱，贼兵变强。义军绕宇孤城，士气低落，听到鹤叫而心惊胆寒，听到贼兵胡笳声响而伤心落泪。如太史慈在神亭（在今江苏丹阳）拒敌失掉手戟而被执，似孙策渡过横江击敌中箭弃马而还。如秦军崩溃于钜鹿（今河北平乡）的沙丘台，如赵军覆灭于长平。就这样，桂林（在今江苏南京北面）苑囿荒鞠倾覆，长洲（原江苏吴县西南）麋鹿漫游，溃溃然江河沸腾，茫茫然宇宙混浊。天地横遭分离阻隔，神与人都犯恨惨毒残酷。之后，诸王如晋国与郑国不能互相依存，鲁国与卫国互不和睦。其竞相杀戮震动了主边事的天官星，其争城夺地如同地轴回旋。梁武帝受饥困，如赵武灵王寻食雏鸟而难饱，又如楚成王求食熊掌，岂能得到？饿死后，被奸逆以轻车简葬于城门外。梁简文帝被杀，如齐王被抽筋，悬挂在庙屋上。人鬼同谋灭亡曹国。我因此逃奔江陵，乞求援救。

于是，我诈称传御旨而蒙混出关隘，假称使臣身份应付盘查。遭受了伍子胥过鄂坂时的讥讽嫌疑和关卡的征税。乘着疲惫的白马艰难跋涉，又改策青骡而辗转前行。扁舟像风中落叶一样漂荡,驾长风逆江而上。那贼兵张牙舞爪,沿江乘胜奔袭,摆开青龙大阵,驾驶飞燕楼船。义师则如合肥之战中的张辽一样勇猛陷阵,如率水军从巴丘下东南的王浚一样势不可挡。贼兵逆风烧火而自焚,又受箭伤而回船败退。还不如中箭落水的黄盖,却如溺死水中的杜侯。我收账于黄鹤矶(在今湖北武汉蛇山),藏船在鹦鹉洲(在今湖北武汉江中)。路已行至湘水和汉水境界,却仍抬头遥望吴地分野的斗星和牵牛星。我如项羽陷于阴陵沼泽(在今安徽定远西北),走投无路,在樊山钓台(在今湖北北武昌西北)上痛抒忧闷。远望赤岸涕泪沾衣。舟停乌江(在今安徽和县东北四十里)无心过渡。沿江望去,雷池(在今安徽望江南)成了筑栅的水浦,鹊陵成了焚后的军营。旅途中杳无人影,难以投宿,飞禽无树可以筑巢。我以为幸而荆州、衡阳有明君良才,江陵、汉水足以倚靠。从淮海扬州启程,溯江而上,走了三千余里。像韩信一样路过漂衣的小洲向漂母乞食,像伍员藏身芦苇,由渔夫渡江出逃。身临湖泊,十死一生。嗟叹还未报答皇恩,明白深忧还正当开始。本来够上不励行邦国之道,也无意任官食禄。梁元帝却让我错误地掌握右卫将军之职,不适当地充任御史中丞。

我类似生长于龙门(在今陕西韩城),与父亲诀别于黄河、洛水之间的司马迁,尊奉父亲立身扬名的遗训和著论传世的嘱托。过去,许多世代都无愧于公卿大名。如今,传到自己却开始衰落。思先父,风雨中泣颂曾子《梁山》之曲,只悲叹父母如衔索的枯鱼,都难久留于世。避猜忌,我绕进曲折不平的小路,躲藏于野草丛生的空门里。如屈原戴上汀洲的香草,如诸葛恪穿芦苇做的单衣而待死。

此时,梁元帝驰檄讨贼,义军锐不可当,如西楚霸王剑抵城门。众兵激战于书库,校尉争斗于殿堂。苍鹰船,赤誉舟,铁船舷,牙帆柱,声威赫赫。义军歃血结成白马之盟,典龙负舟速下江东破贼。兵船迎海潮飞驰,江萍助王师成行。兵马军车进驻石头城(在今江苏南京),戈船水军乘潮涌入淮水、泗水。义军挺进,如诸侯有郑伯为前驱,盟主晋国的荀蒨在傍晚抵达。攻入敌巢,如以火熏穴,贼犹如魑魅,四散窜逃。奸逆侯景被斩,如长狄被埋于驹门,蚩尤被斩于中冀。其腹被作为灯火点燃。其头被作为饮酒器具。至此,白虹贯于军营,流星坠入大地。过去虎踞龙盘,黄旗紫气的金陵帝都,任凭狐兔筑窟结穴,随着风尘而王气销尽。

向西观瞻博望苑,向北进入玄辅园。有吟赏风月的台榭,波平如镜的池塘,苍劲参天的古树。可在玉女窗扉下放下弓弩,在凤凰楼柱上系马逗留。仁寿殿前空自悬挂着铜镜,茂陵里的经书也白白放置。至于简文帝,功德主行,堪称不配,确乎明智贤能,谨敬谅直,藻辞深于言表,道行高于精通《老子经》的河上公。却不能如太子晋遇浮丘公而上嵩山,也不能像他那样先把后事告知师旷。只能像魏武临死那样,将爱子托付于人。哪知道他死后又有谁能探望他的西陵坟地?当时并非没有北阙的内应之兵,只是还有兵器精良的贼兵防守。司徒王僧辩表里都是济世经纶,如晋国的狐偃一心一意地勤王。敢于横执刻镂之戈向霸主挑战,手持金鞭斥责奸逆。平定吴地的功绩比杜元凯还壮伟。王室对他的依赖,比温太真还深重。开始,以保全气节而取地为名全节,最终,以死于枉人山的比干之名而著称。他功成被杀,如南阳宰文重,悔之不及,如上蔡游猎的李斯,知之已晚!曾镇守北方的邵陵王空负威名,兵败不前。其为人骄躁、暴虐,如秦始皇箭射水神,鞭击山灵。因此,神灵不佑,蛰熊啮伤坐骑,浮蛟翻倒兵船。梁武帝终如高阳氏,虽有八子效命,终因史弟猜忌,国破家亡,不能有百年基业。

中兴之主梁元帝平定了侯景的叛乱，洗雪了父兄百姓的冤耻。由湘东王砂接帝业，在江陵登基，如汉文帝被迎于代邸、帝尧在唐郊受禅。但却不能如光武帝任司隶时那样改变旧制，也不能恢复以往的正始之音。多猜忌而骄矜随意，嫉贤才而自以为是。国家大事因此完结，诸侯人心浮动。接着，与北方绝交，遭西魏入侵之患。何况如西楚霸王离开关中想回楚地一样，他居江陵而不思返建邺；也不想如太伯以周礼开拓吴国那样，重返吴地。复用任约等侯景旧党去败自己的骨肉兄弟，如驱使绿林的散兵游勇去抗击在骊山（在今陕西临潼东南）造反的叛军。驻军于渟水，阅兵于巴渝。有事求问邪恶的鬼怪，乞灵于用迷信方法消灾除邪的巫术。杀武陵王于荆门（在今湖北宜都西北），如郑庄公追杀亲弟王廪延；使邵陵王死于夏首（在今湖北沙市东南），如咸季以弟害兄。无视骨肉之亲理当相受，残忍地以弯弓取代和乐。令人愤慨的是，当权者既无谋无略，又不能如天下所盼望的回旧都建邺。不能将立国之难深思熟虑，又自以为精通于文武二端。定都江陵，如登上阳城想逃避风险，倚卧砥柱想求得安宁。为人言谈多所猜忌，残忍更逞淫威。坐观时变，本性无情，不顾兄弟之急难。所拥有的狭小地方如同脸面上的黑闹，所据有的城池也只有弹丸一般大小。内外积怨甚深，兄弟之谊，国家之盟又都瓦解。冤禽精卫怎能填海，北山愚公哪能移山。何况灾象白天出现，妖气夜里降临，赤乌夹日而飞三日，青云围轸七重。元帝气数将尽，如同吴国灭亡的日子已经临近，兵入郢州的时间也已经到来。

如周和郑互相怨恨，秦和楚结下冤仇那样，梁元帝杀兄害弟，与梁王结怨隙，使西魏有机可乘。如南风不劲，楚师无功，西邻责问，嫁女不宜那样，梁朝必败了。继而，西魏入侵，云梯横冲乱舞在城头，冀马如云屯集，大小兵车咸陈，擂鼓响彻四方。如诸葛亮兵围陈仓使用连弩之箭，如韩信袭击安邑而横陈战船佯攻临晋。虽楚地有许多湖泊可以陷贼，三户人家就以亡秦，便如乐伯射麋只中其一，梁朝无力御敌。未能如光武帝摧九虎之军，雷震四海。此时，我已告别落叶软软的洞庭湖，离开了涔阳尽处的浦口，身在长安。烈火焚旗，其师必败，贞风吹送，君王受擒。于是，魏军烧栅，梁元帝焚烧书画，龙文宝剑折于石柱。

魏兵入侵下江，攻陷长林。可惜只白想着养肥可供上阵的战马，见不到可摆火牛阵的军队。见国家将倾覆，士大夫纷纷出走，如章曼支驾毂而逃，宫之奇率族出走，如光武帝骑马涉水渡河，太子丹学鸡鸣，天未亮逃出潼关。忠臣以身殉国，君子饮恨吞声。梁朝既败，魏兵肆意屠戮，章华、云梦诸地成了楚人祭亡、遭拎的所在。文武大臣不死则囚，如莫敖自缢于荒谷，群帅被办于冶父（在今湖北江陵东南），群儒被害于坑井。如鹰隼追逐乌鸦，冤气使夏日凝霜，怨恨使秋泉沸腾，杞妇哭夫，使城墙崩塌，湘妃血泪，染得竹纹斑斑。

江陵百姓被掳往西魏，历尽跋涉之苦。水土不服，山高路远，如泾水施毒，井径险峻。十里一长亭，五里一短亭，道路迢遥。饿了寻找冬天蛰藏的燕子充饥，天黑追随萤火的微光行路。路过秦中黑水河，关中青泥城。那时，骨肉分离，冰消瓦解，风飞电散。既沦为奴，不分贵贱贤愚，混合一起，千里流亡，如淄水、渑水水味不同却相混合。白雪纷扬如寒沙，冰柱横凝似玉岩，遇到被俘的人，如适被征往洛阳的陆机，远离家乡的王粲。无不听到陇水声而掩面哭泣，无不望见关山无边而哀叹。何况夫君在西城交河（在今新疆吐鲁番西北雅尔和屯），妻子在河南清波（在今河南新蔡县西南）。岩上望夫更是遥不可及，山上望子愈增愁苦。贵妇人受尽凌辱，宫中妃子在追思邯郸生活，清河公主被卖为奴。栅阳亭侯写下了抒发离愁别恨的辞赋,临江王吟哦排遣愁思的诗歌。尚还有像我这样的人,漂泊在武威(今属甘肃),寄居于金微(今新疆北部、蒙古境内的阿尔泰山),回归无望。班超活着表达尸骨还乡的愿望。如李陵笔下的双凫永远北飞,苏武空放了寄书的大雁。

以往西魏克江陵,成为陈朝受禅金陵之祸的发端。虽然是借助外人之力,实际上是内部潜在的祸害。平定侯景之乱的梁元帝遭受杀戮,这位启中兴之业的人无人祭祀。其长子、幼子同时被其侄子梁王萧察所杀。乌鹊飞而荆山玉璧碎,大蛇生而随侯大珠死。臣民死伤无数。鬼火乱舞于平林(在今湖北京山东北)。梁朝的灭亡是因为从建邺迁都江陵,荆楚梁元帝的覆灭是因为西魏的入侵。梁朝不灭,西魏怎能昌盛,陈武帝哪能篡位?陈武帝这个有妫氏的后代,借助姜氏齐国而繁衍,篡夺梁朝的王位,受禅为帝。天地间最好的德行是使百姓安生,圣人最器重的是帝王的宝座。出现陈霸先这样的不肖子孙,江东大地全为他所占据。可惜萧梁一家的天下,被东南的叛逆所葬送。襄阳形胜之地为西魏所占有,梁朝的天下怎不灭亡!

那往复的天道,预示着民间的生生不息。我的八世祖烈烈有为,举家迁居江陵,到我历经七代,又碰到时局变幻而北迁长安。扶老携幼,寄居关中又经多年,生死艰辛,苍天也难以言喻。何况家世败落,家业将尽,尚有巍巍灵光,唯已独存。一年将尽,岁将复始。忧心如焚,年老更甚。走在长乐宫这神武城门,望着宣平里高贵府邸,渭水流贯天门,骊山蜿蜒在地市。幕府大将军对客人款待备至,丞相平津侯礼贤待士,得与贵戚交游,如在金氏、张氏府上观赏钟鼎古器,在许氏、史氏家中听奏弦歌。有谁知道,在灞陵(故址在今陕西西安东)夜猎的还是梁朝旧时的右卫将军,咸阳(在今陕西西安)百姓中盼望故乡的决非只有昔时梁朝的皇家贵胄!

大象初年,庾信因病离职,后病逝。隋文帝深切悼念他,赠予原来的官职,追认为荆州、淮州刺史。他的儿子庾立为继嗣。

赵文深传

【题解】

赵文深,字德本,南阳宛(今河南南阳市)人。官至赵兴郡守。擅长楷书、隶书,尤善于题写碑文榜联,当时称为第一。王褒归北,赵文深也曾学习王褒的书体,但无所成,仍以自家面目见称于世。他的书法,也被南朝人士所称赞。传世书迹有《西岳华山神庙碑》(存陕西华阴市岳庙),隶书。

按:"赵文深"当作"赵文渊",《周书》避唐讳改。

【原文】

赵文深字德本,南阳宛人也。父遐,以医术进,仕魏为尚药典御。

文深少学楷隶,年十一,献书于魏帝。立义归朝,除大丞相府法曹参军。文深雅有钟、王之则,笔势可观。当时碑牓,唯文深及冀俊而已。大统十年,追论立义功,封白石县男,邑二百户。太祖以隶书纰缪,命文深与黎季明、沈遐等依《说文》及《字林》刊定六体,成一万馀言,行于世。

及平江陵之后,王褒入关,贵游等翕然并学褒书。文深之书,遂被遐弃。文深惭恨,形于言色。后知好尚难返,亦攻习褒书,然竟无所成,转被讥议,谓之学步邯郸焉。至于碑牓,馀人犹莫之逮。王褒亦每推先之。宫殿楼阁,皆其迹也。迁县伯下大夫,加仪同三司。世宗令至江陵书景福寺碑,汉南人士,亦以为工。梁主萧察观而美之,赏遗甚厚。天和元年,露寝等初成,文深以题牓之功,增邑二百户,除赵兴郡守。文深虽外任,每须题牓,辄复追之。后以疾卒。

《西岳华山神庙碑》

【译文】

赵文深,字德本,是南阳郡宛县人。他的父亲赵遐,因擅长医道被朝廷任用,官至北魏的尚药典御。

赵文深少年时学楷书和隶书,他十一岁时,向北魏皇帝敬献他的书法作品。北周建国,赵文深归顺,任他为大丞相府法曹参军。赵文深的书法具有钟繇、王羲之的笔意,笔力斐然可观。当时的碑文匾额,只有赵文深和冀俊写得最好。大统十年,追论归顺的功劳,被封为白石县男的爵位,封地二百户。周太祖鉴于当时通行的隶书字体多有讹误,下令让赵文深、黎季明、沈遐等人依《说文解字》和《字林》为准,审定六种字体的字形,审定了一万多字,通行于世。

在北周平定了江陵以后,王褒从南朝入关归顺北周,高官贵族都去学习王褒的书法,赵文深的书艺,被远远扔在一边,为此赵文深惭愧而怨恨,常在言谈间表现出来。后来他知道这种风气很难扭转,也去学习王褒的书体,但没有成功,反而受到人们的讥讽,认为他是邯郸学步。但是书写碑文和匾额,其他人都赶不上赵文深,王褒也称赞他在自己之上。宫殿楼阁的额联,都是他书写的。勋爵晋升为白石县伯、下大夫,加仪同三司衔。世宗令他去江陵书写景福寺碑文,汉南地区读书人也认为写得好。梁主萧察看了以后,大加赞扬,给他的赏赐很厚丰。天和元年,露寝等行宫建成,赵文深因题写匾联有功,给增加二百封户,升为赵兴郡守。赵文深虽然在外地任官,每当遇上需要题写匾联,就把他召回来。后来生病去世。

褚该传

【题解】

褚该,字孝通。原籍河南阳翟(今河南禹县)人。其祖先于晋末迁居江南,南北朝北周医家。褚该自幼处事谨慎，为人宽厚，享誉乡里。尤其善于医药，见称于时。曾任梁武林王府参军。后仕周为东平将军、左银青光禄大夫等，并授任医正上士。自北周名医许奭去世，褚该渐渐为时人重视。然而与人交往应酬，尚逊于名医姚僧垣。褚该待人和善，从不自傲，倘有人请他看病或办事，他都尽力而为，所以颇受世人称道。子名士则，继承父业。

【原文】

　　褚该，字孝通，河南阳翟人也。晋末，迁居东左。祖长乐，齐竟陵王录事参军。父义昌，梁鄱阳王中记室。

　　该幼而谨厚，有誉乡曲。尤善医术，见称于时。仕梁，历武陵王府参军。随府西上。后与萧拋同归国，授平东将军，左银青光禄大夫，转骠骑将军，右光禄大夫。武成元年，除医正上士。自许奭死后，该稍为时人所重，宾客迎候，亚于姚僧垣。天和初，迁县伯下大夫。五年，进授车骑大将军、仪同三司。该性淹和，不自矜尚，但有请之者，皆为尽其艺术。时论称其长者焉。后以疾卒。子士则，亦传其家业。

【译文】

　　褚该，字孝通，河南阳翟人。晋朝末年，迁居江南。祖父名长乐，任南齐竟陵王录事参军。父亲名义昌，任梁朝鄱阳王中记室参军。

　　褚该幼时谨慎厚道，受到乡里人称赞。他尤其善于医术，在当时颇有名声。他在梁朝任武陵王府参军，并随王府西上。后与萧拋同归周朝，授官平东将军、左银青光禄大夫。以后又调任骠骑将军、右光禄大夫。武成初年（公元559），授职医正上士。自从许奭死后，褚该渐渐被世人重视，但其宾客病友之来往，则亚于姚僧垣。天和初年（公元566），调任县伯下大夫。天和五年（公元570），又升职为车骑大将军、仪同三司。褚该性情特别温和，不骄不傲，只要有人邀请，都尽他的技艺出力。当时人们称他是一位严谨和善的人。后因病而卒。子名士则，继承他的医业。

二十四史

隋书

导　读

　　《隋书》是唐代官修正史的代表作,是唐初所修五代史中较好的一部。全书共八十五卷,包括纪五卷,志三十卷,列传五十卷。记载了隋朝三十八年的历史。

　　《隋书》由魏征监修,参加执笔的有颜师古、孔颖达、许敬宗等人。唐太宗贞观十年(636年),完成了纪、传两部分。唐朝人把《隋书》和与它同时成书的梁、陈、北齐、北周四史合称"五代史"。"五代史"都没有志,贞观十五年(641年),于志宁、李淳风、韦安仁、李延寿等人奉命编写志,先后由令狐德棻、长孙无忌监修,历时十五年勒定,当时人称为"五代史志"。它成书时,梁、陈各书已经单行,于是就把它放进《隋书》。它虽然为"五代史"的合志,但内容却详于隋,略于梁、陈、齐、周。

　　唐朝初年编写的几部史书中,《隋书》是比较好的。志的作者大多数学有专长,熟悉自己所写的内容,又具有一定的修史技巧,所以志写得尤为成功。《食货志》系统地记录了南北朝后期的经济状况,有关"均田""租庸调""货币"等项记载,是研究隋唐经济史的重要史料。"隋律"是我国保留下来的较早的一部古代法典,研究中国法制史是离不开的,它便保存在《隋书·刑法志》中。李淳风写的《天文志》《律历志》,历来被人们推誉。《律历志》对魏晋以来声律度量的增损情况有详细的记述。《经籍志》则分门别类地登记了汉至隋的存世图书,在我国目录学史上占有重要的地位。

　　《隋书》叙事简洁,文笔严净。但也并非无瑕可指,如记载同一事件,有时前后不一,自相矛盾,就是一个显而易见的缺点。

高祖本纪

【题解】

隋文帝(高祖)杨坚(541~604年),隋朝开国皇帝,弘农郡华阴(今陕西华阴东)人。其父杨忠为西魏十二大将军之一,后赐姓普六茹氏,北周时官至柱国大将军,封隋国公。

杨坚因父勋被授官散骑常侍、车骑大将军、仪同三司,封成纪县公。周武帝时进位大将军,袭爵隋国公。周宣帝时,杨坚以皇后之父身份官拜上柱国、大司马等官。静帝即位,年方八岁,内史上大夫郑译、御正大夫刘昉伪造遗诏,以杨坚声名显赫,众望所归,引他入宫辅政,总揽军政大权。为防备在外周室藩王作乱,杨坚借故将赵王招、陈王纯等五王召回长安。又分派韦孝宽、梁睿、王谊三人出兵平定了相州(今河南安阳)总管尉迟迥、勋州(今湖北安陆)总管司马消难、益州(今四川成都)总管王谦的叛乱。随后诛杀周室宗室,挟持皇帝,独揽朝政,于大定元年代周称帝,改国号为隋,改元开皇,是为隋文帝。

即位后,首先进行政制改革,废除周官,确立三省六部制的中央行政中枢制度,罢废各郡,改以州县两级体制,裁汰冗官,并规定地方官由中央任命。后来又规定六品以下官吏均由吏部选授,废除了自汉以来为士族豪门垄断的辟举制度。科举制的创立,为寒门地主提供了入仕的机会。鉴于前朝刑法苛严,又命高颎等人制订法律,在北魏、北齐刑律基础上参酌魏、晋、齐、梁旧律制度而成,后经苏威、牛弘删定,除死罪81条,流罪154条,徒杖等千余条,形成完备而宽简的《开皇律》。在经济上,重新颁布均田令,规定占田限额,推迟成丁年龄,缩短服役期限,并规定丁男五十免役收庸,减轻人民负担。又实行输籍法,大索貌阅,搜括户口。在实施政治、经济等各项措施并取得显著成效的同时,对突厥采取积极防御措施,促使其分化,从而全力经营统一大业。并于开皇九年攻占陈都,结束了自晋以来近三百年的南北分裂局面。此后又实行兵农合一,改革兵制,有利于社会经济的发展。

天性沉猜,不悦诗书,晚年奢费,苛酷任情。

【原文】

高祖文皇帝姓杨氏,讳坚,弘农郡华阴人也。汉太尉震八代孙铉,仕燕为北平太守。铉生元寿,后魏代为武川镇司马,子孙因家焉。元寿生太原太守惠嘏,嘏生平原太守烈,烈生宁远将军祯,祯生忠,忠即皇考也。皇考从周太祖起义关西,赐姓普六茹氏,位至柱国、大司空、隋国公。薨,赐太保,谥曰桓。

皇妣吕氏,以大统七年六月癸丑夜,生高祖于冯翊般若寺,紫气充庭。有尼来自河东,谓皇妣曰:"此儿所从来甚异,不可于俗间处之。"尼将高祖舍于别馆,躬自抚养。皇妣尝抱高祖,忽见头上角出,遍体鳞起,皇妣大骇,坠高祖于地。尼自外入见曰:"已惊我儿,致令晚得天下。"为人龙颜,额上有五柱入顶,目光外射,有文在手曰"王",长上短下,沈深严重。初入太学,虽至亲昵不敢狎也。

年十四,京兆尹薛善辟为功曹。十五,以太祖勋授散骑常侍、车骑大将军、仪同三司,封成纪县公。十六,迁骠骑大将军,加开府。周太祖见而叹曰:"此儿风骨,不似代间人!"明帝即位,授右小宫伯,进封大兴郡公。帝尝遣善相者赵昭视之,昭诡对曰:"不过作柱国耳。"既而阴谓高祖曰:"公当为天下君,必大诛杀而后定,善记鄙言。"

武帝即位,迁左小宫伯。出为隋州刺史,进位大将军。后征还,遇皇妣寝疾三年,昼夜不离左右,代称纯孝。宇文护执政,尤忌高祖,屡将害焉,大将军侯伏寿等匡护得免。其后袭爵隋国公。武帝娉高祖长女为皇太子妃,益加礼重。齐王宪言于帝曰:"普六茹坚相貌非常,臣每见之,不觉自失。恐非人下,请早除之。"帝曰:"此止可为将耳。"内史王轨骤言于帝曰:"皇太子非社稷主,普六茹坚貌有反相。"帝不悦,曰:"必天命有在,将若之何?"高祖甚惧,深自晦匿。

建德中,率水军三万,破齐师于河桥。明年,从帝平齐,进位柱国。与宇文宪破齐任城王高潜于冀州,除定州总管。先是,定州城西门久闭不行。齐文宣帝时,或请开之,以便行路。帝不许,曰:"当有圣人来启之。"及高祖至而开焉,莫不惊异。寻转亳州总管。宣帝即位,以后父征拜上柱国、大司马。大象初,迁大后丞、右司武,俄转大前疑。每巡幸,恒委居守。时帝为《刑经圣制》,其法深刻。高祖以法令滋章,非兴化之道,切谏,不纳。

高祖位望益隆,帝颇以为忌。帝有四幸姬,并为皇后,诸家争宠,数相毁潛。帝每愤怒谓后曰:"必族灭尔家。"因召高祖,命左右曰:"若色动,即杀之。"高祖既至,容色自若,乃止。

大象二年五月,以高祖为扬州总管,将发,暴有足疾,不果行。乙未,帝崩。时静帝幼冲,未能亲理政事。内史上大夫郑译、御正大夫刘昉以高祖皇后之父,众望所归,遂矫诏引高祖入总朝政,都督内外诸军事。周氏诸王在藩者,高祖悉恐其生变,称赵王招将嫁女子突厥为词以征之。丁未,发丧。庚戌,周帝拜高祖假黄钺、左大丞相,百官总己而听焉。以正阳宫为丞相府,以郑译为长史,刘昉为司马,具置僚佐。宣帝时,刑政苛酷,群心崩骇,莫有固志。至是,高祖大崇惠政,法令清简,躬履节俭,天下悦之。

六月,赵王招、陈王纯、越王盛、代王达、滕王逌并至于长安。相州总管尉迟迥自以重臣宿将,志不能平,遂举兵东夏。赵、魏之士,从者若流,旬日之间,众至十余万。又宇文胄以荥州,石愻以建州,席毗以沛郡,毗弟叉罗以兖州,皆应于迥。迥遣子质于陈请援。高祖命上柱国、郧国公韦孝宽讨之。雍州牧毕王贤及赵、陈等五王,以天下之望归于高祖,因谋作乱。高祖执贤斩之,寝赵王等之罪,因诏五王剑履上殿,入朝不趋,用安其心。

七月,陈将陈纪、萧摩诃等寇广陵,吴州总管于颛转击破之。广陵人杜乔生聚众反,刺史元义讨平之。韦孝宽破尉迟迥于相州,传首阙下,余党悉平。初,迥之乱也,郧州总

杨坚

管司马消难据州响应，淮南州县多同之。命襄州总管王谊讨之，消难奔陈。荆、郢群蛮乘衅作乱，命亳州总管贺若谊讨平之。先是，上柱国王谦为益州总管，既见幼主在位，政由高祖，遂起巴、蜀之众，以匡复为辞。高祖方以东夏、山南为事，未遑致讨。谦进兵屯剑阁，陷始州。至是，乃命行军元帅、上柱国梁睿讨平之，传首阙下。巴、蜀阻险，人好为乱。于是更开平道，毁剑阁之路，立铭垂诫焉。五王阴谋滋甚，高祖赍酒肴以造赵王第，欲观所为。赵王伏甲以宴高祖，高祖几危，赖元胄以济，语在《胄传》。于是诛赵王招、越王盛。

九月，以世子勇为洛州总管、东京小冢宰。壬子，周帝诏曰："假黄钺、使持节、左大丞相、都督内外诸军事、上柱国、大冢宰、隋国公坚，感山河之灵，应星辰之气，道高雅俗，德协幽显。释巾登仕，搢绅倾属，开物成务，朝野承风。受诏先皇，弼谐寡薄，合天地而生万物，顺阴阳而抚四夷。近者，内有艰虞，外闻妖寇，以鹰鹯之志，运帷帐之谋，行两观之诛，扫万里之外。遐迩清肃，实所赖焉。四海之广，百官之富，俱禀大训，咸餐至道。治定功成，栋梁斯托，神猷盛德，莫二于时。可授大丞相，罢左、右丞相之官，余如故。"

冬十月壬申，诏赠高祖曾祖烈为柱国、太保、都督徐兖等十州诸军事、徐州刺史、隋国公，谥曰康；祖祯为柱国、太傅、都督陕蒲等十三州诸军事、同州刺史、隋国公，谥曰献；考忠为上柱国、太师、大冢宰、都督冀定等十三州诸军事、雍州牧。诛陈王纯。癸酉，上柱国、郧国公韦孝宽卒。

十一月辛未，诛代王达、滕王逌。

十二月甲子，周帝诏曰：

天大地大，合其德者圣人；一阴一阳，调其气者上宰。所以降神载挺，陶铸群生，代苍苍之工，成巍巍之业。假黄钺、使持节、大丞相、都督内外诸军事、上柱国、大冢宰、隋国公，应百代之期，当千龄之运，家隆台鼎之盛，门有翊赞之勤。心同伊尹，必致尧舜，情类孔丘，宪章文武。爰初入仕，风流映世，公卿仰其轨物，搢绅谓为师表。入处禁闱，出居藩政，芳猷茂绩，问望弥远。往平东夏，人情未安。燕南赵北，实为天府，拥节杖旄，任当连率。柔之以德，导之以礼，畏之若神，仰之若日，芳风美迹，歌颂独存。淮海榛芜，多历年代，作镇南鄙，选众惟贤，威震殊俗，化行黔首。任掌钧陈，职司邦政，国之大事，朝寄更深，銮驾巡游，留台务广。周公陕西之任，仅可为伦，汉臣关内之重，未足相况。

及天崩地坼，先帝升遐，朕以眇年，奄经荼毒，亲受顾命，保乂皇家。奸人乘隙，潜图宗社，无君之意已成，窃发之期有日。英规潜运，大略川回，匡国庇人，罪人斯得。两河遘乱，三魏称兵，半天之下，汹汹鼎沸。祖宗之基已危，生人之命将殆。安陆作衅，南通吴、越，蜂飞蚕聚，江、汉骚然。巴、蜀鸱张，翻将问鼎，秦途更阻，汉门重闭。画筹帷帐，建出师车，诸将禀其谋，壮士感其义，不违时日，咸得清荡。九功远被，七德允谐，百僚师师，四门穆穆。光景照临之地，风云去来之所，允武允文，幽明同德，骤山骤水，遐迩归心。使朕继踵上皇，无为以治，声高宇宙，道格天壤。伊尹辅殷，霍光佐汉，方之蔑如也。

昔营丘、曲阜，地多诸国，重耳、小白，锡用殊礼。萧何优赞拜之仪，番君越公侯之爵。姬、刘以降，代有令谟，宜崇典礼，宪章自昔。可授相国，总百揆，去都督内外诸军事、大冢宰之号，进公爵为王，以隋州之崇业，郧州之安陆、城阳，温州之宜人，应州之平靖、上明，顺州之淮南，士州之永川，昌州之广昌、安昌，申州之义阳、淮安，息州之新蔡、建安，豫州之汝南、临颍、广宁、初安，蔡州之蔡阳，郢州之汉东二十郡为隋国。剑履上殿，入朝不趋，赞拜不名，备九锡之礼，加玺绂、远游冠，相国印绿綟绶，位在诸侯王上。隋国置丞相已下，一依旧式。

高祖再让，不许，乃受王爵、十郡而已。诏进皇祖、考爵并为王，夫人为王妃。辛巳，司马消难以陈师寇江州，刺史成休宁击却之。

大定元年春二月壬子，令日已前赐姓，皆复其旧。是日，周帝诏曰："伊、周作辅，不辞殊礼之锡，桓、文为霸，允应异物之典，所以表格天之勋，彰不代之业。相国隋王，前加典策，式昭大礼，固守谦光，丝言未缚。宜申显命，一如往旨。王功必先人，赏存后已，退让为本，诚乖朕意。宜命百辟尽诣王宫，众心克感，必令允纳。如有表奏，勿复通闻。"癸丑，文武百官诣阁敦劝，高祖乃受。甲寅，策曰：

咨尔假黄钺、使持节、大丞相、都督内外诸军事、上柱国、大冢宰隋王：天覆地载，藉人事以财成，日往月来，由王道而盈昃。五气陶铸，万物流形。谁代上玄之工，斯则大圣而已。曰惟先正，翊亮皇朝。种德积善，载诞上相，精采不代，风骨异人。匡国济时，除凶拨乱，百神奉职，万国宅心。殷相以先知悟人，周辅乃弘道于代，方斯蔑如也。今将授王典礼，其敬听朕命：

朕以不德，早承丕绪，上灵降祸，夙遭愍凶。妖丑觊觎，密图社稷，宫省之内，疑虑惊心。公受命先皇，志在匡弼，辑谐内外，潜运机衡，奸人慑惮，谋用丕显，俾蝥旐之危为太山之固。是公重造皇室，作霸之基也。伊我祖、考之代，任寄已深，入掌禁兵，外司藩政，文经武略，久播朝野。戎轩大举，长驱晋、魏，平阳震熊罴之势，冀部耀貔豹之威。初平东夏，人情未一，丛台之北，易水之南，西距井陉，东至沧海，比数千里，举袂如帷。委以连城，建旌杖节，教因其俗，刑用轻典，如泥从印，犹草随风。此又公之功也；吴、越不宾，多历年代，淮、海之外，时非国有。爰整其旅，出镇于亳，武以威物，文以怀远。群盗自奔，外户不闭，人黎慕义，褔负而归。自北之风，化行南国。此又公之功也；宣帝御宇，任重宗臣，入典八屯，外司九伐。禁卫勤巡警之务，治兵得搜狩之礼。此又公之功也；銮驾游幸，频委留台，文武注意，军国谘禀。万事咸理，反顾无忧。此又公之功也；朕在谅闇公实总己。磐石之宗，奸回者众，招引无赖，连结群小。往者国衰甫尔，已创阴谋，积恶数旬，昆吾方稔。泣诛磬甸，宗庙以宁。此又公之功也；尉迥猖狂，称兵邺邑，欲长戟而指北阙，强弩而围南斗，凭陵三魏之间，震惊九州之半，聚徒百万，悉成蛇豕，淇水、洹水，一饮而竭。人之死生，翻系凶竖，寿之长短，不由司命。公乃戒彼鹰扬，出车练卒，誓苍兕于河朔，建瓴水于山东。口授兵书，手画行阵，量敌制胜，指日克期。诸将遵其成旨，壮士感其大义，轻死忘生，转斗千里，旗鼓奋发，如火燎毛。玄黄变漳河之水，京观比爵台之峻。百城氛祲，一旦廓清。此又公之功也；青土连率，跨据东秦，藉负海之饶，倚连山之险，望三辅而将逐鹿，指六国而愿连鸡。风雨之兵，助鬼为虐。本根既拔，枝叶自殒，屈法申恩，示以大信。此又公之功也；申部残贼，充斥一隅，蝇飞蚁聚，攻州略地。播以玄泽，迷更知反，服而舍之，无费遗镞。此又公之功也；宇文胄亲则宗枝，外藩岩邑，影响邺贼，有同就燥。迫胁吏人，叛换城戍，偏师讨蹙，遂入网罗。束之武牢，有同图圄，事穷将军，如伏国刑。此又公之功也；檀让、席毗，拥众河外。陈、韩、梁、郑、宋、卫、邹、鲁，村落成枭獍之墟，人庶为豺狼之饵。强以陵弱，大则吞小，城有昼闭，巷无行人。授律出师，随机扫定，让既授首，毗亦枭悬。此又公之功也；司马消难与国亲姻，作镇安陆，性多嗜欲，意好贪聚。属城子女，劫掠靡余，部人货财，多少具罄。擅诛刺举之使，专杀仪台之臣。惧罪畏威，动而内怨怒。蚕食郡县，鸩毒华夷，闻有王师，自投南裔。帝唐崇山之罚，仅可方此，大汉流御之刑，是亦相匹。逋逃入薮，荆、郢用安。此又公之功也；王谦在蜀，翻为厉阶，闭剑阁之门，塞灵关之宇，自谓五丁复起，万夫莫向。分阃推毂，尝不逾时，风驰席卷，一举大定，擒斩凶恶，扫地无遗。此又公之功也；陈项因循伪业，自擅金陵，屡遣丑徒，赵趄江北。公指麾藩镇，无不摧殄。方置文深之柱，非止尉佗之拜。此又公之功也。

公有济天下之勤，重之以明德，始于辟命，屈己登庸。素业清徽，声掩廊庙，雄规神略，气盖朝野。序百揆而穆四门，耻一匡之举九合。尊贤崇德，尚齿贵功，录旧旌善，兴亡继绝。宽猛相济，彝伦攸叙。郭睦帝亲，崇奖王室。星象不拆，阴阳自调，玄冥、祝融如奉太公之召，雨师、风伯似应成王之宰。祥风嘉气，触石摇林，瑞兽异禽，游园鸣阁。至功至德，可大可久，尽品物之和，究杳冥之极。

朕又闻之，昔者明王设官胙土，营丘四履，得征五侯，参墟宠章，异其礼物。故藩屏作固，垂拱责成，沈默岩廊，不下堂席。公道高往烈，赏薄前王。朕以眇身，托于兆人之上，求诸故实，甚用惧焉。往加大典，宪章在昔。谦以自牧，未应朝礼。日月不居，便已隔岁。时谈物议，其谓朕何！今进授相国总百揆，以申州之义阳等二十郡为隋国。今命使持节、太傅、上柱国、杞国公椿，大宗伯、大将军、金城公赵煚，授相国印绶。相国礼绝百辟，任总群官，旧职常典，宜与事革。昔尧臣太尉，舜佐司空，姬旦相周，霍光辅汉，不居藩国，唯在天朝。其以相国总百揆，去众号焉。上所假节、大丞相、大冢宰印绶。

又加九锡，其敬听朕后命。以公执律修德，慎狱恤刑，为其训范，人无异志，是用锡公大辂、戎辂各一，玄牡二驷。公勤心地利，所宝人天，崇本务农，公私殷阜，是用锡公衮冕之服，赤舄焉。公乐以移风，雅以变俗，遐迩胥悦，天地咸和，是用锡公轩悬之乐，六佾之舞。公仁风德教，覆及海隅，荒忽幽遐，回首内向，是用锡公朱户以居。发水镜人伦，铨衡庶职，能官流泳，遗贤必举，是用锡公纳陛以登。公执钧于内，正性率下，犯义无礼，罔不屏黜，是用锡公武贲之士三百人。公是用锡公铁钺各一。公威严夏日，精厉秋霜，猾夏必诛，顾眄天壤，扫清奸宄，折冲无外，是用锡公彤弓一、彤矢百，卢弓十、卢矢千。惟公孝通神明，肃恭祀典，尊严如在，情切幽明，是用锡公秬鬯一，珪瓒副焉。隋国置丞相以下，一遵旧式。往钦哉！其敬循往策，祗服大典，简恤尔庶功，对扬我太祖之休命。

于是建台置官。

丙辰，诏王冕十有二旒，建天子旌旗，出警入跸，乘金根车，驾六马，备五时副车，置旄头云罕，乐舞八佾，设钟虚宫悬。王妃为王后，长子为太子。前后三让，乃受。

俄而周帝以众望有归，乃下诏曰："元气肇辟，树之以君，有命不恒，所辅惟德。天心人事，选贤与能，尽四海而乐推，非一人而独有。周德将尽，妖孽递生，骨肉多虞，藩维构衅，影响同恶，过半区宇，或小或大，图帝图王，则我祖宗之业，不绝如线。相国隋王，叡圣自天，英华独秀，刑法与礼仪同运，文德共武功俱远，爱万物其如己，任兆庶以为忧。手运玑衡，躬命将士，芟夷奸宄，刷荡氛祲，化通冠带，威震幽遐。虞舜之大功二十，未足相比，姬发之合位三五，岂可足论。况木行已谢，火运既兴，河、洛出革命之符，星辰表代终之象。烟云改色，笙簧变音，狱讼咸归，讴歌尽至。且天地合德，日月贞明，故以称大为王，照临下土。朕虽寡昧，未达变通。幽显之情，皎然易识。今便祗顺天命，出逊别宫，禅位于隋，一依唐、虞、汉、魏故事。"高祖三让，不许。遣兼太傅、上柱国、杞国公春奉册曰：

咨尔相国隋王：粤若上古之初，爰启清浊，降符授圣，为天下君。事上帝而理兆人，和百灵而利万物，非以区宇之富，未以宸极为尊。大庭、轩辕以前，骊连、赫胥之日，咸以无为无欲，不将不迎。邈哉！其详不可闻已。厥有载籍，遗文可观。圣莫逾于尧，美未过于舜。尧得太尉，已作运衡之篇，舜遇司空，便叙精华之竭。彼褰裳脱屣，贰宫设飨，百辟归禹，若帝之初。斯盖上则天时，不敢不授，下祗天命，不可不受。汤代于夏，武革于殷。干戈揖让，虽复异揆，应天顺人，其道靡异。自汉迄晋，有魏至周，天历逐狱讼之归，神鼎随讴歌之去。道高者称帝，录尽者不王，与夫文祖、神宗无以别也。

周德将尽，祸难频兴，宗戚奸回，咸将窃发。顾瞻宫阙，将图宗社，藩维连率，逆乱相寻。摇荡三方，不合如砺，蛇行鸟攫，投足无所。王受天明命，睿德在躬，救颓运之艰，匡坠地之业，拯大川之溺，扑燎原之火，除群凶于城社，廓妖氛于远服，至德合于造化，神用洽于天壤。八极九野，万方四裔，圆首方足，罔不乐推。往岁长星夜扫，经天昼见，八风比夏后之作，五纬同汉帝之聚，除旧之征，昭然在上。近者赤雀降祉，玄龟效灵，钟石变音，蛟鱼出穴，布新之贶，焕焉在下。九区归往，百灵协赞，人神属望，我不独知。仰祗皇灵，俯顺人愿，今敬以帝位禅于尔躬。天祚告穷，天禄永终。于戏！王宜允执厥和，仪刑典训，升圆丘而敬苍昊，御皇极而抚黔黎，副率土之心，恢无疆之祚，可不盛欤！

遣大宗伯、大将军、金城公赵煚奉皇帝玺绶，百官劝进。高祖乃受焉。

开皇元年二月甲子，上自相府常服入宫，备礼即皇帝位于临光殿。设坛于南郊，遣使柴燎告天。是日，告庙，大赦，改元。京师庆云见。易周氏官仪，依汉、魏之旧。以柱国、相国司马、渤海郡公高颎为尚书左仆射兼纳言，相国司录、沁源县公虞庆则为内史监兼吏部尚书，相国内郎、咸安县男李德林为内史令，上开府、汉安县公韦世康为礼部尚书，上开府、义宁县公元晖为都官尚书，开府、民部尚书、昌国县公元岩为兵部尚书，上仪同、司宗长孙毗为工部尚书，上仪同、司会杨尚希为度支尚书，上柱国、雍州牧、邗国公杨惠为左卫大将军。乙丑，追尊皇考为武元皇帝，庙号太祖，皇妣为元明皇后。遣八使巡省风俗。丙寅，修庙社。立王后独孤氏为皇后，王太子勇为皇太子。丁卯，以大将军、金城郡公赵煚为尚书右仆射，上开府、济阳侯伊娄彦恭为左武侯大将军。己巳，以周帝为介国公，邑五千户，为隋室宾。旌旗车服礼乐，一如其旧，上书不为表，答表不称诏。周氏诸王，尽降为公。辛未，以皇弟同安郡公爽为雍州牧。乙亥，封皇帝邵国公慧为滕王。同安公爽为卫王；皇子雁门公广为晋王，俊为秦王，秀为越王，谅为汉王。以上柱国、并州总管、申国公李穆为太师，上柱国、邓国公窦炽为太傅，上柱国、幽州总管、任国公于翼为太尉，观国公田仁恭为太子太师，武德郡公柳敏为太子太保，济南郡公孙恕为太子少傅，开府苏威为太子少保。丁丑，以晋王广为并州总管，以陈留郡公杨智积为蔡王，兴城郡公杨静为道王。戊寅，以官牛五千头分赐贫人。

三月辛巳，高平获赤雀，太原获苍乌，长安获白雀，各一。宣仁门槐树连理，众枝内附。壬午，白狼国献方物。甲申，太白昼见。乙酉，又昼见。以上柱国元景山为安州总管。丁亥，诏犬马器玩口味不得献上。戊子，弛山泽之禁。以上开府、当亭县公贺若弼为楚州总管，和州刺史、新义县公韩擒为庐州总管。己丑，蠡屋县献连理树，植之宫庭。辛卯，以上柱国、神武郡公窦毅为定州总管。戊戌，以太子少保苏威兼纳言、吏部尚书，余官如故。庚子，诏曰："自古帝王受终革代，建侯锡爵，多与运迁。朕应箓受图，君临海内，载怀沿革，事有不同。然则前帝后王，俱在兼济，立功立事，爵赏仍行。苟利于时，其致一揆，何谓物我之异，无计今后之殊。其前代品爵，悉可依旧。"丁未，梁主萧岿使其太宰萧岩、司空刘义来贺。

四月辛巳,大赦。壬午,太白、岁星昼见。戊戌,太常散乐并放为百姓,禁杂乐百戏。辛丑,陈散骑常侍韦鼎、兼通直散骑常侍王瑳来聘于周,至而上已受禅,致之介国。是月,发稽胡修筑长城,二旬而罢。

五月戊子,封邘国公杨雄为广平王,永康郡公杨弘为河间王。辛未,介国公薨,上举哀于朝堂,以其族人洛嗣焉。

六月癸未,诏以初受天命,赤雀降祥,五德相生,赤为火色。其郊及社庙,依服冕之仪,而朝会之服,旗帜牺牲,尽令尚赤。戎服以黄。

秋七月乙卯,上始服黄,百僚毕贺。庚午,靺鞨酋长贡方物。

八月壬午,废东京官。突厥阿波可汗遣使贡方物。甲午,遣行军元帅乐安公元谐,击吐谷浑于青海,破而降之。

九月戊申,战亡之家,遣使赈给。庚午,陈将周罗睺攻陷胡墅,萧摩诃寇江北。辛未,以越王秀为益州总管,改封为蜀王。壬申,以上柱国、薛国公长孙览,上柱国、宋安公元景山,并为行军元帅,以伐陈,仍命尚书左仆射高颎节度诸军。突厥沙钵略可汗遣使贡方物。是月,行五铢钱。

冬十月乙酉,百济王扶余昌遣使来贺,授昌上开府、仪同三司、带方郡公。戊子,行新律。壬辰,行幸岐州。

十一月乙卯,以永昌郡公窦荣定为右武侯大将军。丁卯,遣兼散骑侍郎郑㧑使于陈。己巳,有流星,声如陨墙,光烛于地。

十二月戊寅,以申州刺史尔朱敞为金州总管。甲申,以礼部尚书韦世康为吏部尚书。己丑,以柱国元衮为廓州总管,兴势郡公卫玄为淮州总管。庚子,至自岐州。壬寅,高丽王高阳遣使朝贡,授阳大将军、辽东郡公。太子太保柳敏卒。

二年春正月癸丑,幸上柱国王谊第。庚申,幸安成长公主第。陈宣帝殂,子叔宝立。辛酉,置河北道行台尚书省于并州,以晋王广为尚书令;置河南道行台尚书省于洛州,以秦王俊为尚书令;置西南道行台尚书省于益州,以蜀王秀为尚书令。戊辰,陈遣使请和,归我胡墅。辛未,高丽、百济并遣使贡方物。甲戌,诏举贤良。

二月己丑,诏高颎等班师。庚寅,以晋王广为左武卫大将军,秦王俊为右武卫大将军,余官并如故。辛卯,幸赵国公独孤陀第。庚子,京师雨土。

三月戊申,开渠,引杜阳水于三畤原。

四月丁丑,以宁州刺史窦荣定为左武侯大将军。庚寅,大将军韩僧寿破突厥于鸡头山,上柱国李充破突厥于河北山。

五月戊申,以上柱国、开府长孙平为度支尚书。己酉,旱,上亲省囚徒。其日大雨。己未,高宝宁寇平州,突厥入长城。庚申,以豫州刺史皇甫绩为都官尚书。壬戌,太尉、任国公于翼薨。甲子,改传国玺曰受命玺。

六月壬午,以太府卿苏孝慈为兵部尚书,雍州牧、卫王爽为原州总管。甲申,使使吊于陈国。乙酉,上柱国李充破突厥于马邑。戊子,以上柱国叱李长叉为兰州总管。辛卯,以上开府尔朱敞为徐州总管。

丙申,诏曰:"朕祇奉上玄,君临万国,属生人之敝,处前代之宫。常以为作之者劳,居之者逸,改创之事,心未遑也。而王公大臣陈谋献策,咸云羲、农以降,至于姬、刘,有当代而屡迁,无革命而不徙。曹、马之后,时见因循,乃末代之宴安,非往圣之宏义。此城从汉,凋残日久,屡为战场,旧经丧乱。今之宫室,事近权宜,又非谋筮从龟,瞻星揆日,不足建皇王之邑,合大众所聚。论变通之数,具幽显之情,同心固请,词情深切。然则京师百官之府,四海归向,非朕一人之所独有。苟利于物,其可违乎!且殷之五迁,恐人尽死,是则以吉凶之土,制长短之命。谋新去故,如农望秋,虽暂勤劳,其究安宅。今区宇宁一,阴阳顺序,安安以迁,勿怀胥怨。龙首山川原秀丽,卉物滋阜,卜食相土,宜建都邑,定鼎之基永固,无穷之业在斯。公私府宅,规模远近,营构资费,随事条奏。"仍诏左仆射高颍、将作大臣刘龙、钜鹿郡公贺娄子干、太府少卿高龙叉等创造新都。

秋八月癸巳,以左武侯大将军窦荣定为秦州总管。

十月癸酉,皇太子勇屯兵咸阳,以备胡。庚寅,上疾愈,享百僚于观德殿。赐钱帛,皆任其自取,尽力而出。辛卯,以营新都副监贺娄子干为工部尚书。

十一月丙午,高丽遣使献方物。

十二月辛未,上讲武于后园。甲戌,上柱国窦毅卒。丙子,名新都曰大兴城。乙酉,遣沁源公虞庆则屯弘化,备胡。突厥寇周槃,行军总管达奚长儒击之,为虏所败。丙戌,赐国子生经明者束帛。丁亥,亲录囚徒。

三年春正月庚子,将入新都,大赦天下。禁大刀长矟。癸亥,高丽遣使来朝。

二月己巳朔,日有蚀之。壬申,宴北道勋人。癸酉,陈遣兼散骑常侍贺彻、兼通直散骑常侍萧褒来聘。突厥寇边。甲戌,泾阳获毛龟。癸未,以左卫大将军李礼成为右武卫大将军。

三月丁未,上柱国、鲜虞县公谢庆恩卒。己酉,以上柱国达奚长儒为兰州总管。丙辰,雨,常服入新都。京师醴泉出。丁巳,诏购求遗书于天下。庚申,宴百僚,班赐各有差。癸亥,城榆关。

夏四月己巳,上柱国、建平郡公于义卒。庚午,吐谷浑寇临洮,洮州刺史皮子信死之。辛未,高丽遣使来朝。壬申,以尚书右仆射赵煚兼内史令。丁丑,以滕王瓒为雍州牧。己卯,卫王爽破突厥于白道。庚辰,行军总管阴寿破高宝宁于黄龙。甲申,旱,上亲祀雨师于国城之西南。丙戌,诏天下劝学行礼。以济北郡公梁远为汶州总管。己丑,陈郢州城主张子讥遣使请降,上以和好,不纳。辛卯,遣兼散骑常侍薛舒、兼通直散骑常侍王劭使于陈。癸巳,上亲雩。甲午,突厥遣使来朝。

五月癸卯,行军总管李晃破突厥于摩那渡口。甲辰,高丽遣使来朝。乙巳,梁太子萧琮来贺迁都。丁未,靺鞨贡方物。戊申,幽州总管阴寿卒。辛酉,有事于方泽。壬戌,行军元帅窦荣定破突厥及吐谷浑于凉州。丙寅,赦黄龙死罪已下。

六月庚午,以卫王爽子集为遂安郡王。戊寅,突厥遣使请和。庚辰,行军总管梁远破吐谷浑于尔汗山,斩其名王。壬申,以晋州刺史燕荣为青州总管。己丑,以河间王弘为宁州总管。乙未,幸安成长公主第。

秋七月辛丑,以豫州刺史周摇为幽州总管。壬戌,诏曰:"行仁蹈义,名教所先,厉俗敦风,宜见褒奖。往者,山东、河表,经此妖乱,孤城远守,多不自全。济阴太守杜猷身陷贼徒,命悬寇手。郡省事范台玖倾产营护,免其戮辱。眷言诚节,实有可嘉,宜超恒赏,用明沮劝。台玖可大都督、假湘州刺史。"丁卯,日有蚀之。

八月丁丑,靺鞨贡方物。己卯,以右武卫大将军李礼成为襄州总管。壬午,遣尚书左仆射高颍出宁州道,内史监虞庆则出原州道,并为行军元帅,以击胡。戊子,上有事于太社。

九月壬子，幸城东，观稼谷。癸丑，大赦天下。

冬十月甲戌，废河南道行台省，以秦王俊为秦州总管。

十一月己酉，发使巡省风俗，因下诏曰："朕君临区宇，深思治术，欲使生人从化，以德代刑，求草莱之善，旌闾里之行。民间情伪，咸欲备闻。已诏使人，所在赈恤，扬镳分路，将遍四海，必令为朕耳目。如有文武才用，未为时知，宜以礼发遣，朕将铨擢。其有志节高妙，越等超伦，亦仰使人就加旌异，令一行一善奖劝于人。远近官司，遐迩风俗，巨细必纪，还日奏闻。庶使不出户庭，坐知万里。"庚辰，陈遣散骑常侍周坟、通直散骑常侍袁彦来聘。陈主知上之貌异世人，使彦画像持去。甲午，罢天下诸郡。

闰十二月乙卯，遣兼散骑常侍曹令则、通直散骑常侍魏澹使于陈。戊午，以上柱国窦荣定为右武卫大将军，刑部尚书苏威为民部尚书。

四年春正月甲子，日有蚀之。己巳，有事于太庙。辛未，有事于南郊。壬申，梁主萧岿来朝。甲戌，大射于北苑，十日而罢。壬午，齐州水。辛卯，渝州获兽似麇，一角同蹄。壬辰，班新历。

二月乙巳，上饯梁主于霸上。丁未，靺鞨贡方物。突厥苏尼部男女万余人来降。庚戌，幸陇州。突厥可汗阿史那玷率其属来降。

夏四月己亥，敕总管、刺史父母及子年十五已上，不得将之官。庚子，以吏部尚书虞庆则为尚书右仆射，瀛洲刺史杨尚希为兵部尚书，毛州刺史刘仁恩为刑部尚书。甲辰，以上柱国叱李长叉为信州总管。丁未，宴突厥、高丽、吐谷浑使者于大兴殿。丁巳，以上大将军贺娄子干为榆关总管。

五月癸酉，契丹主莫贺弗遣使请降，拜大将军。丙子，以柱国冯昱为汾州总管。乙酉，以汴州刺史吕仲泉为延州总管。

六月庚子，降囚徒，乙巳，以鸿胪卿乙弗宽为翼州总管，上柱国豆卢勣为夏州总管。壬子，开渠，自渭达河以通运漕。戊午，秦王俊来朝。

秋七月丙寅，陈遣兼散骑常侍谢泉、兼通直散骑常侍贺德基来聘。

八月甲午，遣十使巡省天下。戊戌，卫王爽来朝，是日，以秦王俊纳妃，宴百僚，颁赐各有差。壬寅，上柱国、太傅、邓国公窦炽薨。丁未，宴秦王官属，赐物各有差。壬子，享陈使。乙卯，陈将夏侯苗请降，上以通和，不纳。

九月甲子，幸襄国公主第。乙丑，幸霸水，观漕渠，赐督役者帛各有差。己巳，上亲录囚徒。庚午，契丹内附。甲戌，驾幸洛阳，关内饥也。癸未，太白昼见。

冬十一月壬戌，遣兼散骑常侍薛道衡、通直散骑常侍豆卢勣使于陈。癸亥，以榆关总管贺娄子干为云州总管。

五年春正月戊辰，诏行新礼。

三月戊午，以尚书左仆射高颎为左领军大将军，上柱国宇文忻为右领军大将军。

夏四月甲午，契丹主多弥遣使贡方物。壬寅，上柱国王谊谋反，伏诛。乙巳，诏征山东马荣伯等六儒。戊申，车驾至自洛阳。

五月甲申，诏置义仓。梁主萧岿殂，其太子琮嗣立。遣上大将军元契使于突厥阿波可汗。

秋七月庚申，陈遣兼散骑常侍王话、兼通直散骑常侍阮卓来聘。丁丑，以上柱国宇文庆为凉州总管。壬午，突厥沙钵略上表称臣。

八月丙戌，沙钵略可汗遣子库合真特勤来朝。甲辰，河南诸州水，遣民部尚书邳国公苏威赈给之。戊申，有流星数百，四散而下。己酉，幸栗园。

九月丁巳，至自栗园。乙丑，改鲍陂曰杜陂，霸水为滋水。陈将湛文彻寇和州，仪同三司费宝首获之。丙子，遣兼散骑常侍李若、兼通直散骑常侍崔君赡使于陈。

冬十月壬辰，以上柱国杨素信州总管，朔州总管叶万绪为徐州总督。十一月甲子，以上大将军源雄为朔州总管。丁卯，晋王广来朝。

十二月丁未，降囚徒。戊甲，以上柱国达奚长儒为夏州总管。

六年春正月甲子，党项羌内附。庚午，班历于突厥。辛未，以柱国韦洸为安州总管。壬申，遣民部尚书苏威巡省山东。

二月乙酉，山南荆、淅七州水，遣前工部尚书长孙毗赈恤之。丙戌，制刺史上佐每岁暮更入朝，上考课。丁亥，发丁男十一万修筑长城，二旬而罢。乙未，以上柱国崔弘度为襄州总管。庚子，大赦天下。

三月己未，洛阳男子高德上书，请上为太上皇，传位皇太子。上曰："朕承天命，抚育苍生，日昃孜孜，犹恐不逮。岂学近代帝王，事不师古，传位于子，自求逸乐者哉！"癸亥，突厥沙钵略遣使贡方物。

夏四月己亥，陈遣兼散骑常侍周磻、兼通直散骑常侍江椿来聘。

秋七月辛亥，河南诸州水。乙丑，京师雨毛，如马鬃尾，长者二尺余，短者六七寸。

八月辛卯，关内七州旱，免其赋税。遣散骑常侍裴豪、兼通直散骑常侍刘颛聘于陈。戊申，上柱国、太师、申国公李穆薨。

闰月己酉，以河州刺史段文振为兰州总管。丁卯，皇太子镇洛阳。辛未，晋王广、秦王俊并来朝。丙子，上柱国、郕国公梁士彦，上柱国、杞国公宇文忻，柱国、舒国公刘昉，以谋反伏诛。上柱国、许国公宇文善坐事除名。

九月辛巳，上素服御射殿，诏百僚射，赐梁士彦三家资物。丙戌，上柱国、宋安郡公元景山卒。庚子，以上柱国李询为湿州总管。辛丑，诏大象已来死事之家，咸令赈恤。

冬十月己酉，以河北道行台尚书令、并州总管、晋王广为雍州牧，余官如故，兵部尚书杨尚希为礼部尚书。癸丑，置山南道行台尚书省于襄州，以秦王俊为尚书令。丙辰，以芳州刺史骆平难为叠州刺史，衡州总管周法尚为黄州总管。甲子，甘露降于华林园。

七年春正月癸巳，有事于太庙。乙未，制诸州岁贡三人。

二月丁巳，祀朝日于东郊。己巳，陈遣兼散骑常侍王亨、兼通直散骑常侍王慎来聘。壬申，车驾幸醴泉宫。是月，发丁男十万余修筑长城，二旬而罢。

夏四月己酉，幸晋王第。庚戌，于扬州开山阳渎，以通运漕。突厥沙钵略可汗卒，其子雍虞闾嗣立，是为都蓝可汗。癸亥，颁青龙符于东方总管、刺史，西方以驺虞，南方以朱雀，北方以玄武。甲戌，遣兼散骑常侍杨同、兼通直散骑常侍崔儦使于陈。以民部尚书苏威为吏部尚书。

五月乙亥朔，日有蚀之。己卯，雨石于武安、滏阳间十余里。

秋七月己丑，卫王爽薨，上发丧于门下外省。

八月丙午，以怀州刺史源雄为朔州总管。庚申，梁主萧琮来朝。

九月乙酉，梁安平王萧岩掠于其国，以奔陈。辛卯，废梁国，曲赦江陵。以梁主萧琮为柱国,封莒国公。

冬十月庚申,行幸同州,以先帝所居,降囚徒。癸亥,幸蒲州。丙寅,宴父老,上极欢,曰:"此间人物,衣服鲜丽,容止闲雅,良由仕宦之乡,陶染成俗也。"

十一月甲午,幸冯翊,亲祠故社。父老对诏失旨,上大怒,免其县官而去。戊戌,至自冯翊。

八年春正月乙亥,陈遣散骑常侍袁雅、兼通直散骑常侍周止水来聘。

二月庚子,镇星入东井。辛酉,陈人寇硖州。

三月辛未,上柱国、陇西郡公李询卒。壬申,以成州刺史姜须达为会州总管。甲戌,遣兼散骑常侍程尚贤、兼通直散骑常侍韦㤏使于陈。戊寅,诏曰:

昔有苗不宾,唐尧薄伐,孙皓僭虐,晋武行诛。有陈窃据江表,逆天暴物。朕初受命,陈顼尚存,思欲教之以道,不以龚行为令,往来修睦,望其迁善。时日无几,衅恶已闻。厚纳叛亡,侵犯城戍,勾吴、闽越,肆厥残忍。于时王师大举,将一车书,陈顼反地收兵,深怀震惧,责躬请约,俄而致殒。矜其丧祸,仍诏班师。

叔宝承风,因求继好,载佇克念,共敦行李。每见珪璋入朝,辂轩出使,何尝不殷勤晓喻,戒以惟新。而狼子之心,出而弥野,威侮五行,怠弃三正,诛翦骨肉,夷灭才良。据手掌之地,恣溪壑之险,劫夺闾阎,资产俱竭,驱蹙内外,劳役弗已。征责女子,擅造宫室,日增月益,止足无期,帷薄嫔嫱,有逾万数。宝衣玉食,穷奢极侈,淫声乐饮,俾昼作夜。斩直言之客,灭无罪之家,剖人之肝,分人之血。欺天造恶,祭鬼求恩,歌忏衢路,酣醉宫闱。盛粉黛而执干戈,曳罗绮而呼警跸,跃马振策,从旦至昏,无所经营,驰走不息。负甲持仗,随逐徒行,追而不及,即加罪遣。自古昏乱,罕或能比。介士武夫,饥寒力役,筋髓罄于土木,性命俟于沟渠。君子潜逃,小人得志,家家隐杀戮,各各任聚敛。天灾地孽,物怪人妖,衣冠钳口,道路以目。倾心翘足,誓告于我,日月为冀,文奏相寻。重以背德违言,摇荡疆场,巴峡之下,海澨已西,江北、江南,为鬼为蜮。死陇穷发掘之酷,生居极攘夺之苦,抄掠人畜,断截樵苏,市井不立,农事废寝。历阳、广陵,窥觎相继,或谋图城邑,或劫剥吏人,昼伏夜游,鼠窜狗盗。彼则羸兵敝卒,来必就擒,此则重门设险,有劳藩捍。天之所覆,无非朕臣,每关听览,有怀伤恻。有梁之国,我南藩也,其君入朝,潜相招诱,不顾朕恩。士女深迫胁之悲,城府致空虚之叹。非直朕居人上,怀此无忘,既而百辟屡以为言,兆庶不堪其请,岂容对而不诛,忍而不救!

近日秋始,谋欲吊人。益部楼船,尽令东骛,便有神龙数十,腾跃江流,引伐罪之师,向金陵之路,船住则龙止,船行则龙去,四日之内,三军皆睹,岂非苍旻爱人,幽明展事,降神先路,协赞军威!以上天之灵,助戡定之力,便可出师授律,应机诛殄,在斯举也,永清吴、越。其将士粮仗,水陆资须,期会进止,一准别勑。

秋八月丁未,河北诸州饥,遣吏部尚书苏威赈恤之。

九月丁丑,宴南征诸将,颁赐各有差。癸巳,嘉州言龙见。

冬十月己亥,太白出西方。己未,置淮南行台省于寿春,以晋王广为尚书令。辛酉,陈遣兼散骑常侍王琬、兼通直散骑常侍许善心来聘,拘留不遣。甲子,将伐陈,有事于太庙。命晋王广、秦王俊、清河公杨素并为行军元帅,以伐陈。于是晋王广出六合,秦王俊出襄阳,清河公杨素出信州,荆州刺史刘仁恩出江陵,宜阳公王世积出蕲春,新义公韩擒虎出庐江,襄邑公贺若弼出吴州,落丛公燕荣出东海,合总管九十,兵五十一万八千,皆受晋王节度。东接沧海，西拒巴、蜀，旌旗舟楫，横亘数千里。曲赦陈国。有星孛于牵牛。

十一月丁卯，车驾钱师。诏购陈叔宝位上柱国、万户公。乙亥，行幸定城，陈师誓众。丙子，幸河东。

十二月庚子，至自河东。

九年春正月己巳，白虹夹日，辛未，贺若弼拔陈京口，韩擒虎拔陈南豫州。癸酉，以尚书右仆射虞庆则为右卫大将军。丙子，贺若弼败陈师于蒋山，获其将萧摩诃。韩擒虎进师入建邺，获其将任蛮奴，获陈主叔宝。陈国平，合州三十，郡一百，县四百。癸巳，遣使持节巡抚之。

二月乙未，废淮南行台省。丙申，制五百家为乡，正一人；百家为里，长一人。丁酉，以襄州总管韦世康为安州总管。

夏四月己亥，幸骊山，亲劳旋师。乙巳，三军凯入，献俘于太庙。拜晋王广为太尉。庚戌，上御广阳门，宴将士，颁赐各有差。辛亥，大赦天下。己未，以陈都官尚书孔范，散骑常侍王瑳、王仪，御史中丞沈观等，邪佞于其主，以致亡灭，皆投之边裔。辛酉，以信州总管杨素为荆州总管，吏部侍郎宇文㢸为刑部尚书，宗正少卿杨异为工部尚书。壬戌，诏曰：

往以吴、越之野，群黎涂炭，干戈方用，积习未宁。今率土大同，含生遂性，太平之法，方可流行。凡我臣僚，澡身浴德，开通耳目，宜从兹始。丧乱已来，缅将十载。君无君德，臣失臣道，父有不慈，子有不孝，兄弟之情或薄，夫妇之义或违。长幼失序，尊卑错乱。朕为帝王，志存爱养，时有臻道，不敢宁息。内外职位，遐迩黎人，家家自修，人人克念，使不轨不法，荡然俱尽。兵可立威，不可不戢，刑可助化，不可专行。禁卫九重之余，镇守四方之外，戎旅军器，皆宜停罢。代路既夷，群方无事，武力之子，俱可学文，人间甲仗，悉皆除毁。有功之臣，降情文艺，家门子侄，各守一经，令海内翕然，高山仰止。京邑庠序，爰及州县，生徒受业，升进于朝，未有灼然明经高第。此则教训不笃，考课未精，明勒所由，隆兹儒训。官府从宦，丘园素士，心迹相表，宽弘为念，勿为局促，乖我皇猷。

朕君临区宇，于兹九载。开直言之路，披不讳之心，形于颜色，劳于兴寝。自顷遒艺论功，昌言乃众，推诚切谏，其事甚疏。公卿士庶，非所望也，各启至诚，匡兹不逮。见善必进，有才必举，无或嘿默，退有后言。颁告天下，感咸此意。

闰月甲子，以安州总管韦世康为信州总管。丁丑，颁木鱼符于总管、刺史，雌一雄一。己卯，以吏部尚书苏威为尚书右仆射。

六月乙丑，以荆州总管杨素为纳言。丁丑，以吏部侍郎卢恺为礼部尚书。

时朝野物议，咸愿登封。秋七月丙午，诏曰："岂可命一将军，除一小国，遐迩注意，便谓太平。以薄德而封名山，用虚言而干上帝，非朕攸闻。而今以后，言及封禅，宜即禁绝。"

八月壬戌，以广平王雄为司空。

冬十一月壬辰，考使定州刺史豆卢通等上表，请封禅，上不许。庚子，以右卫大将军虞庆则为右武侯大将军，右领军将军李安为右领军大将军。甲寅，降囚徒。

十二月甲子，诏曰："朕祇承天命，清荡万方。百王衰敝之后，兆庶浇浮之日，圣人遗训，扫地俱尽，制礼作乐，今也其时。朕情存古乐，深思雅道。郑、卫淫声，鱼龙杂戏，乐府之内，尽以除之。今欲更调律吕，改张琴瑟。且妙术精微，非因教习，工人代掌，止传糟粕，不足达神明之德，论天地之和。区域之间，奇才异艺，天知神授，何代无哉！盖晦迹于非时，俟昌言于所好，宜可搜访，速以奏闻，庶睹一艺之能，共就九成之业。”仍诏太常牛弘、通直散骑常侍许善心、秘书丞姚察、通直郎虞世基等议定作乐。己巳，以黄州总管周法尚为永州总管。

十年春正月乙未，以皇孙昭为河南王，楷为华阳王。

二月庚申，幸并州。

夏四月辛酉，至自并州。

五月乙未，诏曰：“魏末丧乱，宇县瓜分，役车岁动，未遑休息。兵士军人，权置坊府，南征北伐，居处无定。家无完堵，地罕包桑，恒为流寓之人，竟无乡里之号。朕甚愍之。凡是军人，可悉属州县，垦田籍账。一与民同。军府统领，宜依旧式。罢山东河南及北方缘边之地新置军府。”

六月辛酉，制人年五十，免役收庸。癸亥，以灵州总管王世积为荆州总管，浙州刺史元胄为灵州总管。

秋七月癸卯，以纳言杨素为内史令。庚戌，上亲录囚徒。辛亥，高丽辽东郡公高阳卒。壬子，吐谷浑遣使来朝。

八月壬申，遣柱国、襄阳郡公韦洸，上开府、东莱郡公王景，并持节巡抚岭南，百越皆服。

冬十月甲子，颁木鱼符于京师官五品已上。戊辰，以永州总管周法尚为桂州总管。

十一月辛卯，幸国学，颁赐各有差。丙午，契丹遣使朝贡。辛丑，有事于南郊。是月，婺州人汪文进、会稽人高智慧；苏州人沈玄 悋皆举兵反，自称天子，署置百官。乐安蔡道人、蒋山李棱、饶州吴代华、永嘉沈孝澈、泉州王国庆、余杭杨宝英、交趾李春等皆自称大都督，攻陷州县。诏上柱国、内史令、越国公杨素讨平之。

十一年春正月丁酉，以平陈所得古器多为妖变，悉命毁之。辛丑，高丽遣使朝贡。丙午，皇太子妃元氏薨，上举哀于文思殿。

二月戊午，吐谷浑遣使贡方物。以大将军苏孝慈为工部尚书。丙子，以临颍令刘旷治术尤异，擢为莒州刺史。己卯，突厥遣使献七宝碗。辛巳晦，日有蚀之。

三月壬午，遣通事舍人若干洽使于吐谷浑。癸未，以幽州总管周摇为寿州总管，朔州总管吐万绪为夏州总管。

夏四月戊午，突厥雍虞闾可汗遣其特勤来朝。

五月甲子，高丽遣使贡方物。癸卯，诏百官悉诣朝堂上封事。乙巳，以右卫将军元旻为左卫大将军。

秋七月己丑，以柱国杜彦为洪州总管。

八月壬申，幸栗园。滕王瓒薨。乙亥，至自栗园。上柱国、沛国公郑译卒。

十二月丙辰，靺鞨遣使贡方物。

十二年春正月壬子，以苏州刺史皇甫绩为信州总管，宣州刺史席代雅为广州总管。

二月己巳，以蜀王秀为内史令，兼右领军太将军，汉王谅为雍州牧、右卫大将军。

夏四月辛卯，以寿州总管周摇为襄州总管。

五月辛亥，广州总管席代雅卒。

秋七月乙巳，尚书右仆射、邳国公苏威，礼部尚书、容城县侯卢恺，并坐事除名。壬戌,幸昆明池,其日还宫。己巳,有事于太庙。壬申晦,日有蚀之。

八月甲戌,制天下死罪,诸州不得便决,皆令大理覆治。乙亥,幸龙首池。癸巳,制宿卫者不得辄离所守。丁酉,上柱国、夏州总管、楚国公豆卢勣卒。戊戌,上亲录囚徒。

九月丁未,以工部尚书杨异为吴州总管。

冬十月丁丑,以遂安王集为卫王。壬午,有事于太庙。至太祖神主前,上流涕呜咽,悲不自胜。

十一月辛亥,有事于南郊。壬子,宴百僚,颁赐各有差。己未,上柱国、新义郡公韩擒虎卒。庚申,以豫州刺史权武为潭州总管。甲子,百僚大射于武德殿。

十二月癸酉,突厥遣使来朝。乙酉,以上柱国、内史令杨素为尚书右仆射。己酉,吐谷浑、靺鞨并遣使贡方物。

十三年春正月乙巳,上柱国、郇国公韩建业卒。丙午,契丹、奚、霫室韦并遣使贡方物。壬子,亲祀感帝。己未,以信州总管韦世康为吏部尚书。壬戌,行幸岐州。

二月丙子,诏营仁寿宫。丁亥,至自岐州。戊子,宴考使于嘉则殿。己卯,立皇孙暕为豫章王。戊子,晋州刺史、南阳郡公贾悉达,隰州总管、抚宁郡公韩延等,以赇伏诛。己丑,制坐事去官者,配流一年。丁酉,制私家不得隐藏纬候图谶。

夏四月癸未,制战亡之家,给复一年。

五月癸亥,诏人间有撰集国史、臧否人物,皆令禁绝。

秋七月戊申,靺鞨遣使贡方物。壬子,左卫大将军、云州总管、钜鹿郡公贺娄子干卒。丁巳,幸昆明池。戊辰晦,日有蚀之。

九月丙辰,降囚徒。庚申,以邵国公杨纶为滕王。乙丑,以柱国杜彦为云州总管。

冬十月乙卯,上柱国、华阳郡公梁彦光卒。

十四年夏四月乙丑,诏曰:"在昔圣人,作乐崇德,移风易俗,于斯为大。自晋氏播迁,兵戈不息,雅乐流散,年代已多,四方未一,无由辨正。赖上天鉴临,明神降福,拯兹涂炭,安息苍生,天下大同,归于治理,遗文旧物,皆为国有。比命所司,总令研究,正乐雅声,详考已讫,宜即施用,见行者停。人间音乐,流僻日久,弃其旧体,竞造繁声,浮宕不归,遂以成俗。宜加禁约,务存其本。"

五月辛酉,京师地震。关内诸州旱。

六月丁卯,诏省府州县,皆给公廨田,不得治生,与人争利。

秋七月乙未,以邳国公苏威为纳言。

八月辛未,关中大旱,人饥。上率户口就食于洛阳。

九月己未,以齐州刺史樊子盖为循州总管。丁巳,以基州刺史崔仲方为会州总管。

冬闰十月甲寅,诏曰:"齐、梁、陈往皆创业一方,绵历年代。既宗祀废绝,祭奠无主,兴言矜念,良以怆然。莒国公萧琮及高仁英、陈叔宝等,宜令以时修其祭祀。所须器物,有司给之。"乙卯,制外官九品已上,父母及子年十五已上,不得将之官。

十一月壬戌,制州县佐吏,三年一代,不得重任。癸未,有星孛于角亢。

十二月乙未,东巡狩。

十五年春正月壬戌,车驾次齐州,亲问疾苦。丙寅,旅王符山。庚午,上以岁旱,祠太山,以谢愆咎。大赦天下。

二月丙辰,收天下兵器,敢有私造者,坐之。关中缘边,不在其例。丁巳,上柱国、蒋国公梁睿卒。三月己未，至自东巡狩。望祭五岳海渎。丁亥，幸仁寿宫。营州总管韦艺卒。

夏四月己丑朔，大赦天下。甲辰，以赵州刺史杨达为工部尚书。丁未，以开府仪同三司韦冲为营州总管。

五月癸酉，吐谷浑遣使朝贡。丁亥，制京官五品已上，佩铜鱼符。

六月戊子，诏凿底柱。庚寅，相州刺史豆卢通贡绫文布，命焚之于朝堂。乙未，林邑遣使来贡方物。辛丑，诏名山大川未在祀典者，悉祠之。

秋七月乙丑，晋王广献毛龟。甲戌，遣郑国公苏威巡省江南。戊寅，至自仁寿宫。辛巳，制九品已上官，以理去职者，听并执笏。

冬十月戊子，以吏部尚书韦世康为荆州总管。

十一月辛酉，幸温汤。乙丑，至自温汤。

十二月戊子，勅盗边粮一升已上皆斩，并籍没其家。己丑，诏文武官以四考交代。

十六年春正月丁亥，以皇孙裕为平原王，筑为安成王，嶷为安平王，恪为襄城王，该为高阳王，韶为建安王，煚为颍川王。

夏五月丁巳，以怀州刺史庞晃为夏州总管，蔡阳县公姚辩为灵州总管。

六月甲午，制工商不得进仕。并州大蝗。辛丑，诏九品已上妻，五品以上妾，夫亡不得改嫁。

秋八月丙戌，诏决死罪者，三奏而后行刑。

冬十月己丑，幸长春宫。

十一月壬子，至自长春宫。

十七年春二月癸未，太平公史万岁击西宁羌，平之。庚寅，幸仁寿宫。庚子，上柱国王世积讨桂州贼李光仕，平之。壬寅，河南王昭纳妃，宴群臣，颁赐各有差。

三月丙辰，诏曰："分职设官，共理时务，班位高下，各有等差。若所在官人不相敬惮，多自宽纵，事难克举。诸有殿失，虽备科条，或据律乃轻，论情则重，不即决罪，无以惩肃。其诸司论属官，若有愆犯，听于律外斟酌决杖。"辛酉，上亲录囚徒。癸亥，上柱国、彭国公刘昶以罪伏诛。庚午，遣治书侍御史柳彧、皇甫诞巡省河南、河北。

夏四月戊寅，颁新历。壬午，诏曰："周历告终，群凶作乱，衅起蕃服，毒被生人。朕受命上玄，廓清区宇，圣灵垂祐，文武同心。申明公穆、郧襄公孝宽、广平王雄、蒋国公睿、楚国公勍、齐国公勣、越国公素、鲁国公庆则、新宁公长叉、宜阳公世积、赵国公罗云、陇西公询、广业公景、真昌公振、沛国公译、项城公子相、钜鹿公子干等，登庸纳揆之时，草昧经纶之日，丹诚大节，心尽帝图，茂绩殊勋，力宣王府。宜弘其门绪，与国同休。其世子世孙未经州任者，宜量才升用，庶享荣位，世禄无穷。"

五月，宴百僚于玉女泉，颁赐各有差。己巳，蜀王秀来朝。高丽遣使贡方物。甲戌，以左卫将军独孤罗云为凉州总管。

闰月己卯，群鹿入殿门，驯扰侍卫之内。

秋七月丁丑，桂州人李代贤反，遣右武侯大将军虞庆则讨平之。丁亥，上柱国、并州总管秦王俊坐事免，以王就第。戊戌，突厥遣使贡方物。

八月丁卯，荆州总管、上庸郡公韦世康卒。

九月甲申，至自仁寿宫。庚寅，上谓侍臣曰："礼主于敬，皆当尽心。黍稷非馨，贵在祗肃。庙庭设乐,本以迎神,斋祭之日,触目多感。当此之际,何可为心! 在路奏乐,礼未为允。群公卿士,宜更详之。"

冬十月丁未,颁铜兽符于骠骑、车骑府。戊申,道王静薨。庚午,诏曰:"五帝异乐,三王殊礼,皆随事而有损益,因情而立节文。仰惟祭享宗庙,瞻敬如在,罔极之感,情深兹日。而礼毕升路,鼓吹发音,还入宫门,金石振响。斯则哀乐同日,心事相违,情所不安,理实未允。宜改兹往式,用弘礼教。自今已后,享庙日不须备鼓吹,殿庭勿设乐悬。"辛未,京师大索。

十一月丁亥,突厥遣使来朝。

十二月壬子,上柱国、右武侯大将军、鲁国公虞庆则以罪伏诛。

十八年春正月辛丑,诏曰:"吴、越之人,往承弊俗,所在之处,私造大船,因相聚结,致有侵害。其江南诸州,人间有船长三丈已上,悉括入宫。"

二月甲辰,幸仁寿宫。乙巳,以汉王谅为行军元帅,水陆三十万伐高丽。

三月乙亥,以柱国杜彦为朔州总管。

夏四月癸卯,以蒋州刺史郭衍为洪州总管。

五月辛亥,诏畜猫鬼、蛊毒、厌魅、野道之家,投于四裔。

六月丙寅,下诏黜高丽王高元官爵。

秋七月壬申,诏以河南八州水,免其课役。丙子,诏京官五品已上,总管、刺史,以志行修谨、清平干济二科举人。

九月己丑,汉王谅师遇疾疫而旋,死者十八九。庚寅,敕舍客无公验者,坐及刺史、县令。辛卯,至自仁寿宫。

冬十一月甲戌,上亲录囚徒。癸未,有事于南郊。

十二月庚子,上柱国、夏州总管、任城郡公王景以罪伏诛。是月,自京师至仁寿宫,置行宫十有二所。

十九年春正月癸酉,大赦天下。戊寅,大射武德殿,宴赐百官。二月己亥,晋王广来朝。辛丑,以并州总管长史宇文㢸为朔州总管。甲寅,幸仁寿宫。

夏四月丁酉,突厥利可汗内附。达头可汗犯塞,遣行军总管史万岁击破之。

六月丁酉,以豫章王暕为内史令。

秋八月癸卯,上柱国、尚书左仆射、齐国公高颎坐事免。辛亥,上柱国、皖城郡公张威卒。甲寅,上柱国,城阳郡公李彻卒。

九月乙丑,以太常卿牛弘为吏部尚书。

冬十月甲午,以突厥利可汗为启人可汗,筑大利城处其部落。庚子,以朔州总管宇文㢸为代州总管。

十二月乙未,突厥都蓝可汗为部下所杀。丁丑,星陨于渤海。

二十年春正月辛酉朔,上在仁寿宫。突厥、高丽、契丹并遣使贡方物。癸亥,以代州总管宇文㢸为吴州总管。

二月己巳,以上柱国崔弘度为原州总管。丁丑,无云而雷。

三月辛卯,熙州人李英林反,遣行军总管张衡讨平之。

夏四月壬戌,突厥犯塞,以晋王广为行军元帅,击破之。乙亥,天有声如泻水,自南而北。

六月丁丑,秦王俊薨。

秋八月,老人星见。

九月丁未,至自仁寿宫。癸丑,吴州总管杨异卒。

冬十月己未,太白昼见。乙丑,皇太子勇及诸子并废为庶人。杀柱国、太平县公史万岁。己巳,杀左卫大将军、五原郡公元旻。

十一月戊子,天下地震,京师大风雪。以晋王广为皇太子。

十二月戊午,诏东宫官属不得称臣于皇太子。辛巳,诏曰:"佛法深妙,道教虚融,咸降大慈,济度群品,凡在含识,皆蒙覆护。所以雕铸灵相,图写真形,率土瞻仰,用申诚敬。其五岳四镇,节宣云雨,江、河、淮、海,浸润区域,并生养万物,利益兆人,故建庙立祀,以时恭敬。敢有毁坏偷盗佛及天尊像、岳镇海渎神形者,以不道论。沙门坏佛像、道士坏天尊者,以恶逆论。"

仁寿元年春正月乙酉朔,大赦,改元。以尚书右仆射杨素为尚书左仆射,纳言苏威为尚书右仆射。丁酉,徙河南王昭为晋王。突厥寇恒安,遣柱国韩洪击之,官军败绩。以晋王昭为内史令。辛丑,诏曰:"君子立身,虽云百行,唯诚与孝,最为其首。故投主殉节,自古称难,殒身王事,礼加二等。而代俗之徒,不达大义,至于致命戎旅,不入兆域。亏孝子之意,伤人臣之心,兴言念此,每深愍叹。且入庙祭祀,并不废缺,何止坟茔,独在其外。自今已后,战亡之徒,宜入墓域。"

二月乙卯朔,日有蚀之。辛巳,以上柱国独孤楷为原州总管。

三月壬辰,以豫章王暕为扬州总管。

夏四月,以浙州刺史苏孝慈为洪州总管。五月己丑,突厥男女九万口来降。壬辰,骤雨震雷,大风拔木,宜君漱水移于始平。

六月癸丑,洪州总管苏孝慈卒。乙卯,遣十六使巡省风俗。乙丑,诏曰:"儒学之道,训教生人,识父子君臣之义,知尊卑长幼之序,升之于朝,任之以职,故能赞理时务,弘益风范。朕抚临天下,思弘德教,延集学徒,崇建庠序,开进仕之路,佇贤之人。而国学胄子,垂将千数,州县诸生,咸亦不少。徒有名录,空度岁时,未有德为代范,才任国用。良由设学之理,多而未精。今宜简省,明加奖励。"于是国子学唯留学生七十人,太学、四门及州县学并废。其日,颁舍利于诸州。

秋七月戊戌,改国子为太学。

九月癸未,以柱国杜彦为云州总管。

十一月己丑,有事于南郊。壬辰,以资州刺史卫玄为遂州总管。

二年春二月辛亥,以邢州刺史侯莫陈颖为桂州总管,宗正杨祀为荆州总管。

三月己亥,幸仁寿宫。壬寅,以齐州刺史张乔为潭州总管。

夏四月庚戌,岐、雍二州地震。

秋七月丙戌,诏内外官各举所知。戊子,以原州总管独孤楷为益州总管。

八月己巳,皇后独孤氏崩。

九月丙戌,至自仁寿宫。壬辰,河南、北诸州大水,遣工部尚书杨达赈恤之。乙未,上柱国、襄州总管、金水郡公周摇卒。陇西地震。

冬十月壬子,曲赦益州管内。癸丑,以工部尚书杨达为纳言。

闰月甲申,诏尚书左仆射杨素与诸术者刊定阴阳舛谬。己丑,诏曰:"礼之为用,时义大矣。黄琮苍璧,降天地之神,粢盛牲食,展宗庙之敬,正父子君臣之序,明婚姻丧纪之节。故道德仁义,非礼不成,安上治人,莫善于礼。自区宇乱离,绵历年代,王道衰而变风作,微言绝而大义乖。与代推移,其弊日甚。至于四时郊祀之节文,五服麻葛之隆杀,是非异说,蹐驳殊涂。致使圣教凋讹,轻重无准。朕祗承天命,抚临生人,当洗涤之时,属干戈之代。克定祸乱,先运武功,删正彝典,日不暇给。今四海义安,五戎勿用,理宜弘风训俗,导德齐礼,缀往圣之旧章,兴先王之茂则。尚书左仆射、越国公杨素,尚书右仆射、邳国公苏威,吏部尚书、奇章公牛弘,内史侍郎薛道衡,秘书丞许善心,内史舍人虞世基,著作郎王劭,或任居端揆,博达古今,或器推令望,学综经史。委以裁缉,实允佥议。可并修订五礼。"壬寅,葬献皇后于太陵。

十二月癸巳,上柱国、益州总管蜀王秀废为庶人。交州人李佛子举兵反,遣行军总管刘方讨平之。

三年春二月己卯,原州总管、比阳县公庞晃卒。戊子,以大将军、蔡阳郡公姚辩为左武侯大将军。

夏五月癸卯,诏曰:"哀哀父母,生我劬劳,欲报之德,昊天罔极。但风树不静,严敬莫追,霜露既降,感思空切。六月十三日,是朕生日,宜令海内为武元皇帝、元明皇后断屠。"

六月甲午,诏曰:

《礼》云:"至亲以期断。"盖以四时之变易,万物之更始,故圣人象之。其有三年,加隆尔也。但家无二尊,母为厌降,是以父存丧母,还服于期者,服之正也。岂容期内而更小祥!然三年之丧而有小祥者,《礼》云:"期祭,礼也。期而除丧,道也。"以是之故,虽未再期,而天地一变,不可不祭,不可不除,故有练焉,以存丧祭之本。然期丧有练,于理未安。虽云十一月而练,乃无所法象,非期非时,岂可除祭。而儒者徒拟三年之丧,立练禫之节,可谓苟存其变,而失其本,欲渐于夺,乃薄于丧。致使子则冠练去绖,黄里缘缘,绖则布葛在躬,粗服未改。岂非经哀尚存,子情已夺,亲疏失伦,轻重颠倒!乃不顺人情,岂圣人之意也!故知先圣之礼废于人邪,三年之丧尚有不行之者,至于祥练之节,安能不坠者乎?

《礼》云:"父母之丧,无贵贱一也。"而大夫士之丧父母,乃贵贱异服。然则礼坏乐崩,由来渐矣。所以晏平仲之斩粗缞,其老谓之非礼,滕文公之服三年,其臣咸所不欲。盖由王道既衰,诸侯异政,将逾越于法度,恶礼制之害已,乃灭去篇籍,自制其宜。遂至骨肉之恩,轻重从俗,无易之道,隆杀任情。况孔子没而微言隐,秦灭学而经籍焚者乎!有汉之兴,虽求儒雅,人皆异说,义非一贯。又近代乱离,唯务兵革,其于典礼,时所未遑。夫礼不从天降,不从地出,乃人心而已者,谓情缘于恩也。故恩厚者其礼隆,情轻者其礼杀。圣人以是称情立文,别亲疏贵贱之节。自臣子道消,上下失序,莫大之恩,逐情而薄,莫重之礼,与时而杀。此乃服不称丧,容不称服,非所谓圣人缘恩表情,制礼之义也。

然丧与易也,宁在于戚,则礼之本也。礼有其余,未若于哀,则情之实也。今十一月而练者,非礼之本,非情之实。由是言之,父存丧母,不宜有练。但依礼十三月而祥,中月而禫。庶以合圣人之意,达孝子之心。

秋七月丁卯,诏曰:

日往月来,唯天所以运序,山镇川流,唯地所以宣气。运序则寒暑无差,宣气则云雨有作,故能成天地之大德,育万物而为功。况一人君于四海,睹物欲运,独见致治,不藉群才,未之有也。是以唐尧钦明,命羲、和以居岳,虞舜叡德,升元、凯而作相。伊尹鼎俎之媵,为殷之阿衡,吕望渔钓之夫,为周之尚父。此则鸣鹤在阴,其子必和,风云之从龙虎,贤哲之应圣明,君德不回,臣道以正,故能通天地之和,顺阴阳之序,岂不由元首而有股肱乎?

自王道衰,人风薄,居上莫能公道以御物,为下必踵私法以希时。上下相蒙,君臣义失。义失则政乖,政乖则人困。盖同德之风难嗣,离德之轨易追,则任者不休,休者不任,则众口铄金,戮辱之祸不测。是以行歌避代,辞位灌园,卷而可怀,黜而无愠。放逐江湖之上,沈赴河海之流,所以自洁而不悔者也。至于闾阎秀异之士,乡曲博雅之儒,言足以佐时,行足以励俗,遗弃于草野,埋灭而无闻,岂胜道哉!所以览古而叹息者也。

方今区宇一家,烟火万里,百姓义安,四夷宾服,岂是人功,实乃天意。朕惟夙夜祗惧,将所以上嗣明灵,是以小心励己,日慎一日。以黎元在念,忧兆庶未康,以庶政为怀,虑一物失所。虽求傅岩,莫见幽人,徒想崆峒,未闻至道。唯恐商歌于长夜,抱关于夷门,远迹犬羊之间,屈身僮仆之伍。其令州县搜扬贤哲,皆取明知今古,通识治乱,究政教之本,达礼乐之源。不限多少,不得不举。限以三旬,咸令进路。征召将送,必须以礼。

八月壬申,上柱国、检校幽州总管、落丛郡公燕荣以罪伏诛。

九月壬戌,置常平官。甲子,以营州总管韦冲为民部尚书。

十二月癸酉,河南诸州水,遣纳言杨达赈恤之。

四年春正月丙辰,大赦。甲子,幸仁寿宫。乙丑,诏赏罚支度,事无巨细,并付皇太子。

夏四月乙卯,上不豫。

六月庚申,大赦天下。有星入月中,数日而退。长人见于雁门。

秋七月乙未,日青无光,八日乃复。乙亥,以大将军段文振为云州总管。甲辰,上以疾甚,卧于仁寿宫,与百僚辞诀,并握手歔欷。丁未,崩于大宝殿,时年六十四。遗诏曰:

嗟乎!自昔晋室播迁,天下丧乱,四海不一,以至周、齐,战争相寻,年将三百。故割疆土者非一所,称帝王者非一人,书轨不同,生人涂炭。上天降鉴,爰命于朕,用登大位,岂关人力!故得拨乱反正,偃武修文,天下大同,声教远被,此又是天意欲宁区夏。所以昧旦临朝,不敢逸豫,一日万机,留心亲览,晦明寒暑,不惮劬劳,匪曰朕躬,盖为百姓故也。王公卿士,每日阙庭,刺史以下,三时朝集,何尝不罄竭心府,诚敕殷勤。义乃君臣,情兼父子,庶藉百僚智力,万国欢心,欲令率土之人,永得安乐,不谓遭疾弥留,至于大渐。此乃人生常分,何足言及!但四海百姓,衣食不丰,教化政刑,犹未尽善,兴言念此,唯以留恨。朕今年逾六十,不复称夭,但筋力精神,一时劳竭。如此之事,本非为身,止欲安养百姓,所以致此。

人生子孙,谁不爱念,既为天下,事须割情。勇及秀等,并怀悖恶,既知无臣子之心,所以废黜。古人有言:"知臣莫若于君,知子莫若于父。"若令勇、秀得志,共治家国,必当戮辱偏于公卿,酷毒流于人庶。今恶子孙已为百姓黜屏,好子孙足堪负荷大业。此虽朕家事,理不容隐。前对文武侍卫,具已论述。皇太子广,地居上嗣,仁孝著闻,以其行业,堪成朕志。但令内外群官,同心勠力,以此共治天下,朕虽瞑目,何所复恨。

但国家事大,不可限以常礼。既葬公除,行之自昔,今宜遵用,不劳改定。凶礼所须,才令周事。务从节俭,不得劳人。诸州总管、刺史已下,宜各率其职,不须奔赴。自古哲王,因人做法,前帝后帝,沿革随时。律令格式,或有不便于事者,宜依前救修改,务当政要。呜呼，敬之哉！无坠朕命！

乙卯，发丧。河间杨柳四株无故黄落，既而花叶复生。

八月丁卯，梓宫至自仁寿宫。丙子，殡于大兴前殿。

冬十月己卯，合葬于太陵，同坟而异穴。

上性严重，有威容，外质木而内明敏，有大略。初，得政之始，群情不附，诸子幼弱，内有六王之谋，外致三方之乱。握强兵居重镇者，皆周之旧臣。上推以赤心，各展其用，不逾期月，克定三边，未及十年，平一四海。薄赋敛，轻刑罚，内修制度，外抚戎夷。每旦听朝，日昃忘倦，居处服玩，务存节俭，令行禁止，上下化之。开皇、仁寿之间，丈夫不衣绫绮，而无金玉之饰，常服率多布帛，装带不过以铜铁骨角而已。虽啬于财，至于赏赐有功，亦无所爱吝。乘舆四出，路逢上表者，则驻马亲自临问。或潜遣行人采听风俗，吏治得失，人间疾苦，无不留意。尝遇关中饥，遣左右视百姓所食。有得豆屑杂粮而奏之者，上流涕以示群臣，深自咎责，为之彻膳不御酒肉者殆将一期。及东拜太山，关中户口就食洛阳者，道路相属，上教斥候，不得辄有驱逼，男女参厕于仗卫之间。逢扶老携幼者，辄引马避之，慰勉而去。至艰险之处，见负担者，遽令左右扶助之。其有将士战没，必加优赏，仍令使者就家劳问。自强不息，朝夕孜孜，人庶殷繁，帑藏充实。是未能臻于至治，亦足称近代之良主。然天性沉猜，素无学术，好为小数，不达大体，故忠臣义士莫得尽心竭辞。其草创元勋及有功诸将，诛夷罪退，宿有存者。又不悦诗书，废除学校，唯妇言是用，废黜诸子。逮于暮年，持法尤峻，喜怒无常，过于杀戮。尝令左右送西域朝贡使出玉门关，其人所经之处，或受牧宰小物馈赠鹦鹉、鹿皮、马鞭之属，上闻而大怒。又诣武库，见署中荒秽不治，于是执武库令及诸受遗者，出开远门，亲自临决，死者数十人。又往往潜令人赂遗令史府史，有受者必死，无所宽贷。议者以此少之。

【译文】

高祖文皇帝姓杨，名坚，弘农郡华阴人。汉代太尉杨震的八世孙铉，在北燕任北平太守。铉生元寿，在北魏世代任武川镇司马，子孙后代就留居此地。元寿生太原太守惠嘏，嘏生平原太守烈，烈生宁远将军祯，祯生忠，杨忠就是高祖皇帝的父亲。杨忠跟随周太祖在关西起义，皇上赐姓为普六茹氏，官至柱国、大司空、隋国公。去世后，朝廷追赠太保，谥号为桓。

高祖母亲吕氏，大统七年六月癸丑夜间在冯翊郡的般若寺生下高祖，当时殿庭中充满了紫气。一位来自河东的尼姑对吕氏说："这孩子生得与众不同，不能在世间抚养。"便把高祖安置在寺庙其他房中，由她亲自抚养。一次吕氏正抱着高祖，忽见他头上长角，通体长鳞，大为惊骇，失手把孩子掉在地上。尼姑从外面进来，见此情景说："已经吓着我儿，将导致他晚得天下。"高祖生就一副帝王之貌，目光外射，手中有一"王"字，身材上长下短，深沉威严。初入太学时，即使是最亲近的人，也不敢不尊重他。

高祖十四岁时，京兆尹薛善征辟他任功曹参军。十五岁时，以父亲杨忠的功勋授任散骑常侍、车骑大将军、仪同三司，封爵为成纪县公。十六岁时，升任骠骑大将军，加开府。周太祖见到他后慨叹说："从这孩子的品格、骨气来看，不象是世间之人！"明帝即位后，授官右小宫伯，进封大兴郡公。明帝曾派善于看相的赵昭去看高祖，赵昭看后欺骗明帝说："不过是作柱国的材料。"随后私下对高祖说："公应当成为天下人的君主，必须经历大诛杀才能平定天下,请好好记住我的话。"

武帝即位,升任左小宫伯。后来到地方上出任隋州刺史,进位大将军。以后朝廷又召他入朝,正遇母亲卧病三年,他日夜不离母亲左右,以孝顺为人称道。宇文护执掌朝政,非常忌恨高祖,高祖几次险遭陷害,都是由于大将军侯伏侯(万)寿等人的救护才得以脱险。此后又继袭隋国公的爵位。武帝聘高祖长女为太子妃,对他更加尊敬。齐王宪对武帝说:"普六茹坚相貌非凡,我每次遇见他,都不禁茫然无措,恐怕不会屈居人下,请求您尽早除掉他。"武帝说:"他只能作将才。"内史王轨多次对皇上讲:"皇太子不是一国之主,普六茹坚倒有反叛之相。"皇上不高兴,说:"假若由天命决定了,将怎么办?"高祖非常恐惧,从此就深藏不露,韬晦隐迹。

建德年间,高祖亲率三万水军,在河桥大败齐军。第二年,跟随皇上平定北齐,升为柱国。和宇文宪在冀州打败齐国任城王高谐后,充任定州总管。在此之前,定州城西门长期关闭不开,齐文宣帝时曾有人请求开启此门,以便通行,皇上不同意,说:"应有圣人来开此门。"及高祖来到定州后,此门自动开启,人们无不惊异。不久又改任亳州总管。宣帝即位,高祖身为皇后之父被征召,拜官上柱国、大司马。大象初年,升任大后丞、右司武,不久又改官大前疑。皇上每次出外巡视,常由他留守京师。当时皇上制定了《刑经圣制》,非常苛刻、残酷。高祖认为法令滋彰不是兴教化的办法,所以恳切规劝,皇上却不采纳。

高祖地位、声望更加显赫,宣帝多有顾忌。皇上有四位宠姬,都是皇后,后家各自争宠,互相诋毁。宣帝每次愤愤地对杨皇后说:"我一定要族灭你家。"便召见高祖,事先对左右的人讲:"只要杨坚形色有变,就立刻杀死他。"高祖到来后,神色自若,皇上这才没杀他。

大象二年五月,任命高祖为扬州总管,即将启程赴任时,突然患了足疾,没有走成。乙未日,宣帝去世。当时静帝宇文衍年幼,不能亲理政事。内史上大夫郑译、御正大夫刘昉因高祖身为皇后之父,名声显赫,众望所归,便假造宣帝诏书,让高祖入朝掌理朝政,都督中外诸军事。高祖害怕在外的周氏诸王作乱,就以赵王招即将把女儿千金公主嫁给突厥为借口,召他们回朝。丁未日,发丧。庚戌日,静帝拜高祖假黄钺、左大丞相,总管文武百官事。以正阳宫为丞相府,郑译任长史,刘昉任司马,府中设置僚佐。宣帝统治时期,由于刑法苛严,民心恐惧不安。至此,高祖取代以宽仁怀柔之政,法令简明,并躬行节俭,天下百姓非常喜悦。

六月,被召回朝的赵王招、陈王纯、越王盛、代王达、滕王逌五人全部抵达长安。相州总管尉迟迥认为自己是朝廷位高望重的大臣和富有经验的老将,对高祖掌权心怀不服,便在相州举兵。赵、魏之地的士大夫,从者如流,十天的功夫就聚众十多万人。宇文胄、石愻、席毗(罗)和弟弟叉罗等人,分别从荥州、建州、沛郡、兖州等地举兵响应尉迟迥。尉迟迥把自己的儿子送到陈朝作人质,以求陈援助。高祖命令上柱国、郧国公韦孝宽出兵讨伐。雍州牧毕王贤和赵、陈等五位皇室藩王见高祖已拥有民心,便阴谋作乱。高祖将毕王抓来斩首,对赵王等人的罪行暂不宣布,以优礼对待,准其剑履上殿,入朝不趋,使他们安心。

七月,陈将陈纪、萧摩诃等人入侵广陵,吴州总管于顗回师击败了他们。广陵人杜乔生聚众谋反,刺史元义平定了叛乱。韦孝宽在相州打败尉迟迥,将其首级传送到京,一举平定其余党。当初，尉迟迥叛乱时，郧州总管司马消难举州响应，淮南也有很多州县响应。朝廷命襄州总管王谊前往征讨，司马消难逃往陈朝。荆州、鄀州的少数民族蛮人也乘机作乱，朝廷命亳州总管贺若谊平定了叛乱。从前，上柱国王谦任益州总管，他见幼主在位，高祖秉政，就发动巴、蜀百姓，以挽救周室为名起兵。高祖当时正忙于关东、山南的平叛，没顾上征讨。王谦进兵屯守剑阁，攻陷始州。至此，才派行军元帅、上柱国梁睿平定蜀乱，将王谦首级献给朝廷。巴蜀之地非常险要，这里的人常常叛乱。朝廷于是重新开辟平坦道路，捣毁剑阁之路，立石刻铭，以训诫后人。五王策划更紧，高祖带着酒食到赵王宅第去，打算观察他的所作所为。赵王事先埋伏下武装的士兵，宴请高祖，伺机杀他。高祖处境危险，幸亏有元胄相救，才得以免祸。此事记载在《元胄传》中。于是，朝廷将赵王招、越王盛处死。

九月，任命嫡长子杨勇为洛州总管、东京小冢宰。壬子日，周帝下诏说："假黄钺、使持节、左大丞相、都督内外诸军事、上柱国、大冢宰、隋国公杨坚以其精诚感应神明，其思想超过雅俗，其德操协合天地。自从入仕为官以来，公卿士大夫都倾心依附，能通万物之志，成天下之务，使人事各得所宜，天下人接受教化。他曾受先帝遗诏辅佐我治理朝政，合谐天地，含育万物，顺应阴阳，抚慰四夷。近来朝廷内忧外患，杨坚以他勇猛无畏的志向、运筹帷幄的谋略，诛杀宗室叛逆，平定地方暴乱。现在远近清肃，实在都有赖于他。天下百姓、文武百官无不听从他的教诲，享受他的功德。杨坚治定功成，为国任重，其神谋与盛德皆举世无双。可授予大丞相，罢省左、右丞相官，其余官职依旧不变。"

冬季十月壬申日，皇上下诏追赠高祖曾祖父杨烈为柱国、太保、都督徐兖等十州诸军事、徐州刺史、隋国公，谥号康；祖父杨祯追赠柱国、太傅、都督陕蒲等十三州诸军事、同州刺史、隋国公，谥号为献；父亲杨忠追赠上柱国、太师、大冢宰、都督冀定等十三州诸军事、雍州牧。下令诛杀陈王纯。癸酉日，上柱国、郧国公韦孝宽去世。

十一(二)月辛未日，杀代王达、滕王逌。

十二月甲子日，周帝下诏称：

合天地之德者为圣人，调阴阳之气的是上宰。所以神灵降临，造就众生，以代天工，成就伟业。假黄钺、使持节、大丞相、都督内外诸军事、上柱国、大冢宰、隋国公杨坚，顺应时运，以三公之位、辅政之勤为其家族增添荣耀。心同伊尹，必致尧舜，情似孔丘，效法文武。刚刚入仕就风流盖世，公卿百姓仰慕他的治事准则，绅士都奉他为师表。他出入于宫廷、州郡之间，以精绝的谋划和丰功伟绩远近驰名。往日平定关东时，人心不安，燕南赵北，堪为天府。杨坚秉承朝命，担当统帅，他用仁政怀柔百姓，并用礼义加以引导，使他们像敬畏神灵、依赖阳光那样款服朝廷，他的美德和功绩一直为人们所称颂。淮海之地荒芜多年，杨坚坐镇南疆，任人唯贤，威震远夷，令其与民同化。他掌握宫中和全国政务，军国大事更仰仗他的辅弼。皇帝出巡时，留守事务全靠他处理。当年周公陕西之任仅可与之相比，而汉臣在关内的重任却不及他。

至天崩地裂，先帝升天，我以少年之躯蒙受苦难。杨坚亲受遗诏，保护皇室。奸邪之人乘机阴谋篡国，反叛之心已成，举事之日指待。杨坚英明决策，潜心运筹，谋略远大，匡救国家，保护民众，谋反之人都被缉拿归案。尉迟迥等人起兵叛乱，使半个国家都处于纷乱之中，致使祖宗创下的基业岌岌可危，黎民百姓几近丧命。司马消难在安陆为患，南通吴、越，响应者纷杂聚合，江汉地区处于骚乱状态。王谦在巴、蜀举兵，大有问鼎之势，国运将衰。杨坚运筹帷幄，出师征讨，各路将领都接受他的指挥。兵卒壮士无不感念其忠义，遂不误时限，一举平定叛乱。其功远播，其德合治，百官端整，四方肃敬。普天之下，文治武功兼备，天地同德，山重水复，远近归心，使我得以继承帝位，无为而治，与天地同德。即使是伊尹辅殷、霍光佐汉，和杨坚的功劳相比也没什么了不起。

昔日营丘、曲阜之封地小国众多，晋文公重耳和齐桓公小白都受到特殊的礼遇，萧何朝拜享受优待之仪，吴芮授爵高于所有公侯。周、汉以后，各代都有良规，应尊崇典礼，效法古制。杨坚可授以相国之职，总领百官，免去都督内外诸军事和大冢宰之号，进爵位为王，以隋州崇业郡，郧州安陆郡、城阳郡，温州宜人郡，应州平靖郡、上明郡、顺州淮南郡、土州永川郡，昌州广昌郡、安昌郡，申州义阳郡、淮安郡，息州新蔡郡、建安郡，豫州汝南郡、临颍郡、广宁郡、初安郡，蔡州蔡阳郡，郢州汉东郡等二十郡为隋国。允许他优礼进见，剑履上殿，入朝不趋，赞拜不名，可备九锡之礼，加玺绂、远游冠、相国印绿缤绶，地位在诸侯王之上。隋国所设丞相以下属官一切依旧。

高祖一再推让，皇上不允，便只接受了王的爵位和十郡封地。皇上下诏进封他的祖父、父亲为王，夫人为王妃。辛巳日，司马消难率领陈朝军队进寇江州，被刺史成休宁击退。

大定元年春季二月壬子日，皇上命令此日之前所赐姓氏，一律恢复旧姓。当天，周帝下诏说："伊、周辅政，都不拒绝君主赐予的殊荣，桓、文称霸，也有特殊的赏赐，以表感通天帝之功，彰不世之业。相国隋王先前所加的策命，遵循了礼仪典制，但他恪守谦逊礼让之风，没有接受。令应重申，一如原诏。隋王立功争先，受赏居后，以退让为本，这实在有违我的旨意。应派公卿大臣全部前往隋王宫，以众心感化他，使他一定接受所赐。如再有退让的表奏，不要再通报我。"癸丑日，文武百官奉命前去敦促劝说，高祖这才接受。甲寅日，策书称：

假黄钺、使持节、大丞相、都督内外诸军事、上柱国、大冢宰隋王：天地覆载借人事以成功，古往今来，由王道盛衰孕育五行之气与天地万物，能代天工的只有大圣而已。乃有先哲，辅佐皇朝。积德行善，诞生首辅。隋王神采非凡，风骨异人，救国济世，除凶拨乱，使百神奉职，万国归心。伊尹靠先知先觉唤醒百姓，周公则弘扬大道，他们的才能都比不上杨坚。现将授以尊贵爵位，请敬听朕命：

朕操行不佳，早承帝业，上天降祸，父母早丧。奸邪者伺机图谋篡国，宫廷之内，忧虑不安。您接受先皇遗命，志在辅正，稳定内外，潜心策划，令奸邪震慑。谋用大明，使我转危为安，是您重建皇室，奠定霸业基础。您在我祖、父时已深得重用，入则掌握禁兵，出则治理州郡，文武兼治，朝野传颂。大兴问罪之师，长驱直入晋、魏，在平阳、冀州大展雄威。关东刚刚平定时，人心尚未统一。丛台以北，易水以南，西至井陉，东达沧海，绵延几千里，人数众多。您被委派治理重地，顺应民情，施以教化，法令宽简，百姓拥戴如泥从印，如草随风。这又是您的功劳；吴、越多年不服统治，淮海以外也时常失控。您整饬军旅，出镇亳州，武力与怀柔并施，郡盗自然逃散，境内秩序井然，民不闭户。百姓仰慕您的德行，背负幼子前来投奔，从此民风大变。这又是您的功劳；宣帝统治时，您身为皇室宗亲重臣，入掌屯卫，出主攻伐。任禁卫则勤巡警之务，出治兵则得搜狩之礼。这又是您的功劳；每次出巡，由您留守京师，文武之事、军国要务由您精心掌管，征询禀报。有您料理，令我无后顾之忧。这又是您的功劳；在我居丧期间，由您实际总领政事。皇室藩王中邪恶之人颇多,他们招集无赖,联合坏人。往日国势方衰,他们已开始阴谋活动,作恶数十天,如夏昆吾氏的罪恶已达到顶点。您忍痛诛剿,使国家得以安宁。这又是您的功劳;尉迟迥肆意妄行,在邺邑举兵,想直捣朝廷,蹂躏三魏,震惊半个国家。他聚众百万,贪残害人,吞并淇水、洹水一带。百姓生死全掌握在他手中。您训练勇士,准备兵车,誓雄兵于河朔,在山东形成高屋建瓴之势,锐不可当。您口授军令,指挥行阵,料敌制胜,限期克敌。各位将帅都遵行您的命令,壮士们感念您的大义,轻死忘生,转战千里,听从号令,奋力杀敌,打了大胜仗,谋叛的各城,一下子全部荡涤肃清。这又是您的功劳;关东郡守据守东土,倚靠东海的富饶,凭借重山险峻,企图逐鹿中原,互相抗衡。以患难共济的兵士来响应尉迟迥,助桀为虐。现在尉迟迥既已被除,响应者自然败亡。您施以仁政,不行诛罚,示以大信。这又是您的功劳;申州李惠占据本州,聚众屯兵,攻略州郡。您向他们传布天子恩泽,使之迷途知返,降服后又不加罪,不费一兵一箭。这又是您的功劳;宇文胄身为宗亲,驻守险要都邑荥州,响应邺城叛乱,同恶相济。胁迫官民,跋扈于城戍。朝廷以偏师讨伐,遂将叛贼收入法网,使其困守武牢,如入牢狱,走投无路,如伏国刑。这又是您的功劳;檀让、席毗(罗)拥兵河外,陈、韩、梁、郑、宋、卫、邹、鲁等地的大小村落都沦入忘恩负义的叛贼手中,百姓成为他们的饵食。他们以强欺弱,以大吞小,导致城门白天关闭,街巷中没有行人。您指挥出兵,见机行事,扫平叛军,檀让被俘,席毗(罗)也被斩杀,传首示众。这又是您的功劳;司马消难身为皇上岳父,坐镇安陆,性情贪婪,贪图钱财。他辖治下的百姓无不遭受劫掠,财产尽遭侵吞,又肆意杀害朝廷大臣和监察使者。由于惧怕朝廷治罪,慑于朝廷的威权,所以常常产生内怨。他们蚕食郡县,毒害各族人民,闻听朝廷出兵征伐,便南投陈朝。唐尧时所行崇山之罚,与汉代流徙戍边之刑,可与此相比。他们逃入山林湖泽后,荆、郢之地从此得以安宁。这又是您的功劳;王谦在蜀挑起祸端,阻断剑阁之路,壅塞灵关之地,自称五丁复出,万夫不当。您调遣将帅,发兵征讨,未逾时限,风驰席卷,一举平叛,擒获斩杀凶邪之人,横扫无遗。这又是您的功劳;陈项因袭伪业,自据金陵,屡次派遣凶险之徒筹备于江北。您指挥地方军队,无不摧毁、歼灭。可比马援建立铜柱,非只赵佗拜行南海尉事。这又是您的功劳。

您有拯救天下之劳,看重完美的德操。建国之初,屈己受命,操行美洁,声震朝廷,神机妙略,气盖朝野。统领百官,安定四方,匡合天下。尊重贤才、德行,崇重资历、功勋,表彰旧故、亲友,兴亡继绝,宽严相济,常伦有序,厚爱皇亲,崇奖王室。致使星象不乱,阴阳自调,风调雨顺,祥风嘉气在山林间环绕,瑞兽异禽在庭园鸣唱嬉戏。您功德远大,极尽众物之和、高远之极。

我又听说,昔日明王设官赐地,以营丘封地得征五侯,恩宠晋侯,礼物与众不同。所以藩国稳固,无为而治,天下太平。您的道德高于以往的功臣,我赏赐给您的却少于以往帝王。我以微小身躯,成为众人之主,谨慎效法旧事,前番所加的大典,也是前朝旧制。您谦虚自守,没有接受朝廷的封赐。日月不息,已经隔年,朝野议论,让我怎么办!现进授相国总领百官,以申州义阳等二十郡为隋国。命令使持节、太傅、上柱国、杞国公宇文椿,大宗伯、大将军、金城公赵煚,授相国印绶。相国隋王礼绝公卿,总领百官,旧职常典应随着事情改变。过去尧爵为太尉,舜以禹为司空,姬旦作周相,霍光辅佐汉帝,都不居地方,只在朝中治事。现以相国之职总领百官庶政,免去其他官号,请上交所持之节及大丞相、大冢宰的印绶。

又加九锡之命，请敬听我如下之命：因您执法修德，用刑宽简、谨慎，一切依法则行事，使百姓不生叛变之心。所以赐给大辂、戎辂各一乘，四匹黑公马车两套；您关心地利，注重人事天时，以农为本，令公私殷盛。所以赐以衮冕礼服，配以赤鞋；您移风易俗，远近百姓欢愉，天地协和。所以赐予三面悬挂的乐器和六列三十六人规格的乐舞；您政风宽仁，以德施教，声名播及海角天涯，远近百姓都归心依附。所以赐予朱红所漆之门；您明鉴人物，执掌铨选，使有才者入仕之途畅达，世间遗贤尽被举荐。所以赐您纳陛以登；您主持公道，公正待人，遇有触犯礼义者，无不罢黜。所以赐以武贲之士三百人；您（有缺文）所以赐斧钺各一副；您威风凛凛，声势逼人，对骚扰中原的人，必诛无疑。环视天地，扫清奸邪，拒敌千里。所以赐您红弓一具，红箭百发，黑弓十具，黑箭千发；只有您孝通神明，恭敬祀典，敬神犹如神在，情合天地。所以赐给秬鬯一罇，配以珪瓒。隋国所置丞相以下官一切依旧。望尊奉帝命！敬遵旧策，仅守大典，对您功绩的大加顾惜，是为了传扬我太祖美善的诏命。

于是建立官署，设置百官。

丙辰日，周帝命杨坚头戴天子之冕，设立天子旌旗，出入戒严，乘坐金根车，六马驾车，置备五时副车、旄头云旗，以及兵器、乐舞都依照皇帝的规格设置。王妃独孤氏立为王后，嫡长子杨勇立为太子。杨坚三次辞让后才接受了。

不久，周帝见杨坚已赢得民心，便下诏说："开天辟地，树立君主。天命不能长久，只有以德相辅。无论天帝之心还是人间之事，都在于选择贤能，令天下百姓拥戴归心，而不能一人独揽。周室之德将尽，妖孽相继而生，骨肉之亲多遭忧患，地方藩守挑起祸端，一时响应者颇多，超过半个国家。他们不论势力大小，都企图篡夺王权，令我祖宗基业，面临危机。相国隋王，聪明通达，神采独秀，刑法与礼义并施，文德与武功兼用，爱万物如爱己，为民担忧。出谋划策，亲率将士，扫除叛逆，荡涤凶气，华夷同风，威震远方。功德无量，即使是虞舜、姬发也无法与之比拟。而且木行已衰，火运正兴。一切受命于天的祥瑞征兆都已显现，且百姓之讴歌，天地合德，日月明朗，所以应该称大号以统治天下。我虽然愚昧寡闻，不懂变通，但天下人的心思是显而易见的。现谨顺应天命，退位迁居别馆，禅位于隋，一切都依照唐虞、汉魏旧制。"高祖又多次推辞，皇上不允。派太傅、上柱国、杞国公宇文椿捧册称：

相国隋王：上古之初，天地开辟，上天降符给圣人，让他成为天下君主。君主恭奉上天而统治百姓，百神和睦，万物受益，而不是凭借疆土之广，以帝位为尊。大庭氏、黄帝以前，骊连、赫胥之时，都以无为无欲为本，没有送往迎来，这些距今都非常遥远了，详情不得而知，只有通过书籍来了解了。没有人比尧更圣明，比舜更美好，尧对舜已打算让他主持天下，舜得禹也决定禅让于他。等到授受之际，别宫设宴，以百官归于禹，一切皆如尧之禅舜。这是在上者遵守天时，不敢不授；在下者秉承天命，不可不受。汤代夏，武周替殷，无论是大动干戈，还是让贤退位，虽然治政者不同，却都是应天顺民，道理是一样的。自汉到晋、魏以至于周，帝位随人心所向而变更，道德高尚者称帝，运数已尽者不能为王，这与舜、禹的禅让没有区别。

周德将尽，祸患频仍，宗戚中的狡诈之人都图谋举事，企图夺权篡国，藩镇连兵，相继为乱。他们独霸三方，制造动乱，虐害人民，使其无立足之地。隋王受命于天，智慧高明，救国于水火，除剿元凶，廓清境内，他的大德合于天地，四方百姓无不拥戴。往年一切除旧之征已显现于天上,现在又有迎新之兆出现于地面,人神都寄望于您,不只我一个人知道。应上承天命,下顺民意。现在我恭敬地将帝位让给您,上天赐予我的福禄已尽。唉!王应该执掌权柄,垂范朝野,升圆丘敬告苍天,登皇位抚育百姓,以符民心,使国统恢宏,难道这不是盛事吗!

派大宗伯、大将军、金城公赵熲捧皇帝玺绶,文武百官劝高祖接受帝位,高祖这才同意。

开皇元年二月甲子日,高祖身着便服从相府进入皇宫,准备礼仪在临光殿即位,在南郊设置祭坛,派人燎柴告天。当天,告于祖先之庙,又颁布大赦令,更改年号。京师出现庆云。高祖改变北周六官,恢复汉、魏旧制。任命柱国、相国府司马、渤海郡公高颎为尚书左仆射兼纳言,相国府司录参军、沁源县公虞庆则为内史监兼吏部尚书,相国府内郎、咸安县男李德林为内史令,上开府、汉安县公韦世康为礼部尚书,上开府、义宁县公元晖为都官尚书,开府、民部尚书、昌国县公元岩为兵部尚书,上仪同、司宗长孙毗为工部尚书,上仪同、司会杨尚希为度支尚书,上柱国、雍州牧、邘国公杨惠为左卫大将军。乙丑日,追尊皇父杨忠为武元皇帝,庙号称太祖,追尊皇母吕氏为元明皇后。派遣八名使者到地方上巡察民情。丙寅日,修建宗庙社稷。立王后独孤氏为皇后,王太子杨勇为皇太子。丁卯日,任命大将军、金城郡公赵熲为尚书右仆射,上开府、济阳侯伊娄彦恭为左武侯大将军。己巳日,封周帝为介国公,封邑五千户,为隋室宾客。旌旗、车服、礼乐一切如旧。向隋主的上书不称表,隋帝答表不称诏。北周宗室诸王一律降爵为公。辛未日,任命皇上弟弟同安郡公杨爽为雍州牧。乙亥日,皇帝弟弟邵国公杨慧封爵为滕王,同安公杨爽封爵为卫王;封皇上之子雁门公杨广为晋王,杨俊为秦王,杨秀为越王,杨谅为汉王。任命上柱国、并州总管、申国公李穆为太师,上柱国、邓国公窦炽为太傅,上柱国、幽州总管、任国公于翼为太尉,观国公田仁恭为太子太师,武德郡公柳敏为太子太保,济南郡公孙恕为太子少傅,开府苏威为太子少保。丁丑日,任命晋王厂为并州总管,陈留郡公杨智积为蔡王,兴城郡公杨静为道王。戊寅日,将官府的五千头牛分赐给贫穷百姓。

三月辛巳日,高平、太原、长安等地各获祥鸟一只。宣仁门的槐树树干连生,枝桠内附。壬午日,白狼国向朝廷纳贡。甲申日,太白金星白天出现,乙酉日,再次出现。任命上柱国元景山为安州总管。丁亥日,下诏凡玩赏动物、器物和饮食不许进献。戊子日,放宽对山林川泽采伐的限制。任命上开府、当亭县公贺若弼为楚州总管,和州刺史、新义县公韩擒(虎)为庐州总管。己丑日,盩厔县进献连生树,种植在宫廷内。辛卯日,任命上柱国、神武郡公窦毅为定州总管。戊戌日,任命太子少保苏威兼任纳言、吏部尚书,其余官职依旧不变。庚子日,隋文帝下诏说:“自古帝王改朝换代之际,封侯赐爵,大多根据时势行事。我接受天命,统治天下,深知事物发展变化,不能因循不改。但五帝三王都兼顾前朝之人,对建立功业者仍旧封爵赏赐。只要能对时局有利,其趋向是一致的,什么叫前朝我朝的差异,也不要计较古今的不同。前朝所有品爵,一律照旧。”丁未日,梁主萧岿派遣太宰萧岩、司空刘义前来恭贺隋帝即位。

四月辛乙日,颁布大赦令。壬午日,太白金星、木星在白昼出现。戊戌日,将隶属于太常寺的民间乐工释放出来,恢复其平民百姓身份。禁止民间乐舞杂技表演。辛丑日,陈朝散骑常侍韦鼎和兼任通直散骑常侍的王瑳来访周帝,抵达后皇上已接受帝位,便让他们去周帝的封国介国。当月,调发稽胡修筑长城,干了二十天才结束。

五月戊子(午)日,封邙国公杨雄为广平王,永康郡公杨弘为河间王。辛未日,介国公周帝去世,皇上在朝堂上悼念,让其族人宇文洛继袭介国公的爵位。

六月癸未日,皇上下诏称由于初受天命时赤雀降祥,五行相生,赤色是火的颜色。所以郊庙社稷依照服冕之仪,朝会所穿礼服服色以及旗帜、供祭祀用的牲畜的颜色一律为红色。戎眼为黄色。

秋季七月乙卯日,皇上开始身穿黄袍,在朝百官一致庆贺。庚午日,靺鞨酋长来进贡方物。

八月壬午日,废省东京官。突厥阿波可汗派使前来贡方物。甲午日,朝廷命行军元帅乐安公元谐在青海讨击吐谷浑,元谐击败并降服了他们。

九月戊申,朝廷派出使臣救济在作战中阵亡者的家属。庚午日,陈朝将领周罗睺攻陷胡墅,萧摩诃入寇江北。辛未日,任命越王杨秀为益州总管,改封蜀王。壬申日,任命上柱国、薛国公长孙览和上柱国、宋安公元景山,同为行军元帅,讨伐陈朝,又命尚书左仆射高颎统领各路兵马。突厥沙钵略可汗派使来纳贡。当月,颁行五铢钱。

冬季十月乙酉日,百济王扶余昌派使来恭贺皇上即位,高祖授予扶余昌上开府、仪同三司、带方郡公的官号。戊子日,颁行新法律。壬辰日,皇上前往岐州。

十一月乙卯日,任命永昌(富)郡公窦荣定为右武侯大将军。丁卯日,派遣兼任散骑侍郎的郑㧑出使陈朝。已巳日,有流星经过,声音宏大,如墙壁倒塌,光焰照地。

十二月戊寅日,任命申州刺史尔朱敞为金州总管。甲申日,任命礼部尚书韦世康为吏部尚书。己丑日,任命柱国元衮为廊州总管,兴势郡公卫玄为淮州总管。庚子日,从岐州回到京师。壬寅日,高丽王高阳遣使来纳贡,皇上任命高阳为大将军、辽东郡公。太子太保柳敏去世。

开皇二年春季正月癸丑日,高祖到上柱国王谊的宅第。庚申日,又到安成长公主的家。陈宣帝去世,其子陈叔宝继立。辛酉日,隋朝在并州设置河北道行台尚书省,任命晋王广为尚书令;在洛州设置河南道行台尚书省,任命秦王俊为尚书令;在益州设置西南道行台尚书省,任命蜀王秀为尚书令。戊辰日,陈朝派使请求媾和,归还侵占的胡墅。辛未日,高丽、百济国都派使者来进贡。甲戌日,下诏举荐贤良。

二月己丑日,命令高颎等班师回朝。庚寅日,任命晋王杨广为左武卫大将军,秦王杨俊为右武卫大将军,其余官职依旧。辛卯日,高祖光临赵国公独孤陀的宅第。庚子日,京师从天降土。

三月戊申日,开通渠道,引杜阳水入三畤原。

四月丁丑日,任命宁州刺史窦荣定为左武侯大将军。庚寅日,大将军韩僧寿和上柱国李充,分别在鸡头山和河北山击败突厥军队。

五月戊申日,任命上柱国、开府长孙平为度支尚书。己酉日,因大旱,皇上亲自视察在押的囚徒。当日,天降大雨。己未日,高宝宁进犯平州,突厥入长城。庚申日,任命豫州刺史皇甫绩为都官尚书。壬戌日,太尉、任国公于翼去世。甲子日,改传国玺为受命玺。

六月壬午,任命太府卿苏孝慈为兵部尚书,雍州牧、卫王杨爽为原州总管。甲申日,派使臣前往陈朝吊祭陈宣帝。乙酉日,上柱国李充在马邑击败突厥。戊子日,任命上柱国叱李长叉为兰州总管。辛卯日,任命上开府尔朱敞为徐州总管。

丙申日,下诏说:"朕仅奉上天之命,统治天下,正值百姓疲敝困苦,所以就定居在前代帝王的宫殿中。我常认为营作者辛劳,居住者安逸,所以,有关入建营造之事,一直不在考虑之内。但是,王公大臣们都提议认为自伏羲、神农到周姬、汉刘各朝,有一朝屡次迁都的,却没有改朝换代都不迁移的例子。魏、晋以后,时有因循不改的,那是末代皇帝的安逸,而不是往昔圣主的大义。现在所居的长安城从汉代修成至今,凋敝残破日久,多次沦为战场,几经丧乱。现在的宫室,只是权宜之计,又没有卜筮、测量,不足以建帝王之宫,聚合百姓。百官阐述变通之术和天地之情,齐心恳请,情深意切。但是京师是百官之府、天下归心的地方,不是我一人能独占的,如果对民有利,岂能违背!况且殷代五次迁都,担心人们死尽,土地的吉凶可限定国祚的长短。去旧图新,就像农夫指望秋收一样,虽然一时劳苦,最终可以安居。现在境内统一安宁,阴阳有序,应安然迁都,不让百姓怀怨。龙首山川原秀丽,无论是草木物产丰盛,还是卜筮、测量都适宜建都,国基稳固,则功业无穷。京师之中公私府宅的规模大小、地点远近、营建耗资等事宜,都请随事逐条上奏。"又令左仆射高颎、将作大臣刘龙、钜鹿郡公贺娄子干、太府少卿高龙叉等人创建新都。

秋季八月癸巳日,任命左武侯大将军窦荣定为秦州总管。

十月癸酉日,皇太子杨勇率兵屯守咸阳,防备胡人进犯。庚寅日,皇上病愈,在观德殿设宴款待百官。赏赐钱帛,让他们自取所需,每人尽力负钱帛而出。辛卯日,任命营造新都副监贺娄子干为工部尚书。

十一月丙午日,高丽派使来献土产。

十二月辛未日,皇上在后园讲习武事。甲戌日,上柱国窦毅去世。丙子日,命名新都为大兴城。乙酉日,派遣沁源公虞庆则屯兵弘化郡,防备胡人。突厥入寇周槃,行军总管达奚长儒出击,却被突厥打败。丙戌日,对国子学生徒中能明习经书的人,赐以束帛。丁亥日,皇上亲自审核囚犯的罪状。

开皇三年春季正月庚子日,即将迁入新都,所以大赦天下有罪之人。禁止使用大刀长矛。癸亥日,高丽派使臣来朝见皇上。

二月己巳朔日,有日食。壬申日,宴请北方作战有功的人。癸酉日,陈朝派兼任散骑常侍的贺彻和兼任通直散骑常侍的萧褒来聘。突厥进犯边境。甲戌日,泾阳捕获了毛龟。癸未日,任命左卫大将军李礼成为右武卫大将军。

三月丁未日,上柱国、鲜虞县公谢庆恩去世。己酉日,任命上柱国达奚长儒为兰州总管。丙辰日,下雨,皇上身着便服迁入新都。京师涌出甘美的泉水。丁巳日,下诏在全国重金收买散失的典籍。庚申日,宴请百官,赏赐不等。癸亥日,在榆关修筑城池。

夏季四月己巳日,上柱国、建平郡公于义去世。庚午日,吐谷浑入寇临洮郡,洮州刺史皮子信丧命。辛未日,高丽派使前来朝拜。壬申日,任命尚书右仆射赵煚兼任内史令。丁丑日,任命滕王瓒为雍州牧。己卯日,卫王杨爽在白道击败突厥兵。庚辰日,行军总管阴寿在黄龙击败高宝宁。甲申日,天旱,皇上亲自在都城西南祭祀雨师求雨。丙戌日,下诏鼓励天下人勤学、行礼。任命济北郡公梁远为汶州总管。己丑日,陈朝郢州城主张子讥派使请求归降隋朝,皇上为了与陈和好,遂不纳降。辛卯日,派遣兼任散骑常侍的薛舒和兼任通直散骑常侍的王劭出使陈朝。癸巳日,皇上亲自参加祈雨的祭祀。甲午日,突厥派使臣来朝见。

五月癸卯日，行军总管李晃在摩那渡口击败突厥。甲辰日，高丽派使来朝。乙巳日，梁朝太子萧琮来庆贺高祖迁都。丁未日，靺鞨前来进献土产。戊申日，幽州总管阴寿去世。辛酉日，有事在方泽祭地。壬戌日，行军元帅窦荣定在凉州击败突厥和吐谷浑。丙寅日，赦免黄龙获死罪以下的犯人。

六月庚午日，封卫王杨爽之子杨集为遂安郡王。戊寅日，突厥派使来请求和好。庚辰日，行军总管梁远在尔汗山击败吐谷浑，将其名王斩首。壬申日，任命晋州刺史燕荣为青州总管。己丑，日，任命河间王杨弘为宁州总管。乙未日，高祖亲临安成长公主府第。

秋季七月辛丑日，任命豫州刺史周摇为幽州总管。壬戌日，下诏说："实行仁义，教化先行。对于敦行风化的人应予以奖励。过去，山东、河北州郡经过叛乱的洗劫，孤城远守，大多入能保全自身。济阴太守杜猷身陷贼手，生死攸关。郡省事范台玖倾其家产相救，才使其免于一死。回想他的真诚节操，确实可嘉，应破格赏赐，以表明朝廷的奖励和反对。台玖可充任大都督，假湘州刺史。"丁卯日，有日食。

八月丁丑日，靺鞨来进贡。己卯日，任命右武卫大将军李礼成为襄州总管。壬午日，派遣尚书左仆射高颎和内史监虞庆则分别从宁州道、原州道出发，二人同为行军元帅，以讨伐胡人。戊子日，皇上在太社祭祀。

九月壬子日，高祖到城东视察农作物长势。癸丑日，大赦天下有罪之人。

冬季十月甲戌日，废省河南道行台省，任命秦王杨俊为秦州总管。

十一月己酉日，派遣使臣到各地巡察民情，因此下诏称："我统治天下，深思治国之策，想让百姓顺从归化，以德政代替刑罚，搜求未出仕的贤才，表彰民间善行。所有民间情况的真伪，一律禀报于我。我已命令使臣，出使目的是赈济体恤百姓，分为各路巡视，将遍及全国各地，务必成为我的耳目，如果有人文武兼备，尚未为人所知，应依礼发遣，我将予以提拔。如有志节高妙、卓越超群者，也靠使臣就地加以表彰，使每一善行都对人有奖励劝导作用。把远近官府和民间风俗大小事情，一概记录下来，待还朝时向我奏报，使我足不出户，便能坐知天下之事。"庚辰日，陈朝派散骑常侍周坟、通直散骑常侍袁彦来访。陈后主知道高祖的长相与众不同，命令袁彦为高祖画像后带回陈廷。甲午日，撤销全国郡级政区。

闰月十二月乙卯日，派遣兼任散骑常侍曹令则、通直散骑侍魏澹出使陈朝。戊午日，任命上柱国窦荣定为右武卫大将军，刑部尚书苏威为民部尚书。

开皇四年春季正月甲子日，在日食。己巳日，于太庙告祭。辛未日，又在南郊祭祀。壬申日，梁主萧岿来朝见高祖。甲戌日，在北苑为祭祀而举行射礼，十天后结束。壬午日，齐州发水。辛卯日，渝州捕获象麋鹿一样的异兽，独角同蹄。壬辰日，颁行新历法。

二月乙巳日，皇上在霸上为梁主钱行。丁未日，靺鞨进献土产。突厥苏尼部男女上万人来归附朝廷。庚戌日，高祖亲巡陇州。突厥阿史那玷可汗率众前来归降。

夏季四月乙亥日，敕令总管、刺史的父母和十五岁以上的儿子，不得随行赴任。庚子日，任命吏部尚书虞庆则为尚书右仆射，瀛洲刺史杨尚希为兵部尚书，毛州刺史刘仁恩为刑部尚书。甲辰日，任命上柱国叱李长叉为信州总管。丁未日，在大兴殿宴请突厥、高丽、吐谷浑的使臣。丁巳日，任命上大将军贺子干为榆关总管。

五月癸酉日，契丹国主莫贺弗遣使请求归附，被拜为大将军。丙子日，任命柱国冯昱为汾州总管。乙酉日，任命汴州刺史吕仲泉为延州总管。

六月庚子日,降低对囚徒的处罚。乙巳日,任命鸿胪寺卿乙弗寔为翼州总管,上柱国豆卢勣为夏州总管。壬子日,开凿水渠,从渭水到黄河,沟通运粮水道。戊午日,秦王杨俊来朝。

秋季七月丙寅日,陈朝派遣兼任散骑常侍的谢泉、兼任通直散骑常侍的贺德基来访。

八月甲午日,派遣十名使臣巡省各地。戊戌日,卫王杨爽来朝。当日,因秦王杨俊纳妃,宴请百官,赏赐不等。壬寅日,上柱国、太傅、邓国公窦炽去世。丁未日,宴请秦王府官,赏赐不等。壬子日,宴请陈朝使臣。乙卯日,陈朝将领夏侯苗请求归降隋朝,皇上为了和陈通好,没有接纳。

九月甲子日,皇上亲至襄国公主宅第。乙丑日,亲临霸水,视察漕渠,对负责修渠的官吏给予不同的赏赐。己巳日,皇上亲自审核在押犯人的罪状。庚午日,契丹归附朝廷。甲戌日,皇上因为关内饥荒而前往洛阳。癸未日,太白星在白天出现。

冬季十一月壬戌日,派遣兼任散骑常侍的薛道衡和通直散骑常侍豆卢勣出使陈朝。癸亥日,任命榆关总管贺娄子干为云州总管。

开皇五年春季正月戊辰日,下诏令颁行新礼。

三月戊午日,任命尚书左仆射高颎为左领军大将军,上柱国宇文忻为右领军大将军。

夏季四月甲午日,契丹国主多弥派使纳贡。壬寅日,上柱国王谊谋反,被杀。乙巳日,下诏征召山东人马荣伯等六位大儒。戊申日,皇上从洛阳返回长安。

五月甲申日,下诏令各地设置义仓,以备荒年。梁主萧岿去世,太子萧琮继立。朝廷命上大将军元契出使面见突厥阿波可汗。

秋季七月庚申日,陈朝派兼任散骑常侍的王话和兼任通直散骑常侍的阮卓来访。丁丑日,任命上柱国宇文庆为凉州总管。壬午日,突厥沙钵略上表向隋主称臣。

八月丙戌日,沙钵略可汗派遣其子库合真特勤来朝见。甲辰日,河南各州发生水灾,派遣民部尚书邳国公苏威赈济灾民。戊申日,有数百颗流星陨落,四散而下。己酉日,皇上到栗园去。

九月丁巳日,从栗园归来。乙丑日,将鲍陂改名为杜陂,霸水改称滋水。陈将湛文彻进犯和州,被仪同三司费宝首俘获。丙子日,派遣兼任散骑常侍的李若和兼任通直散骑常侍的崔君赡出使陈朝。

冬季十月壬辰日,任命上柱国杨素为信州总管,朔州总管吐万绪为徐州总管。

十一月甲子日,任命上大将军源雄为朔州总管。丁卯日,晋王杨广来朝。

十二月丁未日,降低对囚徒的处罚。戊申日,任命上柱国达奚长儒为夏州总管。

开皇六年春季正月甲子日,党项羌人归附朝廷。庚午日,在突厥颁行隋朝历法。辛未日,任命柱国韦洸为安州总管。壬申日,派遣民部尚书苏威巡视山东。

二月乙酉日,山南荆州、淅州等七州发生水灾,派遣前任工部尚书长孙毗前往赈济、体恤灾民。丙戌日,规定刺史、上佐每年年末交替入朝,上报本州官吏考课情况。丁亥日,征发十一万丁男修筑长城,工期为二十天。乙未日,任命上柱国崔弘度为襄州总管。庚子日,大赦天下罪人。

三月己未日,洛阳男子高德上疏,请求高祖为太上皇,传帝位给太子。高祖说:"我受天命抚育百姓,每日工作到很晚,孜孜不倦,还唯恐不及。岂能效法近代帝王,而不学习古代圣主,把帝位传给儿子,自求安逸享乐!"癸亥日,突厥沙钵略可汗派使来贡献。

夏季四月己亥日，陈朝派遣兼任散骑常侍的周磻和兼任通直散骑常侍的江椿来访。

秋季七月辛亥日，河南各州发生水灾。乙丑日，京师长安从天降毛，如马的鬃尾毛，长则二尺多，短则六七寸。

八月辛卯日，关内七州大旱，下诏免除其赋税。派散骑常侍裴豪、兼任通直散骑常侍的刘颐出访陈朝。戊申日，上柱国、太师、申国公李穆去世。

闰八月己酉日，任命河州刺史段文振为兰州总管。丁卯日，皇太子出镇洛阳。辛未日，晋王杨广、秦王杨俊一同来朝。丙子日，上柱国、郕国公梁士彦，上柱国、杞国公宇文忻和柱国、舒国公刘昉三人因谋反被杀。上柱国、许国公宇文善因事获罪被除名。

九月辛巳日，皇上素装到射殿，命令百官行射礼，赏赐梁士彦等三家物资。丙戌日，上柱国、宋安郡公元景山去世。庚子日，任命上柱国李询为隰州总管。辛丑日，下诏令官府赈济、抚恤自大象元年以来为国死难者的家人。

冬季十月己酉日，任命河北道行台尚书令，并州总管、晋王杨广为雍州牧，其他官职依旧，任命兵部尚书杨尚希为礼部尚书。癸丑日，在襄州设置山南道行台尚书省，任命秦王杨俊为尚书令。丙辰日，任命芳州刺史骆平难为叠州刺史，衡州总管周法尚为黄州总管。甲子日，华林园降甘露。

开皇七年春季正月癸巳日，皇上在太庙祭祀。乙未日，规定各州每年举荐三人。

二月丁巳日，在东郊朝日。己巳日，陈朝派兼任散骑常侍的王亨和兼任通直散骑常侍的王慎来访。壬申日，皇上亲赴醴泉宫。当月，征发丁男十万人修筑长城，为期二十天。

夏季四月己酉日，皇上亲临晋王杨广宅第。庚戌日，在扬州开凿山阳渎，沟通漕运水道。突厥沙钵略可汗去世，其子雍虞闾继立，这就是都蓝可汗。癸亥日，分别以青龙符、白虎符、朱雀符、玄武符颁发给东、西、南、北各方总管、刺史。甲戌日，派遣兼任散骑常侍杨同、兼任通直散骑常侍崔儦出使陈朝。任命民部尚书苏威为吏部尚书。

五月乙亥朔日，有日食。己卯日，在武安到滏阳的十多里之间从天降石。

秋季七月己丑日，卫王杨爽去世，皇上在门下外省发丧。

八月丙午日，任命怀州刺史源雄为朔州总管。庚申日，梁主萧琮来朝。

九月乙酉日，梁国安平王萧岩在国内劫掠后投奔陈朝。辛卯日，高祖废除梁国，特赦江陵。任命梁主萧琮为柱国，封爵为莒国公。

冬季十月庚申日，皇上巡视同州，因该州为先帝所居，遂降低对囚徒的处罚。癸亥日，皇上亲赴蒲州。丙寅日，设宴招待蒲州父老，皇上非常高兴，说："这里的人衣着艳丽，仪态举止娴雅，的确是仕官之乡陶冶而成的。"

十一月甲午日，皇上巡幸冯翊，亲自祭社。有父老对答不合旨意的，皇上大怒，罢免县官后离去。戊戌日，从冯翊回到京师。

开皇八年春季正月乙亥日，陈朝派散骑常侍袁雅和兼任通直散骑常侍的周止水来访。

二月庚子日，土星进入东井星。辛酉日，陈朝派兵入寇硖州。

三月辛未日，上柱国、陇西郡公李询去世。壬申日，任命成州刺史姜须达为会州总管。甲戌日，派遣兼任散骑常侍的程尚贤和兼任通直散骑常侍的韦恽出使陈朝。戊寅日，高祖颁布诏书说：

过去有苗部落不肯臣服,唐尧便加以讨伐,孙皓过于残暴,晋武帝便兴师问罪。陈朝窃据江表,违背天意,残害众生。我刚受天命即位时,陈顼还在,本打算对他们晓以道理,而不采取讨伐的手段,所以遣使往来通好,指望他能改邪归正。但时间不长,又闻听他的罪行,如厚纳叛逃之人,侵犯边地城戍,勾吴、闽越肆意为虐。当时大举兴兵,准备讨平陈廷,统一天下,陈顼收兵回撤,深怀恐惧,自责请和,不久身亡。我怜悯其国正值丧期,便下令班师还朝。

陈叔宝继位后,因他请求继续和好,所以我停止征伐,互通使节。对彼此往来的使臣,我何尝没有热情周到地教诲,劝诫要改弦更张。但他却是狼子野心,不可驯服。无视正道,诛除骨肉之亲和贤才良臣。仗着所占的巴掌大的地盘和险要地势,劫掠豪夺,使百姓资产耗尽,征发驱使,劳役不止,以至征调女子,营造宫室,日增月益,无休无止,宫中女官,超过万数。珍贵精美的衣食,穷极奢侈,沉湎于淫靡的歌声和宴饮,夜以继日。诛杀直言进谏之臣,泯灭无辜的家族,残酷之极。欺骗上苍,肆意为虐,祭鬼求恩,在大道上欢歌舞蹈,在宫廷内畅饮酣醉。使浓妆艳抹的女子手执干戈,拖着长长的罗绮衣裳,传呼警跸,而陈叔宝自己则快马加鞭,毫无目的地奔驰,从早到晚不息。全副武装的士兵,徒步紧紧跟随,追赶不及便遭到处罚。从古至今没有再比他更昏乱的

陈叔宝

了。兵士们忍饥受冻,从事各种劳作,在土木营建和开沟挖渠中耗尽力气乃至生命。于是,君子潜逃,小人得志,家家隐藏杀戮之心,人人任意聚敛财富。灾祸横行,士大夫慑于暴政,敢怒而不敢言。人们倾心翘足,企盼归附,有关的奏书连续不断,再加上陈廷背信弃义,骚扰我边境城池,西至巴峡,东到海滨,江南江北无不遭受蹂躏,死者有掘墓之刑,生者遭劫掠之苦,人畜柴草被抄,农商之业渐废。历阳、广陵之人相继窥视中原,阴有异图,有的图谋攻城略地,有的劫掠百官民众,昼伏夜出,鼠窃狗偷。就陈而言,瘦弱士兵,来者必擒;对我而言,重兵把守,捍卫国境。何况普天之下都是我的臣民,所见所闻令我心中悲伤。梁国是我南方的属地,其君主入朝觐见,陈廷便暗中引诱,无视我的恩泽。梁国的人民遭驱迫迁徙,城镇州府沦为废墟。不仅我位居人主,不能忘怀这些事,而且百官和民众多次请求,岂能不诛讨逆贼,忍心让百姓受难而不拯救呢!

近日秋季伊始,打算吊民伐罪。益部所有楼船,一律调往东部,一时数十条神龙,在江流中奔腾跳跃,引导伐罪之师,指向金陵,船停则龙止,船行则龙去,四天之内,三军将士都有目共睹,这难道不是苍天怜爱众生,天地发挥作用,降神引路,协赞军威! 有上天的威灵,助平陈之力,便可出师,随机诛剿,在此一举,使吴、越永获安宁。出征将士所需的粮饷兵器、水陆所需及出兵期限等,依照另颁敕文行事。

秋季八月丁未日,河北各州发生饥荒,高祖派吏部尚书苏威负责救济灾民。

九月丁丑日,设宴款待准备南征的将帅,分别予以不等的赏赐。癸巳日,嘉州报告说有龙显现。

冬季十月己亥日,金星出现在西方。己未日,在寿春设置淮南行台省,任命晋王杨广为尚书令。辛酉日,陈朝派兼任散骑常侍的王琬、兼任通直散骑常侍的许善心来访,遂被拘留,不许返回。甲子日,因即将伐陈,有事祭于太庙。任命晋王杨广、秦王杨俊,清河公杨素均为行军元帅,以征讨陈朝。于是,晋王杨广、秦王杨俊、清河公杨素、荆州刺史刘仁恩、宜阳公王世积、新义公韩擒虎、襄邑公贺若弼、落丛公燕荣分别从六合、襄阳、信州、江陵、蕲春、庐江、吴州、东海等地出兵,共有九十名总管,五十一万八千兵卒,都归晋王指挥。东至沧海,西到巴、蜀,旌旗舟船连绵几千里。特赦陈国。有彗星见于牵牛星附近。

十一月丁卯日,高祖为即将出发的将士饯行。高祖悬重赏捉拿陈叔宝,凡捕获陈叔宝的人,朝廷授以上柱国、万户公。乙亥日,皇帝亲临定城,列阵誓师。丙子日,高祖视察河东。

十二月庚子日,高祖自河东返回。

开皇九年春季正月己巳日,白虹贯日。辛未日,贺若弼、韩擒虎分别攻克陈朝京口、南豫州。癸酉日,任命尚书右仆射虞庆则为右卫大将军。丙子日,贺若弼在蒋山大败陈朝军队,捕获陈将萧摩诃。韩擒虎进军攻入建邺,俘获将领任蛮奴,生擒后主陈叔宝。陈国平定了,共有三(四)十州、一百郡、四百县并入隋朝版图。癸巳日,高祖遣使持节前往安抚归降的臣民。

二月乙未日,罢废淮南行台省。丙申日,规定每五百家为一乡,设乡正一人;每百家为一里,设里长一人。丁酉日,任命襄州总管韦世康为安州总管。

夏季四月己亥日,高祖至骊山,亲自慰劳凯旋的军队。乙巳日,平陈的军队胜利还师,在太庙献俘。拜晋王杨广为太尉。庚戌日,皇上在广阳门设宴招待将士,分别给予不同等级的赏赐。辛亥日,大赦天下有罪之人。己未日,因陈朝都官尚书孔范、散骑常侍王瑳、王仪、御史中丞沈观等人,邪恶不正,巧言诌媚,导致国家的败亡,一律流放边疆。辛酉日,任命信州总管杨素为荆州总管,吏部侍郎宇文㢸为刑部尚书,宗正少卿杨异为工部尚书。壬戌日,高祖颁布诏书说:

以往吴越之地,百姓灾难困苦,经历战争洗劫,人民长期不得安宁。现在国家统一,生灵遂性,太平之法,方能流行。凡属我的臣民,从今以后,应修养德性,增广见闻。自丧乱以来,已近十年,君无君德,臣失臣道,父亲不慈,儿子不孝,兄弟之情淡薄,夫妻之义相违,长幼失序,尊卑错乱。我身为帝王,志在爱护、教诲民众,使成为有道之世,不敢片刻偷安。凡内外官吏,远近百姓,应家家自修,人人自省,使一切不合法度的行为,荡然无存。军队可以树立威严,却不能不有所收敛,刑罚有助于教化,但却不能专行。除警卫、镇守以外,其他一切军队、兵器都应停废。现在世道既平,四境没有战事,行伍之人都应学文,世间的铠甲兵器一律销毁。有功的武臣,应把心思放在文艺上,家族中的子侄辈应各通一经,令海内祥和,仰慕德行。京师乃至州县的学校中,生徒经学习而仕进的人中,没有突出的明经高等人才。原因是教诲不深,考课不精,现明示所以致此之由,要致力于儒学教育。无论在朝之官,还是在野之士,都能直抒胸臆,以宽宏为念,不要居心狭隘,违背我的谋划。

我自登基以来,至今已有九年,广开直言之路,表明没有忌讳之心,为此不辞辛劳。近来关于显露文才、评论功绩等直言很多,但真正推诚切谏的议论却很少。这不是所望于公卿百官和平民百姓的,你们应各说真话,弥补我的不足。凡是有善行和良才的人,一定要举荐，不要沉默不表，留待下面议论。应把这些意思颁告天下，让所有人都知道。

闰月甲子日，任命安州总管韦世康为信州总管。丁丑日，颁给总管、刺史木鱼符，雌雄各一。己卯日，任命吏部尚书苏威为尚书右仆射。

六月乙丑日，任命荆州总管杨素为纳言。丁丑日，任命吏部侍郎卢恺为礼部尚书。

当时朝野议论纷纷，都希望高祖封禅泰山。为此，秋季七月丙午日，高祖下诏说："岂能因任命一位将军，除剿一个小国，引起远近注意，就称作太平。用这样微薄之德封名山，以虚妄之言冒犯上天，非我所闻。自今以后，再有论及封禅之事的，都应马上禁止。"

八月壬戌日，任命广平王杨雄为司空。

冬季十一月壬辰日，考使定州刺史豆卢通等人上表请求封禅，高祖不允。庚子日，任命右卫大将军虞庆则为右武侯大将军，右领军将军李安为右领军大将军。甲寅日，降低对囚犯的处罚。

十二月甲子日，下诏说："我秉承天命，统一天下。处于百世衰敝之后、风俗浮薄之时，圣人的遗训，荡然无存。所以，制礼作乐是当务之急。我崇尚正统的古音雅道，至于郑、卫淫声，以及鱼龙杂戏，乐府之中一律禁止。现在想重新改定雅乐，作乐之术精妙细微，不是光靠教习便能掌握，而乐工世代相传的多是糟粕，不足以传扬神明之德和天地之和。国内技艺超群的奇才，哪朝哪代没有呢！大都是在不适宜的时期晦迹隐名，等到盛世时敢放言高论，应加以搜访，尽快禀报，希望能一睹他们的技能，共同议定雅乐。"随后命令太常寺长官牛弘、通直散骑常侍许善心、秘书丞姚察、通直郎虞世基等人议定作乐。己巳日，任命黄州总管周法尚为永州总管。

开皇十年春季正月乙未日，封皇孙杨昭为河南王，杨楷为华阳王。

二月庚申日，高祖视察并州。

夏季四月辛酉日，从并州返回长安。

五月乙未日，高祖颁诏称："自从魏末兵兴，死丧祸乱，疆土瓜分，连年不断的兵役征发，令百姓无暇休息。兵士军人，都隶属于临时设置的坊府，南征北伐，没有固定的居处。士卒家园破败，土地荒废，成了长久流徙不定的人，竟然没有乡里的名籍，我非常怜悯他们。从此以后，凡是军人，都可以归属州县，垦田和籍账，与百姓相同。各军府统领办法，仍依旧不改。罢省山东、河南和北方沿边之地新设立的军府。"

六月辛酉日，规定：丁男年满五十岁，就可以免除征役，而以收庸代替。癸亥日，任命灵州总管王世积为荆州总管，浙州刺史元胄为灵州总管。

秋季七月癸卯日，任命纳言杨素为内史令。庚戌日，高祖亲自审核囚犯的罪状。辛亥日，高丽辽东郡公高阳去世。壬子日，吐谷浑派使者来朝见皇上。

八月壬申日，委派柱国、襄阳郡公韦洸和上开府、东莱郡公王景并持节巡查慰抚岭南地区，当地的百越人都归附于朝廷。

冬季十月甲子日，颁给在京五品以上官吏木鱼符。戊辰日，任命永州总管周法尚为桂州总管。

十一月辛卯日，高祖亲临国学，对在学的生徒、学官分别给予不同等级的赏赐。丙午日，契丹国派使朝贡。辛丑日，有事在南郊举行祭祀。当月，婺州人汪文进、会稽人高智慧、苏州人沈玄恰都举兵反叛，自称天子，设置属官。乐安的蔡道人、蒋山的李棱、饶州的吴代华、永嘉的沈孝澈、泉州的王国庆、余杭的杨宝英、交趾的李春等人都自称大都督，攻陷州县。高祖命令上柱国、内史令、赵国公杨素出兵讨平叛乱者。

开皇十一年春季正月丁酉日,因平陈时获得的古器多有灾异,下令全部毁掉。辛丑日,高丽国派使前来纳贡。丙午日,皇太子妃元氏去世,高祖在文思殿举行悼念仪式。

二月戊午日,吐谷浑派使进贡。任命大将军苏孝慈为工部尚书。丙子日,因临颍县令刘旷政绩卓著,提升为莒州刺史。己卯日,突厥派使进献七宝碗。辛巳晦日,有日食。

三月壬午日,派遣通事舍人若干出使吐谷浑。癸未日,任命幽州总管周摇为寿州总管,朔州总管吐万绪为夏州总管。

夏季四月戊午日,突厥雍虞闾可汗派特勤来朝见。

五月甲子日,高丽派使臣来进贡。癸卯日,命令文武百官都到朝堂讨论封禅之事。乙巳日,任命右卫将军元旻为左卫大将军。

秋季七月己丑日,任命柱国杜彦为洪州总管。

八月壬申日,高祖亲临栗园。滕王杨瓒去世。乙亥日,从栗园返回京师。上柱国、沛国公郑译去世。

十二月丙辰日,靺鞨派使臣前来进献特产。

开皇十二年春季正月壬子日,任命苏州刺史皇甫绩为信州总管,宣州刺史席代雅为广州总管。

二月己巳日,任命蜀王杨秀为内史令,兼任右领军大将军,汉王杨谅为雍州牧、右卫大将军。

夏季四月辛卯日,任命寿州总管周摇为襄州总管。

五月辛亥日,广州总管席代雅去世。

秋季七月乙巳日,尚书右仆射、邳国公苏威和礼部尚书、容城县侯卢恺因事获罪除名。壬戌日,高祖到昆明池,当日还宫。己巳日,有事在太庙祭祀。壬申晦日,有日食。

八月甲戌日,规定:全国犯死罪者,各州不许随意处决,都必须由大理寺审核。乙亥日,高祖到龙首池。癸巳日,规定:担任警卫的人不得擅离职守。丁酉日,上柱国、夏州总管、楚国公豆卢勣去世。戊戌日,皇上亲自审查囚犯的罪状。

九月丁未日,任命工部尚书杨异为吴州总管。

冬季十月丁丑日,遂安王杨集改封卫王。壬午日,有事在太庙举行祭祀。在太祖的灵位前,高祖呜咽流泪,不胜其悲。

十一月辛亥日,有事在南郊举行祭典。壬子日,皇上设宴招待群臣,赏赐不等。己未日,上柱国、新义郡公韩擒虎去世。庚申日,任命豫州刺史权武为潭州总管。甲子日,群臣在武德殿举行大射礼。

十二月癸酉日,突厥派使臣前来朝拜。乙酉日,任命上柱国,内史令杨素为尚书右仆射。己酉日,吐谷浑,靺鞨并派使贡献特产。

开皇十三年春季正月乙巳日,上柱国、郇国公韩建业去世。丙午日,契丹、奚、霫室韦都派使臣来进贡。壬子日,高祖亲自主持祭祀,以感激上天。己未日,任命信州总管韦世康为吏部尚书。壬戌日,高祖视察岐州。

二月丙子日,下诏营建仁寿宫。丁亥日,高祖自岐州返回长安。戊子日,在嘉则殿设宴招待考使。己卯日,册立皇孙杨暕为豫章王。戊子日,晋州刺史、南阳郡公贾悉达、隰州总管、抚宁郡公韩延等人,因贿赂被杀。己丑日,规定:因事获罪免官者,被发配到边地一年。丁酉日,又规定,私人家中不许隐藏以神学迷信附会儒家经典的纬谶一类的书籍。

夏季四月癸未日,规定:凡阵亡的家庭,免除一年徭役。

五月癸亥日,颁布诏布规定,世间如有撰集国史、品评人物的一律禁止杜绝。

秋季七月戊申日,靺鞨派使臣进献特产。壬子日,左卫大将军、云州总管、钜鹿郡公贺娄子干去世。丁巳日,皇上前往昆明池。戊辰晦日,有日食。

九月丙辰日,降低对囚犯的处罚。庚申日,邵国公杨纶封为滕王。乙丑日,任命柱国杜彦为云州总管。

冬季十月乙卯日,上柱国、华阳郡公梁彦光去世。

开皇十四年夏季四月乙丑日,高祖下诏说:"以往的圣人,把作乐崇德、移风易俗视为大事。自从东晋流离迁徙,战争不断,雅乐流散,年代久远,国家又不能统一,所以无从辨正。幸赖上天明鉴,神灵赐福,拯救灾难的百姓,使百姓安居乐业,国家统一,治理前代遗留的礼乐典章制度,皆为国有。先前让有关部门进行全面的研究,雅乐正声已详考完毕,应该立即施用,目前实行的一律停废。民间的音乐,流荡邪僻的人,放弃原来的体制,竞相制造繁缛之声,浮荡而不返于正,遂成风俗。应严加限制,禁止流行,以正本清源,恢复其本来面貌。"

五月辛酉日,京师长安发生地震。关内各州发生旱灾。

六月丁卯日,命令所有的省府州县,一律给公廨田,官吏不得经营生计,与百姓争利。

秋季七月乙未日,任命邳国公苏威为纳言。

八月辛未日,关中地区大旱,百姓饥饿。高祖亲自率领饥民往洛阳过活。

九月己未日,任命齐州刺史樊子盖为循州总管。丁巳日,任命基州刺史崔仲方为会州总管。

冬季闰十月甲寅日,下诏说:"齐、梁、陈以往都在南方创业,年代久远,致使宗祀废绝、祭奠无主,人们议论或怜惜之情,都很感伤。所以,对营国公萧琮、高仁英、陈叔宝等人,都应按时祭祀。祭祀中需要的器物,由主管部门供应。"乙卯日,规定九品以上的地方官,不得携带父母和十五岁以上之子赴任。

十一月壬戌日,规定州县佐吏每三年一任,不能连任。癸未日,有彗星入角、亢星。

十二月乙未日,高祖到东方视察和狩猎。

开皇十五年春季正月壬戌日,高祖到达齐州,亲自询问百姓疾苦。丙寅日,行至王符山。庚午日,高祖因当年旱情严重,在太山举行祭典,向上天谢罪。大赦天下有罪的人。

二月丙辰日,收缴天下兵器,敢有私自制造者,一律依法治罪。关中缘边地区例外。丁巳日,上柱国、蒋国公梁睿去世。三月己未日,高祖从东巡回到长安。祭祀五岳海渎。丁亥日,高祖亲临仁寿宫。营州总管韦艺去世。

夏季四月己丑朔日,大赦天下有罪的人。申辰日,任命赵州刺史杨达为工部尚书。丁未日,任命开府仪同三司韦冲为营州总管。

五月癸酉日,吐谷浑派使来朝贡。丁亥日,规定五品以上的京官,佩带铜鱼符。

六月戊子日,下令开凿底柱山。庚寅日,相州刺史豆卢通进献有彩文的细布,高祖命人在朝堂焚烧。乙未日,林邑派使臣来进贡。辛丑日,下令不在礼仪制度祭祀之内的名山大川,今后都要祭祀。

秋季七月乙丑日,晋王杨广进献毛龟。甲戌日,派邳国公苏威巡查江南。戊寅日,从仁寿宫返回。辛巳日,规定,九品以上官因正常原因离任的允许执笏。

冬季十月戊子日,任命吏部尚书韦世康为荆州总管。

十一月辛酉日,高祖前往温汤。乙丑日,从温汤返回宫中。

十二月戊子日,宣布有盗窃边塞粮一升以上的一律问斩,家中财产全部抄没充公,家口沦为奴婢。己酉日,命文武百官四年一任。

开皇十六年春季正月丁亥日,册封皇孙杨裕为平原王,杨筠为安成王,杨嶷为安平王,杨恪为襄城王,杨该为高阳王,杨韶为建安王,杨煚为颖川王。

夏季五月丁巳日,任命怀川刺史庞晃为夏州总管,蔡阳县公姚辩为灵州总管。

六月甲午日,规定工商之家不得入仕为官。并州发生严重的蝗灾。辛丑日,命令九品以上官的妻子,五品以上官的妾,在丈夫去世后不准改嫁。

秋季八月丙戌日,命令所有判处死刑的人,都要经三奏之后再行刑,以示人命慎重。

冬季十月己丑日,高祖亲临长春宫。

十一月壬子日,从长春宫归来。

开皇十七年春季二月癸未日,太平公史万岁讨平西宁羌人。庚寅日,高祖到仁寿宫。庚子日,上柱国王世积讨平桂州贼李光世。壬寅日,河南王杨昭纳妃,宴请群臣,赏赐不等。

三月丙辰日,高祖颁诏说:"设置文武百官,以共同执掌国家要务,官位有高下不同等级。如果上、下级官之间不相敬惮,自行宽纵,就难以成事。诸如殿廷失礼一事,虽有法令条规约束,有的依律则轻,论情则重,如不马上处罚,便无以惩戒以肃朝纲。此后,上级官论定属官罪过时,允许在法律以外酌情判以杖刑。"辛酉日,皇上亲自审查囚犯的定罪情况。癸亥日,上柱国、彭国公刘昶因罪被处决。庚午日,派治书侍御史柳彧、皇甫诞巡视河南、河北。

夏季四月戊寅日,颁布新历法。壬午日,高祖下诏说:"周氏天下告终,群凶作乱,祸起地方强藩,殃及黎民百姓。我受命于天,统一天下,圣灵保佑,文武同心。申明公李穆、郧襄公韦孝宽、广平王杨雄、蒋国公梁睿、楚国公豆卢勣、齐国公高颎、越国公杨素、鲁国公虞庆则、新宁公叱李长叉、宜阳公王世积、赵国公独孤罗云、陇西公李询、广业公景、真昌公振、沛国公郑译、项城公王子相、钜鹿公贺娄子干等人,为创建帝国基业忠心耿耿,全心为国,建立卓著的功勋。应光大其家门世系,与国同休。其世子世孙中有未经州官的,应量才擢用,使其享受荣宠之位,世代禄位无穷。"

五月,在玉女泉设宴招待百官,分别给予不同等级的赏赐。己巳日,蜀王杨秀来朝。高丽国派使臣来进贡。甲戌日,任命左卫将军独孤罗云为凉州总管。

闰月己卯日,有鹿群闯入殿门,驯扰于侍卫之内。

秋季七月丁丑日,桂州人李代贤造反,高祖派右武侯大将军虞庆则出兵平定了叛乱。丁亥日,上柱国、并州总管秦王杨俊因事获罪被罢免,以王的身份返家。戊戌日,突厥派使来贡献特产。

八月丁卯日,荆州总督、上庸郡公韦世康去世。

九月甲申日,从仁寿宫归来。庚寅日,皇上对侍臣说:"礼以敬为主,应当尽心竭力,祭品不一定芳香,贵在恭敬。庙庭中设乐,本来是为了迎神,斋祭之日,目光所及,多有感触。值此之际,在路奏乐,于礼欠妥,望公卿百官再加审慎。"

冬季十月丁未日,给骠骑、车骑府颁发铜兽(虎)符。戊申日,道王杨静去世。庚午日,高祖下诏称:"三皇五帝时礼乐各有不同,都视具体情况而有所改变。窃思祭祀宗庙好像先帝就在眼前,昊天罔极之感,此日最深。而礼毕升车,则有鼓吹之乐,还入宫门,又有金石之声。这样哀乐同时,心和事矛盾,使人心情不安,在道理上也有失允当。应改革旧制,以弘扬礼教。从今以后,祭庙日不必再置备鼓吹之乐,殿庭中也不得设悬乐。"辛未日,京师大检查。

十一月丁亥日,突厥派使来朝。

十二月壬子日,上柱国、右武侯大将军、鲁国公虞庆则因罪被杀。

开皇十八年春季正月辛丑日,颁布诏书:"吴、越之人,往日因袭弊习,在当地私自建造大船,互相聚众勾结,构成危害。此后江南各州,有如三丈以上长的船只,一律搜括没官。"

二月甲辰日,高祖亲临仁寿宫。乙巳日,委任汉王杨谅为行军元帅,调发水陆三十万人马讨伐高丽。

三月乙亥日,任命柱国杜彦为朔州总管。

夏季四月癸卯日,任命蒋州刺史郭衍为洪州总管。

五月辛亥日,下令凡畜养害人之物,以毒害人,或用迷信的方法祈祷鬼神诅咒害人的人家,一律发配到四方极远的边地去。

六月丙寅日,下诏罢免高丽王高元的官爵。

秋季七月壬申日,下诏因河南八州水灾发生,特免除当地百姓赋役。丙子日,命令在京五品以上官和地方官总管、刺史,以志行修谨、清平干济两科荐举人才。

九月己丑日,汉王杨谅的军队因染上疾病瘟疫被迫回师,士卒病死达十之八九。庚寅日,下令凡收留没有官府证明的旅客住宿者,连同刺史、县令一道治罪。辛卯日,高祖从仁寿宫返回。

冬季十一月甲戌日,皇上亲自过问囚犯的判处。癸未日,有事在南郊告祭。

十二月庚子日,上柱国、夏州总管、任城郡公王景因罪被杀。此月,高祖从京师到仁寿宫,沿途设置十二处行宫。

开皇十九年春季正月癸酉日,大赦天下罪人。戊寅日,在武德殿行射礼,宴请、赏赐百官。二月乙亥日,晋王杨广来朝。辛丑日,任命并州总管长史宇文㢸为朔州总管。甲寅日,高祖到达仁寿宫。

夏季四月丁酉日,突厥利可汗归附朝廷。达头可汗侵犯边塞,高祖派行军总管史万岁出兵击败他。

六月丁酉日,任命豫章王杨暕为内史令。

秋季八月癸卯日,上柱国、尚书左仆射、齐国公高颍因事获罪免官。辛亥日,上柱国、皖城郡公张威去世。甲寅日,上柱国、城阳郡公李彻去世。

九月乙丑日,任命太常卿牛弘为吏部尚书。

冬季十月甲午日,册封突厥利可汗为启人可汗,修建大利城以安置突厥部落。庚子日,任命朔州总管宇文㢸为代州总管。

十二月乙未日,突厥都蓝可汗被部下所杀。丁丑日,有流星陨落于渤海。

开皇二十年春季正月辛酉朔日,皇上在仁寿宫。突厥、高丽、契丹都派使臣来进贡。

癸亥日,任命代州总管宇文㢸为吴州总管。

二月己巳日,任命上柱国崔弘度为原州总管。丁丑日,天上无云而响雷。

三月辛卯日,熙州人李英林造反,皇上派行军总管张衡前往镇压了叛乱。

夏季四日壬戌日,突厥进犯边境,皇上任命晋王杨广为行军元帅,击败来犯者。乙亥日,天上有如同泄水的声响,从南到北。

六月丁丑日,秦王杨俊去世。

秋季八月,南极星显现。

九月丁未日,从仁寿宫归来。癸丑日,吴州总管杨异去世。

冬季十月己未日,太白金星在白天显现。乙丑日,皇太子杨勇和他的儿子们一道被废为庶人。将柱国、太平县公史万岁斩首。己巳日,又杀死左卫大将军、五原郡公元旻。

十一月戊子日,天下地震,长安有大风雪。立晋王杨广为皇太子。

十二月戊午日,命令东宫官不许向皇太子称臣。辛巳日,颁诏说:"佛法深奥精妙,道教虚无缥缈,都能普降慈爱,济度众生。人们都蒙受其庇护。所以人们才雕铸或绘画神佛形象,供举国瞻仰,以表达真诚的敬意。五岳四镇依时宣散云雨,江、河、淮海,润泽土地,以生养万物,有益于百姓,所以建造庙宇,祭祀神灵,按时敬奉。如果有人胆敢毁坏、偷盗佛道神像或岳镇海渎神位,依十恶之'不道'条论处。僧人、道士如毁坏神像,以'恶逆'条论罪。"

仁寿元年春季正月乙酉朔日,大赦天下罪人,改年号。任命尚书右仆射杨素为尚书左仆射,纳言苏威为尚书右仆射。丁酉日,河南王杨昭改封晋王。突厥进犯恒安,调柱国韩洪讨伐,官军大败。任命晋王杨昭为内史令。辛丑日,高祖下诏称:"君子修身,虽说有多方面的品行,但只有忠诚和孝顺是最首要的。所以投奔明主,为主人殉节。为节义而死,自古以为难能可贵,为君王死难,礼遇增加二等。可是世俗之徒,不明大义,致使为国战死的却不能在坟地安葬。既亏孝子之意,又伤人臣之心,每念及此,无不深深怜悯叹息。何况入庙祭祀,并不废缺,为何唯独战士死亡,不许葬于坟地。从今以后,战亡之人,都应葬入坟地。"

二月乙卯朔日,有日食。辛巳日,任命上柱国独孤楷为原州总管。

三月壬辰日,任命豫章王杨暕为扬州总管。

夏季四月,任命浙州刺史苏孝慈为洪州总管。

五月己丑日,突厥男女九万人前来归降。壬辰日,天降骤雨,雷声震天,大风将树木连根拔起,宜君积水向始平宣泄。

六月癸丑日,洪州总管苏孝慈去世。乙卯日,皇上派十六名使臣到各地巡视,访察民情。乙丑日,颁诏说:"儒学之道,教育民众,使其明白父子君臣之义,尊卑长幼之序,所以入仕为官,能帮助治理朝政,推广教化。我执政以来,考虑弘扬德教,遂广召学生,崇建学校,开拓入仕之途,安置贤良杰出之人。然而进入国学的官宦子弟,将近千人,州县的学生数量也不算少,却空占学籍,虚度时光,没有人以德操为世人楷模,或以才能堪为国用。这是由于设学原则,人多而未能精选。现在应该精简,明加奖励。"于是国子学只留学生七十人,太学、四门学和州县学均废。当日,给各州颁发舍利。

秋季七月戊戌日,改国子学为太学。

九月癸未日,任命柱国杜彦为云州总管。

十一月己丑日，在南郊祭天。壬辰日，任命资州刺史卫玄为遂州总管。

仁寿二年春季二月辛亥日，任命邢州刺史侯莫陈颖为桂州总管，宗正杨祀为荆州总管。

三月己亥日，皇上到仁寿宫。壬寅日，任命齐州刺史张乔为潭州总管。

夏季四月庚戌日，岐州、雍州发生地震。

秋季七月丙戌日，命令内外官吏各举所知。戊子日，任命原州总管独孤楷为益州总管。

八月己巳日，皇后独孤氏去世。

九月丙戌日，从仁寿宫回来。壬辰日，河南、河北各州发大水，皇上派工部尚书杨达赈恤灾民。乙未日，上柱国、襄州总管、金水郡公周摇去世。陇西发生地震。

冬季十月壬子日，特赦益州管辖内所有罪人。癸丑，任命工部尚书杨达为纳言。

闰月甲申日，命令尚书左仆射杨素和精通天文历法之士，订正阴阳的错误。己丑日，下诏说："礼的运用意义重大，用黄琮祭地、苍璧祭天，使天地之神降福，陈列牺牲祭品，以展示对宗庙的尊敬，正父子君臣之序，明婚姻丧事之节。所以，道德仁义，没有礼不成，上安下治，莫过于实行礼制。自从天下动荡，祸患连年不断，致使先王所行正道沦丧，风气大变，精微之言断绝而正道乖违，随着年代的推移，这种弊端日趋严重。至于四时祭祀的节制或修饰以及五服麻葛的轻与重，各说不一，纷繁杂乱，致使圣教衰败错讹，轻重标准无凭。我敬承天命，统治民众，正值动荡不安，战争频仍之际，平定祸乱，只有先用武功，删定常典却无暇顾及。现在天下太平，战争结束，理应整饬风化，用道德和礼义引导百姓，补缀和复兴先代圣主的典章制度。尚书左仆射、越国公杨素，尚书右仆射、邳国公苏威，吏部尚书、奇章公牛弘，内史侍郎薛道衡，秘书丞许善心，内史舍人虞世基，著作郎王劭等人，有的位居宰职，博通古今，有的众望所归，学综经史。委托他们裁定编次，确实符合众议。可以一同修订五礼（吉、嘉、宾、军、凶礼）。"壬寅日，将献皇后安葬在太陵。

十二月癸巳日，上柱国、益州总管蜀王杨秀被废为庶人。交州人李佛子举兵造反，高祖派行军总管刘方讨伐并平定了叛乱。

仁寿三年春季二月己卯日，原州总管、比阳县公庞晃去世。戊子日，任命大将军、蔡阳郡公姚辩为左武侯大将军。

夏季五月癸卯日，下诏说："每当念及父母生育我的辛劳时，便悲伤不已。想要报答的恩德之大，犹如昊天广袤无穷。只是父母不得我的奉养而先逝，无可挽回，空自哀痛。六月十三日是我的生日，应该让全国百姓为纪念我的父母武元皇帝、元明皇后，而严禁宰杀牲畜。"

六月甲午日，下诏说：

《礼记》说："为最亲近的人服丧期为一年。"这大概是圣人用来象征四时的变化和万物重新开始。至于有服三年的，则是加重了丧礼。只是家无二尊，母亲的丧礼就要轻些，所以父在母亡，服一年丧，这是服丧的正道。岂能容许期丧中更有"小祥"！然而三年之丧而有小祥的，据《礼记》记载："期祭是礼，周年后除丧服，是道。"因此，虽没看到第二个期年，但天地一变，不能不祭，不能不除，所以才有小祥之祭，以存丧祭之本。但期丧有小祥不合适。虽说死后十一月而练，却无所取法，既不是周年，也非适当之时机，怎么能除去丧礼之服呢。可儒者却只仿照三年之丧，而建练（周年后祭）禫、（两周年后祭）等除服祭礼,可称得上是只存其变,而失其本,原打算逐渐抑情,却于丧礼反倒菲薄了。致使死者之子在练冠上除去麻带,黄里红边,有经则布葛在身,粗服不改。这难道不是经哀尚存,子情已失,亲疏失序,轻重颠倒!如此不顺人情,怎能是圣人之意呢!由此可知,先圣所制的丧礼废弃于人们的错讹,三年之丧尚有不实行的,至于祥练等礼节,怎么能不废弃呢?

《礼记》记载:"居父母之丧的礼仪,没有身份贵贱之分。"而士大夫们居父母之丧,却分贵贱有等以及不合礼制的丧服。可见礼坏乐崩,由来已久。所以晏婴服斩衰礼,其家中管事者称之为非礼,滕文公服三年丧,文武百官都不情愿。这大都是由于先王所行正道衰微,诸侯各行其政,将超越法度,讨厌礼制对自己的妨害,遂除去典籍,随意行事。致使对父母之恩,轻重从俗,对先王所创不得更易的正道,随意增损。更何况孔子去世后遂使精微言论隐而不发,秦朝泯灭儒学把经籍付之一炬呢!汉朝兴起后,虽广求儒雅之士,但众说纷杂,莫衷一是。再加上近年祸患灾难不断,只注意征战讨伐,对于典礼却无暇顾及。而礼不从天降,不从地出,在于人们内心,即所谓情缘于恩。所以恩厚则礼盛,情轻则礼薄。圣人以此酌情制定礼节,以区别亲疏贵贱。自从君臣上下秩序沦丧,遂造成莫大之恩因情而薄,莫重之礼因时而减。这样便使丧服不符合丧制,仪容不配合丧服,这不是圣人因恩表情、制定礼仪的原则。

然而,就丧礼而言,与其仪文周到,宁可悲哀,这才是丧礼的本质。至于其他的都不如悲哀更重要,即所谓感情真实。现在所行的十一月而练的丧礼,既不是礼的本义,也不是真诚的感情。由此而言,父在母亡的不应再有练祭。只能依照丧礼十三月而祥,十五月而禫。以符合圣人的本意,表达孝子的心意。

秋季七月丁卯日,高祖又下诏说:

上天通过日往月来把握四时依序正常运行,大地借助山镇川流来疏通阴阳之气。四时依序则寒暑无差,气候疏通则云雨有节,所以才能维持天地自然的规律,哺育万物。何况一人统治天下,单靠自己的所见所闻就想治理好国家,而不依靠众人的才能,这是不可能的。所以唐尧明智,让羲、和位居高官,虞舜高明,升元、凯作相。伊尹以厨师的身份作了殷汤的辅佐,吕望以钓鱼之夫成了周武王的尚父。所以有明主在上,下必有贤臣,龙虎从风云,贤臣应明主。君德不邪,臣道遂正,所以能通天地之和,顺阴阳之序的,岂非因英明君主,而有贤良辅臣吗?

自从先王所行正道渐衰,民情也渐失淳厚,君主不能以公正之道统治民众,臣下必然遵循私家之法以迎合当时。上下蒙蔽,君臣之道丧失,由此则治政衰败,百姓困乏。同心之风难袭,离德之轨易随,造成任者不善,善者不任,人言可畏,随时都有可能遭受不测的杀身之祸。所以有人漫步歌吟,逃避世务,或辞去官职,在家种菜,或罢官不悔,或藏身退隐,湮没于江湖河海之中,洁身自好而不懊悔。至于民间杰出的博雅之士,言论足以辅佐朝政,行为足以勉励世人,却被遗弃于民间,不为人知,这类事真是说不胜说!所以看这些古事而令人叹息。

现在国家统一,人烟万里,百姓安定,四夷归顺,这难道是人力所致,实在是天意所为。这只是昼夜忧虑,如何来继承先代圣主完美的德行,因此谨慎自勉,日慎一日。以百姓为念,以政事为怀,担心有丝毫的差失。虽然寻访傅岩,却没有发现隐士,徒想崆峒,却没有听到高明的治国之道。唯恐自荐无路,辞尊居卑,远迹犬羊之间,屈身僮仆之伍。现命州县长官搜访荐举贤人,一律录取那些明晓古今、通识治乱之道的人,以寻求政教礼乐的本源。人数不限,不得不举,限期三旬,都使入仕,征召和送行必须依礼行事。

八月壬申日,上柱国、检校幽州总管、落丛郡公燕荣因罪被杀。

九月壬戌日,设置常平官。甲子日,任命营州总管韦冲为民部尚书。

十二月癸酉日,河南各州发生水灾,高祖派纳言杨达救济灾民。

仁寿四年春季正月丙辰日,大赦天下。甲子日,亲赴仁寿宫。乙丑日,下令凡属赏罚和财政支出等事务,不论大小,都交付皇太子办理。

夏季四月乙卯日,皇上生病。

六月庚申(午)日,大赦天下。有星辰行入月中,几天才退。在雁门出现长人。

秋季七月乙未日,太阳暗淡无光,八天后才恢复。己亥日,任命大将军段文振为云州总管。甲辰日,高祖因病重,躺卧在仁寿宫内,和百官诀别,君臣握手抽咽。丁未日,在大宝殿去世,时年六十四。高祖在遗诏中说:

唉!自从晋室流离迁徙,天下祸乱,四海不一,直至周、齐,战火连绵不断,将近三百年。多处割土裂疆,多人称王称霸,各行其政,百姓困苦不堪。上天降灵,授命于我,因登皇位,这难道只因人力而成!声威和教化远播四海,这又是天意要安定天下的缘故。所以黎明临朝,不敢享受安乐,日理万机,事必躬亲,不论昼夜寒暑,不辞辛劳,不是为我自己,全是为百姓的缘故。王公百官,每日上朝,刺史以下,三季朝集,何尝不竭尽心力,殷切嘱咐。既有君臣之义,又兼父子之情。希望依仗百官的才智,使全国欢心,想让天下百姓永得安乐,没想到久病不愈,乃至濒危。这些属人之常情,何足挂齿!只是天下百姓衣食不够丰厚,教化政刑还有不完善之处,每念及此,引为遗憾。我今年已逾六十,不能称为夭亡,只是筋骨精神,一时劳竭。造成的原因,本非以己,只是为了安养百姓。

人生养子孙,谁不怜爱惦念,既然以天下为重,就必须忍痛割爱,杨勇、杨秀等人,想背叛朝廷,既然知道他们已丧失臣子之心,所以才将他们废黜为庶人。古人有言:"知臣莫如君,知子莫若父。"假使让杨勇、杨秀等人得逞,统治天下,必然会残酷杀戮公卿、百姓。现在这些人我已替百姓废黜掉,剩下的好子孙足以担当大任。这虽是我的家事,理不容隐,先前已向文武侍卫阐明。皇太子杨广,身居太子之位,以仁义孝顺闻名,以他的操行事业,能够成就我的志向。我只希望内外群臣,同心协力,共同治理天下,我虽闭目,还有什么遗憾呢。

只是国家事大,不能局限于常礼。将我下葬以后,文武百官因身负重任,而因公除服,象平时一样,这一制度应当遵循,不必改定。凶礼所需,只使足以办丧事即可,务必节俭,不得劳烦百姓。各州总管、刺史以下官,应各守其职,不守奔赴朝廷。自古以来智慧卓越的君主,都是因人做法,前后帝王因时制宜,或沿袭,或变革。律令格式中如有不便于执行的,应按照前敕予以修改,务使适应政事需要。唉,你们要恭敬从事,不要辜负我的嘱托!

乙卯日,将死事通告天下。河间有四株杨柳无故枯黄落叶,不久又重生花叶。

八月丁卯日,灵柩从仁寿宫运回。丙子日,停放在大兴前殿。

冬季十月己卯,与皇后合葬在太陵,同坟异穴。

皇上为人严肃,仪容庄重,表面看质朴无华,内心聪明敏捷,有大谋略。在执政之初,群情不附,诸子年幼势弱,内有六王谋反,外有三方叛乱。控制强兵、驻守重镇的都是北周的旧臣。皇上推心置腹，以诚相待，使其各自发挥才干，不出一月，便平定了三边之乱，不足十年，就统一了天下。轻徭薄赋，刑罚宽简，对内整饬各项制度，对外镇抚各少数民族。每早听朝，直到太阳西斜，不知疲倦，居处服节和玩赏的物品，必从节俭，有令即行，有禁则止，上下同化。开皇、仁寿之间，成年男子不穿精美花纹的丝织服装，也没有金玉的饰物，常服大多是布帛做成的，腰带也不过以铜铁骨角装饰。虽然节省钱财，但对于赏赐有功之人，也无所吝惜。出外巡游时，途中遇到上表的人，便停下马来亲自过问。有时秘密派遣使者到各地采集风俗，地方官治政的得失，人间的疾苦，无不留意。曾经遇到关中饥荒，就派左右侍臣视察百姓吃的东西。有人将百姓充饥的豆屑杂糠进献给皇上，高祖流着眼泪给群臣看，并深深自责，为此将近一年降减膳食，不进酒肉。等到太山封禅时，途中关中百姓迁往粮食较多的洛阳生活的人接连不断。皇上命令负责侦察的卫士不许随便驱逐威胁，使男女百姓夹杂在仪仗侍卫之中。遇上扶老携幼的，皇上便牵马避开，慰问勉励后才离去。走到艰难之处，见有担挑东西的人，就马上让身边人扶助。对阵亡的将士，必加优待赏赐，又派使臣到家中慰问。高祖自强不息，朝夕孜孜不倦，使百姓殷繁，府库充实。虽未能达到最完善的统治，也足以称得上近代良主。但是生性沉着猜忌，向来不好学问，好弄小权术，不通大体，所以忠臣义士不能尽心极言。对建国元勋和有功将领，诛杀贬退，很少能有幸存的。又不喜好诗书，废除学校，只听信妇人之言，废黜诸子。等到晚年，执法尤其严峻，喜怒无常，杀戮过多。曾让身边侍臣把西域朝贡使者送出玉门关，所经途中，有人接受地方官馈赠的鹦鹉、麋皮、马鞭之类的物品，皇上听后大怒。又亲临武库署，见署内荒废不整治，于是将武库令和接受馈赠者拘捕，押解出开远门，亲自监斩，处死的人达几十人。又常常偷偷派人贿赂令史府史，凡接受者一律处死，无所宽恕。议论者因此而贬低他。

炀帝本纪

【题解】

隋炀帝（569~618）名杨广，一名杨英，是隋文帝杨坚的次子。母亲是独孤文献皇后。开皇元年立为晋王，授武卫大将军衔。杨广少时好学，性格深沉，善于伪装，颇受文帝和献后宠爱。他用阴谋手段陷害其兄杨勇，终于得到了太子地位。公元604年，文帝去世，杨广登上皇帝宝座。

杨广一生穷奢极欲。对内大兴徭役，营建东都，修筑西苑，筑长城、修驰道，耗资巨万，用工无算，使百姓疲于奔命；对外穷兵黩武，三次远征高丽，士兵死伤战场，百姓颠沛运输路上，赋税繁重，民不聊生；终于激发了无数大大小小的农民起义，埋葬了隋朝。大业十二年（616），炀帝南巡江都，十四年（618）被禁军首领宇文化及杀死在宫中。

【原文】

炀皇帝讳广，一名英，小字阿麼，高祖第二子也。母曰文献独孤皇后。上美姿仪，少敏慧，高祖及后于诸子中特所钟爱。在周，以高祖勋，封雁门郡公。

开皇元年,立为晋王,拜柱国、并州总管,时年十三。寻授武卫大将军,进位上柱国、河北道行台尚书令,大将军如故。高祖令项城公韶、安道公李彻辅导之。上好学,善属文,沉深严重,朝野属望。高祖密令善相者来和遍视诸子,和曰:"晋王眉上双骨隆起,贵不可言。"既而高祖幸上所居第,见乐器弦多断绝,又有尘埃,若不用者,以为不好声妓,善之。上尤自矫饰,当时称为仁孝。尝观猎遇雨,左右进油衣,上曰:"士卒皆沾湿,我独衣此乎!"乃令持去。

六年,转淮南道行台尚书令。其年,征拜雍州牧、内史令。八年冬,大举伐陈,以上为行军元帅。及陈平,执陈湘州刺史施文庆、散骑常侍沈客卿、市令阳慧朗、刑法监徐析、尚书都令史暨慧,以其邪佞,有害于民,斩之右阙下,以谢三吴。于是封府库,资财无所取,天下称贤。进位太尉,赐辂车、乘马,衮冕之服,玄珪、白璧各一。

隋炀帝杨广

复拜并州总管,俄而江南高智慧等相聚作乱,徙上为扬州总管,镇江都,每岁一朝。高祖之祠太山也,领武侯大将军。明年,归藩。后数载,突厥寇边,复为行军元帅,出灵武,无虏而还。

及太子勇废,立上为皇太子。是月,当受册。高祖曰:"吾以大兴公成帝业。"令上出舍大兴县。其夜,烈风大雪,地震山崩,民舍多坏,压死者百余口。

仁寿初,奉诏巡抚东南。是后高祖每避暑仁寿宫,恒令上监国。

四年七月,高祖崩,上即皇帝位于仁寿宫。八月,奉梓宫还京师。并州总管汉王谅举兵反,诏尚书左仆射杨素讨平之。九月乙巳,以备身将军崔彭为左领军大将军。十一月乙未,幸洛阳。丙申,发丁男数十万掘堑,自龙门东接长平、汲都,抵临清关,度河,至浚仪、襄城,达于上洛,以置关防。癸丑,诏曰:

乾道变化,阴阳所以消息,沿创不同。生灵所以顺叙。若使天意不变,施化何以成四时,人事不易,为政何以厘万姓!《易》不云乎:"通其变,使民不倦";"变则通,通则久。""有德则可久,有功则可大。"朕又闻之,安安而能迁,民用丕变。是故姬邑两周,如武王之意,殷人五徙,成汤后之业。若不因人顺天,功业见乎变,爱人治国者可不谓欤!

然洛邑自古之都,王畿之内,天地之所合,阴阳之所和。控以三河,固以四塞,水陆通,贡赋等。故汉祖曰:"吾行天下多矣,唯见洛阳。"自古皇王,何尝不留意,所不都者盖有由焉。或以九州未一,或以困其府库,作洛之制所以未暇也。我有隋之始,便欲创兹怀、洛,日复一日,越暨于今。念兹在兹,兴言感哽!

朕肃膺宝历,纂临万邦,遵而不失,心奉先志。今者汉王谅悖逆,毒被山东,遂使州县或沦非所。此由关河悬远,兵不赴急,加以并州移户复在河南。周迁殷人,意在于此。况复南服遐远,东夏殷大,因机顺动,今也其时。群司百辟,佥谐厥议。但成周墟堵,弗堪葺宇。今可于伊、洛营建东京,便即设官分职,以为民极也。

夫宫室之制本以便生,上栋下宇,足避风露,高台广厦,岂曰适形。故《传》云:"俭,德之共;侈,恶之大。"宣尼有云:"与其不逊也,宁俭。"岂谓瑶台琼室方为宫殿者乎,土阶采椽而非帝王者乎?是知非天下以奉一人,乃一人以主天下也。民惟国本,本固邦宁,百姓足,孰与不足!今所营构,务以节俭,无令雕墙峻宇复起于当今,欲使卑宫菲食将贻于后世。有司明为条格,称朕意焉。

十二月乙丑,以右武卫将军来护儿为右骁卫大将军。戊辰,以柱国李景为右武卫大将军。以右卫率周罗睺为右武侯大将军。

大业元年春正月壬辰朔,大赦,改元。立妃萧氏为皇后。改豫州为溱州,洛州为豫州。废诸州总管府。丙申,立晋王昭为皇太子。丁酉,以上柱国宇文述为左卫大将军,上柱国郭衍为左武卫大将军,延寿公于仲文为右卫大将军。己亥,以豫章王暕为豫州牧。戊申,发八使巡省风俗。下诏曰:

昔者哲王之治天下也,其在爱民乎?既富而教,家给人足,故能风淳俗厚,远至迩安。治定功成,率由斯道。朕嗣膺宝历,抚育黎献,夙夜战兢,若临川谷。虽则聿遵先绪,弗敢失坠,永言政术,多有缺然。况以四海之远,兆民之众,未获亲临,问其疾苦。每虑幽仄莫举,冤屈不申,一物失所,乃伤和气,万方有罪,责在朕躬,所以寤寐增叹,而夕惕载怀者也。

今既布政惟始,宜存宽大。可分遣使人,巡省方俗,宣扬风化,荐拔淹滞,申达幽枉。孝悌力田,给以优复。鳏寡孤独不能自存者,量加振济。义夫节妇,旌表门闾。高年之老,加其版授,并依别条,赐以粟帛。笃疾之徒,给侍丁者,虽有侍养之名,曾无赒赡之实,明加检校,使得存养。若有名行显著,操履修洁,及学业才能,一艺可取,咸宜访采,将身入朝。所在州县,以礼发遣。其有蠹政害人,不便于时者,使还之日,具录奏闻。

己酉,以吴州总管宇文弼为刑部尚书。

二月己卯,以尚书左仆射杨素为尚书令。

三月丁未,诏尚书令杨素、纳言杨达、将作大匠宇文恺营建东京,徙豫州郭下居人以实之。戊申,诏曰:"听采舆颂,谋及庶民,故能审政刑之得失。是知昧旦思治,欲使幽枉必达,彝伦有章。而牧宰任称朝委,苟为徼幸以求考课,虚立殿最,不存治实,纲纪于是弗理,冤屈所以莫申。关河重阻,无由自达。朕故建立东京,躬亲存问。今将巡历淮海,观省风俗,眷求谠言,徒繁词翰,而乡校之内,阒尔无闻。惵然夕惕,用忘兴寝。其民下有知州县官人政治苛刻,侵害百姓,背公徇私,不便于民者,宜听诣朝堂封奏,庶乎四聪以达,天下无冤。"又于皂涧营显仁宫,采海内奇禽异兽草木之类,以实园苑。徙天下富商大贾数万家于东京。辛亥,发河南诸郡男女百余万,开通济渠,自西苑引谷、洛水达于河,自板渚引河通于淮。庚申,遣黄门侍郎王弘、上仪同于士澄往江南采木,造龙舟、凤舸、黄龙、赤舰、楼船等数万艘。

夏四月癸亥,大将军刘方击林邑,破之。

五月庚戌,民部尚书义丰侯韦冲卒。

六月甲子,荧惑入太微。

秋七月丁酉,制战亡之家给复十年。丙午,滕王纶、卫王集并夺爵徙边。

闰七月甲子,以尚书令杨素为太子太师,安德王雄为太子太傅,河间王弘为太子太保。丙子,诏曰:

君民建国，教学为先，移风易俗，必自兹始。而言绝义乖，多历年代，进德修业，其道浸微。汉采坑焚之余，不绝如线，晋承板荡之运，扫地将尽。自时厥后，军国多虞，虽复黉宇时建，示同爱礼，函丈或陈，殆为虚器。遂使纡青拖紫，非以学优，制锦操刀，类多墙面。上陵下替，纲维靡立，雅缺道消，实由于此。

朕纂承洪绪，思弘大训，将欲尊师重道，用阐厥繇，讲信修睦，敦奖名教。方今宇宙平一，文轨攸同，十步之内，必有芳草，四海之中，岂无奇秀！诸在家及见入学者，若有笃志好古，耽悦典坟，学行优敏，堪膺时务，所在采访，具以名闻，即当随其器能，擢以不次。若研精经术，未愿进仕者，可依其艺业深浅，门荫高卑，虽未升朝，并量准给禄。庶夫恂恂善诱，不日成器，济济盈朝，何远之有！其国子等学，亦宜申明旧制，教习生徒，具为课试之法，以尽砥励之道。

八月壬寅，上御龙舟，幸江都。以左武卫大将军郭衍为前军，右武卫大将军李景为后军。文武官五品已上给楼船，九品已上给黄蔑。舳舻相接，二百余里。

冬十月己丑，赦江淮已南。扬州给复五年，旧总管内给复三年。十一月己未，以大将军崔仲方为礼部尚书。

二年春正月辛酉，东京成，赐监督者各有差。以大理卿梁毗为刑部尚书。丁卯，遣十使并省州县。

二月丙戌，诏尚书令杨素、吏部尚书牛弘、大将军宇文恺、内史侍郎虞世基、礼部侍郎许善心制定舆服。始备辇路及五时副车。上常服，皮弁十有二琪，文官弁服，佩玉，五品已上给犊车、通幰，三公亲王加油络，武官平巾帻，袴褶，三品已上给卤簿。下至胥吏，服色皆有差。非庶人不得戎服。戊戌，置都尉官。

三月庚午，车驾发江都。先是，太府少卿何稠、太府丞云定兴盛修仪仗，于是课州县送羽毛。百姓求捕之，网罗被水陆，禽兽有堪氅毦之用者，殆无遗类。至是而成。

夏四月庚戌，上自伊阙，陈法驾，备千乘万骑，入于东京。辛亥，上御端门，大赦，免天下今年租税。癸丑，以冀州刺史杨文思为民部尚书。

五月甲寅，金紫光禄大夫、兵部尚书李通坐事免。乙卯，诏曰："旌表先哲，式存飨祀，所以优礼贤能，显彰遗爱。朕永鉴前修，尚想名德，何尝不兴叹九原，属怀千载。其自古已来贤人君子，有能树声立德、佐世匡时、博利殊功、有益于人者，并宜营立祠宇，以时致祭。坟垄之处，不得侵践。有司量为条式，称朕意焉。"

六月壬子，以尚书令、太子太师杨素为司徒。进封豫章王暕为齐王。

秋七月癸丑，以卫尉卿卫玄为工部尚书。庚申，制百官不得计考增级，必有德行功能，灼然显著者，擢之。壬戌，擢藩邸旧臣鲜于罗等二十七人官爵有差。甲戌，皇太子昭薨。乙亥，上柱国、司徒、楚国公杨素死。

八月辛卯，封皇孙倓为燕王，侗为越王，侑为代王。

九月乙丑，立秦孝王俊子浩为秦王。

冬十月戊子，以灵州刺史段文振为兵部尚书。

十二月庚寅，诏曰："前代帝王，因时创业，君民建国，礼尊南面。而历运推移，年世永久，丘垄残毁，樵牧相趋，茔兆堙芜，封树莫辨。兴言沦灭，有怆于怀。自古已来帝王陵墓，可给随近十户，蠲其杂役，以供守视。"

三年春正月癸亥，敕并州逆党已流配而逃亡者，所获之处，即宜斩决。丙子，长星竟天,出于东壁,二旬而止。是月,武阳郡上言,河水清。

二月己丑,彗星见于奎,扫文昌,历大陵、五车、北河,入太微,扫帝坐,前后百余日而止。

三月辛亥,车驾还京师。壬子,以大将军姚辩为左屯卫将军。癸丑,遣羽骑尉朱宽使于流求国。乙卯,河间王弘薨。

夏四月庚辰,诏曰:"古者帝王观风问俗,皆所以忧勤兆庶,安集遐荒。自蕃夷内附,未遑亲抚,山东经乱,须加存恤。今欲安辑河北,巡省赵、魏。所司依式。"甲申,颁律令,大赦天下,关内给复三年。壬辰,改州为郡。改度量权衡,并依古式。改上柱国已下官为大夫。甲午,诏曰:

天下之重,非独治所安,帝王之功,岂一士之略。自古明君哲后,立政经邦,何尝不选贤与能,收采幽滞。周称多士,汉号得人,常想前风,载怀钦伫。朕负扆夙兴,晷旒待旦,引领岩谷,置以周行,冀与群才共康庶绩。而汇茅寂寞,投竿罕至,岂美璞韬采,未值良工,将介石在怀,确乎难拔?永鉴前哲,怃然兴叹!凡厥在位,譬诸股肱,若济巨川,义同舟揖。岂得保兹宠禄,晦尔所知,优游卒岁,甚非谓也。祁大夫之举善,良史以为至公,臧文仲之蔽贤,尼父讥其窃位。求诸往古,非无褒贬,宜思进善,用匡寡薄。

夫孝悌有闻,人伦之本,德行敦厚,立身之基。或节义可称,或操履清洁,所以激贪厉俗,有益风化。强毅正直,执宪不挠,学业优敏,文才美秀,并为廊庙之用,实乃瑚琏之资。才堪将略,则拔之以御侮,膂力骁壮,则任之以爪牙。爰及一艺可取,亦宜采录,众善毕举,与时无弃。以此求治,庶几非远。文武有职事者,五品已上,宜依令十科举人。有一于此,不必求备。朕当待以不次,随才升擢。其见任九品已上官者,不在举送之限。

丙申,车驾北巡狩。丁酉,以刑部尚书宇文㢸为礼部尚书。戊戌,敕百司不得践暴禾稼,其有须开为路者,有司计地所收,即以近仓酬赐,务以优厚。己亥,次赤岸泽。以太牢祭故太师李穆墓。

五月丁巳,突厥启民可汗遣子拓特勤来朝。戊午,发河北十余郡丁男凿太行山,达于并州,以通驰道。丙寅,启民可汗遣其兄子毗黎伽特勤来朝。辛未,启民可汗遣使请自入塞,奉迎舆驾。上不许。癸酉,有星孛于文昌上将,星皆动摇。

六月辛巳,猎于连谷。丁亥,诏曰:

聿追孝飨,德莫至焉,崇建寝庙,礼之大者。然则质文异代,损益殊时,学灭坑焚,经典散逸,宪章湮坠,庙堂制度,师说不同。所以世数多少,莫能是正,连室异宫,亦无准定。

朕获奉祖宗,钦承景业,永惟严配,思隆大典。于是询谋在位,博访儒术。咸以为高祖文皇帝受天明命,奄有区夏,拯群飞于四海,革凋敝于百王,恤狱缓刑,生灵皆遂其性,轻徭薄赋,比屋各安其业。恢夷宇宙,混壹车书。东渐西被,无思不服,南征北怨,俱荷来苏。驾鼋乘风,历代所弗至,辫发左衽,声教所罕及,莫不厥角关塞,顿颡阙庭。译靡绝时,书无虚月,韬戈偃武,天下晏如。嘉瑞休征,表里禔福,猗欤伟欤,无得而名者也。

朕又闻及,德厚者流光,治辨者礼缛。是以周之文、武,汉之高、光,其典章特立,谥号斯重,岂非缘情称述,即崇显之义乎?高祖文皇帝宜别建庙宇,以彰巍巍之德,仍遵月祭,用表蒸蒸之怀。有司以时创造,务合典制。又名位既殊,礼亦异等。天子七庙,事著前经,诸侯二昭,义有差降,故其以多为贵。王者之礼,今可依用,贻厥后昆。

戊子,次榆林郡。丁酉,启民可汗来朝。己亥,吐谷浑、高昌并遣使贡方物。甲辰,上御北楼,观渔于河,以宴百僚。

秋七月辛亥,启民可汗上表请变服,袭冠带。诏启民赞拜不名,位在诸侯王上。甲寅,上于郡城东御大帐,其下备仪卫,建旌旗,宴启民及其部落三千五百人,奏百戏之乐。赐启民及其部落各有差。丙子,杀光禄大夫贺若弼、礼部尚书宇文弼、太常卿高颎。尚书左仆射苏威坐事免。发丁男百余万筑长城,西距榆林,东至紫河,一旬而罢,死者十五六。

八月壬午,车驾发榆林。乙酉,启民饰庐清道,以候乘舆。帝幸其帐,启民奉觞上寿,宴赐极厚。上谓高丽使者曰:"归语尔王,当早来朝见。不然者,吾与启民巡彼土矣。"皇后亦幸义城公主帐。己丑,启民可汗归蕃。癸巳,入楼烦关。壬寅,次太原。诏营晋阳宫。九月己未,次济源。幸御史大夫张衡宅,宴享极欢。己巳,至于东都。壬申,以齐王暕为河南尹、开府仪同三司。癸酉,以民部尚书杨文思为纳言。

四年春正月乙巳,诏发河北诸郡男女百余万开永济渠,引沁水南达于河,北通涿郡。庚戌,百僚大射于允武殿。丁卯,赐城内居民米各十石。壬申,以太府卿元寿为内史令,鸿胪卿杨玄感为礼部尚书。癸酉,以工部尚书卫玄为右侯卫大将军,大理卿长孙炽为民部尚书。

二月己卯,遣司朝谒者崔毅使突厥处罗,致汗血马。

三月辛酉,以将作大匠宇文恺为工部尚书。壬戌,百济、倭、赤土、迦罗舍国并遣使贡方物。乙丑,车驾幸五原,因出塞巡长城。丙寅,遣屯田主事常骏使赤土,致罗刹。

夏四月丙午,以离石之汾源、临泉,雁门之秀容,为楼烦郡。起汾阳宫。癸丑,以河内太守张定和为左屯卫大将军。乙卯,诏曰:"突厥意利珍豆启民可汗率领部落,保附关塞,遵奉朝化,思改戎俗,频入谒觐,屡有陈请。以毡墙毳幕,事穷荒陋,上栋下宇,愿同比屋。诚心恳切,朕之所重。宜于万寿戍置城造屋,其帷帐床褥已上,随事量给,务从优厚,称朕意焉。"

五月壬申,蜀郡获三足乌,张掖获玄狐,各一。

秋七月辛巳,发丁男二十余万筑长城,自榆谷而东。乙未,左翊卫大将军宇文述破吐谷浑于曼头、赤水。

八月辛酉,亲祠恒岳,河北道郡守毕集。大赦天下。车驾所经郡县,免一年租调。

九月辛未,征天下鹰师悉集东京,至者万余人。戊寅,彗星出于五车,扫文昌,至房而灭。辛巳,诏免长城役者一年租赋。

冬十月丙午,诏曰:"先师尼父,圣德在躬,诞发天纵之姿,宪章文、武之道。命世膺期,蕴兹素王,而颓山之叹,忽逾于千祀,盛德之美,不存于百代。永惟懿范,宜有优崇。可立孔子后为绍圣侯。有司求其苗裔,录以申上。"辛亥,诏曰:"昔周王下车,首封唐、虞之胤,汉帝承历,亦命殷、周之后。皆所以褒立先代,宪章在昔。朕嗣膺景业,傍求雅训,有一弘益,钦若令典。以为周兼夏、殷,文质大备,汉有天下,车书混一,魏、晋沿袭,风流未远。并宜立后,以存继绝之义。有司可求其胄绪列闻。"乙卯,颁新式于天下。

五年春正月丙子,改东京为东都。癸未,诏天下均田。戊子,上自东都还京师。己丑,制民间铁叉、搭钩、攒刀之类,皆禁绝之。太守每岁密上属官景迹。

二月戊戌,次于阌乡。诏祭古帝王陵及开皇功臣墓。庚子,制魏、周官不得为荫。辛丑,赤土国遣使贡方物。戊申,车驾至京师。丙辰,宴耆旧四百人于武德殿,颁赐各有差。己未,上御崇德殿之西院,愀然不怡,顾谓左右曰:"此先帝之所居,实用增感,情所未安,宜于此院之西别营一殿。"壬戌，制父母听随子之官。

三月己巳，车驾西巡河右。庚午，有司言，武功男子史永遵与从父昆弟同居。上嘉之，赐物一百段，米二百石，表其门闾。乙亥，幸扶风旧宅。

夏四月己亥，大猎于陇西。壬寅，高昌、吐谷浑、伊吾并遣使来朝。乙巳，次狄道，党项羌来贡方物。癸亥，出临津关，渡黄河，至西平，陈兵讲武。

五月乙亥，上大猎于拔延山，长围周亘二千里，庚辰，入长宁谷。壬午，度星岭。甲申，宴群臣于金山之上。丙戌，梁浩亹，御马度而桥坏，斩朝散大夫黄亘及督役者九人。吐谷浑王率众保覆袁川，帝分命内史元寿南屯金山，兵部尚书段文振北屯雪山，太仆卿杨义臣，东屯琵琶峡，将军张寿西屯泥岭，四面围之。浑主伏允以数十骑遁出，遣其名王诈称伏允，保车我真山。壬辰，诏右屯卫大将军张定和往捕之。定和挺身挑战，为贼所杀。亚将柳武建击破之，斩首数百级。甲午，其仙头王被围穷蹙，率男女十余万口来降。

六月丁酉，遣左光禄大夫梁默、右翊卫将军李琼等追浑主，皆遇贼死之。癸卯，经大斗拔谷，山路隘险，鱼贯而出。风霰晦冥，与从官相失，士卒冻死者大半。丙午，次张掖。辛亥，诏诸郡学业该通、才艺优洽、膂力骁壮、超绝等伦，在官勤奋、堪理政事，立性正直、不避强御四科举人。壬子，高昌王麹伯雅来朝，伊吾吐屯设等献西域数千里之地。上大悦。癸丑，置西海、河源、鄯善、且末等四郡。丙辰，上御观风行殿，盛陈文物，奏九部乐，设鱼龙曼延，宴高昌王、吐屯设于殿上，以宠异之。其蛮夷陪列者三十余国。戊午，大赦天下。开皇已来流配，悉放还乡，晋阳逆党，不在此例。陇右诸郡，给复一年，行经之所，给复二年。

秋七月丁卯，置马牧于青海渚中，以求龙种，无效而止。

九月癸未，车驾入长安。

冬十月癸亥，诏曰："优德尚齿，载之典训，尊事乞言，义彰胶序。鬻熊为师，取非筋力，方叔元老，克壮其犹。朕永言稽古，用求至治，是以庞眉黄发，更令收叙，务简秩优，无亏药膳，庶等卧治，佇其弘益。今岁耆者赴集者，可于近郡处置，年七十以上，疾患沉滞，不堪居职，即给赐帛，送还本郡；其官至七品已上者，量给廪，以终厥身。"

十一月丙子，车驾幸东都。

六年春正月癸亥朔，旦，有盗数十人，皆素冠练衣，焚香持华，自称弥勒佛，入自建国门。监门者皆稽首。既而夺卫士仗，将为乱。齐王暕遇而斩之。于是都下大索，与相连坐者千余家。丁丑，角抵大戏于端门街，天下奇伎异艺毕集，终月而罢。帝数微服往观之。己丑，倭国遣使贡方物。

二月乙巳，武贲郎将陈棱、朝请大夫张镇州击琉球，破之，献俘万七千口，颁赐百官。乙卯，诏曰："夫帝图草创，王业艰难，咸仗股肱，协同心德，用能拯厥颠运，克膺大宝，然后畴庸茂赏，开国承家，誓以山河，传之不朽。近代丧乱，四海未一，茅土妄假，名实相乖，历兹永久，莫能惩革。皇运之初，百度伊始，犹循旧贯，未暇改作，今天下交泰，文轨攸同，宜率遵先典，永垂大训。自今已后，唯有功勋乃得赐封，仍令子孙承袭。"丙辰，改封安德王雄为观王，河间王子庆为郇王。庚申，征魏、齐、周、陈乐人，悉配太常。三月癸亥，幸江都宫。甲子，以鸿胪卿史祥为左骁卫大将军。

夏四月丁未，宴江淮已南父老，颁赐各有差。

六月辛卯，室韦、赤土并遣使贡方物。壬辰，雁门贼帅尉文通聚众三千，保于莫壁谷。

遣鹰扬杨伯泉击破之。甲寅,制江都太守秩同京尹。

冬十月壬申,刑部尚书梁毗卒。壬子,民部尚书、银青光禄大夫长孙炽卒。

十二月乙未,左光禄大夫、吏部尚书牛弘卒。辛酉,朱崖人王万昌举兵作乱,遣陇西太守韩洪讨平之。

七年春正月壬寅,左武卫大将军、光禄大夫、真定侯郭衍卒。

二月己未,上升钓台,临扬子津,大宴百僚,颁赐各有差。庚申,百济遣使朝贡。乙亥,上自江都御龙舟入通济渠,遂幸于涿郡。壬午,诏曰:"武有七德,先之以安民。政有六本,兴之以教义。高丽高元,亏失藩礼,将欲问罪辽左,恢宣胜略。虽怀伐国,仍事省方。今往涿郡,巡抚民俗。其河北诸郡及山西、山东年九十已上者,版授太守;八十者,授县令。"

三月丁亥,右光禄大夫、左屯卫大将军姚辩卒。

夏四月庚午,至涿郡之临朔宫。

五月戊子,以武威太守樊子盖为民部尚书。

秋,大水,山东、河南漂没三十余郡,民相卖为奴婢。

冬十月乙卯,底柱山崩,偃河逆流数十里。戊午,以东平太守吐万绪为左屯卫大将军。

十二月己未,西面突厥处罗多利可汗来朝。上大悦,接以殊礼。于时辽东战士及馈运者填咽于道,昼夜不绝,苦役者始为群盗。甲子,敕都尉、鹰扬与郡县相知追捕,随获斩决之。

八年春正月辛巳,大军集于涿郡。以兵部尚书段文振为左侯卫大将军。壬午,下诏曰:

天地大德,降繁霜于秋令,圣哲至仁,著甲兵于刑典。故知造化之有肃杀,义在无私,帝王之用干戈,盖非获已。版泉、丹浦,莫匪龚行,取乱覆昏,咸由顺动。况乎甘野誓师,夏开承大禹之业,商郊问罪,周发成文王之志。

永鉴前载,属当朕躬。

粤我有随,诞膺灵命,兼三才而建极,一六合而为家。提封所渐,细柳、盘桃之外,声教爰暨,紫舌、黄枝之域。远至迩安,罔不和会,功成治定,于是乎在。而高丽小丑,迷昏不恭,崇聚勃、碣之间,荐食辽、猭之境。虽复汉、魏诛戮,巢窟暂倾,乱离多阻,种落还集。萃川数于往代,播实繁以迄今,眷彼华壤,翦为夷类。历年永久,恶稔既盈,天道祸淫,亡征已兆。乱常败德,非可胜图,掩匿怀奸,唯日不足。移告之严,未尝面受,朝觐之礼,莫肯躬亲。诱纳亡叛,不知纪极,充斥边垂,亟劳烽候,关柝以之不静,生人为之废业。在昔薄伐,已漏天网,既缓前擒之戮,未即后服之诛,曾不怀恩,翻为长恶,乃兼契丹之党,虔刘海戍,习靺鞨之服,侵轶辽西。又青丘之表,咸修职贡,碧海之滨,同禀正朔,逐复夺攘琛赆,遏绝往来,虐及弗辜,诚而遇祸。轺轩奉使,爰暨海东,旌节所次,途经藩境,而拥塞道路,拒绝王人,无事君之心,岂为臣之礼! 此而可忍,孰不可容! 且法令苛酷,赋敛烦重,强臣豪族,咸执国钧,朋党比周,以之成俗,贿货如市,冤枉莫申。重以仍岁灾凶,比屋饥馑,兵戈不息,徭役无期,力竭转输,身填沟壑。百姓愁苦,爰谁适从? 境内哀惶,不胜其弊。回首面内,各怀性命之图,黄发稚齿,咸兴酷毒之叹。省俗观风,爰届幽朔,吊人问罪,无俟再驾。于是亲总六师,用申九伐,拯厥陷危,协从天意,珍兹逋秽,克嗣先谟。

今宜授律启行,分麾届路,掩勃澥而雷震,历夫余以电扫。比戈按甲,誓旅而后行,三令五申,必胜而后战。左第一军可镂方道,第二军可长岑道,第三军可海冥道,第四军可盖马道,第五军可建安道,第六军可南苏道,第七军可辽东道,第八军可玄菟道,第九军可扶余道,第十军可朝鲜道,第十一军可沃沮道,第十二军可乐浪道。右第一军可黏蝉道,第二军可含资道,第三军可浑弥道,第四军可临屯道,第五军可候城道,第六军可提奚道,第七军可踏顿道,第八军可肃慎道,第九军可碣石道,第十军可东暆道,第十一军可带方道,第十二军可襄平道。凡此众军,先奉庙略,骆驿引途,总集平壤。莫非如豺如貔之勇,百战百胜之雄,顾眄则山岳倾颓,叱咤则风云腾郁,心德攸同,爪牙斯在。朕躬驭元戎,为其节度,涉辽而东,循海之右,解倒悬于遐裔,问疾苦于遗黎。莫外轻赍游阙,随机赴响,卷甲衔枚,出其不意。又沧海道军舟舻千里,高帆电逝,巨舰云飞,横断浿江,迳造平壤,岛屿之望斯绝,坎井之路已穷。其余被发左衽之人,控弦待发,微、卢、彭、濮之旅,不谋同辞。杖顺临逆,人百其勇,以此众战,势等摧枯。

然则王者之师,义存止杀,圣人之教,必也胜残。天罚有罪,本在元恶,人之多僻,胁从罔治。若高元泥首辕门,自归司寇,即宜解缚焚榇,弘之以恩。其余臣人归朝奉顺,咸加慰抚,各安生业,随才任用,无隔夷夏。营垒所次,务在整肃,刍荛有禁,秋毫勿犯,布以恩宥,喻以祸福。若其同恶相济,抗拒官军,国有常刑,俾无遗类。明加晓示,称朕意焉。

总一百一十三万三千八百,号二百万,其馈运者倍之。癸未,第一军发,终四十日,引师乃尽,旌旗亘千里。近古出师之盛,未之有也。乙未,以右候卫大将军卫玄为刑部尚书。甲辰,内史令元寿卒。

二月甲寅,诏曰:"朕观风燕裔,问罪辽滨。文武协力,爪牙思奋,莫不执锐勤王,舍家从役,罕蓄仓廪之资,兼损播殖之务。朕所以夕惕愀然,虑其匮乏。虽复素饱之众,情在忘私,悦使之人,宜从其厚。诸行从一品以下,徇飞募人以上家口,郡县宜数存问。若有粮食乏少,皆宜赈给;或虽有田畴,贫弱不能自耕种,可于多丁富室劝课相助。使夫居者有敛积之丰,行役无顾后之虑。"壬戌,司空、京兆尹、光禄大夫观王雄薨。

三月辛卯,兵部尚书、左候卫大将军段文振卒。癸巳,上御师。甲午,临戎于辽水桥。戊戌,大军为贼所拒,不果济。右屯卫大将军、左光禄大夫麦铁杖,武贲郎将钱士雄、孟金叉等,皆死之。甲午,车驾渡辽。大战于东岸,击贼破之,进围辽东。乙未,大顿,见二大鸟,高丈余,翯身朱足,游泳自若。上异之,命工图写,并立铭颂。

五月壬午,纳言杨达卒。

于时诸将各奉旨,不敢赴机。既而高丽各城守,攻之不下。

六月己未,幸辽东,责怒诸将。止城西数里,御六合城。

七月壬寅,宇文述等败绩于萨水,右屯卫将军辛世雄死之。九军并陷,将帅奔还亡者二千余骑。癸卯,班师。

九月庚辰,上至东都。己丑,诏曰:"军国异容,文武殊用,匡危拯难,则霸德攸兴,化人成俗,则王道期贵。时方拨乱,屠贩可以登朝,世属隆平,经术然后升仕。丰都爱肇,儒服无预于周行,建武之朝,功臣不参于吏职。自三方未一,四海交争,不遑文教,唯尚武功。设官分职,罕以才授,班朝治人,乃由勋叙,莫非拔足行阵,出自勇夫,教学之道,既所不习,政事之方,故亦无取。是非暗于在己,威福专于下吏,贪冒货贿,不知纪级,蠹政害民,实由于此。自今已后,诸授勋官者,并不得回授文武职事,庶遵彼更张,取类于调瑟,求诸名制,不伤于美锦。若吏部辄拟用者,御史即宜纠弹。"

冬十月甲寅,工部尚书宇文恺卒。

十一月己卯,以宗女华容公主嫁于高昌王。辛巳,光禄大夫韩寿卒。甲申,败将宇文述、于仲文等并除名为民,斩尚书右丞刘士龙以谢天下。是岁,大旱,疫,人多死。山东尤甚。密诏江、淮南诸郡阅视民间童女,姿资端丽者,每岁贡之。

九年春正月丁丑,征天下兵,募民为骁果,集于涿郡。壬午,贼帅杜彦冰、王润等陷平原郡,大掠而去。辛卯,置折冲、果毅、武勇、雄武等郎将官,以领骁果。乙未,平原李德逸聚众数万,称"阿舅贼",劫掠山东。灵武白榆妄,称"奴贼",劫掠牧马,北连突厥,陇右多被其患。遣将军范贵讨之,连年不能克。戊戌,大赦。己亥,遣代王侑、刑部尚书卫玄镇京师。辛丑,以右骁骑将军李浑为右骁卫大将军。

二月己未,济北人韩进洛聚众数万为群盗。壬午,复宇文述等官爵。又征兵讨高丽。

三月丙子,济阴人孟海公起兵为盗,众至数万。丁丑,发丁男十万城大兴。戊寅,幸辽东。以越王侗、民部尚书樊子盖留守东都。庚子,北海人郭方预聚徒为盗,自号卢公,众至三万,攻陷郡城,大掠而去。

夏四月庚午,车驾渡辽。壬申,遣宇文述、杨义臣趣平壤。

五月丁丑,荧惑入南斗。己卯,济北人甄宝车聚众万余,寇掠城邑。

六月乙巳,礼部尚书杨玄感反于黎阳。丙辰,玄感逼东都。河南赞务裴弘策拒之,反为贼所败。戊辰,兵部侍郎斛斯政奔于高丽。庚午,上班师。高丽犯后军,敕右武卫大将军李景为后拒。遣左翊卫大将军宇文述、左侯卫将军屈突通等驰传发兵,以讨玄感。

秋七月己卯,令所在发人城县府驿。癸未,余杭人刘元进举兵反,众至数万。

八月壬寅,左翊卫大将军宇文述等破杨玄感于阌乡,斩之。余党悉平。癸卯,吴人朱燮、晋陵人管崇拥众十万余,自称将军,寇江左。甲辰,制骁果之家蠲免赋税。丁未,诏郡县城去道过五里已上者,徙就之。戊申,制盗贼籍没其家。乙卯,贼帅陈瑱等众三万,攻陷信安郡。辛酉,司农卿、光禄大夫、葛国公赵元淑以罪伏诛。

九月己卯,济阴人吴海流、东海人彭孝才并举兵为盗,众数万。庚辰,贼帅梁慧尚率众四万,陷苍梧郡。甲午,车驾次上谷,以供费不给,上大怒,免太守虞荷等官。丁酉,东阳人李三儿、向但子举兵作乱,众至万余。

闰月己巳,幸博陵。庚午,上谓侍臣曰:"朕昔从先朝周旋于此,年甫八岁,日月不居,倏经三纪,追惟平昔,不可复希!"言未卒,流涕呜咽,侍卫者皆泣下沾襟。

冬十月丁丑,贼帅吕明星率众数千围东郡,武贲郎将费青奴击斩之。乙酉,诏曰:"博陵昔为定州,地居冲要,先皇历试所基,王化斯远,故以道冠《豳风》,义高姚邑。朕巡抚氓庶,爰届兹邦,瞻望郊廛,缅怀敬止,思所以宣播德泽,覃被下人,崇纪显号,式光令绪。可改博陵为高阳郡。赦境内死罪已下。给复一年。"于是召高祖时故吏,皆量材授职。壬辰,以纳言苏威为开府仪同三司。朱燮、管崇推刘元进为天子。遣将军吐万绪、鱼俱罗讨之,连年不能克。齐人孟让、王薄等众十余万,据长白山,攻剽诸郡,清河贼张金称众数万,渤海贼帅格谦自号燕王,孙宣雅自称齐王,众各十万,山东苦之。丁亥,以右侯卫将军郭荣为右侯卫大将军。

十一月己酉,右侯卫将军冯孝慈讨张金称于清河,反为所败,孝慈死之。

十二月甲申,车裂玄感弟朝请大夫积善及党与十余人,仍焚而扬之。丁亥,扶风人向海明举兵作乱,称皇帝,建元白乌。遣太仆卿杨义臣击破之。

十年春正月甲寅,以宗女为信义公主,嫁于突厥曷娑那可汗。

二月辛未,诏百僚议伐高丽,数日无敢言者。戊子,诏曰:"竭力王役,致身戎事,咸由徇义,莫匪勤诚,委命草泽,弃骸原野,兴言念之,每怀愍恻。往年出车问罪,将届辽滨,庙算胜略,具有进止。而谅昏凶,罔识成败,高颎愎很,本无智谋,临三军犹儿戏,视人命如草芥,不遵成规,坐贻挠退,遂令死亡者众,不及埋藏。今宜遣使人分道收葬,设祭于辽西郡,立道场一所。恩加泉壤,庶弭穷魂之冤,泽及枯骨,用弘仁者之惠。"辛卯,诏曰:

黄帝五十二战,成汤二十七征,方乃德施诸侯,令行天下。卢芳小盗,汉祖尚且亲戎,隗嚣余烬,光武犹自登陇,岂不欲除暴止戈,劳而后逸者哉!

朕纂成宝业,君临天下,日月所照,风雨所沾,孰非我臣,独隔声教。蕞尔高丽,僻居荒表,鸱张狼噬,侮慢不恭,抄窃我边陲,侵轶我城镇。是以去岁出军,问罪辽、碣,殪长蛇于玄菟,戮封豕于襄平。扶众军,风驰电逝,追奔逐北,行径逾浿水,沧海舟楫,冲贼腹心,焚其城郭,污其宫室。高元伏锧泥首,送款军门,寻请入朝,归罪司寇。朕以许其改过,乃诏班师。而长恶靡悛,宴安鸩毒,此而可忍,孰不可容!便可分命六师,百道俱进。朕当亲执武节,临御诸军,秣马丸都,观兵辽水,顺天诛于海外,救穷民于倒悬,征伐以正之,明德以诛之,止除元恶,余无所问。若有识存亡之分,悟安危之机,翻然北首,自求多福;必其同恶相济,抗拒王师,若火燎原,刑兹无赦。有司便宜宣布,咸使知闻。

丁酉,扶风人唐弼举兵反,众十万,推李弘为天子,自称唐王。

三月壬子,行幸涿郡。癸亥,次临渝宫,亲御戎服,祃祭黄帝,斩叛军者以衅鼓。

夏四月辛未,彭城贼张大彪聚众数万,保悬薄山为盗。遣榆林太守董纯击破,斩之。甲午,车驾次北平。

五月庚子,诏举郡孝悌廉洁各十人,壬寅,贼帅采世谟陷琅邪郡。庚申,延安人刘迦论举兵反,自称皇王,建元大世。

六月辛未,贼帅郑文雅、林宝护等众三万,陷建安郡,太守杨景祥死之。

秋七月癸丑,车驾次怀远镇。乙卯,曹国遣使贡方物。甲子,高丽遣使请降,囚送斛斯政,上大悦。

八月己巳,班师。庚午,右卫大将军、左光禄大夫郑荣卒。

冬十月丁卯,上至东都。己丑,还京师。

十一月丙申,支解斛斯政于金光门外。乙巳,有事于南郊。己酉,贼帅司马长安破长平郡。乙卯,离石胡刘苗王举兵反,自称天子,以其弟六儿为永安王,众至数万。将军潘长文讨之,不能克。是月,贼帅王德仁拥众数万,保林虑山为盗。

十二月壬申,上如东都。其日,大赦天下。戊子,入东都。庚寅,贼帅孟让众十余万,据都梁宫。遣江都郡丞王世充击破之,尽虏其众。

十一年春正月甲午朔,大宴百僚。突厥、新罗、靺鞨、毕大辞、诃咄、传越、乌那曷、波腊、吐火罗、俱虑建、忽论、靺鞨、诃多、沛汗、龟兹、疏勒、于阗、安国、曹国、何国、穆国、毕衣密、失范延、伽折、契丹等国并遣使朝贡。戊戌,武贲郎将高建毗破贼帅颜宣政于齐郡,虏男女数千口。乙卯,大会蛮夷,设鱼龙曼延之乐,颁赐各有差。

二月戊辰,贼帅扬仲绪率众万余,攻北平,滑公李景破斩之。庚午,诏曰:"设险守国,著自前经,重门御暴,事彰往策,所以宅土宁邦,禁邪固本。而近代战争,居人散逸,田畴无伍,郛郭不修,遂使游惰实繁,寇歆未息。今天下平一,海内晏如,宜令人悉城居,田随近给,使强弱相容,力役兼济,穿窬无所厝其奸宄,萑蒲不得聚其逋逃。有司具为事条,务令得所。"丙子,上谷人王须拔反,自称漫天王,国号燕,贼帅魏刁儿自称历山飞,众各十余万,北连突厥,南寇赵。

五月丁酉,杀右骁卫大将军、光禄大夫、郇公李浑,将作监、光禄大夫李敏,并族灭其家。癸卯,贼帅司马长安破西河郡。己酉,幸太原,避暑汾阳宫。

秋七月己亥,淮南人张起绪举兵为盗,众至三万。辛丑,光禄大夫、右御卫大将军张寿卒。

八月乙丑,巡北塞。戊辰,突厥始毕可汗率骑数十万,谋袭乘舆,义成公主遣使告变。壬申,车驾驰幸雁门。癸酉,突厥围城,官军频战不利。上大惧,欲率精骑溃围而出,民部尚书樊子盖固谏乃止。齐王暕以后军保于崞县。甲申,诏天下诸郡募兵,于是守令各来赴难。

九月甲辰,突厥解围而去。丁未,曲赦太原、雁门郡死罪已下。

冬十月壬戌,上至于东都。丁亥,彭城人魏骐驎聚众万余为盗,寇鲁郡。壬申,贼帅卢明月聚众十余万,寇陈、汝间。东海贼帅李子通拥众度淮,自号楚王,建元明政,寇江都。

十一月乙卯,贼帅王须拔破高阳郡。

十二月戊寅,有大流星如斛,坠明月营,破其冲军。庚辰,诏民部尚书樊子盖发关中兵,讨绛郡贼敬盘陀、柴保昌等,经年不能克。谯郡人朱粲拥众数十万,寇荆襄,僭称楚帝,建元昌达。汉南诸郡多为所陷焉。

十二年春正月甲午,雁门人翟松柏起兵于灵丘,众至数万,转攻傍县。

二月己未,真腊国遣使贡方物。甲子夜,有二大鸟似雕,飞入大业殿,止于御幄,至明而去。癸亥,东海贼卢公暹率众万余,保于苍山。

夏四月丁巳,显阳门灾。癸亥,魏刁儿所部将甄翟儿复号历山飞,众十万,转寇太原。将军潘长文讨之,反为所败,长文死之。

五月丙戌朔,日有蚀之,既。癸巳,大流星陨于吴郡,为石。壬午,上于景华宫征求萤火,得数斛,夜出游山,放之,光遍岩谷。

秋七月壬戌,民部尚书、光禄大夫济北公樊子盖卒。甲子,幸江都宫,以越王侗、光禄大夫段达、太府卿元文都、检校民部尚书韦津、右武卫将军皇甫无逸、右司郎卢楚等总留后事。奉信郎崔民象以盗贼充斥,于建国门上表,谏不宜巡幸。上大怒,先解其颐,乃斩之。戊辰,冯翊人孙华自号总管,举兵为盗。高凉通守洗珤彻举兵作乱,岭南溪洞多应之。己巳,荧惑守羽林,月余乃退。车驾次氾水,奉信郎王爱仁以盗贼日盛,谏上请还西京。上怒,斩之而行。

八月乙巳,贼帅赵万海众数十万,自恒山寇高阳。壬子,有大流星如斗,出王良阁道,声如陨墙。癸丑,大流星如瓮,出羽林。

九月丁酉,东海人杜扬州、沈觅敌等作乱,众至数万。右御卫将军陈棱击破之。戊午,有二枉矢出北斗魁,委曲蛇形,注于南斗。壬戌,安定人荔非世雄杀临泾令,举兵作乱,自号将军。

冬十月己丑,开府仪同三司、左翊卫大将军、光禄大夫、许公宇文述薨。

十二月癸未,鄱阳贼操天成举兵反,自号元兴王,建元始兴,攻陷豫章郡。乙酉,以右翊卫大将军来护儿为开府仪同三司、行左翊卫大将军。壬辰,鄱阳人林士弘自称皇帝,国号楚,建元太平,攻陷九江、庐陵郡。唐公破甄翟儿于西河,虏男女数千口。

十三年春正月壬子，齐郡贼杜伏威率众渡淮，攻陷历阳郡。丙辰，勃海贼窦建德设坛于河间之乐寿，自称长乐王，建元丁丑。辛巳，贼帅徐圆朗众数千，破东平郡。弘化人刘企成聚众万余人为盗，傍郡苦之。

二月壬午，朔方人梁师都杀郡丞唐世宗，据郡反，自称大丞相。遣银青光禄大夫张世隆击之，反为所败。戊子，贼师王子英破上谷郡。己丑，马邑校尉刘武周杀太守王仁恭，举兵作乱，北连突厥，自称定杨可汗。庚寅，贼帅李密、翟让等陷兴洛仓。越王侗遣武贲郎将刘长恭、光禄少卿房崱击之，反为所败，死者十五六。庚子，李密自号魏公，称元年，开仓以振群盗，众至数十万，河南诸郡相继皆陷焉。壬寅，刘武周破武贲郎将王智辩于桑乾镇，智辩死之。

三月戊午，庐江人张子路举兵反。遣右御卫将军陈棱讨平之。丁丑，贼帅李通德众十万，寇庐江，左屯卫将军张镇州击破之。

夏四月癸未，金城校尉薛举率众反，自称西秦霸王，建元秦兴，攻陷陇右诸郡。己丑，贼帅孟让，夜入东都外郭，烧丰都市而去。癸巳，李密陷迥洛东仓。丁酉，贼帅房宪伯陷汝阴郡。是月，光禄大夫裴仁基、淮阳太守赵佗等并以众叛归李密。

五月辛酉，夜有流星如瓮，坠于江都。甲子，唐公起义师于太原。丙寅，突厥数千寇太原，唐公击破之。

秋七月壬子，荧惑守积尸。丙辰，武赋人李轨举兵反，攻陷河西诸郡，自称凉王，建元安乐。

八月辛巳，唐公破武牙郎将宋老生于霍邑，斩之。

九月己丑，帝括江都人女寡妇，以配从兵。是月，武阳郡丞元宝藏以郡叛归李密，与贼帅李文相攻陷黎阳仓。彗星见于营室。

冬十月丁亥，太原杨世洛聚众万余人，寇掠城邑。丙申，罗令萧铣以县反，鄱阳人董景珍以郡反，迎铣于罗县，号为梁王，攻陷旁郡。戊戌，武贲郎将高毗，败济北郡贼甄宝车于嶮山。

十一月丙辰，唐公入京师。辛酉，遥尊帝为太上皇，立代王侑为帝，改元义宁。上起宫丹阳，将逊于江左。有乌鹊来巢幄帐，驱不能止。荧惑犯太微。有石自江浮入于扬子。日光四散如流血。上甚恶之。

二年三月，右屯卫将军宇文化及，武贲郎将司马德戡、元礼，监门直阁裴虔通，将作少监宇文智及，武勇郎将赵行枢，鹰扬郎将孟景，内史舍人元敏、符玺郎李覆、牛方裕，千牛左右李孝本、弟孝质，直长许弘仁、薛世良，城门郎唐奉义，医正张恺等，以骁果作乱，入犯宫闱。上崩于温室，时年五十。萧后令宫人撤床箦为棺以埋之。化及发后，右御卫将军陈棱奉梓宫于成象殿，葬吴公台下。发敛之始，容貌若生，众咸异之。大唐平江南之后，改葬雷塘。

初，上自以藩王，次不当立，每矫情饰行，以钓虚名，阴有夺宗之计。时高祖雅信文献皇后，而性忌妾媵。皇太子勇内多嬖幸，以此失爱。帝后庭有子，皆不育之，示无私宠，取媚于后。大臣用事者，倾心与交。中使至第，无贵贱，皆曲承颜色，申以厚礼。婢仆往来者，无不称其仁孝。又常私入宫掖，密谋于献后，杨素等因机构扇，遂成废立。自高祖大渐，暨谅暗之中，凫淫无度，山陵始就，即事巡游，以天下承平日久，士马全盛，慨然慕秦皇、汉武之事。乃盛治宫室，穷极侈靡，招募行人，分使绝域。诸蕃王者，厚加礼赐，有不恭命，以兵击之。盛兴屯田于玉门、柳城之外。课天下富室，益市武马，匹直十余万，富强坐是冻馁者十家而九。帝性多诡谲，所幸之处，不欲人知。每之一所，辄数道置顿，四海珍馐殊味，水陆必备焉，求市者无远不至。郡县官人，竞为献食，丰厚者进擢，疏俭者获罪。奸使侵渔，内外虚竭，头会箕敛，人不聊生。于是军国多务，日不暇给，帝方骄怠，恶闻政事，冤屈不治，奏请罕决。又猜忌臣下，无所专任，朝臣有不合意者，必构其罪而族灭之。故高颎、贺若弼先皇心膂，参谋帷幄，张衡、李金才藩邸惟旧，绩著经纶，或恶其直道，或忿其正议，求其无形之罪，加以刎颈之诛。其余事君尽礼，謇謇匪躬，无辜无罪，横受夷戮者，不可胜纪。政刑弛紊，贿货公行，莫敢正言，道路以目。六军不息，百役繁兴，行者不归，居者失业。人饥相食，邑落为墟，上不之恤也。东西游幸，靡有定居，每以供费不给，逆收数年之赋。所至唯与后宫流连耽湎，惟日不足，招迎姥媪，朝夕共肆丑言，又引少年，令与宫人秽乱，不轨不逊，以为娱乐。区宇之内，盗贼蜂起，劫掠从官，屠陷城邑，近臣互相掩蔽，隐贼数不以实对。或有言贼多者，辄大被诘责，各求苟免，上下相蒙，每出师徒，败亡相继。战士尽力，必不加赏，百姓无辜，咸受屠戮。黎庶愤怨，天下土崩，至于就擒而犹未之寤也。

【译文】

隋炀帝名杨广，又名杨英，小名叫阿𡡉，是隋高祖的第二个儿子。母亲是文献独孤皇后。杨广容貌俊美，小时聪明伶俐，在众多儿子中高祖和皇后特别喜爱他。北周时，因为高祖的功勋，杨广被封为雁门郡公。

开皇元年，杨广被立为晋王，任命为柱国、并州总管，那时他才十三岁。不久又授予武卫大将军头衔，后来晋升为上柱国、河北道行台尚书令，仍保留大将军衔。高祖让项城公王韶、安道公李彻辅佐教导杨广。杨广好学，擅长写文章，含蓄深沉，朝野都对他寄予厚望。高祖秘密命令会相面的人来和给所有的儿子相面，来和说："晋王眼眉上双骨突起，高贵极了。"不久，高祖到杨广住宅来，看见乐器的弦多数都断了，上面又落满灰尘，似乎长期不用，认为杨广不喜欢歌舞女伎，很赞赏他。杨广尤其善于弄虚作假，装得道貌岸然，时人都说他仁义孝顺。他曾参观狩猎，遇上大雨，左右侍臣进献油衣遮雨，他说："士兵都淋湿了，我能单独穿这个吗！"竟让侍臣拿走。

开皇六年，杨广转任淮南道行台尚书令。这一年，高祖征召杨广回京，拜为雍州牧、内史令。开皇八年冬天，大规模兴兵攻打陈国，杨广为行军元帅。平定陈国之后，活捉了陈国湘州刺史施文庆、散骑常侍沈客卿、市令阳慧朗、刑法监徐析、尚书都令史暨慧，因为他们奸邪谄媚，害国害民，在宫中右阙之下斩首示众，以此向三吴民众谢罪。杨广查封府库，秋毫无犯，天下人都称赞他贤明。他晋升为太尉，高祖赏赐给他辂车、四匹马、礼帽礼服、黑珪白璧各一块又拜炎并州总管。不久江南商智慧等聚众造反，高祖调杨广为扬州总管，镇守江都，每年朝见一次。高祖祭泰山的时候，杨广随任武侯大将军，第二年回到封地。过了几年，突厥侵犯边境，杨广又出任行军元帅，从灵武出兵，没有遇上敌人，回来了。

到太子勇被废黜后，杨广被立为皇太子。这一月应当接受册命。高祖说："我以大兴公的身份成就帝业。"于是让杨广离开京城，住到大兴县去。当夜，狂风大雪，地震山崩，百姓的住宅多数被破坏，压死了一百余人。

仁寿初年，杨广奉诏书巡视安抚东南地区。此后，高祖每到仁寿宫避暑，总是让杨广主持国政。

仁寿四年七月,高祖去世,杨广在仁寿宫即皇帝位。八月,扶高祖灵柩回京师。并州总管汉王杨谅起兵谋反,命尚书左仆射要素讨伐平定了他。九月乙巳日,任命备身将军崔彭为左领军大将军。十一月乙未日,炀帝驾临洛阳。丙申日,征发数十万男壮丁掘濠,从龙门向东连接长平、汲郡,达临清关,过黄河到浚仪、襄城,抵达上洛,沿途设置关口防御。癸丑日,下诏书说:

天道变化,阴阳才能消长;制度不同,百姓才能和顺。如果天的意志不变,所施行的教化怎么形成春、夏、秋、冬?人事如果不变,所施行的政治怎么能区别万姓?《易》不是说过吗:"通过其变化,使民众不疲倦。""变化就能通达,通达就能长久。""有德就能长久,有功就能长壮大。"我又听说,安定天下而能迁都,百姓的财用就能有大的变化。因此,姬氏经营两周都城,合乎武王的心意;殷人五次迁徙,成就商汤的事业。如果不下合民意上顺天时,在变动中形成功业,那么,爱民治国的人能不说话吗?

而洛阳自古便是都城,周围千里之内,是天地交合之处,阴阳调和的地方。三河环绕,四塞巩固,水陆通达,贡赋均等。所以汉高祖说:"我走遍天下,经过的地方可以说很多了,只有洛阳最好。"自古帝王,谁不留心洛阳,之所以不建都于此,都有原因。有的是因为九州尚未统一,有的是因为财政匮乏,无力创建洛阳城。我隋朝建立之始,便想创建这怀、洛城邑,一天一天迁延到今天。朝思暮想,无非此事,说起来不胜感慨。

我恭敬地接受皇位,统治万国,继承先帝意志,遵守而不敢遗忘。如今汉王杨谅叛乱,洧山以东地区遭受毒害,州县沦丧。这就是因为关河阻隔,路途遥远,军队不能赶赴应急,加上并州移民又在河南无法协助。周代把殷人迁往东方,用意就在于此。况且,南方地区遥远,东方地区富庶广大,因势利导,顺时而动,现在正是时候。众官府和百官,都拥护这项协议。但是,成周宫殿废墟,无法修葺,于今可在伊、洛地区营建东京,就地设官府、分职务,树立万民的法则。

宫室的规模制度原本是为了便于生活,上有正梁,下有屋檐,就足以遮蔽风雨、雾露,高楼大厦,难道能够说是合适的形制?所以《传》说:"节俭,是德行的总汇;奢侈,是罪恶的大端。"孔子说:"与其不恭敬,不如节俭。"难道只有瑶台琼楼才是宫殿?而土墙草屋就不是帝王的住宅了?由此可知,不是用天下财物供奉一人,而是由一人主治天下。民是国家的根本,根本牢固则国家安宁,百姓富足,谁还不富足!现在营建伊洛,务必节俭,不要让雕画的墙壁、崇高的楼房又在今天建起,想让低选择宫殿简陋饭食遗传于后世。有关部门清楚地制定出条例,以便合乎我的心意!

十二月乙丑日,任命右武卫将军来护儿为右骁卫大将军。戊辰日,任命柱国李景炎为右武卫大将军,右卫率同罗睺为右武侯大将军。

大业元年春正月壬辰初一,大赦天下,改年号。立妃子萧氏为皇后。把豫州改名溱州,洛州改名为豫州,废除各州总管府。丙申日,立晋王杨昭为皇太子。丁酉日,任命上柱国宇文述为左卫大将军,上柱国郭衍为左武卫大将军,延寿公于仲文为右卫大将军。己亥日,任命豫章王杨暕为豫州牧。戊申日,派遣八名使臣巡察各地风俗。下诏书说:

从前圣王治时天下,关键在于爱民。先让人民富足然后进行教化,家给人足,所以能风俗淳厚,远方来朝,近地安宁。治理成功,都是循此途径。我继承皇位,抚育黎民。虽然遵守先帝功业,不敢有所闪失,但谈到政治措施,多有缺陷。况且,以四海之遥远,黎民之众多,我不能亲自前往,询问民间疾苦。每每想到,民间隐藏的贤人不能举荐,百姓的冤屈不能申诉,一件事情处置不当,就会伤害和顺的祥气,万方有罪,责任都在我身上。

所以我昼夜叹息,早晚挂心。

现在是施政初期,应该宽大。可分头派遣使者,巡察各方风俗,宣扬教化,推荐被埋没的人才,申诉深藏的冤屈。对孝顺父母努力耕种的人,给以优待,免除租赋。鳏寡孤独不能养活自己的人,酌情给予救济。对义士、烈女,赐匾额表彰其门闾。对年高的老人,加官晋爵,并且依据别的条例,赏赐粟米布帛。有残疾的人,供给服侍的壮丁,虽然有侍养的名义,并无赡养的实效,应公开检查核实,使他们得到奉养。名声显赫、品德高尚、操行廉洁以及有学问才能通一经的人,都应该采访到,推荐到朝廷中。所在州县官府,要根据礼仪发送。官员中有政治腐败残害人民妨碍农时的,使者回朝之日,详细记录上奏。

己酉日,任命吴州总管宇文䜣为刑部尚书。

二月己卯日,任命尚书左仆射杨素为尚书令。

三月丁未日,命令尚书令杨素、纳言杨达、将作大匠宇文恺营建东京,迁移豫州城郊居民充实东京。戊申日,诏书说:“由于听取并采纳公众的意见,政事和平民商议,所以才能清楚政治和刑罚的得失。由此可知,我早晚思虑治国,想使隐藏的冤屈上达朝廷,治国常道得以发扬。但州牧县宰等官职俱是朝廷委任,如果不认真进行考核,空定下优秀、劣等的虚名,不问治理的实际情形,纲纪就会紊乱,冤屈也就不能申诉。地方和朝廷有重重关河阻隔,百姓的意见无法自行上述。我因此建立东京,亲自过问民情。现在我将巡视淮海,观察了解各地风土人情,征求正直的意见,但呈上来的只是烦琐的辞章,乡校中议论朝政的话,听不到。我恐惧警惕,废寝忘餐。民众有知道州县官吏为政刻薄、侵害百姓、徇私枉法、刁难民众的,应该听任他们到朝廷申奏,希望能做到广开四方视听,使天下无冤屈。”又在阜涧营建显仁宫,采集海内珍禽奇兽名花异草,充实宫中花园兽苑。迁徙数百家富商大贾到东京。辛亥日,调发黄河以南各郡百余万男女开凿通济渠,从西苑引谷水、洛水抵达黄河,从板渚引黄河水通达淮河。庚申日,派黄门侍郎王弘、上信同于士澄到江南去采集木材,建造了数万艘龙舟、凤艒、黄龙、赤舰、楼船等。

夏四月癸亥日,大将军刘方进攻林邑,攻克了。

五月庚戌日,民部尚书义丰侯韦冲去世。

六月甲子日,火星进入太微星区。

秋七月丁酉日,规定战死的家庭名除十年赋税徭役。丙午日,滕王杨纶、卫王杨集都被剥夺爵位,迁往边境。

闰七月甲子日,任命尚书令杨素为太子太师,安德王杨雄为太子太傅,河间王杨弘为太子太保。丙子日,下诏书说:

治理民众建立国家,应以教学为首要事务,移风易俗,必定由此开始。但圣人的言论断绝,大义遭违背。岁月流逝,虽然努力增进道德进修学业,而治国之道逐渐衰微。汉承秦焚书之后,广集经书,学术不绝如缕,而晋遭社会动乱,学术几乎扫地而尽。从此以后,国家军政忧患甚多,虽然不时兴建学舍,表示喜爱礼义,但老师虽在,却形同虚设。以至于为密电为宦的,并非学习优秀者;撰写文章的,多是不学无术之人。上行下效,纲纪无法确立。文化缺少,大道消亡,实在都是这个原因。

我继承皇位,想弘扬教育,尊敬师长,重视道义,发扬此道,讲究信用,谋求亲善,嘉奖礼教。如今天下统一,车同轨、书同文,十步以内一定有优秀人物,四海之中怎能没有奇才!无论是在家中还是入学的,如果有专门学习古代礼义、埋头经典、品学兼优、能处理政务的人,当地政府应加采访,详细列出名单报上,立即根据其才能越级提拔。如果精通

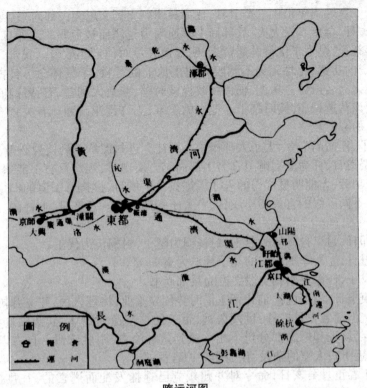

隋运河图

经书而不愿做官，可根据其学业深浅，门第高下，虽然不上朝为官，也酌情给予俸禄。只要循循善诱，他们不日即可成器，不远的将来，朝廷就能人才济济。国子监等学堂，也应讲明旧制度，教育学生，详细规定考试方法，以达到磨炼、培育人才的目的。

八月壬寅日，炀帝乘龙舟到达江都。让左武卫大将军郭省做前军统领，右武卫大将军李景做后军统领。文武百官五品以上的，供给楼船，九品以上的供给黄蒉。船只首尾相接，绵延二百余里。

冬十月己丑日，赦免江淮以南的罪人。扬州地区免除五年赋税徭役，旧扬州总管地区免除三年的赋税徭役。十一月己未日，任命大将军崔仲方为礼部尚书。

大业二年春正月辛酉日，东京建成，分别等级赏赐监督工程的人。任命大理卿梁毗为刑部尚书。丁卯日，派遣十名使臣裁减合并州县。

二月丙戌日，命令尚书令杨素、吏部尚书牛弘、大将军宇文恺、内史侍郎虞世基、礼部侍郎许善心制定车服制度。天子的车驾以及春、夏、季夏、秋、冬五个季节的天子侍从车才开始完备。皇帝的常礼服，皮帽子，上面饰有十二块琪玉；文官穿弁服，佩带玉；五品以上文官供给犊牛，挂障幔，三公亲王车上加挂丝络；武官戴平头巾，穿袴褶，三品以上武官供给鹏辇仪仗；往下直至胥吏，服饰各有差等。平民不能穿军服。戊戌日，设置都尉官。

三月庚午日，炀帝车驾从江都出发。事前，太府少卿何稠、太府丞云定兴大肆准备仪仗，规定各州县送羽毛。百姓寻捕禽兽，水陆遍设网罗，能够提供羽毛装饰的禽兽，几乎一网打尽。到此时，仪仗制成。

夏四月庚戌日，炀帝从伊阙陈列车马，千军万马进入东京。辛亥日，炀帝到端门，大

赦天下,免天下百姓当年租税。癸丑日,任命冀州刺史杨文思为民部尚书。

五月甲寅日,金紫光禄大夫、兵部尚书李通因为犯法而被免职。乙卯日,诏书说:"表彰先贤,保存祭祀,是为了优待礼遇贤人,明显地表示对他们的敬爱。我永远借鉴前代的事业思念先贤的功德,无时无刻不感叹九州土地上的贤哲,千载怀念。自古以来的圣贤君子,凡是能树立名声建立功德,辅佐朝政挽救时弊、获巨大利益、有特殊功劳,对人民有益的人,都应该营造祠庙,按时祭祀。他们的坟墓,不许侵犯践踏。有关官府酌情订立条例,以符合我的心意。"

六月壬子,任命尚书令、太子太师杨素为司徒。进封豫章王杨暕为齐王。

秋七月癸丑日,任命卫尉卿卫玄为工部尚书。庚申日,规定百官不能累计考绩升级,一定要德行、功劳、才能明显优秀的人才能提拔。壬戌日,提拔晋王府的旧臣鲜于罗等二十七人,授予不同等级的官爵。甲戌日,皇太子杨昭去世。乙亥日,上柱国、司徒、楚国公杨素去世。

八月辛卯日,封皇孙杨倓为燕王,封杨桐为越王,封杨侑为代王。

九月乙丑日,立秦孝王杨俊的儿子杨浩为秦王。

冬十月戊子,任命灵州刺史段文振为兵部尚书。

十二月庚寅日,诏书说:"前代帝王借时势创立基业,治理人民,建立邦国,南面而坐,受群臣礼拜。但随着岁月推移,世代久远,帝王的坟茔遭到毁坏,砍柴放牧者竞相光顾,坟墓荒芜废弃,坟堆和标志都分辨不出。谈到这种沦丧,不胜感慨。自古以来帝王的陵墓,可免除附近十户人家的杂役,让他们守护看视。"

大业三年春正月癸亥日,命令对并州叛党已逮捕发配而逃亡的,一旦捉到,就地斩首。丙子日,满天出现长星,出自东壁星,二十天后停止。这一月,武阳郡上奏,黄河水清。

二月己丑日,彗星出现于奎宿,扫过文昌星,经过大陵、五车、北河等星,进入太微星区,扫过帝座星,前后历时一百余天才停止。

三月辛亥日,炀帝车驾回到京师。壬子日,任命大将军姚辩为左屯卫将军。癸丑日,派遣羽骑尉朱宽出使琉球国。己卯日,河间王杨弘去世。

夏四月庚辰日,诏书说:"古代帝王观察访问民间风俗,都是因为忧虑百姓,安抚边远地区。自从蛮夷归附,没来得及亲自安抚,淆山以东历经战乱,也须加以抚恤。现在想安定黄河以北,巡视赵、魏地区。有关官可依惯例安排。"甲申日,颁布法令,大赦天下,关内人民免除三年赋税徭役。壬辰日,把州改为郡。改变度量衡制度,完全按照古代的标准。把上柱国以下的官改为大夫。甲午日,诏书说:

天下的重大,不是一人专制就能安定的;帝王的功德,也并非一人的谋略所能完成。自古以来圣明的,推行政事,经略邦国,何尝不是选举贤才,收罗隐士。周朝号称多士,汉代号称得人,我常常思念前代风范,肃然起敬。我早起南面而坐,头戴皇冠等待天明,遥望山谷隐士,希望他们出任朝官,以便和众多贤人共同治国。然而,贤人很少进用,招贤很少有人来,难道是美好的璞玉未碰到优秀的工匠,就想怀藏珍宝,难以选拔?在鉴于前代圣贤,不胜感慨。皇帝在位,贤臣就像大腿和胳膊,左右辅佐;又象渡河,贤臣就像船和浆。岂能保守俸禄,隐瞒自己知道的情况,悠哉游哉地渡日。那就太没意思了。祁奚大夫推举贤人,史学家认为非常公正,臧文仲埋没贤人,孔子讥笑他窃取职位。借鉴古代,并不是没有表扬和批评,所以应该进用贤人,以辅助我能力的不足。

孝顺父母友爱兄弟,是人道的根本;品行忠诚厚道,是立身的基础。或是节烈忠义值得称赞,或者是品行操守高尚廉洁,都能用来遏止贪欲净化风俗,有助于社会风气的改进。刚强正直,执法不屈,学业优秀,才思敏捷,都可为朝廷所用,实为栋梁之材。才能可任将帅的,就提拔他去抵御外侮;体壮力大的,就委他去做士卒。至于有一技之长的,也应该录用!务使贤人全部举荐,无所遗弃。用这种办法治国,大约就离天下太平不远了。凡有文武官职者,五品以上的,都应该依照法令推举十科的人才。只要有一科才能就行,不必求全责备。我会越级提拔,根据才能任用。现在已经担任九品以上官职的,不在举荐范围之中。

丙申日,炀帝车驾往北方巡行。丁酉日,任命刑部尚书宇文弼为礼部尚书。戊戌日,命令各级官府不准摧毁庄稼,必须开农田为道路时,有关官府要根据土地的收成,用附近的粮仓赏赐粮食,务必优厚。己亥日,驻扎赤岸泽。用太牢祭祀原太师李穆的坟墓。

五月丁巳日,突厥启民可汗派儿子拓特勤来朝拜。戊午日,调发黄河以北十余郡的男丁开凿太行山,直达并州,以便通驰道。丙寅日,启民可汗派遣侄子毗黎特勤来朝拜。辛未日,启民可汗派遣使臣琰请求允许他亲自进边塞迎接炀帝车驾。炀帝不准。癸酉日,有彗星进入文昌上将星,星都动摇了。

六月辛巳日,在连谷打猎。丁亥日,诏书说:

孝敬祭礼祖先,德行最高;兴建寝庙,礼仪最大。然而,不同时代的制度,有的华丽,有的质朴,有的多,有的少。秦代焚书坑儒后学术湮灭,经典散佚,法令消失,关于庙堂的制度,传说不一。应立多少代祖先,无人能说正确;祖先庙是连室而居还是各自分立,也没有定准。

我得以奉祀祖宗,敬承大业,常想严格配享制度,使祭祀盛典更加隆重。于是咨询官员,访问儒师,都认为高祖文皇帝接受天命,拥有天下,拯救四海黎民,革除百代弊病,缓用刑罚,百姓都自由发展,减轻徭役赋税,民众都安居乐业。统一天下,车同轨道,书同文字,东西扩展,无处不归附,南北征讨,解除百姓疾苦。乘风驾鸟,历代没到的地方都到了,各种各样的少数民族,教化从未施行到的人,也都来边塞、朝廷叩头礼拜。翻译无时不在进行,书信月月都有,收起武器,天下太平。吉祥的预兆、福瑞的标志所在多有,其伟大雄壮难以言表。

我又听说,品德淳厚的人福泽流传后世;治国不表明的人礼仪繁缛。因此,周朝的文王、武王,汉代的高祖、光武帝,法令制度非常健全,谥号特别尊贵,难道这不是根据实际情况加以称赞,也就是合乎道义地推崇和表彰吗?高祖文皇帝应该另外兴建庙宇,以便表彰他崇高的德行,仍然按规定每月祭祀,以表示对他的怀念。有关官府按时兴建,务必合乎规定。此外,名分不同,礼仪也不一样。天子有七代祖庙,前代经典已经著名,诸侯有二昭二穆庙,从道理上讲比天子要低,所以庙宇是以多为贵。王者的礼仪,现在可以依照使用,以便留存后世。

戊子日,驻扎榆林郡。丁酉日,启民可汗来朝拜。己亥日,吐谷浑、高昌都派遣使臣贡献地方特产。甲辰日,炀帝到在北楼,到黄河去看捕鱼,宴请百官。

秋七月辛亥日,启民可汗上书请求改变服装,戴帽子,束腰带。命令启民可汗朝拜时不用报名了,地位在诸侯王之上。甲寅日,炀帝在郡城东设大帐,全部仪仗护卫,树立旌旗,宴请启民可汗及其部落三千五百人,演奏百戏。按不同级别赏赐启民及其部落。丙子日,杀死光禄大夫贺若弼、礼部尚书宇文弼、太常卿高颖。尚书右仆射苏威因犯罪被免职。征发百余万男丁修筑长城，西到榆林，东到紫河，十天修完，死去的男丁占十分之五六。

八月壬午日，炀帝车驾从榆树启程。乙酉日，启民可汗修饰庐舍清扫道路，迎接车驾。炀帝到启民帐中，启民举杯祝寿，炀帝的宴请和赏赐都极丰厚。炀帝对高丽使臣说："回去告诉你们国王，应早早前来朝见。不然的话，我和启民可汗将到你们国土巡察。"皇后也到义城公主帐中。己丑日，启民可汗回国。癸巳日，炀帝进入楼烦关。壬寅日，驻扎太原。下令营建晋阳宫。九月己未日，驻扎济源。到御史大夫张衡家中，饮酒吃饭极尽欢乐。己巳日，到达东都。壬申日，任命齐王暕为河南尹、开府仪同三司。癸酉日，任命民部尚书杨文思为纳言。

大业四年春正月乙巳日，下诏书征发黄河以北各郡百余万男女开凿永济渠，引沁水向南到达黄河，向北通到涿郡。庚戌日，文武百官在允武殿举行射礼。丁卯日，赏赐京城内居民每人十石米。壬申日，任命太府卿元寿为内史令，鸿胪卿杨玄感为礼部尚书。癸酉日，任命工部尚书卫玄为右候卫大将军，大理卿长孙炽为民部尚书。

二月己卯日，派遣司朝谒者崔毅出使突厥处罗，招致汗血马。

三月辛酉日，任命将作大匠宇文恺炎工部尚书。壬戌日，百济、倭、赤土、迦罗舍等国一齐派遣使臣贡献土产。乙丑日，炀帝车驾到五原，趁机出边塞巡视长城。丙寅日，派遣屯田主事常骏出使赤土，招到罗刹。

夏四月丙午日，把离石的汾源、临泉二县、雁门的秀容县，划为楼烦郡。兴建汾阳宫。癸丑日，任命河内太守张定和为左屯卫大将军。乙卯日，诏书说："突厥意利珍豆启民可汗率领部落归附我朝，保护关塞，遵奉我朝礼仪，想改变戎狄习俗，频繁地入朝谒见礼拜，多次陈述请求。因为毡墙羽帐，极其简陋，愿意建造有梁有檐的房屋。心决恳切，我很重视。应该在万寿戍建造城墙房屋，根据情况供给帷帐床被等物品，待遇务必优厚，以合乎我的心意。"

五月壬申日，蜀郡捕获一只三脚乌鸦，张掖郡捕获一只黑狐狸。

秋七月辛巳日，征发二十余万男丁修筑长城，自榆谷向东延伸。乙未日，左翊卫大将军宇文述在曼头、赤水大破吐谷浑军。

八月辛酉日，炀帝亲自到恒岳祭祀，河北道的郡守全部到场。大赦天下。车驾经过的郡肥县，免除一年的租赋。

九月辛未日，征集全国的鹰师到东京集中，来了一万多人。戊寅日，彗星从五车星流出，扫过文昌星，到房星消失。辛巳日，下诏书对修长城的役夫免征一年租税。

冬十月丙午日，诏书说："先师孔子，道德圣明，发扬天赋英姿，效法文武之道。治理国家，承受天命，孕育了这位素王，而圣人去世时的悲叹，很快就超过千年，崇高的德行，并没保存一百代。常常思念，他美好的风范应该加以推崇。可立孔子后代为绍圣侯。有关官府寻求其嫡系后裔，把名字报上来。"辛亥日，诏书说："从前，周王即位，首先封唐尧虞舜的后代，汉高祖即位，也赐给殷周的后裔名号，这都是为了表彰先代，效法古圣贤。我继承帝位，寻求文雅的教诲，凡有大益处的，都敬遵如法令。周代兼有夏，殷两朝传统，文质都具备，汉代拥有天下，统一车轫文字，魏晋沿袭汉朝，遗风仍在。这些朝代都应立其后裔，以便保存绝世的大义。有关官府应该寻求其后代，开列姓名上报。"乙卯日，向天下颁布新的度量衡规格。

大业五年春正月丙子日，把东京改为东都。癸未日，下诏书在全国实行均田制。戊子日，炀帝从东都回到京师。乙丑日，规定民间禁止收藏铁叉、搭钩、刀矛之类。太守每年都秘密奏报其属官的行踪。

二月戊戌日，炀帝驻扎阌乡。命令祭祀古代帝王陵墓以及开皇年间功臣坟墓。庚子日，规定北魏、北周官吏的子孙不能因父辈功勋而赏赐官爵。辛丑日，赤土国派遣使臣贡献土产。戊申日，车驾到达京师。丙辰日，在武德殿宴请四百名故旧老人，按不同等级进行赏赐。己未日，炀帝到崇德殿西院，心中很不高兴，回头对左右说："这是先帝居住的地方，确实增添伤感，心中不安，应该在此院的西边另外建造一殿。"壬戌日，规定听任父母跟随儿子到任职官府去。

三月己巳日，炀帝车驾向西巡视黄河右边。庚午日，有关官吏说，武功男子史永遵和叔父堂兄弟等住在一起。炀帝很赞赏他。赐给一百段布帛、二百石米，表彰他的门第。乙亥日，炀帝到扶风旧居去。

夏四月己亥日，在陇西大举狩猎。壬寅日，高昌、吐谷浑、伊吾都派遣使臣来朝见。乙巳日，驻扎狄道，党项羌来贡献土产。癸亥日，由临津关出发，渡过黄河，到达西平，排兵布阵演习军事。

五月乙亥日，炀帝在拔延山大举围猎，狩猎圈周围绵延两千里。庚辰日，进入长宁谷。壬午日，渡过星岭。甲申日，在金山上宴请群臣。丙戌日，在浩亹架桥，炀帝马过桥后桥坏了，朝散大夫黄亘及监督工程的九人被斩首。吐谷浑王率众屯守覆袁川，炀帝分别派内史元寿从南边驻扎金山，兵部尚书段文振从北边驻扎雪山，太仆卿义臣从东边驻扎琵琶峡，将军张寿从西边驻扎泥岭，四面包围住。吐谷浑王优允率数十名骑兵逃走，派他的名王假称优允，屯守车我真山。壬辰日，命右屯卫大将军张定和前往追捕。定和挺身出战，被吐谷浑杀死。副将柳武建击败吐谷浑军，杀死数百人。甲午日，吐谷浑被围走投无路，仙头王率十余万口男女来投降。

六月丁酉日，派左光禄大夫梁默、右翊卫将军李琼等追击吐谷浑王，二人都战死。癸卯日，炀帝经过大斗拔谷，山路险要狭隘，大军鱼贯而出。风雪交加，天气阴暗，炀帝和随从官员走散，士兵冻死大半。丙午日，驻扎张掖。辛亥日，命令诸郡推举贤才，分四科：学业贯通，才能优异；身强力壮武艺高超；任职勤奋善理政务；秉性正直不畏强暴。壬子日，高昌王麹伯雅来朝拜，伊吾吐屯设等献上西域数千里土地，炀帝十分高兴。癸丑日，设置西海、河源、鄯善、且末等四郡。丙辰日，炀帝到观风行殿，大量陈列文物，演奏九部乐，表演幻术魔法，在殿上宴请高昌王、吐屯设，表示特别优待。有三十余国少数民族使臣陪席。戊午日，大赦天下，开皇元年以来流放发配的罪人，全部放回故乡，但晋阳叛党不在内。陇西各郡，免除一年赋税徭役，炀帝车驾经过的地方，免除两年赋税徭役。

秋七月丁卯日，在青海渚中放牧马，以此寻求优良的龙种马，没取得成效，停止了。

九月癸亥，炀帝车驾进入长安。

冬十月癸亥，诏书说："优待推崇年老德高者，典籍中都有记载，尊敬顾问，表彰学校。鬻熊做周文王师，并非因为力气大，方叔是元老，计谋深沉。我常说要考察古代，寻求达到天下大治的途径。因此，对年老的人，重新起用，事情要少，待遇要优厚，不要缺了药和饭，希望能睡卧床上，治理好百姓，收到大的效益。今年集合起来的老人，可在附近州郡安置，七十岁以上有疾病行动不便，不能任职的，赏赐布帛送回本郡。官职在七品以上的，酌情给予俸禄，一直到死。"

十一月丙子日，炀帝车驾到东都。

大业六年春正月癸亥日初一,清晨有数十名强盗,白衣白帽,烧着香手里拿着花,自称是弥勒佛,从建国门进来。守门人都跪下叩头。不一会他们夺下卫士的武器,企图谋反。齐王暕遇上,杀死了他们。于是京城大肆搜索,牵连犯罪的有一千余家。丁丑日,在端门街上演角抵大戏,天下的奇异伎艺全部集中于此,演了一个月才停止。炀帝多次穿便服前往观看。己丑日,倭国派遣使臣贡献土产。

二月乙巳,武贲郎将陈棱、朝请大夫张镇州进攻琉球,打败了他们。献上俘虏一万七千口,炀帝赏赐百官。乙卯日,诏书说:"国家草创时期,王业艰难,全仗大臣辅佐,同心协力,才能拯救衰败的国运,荣登皇位,然后酬报功劳、赏赐功臣,开国建家,以山河宣誓,传山河于万代。近代以来天下动乱,四海未能统一,土地随便封赐,名实不符,很长时期未能改革。我朝开国之初,诸事都刚开始,还遵循旧规矩,来不及改制。现在天下太平,文字、车轨都已统一,应该遵奉先朝旧典,把先圣的教训永远流传后代。从此以后,只有功劳的人才能有赐封,其子孙可以继承封爵。"丙辰日,安德王杨雄改封为观王,河间王之子杨庆改封为郇王。庚申日,征集魏、齐、周、陈等地尔人,全部分配给太常。三月癸亥日,炀帝到江都宫。甲子日,任命鸿胪卿史祥为左骁卫大将军。

夏四月丁未日,宴请江淮以南的父老,分等级进行赏赐。

六月辛卯日,室韦、赤土都派遣使臣贡献土产。壬辰日,雁门盗贼头目尉文通聚集三千人马,驻守莫壁谷。派鹰扬杨伯泉打败了他。甲丙日,规定江都太守官秩和京尹相同。

冬十月壬申,刑部尚书梁毗去世。壬子日,民部尚书、银青光禄大夫长孙炽去世。

十二月己未,左光禄大夫、吏部尚书牛弘去世。辛酉,朱崖人王万昌兴兵作乱,派陇西太守韩洪平定了他。

大业七年春正月壬寅日,左武卫大将军、光禄大夫、真定侯郭衍去世。

二月己未日,炀帝登上钓台,面对扬子津,大宴百官,分不同等级进行赏赐。庚申日,百济派遣使臣朝拜进贡。乙亥日,炀帝从江都乘龙舟进入通济渠,到达涿郡。壬午日,诏书说:"军事有七德,首称是安定百姓。政治有六本,应以教育振兴。高丽国高元,有失藩国礼仪,我将赴辽东问罪,宣扬宏图大略。虽然想讨伐敌国,仍然要巡礼四方。现在到涿郡,巡视民间风俗,黄河以北各郡以及太行山以西、以东地区,年九十以上的人授太守衔,八十的人授县令衔。"

三月丁亥日,右光禄大夫、左屯卫大将军姚辩去世。

夏四月庚午,炀帝到涿郡的临朔宫。

五月戊子,任命武威太守樊子盖为民部尚书。

秋天,发生大水灾,太行山东及黄河以南淹没了三十余郡,民众都卖身为奴婢。

冬十月乙卯,底柱山崩溃,堵住黄河水向上倒流数十里。戊午日,任命东平太守吐万绪为左屯卫大将军。

十二月乙未日,西面突厥处罗多利可汗前来朝拜,炀帝十分高兴,用特殊礼仪接见。那时,辽东的战士以及运送给养的人,挤满道路,昼夜不断,苦于服役的人开始聚众为盗。甲子日,命令都尉、鹰扬和郡县相互联系追捕盗贼,随捕获随处决。

大业八年春正月辛巳日,大军在涿郡集中。任命兵部尚书段文振为左侯卫大将军。壬午日,下诏书说:

天地德行极大,却在秋天降下严霜;圣贤十分仁爱,却在刑法上著有杀伐。由此可知,天地造化有杀气,道理在于大公无私;帝王使用武器,乃是出于不得已。版泉、丹浦之战,无非是替天行道,勘定昏乱,应天顺人。何况在甘地野外誓师,夏启继承了大禹的事业,在商城郊外兴兵问罪,周武王完成文王的志向。永远借鉴前代,是我的职责。

从我隋朝接受天命以来,兼具天、地、人三才而建立中正的准则,统一天下而成为一家。封地扩展到细柳、盘桃以外,教化达到了紫舌、黄枝地区。远人来朝,近人安定,无人不团结和睦,大功告成、治理成功就在于此。然而高丽这跳梁小丑,迷乱狂妄,团聚在勃海、碣石之间,侵犯辽东、狝猫土地。虽经汉、魏两代诛伐,巢穴暂时捣毁,但战乱频仍,道路阻隔,他们的部落又聚集起来。他们在前代汇聚山川草泽,而在现代结成恶果。想那华夏土地,竟全是蛮夷。年代久远,恶贯满盈,天道惩罚淫乱,他们的败亡已显露征兆。他们破坏道德伦常,难以谋取,收藏奸徒,唯恐不足。送去的庄严书信,他们从不当面接受,朝见的礼仪,他们从不亲自参加。招降纳叛,不知法纪,聚集在边境,使瞭望的烽燧极端疲劳,边关巡夜木梆为此不得安静,边民无法耕种。古代的征伐,他们是漏网之鱼。既未遭前代俘虏,又没受到后代诛杀,他们从不感谢,反而更加作恶,兼并契丹党徒,劫掠海边,改穿鞢鞢服装,侵犯辽西,又青丘之外,都按时朝贡,碧海之边,都接受我朝治理,而他们却夺取宝物,断绝往来,无辜的人受害,诚实的人遭祸。使臣奉使前往海东,沿路停留,途径藩国土地,而他们堵塞道路,拒绝王使,没有侍奉君王的忠心,哪有做臣的礼节!是可忍,孰不可忍。而且,他们法令严酷,赋税繁重,强臣和豪族执掌国政,结党营私,朋比为奸,形成风气,贿赂公行,冤屈不伸。再加上连年灾荒,户户饥饿,战乱不止,徭役没有期限,百姓输送给养竭尽全力,死尸填满沟壑。百姓忧愁悲苦,又能听从谁?境内一片哀叹,不胜凋敝。回头观看境内,人人都担心生命不保,老人孩子,无不感叹残酷毒烈。我观察风俗来到幽州,悲悯百姓兴师问罪,不须等待再次动身了。于是亲统六军,进行制裁违犯王命的九伐之征,拯救危机,顺从天意,消灭这些丑类,继承先代的谋略。

现在应该传令动身,兵分数路,以雷霆之势占领勃澥,以闪电之速横扫夫余。整装振戈,誓师之后动身,三令五申,有必胜把握之后再战。左第一军当镂方道,第二军当长岑道,第三军当海冥道,第四军当盖马道,第五军当建安道,第六军当南苏道,第七军当辽东道,第八军当玄菟道,第九军当扶余道,第十军当朝鲜道,第十一军当沃沮道,第十二军当乐浪道。右第一军当黏蝉道,第二军当含资道,第三军当浑弥道,右第四军当临屯道,第五军当候城道,第六军当提奚道,第七军当踏顿道,第八军当肃慎道,第九军当碣石道,第十军当东暆道,第十一军当带方道,第十二军当襄平道。所有这些军队,先接受朝廷谋略,再络绎前往,在平壤集合,战士无不象豺、象貔一样勇猛,有百战百胜之雄风,回头一看就使山岳倒塌,开口一呼就使风云郁聚,同心同德,猛士俱在。我亲自统率士兵,节制军队,向东走过辽地,沿海右岸前行,解除远方百姓的疾苦,询问海外黎民的苦难。另外有轻装游击部队,随机应变,人猇甲马衔枚,出其不意,袭击敌人。还有海路大军,舟船千里,帆船疾驰,巨舰云飞,横断坝江,径至平壤,岛屿绝望,废井无路。其他随军异族士兵,手持弓矢等待出发,各种异民族军队,不用协商,众口一词。顺天行军,面对叛逆,人人勇气百倍,用这样的军队作战,势必如摧枯拉朽一般。

然而,王者的军队,照理不行杀戮,圣人的教化,一定要改造恶人。上天惩罚罪人,只惩办首恶,至于为奸邪的众人,胁从不问。如果高元用泥涂首辕门请罪,自行到司法部投案,就应该解开绳索,焚烧棺木,宽大处理以表示恩惠。其余的臣民如能归顺我朝,一律加以安抚,各自照旧生产,根据其才能录用为官,不问是蛮夷还是华夏。军营驻扎,一定要整齐严肃,不准放牧、砍柴,要做到秋毫无犯。对高丽百姓要施加恩惠,晓以利害。如果他们共同作恶,抗拒官兵,国家有一定的刑法,斩草除根。希望明白告知,合乎我的心意。

总计一百一十三万三千八百兵马,号称二百万,运送给养的人多一倍。癸未日,第一军出发,四十天以后,所有的军队才都走光,旌旗绵延千里。近代出兵,没有象此次这样盛大的。乙未日,任命右兵卫大将军卫玄为刑部尚书。甲辰日,内史令元寿去世。

二月甲寅日,诏书说:"我到燕地边境观察风俗,到辽东海滨兴师问罪。文臣武将协力同心,战士努力,无不手执武器为君王尽力,舍家从军,以致粮食很少积蓄,耕种受到损失。我因此朝夕忧虑,担心他们穷困。虽然饱食的兵众,理应公而忘私,但对踊跃服役之人,应该待遇优厚。随行人员中,从一品以下至饮飞骑士、招募士以上的人家,郡县都应该经常慰问。如果缺乏粮食,就应救济;有人虽有土地但无劳力不能耕种,可以劝说或者规定劳力多的富家帮助。让住家者有积蓄,行役者无后顾之忧。"壬戌日,司空、京兆尹、光禄大夫观王杨雄去世。

三月辛卯日,兵部尚书、左侯卫大将军段文振去世。癸巳日,炀帝亲临大军。甲午日,率军到辽水桥。戊戌日,大军遇到贼兵阻挡,不能渡河。右屯卫大将军、左光禄大夫麦铁杖、武贲郎将钱士雄、孟金叉等,都战死。甲午日,车驾渡过辽水,在东岸大战,击败贼兵,进而包围辽东。乙未日,大军驻屯,看见两只大鸟,一丈多大,白身红足,自由翱翔。炀帝十分惊奇,让画师画下来,并且写文章赞颂。

五月壬午日,纳言杨达去世。

那时,各将领都接到圣旨,遇事必须奏报,故不敢出战。不久,高丽各城都固守,攻不下来。

六月己未日,炀帝到辽东,愤怒地责备各将领。车驾在城西数里停止,到达六合城。

七月壬寅日,宇文述等在萨水战败,右屯卫将军辛世雄战死。九路军队都战败,将帅逃回来的只有两千多人。癸卯日,班师回朝。

九月庚辰日,炀帝到东都。己丑日,诏书说:"军事和政治内容不同,文臣和武将用途各异,拯救危难,则霸道兴起,教化民俗,则王道贵显。在平定战乱的时代,屠夫可以做官,太平盛世,则须学习经术才能升职。在丰都开创之始,周朝官员中没有儒生,在建武朝廷之中,则有军功的不能担任官职。自从国家分裂为三,四海交争,顾不上教化,只崇尚武功。设置官职,很少根据才能委任,朝中官员,都是因有功而录用的,无一不是从部队中选拔的。出身勇士,教学的内容从未学习,执政的方法也一无可取。自己是非不明,属下吏员就作威作福,贪污腐化贿赂公行,无法无天,腐蚀政府,残害人民,原因都在于此。从此以后,因功授爵的,不得同时委任文武官职,希望改弦更张,就像调瑟一样,让从政者不是实习生,以便不伤害国政。如果吏部擅自任用,御史就应该弹劾纠察。"

冬十月甲寅日,工部尚书宇文恺去世。

十一月己卯日,皇族女儿华容公主嫁给高昌王。辛巳日,光禄大夫韩寿去世。甲申日,败将宇文述、于仲文等人被削职为民,把尚书右丞刘士龙斩首以向天下谢罪。这一年大旱,又发生瘟疫,死人很多,崤山以东地区尤其厉害。秘密命令长江、淮河以南各郡查看民间童女,有容貌美丽的,每年进贡。

大业九年春正月丁丑日,征集天下士兵,招募民众做骁果骑士,在涿郡集合。壬午日,盗贼头目杜彦水、王润等攻陷平原郡,大肆抢劫而去。辛卯日,设置折冲、果毅、武勇、雄武等郎将官,统领骁果骑士。乙未日,平原李德逸聚集数万人,被称为"阿舅贼",抢劫崤山以东地区。灵武白榆妄，被称为"奴贼"抢劫牧马，向北勾结突厥，陇右地区大都遭其祸害。派遣将军前往讨伐，几年不能平定。戊戌日，大赦天下。己亥日，派代王杨侑、刑部尚书卫玄镇守京师。辛丑日，任命右骁骑将军李浑为右骁卫大将军。

二月己未日，济北人韩进洛聚集数万人作强盗。壬午日，恢复宇文述等人官职。又征兵讨伐高丽。

三月丙子日，济阳人孟海公起兵作强盗，人数达到数万。丁丑日，征发十万男丁修建大兴城。戊寅日，炀帝到辽东。让越王杨侗、民部尚书樊子益留守东都。庚子日，北海人郭方预聚众作强盗，自称卢公，人数达三万，攻下郡城，大肆抢劫而去。

夏四月庚午日，炀帝车驾渡过辽水。壬申日，派遣宇文述、杨义臣到平壤。

五月丁丑日，火星进入南斗星。己卯日，济北人甄宝车聚集一万余人，抢掠城镇村落。

六月乙巳日，礼部尚书杨玄感在黎阳造反。丙辰日，杨玄感进逼东都。河南赞务裴弘策率兵抵御，反而被贼兵击败。戊辰日，兵部侍郎斛斯政逃奔高丽。庚午日，炀帝班师回国。高丽侵犯断后部队，炀帝命令右武卫大将军李景断后抵御。派遣左翊卫大将军宇文述、左侯卫将军屈突通等乘驿车调发军队，讨伐杨玄感。

秋七月己卯日，命令所在地方征发民夫，修筑县城、府城、驿站。癸未日，余杭人刘元进举兵谋反，人数达数万。

八月壬寅日，左翊卫大将军宇文述等在阌乡击败杨玄感，杀死了他。玄感余党全部被平定。癸卯日，吴地人朱燮、晋陵人管崇聚集十万余人，自称将军，抢掠江南。甲辰日，规定骁果骑士家庭免除赋税徭役。丁未日，命令郡县城离开道路超过五里的，都迁往道旁。戊申日，规定凡盗贼其家庭财产没收入官。乙卯日，盗贼头目陈瑱等率三万余人攻下信安郡。辛酉日，司农卿、光禄大夫、葛国公赵元淑因犯罪被诛杀。

九月己卯日，济阴人吴海流、东海人彭孝才一齐起兵作盗贼，人数达数万。庚辰日，盗贼头目梁慧尚率四万人攻下苍梧郡。甲午日，炀帝车驾驻扎上谷，由于供应不足，炀帝大怒，罢免太守虞荷等人的官职。丁酉日，东阳人李三儿、向但子兴兵作乱，人数达一万余。

闰月己巳，炀帝到博陵。庚午日，炀帝对侍从官员说："我从前跟随先帝在此地盘桓，年刚八岁，日月如梭，不觉已经三十年，追忆往昔生活，一去不复返了。"话未说完，呜咽流泪，侍卫人员都哭了，眼泪沾湿衣裳。

冬十月丁丑日，盗贼头目吕明星率数千人包围东郡。武贲郎将费青奴迎击，杀死了他。乙酉日，诏书说："博陵从前是定州，地处交通要道，是先皇出任官职的基地，皇统教化源远流长，所以道高于周之豳风，义高于舜之姚邑。我巡视黎民，来到此地，瞻望城乡，缅怀先人，充满敬意，就想传播宣扬先人的福泽恩德，广泛地施给下层人民。应取一崇高的名号，以发扬光大先人的功业，可把博陵改为高阳郡。赦免境内死罪以下囚犯。百姓免除一年赋税徭役。"于是召来高祖时候的旧官吏，根据其才能授予官职。壬辰日，任命纳言苏威为开府仪同三司。朱燮、管崇推出刘元进当皇帝。派将军吐万绪、鱼俱罗讨伐，接连几年不能平定。齐地人孟让、王薄等十余万人占据长白山，攻打抢劫各郡。清河盗贼张金称等数万人，渤海盗贼头目格谦自称燕王，孙宣雅自称齐王，人数各有十万，崤山以东地区都受到骚扰。丁亥日，任命右侯卫将军郭荣为右侯卫大将军。

十一月己酉，右侯卫将军冯孝慈在清河讨伐张金称，反被张军打败，孝慈战死。

十二月甲申日，把杨玄感弟弟朝请大夫积善以及党徒十余人车裂，尸体焚烧后随风扬散。丁亥日，扶风人向海明起兵谋反，自称皇帝，年号为白乌。派遣太仆卿杨义臣前往攻打，平定了他。

大业十年春正月甲寅日，把一皇族女封为信义公主，嫁给突厥曷婆那可汗。

二月辛未日，命令百官商议讨伐高丽，接连几天没人敢发言。戊子日，诏书说："战士尽力为国服役，献身战争，都是因为深明大义，忠诚勤劳，丧命于草莽，弃尸于原野，想起这些，心中充满悲伤。往年兴师问罪，将到辽海之滨，计谋深远，进退都有安排。但是杨谅凶恶昏聩，不懂军事，高颎固执偏狭，有勇无谋，率领三军犹如儿戏，视人命如草芥，不遵守定好的计策，招致失败，使战士大批死亡，来不及埋藏。现在应派人分头收葬，在辽西郡建一所道场，祭祀亡灵。让恩德施于九泉之下，消除穷鬼的冤屈，恩泽加于枯骨之上，以弘扬仁者的恩德。"辛卯日，诏书说：

黄帝进行五十二次战斗，商汤进行二十七次征伐，然后才恩德遍施诸侯，号令行于天下。卢芳不过一名小盗，汉高祖还亲自征战；隗嚣不过是复燃的死灰，光武帝还亲自赴陇西讨伐；难道不是想铲除强暴制止战乱，先劳苦而后安逸吗！

我登上皇位，治理天下，日月照到的地方，风雨淋到的地方，谁不是我的臣民？谁又能独不接受教化？高丽小丑，居住在偏远荒僻地区，气焰嚣张，态度傲慢，抢掠我边境，侵略我城镇。因此去年出动大军，到辽东、碣石问罪，在玄菟杀死长蛇，在襄平屠戮封豕。扶余各路兵马，风驰电掣，追奔逐北，越过蝓浿水。大海舟船，直捣贼人心脏，焚烧其城池，毁坏其宫殿。高元用泥涂首，伏在刀下，到军营前请罪，接着又请求进京朝见，到司法部门投案。我准许他改过，就下令班师回朝。不料他竟怙恶不悛，真是贪图安逸反遭毒害，是可忍，孰不可忍！可命令六军，后分百路，一齐进发。我应亲自出征，监领各军，在丸都喂马，在辽水观兵，顺应天意在海外诛杀凶顽，拯救苦难的穷苦百姓。用征伐来匡救时弊，用明德来诛杀坏人，只除首恶，胁从不问。如果有人认识生死的区别，明白安危的关键，幡然悔悟，自然能够获得福泽；如果一定要共同作恶，抗拒我朝大军，那就像烈火燎原，格杀无赦。有关官府要趁便宣布此意，让人人都知道。

丁酉日，扶风人唐弼起兵谋反，人数有十万，推李弘做皇帝，自称唐王。

三月壬子日，炀帝到涿郡。癸亥日，住在临渝宫，炀帝身穿军服，对黄帝进行祃祭，杀死叛逃军人衅鼓。

夏四月辛未日，鼓城贼人张大彪聚集数万人，屯守悬薄山为强盗。派遣榆林太守董纯去攻打，杀死了他。甲午日，车驾驻扎北平。

五月庚子日，命令各郡推举孝悌、廉洁的人各十名。壬寅日，盗贼头目宋世谟攻下琅邪郡。庚申日，延安人刘迦论起兵谋反，自称皇王，年号是大世。

六月辛未日，盗贼头目郑文雅、林宝护等三万人，攻下建安郡。太守杨景祥战死。

秋七月癸丑日，炀帝车驾驻扎怀远镇。乙卯日，曹国派遣使臣贡献土产。甲子日，高丽派遣使臣请求投降，把斛斯政囚禁送来，炀帝十分高兴。

八月己巳日，班师回朝。庚午日，右卫大将军、左光禄大夫郑荣去世。

冬十月丁卯日，炀帝到东都。己丑日，回到京城。

十一月丙申日，在金光门外肢解了斛斯政。乙巳日，在南郊祭祀。己酉日，盗贼头目司马长安攻破长平郡。乙卯日，离石胡刘苗王起兵谋反，自称天子，让他弟弟六儿做永安王，人数达数万。将军潘长文前往讨伐，不能战胜。这月，盗贼头目王德仁聚集数万人驻守林虑山做强盗。

十二月壬申日，炀帝去东都。这一天，大赦天下。戊子日，进入东都。庚寅日，盗贼头目孟让率十余万人占据都梁宫。派遣江都郡丞王世充打败了他，把他的部众全部俘虏了。

大业十一年春正月甲午日初一，设盛大宴席宴请百官。突厥、新罗、靺鞨、毕大辞、诃咄、传越、乌那曷、波腊、吐火罗、俱虑建、忽论、靺鞨诃多、沛汗、龟兹、疏勒、于阗、安国、曹国、何国、穆国、毕、衣密、失范延、伽折、契丹等国都派遣使臣朝见进贡。戊戌日，武贲郎将高建毗在齐郡打败盗贼头目颜宣政，俘虏数千名男女。乙卯日，大会蛮夷各国，表演幻术戏乐，按不同等级进行赏赐。

二月戊辰日，盗贼头目杨仲绪率一万余人攻打北平，滑公李景击败并斩杀了他。庚午日，诏书说："设置险关保卫国家，前代经典早有著录；牢固防守抵御强暴，事情将载入史册流传后世。这样做的目的在于安邦定国，禁止奸邪，巩固根基。但近年的战争，居民流散，田地荒芜，城廓破坏，使游手好闲的人增加，而盗匪骚扰不停。现在天下平定，海内安乐，应该让人全部住进城中，就近拨给土地，使得强弱互相包容，徭役相互援助，小偷无法行窃，强盗无法聚集。有关官府详细开列条目，务必让百姓各得其所。"丙子日，上谷人王须拔造反，自称漫天王，国号为燕；盗贼头目魏刁儿自称历山飞，人数都达到十余万，向北勾结突厥，向南侵略赵地。

五月丁酉日，杀死右骁卫大将军、光禄大夫、郧公李浑，将作监、光禄大夫李敏，并且灭掉二人家族。癸卯日，盗贼头目司马长安攻下西河郡。乙酉日，炀帝到太原，在汾阳宫避暑。

秋七月己亥日，淮南人张起绪起兵谋反，人数达三万。辛丑日，光禄大夫、右御卫大将军张寿去世。

八月乙丑日，炀帝巡视北部边塞。戊辰日，突厥始毕可汗计划率领数十万骑兵袭击炀帝车驾，义成公主派使者告知。壬申日，车驾奔到雁门。癸酉日，突厥包围雁门城，官军屡战屡败。炀帝十分恐惧，想率领精兵突围出城，民部尚书樊子盖坚决劝阻，没突围。齐王暕率后军守崞县。甲申日，命令全国各郡招募军队，于是各郡太守、县令纷纷前来救驾。

九月甲辰日，突厥解围回去。丁未日，因特殊情况赦免太原、雁门郡死罪以下囚徒。

冬十月壬戌日，炀帝到到东都。丁卯日，鼓城人魏骐骥聚集一万余人作强盗，侵犯鲁郡。壬申日，盗贼头目卢明月聚集十余万人侵犯陈、汝地区。东海盗贼头目李子通率部众渡过淮河，自称楚王，年号为明政，侵犯江都。

十一月乙卯日，盗贼头目王须拔攻下高阳郡。

十二月戊寅日，一颗象斛一样大的流星坠落在卢明月军营，砸破他的冲车。庚辰日，命令民部尚书樊子盖征发关中士兵，讨伐绛郡盗贼敬盘陀、柴保昌等，打了一年也没能平定。谯郡人朱粲率数十万部众侵犯荆襄，妄称楚帝，年号为昌达。汉南各郡大多被他攻下。

大业十二年春正月甲午日，雁门人翟松柏在灵丘起兵，人数达到数万，辗转进攻附近县城。

二月己未日，真腊国派遣使臣贡献土产。甲子日夜晚，有两只象老鹏的大鸟飞进大业殿，落在炀帝的帷账上，到天明才飞去。癸亥日，东海盗贼卢公暹率万余部众，屯守苍山。

夏四月丁巳，显阳门发生火灾。癸亥日，魏刁儿部将甄翟儿又自称历山飞，部众达十万，辗转进攻太原。将军潘长文讨伐，反被打败，长文战死。

五月丙戌日初一，发生日食，日食现象很快过去了。癸巳日，大流星坠落到吴郡，成了石头。壬午日，炀帝在景华宫征求萤火虫，获得好几斛，夜晚到山上游玩，放出萤火虫，满山谷都照亮了。

秋七月壬戌，民部尚书、光禄大夫济北公樊子盖去世。甲子日，炀帝到江都宫，让越王侗、光禄大夫段达、太府卿元文都、检校民部尚书韦津、右武卫将军皇甫无逸、右司郎卢楚等留守总管政事。奉信郎崔民象因盗贼充斥，在建国门上奏章，劝谏说外出巡视不合适。炀帝大怒，先卸下他的面颊，然后杀死他。戊辰日，冯翊人孙华自称总管，起兵谋反。高凉通守洗珤彻兴兵作乱，岭南各溪洞多数响应。己巳日，火星守在羽林星旁，一月多才消失。炀帝车驾驻扎汜水，奉信郎王爱仁因为盗贼一天天厉害，劝谏炀帝回西京。炀帝生气，杀死他，然后继续走。

八月乙巳日，贼帅赵万海率数十万部众，从恒山进犯高阳。壬子日，一颗象斗一样大的流星，从王良星阁道星中出来，声音大的象墙壁倒塌。癸丑日，象瓮一样大的流星从羽林星出来。

九月丁酉日，东海人杜扬州、沈觅敌等谋反，人数达数万。右御卫将军陈棱击败他们。戊午日，有两颗枉矢星，从北斗星魁星中出来，弯弯曲曲地流入南斗星。壬戌日，安定人荔非世雄杀死临泾县令，起兵谋反，自称将军。

冬十月己丑，开府仪同三司、左翊卫大将军、光禄大夫、许公宇文述去世。

十二月癸未，鄱阳盗贼操天成起兵造反，自称元兴王，年与为始兴，攻下豫章郡。乙酉日，任命右翊卫大将军来护儿为开府仪同三司、行左翊卫大将军。鄱阳人林士弘自称皇帝，国号称楚，年号为太平，攻下九江、庐陵郡。唐公李渊在西河打败甄翟儿，俘虏数千名男女。

大业十三年春正月壬子日，齐郡盗贼头目杜伏威率领部众渡过淮河，攻下历阳郡。丙辰日，勃海盗贼窦建德在河间乐寿地方设坛，自称长乐王，年号为丁丑。辛巳日，盗贼头目徐圆郎率数千部众攻下东平郡。弘化人刘企成聚集一万余人作强盗，附近郡县都受他的害。

二月壬午日，朔方人梁师都杀死郡丞唐世宗，占领朔方郡谋反，自称大丞相。派银青光禄大夫张世隆攻打，反而被他打败。戊子日，盗贼头目王子英攻下上谷郡。己丑日，马邑校尉刘武周杀死太守王仁恭，兴兵谋反，向北勾结突厥，自称定阳可汗。庚寅日，盗贼头目李密、翟让等攻下兴洛仓。越王侗派遣武贲郎将刘长恭、光禄少卿房崱攻打，反被他们打败，士兵战死十分之五六。庚子日，李密自称魏公，改年号，称元年，打开粮仓赈济众盗贼，人数达到数十万，黄河以南各郡相继失陷。壬寅日，刘武周在桑乾镇打败武贲郎将王智辩，王智辩战死。

三月戊午日，庐江人张子路起兵谋反，派右御卫将军陈棱讨伐平定了他。丁丑日，盗贼头目李通德率十万部众进犯庐江，左屯卫将军张镇州打败了他。

夏四月癸未日，金城校尉薛举率部众谋反，自称西秦霸王，年号为秦兴，攻下陇右各郡。己丑日，盗贼头目孟让夜晚进入东都外城，烧毁丰都市然后离去。癸巳日，李密攻下回洛东仓。丁酉日，盗贼头目房宪伯攻下汝阴郡。这月，光禄大夫裴仁基、淮阳太守赵佗等都率众背叛,投奔李密。

五月辛酉日,夜晚有流星象瓮一样大,坠落在江都。甲子日,唐公在太原起义。丙寅日,数千名突厥人侵犯太原,唐公打败了他们。

秋七月壬子日,火星守在积尸星旁。丙辰日,武威人李轨起兵谋反,攻下河西各郡,自称凉王,年号是安乐。

八月辛巳日,唐公在霍邑打败武牙郎将宋老生,杀死了他。

九月己丑日,炀帝搜括江都少女和寡妇,匹配给随军士兵。这月,武阳郡丞元宝藏率全郡造反,投奔李密,和盗贼头目李文相一起攻下黎阳仓。彗星在营室星出现。

冬十月丁亥日,太原杨世洛聚集一万多人,抢劫城乡。丙申日,罗县县令萧铣率全县谋反,鄱阳人董景珍率全郡谋反,董到罗县迎接萧铣,号称梁王,攻下邻近的郡。戊戌日,武贲郎将高毗在嵫山打败济北郡盗贼甄宝车。

十一月丙辰日,唐公进入京师。辛酉日,把炀帝遥尊为太上皇,立代王侑为皇帝,改年号为义宁。炀帝在丹阳兴建宫室,想在江南退位。有黑喜鹊来帷账上居住,赶不走。火星侵入太微星。有石头从长江漂流到扬子津。太阳光四散,就像流血一样,炀帝十分厌恶。

义宁二年三月,右屯卫将军于文化及,武贲郎将司马德戡、元礼,监门直阁裴虔通,将作少监宇文智及,武勇郎将赵行枢,鹰扬郎将孟京,内史舍人元敏,符玺郎李覆、牛方裕,千牛左右李孝本及其弟李质,直长许弘仁、薛世良,城门郎唐奉义,医正张恺等人,率骁果骑士造反,进入宫廷。炀帝在温室去世,享年五十岁。萧后命宫女撤去床席作棺材,埋葬了炀帝。宇文化及发掘出来,右御卫将军陈棱从成象殿护送灵枢,埋葬在吴公台下。开棺入殓时,炀帝面容就像活人一样,大家都很惊奇,大唐平定江南以后,改葬炀帝到雷塘。

最初,炀帝因为是诸侯王,按继承顺序不应做皇帝,所以常常虚情假意装正经,沽名钓誉,阴谋夺取皇位。那时高祖十分信任文献皇后,而生性忌恨妃妾。皇太子杨勇内宫有很多宠爱的妾,因此高祖不喜欢他。炀帝时对妾生的儿子,一概不抚养,表示不宠爱妾,以此讨好文献皇后。对掌权的大臣,炀帝全力交往。宫中使臣到炀帝家,不论地位高低,炀帝都竭力讨好,厚礼相待。宫中奴仆往来炀帝家中的,无不称赞炀帝仁义孝顺。炀帝又常常私自进入宫中,和文献皇后密谋策划,杨素等人趁机煽动,终于废除太子杨勇,立炀帝为太子。从高祖病危至去世,在居丧期中炀帝就纵情淫乐,高祖陵墓一修成,炀帝更四处巡游。因天下长期安定,兵马强盛,炀帝赞叹羡慕秦始皇、汉武帝的功业,就大量地兴建宫殿,极端豪华,招募使者,出使到偏远国家。异族国家来朝见的,都送给很厚的礼,有不恭敬听命的,就派兵攻打。在玉门、柳城以外,大规模屯田。向天下富户征取钱财,大量购置军马,每匹马价值十余万,富户因此十家有九家破产。炀帝生性诡诈,所到的地方,不想让人知道。每去一个地方,总是要在几条路上设置安歇地点,准备山珍海味、水陆珍品,为购买这些东西,多远的地方都去到了。郡县的官吏,竞相进献食物,进献丰富的提拔,进献贫乏的有罪。贪官污吏鱼肉百姓,朝廷和地方国库空虚,按人头向百姓征税,弄得民不聊生。那时国家军事、政治事务繁忙,从早到晚忙不过来,而炀帝骄傲懒惰,不愿过问政务,百姓冤屈得不到申诉,奏报的事情很少得到裁决。炀帝又猜疑臣子,用人不专,朝廷大臣有不合心意的,一定罗织罪名诛灭九族。高颍、贺若弼是先皇的心腹,为先皇运筹帷幄,张衡、李金才是炀帝做诸侯王时的旧臣,满腹经纶,有的因为正直而遭炀帝厌恶,有的因为发表正确的意见而激怒炀帝,都被加上莫须有的罪名,加以诛杀。

其余的人,侍奉君王尽力符合礼仪、正直勤恳、没有罪过而横遭杀害的,数不胜数。政治紊乱,贿赂公行,无人敢发表正确的意见,人们在路上用目光表示不满。军队连年作战,各种劳役频繁征调,服役的人不能回家,留在家里的人失去工作。饥荒严重,以至于人吃人,村庄变成废墟。而炀帝并不体恤民情,东西游玩,没有固定的居住地,常常因为供给不足,提前提收取数年的赋税。每到一地,只是沉湎于和后宫妃妾淫乐,从早到晚犹觉不足。招进一些老年妇女,早晚说一些淫秽的话,又引进少年,命令他们和宫女发生关系,违法乱纪,以此取乐。全国盗贼风起云涌,抢劫官府,攻打城乡,屠杀百姓。朝廷大臣隐瞒欺骗,不据实奏报盗贼的人数。有人说盗贼很多,总要被大加训斥,于是各自求得平安。上下欺骗。出兵作战,不断地吃败仗,士兵死的死逃的逃。尽力作战的士兵,得不到奖赏,无罪的百姓,都受到屠杀。黎民百姓愤恨抱怨,天下土崩瓦解,以至于被人逮捕之后还不明白是什么原因。

　　史官评论说:炀帝早在幼年时就有好的名声,向南平定吴郡、会稽,向北打败匈奴,在弟兄们中,他最有功劳。于是他假装正派,施展奸计,博得献后的欢心,高祖也改变了看法,正值天下变乱,他就做了太子,继承皇位,登上皇帝宝座。隋朝国土开拓超过三代,威名远振八方,匈奴单于叩头称臣,越裳国通过重重翻译前来朝贡。货币源源流入京城府库,粮食堆积边塞至于腐烂。炀帝依仗国力富强,一心满足其贪婪的欲望,认为商、周制度狭小,崇尚秦、汉的宏伟规模。恃才傲物,憎恨美德,内藏奸诈,外表端庄,用华丽的衣服掩饰其诡诈,用罢免谏官来掩盖其罪过。荒淫无度,法律增多,礼义、廉耻的教化根绝,酷刑超过断耳、截鼻、宫、黥、和大辟,诛杀同胞兄弟,屠戮忠臣良将,受赏的不是功臣,被杀的没有罪过。屡屡因激怒而发兵,不停地兴建土木工程,多次出兵朔方,三次御驾亲征到辽东,旌旗排列万里,赋税多如牛毛,奸猾官吏鱼肉百姓,人民难以忍受。炀帝又急忙命令用残暴的条例骚扰,用严刑峻法威逼,用雄兵甲士管理,由此全国骚动,民不聊生。不久,杨玄感发动黎阳叛乱,匈奴包围雁门,炀帝远离中原,到扬州、吴越地区去。奸盗乘机恃强凌弱,关河闭塞不通,皇帝车驾一去不回。再加上军队出征、灾害饥荒,百姓在逃亡道路上颠沛流离,十有八九死在沟中。于是人民相聚起义,多如牛毛,大的占领几个州郡,小的则聚集千百人,攻打城镇,抢劫乡村,血流成河,杀人如麻。百姓用死人骨头烧火,交换亲生儿子当饭吃。茫茫大地,都成了豢养麋鹿的牧场,哀哀百姓,都充当了野兽的食物。四面八方万里路途书信不断,还说是小偷小盗,不值得担心,上下相互欺瞒,不肯考虑如何平乱,姑且张开蜉蝣的翅膀,漫漫长夜寻欢作乐。土崩瓦解,恶贯满盈,普天之下都是仇人,左右臣民都是敌国。炀帝却始终不醒悟,就像望夷宫前的秦二世一样,以帝王之尊竟死于一人之手。亿万民众没有一个感恩的人,九州太守没有来救护帝王的军队。兄弟子女一同被诛杀,尸骨抛弃无人掩埋,国家覆亡,宗族灭绝。从有历史记载到现在,宇宙崩溃,生灵涂炭,丧命灭国,没有象隋炀帝这样厉害的。《书》说:"开降灾害,还可以逃避;自己造成的灾害,无法逃脱。"《传》说:"吉凶都是由人造成的,祸难并不随便降临。"又说:"战争就像火,不能灭掉,就会烧死自己。"看一下隋朝的灭亡,这些话确实是有根据的。